互联网 + 的密码

中国互联网产业发展年鉴 2015

于 揚 主 编

中国文联出版社
http://www.clapnet.cn

图书在版编目（CIP）数据

互联网+的密码 : 中国互联网产业发展年鉴 : 2015 /于扬主编. -- 北京 : 中国文联出版社，2015.6

ISBN 978-7-5059-9994-7

Ⅰ. ①互… Ⅱ. ①于… Ⅲ. ①互联网络－高技术产业－产业发展－中国－2015－年鉴

Ⅳ. ①F492.3-54

中国版本图书馆 CIP 数据核字(2015)第 122293 号

互联网+的密码　中国互联网产业发展年鉴 2015

主　　编：于　扬

出 版 人：朱　庆

终 审 人：奚耀华　　复 审 人：柴文良

责任编辑：周小丽　　责任校对：刘晶 崔洁 何逸璇 杨旭

封面设计：贺礼楠　　责任印制：陈　晨

出版发行：中国文联出版社

地　　址：北京市朝阳区农展馆南里 10 号，100125

电　　话：010-65389141（咨询）65067803（发行）65389150（邮购）

传　　真：010-65933115（总编室），010-65033859（发行部）

网　　址：http://www.clapnet.cn

E - mail：clap@clapnet.cn　　zhouxl@clapnet.cn

印　　刷：北京创先河普业印刷有限公司

装　　订：北京创先河普业印刷有限公司

法律顾问：北京市天驰洪范律师事务所徐波律师

本书如有破损、缺页、装订错误，请与本社联系调换

开　　本：880×1230　　1/16

字　　数：840千字　　印 张：47

版　　次：2015 年 6 月第 1 版　　印 次：2015 年 6 月第 1 次印刷

书　　号：ISBN 978-7-5059-9994-7

定　　价：880.00 元

编委会

· 篇首语

“互联网 +”的密码

18 世纪蒸汽机的出现和广泛使用引发了第一次工业革命，用机器代替了手工劳动。19 世纪电力的大规模应用造就了第二次工业革命。电力给人类社会带来了巨大的进步。从 1986 年中国发出第一封国际电子邮件开始，经过近 30 年的发展，互联网在中国有了 6.49 亿的用户，渗透率达到了 47.9%，互联网逐步从城市向农村渗透。现如今，互联网已经如电力般渗透到我们日常工作生活的每一个角落。

过去的 30 年时间里，互联网已经深刻改变了中国经济的格局和产业版图。第一个十年里，互联网更多应用于学术科研领域。第二个十年，互联网行业和传统行业和平共处，互联网催生了很多新经济，比如门户网站、游戏和电商等。第三个十年里，互联网逐步开始改变甚至颠覆了很多传统行业。

在大量的数据、案例分析和企业咨询的基础上，易观国际于 2007 年提出了“互联网化”的理念。我们认为，互联网对传统行业的改变，经历四个阶段。一是营销的互联网化，比如广告主从在报纸上做广告到在网络上做广告。二是渠道的互联网化，其最大推手是 2008 年开始的全球金融危机。电子商务的爆发式崛起正是渠道互联网化最显著的表现。三是产品的互联网化，这个进程从 2010 年开始，其最大推手是智能手机的爆发。智能手机上的 APP 操作代替了原有的实地操作，在很多方面实现了无纸化，为环保做出了贡献。四是当下正在进行的运营互联网化，企业完全实现数字化和网络化。

继 2007 年提出了“互联网化”理念之后，在 2012 年 11 月易观第五届移动互联网博览会上，易观国际董事长兼首席执行官于揚先生又首次提出了“互联网 +”理念。这个理论是对互联网化的进一步提升，给了各行各业一个互联网化的具体落地思路。

这个公式的含义是今天这个世界上所有的传统应用和服务都应该被互联网改变。如果这个世界还没有被互联网改变是不对的，一定意味着这里面有商机，也意味着基于这种商机能产生新的格局。传统的广告加上互联网成就了百度，传统集市加上互联网成就了淘宝，传统百货卖场加上互联网成就了京东，传统银行加上互联网成就了支付宝，传统的安保服务加上互联网成就了 360，而传统的红娘加上互联网成就了世纪佳缘……互联网只是工具，只是如电力一般的基础设施。互联网是一个无处不在的效率提升器。各行各业运用“互联网 +”公式的本质是用互联网去找到行业的低效点，如同潮水一般没过企业营销、渠道、产品、运营各个环节的效率洼地，帮助企业实现增效转型升级。随着互联网与传统行业融合的不断深入，互联网将爆发出更大的正向推动能量。

“互联网 +”“+”的是传统的各行各业。在中国互联网过往近 30 年发展历程中，互联网与广告、零售、银行、通信等传统行业的结合，在造就百度、阿里巴巴、京东、支付宝、腾讯等互联网优秀企业的同时，也为中国的经济转型升级提供了新路径和宝贵的经验。我们看到每一个传统行业都孕育着“互联网 +”的机会。越来越多的传统企业也已经把拥抱互联网提升为企业战略。但有的传统企业却寄望于找到“互联网 +”的黄金法则或普适办法，妄想可以一蹴而就。

我们必须指出，“互联网 +”没有普适的方法和路径。每个行业每个企业在互联网化的过程中，都应该有只适用于自身的路径。企业应该基于内部数据及外部大数据资源的利用，充分了解自身所处及关联行业的生态。从战略到意识，从能力到技能，从数据挖掘到量化决策，企业上至高管下到基层员工都要统一思想和步调，全身心地拥抱互联网，找到适合自己的“互联网 +”路径，利用互联网去优化、改造甚至重塑自我。在互联网化的过程中，每个企业都在“去中心化”。其核心就在于找到自身行业的本质，将其与互联网结合，把老中心打掉建立更有利于自己、更大规模更有效率的新中心。

在未来，每个行业都将是与互联网有关行业，每个企业也都将是与互联网有关的企业。所谓的“互联网行业”、“互联网企业”将变成现在“电力行业”、“电力公司”一样提供互联网基础服务的行业和企业。

在寻找“互联网 +”的过程中，我们首先注意到了用户所处的环境变化。我们已经生活在一个多屏的时代。而各行各业所提供的服务会以上述“互联网 +”的公式存在，从而重新改造和创造我们今天所有的产品。

而对用户而言，他们未来不会关心他接入的方式，不会关心他所使用的操作系统。因为他们面对的每一个面都可以是一张接入互联网的屏，通过它们能将用户和互联网、企业所提供的应用和服务随时随地联系在一起。这就足够了。

也许对创业者来说，当熟悉了这样的一个路径之后，我们基于“多屏全网跨平台”的理念，与行业结合，才有机会再往前迈一步。我们的传统行业才能真正的转型，从而创造新的局面。

在“互联网 +”的实践前行路上，在创新方向的选择上，形容词比名词更重要。这就好像，马车公司了解用户需要更好更舒适的马车。关注“马车”这个名词的企业，成了历史的炮互联网化更加成熟在移动互联网不断发展的大潮中，越来越多的行业正在被互联网化，一场”互联网 +”的商业革命已经来临。互联网助力传统产业转型升级，不仅在社会中得到落地实践，更被提升为国家战略。为科学决策提供有力技术支撑的大数据正在被社会普遍关注、应用。作为中国卓越的互联网大数据产品和分析服务提供商 – 易观智库正巍然崛起。

我们相信，未来易观智库将继续深耕大数据领域，不断开展大数据、人工智能技术领域的研究和应用。易观智库正积极参与并推动中国互联网化时代的转型、进步与文明。

中央财经大学中国互联网经济研究院院长、教授、博士生导师：孙宝文

于揚在 2000 年创办了易观国际，以第三方信息机构的角色服务于电子商务企业。我几乎是在同一时期，1998 年开始了自己的创投职业生涯，关注中国本土互联网、电子商务等创业公司的发展。

在接下来的十几年当中，于揚和我作为亲历者，感受着这个行业所发生的“尽皆过火、尽皆癫狂”的巨大变化 – 互联网从一种初始的基本科技形态，逐步渗入人们生活的方方面面，包括行业的整个产业链中。

在这本书中，于揚先生如此描述了他所见之变：一是营销的互联网化，比如从报纸上做广告转移到在网络上做广告；其次是渠道的互联网化，电子商务的爆发式崛起正是渠道互联网化最显著的表现；三是产品的互联网化，智能手机上 APP 的 操作代替了原有的实地操作；四是当下正在进行的运营互联网化，企业完全实现数字化和网络化。

虽然并非缔造者，我们却有幸在某种程度上参与或部分创造了这个“黄金年代”当中的故事。

伴随着这些故事成长起来的，除了大大小小中国本土互联网企业的不断露出和一个个活跃起来的企业家名字，还有人们对于这个行业不断上升的认知。

李克强总理在今年两会的政府工作报告中提出“互联网 +”行动计划 – 这意味着，这个行业近乎完成了从原始的粗浅定义到由政府层面解读出一个成文的统一规则的发展路径。

事实上，国内“互联网 +”理念的提出，最早可以追溯到 2012 年 11 月于揚在易观第五届移动互联网博览会的发言。于揚当时提出，在未来，“互联网 +”应该是所在行业的产品和服务，与全网跨平台用户场景结合之后产生的一种化学公式。

李克强总理所提的“互联网 +”对上述表述已经有了进一步的深入和发展。他指出，“互联网 +”实际上是创新 2.0 下互联网发展新形态、新业态，是知识社会创新 2.0 推动下的互联网形态演进，即充分发挥互联网在生产要素配置中的优化和集成作用，将互联网的创新成果深度融合于经济社会各领域之中，提升实体经济的创新力和生产力，形成更广泛的以互联网为基础设施和实现工具的经济发展新形态。

然而，任何一轮革命的兴起，都是从贲张到回归理性的过程。

站在浪潮之中，我时常自问，被各种屏幕吞噬的人类生活真的变得更好了吗？互联网所带来的低廉的沟通成本，真的让人类变得更加和谐了吗？科技所创造的层出不穷的产品和新的生活方式真的让人类变得更快乐了吗？

于揚给新书命名为“互联网 + 的密码”。我想，在当下，技术早已经不构成阻碍人类演进的难题，所谓“密码”，或许不仅仅停留于方法论，更值得探究的，是关乎科技新文明以及经济发展新形态的价值观。

北极光创投 董事总经理 姜皓天

近来，“互联网 +”成为热词，引起了社会人士的广泛关注。人们从生活中使用互联网服务获得便利，并越来越关注互联网对各行业的影响，希望能预测未来不同产业的变化。实际上，在过去 20 年，一直有许多互联网创业者尝试改变传统行业的价值链与游戏规则，有的缩短了销售渠道，让商品与服务直达用户；有的通过数据挖掘，提升经营效率，当中不乏成功案例，在过程中也创造了巨大的财富效应与经济效益。因此，“互联网 +”并不是新概念，也许是阶段性的总结，但它一定是必然的路径，所以读懂“互联网 +”的密码可以更好洞察产业互联网化的趋势与潜在机会，对个人与机构都有重大的意义。

于老师在书中总结了内容产业、零售行业、金融行业、交通与城市公共服务等领域所经历的变化，列举了大量例子来论证“互联网 +”给产业带来的资源效率提升，也清晰指出在实践“互联网 +”时可能遇到的挑战，帮助读者避免掉进常见的陷阱或误区。

“互联网 +”的核心是连接，连接的目的是把原来零散的数据聚合起来，通过对数据的分析与挖掘，创造出新的用户价值、社会价值或商业价值。随着科技的进步，连接与存储的成本降低了，传感器的普及促进了大量数据的产生，人工智能与深度机器学习的技术突破加强了海量数据分析的能力，这一系列的趋势都推动着更多“互联网 +”的机会，不断推动产业升级。腾讯公司以“连接一切”为目标，不单有连接用户的产品与开放平台，也有提供可靠连接能力的云服务，还有提供大数据处理的设施，立志成为各行业与机构的“互联网 +”最佳合作伙伴。

腾讯公司 社交网络事业群总裁 汤道生

这是一本“互联网 +”的数据大百科，涉及各个行业，是传统企业转型互联网的工具书。作者在开篇语所提到的“形容词比名词重要”，这个提法极有意思，品牌和渠道变得不那么重要，更快挖掘出用户真正的需求才是互联网企业致胜的关键之道。“互联网 +”代表了一个新的世界，新世界要学会新玩法，而企业迈出转型的第一步，我认为是先要完成思想及组织的重构。

小米公司 联合创始人 | 副总裁 黎万强

于揚先生在 2012 年 11 月提出“互联网 +”的理念并给出了落地的公式，这一洞见和优酷土豆集团作为实践者以“互联网 +”的模式打造“多屏文化娱乐生态系统”的战略十分契合。虽然“互联网 +”没有普适的方法和路径，但《互联网 + 的密码中国互联网产业发展年鉴 2015》是了解今日中国各行各业“互联网 +”发展进程最为实用的工具书。我相信随着互联网技术产品的普及和应用，随着互联网文化日趋主流化，这一理念将在越来越多的领域找到成功的范例。

优酷土豆集团 总裁 刘德乐

实力矩阵（Power Matrix）模型说明

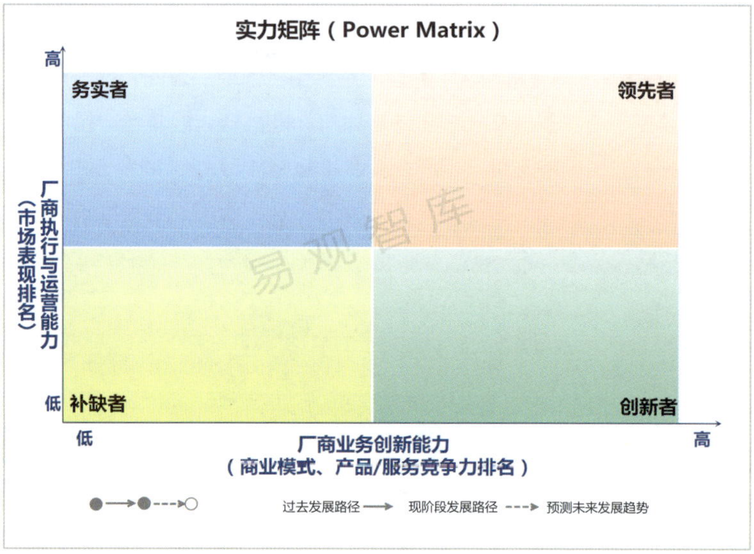

实力矩阵（Power Matrix），是易观智库创新研发的模型，致力于客观呈现行业竞争态势。该模型主要从企业创新、运营能力两个维度展开研究：横轴企业业务创新能力指企业在技术、产品/服务、市场营销、价格、渠道、战略合作等方面的创新综合评价；纵轴企业执行与运营能力主要反映企业市场营收与份额。根据横轴与纵轴量化赋值的不同，实力矩阵分为四个象限：领先者、务实者、创新者和补缺者。

一、领先者在商业模式创新或产品/服务创新性上拥有较强的独特性，同时具有很好的系统执行力能够把创新性提供给市场并获取较高的市场认可。

1. 由于市场容量的限制，一个市场不可能拥有很多领先者。

2. 厂商在新技术创新和市场培育方面的投入得到很好的回报。

3. 领先者对于产业发展的贡献非常大。一方面开创新的业务模式，另一方面有能力把创新的业务模式以用户接收的方式进行推广，给产业规模的扩大起到积极的作用。

4. 领先者处于势能稳定状态，即领先者希望市场格局稳定，现有战略继续发挥作用。

5. 但是要警惕来自务实者和创新者不同方式的挑战。

1) 最直接的挑战来自务实者。

2) 同时要警惕创新者的创新带来新的产业格局和价值（链）转移方式，这种变化给现有产业和领先者的影响都是颠覆式的。

二、务实者的技术/产品本身的创新优势不明显，但是系统的执行力非常强，因此市场业绩很好。

1. 务实者技术/产品并没有明显的创新。

2. 务实者对产业的贡献体现在它具有通过自身系统把控与获取客户需求，对产业的健康与务实发展起到积极作用。

3. 务实者可以继续通过良好的市场运作对领先者进行挑战，但是在业务创新非常关键的情况下，会出现后劲不足的情况。

4. 同时，由于产品策略属于跟随策略，如果对产品的主流功能的跟进速度不够，也会影响未来的市场表现。务实者的市场占有率虽高，但是可能不稳定。

5. 务实者的发展路径。

1) 竞争：通过现有的策略进一步逼近领先者

2) 通过产业联盟，联合创新者挑战领先者

3) 通过自身发达的运营系统，快速复制已经初步得到市场验证的创新商业模式

三、创新者在产品 / 技术上的投入很大，并在商业模式、技术或者产品服务的创新性上有独特的优势。但是由于种种原因没有得到很好的市场表现。创新者迫切需要获取研发投入的产出，将会大力改变整个产业的格局。

1. 创新者的业务创新能力非常强。但是由于市场推广、定价、客户认知等原因，其创新能力在市场上还没有得到印证，市场占有率不高。

2. 由于创新者在新技术创新方面的投入没有得到回报。厂商急于改变现状，是产业变革的生力军。

3. 通常，创新者会把主要的精力放在市场需求的挖掘方面，力求尽快获得回报。

4. 创新者的创新能力如果优于领先者，可能会直接挑战领先者。

5. 如果创新者的创新能力迟迟不能变现，而资源不能有效平衡，创新者短期内会成为补缺者，进而淡出市场。

四、补缺者的业务创新能力和市场占有率都不高。如果市场定位准确，投入产出比例均衡，补缺者将会一直保持目前的市场定位，否则将会被市场淘汰。

1. 补缺者的业务创新能力和市场占有率都不高。

2. 如果市场定位准确，投入产出比例均衡，补缺者将会一直保持目前的市场定位，否则将会被市场淘汰。

3. 补缺者对于产业格局的影响不大。但是随着自身规模的发展，补缺者很难保持稳定状态，一旦从补缺者队伍中脱颖而出，将会成为另外 3 类厂商或者投资者的并购 / 投资对象。

该实力矩阵（Power Matrix）对不同的经济主体有不同的价值：

首先，对厂商而言

领先者可以借此分析竞争者的核心竞争力；发现潜在的竞争对手；发现潜在的并购对象；了解未来的产业格局。

务实者可以借此寻找新的发展路径；发现新的业务模式，寻找合作机会；分析竞争对手的核心竞争力。

创新者可以借此了解市场格局；寻找合作机会；了解竞争对手的核心竞争力。

补缺者可以借此寻找发展机会。

其次，对投资者而言

可以借此了解产业格局；寻找潜在的投资目标；分析每个潜在投资对象的核心竞争力。

目 录

图目录

表目录

第壹部分

产业政策

第一部分　产业政策

政策管制与促进是对行业发展的基本导向，是一个国家任何产业发展的大环境所在。在过去的2014年，互联网产业快速发展，已经渗透到社会生产与生活中，成为信息传播的主要媒介。伴随着互联网的普及，国家加大了对互联网行业的管理，以规范、控制行业发展；同时出台了适时的行业发展鼓励政策，对传统行业互联网转型、模式创新提供扶持。尤其在电子商务、互联网金融、互联网基础应用与信息服务等方面。根据2014年政府发布的主要政策，本部分将从改革纲领文件、产业扶植、电子商务、内容消费、游戏、基础应用与服务、智能终端、互联网金融、在线营销、生活信息服务、新一代信息技术、信息使用规范、内容监管、移动互联网等多个方面对政策加以归类、提炼与解读。

改革纲领文件

《中共中央关于全面推进依法治国若干重大问题的决定》

颁布时间：2014/10/23

颁布部门：中央政治局 十八届四中全会

政策摘要：《中共中央关于全面推进依法治国若干重大问题的决定》指出，要坚持走中国特色社会主义法治道路，建设中国特色社会主义法制体系；要完善以宪法为核心的中国特色社会主义法律体系，加强宪法实施；要深入推进依法行政，加快建设法治政府；要保证公正司法，提高司法公信力；要增强全民法制观念，推进法治社会建设；要加强法治工作队伍建设；要加强和改进党对全面推进依法治国的领导。

在第二部分“完善以宪法为核心的中国特色社会主义法律体系，加强宪法实施”中的第四条“加强重点领域立法”中指出，加强互联网领域立法，完善网络信息服务、网络安全保护、网络社会管理等方面的法律法规，依法规范网络行为。

作用及影响：《中共中央关于全面推进依法治国若干重大问题的决定》是建设中国特色社会主义法制体系，建设社会主义法治国家的纲领性文件。文件中提出“依法管网、依法办网、依法上网”的政策理念是对互联网空间法治化的重要指示。当前互联网发展平稳快速，但网络安全仍然是互联网形势所要面临的威胁，互联网法治建设的重要性和紧迫性日益加强。通过决议的颁布，全面推进互联网空间法治化的责任感和使命感得到重视，对监管部门、商业组织、个体用户等各对象都具有规范作用，指导了未来互联网监管的大方向。

产业扶植政策

《物流业发展中长期规划（2014-2020年）》

颁布时间：2014/9/12

颁布部门：国务院

政策内容：着力降低物流成本；着力提升物流企业规模化、集约化水平；着力加强物流基础设施网络建设；大力提升物流社会化、专业化水平；进一步加强物流信息化建设；推进物流技术装备现代化；加强物流标准化建设；推进区域物流协调发展；积极推动国际物流发展；大力发展绿色物流。加快多式联运工程、物流园区工程、农产品物流工程、制造业物流与供应链管理工程、资源型产品物流工程、城乡物流配送工程、电子商务工程、物流标准化工程、物流信息平台工程、物流新技术开发应用工程、再生资源回收物流工程、应急物流工程等重点工程的建设。

作用及影响：对促进产业结构调整、转变发展方式、提高国民经济竞争力和建设生态文明具有重要意义。对提高物流企业竞争力、提升物流整体运行效率、连接物流基础设施与运作方式有显著作用。

《关于促进商贸物流发展的实施意见》

颁布时间：2014/9/24

颁布部门：商务部

政策内容：高度重视商贸物流工作；提高商贸物流社会化水平，即支持企业主辅业务分离，发展第三方物流；提高商贸物流专业化水平，包括大力发展电子商务物流，加强冷链物流建设，加快生产资料物流转型升级，鼓励绿色物流发展；提高商贸物流标准化水平，即加快建设通用性、统一性的标准工作机制；提高商贸物流信息化水平；提高商贸物流组织化水平，即鼓励物流企业做大做强，构建企业核心竞争力；提高商贸物流国际化水平；加强组织领导，完善保障措施，包括健全工作机制和做好协调服务，优化物流发展环境并加强诚信建设，落实财税土地政策及加大扶持力度，夯实统计基础及加强人才培养。

作用及影响：是政府促进商贸物流发展方案的综合梳理，对解决中国物流成本居高不下、行业“散杂乱”的竞争形势、物流服务能力和需求不匹配有较强的指导意义，有利于提高国内物流服务能力、物流企业规模化和综合盈利能力，有效降低社会物流成本。对传统物流企业转型、做大做强加以财税政策上的扶持力度；鼓励商贸物流与电子商务结合，实行 O2O 新兴模式的展开；加大对自贸区同港澳台地区的贸易优势，建设商贸物流型境外经济贸易合作区，提升行业国际化水平。

《关于支持外贸稳定增长的若干意见》

颁布时间：2014/5/4

颁布部门：国务院办公厅

政策内容：通过进一步加强进口，保护货物贸易稳定增长，支持服务贸易发展，发挥“走出去”的贸易促进作用来着力优化外贸结构；通过提高贸易便利化水平，规范进出口经营秩序，加强贸易摩擦应对来进一步改善外贸环境；通过进一步完善人民币汇率市场化形成机制，推进跨境贸易人民币结算，改善融资服务，加大出口信用保险支持，完善出口退税政策来强化政策保障；通过支持各类外贸企业发展，创新和完善多种贸易平台来增强外贸企业竞争力；通过进一步提高认识，抓好政策措施落实来加强组织领导。

作用及影响：文件就着力优化外贸结构、进一步改善外贸环境、强化政策保障、增强外贸企业竞争力以及加强领导五大方面发表了指导性意见。总体结构上注重短期刺激以及中长期发展相结合的发展路线。从具体措施上看，将从汇率、融资、税收以及保险等方面促进外贸的短期发展；并通过优化行业结构，提高行业集中度，加快贸易平台建设，将资本出口作为外贸发展方向来予以长期支持。

《关于促进内贸流通健康发展的若干意见》

颁布时间：2014/11/16

颁布部门：国务院办公厅

政策内容：通过规范促进电子商务发展，加快发展物流配送，大力发展连锁经营来推进现代流通方式发展；通过推进商品市场转型升级，增加居民生活服务设施投入，推进绿色循环消费设施建设来加强流通基础设施建设；通过支持流通企业做大做强，增强中小商贸流通企业发展活力，推进内外贸融合发展来深化流通领域改革创新；通过减少行政审批，减轻企业税费负担，创造公平竞争的市场环境，加大市场整治力度，加快推进商务信用建设来着力改善营商环境；通过加快推进政策落实来加快组织领导。

此外，文件还制定了具体的重点任务分工进度安排。将进一步拓展网络消费领域，加快推进中小城市电子商务发展；加快推进电子发票应用，完善电子会计凭证报销、登记入账及归档保管等配套措施；加强物流标准化、信息化建设，提高物流社会化、专业化水平；支持商贸物流园区、仓储企业转型升级；推动建立健全全覆盖线上网络和线下实体店消费的信用评价机制等。

作用及影响：文件从推进现代流通方式发展、加强流通基础设施建设、深化流通领域改革创新、着力改善营商环境和加强组织领导五个方面提出了具有鲜明指向性和可操作性的指导意见，并针对重点任务分工进行了进度安排。通过明确具体、实际操作性强的建议，能加大政策措施的落实程度。此外，意见强调将扩大消费和绿色低碳相结合，建立健全可持续发展机制。

电子商务政策

《关于跨境贸易电子商务进出境货物、物品有关监督事宜的公告》

颁布时间：2014/7/23

颁布部门：海关总署

政策内容：电子商务企业或个人通过经海关认可并且与海关联网的电子商务交易平台实现跨境交易进出境货物、物品的，应按照公告接受海关监管；存放电子商务进出境货物、物品的海关监管场所的经营人，应向海关办理开展电子商务业务的备案手续，并接受监管；电子商务企业或个人、支付企业、海关监管场所经营人、物流企业等，应按照规定通过电子商务通关服务平台适时向监管部门传送交易、支付、仓储及物流等数据。

作用及影响：是对目前杂乱的电子商务跨境交易市场的严格管制，将对处于灰色地带的“海外代购”及其他违法违规行为实行严厉打击。

《关于跨境电子商务零售出口税收政策的通知》

颁布时间：2014/1/9

颁布部门：财政部、国税总局

政策内容：明确了适用退（免）税、免税政策的电子商务出口企业是指自建跨境电子商务销售平台的电子商务出口企业和利用第三方跨境电子商务平台开展电子商务出口的企业。电子商务出口企业属于增值税一般纳税人并已向主管税务机关办理出口退（免）税资格认定；出口货物取得海关出口货物报关单（出口退税专用），且与海关出口货物报关单电子信息一致；出口货物在退（免）税申报期截至之日内收汇；电子商务出口企业属于外贸企业的，购进出口货物取得相应的增值税专用发票、消费税专用缴款书（分割单）或海关进口增值税、消费税专用缴款书，且上述凭证有关内容与出口货物报关单（出口退税专用）有关内容相匹配的适用增值税、消费税退（免）税政策。电子商务出口企业已办理税务登记；出口货物取得海关签发的出口货物报关单；购进出口货物取得合法有效的进货凭证的适用增值税、消费税免税政策。

作用及影响：标志着困扰中国电子商务出口企业已久的出口退税制度“瓶颈”已被突破，有利于大幅度降低企业成本，进一步促进跨境电子商务发展，同时对于促进外贸企业转型升级也将带来利好效应。通过明确对电子商务出口经营主体的分类、建立适应电子商务出口的新型海关监管模式、支持企业正常收结汇、实施相适应的税收政策等，有利于电子商务出口在交易方式、货物运输、支付结算等方面与传统贸易实现差异化管理；有利于鼓励传统外贸企业自建电商平台或者利用第三方电商平台来拓展出口业务；有利于促进电子商务出口企业，尤其是小型电子商务出口企业主动进行税务登记和报关，从而实现监管部门对其进行规范和管理。

《关于加强网上办税系统技术管理工作的通知》

颁布时间：2014/10/20

颁布部门：国税总局

政策内容：明确工作要求，高度重视网上办税系统技术管理工作；加强技术管理，提升网上办税系统技术保障能力；定期自查评估，落实网上办税系统各项技术要求。

作用及影响：有效提高了税收信息化发展水平及税收业务管理需求，对网上办税系统的业务功能、技术实现、安全防护和技术保障都有进一步加强。

《食品安全法（修订草案）》

颁布时间：2014/6/30

颁布部门：国务院

政策内容：第七十三条规定网络食品交易第三方平台提供者应当对入网食品经营者进行实名登记，明确其食品安全管理责任；依法应当取得食品生产经营许可证的，还应当审查其许可证。网络食品交易第三方平台发现入网食品经营者有违反规定行为的，应当及时制止并立即报告监管部门；发现严重违法的，应当立即停止提供网络交易平台服务。消费者通过网络食品交易第三方平台购买食品，其合法权益受到损害的，可以向入网食品经营者或者食品生产者要求赔偿；网络食品交易第三方平台提供者不能提供入网食品经营者的真实名称、地址和有效联系方式的，由网络食品交易第三方平台提供者赔偿。

作用及影响：加大对网络食品交易第三方平台的责任追究力度，进一步规范网络食品交易秩序，明确网络食品交易的各个环节的责任分担。

《互联网食品药品经营监督管理办法（征求意见稿）》

颁布时间：2014/5/28

颁布部门：食品药品监督管理总局

政策内容：管理方法，除法律规定外，互联网食品药品经营者应当取得食品药品许可或者备案；取得食品、保健食品、化妆品、医疗器械生产许可或者备案凭证的企业，可以通过互联网销售本企业生产的产品；互联网药品经营者应当按照药品分类管理规定的要求，凭处方销售处方药；互联网食品药品经营者可以委托物流配送企业储存和运输，物流配送企业应当具备食品药品质量管理规范所要求的储存和运输条件，保证食品药品安全；从事互联网药品交易服务的第三方交易平台经营者，应当向所在地省级食品药品监督管理部门提出申请，审核通过颁发互联网药品交易服务资格证书。

作用和影响：首次放开了处方药在电商渠道的销售；降低了食品药品网络销售的准入门槛，实行备案制；允许医药电商选择第三方物流配送；第三方交易平台审批权限将下放。

内容消费政策

《关于进一步完善网络剧、微电影等网络视听节目管理的补充通知》

颁布时间：2014/1/20

颁布部门：广电总局

政策内容：通知要求互联网视听节目服务单位只能转发已核实真实身份信息并符合内容管理规定的个人上传的网络剧、微电影等网络视听节目；通知强调互联网视听节目服务单位要履行好开办主体的职责，严把播出关，制作播出适合网络传播、体现现代精神、弘扬真善美、人民群众喜闻乐见的网络剧、微电影等网络视听节目；通知要求各地新闻出版广电行政部门要加强广播节目制作经营机构的管理，对主创人员开展针对性培训，确保所选题材积极向上；通知规定网络剧、微电影等网络视听节目上网播出前应完成节目信息备案，上网播出后，群众举报或新闻出版广电行政部门发现节目内容不符合国家相关规定的要立即下线。

作用和影响：是对《关于进一步加强网络剧、微电影等网络视听节目管理的通知》的补充，旨在深入完善管理网络环境，防止内容低俗、格调低下、渲染暴力色情的网络视听节目对社会产生不良影响。因各大视频网站、门户都有专门的内容审核团队，因此对于自制剧播出前的信息备案和事前审查等影响不大，但会对用户生成内容产生较大影响，将促进网络视频实名制及版权保护的严格执行。

游戏政策

《在中国（上海）自由贸易试验区内暂时调整有关行政法规和国务院文件规定的行政审批或者准入特别管理措施的决定》

颁布时间：2014/1/6

颁布部门：国务院

政策内容：允许外资企业从事游戏游艺设备的生产和销售，通过文化主管部门内容审查的游戏游艺设备可面向国内市场销售。

作用和影响：解除了长达 14 年的“游戏禁令”，为微软、索尼及任天堂等大型游戏主机厂商进入中国市场创造了机会，也为中国游戏行业带来了发展良机。

《关于取消和调整一批行政审批项目等事项的决定》

颁布时间：2014/8/12

颁布部门：国务院

政策内容：取消新闻出版广电总局“电子出版物出版单位与境外机构合作出版电子出版物审批”职能。

作用和影响：对同属“电子出版物”的游戏行业来说是非常积极的信号。尽管境外游戏仍需前置审批，但在一定程度上降低了中国游戏市场的可入标准，为游戏行业发展创造了条件。

基础应用与服务政策

《即时通信工具公众信息服务发展管理暂行规定》

颁布时间：2014/8/7

颁布部门：网信办

政策内容：文件规定即时通信工具服务提供者从事公众信息服务的需要取得相关资质；即时通信工具服务提供者应当落实安全管理责任，建立健全各项制度，保护用户信息及公民个人隐私；即时通信工具服务使用者注册账号时，应进行实名认证，并遵守法律法规、社会主义制度、国家利益、公民合法权益、公共秩序、社会道德风尚和信息真实性等“七条底线”；开设公众账号，应当进行审核并备案；除新闻单位开设的公众账号外，其他类公众账号未经批准不得发布、转载时政类新闻；此外，还明确了对违规行为的处罚。

作用及影响：对基于互联网的公众信息服务的发展管理活动提供了法律依据，对进一步优化网络环境以及维护社会公众秩序具有重大的意义。

互联网金融政策

《关于暂停支付宝公司线下条码（二维码）支付等业务意见的函》

颁布时间： 2014/3/13

颁布部门： 中国人民银行

政策内容： 叫停了支付宝、腾讯等公司的虚拟信用卡产品，同时停止线下条码（二维码）支付等面对面支付服务。

作用及影响： 保障了传统受理终端，如银行、银联的业务利益，有效控制了互联网交易的安全维度。

《P2P 十大监管原则》

颁布时间： 2014/9/27

颁布部门： 银监会 2014 年互联网金融创新与发展论坛

政策内容： P2P 发展要坚持业务本质，不得建立资金池；要落实实名制原则，资金流向要清晰；要明确业务边界，区别于其他法定金融业务，打击冒名非法经营；P2P 要提高信用分析、风险控制等专业化门槛；贷款人和投资人的资金要进行第三方托管，不能以存款代替托管；P2P 机构自身不担保，引入的担保机构要有资质，不能承担过多担保倍数；要有明确的收费机制，力求长期的发展，不能盲目追求高收益；应当充分披露信息及开展必要的外部审计；要加强行业自律组织的建设、推动行业标准化和信息共享，打击伪 P2P；必须坚持小额化，支持个人和小微企业的发展。

作用及影响： 该十项原则体现了监管层对 P2P 行业的具体监管思路，针对 P2P 各个方面制定了相对应的行业准则，为出台 P2P 专项法律全面定调，对促进行业健康规范发展将起到很强的推动作用。

《关于规范横向联网系统银行卡缴税业务的通知》

颁布时间： 2014/6/11

颁布部门： 国税总局、中国人民银行

政策内容： 明确了安全规范的办税服务厅 POS 机银行卡缴税业务的实现方案和实施要求，以及各商业银行、银联接口软件的开发要求。税务机关在信息系统业务实现过程中，要积极推广安全规范的银行卡缴税业务；各商业银行、中国银联股份有限公司应做好与税收征管信息等相关系统的接口开发工作，配合税务机关开展安全规范的 POS 机银行卡缴税业务。

作用及影响： 目的在于实现缴税信息安全规范的传输，为纳税人提供更为便捷、舒适的缴税体验。

《关于应用安全可控信息技术加强银行业网络安全和信息化建设的指导意见》

颁布时间：2014/9/3

颁布部门：银监会

政策内容：根据国家网络安全审查的相关政策，建立与银行信息安全需求相适应的风险评估制度；建立银行业安全可控信息技术落地推进平台；结合国家信息安全专项、国家有关科技计划，组织开展银行业应用安全可控信息技术示范项目；依托银行业安全可控信息技术创新战略联盟和技术实验室、国家工程实验室，制定银行业应用安全可控信息技术推进指南；建立银行业金融机构应用安全可控信息技术工作情况的监督评价机制。

作用及影响：明确了互联网金融行业信息安全和自主可控的发展前景。作为金融行业标杆的银行业，首当其冲提出了量化指标，为国家信息安全工作从顶层设计到各重点行业逐步推进做了率先示范。

《关于加强商业银行与第三方支付机构合作业务管理的通知》

颁布时间：2014/4/9

颁布部门：银监会、中国人民银行

政策内容：客户银行账户与第三方支付机构首次建立业务关联时，须通过第三方支付机构和商业银行的双重身份鉴别；商业银行应设立与客户技术风险承受能力相匹配的支付限额，包括单笔支付限额和日累计支付限额等；商业银行应就第三方支付机构备付金存管业务建立统一管理机制，未经总行书面授权，任何分支机构不得直接与第三方支付机构合作开展备付金存管业务，强化备付金的监督管理。

作用及影响：对目前杂乱的商业银行与第三方支付机构合作业务进行规范，同时保障客户资金和银行账户安全。

在线营销政策

《网络交易管理办法》

颁布时间：2014/1/26

颁布部门：工商总局

政策内容：从事网络商品交易及有关服务的自然人和经营者，应当通过第三方平台开展经营活动，并提供真实身份信息，同时依法办理工商登记；网络商品经营者销售商品或者提供服务，应当依法向消费者出具发票等购货凭证；网络商品经营者在经营活动中收集、使用消费者或者经营者信息，应当遵循合法、正当、必要的原则，并征得被收集者同意；对于网络商品经营者销售的商品，消费者有权自收到商品之日起七日内退货，且无须说明理由；所有网络经营活动需遵循《消费者权益保护法》、《产品质量法》、《合同法》、《侵权责任法》等法律法规制度。

作用及影响：是对数字化、虚拟化网络交易市场“信用瓶颈”障碍的突破，是对网络交易环境的完善及规范。针对网络交易发展的新特点，该政策细化了对消费者合法权益的各项保护措施，保障了网络交易的诚信和健康发展，也为消费者进行网络交易提供了信心。

生活信息服务政策

《关于促进手机软件召车等出租汽车电召服务有序发展的通知》

颁布时间： 2014/7/17

颁布部门： 交通部

政策内容： 促进各类出租汽车电召服务协调有序发展；加快实现出租汽车服务管理信息共享；严格驾驶员终端软件发放与使用管理；逐步实现出租汽车电召服务统一接入管理；保障出租汽车电召服务安全规范；严格执行出租汽车价格管理规定；加强手机软件召车服务市场监管；全面推进出租汽车信息化建设。

作用及影响： 对以移动互联网为代表的新一代信息技术在出租汽车行业的融合创新起到了鼓励作用，促进了出租汽车行业向新型服务模式发展的探索，全面推动出租汽车行业转型升级，更好地保障公民便利出行。

新一代信息技术政策

《关于促进智慧城市健康发展的指导意见》

颁布时间： 2014/8/27

颁布部门： 发改委、工信部、科技部、公安部、财政部、国土资源部、住建部、交通部

政策内容： 提出到 2020 年，建成一批特色鲜明的智慧城市，聚集和辐射带动作用大幅增强，综合竞争优势明显提高，在保障和改善民生服务、创新社会管理、维护网络安全等方面取得显著成效。通过这些智能城市，向居民提供便捷化的公共服务、精细化的城市管理系统、宜居的生活环境、智能化的基础设施及长效安全的网络体系。

其中第四部分的第十二条规定，要加快重点领域物联网应用，支持物联网在高耗能行业的应用，促进生产制造、经营管理和能源利用智能化。第十三条规定，要促进云计算和大数据健康发展，鼓励电子政务系统向云计算模式迁移。第十四条规定，要加强移动互联网、遥感遥测、北斗导航、地理信息等技术的集成应用，创新服务模式，为居民提供方便、实用的新型服务。

作用及影响： 促进了物联网、云计算、大数据等新一代信息技术应用的发展和推广，有利于提高城市精细化管理水平和创新型商业模式。

内容监管政策

《中央网络安全和信息化领导小组 2014 年重点工作》

颁布时间：2014/2/27

颁布部门：中央网络安全和信息化领导小组

政策内容：明确网络安全和信息化领导小组的工作范围与工作标准，确定网络安全和信息化领导小组 2014 年的主要工作内容，标志着网络安全和信息化相关工作已经步入实际运行和战略落地阶段。

作用及影响：着眼于国家安全和长远发展，统筹协调涉及经济、政治、文化、社会及军事等各个领域的网络安全和信息化重大问题，具备强制性和权威性；体现了高层领导全面深化改革、加强顶层建设的意志，显示了国家在保障网络安全、维护网络安全利益、推动信息化发展的决心；是维护国家网络安全和信息化法治建设的重大措施，推动中国由网络大国向网络强国加速挺进。

《关于授权国家互联网信息办公室负责互联网信息内容管理工作的通知》

颁布时间：2014/8/28

颁布部门：国务院

政策内容：授权重新组建的国家互联网信息办公室负责全国互联网信息内容管理工作，并负责监督管理执法。

作用及影响：促进互联网信息服务健康有序发展，保护公民、法人和其他组织的合法权益，维护国家安全和公共利益。

《关于开展打击网上淫秽色情信息专项行动的公告》

颁布时间：2014/4/13

颁布部门：全国“扫黄打非”工作小组办公室、国家互联网信息办公室、工信部、公安部

政策内容：各地各有关部门对互联网站、搜索引擎、应用软件商店等互联网信息服务提供者和网络电视棒、机顶盒等设备进行全面彻底清查；对制作传播淫秽色情信息问题严重的网站、频道、栏目责令停业或予以关闭，对相关企业和人员依法严惩；严格落实互联网企业主体责任，完善内容审核把关机制；对于疏于管理发生制作传播淫秽色情信息事件并造成恶劣社会影响的，依法追究相关监管部门、人员失职渎职责任；对举报人实行奖励机制。

作用及影响：极大程度地改善了网络环境，改变了互联网内容网站自审不力的情况，从法律手段上保护国家利益，维护公共秩序。

《关于立即关闭互联网电视视频产品中违规视频软件下载通道的函》

颁布时间：2014/6/24

颁布部门：广电总局

政策内容：文件点名批评华数和百事通互联网电视终端产品中载有的各类商业视听网站客户端软件及各类视频聚合软件和互联网浏览器软件的下载通道违反中央要求和总局相关管理政策，并要求两地互联网电视集成牌照申请主体对其进行停顿整改。

作用及影响：对互联网盗版和淫秽色情内容实施合理化管控，规范媒介的传播秩序，有利于构建更长远的产业生态，促使互联网内容服务走向更规范稳健的运营。

移动互联网政策

《关于加强电信和互联网行业网络安全工作的指导意见》

颁布时间：2014/8/28

颁布部门：工信部

政策内容：深化网络基础设施和业务系统安全防护；提升突发网络安全事件应急响应能力；维护公共互联网网络安全环境；推进安全可控关键软硬件应用；强化网络数据和用户个人信息保护；加强移动应用商店和应用程序安全管理；加强新技术新业务网络安全管理；强化网络安全技术能力和手段建设。在保障措施方面，加强网络安全监管；充分发挥行业组织和专业机构的作用；落实企业主体责任；加大资金保障力度；加强人才队伍建设。

作用及影响：提升了网络安全的保障能力，完善了网络安全保障体系，促进网络基础设施和业务系统安全防护水平的提高，对网络安全技术能力、网络数据和用户信息的保护具有强化作用，为建设健康、安全的互联网环境发挥了积极作用。

第贰部分

行业发展

第二部分　行业发展

2014 年，是互联网的大时代，也是大互联网的时代。从 PC 时代进入移动互联时代，互联网已从窗口变成了引擎，更深层次地改变着生活，推动着进步。无时不网络、无地不网络已经变成了现实。2014 年，也是中国互联网短兵相接的一年。互联网企业们动作频繁地做出无数战略合作，卡位布阵。互联网企业赴美上市掀起资本热潮，互联网金融、电子商务、O2O、游戏、企业服务成一级市场投资热点；互联网巨头构建产业互联网生态，争夺企业入口，企业级市场逐渐升温；网上零售市场红利逐渐消退，厂商在地域、品类等方面积极探索突围战略，跨境、渠道下沉、非标品、高价值品成主要方向；移动端用户渗透接近成熟，商业化进程取得显著成果，等等。

易观智库盘点过去一年互联网的发展，力求站在战略高度从政策维度、资本维度、产业维度、厂商维度以及产品维度这六大方面凝练性分析 2014 年互联网行业发展状况。整个行业既有技术扩张引发的更新换代，也有行业竞争带来的跌宕起伏。但无论如何，发展的车轮终会穿过技术的迷雾，开辟前行的道路，奔向一个更加生机勃勃的时代。

政策导向

2014 年，互联网企业争相上市，呈现了蓬勃发展的态势。主要展现出了几个特点：首先，互联网用户群进一步扩大，尤其在移动互联网方面得到了很大程度的提升；其次，互联网深入推进传统产业转型及产业创新；第三，互联网细分市场的竞争加剧。

2014 年，互联网产业扶持政策主要体现在以下几个方面：

第一，电子商务发展迅猛，政府加大对跨境电商及其配套物流、贸易的扶持力度。1 月 9 日，财政部和国税总局颁布《关于跨境电子商务零售出口税收政策的通知》，针对跨境电商的经营主体进行差异化征税，并在一定程度上鼓励传统外贸企业通过自建第三方电商平台来拓展出口业务。5 月 4 日，国务院办公厅颁布《关于支持外贸稳定增长的若干意见》，将从汇率、融资、税收以及保险等方面改善外贸环境、优化外贸行业结构。9 月 12 日，国务院颁发了《物流业发展中长期规划（2014-2020 年）》，将调整物流行业结构、转变物流发展方式作为主要指导方向，在一定程度上也保证了电子商务与物流的协同服务。9 月 24 日，商务部颁布了《关于促进商贸物流发展的实施意见》，将鼓励电子商务与商贸物流结合，实行新兴 O2O 模式展开作为政策之一，积极促进了电商物流配套发展。11 月 16 日，国务院办公厅颁布《关于促进内贸流通健康发展的若干意见》，把深入拓展网络消费领域，加强物流配套设施建设作为主要扶持方向。无论是从针对电商的扶持力度，或是建设物流等配套设施，都将对完善电子商务完整产业链形成利好。

第二，放开传统行业限制，解禁互联网化，鼓励企业改革转型。国务院 1 月 6 日宣布上海自由贸易区解除“游戏禁令”，允许外资企业从事游戏设备的生产和销售，并在 8 月 12 日取消了广电总局关于审批电子出版物的权限，很大程度上降低了外资企业进入中国游戏市场的门槛，为更好地发展中国游戏产业创造了条件。针对今年如火如荼的打车市场，交通部 7 月 17 日下发了《关于促进手机软件召车等出租汽车电召服务有序发展的通知》，在规范出租车电召服务的同时，也就全面推进出租汽车信息化建设提供了意见。而 5 月 28 日由食品药品监督管理总局发布的《互联网食品药品经营监督管理办法（征求意见稿）》中更是披露了处方药通过电商渠道销售的具体细则，放宽了食品药品网络销售的准入条件，将通过价格和渠道方面为消费者带来便利。2014 年作为民营银行的元年，前海微众银行、天津金城银行、温州民商银行、浙江网商银行和上海华瑞银行相继获批，将为传统银行市场注入活力，更有效地配置市场资源和金融人才。在虚拟运营商方面，工信部加大发放力度，爱施德、三五互联网、蜗牛数字、国美电器、苏宁云商集团、中期集团、长江时代、远特通信等企业均获得牌照，将扩大电信行业规模，促使行业竞争以带来更好的客户服务感受。

互联网的普及化应用和创新发展在更大程度上刺激了国家政府对互联网行业及相关细分市场的政策制定，这些政策将指导行业发展趋势，有效规范市场，保证公平、公正、安全的互联网环境，从长远方面促进互联网产业平稳、健康发展。在规范管理互联网行业、净化网络环境的同时，也要推动互联网产业积极健康发展。在十八届四中全会上审议通过的《中共中央关于全面推进依法治国若干重大问题的决定》中指出："加强互联网领域立法，完善网络信息服务、网络安全保护、网络社会管理等方面的法律法规，依法规范网络行为"，将作为互联网行业立法的指导意见，为"依法治网"提供依据。

在"依法治网"的前提下，政府为规范互联网产业发展制定的管控措施主要体现为以下几点：

第一，电子商务向其他行业的扩张，或会产生新的行业互联网化定义，在创新模式下需要规范政策来保障行业的健康发展。7 月 23 日，海关总署颁布《关于跨境贸易电子商务进出境货物、物品有关监督事宜的公告》，将对目前杂乱无章的跨境电商市场进行严格管制，对长期处于灰色地带的"海外代购"等违法违规行为进行严肃处理。

第二，新兴的互联网金融产业在快速壮大的同时，也暴露出不少安全隐患，政府正制定相应措施以保证行业的真实与安全可靠。1 月 26 日，工商总局出台《网络交易办法》对互联网交易市场进行进一步完善和规范。新增加的"七日后悔权"将会从更大程度上保障网购消费者的权益。3 月 13 日，中国人民银行发表公文《关于暂停支付宝公司线下条码（二维码）支付等业务意见的函》，叫停了包含支付宝在内的虚拟信用卡产品和二维码支付服务，对互联网金融线下交易的安全维度起到了有效的控制作用。4 月 9 日，银监会和中国人民银行联合下发《关于加强商业银行与第三方支付机构合作业务管理的通知》，对目前杂乱的商业银行与第三方支付机构合作业务进行规范。9 月 27 日，银监会在 2014 年互联网金融创新与发展论坛上发表了《P2P 十大监管原则》，从投、融资方到 P2P 机构，从 P2P 平台性质到行业规则，对 P2P 行业各方向的监管内容进行了具体的解释，将会对不合格企业进行严格排查与坚决打击。该十项原则或将成为制定 P2P 法律的依据，对促进行业发展产生积极的推动作用。

第三，互联网信息多而不实，淫秽色情信息广泛传播，盗取用户隐私的情况也屡见不鲜。针对以上内容，政府机构今年出台了相应的信息传播和内容监管政策，对关联产业进行了大规模的整改。在"扫黄打非·净网 2014"专项行动中，全国"扫黄打非"工作小组办公室联合网信办、工信部、公安部颁布了《关于开展打击网上淫秽色情信息专项行动的公告》，明确规范了互联网信息传播。在行动中，共查处淫秽色情网站 110 家，关闭频道、栏目 250 个，关闭微博、博客、微信、论坛类账号 3300 多个，关闭广告链接 7000 多个，删除涉黄信息 20 余万条。针对百度、新浪等标志性互联网公司涉案，相关部门严格把关，对其相关业务立即叫停，维护了互联网形象。1 月 20 日，广电总局下发了《关于进一步完善网络剧、微电影等网络视听节目管理的补充通知》作为对 2013 年相关规定的补充，细化规定网络视听节目的自审和审查力度。6 月 24 日，广电总局发函叫停了华数和百事通互联网电视机顶盒，旨在合理化管控互联网版权和内容信息，规范媒介的传播秩序。8 月 7 日，网信办颁布了《即时通信工具公众信息服务发展管理暂行规定》，规定了通信工具服务提供者从事公众信息服务的主体责任和内容自审义务。8 月 28 日，工信部下发了《关于加强电信和互联网行业网络安全工作的指导意见》，再次强调网络数据和用户个人信息保护，落实企业主体责任，推动互联网安全建设。

图 1 2014 年中国互联网发展政策导向

资本动向

2014 年，资本在互联网行业的表现活跃度大幅提升。易观智库发现，资本显著活跃体现在互联网企业海外上市潮；VC/PE 大量进入移动游戏以及移动医疗市场；互联网巨头投资加快移动互联网布局；传统企业通过投资加快与互联网的融合四大特点。从互联网巨头的投资来看，是为了加快推进自身业务由 PC 端向移动端的迁移，加快移动互联生态布局，卡位入口与平台。

实际上，2014 年这一波海外上市热潮，为中国互联网企业第五次。根据公开资料显示，第一波上市潮是在 1999 年至 2000 年，以新浪、搜狐等为代表；第二波在 2003 年至 2004 年，以盛大、前程无忧等为代表；第三波是 2007 年，以完美时空、巨人网络登陆纳斯达克，及金山软件、网龙在香港联交所挂牌为代表；第四波是 2010 年，以当当网、麦考林等为代表。如果从第一家于 1999 年海外上市的中华网算起，互联网企业海外上市道路已经走了近 15 年。2014 年 9 月，阿里巴巴拟募 243 亿美金，成为美股市场最大的 IPO，中国互联网海外上市迈上一个新的台阶。

企业名	上市时间	上市地点	股票交易代码	总市值（单位 亿美元）
新浪微博	2014年4月17日	纳斯达克	WB	28.50
途牛旅行网	2014年5月9日	纳斯达克	TOUR	5.84
猎豹移动	2014年5月9日	美国纽交所	CMCM	20.68
聚美优品	2014年5月16日	美国纽交所	JMEI	19.79
京东商城	2014年5月22日	纳斯达克	JD	321.27
智联招聘	2014年6月12日	美国纽交所	ZPIN	8.39
迅雷	2014年6月24日	纳斯达克	XNET	4.95
天鸽互动	2014年7月9日	港交所	01980	6.31
联众游戏	2014年7月25日	港交所	06899	3.31
乐逗游戏	2014年8月7日	纳斯达克	DSKY	7.39
阿里巴巴	2014年9月19日	美国纽交所	BABA	2687.35
神州租车	2014年9月19日	港交所	00699	33.14
慧聪网	2014年10月10日	联交所主板	02280	5.07
一嗨租车	2014年11月18日	美国纽交所	EHIC	4.70
陌陌	2014年12月11日	纳斯达克	MOMO	24.78

备注：所有企业总市值截至 2014 年 12 月

表 1 2014 年中国互联网上市公司盘点

模式升级

谷歌收购摩托移动，微软收购诺基亚，爱奇艺与 TCL 联合打造智能电视，越来越多的软件公司与硬件厂商合并或跨界融合，软硬结合的发展趋势越发明显。再放眼国内软件互联网公司，从雷军的小米，罗永浩的锤子、到蔡文胜的 MeituKiss、甚至崔健的蓝色骨头手机，大家开始拼软件 + 硬件，拼谁能掌控人们碎片化的时间。在国外，更有 Google Glass、Pebble、Nike+、LeapMotion、Makerbot 等朝着更创新的智能化硬件出发了。硬件的灵魂是软件，是用户体验，是对人们生活方式的颠覆式改变。软硬结合、智能硬件化时代正在开启。

易观智库分析认为，过去互联网产品的增长是终端的增长，所以它随着用户终端购买力一起增长。终端之后，硬件是底层，软件都是基础服务。PC 端转向移动端的逻辑也是一样的。到了现在，终端的购买力早已经不是影响互联网增长的主要因素，这个时期消费者需要的是具备良好的交互体验，也就有可能把所有的设备都改造成软硬结合的终端。持续增长的网民、多端融合的设备、数据，特别是大容量数据频繁流动以及网络宽带环境提升的趋势将共同交织而成的大互联网时代，为互联网产业发展带来了新契机。

随着互联网行业的发展，光靠卖硬件赚钱已不是易事，由于竞争，利润已被紧紧压缩，创业公司没办法单纯只做硬件，它们在价格和生产规模上很难有竞争力，因此互联网行业已呈现软硬件相结合发展的趋势。同时，基于用户对应用体验需求的提高，不止是阿里、百度这样的互联网巨头，越来越多的新硬件企业也开始加入这一“阵营”，软硬结合已是必经之途。软硬结合是互联网企业发展的总体趋势，不仅仅局限于智能路由器、可穿戴设备、智能电视，其余各类细分领域也赶上了软硬结合的浪潮。互联网战场硝烟不断，唯有“软硬”结合，满足用户丰富多彩的应用需求，方能赢得市场。日后，软硬结合的全新竞争生态，产业端的合纵连横，产品上软硬结合，软硬企业之间的合作还将频频上演。

此外，2014 年中国互联网的模式升级的另一个重要体现 – 构建生态。互联网巨头们纷纷通过投资，推动了 O2O 闭环落地，布局了内容互动的多屏场景，进一步完善了大数据的多维度串联，为日后以大数据价值的二次变现储备了资源，打开了更为广阔的盈利空间 – 闭环以及商业数据积累的反向应用，平台价值将成倍增加。盈利模式也会从展示广告到效果广告，向最终的电子商务等方向延展及多元化，流量货币化的效率得到巨大提升。

基于现有业务的竞争优势在移动互联网领域构建完整的生态体系已经成为 BAT 的布局核心，但在这个过程中，三巨头的侧重点各不相同。百度相对保守些，以搜索引擎为支撑的广告收入一直是其营收的绝对来源，在探索新业务方向时，主要以战略投资为主，形式多为收购和控股，这样一方面可以引进人才，一方面可以卡位新的业务。阿里则是 BAT 当中最为活跃的投资者，侧重于构筑完善的电子商务生态链，覆盖物流、数据服务、电商的交易支付、供应链金融等领域。腾讯更多的是采用开放平台战略，特别是对相对不熟悉的领域，游戏领域一直是腾讯投资的重点，单是已对外披露的案例就有 40 多个，涉及 30 亿美元以上。易观智库分析认为，随着巨头们的 O2O 生态系统逐渐通过收购与投资形成闭环，和中小开发者通过开放平台加入流量分享，这将直接催生更多创新移动电商应用场景，从打车、团购、餐饮到线下购物，O2O 闭环这一生态的构建将更加深纵发展。

行业变革

易观智库分析认为，2014 年，互联网行业变革显著突出在以下几个方面：

1. 大数据概念降温，在更多领域得到实际落地应用

大数据营销在 2014 年成为家喻户晓的名词，虽然在一定程度上得到了应用，但是更多的是噱头和炒作，更多的停留在概念层面。但是在 2015 年，大数据营销将会落到实处，得到更加具有实际意义的应用和推广，更加精准的针对性营销、本地化推送将在各个行业得到落地的应用。

短期来看，大数据已经成为互联网的第四种商业模式。从以前的卖流量到卖内容到卖商品，数据成为第四种商业模式。大数据产品和服务包括 IT 企业提供技术咨询、数据平台企业提供数据存储、数据产品、数据运营服务、数据交易平台，还有数据分析厂商在数据平台上开发数据增值服务。就 IT 企业提供的技术咨询服务来看，国内 BI 系统及系统集成企业具有较高的市场竞争力，以及未来大数据业务的可延展能力。

而目前，电商大数据的价值较高。就国内 BAT 三家大型的数据平台来说，三家的数据结构体系都不完整，而阿里所做出投资的策略也是在逐步进行数据投资，最终希望打造用户在生活中全部场景下的大数据地图。2013 年阿里在基础功能网络领域投资了高德，在核心网络应用领域投资了新浪微博和虾米、美团，在增值衍生网络领域投资了 UC 浏览器和墨迹天气，垂直领域的快的打车，还整合了数据分析企业友盟。2014 年阿里以 2.94 亿美元整体收购了高德公司，对快的打车进行了两轮投资，进一步扩大自己的数据地图。易观智库分析认为，2015 年，随着细分市场自身不断的发展成熟，格局稳定的细分市场以及迅速崛起的新市场将会带来更多的投资机会，不仅仅是大型的数据平台，短期内更多的平台企业将会开始迅速布局数据。

2. 互联网金融进一步冲击传统金融模式

阿里巴巴在支付宝基础上推出在线存款业务产品余额宝，不仅可以支付、转账，还能获得比银行更高的

活期利息。面对这块巨大的蛋糕，其他互联网巨头们也不甘落后，百度推出的百发在线理财产品，腾讯推出微支付、基金超市，新浪推出微博钱包，京东推出京保贝，互联网巨头纷纷“搅局”金融行业，加入混战。

根据易观智库发布的《中国互联网金融数据盘点专题报告 2014》数据显示，中国第三方支付互联网支付市场 2014 年交易规模达到 8.9 万亿元人民币，同比增长 48.3%，而截至 2014 年末通过 P2P 模式撮合完成交易规模为 2012.6 亿元人民币，行业规模继续扩张。

易观智库分析认为，与此前的电子银行、第三方支付不同，互联网金融产品涉及广泛的金融业务。过去只有金融机构才能经营的业务，如存贷款、融资、增值业务等，互联网企业开始涉足，出现了 P2P 小额借贷平台、众筹股权投资平台、小微信贷平台等。其次，余额宝等当前的互联网理财产品，主要综合了货币基金的收益功能和支付机构的支付功能，使得用户在把闲置资金投到货币基金获得远高于银行活期存款收益的同时，也可以方便地使用这些资金进行日常消费。平等、开放、透明、协作、便利、草根性、低准入，以低廉成本聚集资金，共同分享更高回报，互联网金融这些特性，对于封闭程度和准入门槛都较高的传统金融模式来说，无异于具有颠覆性的冲击。

3. 移动营销行业迎来爆发式增长期，移动营销生态日趋成熟

随着手机用户成为中国新增网民的第一来源，手机端已成为 2014 年中国互联网行业发展的强劲驱动力。根据易观智库产业数据库发布的《中国移动互联网市场年度监测报告 2014》数据显示，2014 年中国移动互联网用户规模增速走低，用户数达到 7.3 亿人，与 2013 年相比增长 11.8%，但继续保持着超越 PC 端用户量的态势。2014 年中国移动互联网市场规模迎来增速高峰值，增长率达到 183.8%，总量达 13437.7 亿元人民币。

易观智库分析认为，用户规模的变化不仅传达了移动端的市场规模和未来潜力，而社交服务、在线支付、理财类应用在移动端的迅速发展，则更加证明移动营销的良好趋势和巨大市场价值。再次，手机即时通信除了电话、短信、邮件之外，如 QQ、微博、微信等社交工具的不断创新也给用户带来新的体验，用户对手机的黏度得到加强。此外，基于移动互联网的创新热潮，为传统互联网类业务提供了新的应用场景、商业模式和发展空间。

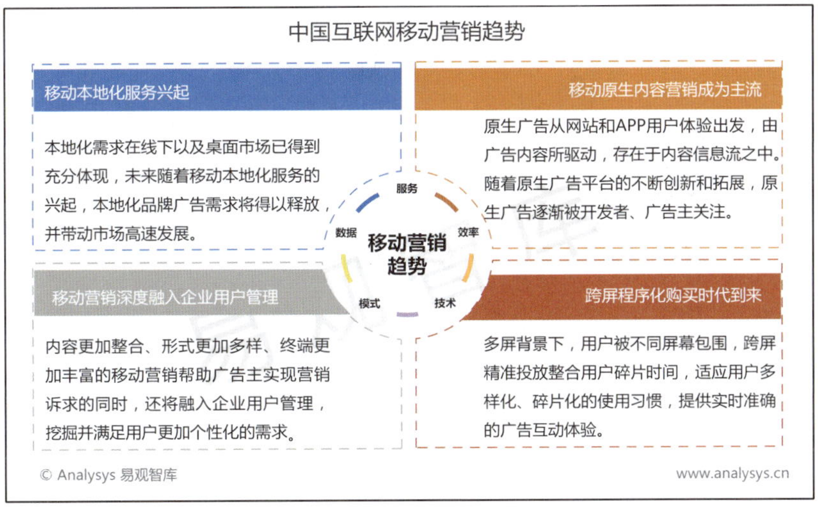

图 2 中国互联网移动营销趋势

4. 电子商务多元化，数据改变商业

根据易观智库产业数据库的监测，预计 2014 年中国电子商务 B2B 市场交易规模达 9.4 万亿元人民币，环比增长 15.37%；2014 年中国电子商务 B2B 市场收入规模达 192.2 亿元人民币，环比增长 28.34%。

易观智库分析认为，从商业模式上看，中国电子商务 B2B 市场经历了从 2006 年的“竞争基本同质化，但商业模式创新布局在部分厂商中浮现”；2007-2008 年的“传统商业模式仍然占据主流，但多家厂商在商业模式创新上已经迈出了实质性的步伐”；2012-2013 年的“传统商业模式占据主流，多种商业创新模式日趋成熟并快速增长”到 2014 年的 “商业模式多元化，行业服务纵深化”的新阶段。从中国电子商务 B2B 市场表现上看，阿里巴巴仍然占据绝对的优势，但是随着更多 B2B 厂商的进入以及多种创新模式的崛起，阿里巴巴的领先优势逐渐下降；第二集团的慧聪网、环球资源网、中国制造网等虽然地位比较稳固，但是市场份额也被一些新进入的厂商所分流；随着马可波罗、科通芯城为代表的创新模式不断出现，新的商业模式推广将逐步成熟，其他厂商的份额有望继续扩大。

5. 物联技术环境渐成熟，产品不断创新，行业蓬勃发展

以智能硬件、智能家居、智能可穿戴计算设备、智慧型汽车为核心的物联网经济成为最新一轮的热点。其中，可穿戴设备，如具有拍照、摄像、录音、监测或者移动终端等功能的眼镜、手表、手链、鞋帽、纽扣、戒指、耳环等等。随着移动互联网的发展和技术的进步，高性能低功耗芯片成本的降低，可穿戴设备商用程度越来越高。2013 年开始，中国互联网公司开始商业化开发可穿戴设备市场：百度云联合第三方公司陆续发布了咕咚手环、inWatch 智能手表、MUMU 智能血压计和 Latin 体脂测量仪；360 则推出了儿童卫士手环。随后有超级投影仪、空气盒子、空气净化器等智能产品出现，2015 年智能设备可以进行数据监测采集，反馈给其他智能设备，真正形成物联网络。

易观智库分析认为，物联网将引领人们走入更加贴心、便利、时尚的科技生活时代。这将为中国互联网终端市场在 PC 端主导的传统市场，智能手机、平板电脑主导的移动端市场之外，开辟出第三大市场。

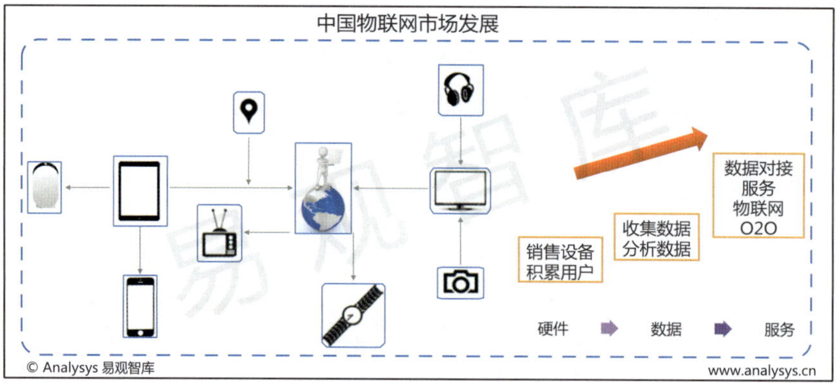

图 3 中国物联网市场发展

厂商竞争

百度收购糯米，苏宁收购满座，京东 IPO，南京商圈网收购麦考林，阿里巴巴收购高德地图，凡客获得第七轮融资，等等。2014 年春节长假前后，电商资本界风起云涌，诸多知名企业先后改换门庭，笔笔动辄过亿元人民币的大买卖看得人眼花缭乱。没有什么比真金白银的投入，更能作为行业和企业未来的发展动向的“风向标”和“指南针”。这些吸引眼球的举动折射出中国厂商竞争所产生的种种变局。

变局之一，行业集中度迅速提高，整体成长趋稳。易观智库分析认为，一方面来说，随着网民网购习惯的养成和网络购物环境的逐渐成熟，网络购物市场也开始进入“深耕期”。从另一方面来说，随着 BAT 三巨头的布局更为深入，垂直电商的流量劣势将更为明显地体现出来，而与巨头“短兵相接”则意味着更多市场推广费用投入，这也使它们必须用尽浑身解数，以获得更多的资金支持。

变局之二，线下企业对线上业务的切入更为坚决，同时产业链条不断拉长。无论是苏宁收购满座，还是有南京零售业背景的商圈网收购麦考林，都意味着线下企业已不仅仅将自己对网络购物的“胃口”局限于将线下业务搬到线上。随着移动互联网的发展和 O2O 应用场景的不断丰富，线下零售企业在与线上电商巨头的抗衡中逐渐体现出独特的优势，其业务线也在不断丰富，在售卖产品之外，包括团购、优惠券、整合营销、第三方电子商务配套等增值服务都开始被纳入麾下。为了迅速填补技术、经验和人才储备不足的“短板”，线下企业的直接收购也在情理之中。

变局之三，巨头们构建产业互联网生态、业务整合力度将进一步加强，争夺企业入口，企业级市场逐渐升温。如果说 2013 年 BAT 三巨头还在各自“招兵买马”，步步为营地建设着自己移动互联网的“入口”，那么从 2014 年伊始，火药味就特别浓烈，通过微信红包，腾讯大胆挑战阿里巴巴的核心业务移动支付，而阿里巴巴则通过收购高德地图直指百度作为自己移动互联网战略核心的位置服务。不仅如此，在各家巨头移动电商生态系统逐渐通过收购与投资形成闭环，并抢占移动端客户流量热潮之后，巨头们又相继推出了针对企业的服务窗口，通过开放平台加入流量分享的方式为企业级客户服务、以及中小开发者构建移动互联网开发者生态并构筑底层支持服务。而这些服务内容的展开将直接催生更多创新移动电商应用场景，O2O 在 2014 年得到了更深纵的发展。

图 4 互联网产业生态构建

产品创新

2013 年是可穿戴设备产业的元年，而 2014 年则是可穿戴设备产业创新蓬勃发展的一年，“硬件”又再一次成为传统互联网巨头以及创业公司竞争的新战场。易观智库分析认为，可穿戴设备的产业创新将向三个方向发展：其一是信息交互型产品，如智能手表、智能眼镜等，为用户提供更加便捷的信息沟通途径以及全新的使用体验；其二是健康监测类产品，尤其是面向老人、母婴、儿童、减肥一族等细分人群的产品，将会得到更多的市场机遇；其三是体感控制类产品，为用户提供与智能终端更加便利的交互方式以及更优秀的交互体验，尤其是在一些特定场景下，体感控制类产品有更强的适用性，如眼动控制、脑电波控制等。

而未来，可穿戴设备的范畴将不断扩大，不仅限于“穿戴”，例如智能体重秤、智能平衡车等与用户行为紧密融合的互联网智能终端，也将借助可穿戴设备的发展浪潮，迅速占领人们生活的各个角落，共同构建互联网化的智能生活新风尚。

软硬结合是可穿戴设备发展的核心要素，大数据是可穿戴设备的核心价值。“硬件”是信息、数据的载体，由于可穿戴设备的随身性，结合其各类传感器为用户提供专业化的应用与服务，并且能够产生与人们生活息息相关的数据，如位置数据、健康数据、行为数据等，数据驱动二次变现价值，反哺产品创新。例如：具有心率监测功能的可穿戴设备，可以汇集众多用户心率变化情况，为医疗机构的研究提供大数据的支持，从而找到身体异常的前兆特征，反过来为用户提供健康预警。

可穿戴设备将成为大数据的重要入口，为硬件厂商、互联网公司以及专业领域提供更大的价值。

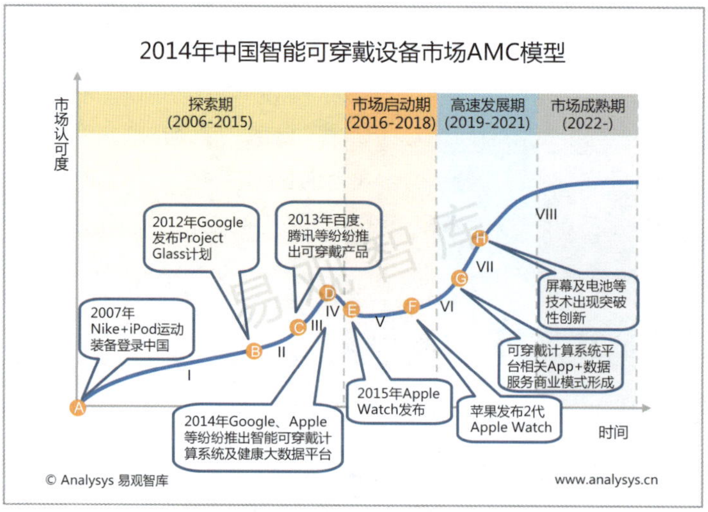

图 5 2014 年中国智能穿戴设备市场 AMC 模型

第叁部分

区域发展

第三部分 区域发展

随着互联网在中国的迅速发展，互联网已深入千家万户，大大改变了人们的生活方式，互联网的发展给区域经济带来巨大的影响，互联网产业的形成和聚合式的发展促使国内互联网标志地图的形成。由于区域政策、人口分布、生活水平、产业特性、经济发展等因素的存在，地域互联网发展优势各有不同，主要原因：一方面，互联网产业的发展仍然存在较为明显的地区不平衡，与此同时，相对滞后的中西部地区正在力求发力赶超；另一方面，政府也加大了互联网产业与传统行业相融合的支持与促进力度。

易观智库选取北京、上海、浙江、广东、四川这五个区域进行分析，这五大区域都是目前中国互联网发展具有地域代表性的区域。首先，这五个区域分属中国的东南西北；更重要的是，这五个区域在一定意义上也是中国互联网发展的排头兵和制高点。期望通过对这些区域的了解，闻一知十，在概览中国互联网区域发展的同时，也能帮助中西部地区将互联网产业的发展与自身产业的区位优势相结合，更快更好地驱动经济转型与稳健增长。

北京

北京市互联网产业的发展现状

根据 CNNIC（中国互联网络信息中心）数据显示，截至 2014 年底，北京市固定互联网网民数已经达到 1593 万人，网民普及率是 75.3%，网民规模增速为 2.4%。虽然增速有所减缓但普及率仍位列全国的首位。

众所周知，北京的互联网产业中心是中关村。在移动互联网领域，中关村示范区聚集了产业链相关企业超过 6000 家，从业人员超 40 万。中关村在移动互联网领域已形成完整的综合性产业集群，成为中国移动互联网产业中心。中关村移动互联网产业链已经完整，一大批新兴互联网企业正在崛起，如以华为、小米、联想等为代表的移动智能终端，以优视为代表的浏览器，以奇虎为代表的网络安全，以新搜狗、优视为代表的移动搜索，以文思海辉、用友软件、浪潮为代表的新一代信息技术公司。同时，在移动娱乐、移动社交、移动商务等应用领域聚集了一批国内领先企业，在移动娱乐方面有爱奇艺、触控、蓝港等，在移动社交方面有天涯等，在移动商务方面有网银在线、拉卡拉等，在移动广告方面有亿玛在线等，为北京市互联网发展添彩。

北京市互联网产业的区位优势

资源积累优势 北京市拥有国务院批准建立的中国第一个国家级高新技术产业开发中心 – 中关村科技园。中关村科技园已经渗透至北京的各个地区，有“一区十园”的说法。整个中关村科技园是北京市高新技术产业开发的立足之本，在北京乃至全国范围内都有着举足轻重的作用。

产业聚集优势 海淀区作为中关村国家自主创新示范区的核心区和中关村国家科技金融创新中心的核心功能区，是中国科技创新、金融创新的策源地，在移动互联与下一代互联网、云计算、大数据、搜索引擎、网络通信等领域形成了强大的产业技术核心竞争力，聚集效应和区位优势日趋显著。海淀区依托区域 IT 产业优势，创新发展互联网金融。吸引依托互联网、移动通信和大数据处理等技术机构在海淀区聚集发展，加强信息安全、大数据存储和带宽基础设施建设，鼓励其开展资金融通、支付、机构间交易结算平台等金融业务。

人力资源优势　中关村科技园的项目直接与高校教研项目对接，成了优秀生源的直接输送地。

北京市相关产业园区与产业组织

互联网金融领域　2013 年 8 月 9 日，在中关村管委会支持下，全国第一家互联网金融协会－中关村互联网金融协会成立。首批会员单位有京东、当当网、拉卡拉、用友软件等 33 家。中关村管委会人士表示，协会的成立，一方面可以整合互联网金融行业发展资源，加强企业间的沟通交流，实现优势互补、合作共赢、协同创新、规范自律。另一方面可以加强和国家金融监管部门和主管部门的对接交流，研究互联网金融行业发展规律，推动制订互联网金融行业发展规则和标准，引导行业健康规范地发展。

8 月 30 日在石景山成立的北京互联网金融产业基地。建筑规模 20 万平方米。石景山区发布了支持互联网金融产业发展的暂行办法，为互联网金融产业发展提供一系列人才、政策、服务保障。将每年安排 1 亿元人民币专项资金用于支持互联网金融产业基地建设。还将成立互联网金融资信公司，建立互联网金融征信平台，将与首钢总公司共同设立总规模为 3 亿元人民币的互联网金融产业投资基金，专门投资于初创期和成长期的企业。由多家金融企业与专业投资机构共同出资创办的网信有限公司成为首家入驻的互联网金融企业。

10 月 19 日在海淀区揭牌的“互联网金融中心”“互联网金融产业园”“互联网金融基地”。三大基地将协同联动，重点聚集互联网金融的研发、培训、研究院、实验室及重要的宣传展示机构。京东金融集团、百度小贷等 6 家互联网金融机构签约入驻。海淀区具有发展互联网金融的产业优势条件，聚集了大量的互联网企业与金融企业。

经过一年的时间，目前北京互联网金融产业园似乎未能及时得到企业的呼应，尤其是一些知名互联网金融企业。首先产业园的相关配套设施并不完善，目前海淀区的互联网金融产业园已经将 50% 的房屋出租，大部分还在装修中，所以暂时还较难形成规模。互联网金融企业通常都是一个平台辐射全国，在产业园外面照样发展得很好，但是相信经过进一步的建设完善和政策支持，北京互联网金融产业园将会成为互联网金融产业的重要依托。

智慧城市领域　海淀智慧城市产业联盟于 3 月 28 日成立，联盟由方正国际、用友、神州数码等 65 家 IT 企业自主发起，是充分发挥区域科技优势，推进社会服务管理创新的民生工程。海淀区现有国家级高新技术企业 4400 家，2012 年软件服务业总收入达到 2900 亿元人民币，使海淀区在建设智慧城市过程中具有先天的技术优势和经验积累。今年智慧海淀建设预计总投入约 15 亿元人民币，包括城市精细化管理、民生服务、服务核心区建设、政府服务能力建设及基础设施建设五大领域的 17 项示范项目。联盟的成立将在融合产学研用等多方力量，引导企业间合作形成优势互补，助力科技型中小企业发展等方面发挥重要作用。

其他 2013 年以前已建成的著名产业联盟还有中关村移动互联网产业联盟、北京物联网研究会、车联网产业基地、云计算产业联盟等。

北京市互联网产业未来发展方向

2014 年 8 月 26 日，为期三天的 2014 年中国互联网大会于北京的国家会议中心拉开帷幕。本届互联网大会得到工业和信息化部、国家互联网信息办公室等部门的指导与支持。大会以“创造无限机会 – 打造新时代经济引擎”为主题，针对互联网业界的热门领域、热点话题共设立论坛 21 个，邀请政府部门代表、专家学者、行业代表，从不同角度围绕移动互联网、互联网金融、智能交通、大数据、云计算等方面，展开广泛而深入的探讨。

北京市针对现今互联网局势，制定了平台带动战略，平台是以云计算技术为支撑，包括新型终端、软件、内容、运营服务为一体化的信息服务运行平台，这是北京市软件和信息服务业发展的重要战略转变。北京市计划围绕移动互联网、互联网新应用、融合性的网络电视业务等三大方向，依托优势企业构造十个左右这样的平台，带动整合上千家软件和信息服务企业，形成以平台型企业为龙头的新兴产业链、价值链。

中关村管委会在 2014 年 1 月 13 日印发了《中关村国家自主创新示范区支持企业国际化发展行动计划（2013–2015 年）》，支持并鼓励企业开展国际合作，吸引跨国公司等落户中关村。未来两年中，中关村将努力打造全球技术和商业模式创新最活跃的移动互联网和新一代移动通信产业集群。到 2015 年，力争实现海外收入亿元人民币以上企业 2500 家以上，企业年度出口总额超 300 亿美元。

易观智库分析认为，北京市未来仍将是互联网行业的兵家必争之地，是中国互联网产业发展中心中的中心。首先，人才的流入助力企业创新。作为国家首都，具备多种资源优势。对于互联网行业的发展，人力资源在北京尤为集中。互联网行业是需要从技术到管理的全方位人才支撑的行业。2014 年北京市预计有 23 万的高校毕业生走出校园，占比全国高校毕业生的 3%。但是凭着北京在全国经济、文化、社会发展上的影响，仍将有大批量的优秀人才流入北京。

其次，软硬设施齐全，互联网行业发展空间大。北京市中关村科技园辐射面积大，政策上对企业创业和发展有帮助。从资本上来看，北京地区拥有众多天使投资，具备良好的企业孵化条件和资源。针对中小企业的发展，北京有得天独厚的优势。传统行业互联网可以依托产业园的优势，利用北京的科技创新能力快速发展自身优势，在全国范围内打出自身品牌，推广优势产品。互联网金融在北京有政策扶持，再依托环渤海经济圈的区位优势和雄厚的经济实力，将会很快地在全国范围内形成较强的影响力。大数据、云计算和商业化在北京同样有较为有利的发展条件。大数据与云计算属于高新技术产业，在北京依托中关村科技园的影响力和政策优势将会有很大的发展空间。另外北京整体的投资环境趋好，针对企业创业和企业的商业化发展有很好的支撑。政府将动漫产业和网络游戏产业归于文化创意产业，早在 2005 年时便出资 5 亿元人民币促进产业发展。北京市以文化底蕴悠久为荣，所以凡是涉及文化产业的，例如互联网互动娱乐产业的发展在北京也必定会有较为平稳的发展空间。

综上，由于北京产业园的综合性强，辐射面积广，政策良好，且优秀人才集中，相比全国范围内一些互联网产业比较集中的地区，北京仍具备较强的互联网行业发展的优势，特别是对于中小企业的发展和创新有绝对优势。美国《麻省理工科技评论》杂志称“世界上只有北京成了硅谷真正的竞争对手”。北京目前已成为全球科技创新中心之一。按照当前的发展速度，北京的创业者未来或许将可以挑战硅谷在创新方面的垄断地位。

上海

上海市互联网产业的发展现状

根据CNNIC统计数据显示，2014年上海市网民数达1716万人，普及率达71.1%，网民规模增速达2.0%，普及率排名全国第二。中国电子商务研究中心监测数据显示，2014年上海电子商务交易额达13549亿元人民币，同比增长28.3%。2014年前三季度，B2B交易额7062亿元人民币，同比增长22.8%。2014年上半年上海市互联网金融营业收入达到120多亿元人民币，同比增长26.3%。其中，第三方支付收入98亿元人民币，同比增长22.8%。互联网金融市场发展势头良好。“十二五”期间，上海将集聚一批具有较强影响力的龙头示范企业，培育一批具有创新活力的成长型企业，建设一批移动互联网产业和创新基地，成为国内移动互联网产业和创新高地。

上海市互联网产业的区位优势

上海市互联网发展水平位于全国前列，随着互联网、移动互联网的普及发展和深度应用，以及社交元素在网络文化生活中的日渐流行，上海市人民的生活品质普遍得到较大幅度的改进和提升，互联网生活已深入到上海市民中，成为日常生活密不可分的一部分。

上海作为全国性的经济中心和金融中心，对外开放的最前沿窗口，跨国公司总部众多。在互联网金融创新、第三方支付、媒体、云计算与大数据、移动互联网终端解决方案、物联网等领域都具有优势积累。

2013年8月上海浦东设立自由贸易园区，开放18种领域服务行业，允许外资进入传统行业和现代服务业领域。在保障网络信息安全的前提下，允许外资企业经营特定形式的部分增值电信业务，这对于学习国际前沿技术也有十分积极的影响。同时，对于信息传输、处理和存储等行业来说，既提出了新的需求，也加大了关注和投入。

领先的基础软件、工业软件等高端软件产业，给培育发展金融信息服务、网络视听、数字互动娱乐等信息服务业，推进移动支付、移动阅读、手机游戏、车载信息服务等移动互联网重点领域发展提供了良好的条件。

上海市相关产业园区与产业组织

上海市互联网产业服务联盟

2013年4月26日上午，上海市互联网产业服务联盟在上海市现代服务业联合会浦东本部正式成立。联盟松散型的组织结构意在推动跨界创新，推动互联网与相关产业的跨界融合，围绕政府监督、行业自律和企业创新三方面做好服务。同时联盟将增进产业链中各类企业的信息互通，加强产业协同，最终推动芯片、终端、传输、软件、平台、应用联动发展，使企业的单一竞争优势转化为产业链的整体竞争优势，促进形成优秀的移动互联网产品商业模式和品牌，为促进上海智慧城市建设和现代服务业的发展发挥积极作用。

上海移动互联网产业发展联盟

2013 年 6 月 28 日，由上海市经济和信息化委员会、上海市宝山区人民政府成立上海移动互联网产业发展联盟。联盟成立后，将通过加强政府与企业、企业与企业之间的信息沟通与资源共享，加强产业协同，促进移动互联网各细分领域之间的协作、创新与联动；推动上海移动互联网产业示范应用，搭建产业化合作平台，改善产业发展的市场环境，提升产业技术水平、商业创新力以及产业竞争力，从而推动上海移动互联网产业快速发展。联盟在成立大会上表明，上海发展移动互联网产业要发挥自身信息基础设施和人才优势，突出特色和高端。另外，上海市软件设计人员奖励政策将向移动互联网领域倾斜。

中国（上海）自由贸易实验区

2013 年 8 月 22 日，国务院正式批准设立中国（上海）自由贸易实验区，试验区范围涵盖上海市外高桥保税区、外高桥保税物流园区、洋山保税港区和上海浦东机场综合保税区等 4 个海关特殊监管区域，总面积为 28.78 平方公里。自贸区扩大服务业的开放，互联网信息服务也在开放之列，包括信息传输、软件和信息技术服务业、其他电信业务、数据处理和存储服务、呼叫中心等相关领域的开放，对于上海市整体互联网行业的发展都有积极促进作用。此外，根据 2014 年 1 月国务院颁布的《在中国（上海）自由贸易试验区暂时调整有关行政法规和国务院文件规定的行政审批或者准入特别管理措施目录》，国家将进一步放宽对外商经营资质和经营范围的限制。在成立一年多来，外商投资逐月递增，累计新设外资企业 1784 家。现阶段每月有 190 家左右的外资企业在自贸区注册，自贸区新入驻外资企业已占新入驻企业总数的两成左右。大量外资的注入，给自贸区发展带来充足的动力。自贸区制度管理层面，“负面清单管理模式”作为上海自贸区的关键内容及制度创新，极大提高了自贸区的开放程度。2014 年 7 月，上海自贸区公布第二份负面清单，从最初的 190 项缩减为 139 项，取消其中 14 条，简化其中 19 条，开放度提高了 17.4%，提高了外资进入的效率，赋予企业更多的创业发展空间。截至 2014 年，已经有百视通、盛大集团、弘毅投资、申银万国等众多著名互联网公司入驻。

上海互联网金融产业基地联盟

2014 年 12 月 17 日，上海浦东新区、黄浦区、长宁区和嘉定区合力打造了上海互联网金融产业基地联盟，并签署了联盟协议。该联盟推出了 5 个在互联网金融方面已经具备一定实力的产业基地，分别是：黄浦“宏慧 · 盟智园”互联网金融产业园、浦东新区新兴金融启航基地、长宁虹桥互联网金融财富天地、嘉定工业区互联网金融产业基地和张江互联网金融园。这 5 个产业基地可以满足不同阶段、不同背景互联网金融企业的差异化需求，将对上海加快建设互联网金融产业发展高地产生积极的推动作用。

黄浦区“宏慧 · 盟智园”目前招商率已达到 95% 以上，涵盖了网络支付、P2P、众筹、大数据征信等多类互联网金融企业，将成为上海互联网金融发展的重要支撑；浦东新区新兴金融启航基地位于杨高南路花木路口的陆家嘴世纪金融广场，地理位置优越，汇集了大量金融资源和金融人才；长宁虹桥财富天地分别为成长型企业和成熟型企业划分了区域，将重点支持互联网金融、移动互联网、平台经济等“四新”经济产业；嘉定工业区将重点培养电商企业和汽车金融行业；张江金融园汇聚了众多知名金融企业的数据中心，具备发展信息产业的良好基础。

互联网教育产业联盟

2014 年 9 月，全国首个互联网教育产业联盟在上海杨浦成立。杨浦区发布了九大政策确定建立互联网教育产业创新创业基地、投资基金、企业培育工程，并为互联网教育成长型企业提供支持。目前，该联盟已经汇集了众多互联网教育创业者、投资人、出版社、高校等优秀资源。该联盟的成立是教育业互联网化的深入，将为教育改革提供参考意见及指导方向。

上海市互联网产业未来发展方向

上海市经济和信息化委员会发布的《上海推进移动互联网产业发展2012-2015年行动计划》表明，在“十二五”期间，上海将集聚一批具有较强影响力的龙头示范企业，培育一批具有创新活力的成长型企业，建设一批移动互联网产业和创新基地，成为国内移动互联网产业和创新高地。到 2015 年，上海移动互联网产业经营收入将突破 800 亿元人民币，从业人员达到 6 万人。上海将加强与区域其他主要城市合作，落实《长三角地区区域发展规划》，加速融合区域信息化、信息产业提升。

上海的移动互联网发展将注重软硬结合，力求在芯片、终端、传输、软件、平台、应用等领域联动发展，突破关键技术。

易观智库分析认为，上海的互联网发展水平在全国领先，从信息基础设施、行业规模到网民规模、人才储备等方面都有自己的优势，同时传统行业的互联网化程度也逐年提高，传统行业的互联网化也将走在全国前列，特别是自贸试验区的正式建立，对于金融、电子商务等现代服务业的发展和“智慧城市”的建设都有十分积极的意义。

浙江

浙江省互联网产业的发展现状

浙江是互联网大省，不论从网民数量，网络应用还是网络基础建设上，都在中国位居前列，浙江有互联网行业中的代表性企业阿里巴巴，同时是中国小商品贸易流通的中心，因此在电子商务领域一直处于领先地位，另外，在云计算方面也有明显优势。浙江省的行业信息化应用在全国具有明显领先优势，涉及云计算的部分企业在该技术领域已形成一定先发优势，全省经营业务涉及云计算领域的企业数量有上百家，总收入也有数百亿的规模。同时，地方政府对于云计算产业在省内的发展也给予了极大的支持，并对未来的产业规划有明确的方向和目标。

浙江省互联网产业的区位优势

中小微企业数量及规模优势

浙江省是中小微企业聚集的大省，这类企业数量超过 300 万家，产品分布面很广，有 200 多种工业产品占有率居全国第一，主要集中在纺织，通用机械，塑料制品，电器机械及器材，金属制品等。另外，杭州和宁波两个城市入选国家电子商务示范城市，杭州市西湖区文三街电子信息街、金华市区电子商务产业基地入选首批国家电子商务示范基地，浙江淘宝网络有限公司等 8 家企业入选商务部电子商务示范企业，这些也凸显了浙江省在电子商务领域的区域优势。

中小微外贸企业能更便利地获得“保姆式”线上出口综合服务，借助网络将“中国制造”卖向海外，并基于沉淀在网络平台上的数据获得信贷和“出口补贴”，提高外贸竞争力。2014 年 9 月 28 日浙江省商务厅与阿里巴巴集团旗下的外贸服务平台“一达通”签署合作协议，宣布“一达通”浙江公司正式启动运作。由浙江省商务厅牵头，包括财税、外管、海关、工商、检验检疫等部门在内的相关部门将支持“一达通”服务浙江中小企业、提升浙江外贸出口，并通过阿里巴巴的大数据优势建立外贸出口的商业诚信体系，商务厅将牵头协调相关部门支持浙江“一达通”开展外贸综合服务业务，建立适应现行的出口退税财政负担机制和外贸考核机制的运营模式，提升中小微企业的国际竞争力。

浙江目前能开展 B2B 线上交易的中小微企业还比较少，多数都处在简单的网上查询和网上信息发布阶段，在供应链服务，支付，分销渠道等方面的互联网化程度不高。易观智库分析认为，随着电子商务 B2B 平台的模式多元化发展，未来浙江省中小微企业的规模优势会带动该区域内的电子商务产业朝着更加深入和精细的方向发展。

云计算先发优势

2010 年国家发改委，工信部关于做好云计算服务创新发展试点示范工作的通知中，决定在北京、上海、深圳、杭州和无锡先行开展云计算创新发展试点示范工作，杭州市为试点城市之一。加快发展云计算产业，是浙江培育战略性新兴产业、促进经济转型升级、转变经济发展方式的重要途径。云计算在杭州具有较好的产业基础，云计算平台服务业和基础支撑产业都比较发达，同时杭州在电子商务和行业应用软件方面也有很强的基础，通信基础设施完善，城市信息化应用广泛，这些都为区域内的云计算发展提供了很好的支撑平台。

浙江省相关产业园区与产业组织

杭州电子商务产业园

2010 年底正式开园，是“中国电子商务之都”的核心，深受国内首个“国家数字娱乐产业示范基地”、“国家信息服务业示范园”、国家软件产业基地、国家电子信息产业基地的辐射。该产业园已被正式批准成为国内首个“中国移动电子商务试点基地”分园，并成为“中国电子商务之都”首个专业性的电子商务产业园区和孵化基地。

杭州云计算产业园

成立于 2011 年，是“十二五”期间杭州市建设国家级云计算产业集聚区的重大战略部署，也是西湖区产业转型升级的最重要载体之一。园区重点引进云计算产业链各个环节的企业，定位为杭州市云服务的产业创新中心、技术交流中心、应用示范中心、服务营运中心，努力打造成为全国最大云计算产业集聚区，开创云计算服务的杭州模式。

2013 年，与阿里云合作，致力打造中国的第一创业基地，即阿里云创业基地，依托阿里云计算平台，聚集 100 家以上的创业创新型科技类企业，打造基于应用层面的完整的云计算产业链，5 年内实现产值 50 亿元人民币、税收 2 亿元人民币。经过一年发展，在阿里云创业基地发起的“云栖小镇”，在 2014 年发展成为拥有 45 家成员的云计算产业联盟，将共同为杭州及整个浙江的互联网发展注入新的活力。

浙江智谷产业园

浙江智谷产业园位于钱江新城、城东新城等城市 CBD 的江干区，既提供政府公共服务又提供市场化人才流动服务的平台，在人才招聘、教育培训、职称考评、薪酬绩效考核等方面打造“超市式”点单服务。

2014 年江干区还专门制定出台了《江干区人力资源服务业发展规划》和《江干区关于加快人力资源服务业发展的实施意见》，进一步明确了人力资源服务产业发展目标、措施和扶持政策，11 月，包括智谷•人才广场和智谷·教育培训广场在内的人力资源产业园又将正式运营。2014 年，刚满一岁的智谷已经被国家人力资源和社会保障部认定为国家级产业园，并吸引了 43 家企业入驻，包括德科、蓝拓人力等领军型企业。

浙江省互联网产业未来发展方向

浙江把云计算和电子商务视为未来优先发展重点发展的产业战略地位。

在《浙江省电子信息产业"十二五"发展规划》中提出要加强云计算基础设施建设。促进高端服务器制造业、服务商和系统集成商建设节能、环保、低碳的云计算基础设施，提高云计算设施使用效率。要突破云计算关键技术。重点开展适合于大规模云计算的服务器和网络交换技术、云计算基础平台软件技术、行业云服务平台技术、云计算管理与安全技术等云计算关键技术研发与产业化。要创新应用服务模式。针对政府、大中小企业和个人等不同用户需求，加快推进 SaaS（软件即服务）、PaaS（平台即服务）和 IaaS（基础设备即服务）等服务模式创新，积极推进电子商务云、媒体云以及物流、游戏动漫、金融服务、公共服务等专业特色云的示范应用。要重点培育浙江移动、浙江电信、浙江联通、阿里巴巴、杭州华数、杭州华为、世导科技、杭州国软、恒生电子、信雅达、海康威视、税友软件等优势企业云计算中心建设。要以"智慧浙江"和杭州国家云计算服务创新发展试点示范工程建设为契机，大力推进杭州、宁波、嘉兴、湖州、金华等地云计算中心建设。

在《杭州市"十二五"电子信息产业发展规划》中提出，大力推进以电子商务为代表的互联网相关产业发展，推动电子商务技术创新、服务创新和应用领域拓展有机结合、电子商务和传统产业改造提升相互促进、网络经济与实体经济渗透融合，推进电子商务与工业、农业和其他第三产业的融合。

培育各类云计算服务，推进云计算平台建设，完善云计算服务体系，构建完整的云计算产业链；重点开发为金融财税、工业控制、商业、旅游、交通、公安、医疗卫生、教育、外贸、城市管理等各行业信息化提供服务的软件产品和信息技术解决方案。

易观智库分析认为，浙江依托于本省中小微企业的资源优势，积累多年的产业基础，区域内的众多优秀企业，以及政府的战略性规划和支持，未来在电子商务和云计算领域的优势会比较明显，值得相关企业及投资机构重点关注。

广东

广东省互联网产业的发展现状

根据 CNNIC 发布的《第 35 次中国互联网络发展状况统计报告》显示，2014 年广东省互联网网民数为 7286 万人，网民规模增速达 4.2%。互联网普及率 68.5%，位居全国第三。报告显示，广东省互联网普及率相对较高，但增速有所放缓。值得一提的是，广东拥有 532787 个网站，占全国网站总数比例为 15.90%，排名第一。据广东省通信管理局数据显示，截至 2014 年 12 月，（固定）互联网宽带接入用户 2409.8 万户，同比增长 15.8%，电信业务收入达 1513.4 亿元人民币，同比有所下降。

广东是中国互联网的重要发源地，也是互联网和移动互联网的超级大省，早在 16 年前广东深圳是全国最早数据业务互联网开通的城市，可以说在中国，广东是最具有互联网积淀和基因的省份之一，其互联网的发展一直走在全国的前列。电子商务作为当今互联网发展的重头戏，广东省在这一领域中表现抢眼。据中国电子商务研究中心监测数据显示，2014 年广东全省电子商务交易额为 2.63 万亿元人民币，同比增长 30.5%。全省前三个季度网络购物额约 3386.5 亿元人民币，相当于全省社会消费品零售总额的 16.3%，比全国高出 6.6 个百分点。2014 年前三季度广东省电子商务交易额为 1.73 万亿元人民币，约为 2013 年全年的 86%。另外，在企业区域的分布上，广东省排名第一，占全国份额 13.2%。广东地区电子商务渗透率远远高于其他地区，作为加工及制造业大省，广东众多的中小企业也为电商发展提供了良好的商品基础。目前，广东省电商发展走在全国前列，但是大平台不多。而广东电商企业的发展也将逐渐由粗放增长走向国外成熟的发展模式，由价格战逐渐走向以服务为主导的增长方式，注重顾客体验，提升管理效率。除此之外，在互联网时代还应该加以重视的一个问题就是信息安全问题。2014 年，一批新业态企业得以迅速成长，优秀电商企业代表层出不穷，并形成电商企业、电商产业园区、电商村等多种发展形态全面开花的局面。

广东省互联网产业的区位优势

深圳是互联网创新之都，地处珠三角腹地，可以辐射到整个广东的工业重镇，独特的区位优势和繁荣的对外贸易，为深圳的电子商务企业提供了数量巨大的电子商务用户群。深圳依托这一产业特征，正在不断寻找电子商务的发展方向和路径。政府对于本市的电子商务产业发展也给予了较大力度的政策支持，积极推进电子商务应用，鼓励企业应用电子商务手段优化供应链和价值链，推动中小企业运用第三方电子商务平台开展在线销售，采购等经营活动，发展面向行业，区域，企业及消费者的第三方支付平台，完善支付、征信，认证和数据记录等电子商务支撑平台，促进电子商务健康发展。

在移动互联网领域，深圳也处于较早较快发展的领先地位，首先深圳在手机产业链上布局完整，有着众多民族品牌的手机厂商，其次在内容和应用服务上也有许多优秀的企业。在 2011 年有政府支持成立的深圳移动互联网产学研资联盟，成为深圳建设移动互联网之都的标志性事件。联盟利用自身资源，结合国家产业重点和布局，打造产业规划和市场研究、公共服务、资本对接等平台以促进移动互联网产业发展，并设立投资基金，支持有发展潜力和市场开发前景的移动互联网项目。

广州经济发展平稳，制造驰名海内外，商贸流通甚为发达，适合电商创业，唯品会、梦芭莎等本土 B2C 企业销售额连年成倍增长。近年来，广州相继被评为“国家移动电子商务试点示范城市”、“中国电子商务应用示范城市”、“中国电子商务最具创新活力城市”。2011 年 11 月，广州更成功获批为国家电子商务示范城市，政府将结合市场实际，引导广州电子商务形成三大圈层、梯次发展的布局：第一个是核心圈，主要由电商企业分布最为密集的越秀区和天河区组成，功能定位为完善电商产业的服务配套，孵化一批知名电商品牌和电商平台；第二个是中间圈，包括荔湾、海珠、萝岗、黄埔、白云、番禺等，功能定位是深化传统制造业与电子商务的有机融合，结合供应链采购优势来发展电子商务；第三个是外围圈，包括增城、从化、花都、南沙等地，其特点是具有人才聚集优势或土地储备优势，功能定位是提供电子商务产业仓储物流、呼叫中心等基础设施配套，为创业型企业提供广阔的发展空间。

广东省相关产业园区与产业组织

深圳罗湖互联网产业园

主要目标定位为：一是大力培育电子商务服务企业，丰富现代服务业内涵，提升现代服务辐射能力；二是促进电子商务与辖区支柱产业或优势产业融合，提高相关企业电子商务应用水平，提升辖区经济竞争力；三是最终让电子商务成为罗湖的名片。目前，已经有伊果国际、天助网、科荣软件、传达科技等多家企业入驻。

深圳南山蛇口网谷

网谷的产业发展目标是提高核心竞争力和发展质量，实现创新驱动、内生增长，集中突破关键技术，占据产业链关键环节，主要面向三个重要领域，即移动互联网、电子商务、物联网，通过园区的不断运营，实现产业的核心聚集区。计划到 2015 年，引进 300-500 家互联网企业，实现 300 亿元人民币的总产值。

深圳福田国际电子商务产业园

园区目前已聚集 240 多家互联网、电子商务企业，包括互联网基础服务、互联网应用服务、网络新技术研发、电子商务等多种业态，产业链完整。未来将进一步加强园区建设，不断完善园区环境和配套设施，提升管理和服务水平，吸引国内外知名互联网和电子商务企业入驻。将秉承“以服务求生存，以创新求发展”的理念，打造一流的电子商务服务平台。

广州移动互联网（越秀）产业园

政府主导建设的移动互联网产业园区，越秀区采取“启动区＋扩展区＋辐射区”的发展模式，先以黄花岗科技园中华国际中心园区等现有成熟载体为启动区成立“广州移动互联网（越秀）产业园”，率先聚集一批移动互联网优质资源；以洪都大厦、东照大厦等载体为扩展区，通过 2-3 年时间完成配套建设和移动互联网产业的主题招商；以杨箕村、东濠涌、花果山等旧城改造规划中的载体为辐射区，利用 3-5 年时间，将其建设成为较具产业规模的“广州移动互联网产业基地”。

深圳（南山、福田、罗湖）互联网金融产业园

2014 年 5 月 9 日，深圳 3 个互联网金融产业园区正式挂牌，3 个园区规划总面积超过百万平方米，将集聚和培养一批互联网金融创新型企业，促进深圳互联网金融产业和谐健康发展。3 个产业园区分别位于深圳南山、福田和罗湖区。其中，深圳（南山）互联网金融产业园将由政企合作共建，深圳市金融办、南山区政府与科技园集团合作共建“互联网金融产业园”服务中心。园区计划引进 100 家互联网金融公司入驻，3 年实现产值或规模达到 200 亿元人民币。

深圳（福田）互联网金融产业园区坐落在福田保税区，由腾邦集团承接产业园的规划、建设和运作，借助自有物业，通过重组产业、服务、资金、技术、人才等优势要素，斥资百亿打造，总规模达 70 万平方米。

深圳（罗湖）互联网金融产业园位于蔡屋围、水贝黄金珠宝产业集聚区、莲塘互联网产业基地等之间，将与周边产业园区形成产业互动、空间衔接的大产业格局，共同构筑罗湖互联网金融产业园。

广东省互联网产业未来发展方向

根据《广东省信息化发展规划纲要（2013-2020 年）》所述，深化电子商务普及应用，持续推进“广货网上行”，支持传统企业发展电子商务，培育新型消费模式。建设一批具有国际影响力的行业电子商务平台、

大宗商品电子交易平台和网络零售平台，支持和鼓励企业运用电子商务创新商业模式，深化电子商务与实体经济的有机融合。建设电子商务公共信息服务、支付服务、跨境贸易服务、交易产品追溯服务等应用试点，促进电子商务有序发展。推动移动电子商务从生活服务领域向工农业生产服务领域延伸。加强物联网、传感网、云计算、大数据等信息技术在城镇运行管理和服务中的应用，开展智慧城镇大数据应用，推动城镇创新发展。深入推进智慧城市试点建设，引导全省智慧城市建设有序推进。加强政府大数据业务支撑系统建设，以业务协同为基础，以数据共享为支撑，开展大数据分析挖掘应用，提升政府公共服务和管理创新水平。有步骤推进政府数据开放，促进社会大数据应用。

广州市力推重点项目“天云计划”，其重要目标是建设一批世界领先的云计算平台，构建国际云计算中心：如广州超级计算中心、中国电信亚太信息引擎、中移动南方基地、中联通广州数据中心、中金数据华南云计算中心、亚洲脉络云计算中心等。并以此为基础，形成技术、产品和服务一体化发展的产业格局，以促进“智慧广州”快速、协调和可持续发展。计划到“十二五”末，广州云计算应用水平将达到国内领先水平，努力构建世界级的云计算产业基地，最终率先把广州建设成具有国际影响力的亚太“智慧城市”。

《深圳互联网产业振兴发展规划》中指出，大力发展电子商务，形成新的产业增长点；着力发展物联网产业，加大物联网关键技术攻关力度，构建物联网基础设施，建设物联网共性基础支撑平台，鼓励物联网商业发展模式创新；加快发展应用服务特色优势行业，积极推进综合运营服务，打造在网络通信、网络娱乐、网络内容等领域融合发展的互联网综合运营服务商；加快布局移动互联网，大力发展移动电子商务、移动多媒体、移动电子政务等服务，带动移动终端产业战略升级，打造移动互联网产业链。

易观智库分析认为，广东凭借自身在互联网普及率高，互联网产业发展较早以及网络基础设施建设成熟等优势基础上，在政府的有序的引导下开展未来的互联网产业规划。首先，除了京沪之外广东（特别是深圳和广州）是互联网企业和人才集中的地方，创业和创新的氛围浓厚，为互联网行业中新兴企业，新兴技术和新兴模式的发展提供了良好的环境；其次，为数众多的制造和贸易企业为电子商务的持续发展提供了保证，在原来电子商务就已经发展较好的基础上，政府对于这一方面的支持和规划仍会加大；最后，作为国内经济较为发达的地区，广东对于城市建设，公共设施建设，政府服务等方面都有互联网化的需求，因此物联网、云计算、大数据等技术在以上方面的应用在未来会是重点。

四川

四川省互联网产业的发展现状

根据四川省通信设备管理局数据显示，截至 2014 年 12 月，四川省互联网网民数 3022 万人，网民规模增速达 6.6%。互联网普及率 37.3%，普及排名第 25 名，普及率低于全国平均水平，但四川省互联网网民数增长较快，仍具有较大市场潜力。截至 2014 年 6 月，四川省移动电话用户达 6608.5 万户，移动电话普及率达 81.5%，移动互联网用户 5030 万户。在互联网网民年龄结构方面，19-30 岁网民合计占比近半，是互联网的主要参与者与消费者。从受教育水平来看，大学本科学历的网民占比最高。由此可见，四川省互联网网民整体素质较高，这与四川省作为中国西南地区的教育科研中心有关，丰厚的教育科研资源也为互联网企业提供充足的发展养分，培养了多批优秀人才。

据中国电子商务研究中心监测数据显示，截至 2014 年 12 月，四川省网络零售交易额超过 1400 亿元人民币，电子商务交易额达 1.2 万亿元人民币。截至 2014 年前 5 月，成都市电子商务交易额突破 2000 亿，同比增长 21%。其中，移动电子商务交易额突破 210 亿元人民币，同比增长 65%。2014 年成都电子商务交易总额预计将超 5000 亿元人民币，网络零售总额超 400 亿元人民币，占社会消费品零售总额的比重达 9%。

四川省互联网发展有着悠久的历史，四川省互联网经济发展水平处于西南地区乃至整个中西部地区领先水平，未来会逐步接近东部发达地区互联网发展水平。四川省网络经济目前的优势领域：城域网接入服务、服务全国的电信服务平台、本土区域门户、游戏开发、外贸电商、移动智能应用开发、物联网应用开发。值得一提的是，以成都为中心的移动互联网产业发展迅猛，成都已是继北京、上海、深圳之后，移动互联网创业者最多的城市，正在打造移动互联网第四极。

四川省互联网产业的区位优势

人力资源优势：四川是中国西南地区的教育和科研中心，省内有四川大学、电子科技大学、西南交通大学等重点大学，为互联网产业提供丰富的人才资源。根据四川省教育厅统计，截至 2014 年 3 月底，全省高校毕业生约为 36.87 万，签约 18.34 万，签约率 40.3%。其中研究生签约 9600 多人，本科生约 7.25 万，高职学生为 10.13 万左右。同时四川省的劳动成本相对较低，有利于吸引国内外互联网企业前来设立分支机构，利于创业团队的孵化和培养。越来越多的全国各地 IT 人才、西部城市毕业生选择到成都工作，壮大了人力资源基数，但在高端人才方面，仍弱于北上广深。

产业聚集优势：四川省以成都和绵阳为产业大基地，一条涵盖集成电路、新型显示与数字视听、终端制造环节、软件研发、移动互联网应用的完整电子信息产业链正在快速崛起，德阳、乐山、眉山、资阳、遂宁、南充、内江等地的电子信息产业也被激活和带动起来，形成了以成都为中心的两小时半径电子信息产业配套圈。其中成都高新区聚集了全市 90% 以上的移动互联网企业，而区内企业几乎都分布在孵化园、软件园，全区移动互联网产业集群聚集企业总数达 500 多家，聚集度之高全国少见。

四川省相关产业园区与产业组织

成都高新区

成都高新区是全国首批版权示范园区、全国首批科技和金融结合试点地区、中国西部首个国家知识产权示范园区，在科技部国家级高新区综合排名中长期稳居第四。由南部园区和西部园区组成。南部园区按照“现代商务中心、高端产业新城”的成都中央商务区的定位，重点发展金融、商务、会展、研发、软件及服务外包等高端服务业，建设宜业、宜居的国际化现代新城。西部园区按照“业态完整的高科技工业发展区”的定位，重点发展新一代信息技术、生物、高端装备制造、节能环保等高技术制造业。成都高新区 2014 年上半年实现产业增加值 550.3 亿元人民币，同比增长 13%，分别比四川省、成都市高 4.5、4.3 个百分点，在全省、全市 GDP 中的占比为 4.33%、11.36%。区内重新认定的高新技术企业达到 538 家，占成都市的 42%，聚集世界 500 强企业及国际知名企业 120 余家。

天府软件园

全国十个软件产业基地之一、国家软件出口创新基地、国家服务外包基地城市示范园区，位于成都高新区南部园区核心地带。2005年正式投入运营以来，已经吸引了包括IBM、SAP、NEC、EMC、Garmin、Philips、Maersk、Siemens、Ericsson、Dell、Wipro、DHL、PwC、NCS、华为、阿里巴巴、腾讯、宏利金融等400余家企业，外资企业占比40%，33家财富世界500强落户，行业100强75家，园区人员超42000人。园区已形成软件服务外包、软件产品研发、通信技术、数字娱乐、移动互联网、共享服务中心等几大产业集群，并成为国内外知名软件和信息服务企业在中国战略布局的首选地，以及国内外软件产业资源汇聚的焦点。

成都信星网商虚拟产业园

成都信星网商虚拟产业园于2014年4月成立，位于成都市高新区天府软件园，是西南地区的唯一虚拟网商产业园。公司由中国中小企业协会发起并控股，总部设立在深圳，获得商务部行业信用评价授权，专注于第三方电子商务信用评级，致力于以信用为核心的一站式网商综合服务。产业园运营半年来，入驻企业已达到120家，入园企业已实现电子商务交易额3800余万元人民币。网商虚拟产业园的服务对象主要是大学生创业者，以及向电商转型的中小型传统企业，致力于为它们提供策划设计、场地托管、财务管理、融资贷款和专家咨询等全方位服务。园区的目标是在年底前入驻注册企业500家，通过2-3年的努力达到1万家的规模。园区还计划在3年内打造“一所学校”、“两大平台”、“三大中心”，推动电子商务在四川乃至西部的发展。目前，园区正与四川商务职业学院寻求战略合作，共同建立电子商务职业技能培训学院。同时通过打造“国家扶持政策平台”、“现代网商集群平台”，建设综合服务中心、金融物流中心、产业发展中心“三大中心”，进一步促进网商集群快速壮大，提升网商生态环境。

四川省互联网产业未来发展方向

从布局与规划看，游戏、芯片、平台与终端，移动应用，文化创意等产业是四川互联网产业未来发展的重点。其中移动游戏行业，由于开发成本相对较低、覆盖范围广、参与程度高、商业化前景明朗等特点，已经迎来了产业化前景。与全球移动游戏市场发展的总趋势相一致，2012年以来，四川移动游戏发展可谓“风生水起”。近两年，知名应用商店市场数据分析服务提供商APP Annie在全球52个顶级游戏发行商排行榜中，成都高新区两家游戏开发商数字天空及尼毕鲁一直稳居排行榜，并一度成为榜单中仅有的中国开发商。

易观智库分析认为，四川省的互联网产业发展已经形成了自身的特色和优势。首先软件和服务外包业的发展全国领先，成熟的软件产业投资环境，软件企业及研发中心的快速汇聚使成都成为北京、上海、深圳等传统IT城市后，中国最具竞争力和吸引力的新兴软件产业聚集地，以及国际国内软件产业梯度转移重点关注的目标。

其次，依托通信研发和软件产业的扎实基础，四川省移动互联网行业一方面巩固运营商业务基地的优势，一方面在移动游戏等应用开发上面快速发展，未来智能终端部件和整机等也将作为主攻方向之一。

最后，由于省内互联网发展水平区域差距较大，还需要推进农村信息化建设，完善电子政务，引导医疗、教育、社保、就业、住户等全省范围的信息化发展，优化一个中心（成都）、二个基地（成都、绵阳），多个园区（成都、绵阳、乐山、广元、德阳、遂宁等）的产业布局，保持产业规模的领先，较成熟地区则着力发展包括下一代互联网产业集群、移动互联网和新一代移动通信产业集群。

第肆部分

行业研究

第四部分 行业研究

回顾 2014 年，在规范产业发展与政策松绑鼓励促进并举之下，互联网产业逐步向纵深快速发展。传统企业积极触网，反哺互联网企业升级发展，而互联网行业之前也加速碰撞融合。毋庸置疑的是，互联网产业中的各细分行业有着不同的成熟度，有的细分行业已经有清晰的商业模式与规模化的用户，有的正在摸索中前行，探索商业化的黎明曙光，也有的正在以创新驱动新一波增长。不同的细分行业，存在不同的产业结构，但产业链各环节之间竞相争夺话语权则是不变的商业主题。本部分，易观智库将互联网产业细分为 36 个行业，尝试对各细分行业做出界定，呈现各细分行业之间的产业链结构，给出各细分行业在 2014 年的规模、市场结构，并对各细分行业的未来发展进行了分析判断。

根据互联网 / 移动互联网行业在 2014 年的最新发展，易观智库绘制全行业产业地图如下所示：

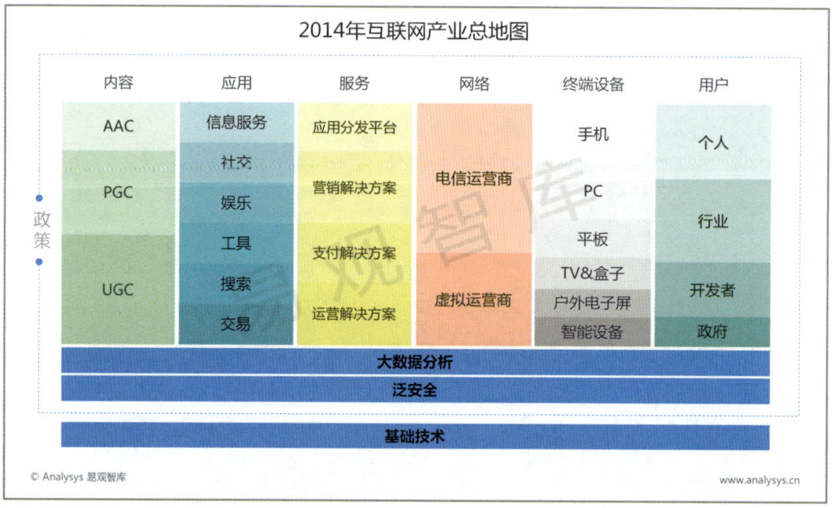

图 6 2014 年互联网产业总地图

在该产业地图中，由于互联网企业自制内容力度的加大以及 UGC 内容的活跃，我们将内容行业区分为 AAC、PGC 与 UGC 三大部分。在应用的六大类中，信息服务涵盖导航、航旅、团购等生活服务、门户等应用；社交包括即时通讯、社交网络等应用；娱乐包括各类游戏、内容消费等；工具包括浏览器、各类生活工具等；交易包括远程、近场等支付与电子商务应用等。服务模块主要面向平台后端和企业。HTML5，语音识别等各种硬软件基础技术、协议等放在基础技术层面。

接下来，我们将就互联网 / 移动互联网的各细分行业应用以及服务进行简要分析。

电子商务

B2B

B2B 是以电子商务 B2B 平台以及大数据为基础，通过整合产业链上下游资源完成企业与企业之间营销关系的电子商务活动。随着 B2B 产业模式的创新发展，B2B 产业链发生了很大的变化。

总体上看，B2B 产业链分为采购商、银行、支付平台、B2B 平台、供应商、支撑机构六大环节。其中 B2B 平台环节可进一步分为 B2B 信息与交易服务、B2B 应用与服务、B2B 基础设施与系统集成服务。B2B 信息与交易服务分为 B2B 电子商务信息平台、B2B 电子商务交易平台、B2B 电子商务搜索平台；B2B 应用与服务分为采购与交易管理、供应链管理、业务过程管理、供应链金融管理、电子数据管理等；B2B 基础设施与系统集成服务分为物流服务、IT 基础设施服务、信用认证服务、安全认证服务、云存储服务、云计算服务等。

图 7 中国电子商务 B2B 市场产业地图

B2B 信息与交易服务市场包括水平市场和垂直市场，中国现有的电子交易市场主要是为寻找交易机会的买卖双方提供虚拟的市场平台，并提供信息中介、交易撮合、电子支付等服务，以收取会员费、广告费、信息服务费为主要盈利手段；B2B 应用服务提供商具备相应的基础设施、产品、技术力量和资源，能够为企业或第三方 B2B 平台提供交易管理、电子数据传送、数据同步、业务过程集成、业务过程管理、供应链管理等服务；B2B 基础设施与系统集成服务商配合电子商务的物流与配送服务商、IT 基础设施供应商、支付服务提供商、信用认证提供商、安全认证提供商、技术平台提供商共同形成一个完整的中国电子商务 B2B 产业链。

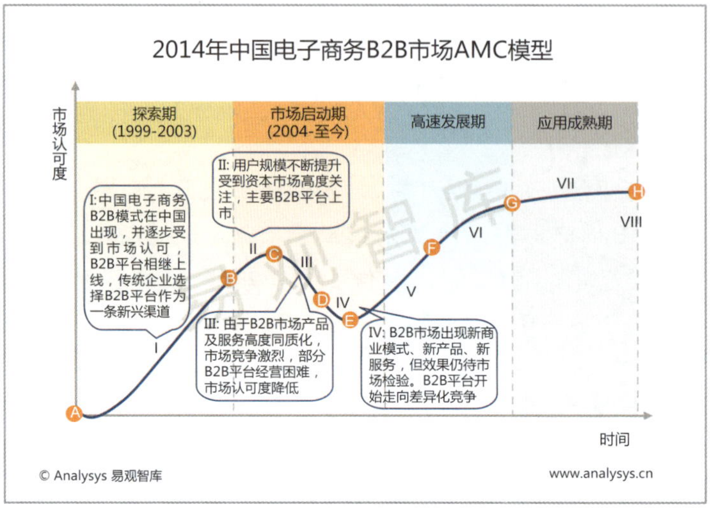

图 8 2014 年中国电子商务 B2B 市场 AMC 模型

中国电子商务 B2B 市场在经过 2011 年的低迷之后，在 2012 年进行了初步的变革，2013 年市场运营模式多元化态势初显，2014 年，互联网广泛应用，信息相互互联，大数据、云计算等新科技不断被应用，B2B1.0 时代以信息服务、广告服务、企业推广的时代已逐渐退去，以在线交易、数据服务、金融服务、物流服务等为主的 B2B 电子商务新时代已经到来。

随着电子商务发展的全面深入，电子商务的形式与内容不断扩大，但目前中国电子商务 B2B 市场仍处于市场启动阶段，在发展的过程当中，出现了基于平台、数据和金融的主流商业模式，但电子商务 B2B 的在线交易仍在探索当中，创新模式也需接受市场的检验，全产业链的配套服务仍需进一步深化和挖掘。

根据易观智库产业数据库的监测，2014 年中国电子商务 B2B 市场交易规模达 9.4 万亿元人民币，相比 2013 年增长了 15.37%；而 2014 年中国电子商务 B2B 市场收入规模达 192.2 亿元人民币，相比 2013 年增长了 28.34%。

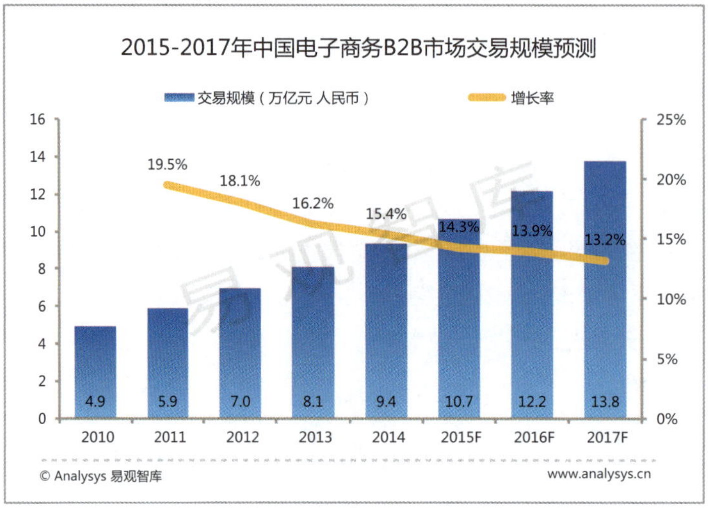

图 9 2015-2017 年中国电子商务 B2B 市场交易规模预测

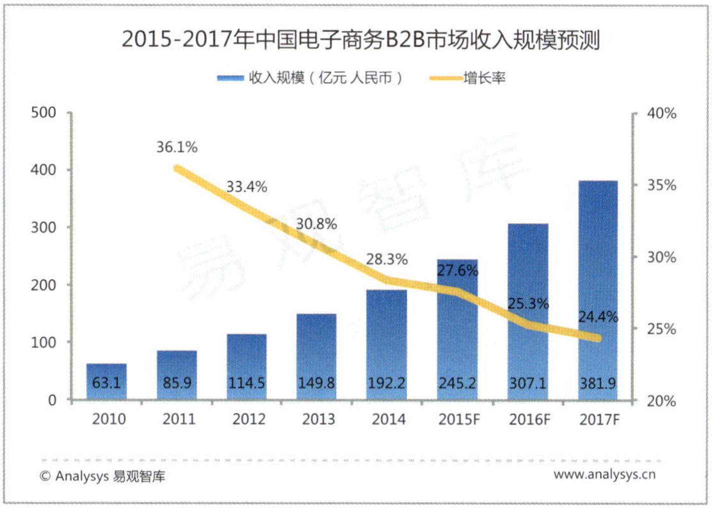

图 10 2015-2017 年中国电子商务 B2B 市场收入规模预测

易观智库分析认为，中国电子商务 B2B 市场在 2014 年持续增长的原因在于：

1. 2014 年全球经济处于危机后的温和复苏期，整体上趋于平稳发展，新兴市场和发展中国家经济发展温和，中国经济增长换挡到中速。

2. 国家政策进一步强调加快生产性服务业发展，促进大宗原材料网上交易、工业产品网上定制、上下游关联企业业务协同发展，国家政策的导向为 B2B 市场的发展提供了良好的外部环境。

3. 跨境电子商务持续升温。国家明确通过海关、质检、税收、外汇、支付和信用等六项措施支持跨境电子商务发展，鼓励企业在海外设立批发展示中心、商品市场、专卖店、海外仓等各类国际营销网络。

4. 传统行业加快电商化进程，积极触网。传统行业已经把发展电子商务提升到了战略层面，在转型过程中植入互联网思维，以便能适应新兴的网络营销环境，带动企业营销模式的变革。

5. B2B 电商平台不断进行服务模式的创新。以信息资讯、企业推广、广告服务为主的互联网信息服务平台已经不能满足企业日益增长的需求，数据服务、供应链金融、物流服务等增值服务成为电商平台逐步扩充的服务领域，电商平台逐步由信息服务向交易服务、配套服务转变。

在中国电子商务 B2B 市场中，各主要厂商差异化竞争态势凸显，展现出了不同的竞争实力，如易观智库实力矩阵图形所示：

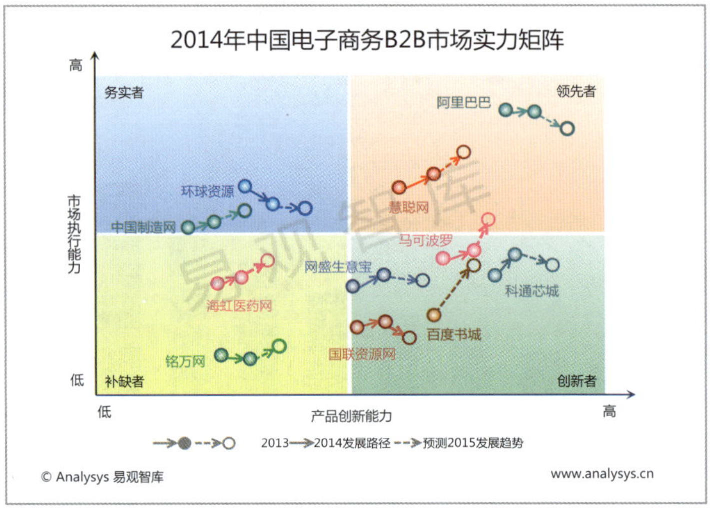

图 11 2014 年中国电子商务 B2B 市场实力矩阵

领先者象限典型厂商分析：

2014 年中国电子商务 B2B 市场的领先者为：阿里巴巴、慧聪网

2014 年，阿里巴巴在中国电子商务 B2B 市场的领先地位不可撼动，阿里巴巴市场份额为 44% 左右，仍保持在领先者象限。2012 年，阿里巴巴 B2B 业务从港交所退市，B2B 业务发展遇到瓶颈，近两年，阿里巴巴 B2B 业务复苏态势强劲，特别是在国际批发方面，在自贸区以及跨境电商政策利好的情况之下，阿里巴巴国际市场的小额批发业务发展十分迅猛，平台展示出新的活力。同时，阿里巴巴在 2014 年宣布启动外贸服务市场，为阿里国际站 600 万注册中小企业提供专业第三方的营销推广、人才培训、物流等服务。

2014 年，慧聪网从香港创业板转到香港联交所主板上市，慧聪网的转板上市将对业务发展、财务的灵活性以及日后的成长等方面带来诸多好处。2013 年，慧聪网推出了以慧付宝为卖点 B2B 行业全品类的在线交易解决方案，2014 年，深入交易、培养用户的在线交易习惯是慧聪网的工作重点。同时，慧聪网在移动端推出了有力的解决方案，包括微商城、微商铺的推出，引入微信支付等，满足移动端买卖双方小额交易的要求。

务实者象限典型厂商分析：

2014 年中国电子商务 B2B 市场的务实者为：环球资源网、中国制造网

环球资源是多渠道的 B2B 国际贸易平台，以外贸见长，主要为买家提供采购信息，并为供货商提供市场推广等服务，环球资源一直致力于促进大中华区的对外贸易。2014 年，环球资源的网站业务仍为其主要的收入来源，但其展览会业务以及杂志业务增长态势凸显，一系列“环球资源出口贸易展”的成功举办是环球资源网的一大亮点。环球资源所提供的整合出口推广方案包括网站及展览会，为全球跨境贸易提供了广泛多渠道的平台。2014 年环球资源网仍位居在务实者象限。

中国制造网属于上市企业焦点科技，享受焦点科技的客户资源，2014 年中国制造网在外贸进出口综合服务方面做出了很大的尝试和突破，包括传统的外贸基础服务以及海外跨境贸易服务，中国制造网已经在国外设有仓储，并为企业提供当地的运营和物流等服务。同时，中国制造网推出了新的采购管理平台 – 百卓采购平台，

为采购方提供一站式的采购方案。未来，跨境电商的利好政策将为中国制造网提供更好的外部发展条件。

创新者象限典型厂商分析：

2014 年中国电子商务 B2B 市场的创新者为：马可波罗、科通芯城、敦煌网、网盛生意宝、国联资源网

马克波罗自成立以来，专注于 B2B 的采购搜索，通过整合互联网数据，提高企业之间的信息匹配程度，提高交易的效率。2014 年，马可波罗逐步切入交易环节以及互联网金融业务，同时，马可波罗与华南城牵手，加快 O2O 的战略布局。精准的搜索与强大的信息产品数据库一直是马可波罗的优势所在，马可波罗与华南城的强强联合，是资源优势互补、线上线下融合的全面体现，未来 O2O 生态圈、互联网金融业务、仓储物流业务等将是马可波罗发力的重点。

2014 年，科通芯城在港交所上市。IC 元器件 B2B 电商是科通芯城的核心业务，易观智库数据显示，按 2013 年的总商品交易额计算，科通芯城占电子制造业电商平台市场份额的 55.1%，是中国最大的 IC 及其他电子元器件交易型电商平台，而 2014 年的成功上市，将进一步扩大科通芯城在行业内的影响力。2014 年，科通芯城重磅推出硬蛋平台，致力于打造一个全球性智能硬件平台。未来，科通芯城将进一步在供应链金融、硬蛋的后续推动等方面进行布局。

随着中国电子商务跨境电商持续升温，依托国家跨境电商政策的利好，2014 年，敦煌网发展迅速。敦煌网积极布局俄罗斯、南美等新兴市场，通过整合跨境电商供应链，实现线上线下全服务链的打通。敦煌网已经与包括 FEDEX、UPS、DHL、TNT 全球四大物流巨头达成合作，同时，针对拥有海外备货的卖家上线了海外库存等功能。2014 年，敦煌网加大移动端的布局，构建专业的移动团队，在跨境电商领域推出移动 APP。未来，敦煌网将继续在跨境电商的全产业链服务上继续深入，打造多元化服务平台。

2014 年年初，生意宝与谷歌深化合作，利用谷歌国际化的优势，帮助国内的外贸企业发展跨境电子商务。随后，生意宝“金融战略”正式启动，生意宝在供应链融资、存管账户等方面与多家银行合作，主要针对供应链上下游的企业，运用大数据深入的挖掘交易行为和交易记录，对信用企业开展授信、融资等服务。未来，互联网金融服务有望成为生意宝发展的新驱动力。

国联资源网运用信息化手段，全面整合细分行业产业链相关的跨平台传媒资源、信息资源和商务资源，为企业提供一站式解决方案。2014 年，国联资源网为企业提供包括网络营销、微营销、O2O 营销、外包电商等相应的营销和管理服务。国联资源网侧重于服务的精准化、便捷化，集中了适合中小企业的网络营销手段和方式，帮助小企业提高推广的效率。

补缺者象限典型厂商分析：

2014 年中国电子商务 B2B 市场的补缺者为：海虹医药网、铭万网

目前，中国医药电子商务还处于萌芽状态。海虹医药网作为垂直类 B2B 平台，受到国家政策的监管比较严格，同时，由于药品的特殊性，使得海虹医药等医药类电商的发展相对缓慢。但从市场空间上来看，医药电商的规模正急剧扩大，并且增长速度惊人，未来，随着国家政策的逐步放开，海虹医药网等医药类电商的规模将有望进一步扩大。

铭万网在 2014 年推出了金融业务，与招商银行、北京银行和宜信、拍拍贷等机构展开合作，帮助小微企业解决资金困难的问题。铭万网积极帮助中小企业，为中小企业提供代运营服务，从传统的建站和推广等各个方面入手，不断地优化自身的服务，为企业实现网络的有效对接。同时，铭万网也在逐步创新移动端的新产品。

网上零售

网上零售是通过互联网技术和手段，在线进行商品零售的产业。目前主要包括 B2C，C2C 两种形式。随着网上零售规模的不断扩大和产业发展的不断深入，网上零售产业对其周边支撑产业和电商服务业的发展也起到了积极的带动作用，形成了以网上零售平台和企业为核心，整合上下游产业链，囊括制造商、经销商、在线支付、物流配送、电商技术支持、代运营、购物资讯等多个领域的新型零售业态。

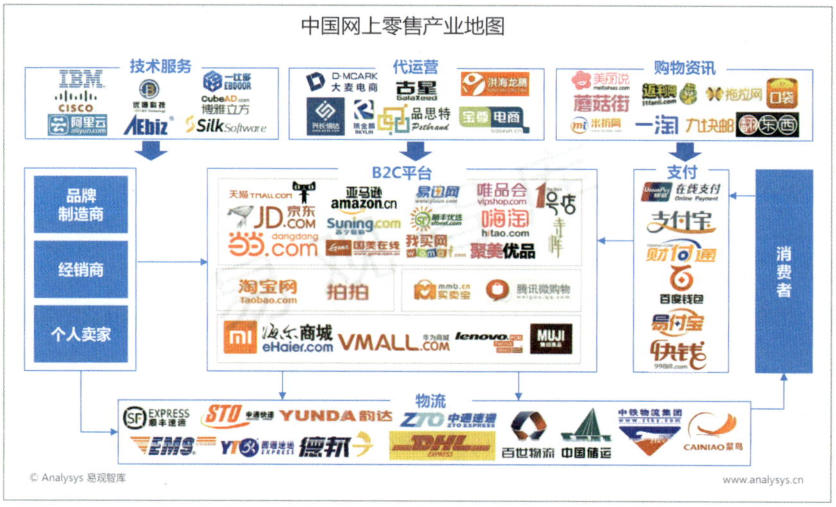

图 12 中国网上零售产业地图

在整个网上零售市场中，形成较为明显的上游产品制造商和供应商、中游电子商务企业（平台）、下游消费者以及电商服务供应商（物流、支付、技术服务、代运营、购物资讯）的结构。

产业链上游分为品牌制造商、经销商以及个人卖家。中国网上零售的特点在于拥有大量的个人中小型卖家从事 C2C 网上零售业务，目前 C2C 在整个网上零售市场中的占比超过 50%；在网上零售 B2C 市场中，经销商也占据重要地位；目前品牌制造商在网上零售市场中的总体占比还较低，但随着网上零售市场的快速壮大，品牌商触网力度不断加强，已经展现出对网上零售渠道的强大管控能力。

中游以电子商务企业和平台为主，B2C 平台以天猫、京东、苏宁易购、当当、唯品会为代表，C2C 平台以淘宝、拍拍为代表，在移动网购高速发展的背景下，还出现了大量专注于移动网购市场的企业，如买卖宝、口袋购物、微店等。

电商服务业主要分为物流、支付、技术服务、代运营、购物资讯等多个领域。物流是网上零售市场的重要组成部分，以顺丰和四通一达为代表，中国的快递物流业是伴随着网上零售的发展而快速崛起的，对网上零售的发展也起到了积极的推动作用；支付以银联在线支付、支付宝为代表，为消费者提供第三方在线支付服务；技术服务主要为电商企业提供服务器建设、建站、软件开发、大数据分析等多方面的技术支撑，以 IBM、思科、阿里云等为代表；代运营主要帮助品牌商进行网店的管理和运营服务，兼有培训等多种业务，以北京古星、上海宝尊为代表；购物资讯类网站是依托电子商务网站而发展起来的广告性质的资讯类网站，提供商品检索、比价、返利、折扣、社交等多种服务，以美丽说、蘑菇街、返利网、口袋购物为代表。

经过多年的高速增长，中国网上零售市场已达到相当规模。2014 年阿里巴巴、京东等巨头企业纷纷成功上市，整个网上零售市场的竞争格局已渐渐清晰，整个网上零售市场的发展已进入成熟期。

易观智库 AMC 模型通过运用科学的方法对中国网上零售市场的发展和变迁进行总结、梳理，以客观反映网上零售市场的发展变迁。

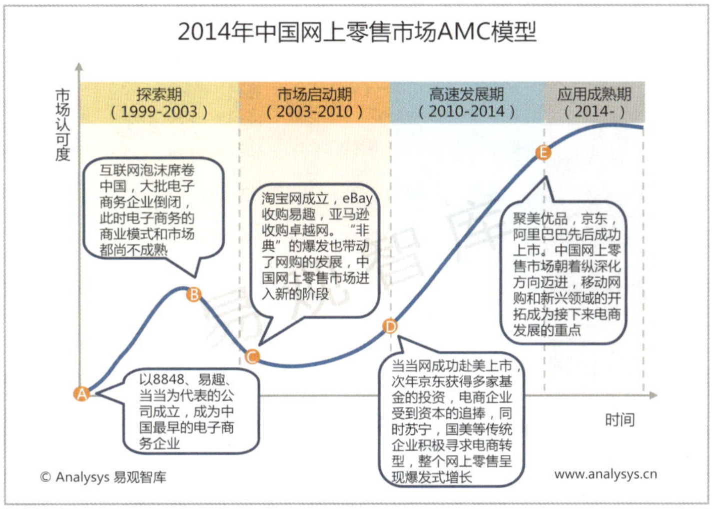

图 13 2014 年中国网上零售市场 AMC 模型

2014 年中国网上零售市场的发展呈现了一些新的特点：

1. 传统品类的精细化运营成为新时期的重点：在服装、3C、图书等发展较为成熟的领域，电商企业同样在不断创新，除了渠道下沉、完善物流配送和售后服务外，还积极通过传统渠道，如电视、会展、发布会等形式开展营销活动，品类的运营也更为精细，服务更为周到完善。

2. 传统领域的电商化：2014 年，医药、汽车、生鲜、母婴等新品类成为电商发展突破的重点；传统 3C 家电、服装等蓝海市场竞争激烈，网购渗透率已达高位。新兴品类作为“蓝海”市场，成为各大电商企业抢占市场，实现业务突破的必争之地。未来在细分垂直领域将不断涌现出小而精的电商企业，电子商务的发展也将从过去的“大而全”向“小而精”的精细化方向发展。

根据易观智库发布的《中国网上零售市场专题研究报告 2015-2017》显示，2014 年中国网上零售市场交易规模将达 2.86 万亿人民币，较 2013 年增长 45%，2014 年上半年网上零售占社会消费品零售总额比重已超过 10%。整体来看，网上零售市场增速逐渐放缓，但依然保持较高的增长速度。

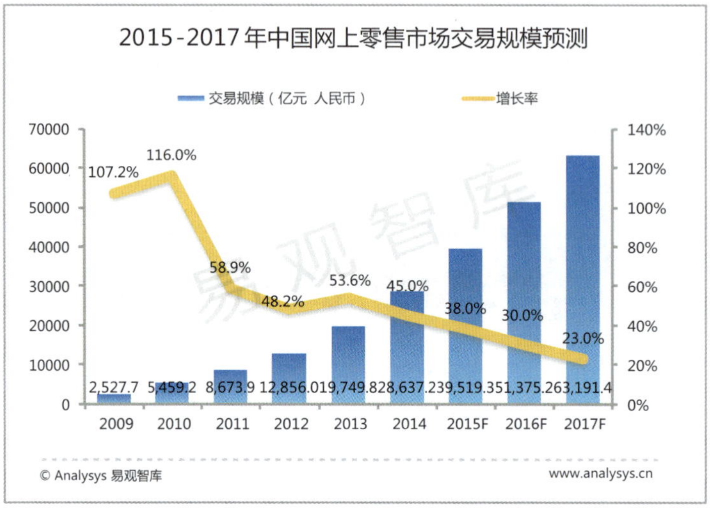

图 14 2015-2017 年中国网上零售市场交易规模预测

支撑网上零售继续较快发展的动力来自于网购普及率的提升及移动网购的快速发展。截至到 2014 年 6 月，中国网购消费者总数达到 3.3 亿人，网购普及率达到 52.5%，较 2013 年末略有增长；同时移动网购人数约达到 2.05 亿人，普及率达到 38.9%，较 2013 年末增长 10%。

网购普及率的提高，一方面得益于电子商务对人民生活的渗透，另一方面也得益于传统企业的积极触网。物流、支付等支撑服务的提升也使网上零售变得更为便利，进一步推动了网购普及率的提升。

2014 年各大电商企业在移动端发力明显，移动端优惠力度明显提升，成为消费者向移动端转移的主要推动力；同时，随着无线互联网和智能手机的普及，移动网购的便利性也得到充分体现。

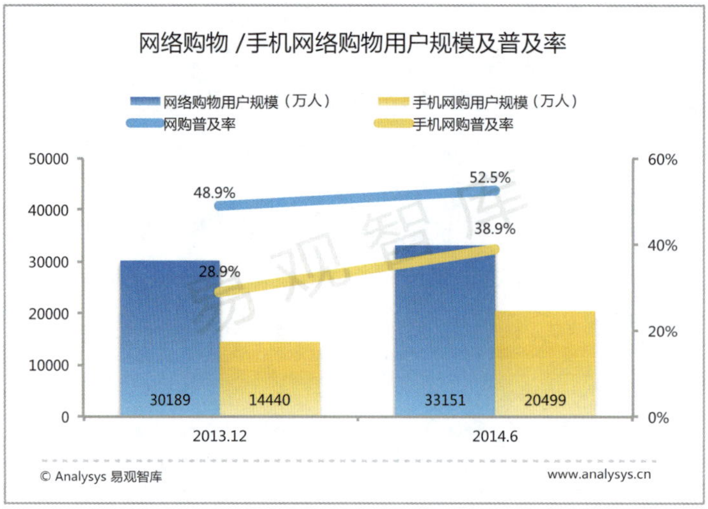

图 15 网络购物 / 手机网络购物用户规模及普及率

易观智库分析认为，2014 年，无论是网民数量、网购普及率及移动网购，都发展到一个较高水平，增速有明显放缓的趋势，整个网上零售市场的人口红利已经不在，未来电商企业的竞争将更多围绕原有消费者展开。

中国网上零售发展趋势

在国内网购市场竞争日趋激烈的背景下，农村电商和跨境电商作为新的“蓝海市场”，成为兵家必争之地。

1. 农村电商市场起步较晚，目前处于起步阶段。2013 年淘宝开始布局村级服务站，进入 2014 年，京东，苏宁易购等也积极布局农村市场，易观智库分析认为，农村市场虽然空间巨大，但渠道下沉及市场、用户培养都需要大量资源投入，农村市场将成为巨头角逐的战场。

2. 跨境电商市场起步较早，近年来随着跨境物流服务能力的提升、相关政策的逐步开放，跨境电商发展速度稳步提升，已成网上零售市场重要组成。

跨境电商市场分为跨境出口零售和跨境海淘市场两个部分，据易观智库发布的《中国跨境出口零售市场专题研究报告 2014》显示，2014 年，中国跨境出口零售市场规模达 3202 亿元人民币，增速达 39%。

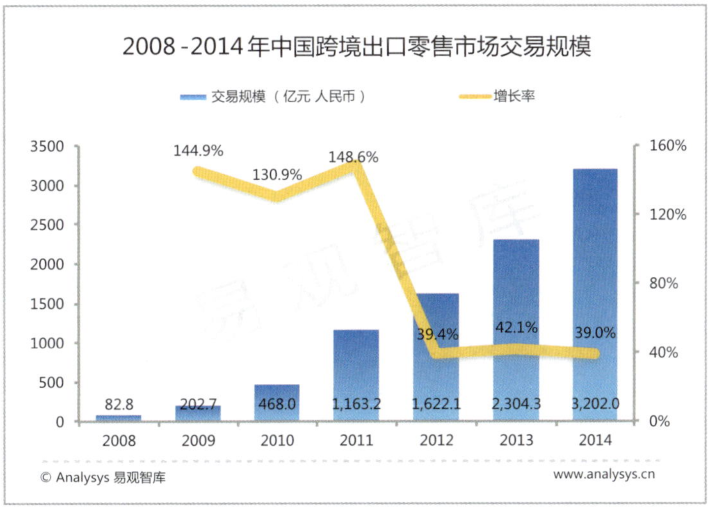

图 16 2008–2014 年中国跨境出口零售市场交易规模

在跨境出口零售市场，主要电商企业包括 eBay、亚马逊、阿里巴巴速卖通等综合类电商和一些小型、垂直类电商平台，受国际电商巨头和国外消费者习惯的影响，目前跨境出口零售市场集中度较高，物流、支付、营销等都和国际市场高度接轨。目前跨境出口零售市场进入高速增长期，随着中国市场的逐步开放和跨境物流、支付等服务质量的提升，未来跨境出口零售市场还将保持稳定的增长。

跨境电商的另一重要组成为跨境海淘电商，跨境海淘电商已经有多年发展历史，过去受政策的限制，海淘电商一直处于政策“灰色地带”。2014 年在阿里巴巴、亚马逊中国等企业的推动下，跨境海淘电商得以迅速发展，特别是在天猫“双十一”海外购的推动下，跨境海淘电商的市场接受度得以迅速提升，目前整个海淘电商市场处于高速增长期。

易观智库分析认为，跨境物流、通关环节是制约跨境海淘电商发展的关键因素，跨境物流专线、保税仓的建设极大提升了跨境海淘电商的发展，使海淘业务的物流及售后服务得以迅速提升，未来随着相关政策、通关流程的开放和简化，海淘市场将迎来更大的发展。

易观智库通过实力矩阵模型从市场执行能力和产品创新能力两个维度对网上零售 B2C 市场的格局进行描述，以此确定主要厂商的竞争地位并分析各厂商的演进路线。易观智库企业实力矩阵主要是通过维度拆分的方法，通过二维的方式，尽量完整地体现企业在某市场中的竞争实力。

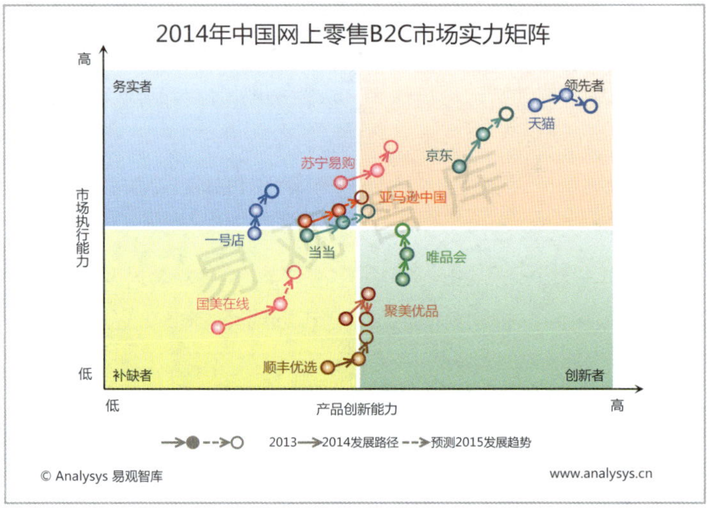

图 17 2014 年中国网上零售 B2C 市场实力矩阵

领先者象限典型厂商分析：

天猫：天猫商城依托庞大的流量资源、商户数量，在网上零售市场中保持领先地位，其市场份额超过 50%；在创新层面，天猫也居领先地位，围绕重点品类服装服饰和 3C 家电，天猫推出了多款个性化产品，如与东方卫视合作“边看变买”电视节目《女神的新衣》，天猫电器城收购海尔“日日顺”物流及“7 天无理由退换货”服务等，始终保持着行业内的领先地位。

京东：京东商城是中国领先的网上零售 B2C 企业，市场份额仅次于天猫，居第二位，京东以 3C 产品起家，并逐渐发展成全品类综合性电子商务平台，第三方平台销量占比已超过 30%；在智能硬件设备和众筹业务领域，京东同样保持领先，“京东快点”（现改名京东到家）社区电商也在北京、上海等重点城市启动，多元化经营策略稳步推进；另外京东还拥有行业领先的自建物流配送体系，已经覆盖全国所有主要城市，渠道下沉及农村服务站发展也在积极部署，成为未来支撑京东业务拓展的基础。

苏宁易购：苏宁易购 2014 年主打“O2O 电商”，3C 家电和“红孩子母婴”齐发力，集团的线上业务实现突破，苏宁“818”也被打造成一个重要的电商促销节，目前苏宁易购市场份额居第三位。

创新者象限典型厂商分析：

唯品会：唯品会立足服装品牌商的库存市场，凭借“限时特卖”的模式创新，一方面较低的折扣使商品价格具备竞争力，另一方面，限时售卖的模式在一定程度上保护了品牌本身，这使得唯品会在短期内积聚了大量用户，并且利用口碑营销迅速崛起。近年来增长迅速，同时为维持其市场地位，唯品会积极布局渠道下沉，通过收购地方性物流公司的形式拓展三、四线城市，增强竞争壁垒。

务实者象限典型厂商分析：

“变革”是 2014 年中国网上零售市场的关键词，务实派电子商务企业在业务创新方面动作频繁：

当当：当当 2014 年主打服装电商市场，新推出的“尾品汇”和“新品闪购”两个频道对公司业务的提振作用明显；10 月当当更换了集团 LOGO 并推出新的吉祥物，同时在电子书和移动阅读市场推出“当当读书 4.0”，移动端流量得到迅速增长。

亚马逊中国：在亚马逊中国更换高管之后，整个公司的业务重心已转向跨境海淘市场，凭借集团的全球采购优势和物流优势，亚马逊推出了“全球购”海淘频道，未来亚马逊中国将逐渐从传统图书销售转型为综合跨境电子商务零售商。

补缺者象限典型厂商分析：

国美在线：2014 年国美电器进行战略转型，国美在线作为集团重要的互联网化入口，2014 年发力明显，动作频繁；国美“4.18”店庆等活动层出不穷，同时引入了黄金、艺术品等特色频道，成为网上零售市场一股新鲜力量。

顺丰优选：顺丰优选 2012 年成立，依托于顺丰速运强大的物流配送能力，从生鲜食品切入电商市场，迅速建立了品牌口碑和影响力。2014 年顺丰速运再次发力跨境海淘业务，将其物流配送的优势进一步放大。

移动网购

2014 年中国移动网购市场呈现爆发式增长，规模及渗透率等指标增长强劲；同时各大电商企业在移动端也动作频频，促销活动远超 PC 端，推动消费者向移动端迁移。

易观智库 AMC 模型通过运用科学的方法对中国移动网购市场的发展和变迁进行总结、梳理，以客观反映移动网购的发展历程。

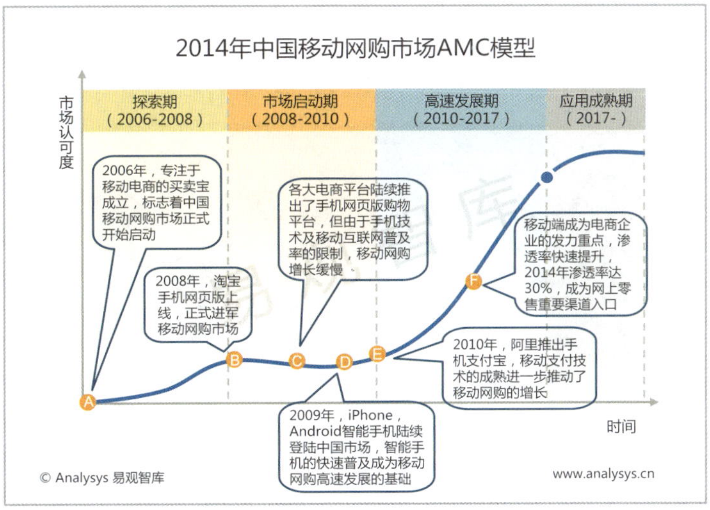

图 18 2014 年中国移动网购市场 AMC 模型

随着移动网购基础资源逐步到位，整个中国移动网购市场进入高速发展期；作为未来电子商务发展的重要入口资源，各大电商对移动端的争夺也愈加激烈，各种促销活动及移动端的创新进一步推动了网购消费者向移动端的迁移，整个市场呈现爆发式增长。

易观智库分析认为，到 2017 年，中国移动网购在网上零售市场中的综合占比将超过 50%，针对不同品类、不同销售模式，移动端的渗透率会有所区别，但整体增长陷入停滞，市场进入成熟期，进一步的增长将有赖于新应用场景的出现及智能硬件设备技术的升级。

2014 年中国移动网购市场处于高速增长期，各种模式还在不断创新，同时移动网购也体现出和传统网上零售不同的趋势及特点：

1. 移动网购受硬件设备的限制，更利于信息推荐及导购类电子商务的发展。

2. 移动网购的即时性特点使其在发展“闪购”等限时特卖模式方面具有先天优势。

3. 移动支付的便捷性和即时性使其更容易成为电商 O2O 化的入口。

4. 标准化商品更容易在移动端普及。

“微商”成为 2014 年移动端发展最为迅速的新商业模式，凭借低进入门槛，便捷的开店方式，低成本的社交推广，精准的营销效果，“微商”在移动端得以迅速普及。

易观智库分析认为：“微商”的发展得益于以下几个方面：

1. 依托 HTML5 技术和移动支付的便捷，“微商”进入门槛低，方便快捷，再加上极低的初期投入，吸引了大量中小型、个人商家进入。

2. “微商”的营销依赖微信、微博等社交应用，通过朋友圈进行传播，成本低，传播面广。

3. “微商”的目标客户主要为熟人、同学、朋友，拥有良好的客群关系和信用基础，转化率较高。

目前“微商”市场尚处于起步阶段，作为移动网购市场的重要组成，行业整体发展有待进一步得到规范。

根据易观智库发布的《中国网上零售市场专题研究报告 2015-2017》显示，2014 年中国移动网购市场交易规模达 8616.6 亿元人民币，较 2013 年增长 229.3%，移动网购在整个网上零售市场中的占比达 30.1%。

图 19 2015-2017 年中国移动网购市场交易规模预测

近年来移动网购呈现爆发式的增长，特别是在 2014 年，网购消费者向移动端的迁移更为明显，这主要得益于以下几个方面：

1. 智能手机技术的提升及移动互联网的普及，使移动购物的便利性得到充分体现，消费者接受度迅速提升。

2. 电商企业在移动端的各种营销手段和优惠刺激消费者向移动端迁移。

3. “闪购”等限时特卖营销模式的兴起更利于在移动端进行，进一步推动了移动网购的发展。

易观智库分析认为：经过近两年的爆发式增长，移动网购在网上零售中的占比已达 30%，同时高速增长也带来了一些新的特点和趋势：

1. 移动端的技术特点使信息推荐变得更为重要

受移动设备显示技术，操作技术的限制，传统的搜索在移动端便利性不足，有限的优质商品推荐及限时特卖模式更适合在移动端发展，这是有别于传统 PC 网购的最大特点；如唯品会、口袋购物等在移动端的快速发展都是顺应了这种趋势，未来移动网购的发展将更依赖于大数据支持下的精准营销及信息推荐。

2. 移动网购更有利于电子商务的 O2O 化发展

基于移动终端的位置信息服务技术的提升和普及使移动端成为电子商务 O2O 化的主要入口，移动支付技术的发展更进一步催生了移动设备作为 O2O 入口的重要性；未来移动网购将呈现比 PC 端更加多样的模式创新，应用场景也更为丰富。

3. 未来移动网购的发展有赖于技术提升及新运用场景的出现

目前在中国网上零售市场中，移动网购占比已达到 30%，我们预计到 2017 年，移动网购占比将会超过 50%；但目前的这种增长更多呈现出消费者从 PC 端向移动端迁移的态势，更进一步的发展将有赖于新技术和新应用场景的出现。

易观智库通过实力矩阵模型从市场执行能力和产品创新能力两个维度对中国移动网购市场的格局进行描述，以此确定主要厂商的竞争地位并分析各厂商的演进路线：

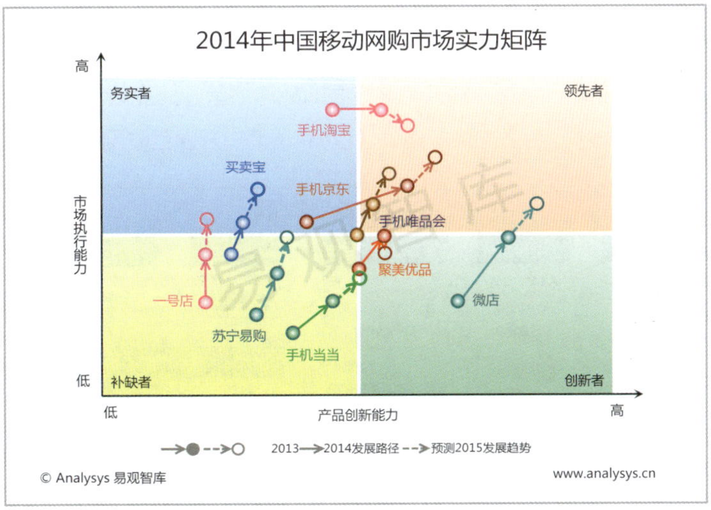

图 20 2014 年中国移动网购市场实力矩阵

领先者象限典型厂商分析：

手机淘宝：手机淘宝在移动网购市场起步较早，依托于淘宝网的资源优势，同时拥有手机支付宝的支撑，迅速占领了市场，在整个移动网购市场中的占比超过 80%。

手机京东：腾讯入股京东之后，为京东开放了微信和手机 QQ 两个流量入口，为京东移动端的发展提供了重要支撑。

手机唯品会：手机唯品会在移动端的高速发展得益于其“闪购”模式的特点，“闪购”限时特卖更便于消费者在手机端操作，使唯品会的移动端占比超过 50%，保持业内领先的地位。

创新者象限典型厂商分析：

微店：微店是近两年在移动端涌现的微购物模式，商家可以很方便地在移动端开店，并通过微信等社交工具，社交网络社区进行广告宣传。进入门槛低，操作便捷，推广方便是微店得以迅速发展壮大的主要原因。

务实者象限典型厂商分析：

买卖宝：买卖宝是专注于三到六线城市，乡、县市场的移动端购物平台，在乡、县市场多年的深耕使其建立了一套完整的针对乡、县市场的物流，支付服务体系；在品类上，买卖宝针对目标市场力推自有品牌商品，目前自有品牌商品占比达 50%；买卖宝同时还拥有自有品牌手机“大 Q”，旗下已拥有多款产品，这使得买卖宝在三到六线城市及乡县市场拥有较为稳固的用户基础和市场地位。

补缺者象限典型厂商分析：

手机当当：当当作为老牌图书电商，在移动端的创新围绕数字出版物和移动阅读应用展开，2014 年推出的“当当读书 4.0”集偷书、借阅、阅读分享，社区互动等多种功能于一体，成为垂直领域新的创新典范。

网络营销

互联网广告

2010 年，随着 RTB 模式在中国的兴起，RTB 模式的出现，使得整个互联网广告生态圈发生变革。越来越多的企业开始看好这一精准定向的模式，并开始这方面的战略储备，建立起专门的服务团队。而一些跨国企业成熟的广告，也开始在国内寻找合适的供应商，通过 RTB 模式开展互联网营销。

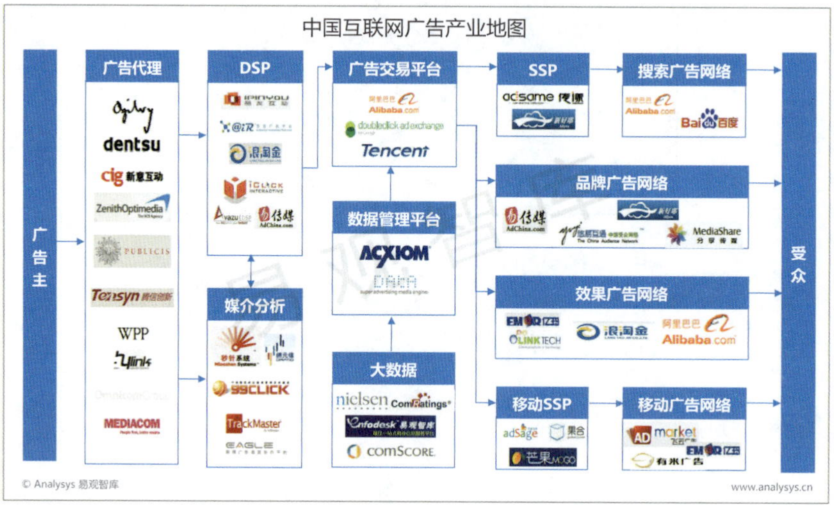

图 21 中国互联网广告产业地图

RTB 互联网广告生态圈中爆发了各种 RTB 广告企业及产品。总的说来，RTB 模式中新增的 DSP、Ad Exchange、SSP、DMP 等平台有着不同的目标用户，因此也有着不同的功能以及平台的目标。简述如下：Ad Exchange：流量交易平台，一方面面向 DSP、SSP，专注于流量交易、平台完善和生态系统的构建；另一方面提高流量交换效率，制定定价机制，并进行信息聚合。以技术为驱动。DSP：需求方平台，面向广告主、广告代理，专注于定向技术、自动优化、动态出价以及创意优化。以服务为驱动。SSP：供应方平台，面向网站主、网站代理，专注于广告位优化、展示有效性优化、展示竞价优化。以服务为驱动。DMP：数据管理平台，面向广告交易中的各方，专注于数据管理、数据分析、数据调用。以技术为驱动。从目前生态圈来看，巨型的互联网公司主要处在 Ad Exchange 平台的环节，如腾讯的 Tencent 广告系统、谷歌 doubleclick、百度 BES 流量交易系统。主要原因是这些公司基本是以技术为驱动的，对于服务代理公司及广告主来说是劣势。而对于服务代理公司来说，DSP 平台倾向于服务，所以现阶段，对于强大服务能力的第三方代理商主要研究开发推出 DSP 平台产品。此外，现阶段，广告主对于 RTB 的需求较大，相比之下，国内基于 RTB 的供应端发展比较缓慢。国内的主流媒体在广告议价权上比较有优势，因此对于流量的变现优化的需求较少，因此专注于流量变现优化的 SSP 平台发展较为缓慢，从数量以及已有平台的实际效果上都远远落后于 DSP 平台的发展。目前也只有少数几家代理公司尝试着做 SSP 平台，但发展力度并不是特别大。

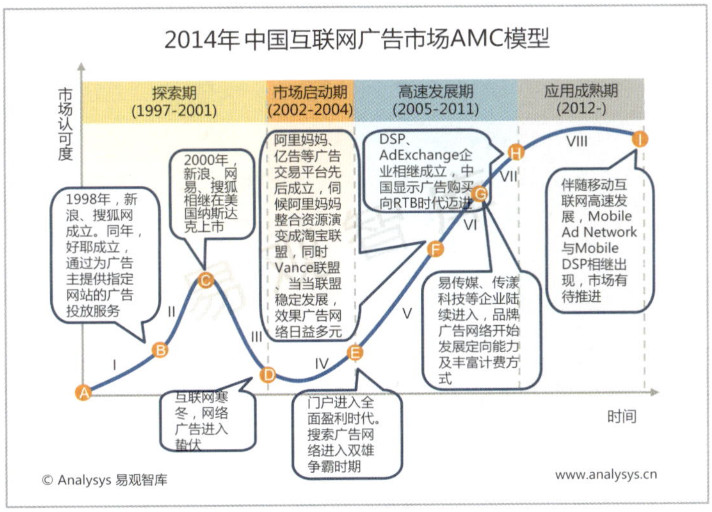

图 22 2014 年中国互联网广告市场 AMC 模型

探索期（1997-2001）

1997 年 3 月 Chinabyte.com 获得第一笔广告收入，IBM 为 AS400 的宣传付了 3000 美元。这是中国互联网历史的一个里程碑，互联网广告开始成为互联网企业最直接、最有效的赢利模式。1998 年，好耶成立，通过为广告主提供指定网站的广告投放服务，而成为中国第一个 Ad Network。在这一阶段，媒体以及优质广告位资源相对稀少，采购方式以媒体直销为主，Ad Network 处于从属地位。

这一阶段，新浪、网易、搜狐等门户网站相继成立并上市。 1999 年 4 月中旬，Doubleclick 派员来京，与传立、新浪、搜狐洽谈合作。Doubleclick 进入中国市场，这代表了中国的网络资源已经吸引了国际上的关注，为进军国外资本市场打下了良好的基础。

2000 – 2002 年，随着互联网寒冬时期的到来，中国互联网广告的发展也开始进入蛰伏期。互联网广告的发展速度开始放缓，增幅收窄。这段时间，中国互联网广告慢慢地积攒力量，等待爆发时机。

启动期（2002-2004）

随着互联网环境的改变，互联网广告市场也开始稳步增长。互联网广告的盈利模式逐渐被市场所认可，中国互联网广告市场开始重新启动。

在门户网站方面，2002 年搜狐在互联网广告收入的支持下，实现了赢利。中国互联网广告市场开始重新启动，互联网广告的盈利模式被市场所印证。2004 年，新浪、搜狐、网易公布财报，互联网广告盈利丰厚，中国门户进入全面盈利时代。

在搜索引擎方面，2002 年百度成立，并建立百度联盟。独立的搜索引擎通过免费为用户提供搜索服务，以聚集人气，进而向广告主提供搜索广告营销服务而获取商业利益。关键词搜索、竞价排名开始受到大量广告主追捧。2004 年，Google AdSense 进入中国市场，中国搜索广告网络进入双雄争霸时期。搜索引擎引领了互联网广告发展的第二个黄金时期。

高速发展期（2005-2011）

2006 年，全球第二大广告集团 WPP 收购华扬联众；2007 年，分众传媒收购好耶。传统的互联网广告模式已经不能满足客户的需求，于是各种互联网广告模式百花齐放，而互联网广告代理公司也成了资本的宠儿。中国互联网广告从此爆发。

这一阶段，媒体类型不断丰富，互联网长尾效应凸显，Ad Network 整合媒体资源，实现定向投放效果营销作用凸显。在品牌广告方面，易传媒、传漾科技等企业陆续进入，开始运营品牌广告网络业务。自此，品牌广告网络的定向能力开始发展，计费方式也不断丰富。在效果广告方面，阿里妈妈、亿告等广告交易平台先后成立，此后阿里妈妈整合资源演变成淘宝联盟，同时 Vancl 联盟、当当联盟稳定发展，效果广告网络日益多元。

应用成熟期（2012-）

2012 年，谷歌宣布在中国正式推出 DoubleClick Ad Exchange 广告交易平台。同年年底，淘宝 TANX 正式运营。此外，品友互动等 DSP 企业也相继成立，进一步推动中国显示广告购买向按受众购买的时代迈进。

伴随移动互联网高速发展，Mobile Ad Network 与 Mobile DSP 相继出现，推动了移动广告的发展。

这一阶段，按受众购买的广告模式以及 RTB 的形式开始出现，DSP 和 Ad Exchange 开始发挥作用，与 Ad Network 共同服务广告主，长期共存。

在继 2010–2011 年互联网广告市场的爆发后，2014 年中国互联网广告市场再次迎来发展小高峰，市场规模达到 1535.2 亿元人民币，较 2013 年增长 53.5%。预计 2017 年市场规模将达到 3190 亿元人民币。

图 23 2015–2017 年中国互联网广告运营商市场规模预测

易观智库分析认为，中国互联网广告市场的发展有以下几点值得关注：

1. 中国互联网广告程序化进程加速，DSP 市场实现智能化升级

2014 年中国程序化购买加速发展，产业链的各方，从品牌主、广告代理、DSP 平台、广告交易平台到媒体都对程序化购买有了更加深刻的实践，并从各自角度推动互联网广告的程序化步伐。一方面，越来越多的广告主试图通过程序化购买在提高品牌知名度、维持市场曝光、网站引流、提高注册、新产品发布等方面达到实质性突破，特别是汽车、食品饮料和个人护理产品在程序化领域投入最多，如上海通用、中国国航、苏宁易购、欧莱雅等品牌；另一方面，DSP 提供商也加速提高自身技术水平以实现媒体资源对接和人群定向能力的升级，努力积累丰富的程序化广告投放经验。除了公开交易市场的持续活跃，私有市场的程序化购买也正式开启，进一步助力互联网广告的智能化。

2. 跨屏联动的广告投放仍是需要努力的方向

目前 PC 端仍然引领数字营销发展的主导角色，但未来通过对广告主投放需求的分析、移动广告资源和相关数据的积累、创新更为多样的交易模式以及相关技术的提升，PC + 移动 + 其他数字媒体的跨屏投放方式，将是接下来的一个重要增长点，跨屏联动将实现对消费者注意力的持续聚焦，一定程度会引发广告效果的共振，也促使跨屏类广告平台和媒体的加速发展。随着产业链向跨屏应用的倾斜，未来打破时间、空间以及人群限制，将三维终端的数据融合贯通，打造三位一体的全新模式，实现效率的再次升级。

3. 搜索和视频的移动营销模式易复制，社会化媒体营销价值深化

2014 年，中国移动营销市场的规模化增长，一定程度上是由百度、视频等大媒体平台的增长而带动，主要原因即在于搜索与视频的商业模式、营销形式最易实现直接的复制，在流量转移后，营销收入跟进。而在未来，在经过 2014 年众多媒体的商业化尝试后，新闻客户端、社会化等媒体的广告将进一步展开。尤其是在基于社会化媒体层面上的企业商业服务平台的搭建，实现的营销与商务协同发展，使营销的价值进一步深化。

根据易观智库对 2013–2015 年中国互联网广告市场厂商在实力矩阵中所处的位置以及执行能力和创新能力的变化情况作如下解读：

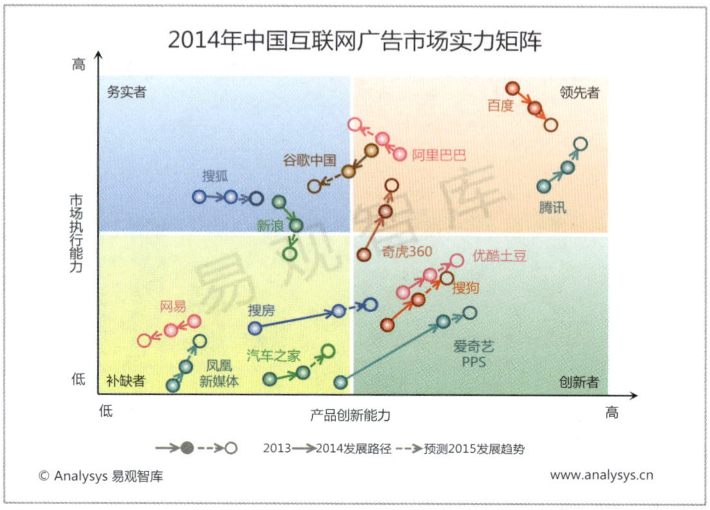

图 24 2014 年中国互联网广告市场实力矩阵

易观智库分析认为，中国互联网广告市场 KSF 中，能够推动产业发展的运营商潜力主要以技术、运营能力和未来的变现能力衡量。

领先者象限典型厂商分析：

领先者在执行能力及创新能力都具有很大的优势，新技术创新和市场培育方面的投入得到很好地回报。

2014 中国互联网广告市场领先者：百度、阿里巴巴、腾讯、奇虎 360。

百度：百度在中国的互联网广告市场的份额中一直处于行业领先位置，不仅在技术、数据以及服务方面拥有丰富的资源和运营经验，且在广告的创新方面，尤其是关键字广告的创新方面一直处于领先。2014 年，百度推出直达号服务，无疑是百度从搜索到交易的闭环构建，亦是商业模式改变的重要代表事件。百度通过技术来强化搜索入口，并降低技术门槛拉拢传统商家加入百度平台，完成从搜索到交易的闭环，开启了搜索引擎服务商从营销收入向服务收费的开端。

阿里巴巴：2014 年，阿里巴巴成功上市，作为中国最大的电子商务平台，阿里巴巴不仅拥有庞大的交易数据和众多的大中小商家、品牌广告主，同时基于自身的关键字广告、品牌广告都有较为全面的产品和服务布局。2014 年，一方面，阿里巴巴通过加强在 TANX 平台的 PC 和移动的布局，进一步完善其在站外广告的投放资源补充；另一方面，阿里巴巴通过与微博、UC 浏览器的合作，及新服务的布局，将直接丰富其流量渠道，扩充其广告资源库，满足更多广告主的不同广告形式投放需求。

腾讯：2014 年，腾讯无疑是最受关注的广告投放平台之一，一方面在品牌广告投放部分，腾讯新闻客户端、腾讯视频等品牌投放渠道，均获得了明显的增长；另一方面在效果广告投放部分，腾讯旗下广点通平台，通过打通移动端 QQ、QQ 空间、微信等拥有庞大用户流量的社交应用群组，将广告主与用户关系更加紧密连接在一起，移动社交广告的联动性使广告价值得以验证。2014 年第 3 季度，腾讯效果营销部分中移动广告占比达到 4 成以上。

奇虎 360：奇虎 360 进一步加强其在搜索引擎服务方面的完善，尝试微创新，尤其是在用户体验方面，不仅基于自身的“安全”定位，在内容方面通过技术手段过滤垃圾信息，同时基于自身的客户端优势加强对用户个性化需求的推荐引擎布局。2014 年，针对移动端推出“摸字板”等个人服务功能。预计 2015 年 360

综合搜索在完善个人服务基础上，将进一步加强 PC 端的商业化和移动端的用户规模圈占，未来发展仍值得关注。

创新者象限典型厂商分析：

创新者在发展创新方面具有绝对的优势，但现今在市场上还没有得到印证，市场占有率不高，但在未来变现能力方面具有增长幅度大、增长速度快、增长空间广三个特点。

2014 年中国互联网广告市场创新者：优酷土豆、搜狗、爱奇艺 PPS。

优酷土豆：优酷土豆作为视频市场的领导者之一，其 2014 年表现可圈可点。其一，优酷土豆建立自己的广告交易平台，尤其是在移动端，将长尾流量进行开放，充分提升了其广告利用率；其二，优酷土豆加强在内容营销方面的布局，通过节目定制、内容植入等实现基于内容传播的品牌曝光，加强自身竞争力的基础上，弥补了贴片广告的库存局限性；其三，优酷土豆加强研发与电商服务的融合，在品牌曝光的基础上，融入更为直观的效果，进一步将营销价值深化。

搜狗：在经过一年的整合后，搜搜和搜狗的协同效应显现。新搜狗在整合搜狐和腾讯的各产品、服务的流量渠道后，其用户规模和营收实现了稳定的增长。同时，2014 年基于腾讯突出的社交产品及数据，新搜狗在社交搜索服务方面进行战略布局，形成独有的差异化优势，未来，基于独有的社交数据和入口，将给新搜狗带来更为有利的发展空间。2014 年在移动搜索方面，新搜狗尚处于产品和服务的逐渐优化阶段，以提升用户体验为核心，未来，随着产品 / 服务以及渠道的布局日益完善，商业化也将全面展开。

爱奇艺 PPS：2014 年在经过对爱奇艺与 PPS 的深度整合后，二者的协同效应显现，以产品形态差异化与覆盖人群的差异化，在经过对客户资源、广告资源、内容资源的优化后，完成了用户覆盖及直接收入回报方面的提升。2014 年爱奇艺 PPS 在自制方面加大投入，深度挖掘内容营销价值，做到版权内容与自制内容的二手抓。2014 年爱奇艺 PPS 在用户服务端率先推出 PC 与移动端观看统一的功能，优化了用户的体验。同时，基于与终端厂商的合作，布局互联网电视，为其多屏营销服务铺路。

务实者象限典型厂商分析：

务实者的技术 / 产品本身的创新优势不明显，但是系统的执行力非常强，因此市场业绩很好。

谷歌中国：谷歌中国是中国互联网广告服务运营商中提供搜索服务的代表企业，在经历中国本地化产品和服务团队的流失后，谷歌中国在中国搜索市场的发展日益艰难，其在中国内的市场份额不断下降，用户体验受到严重影响。但在中国企业在海外市场的推广力度加大的大环境下，谷歌中国仍是最重要的渠道之一，因此营收表现方面仍具有较强优势。随着移动搜索市场的爆发，未来谷歌中国或将通过布局安卓市场来曲线布局，可迎来发展转折。

补缺者象限典型厂商分析：

补缺者具备一定资源，但是优势资源带来的效应并没有明显地表现出来，立足于某一细分市场，尚有发展潜力。

凤凰新媒体：广告业务是凤凰新媒体的核心业务，现阶段，凤凰新媒体广告客户主要来自汽车、食品饮料、电商、健康和金融五大领域，面向的用户通常是高薪用户（即高薪水、高学历等）的用户，用户群较为单一，凤凰新媒体在 2014 年通过内容投资和自主创作来推动用户多样化，从而赢得娱乐市场用户。此外，凤凰新媒体在逐渐加大自身的广告创新力度，尝试原生广告形式推动自身营收的增长。现阶段，移动端是凤凰新媒体长远持久发展的关键，凤凰视频等移动 APP 用户流量有待进一步提高。

户外新媒体

户外新媒体是指安放在人们一般能直接看到的地方的数字电视等新媒体，是有别于传统的户外媒体形式（广告牌、灯箱、车体等）的新型户外媒体，比如公交、航空、地铁、轻轨，同时也包括这些交通工具相应的辅助场所如航空港，地铁（轻轨）站，公交站内所衍生的渠道媒体 -LED 彩色显示屏、视频等。户外新媒体主要包括三类形态：一是运行在移动公交工具内部，主要是在公交车、地铁、城铁等，外加少量长途列车、出租车，这类形态被称为车载移动电视。二是运行在室内固定场所，重点是写字楼、政府办公楼以及卖场内部，也包括医院、候车室、银行营业厅等专业场所，这类形态被称为室内固定场所电视（也称为楼宇电视或者城市电视）。三是运行在户外固定场所，主要是以户外大屏幕的形式呈现，简称户外大屏幕。

随着户外新媒体产业模式的创新发展，户外新媒体产业链正在发生着很大的变化。总体来看，目前可分为五大环节，分别是广告主、广告代理、户外媒体平台服务商、基础服务提供商、受众。其中基础服务提供商又包括技术服务提供商、媒体资源提供商、硬件提供商、电信运营商等。户外媒体平台服务商作为产业链的重要环节，集合技术、内容、硬件等各方面资源，为广告主提供媒体广告服务，并将内容传递给用户。

图 25 中国户外新媒体产业地图

随着公共区域用户注意力向移动端转移，户外新媒体正面临着业务上的冲击，竞相探索业务上的转型，互联网化程度逐渐提高。对于户外新媒体而言，转型过程中新产品形态的搭建需要新的技术提供支撑。如华视传媒试图通过公交 Wi-Fi 进行移动互联网转型，与深圳光启联合成立“公共交通无线覆盖关键技术实验室”，技术支撑平台，保证“超级 Wi-Fi 技术”迅速落地。在公交、地铁等媒体提供上，户外新媒体厂商也开始打造移动入口，通过免费 Wi-Fi 收揽用户，并替用户进行流量埋单。值得注意的是，在广告主方面，移动互联网的发展也丰富了广告主的结构构成，开始从传统的品牌广告主开始向行业广告主(游戏、社交、电商等)扩张。

户外媒体平台服务商作为资源整合聚集的环节，面向供求双方的环节，是户外新媒体产业链中的核心环节。主要厂商有分众传媒、百灵时代、TOM 户外等。

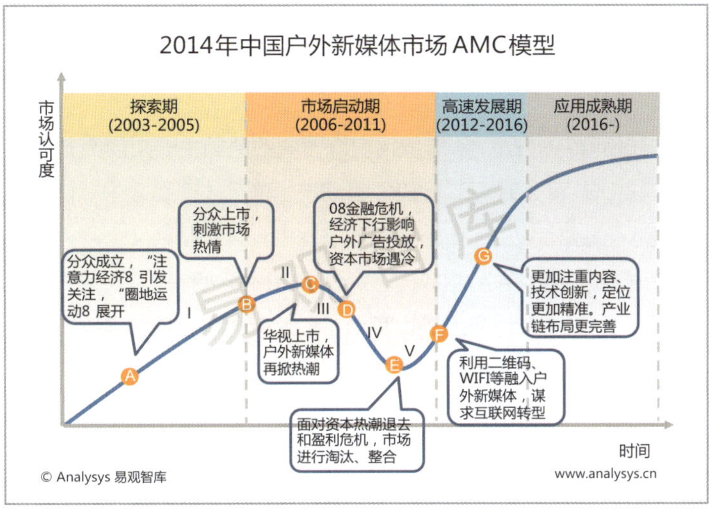

图 26 2014 年中国户外新媒体市场 AMC 模型

户外新媒体经过了早期资源扩张、市场整合之后，现在在移动互联网的大潮下迎来新的转型，开始走向内生性生长阶段。

户外新媒体市场 2014 年市场呈现出向好发展的局面，户外新媒体市场在 2014 年取得良好发展的原因主要来自两方面；一方面行业创新促使媒体价值提高，具体而言，各大厂商纷纷将二维码、互动技术等融入产品之中，借助新的技术形式摆脱媒体的单一传播性；另一方面，部分厂商还将 Wi-Fi 布局到媒体空间中，开辟移动端上网入口进行业务革新，通过以上方式还能获取用户信息并提供广告效果监测数据，媒体价值得到大幅提升。除以上之外，户外新媒体行业内外也不断进行资源的整合，谋求创新发展，互联网行业广告主的加入也使得广告主来源更加多样化，进一步带动行业的发展。

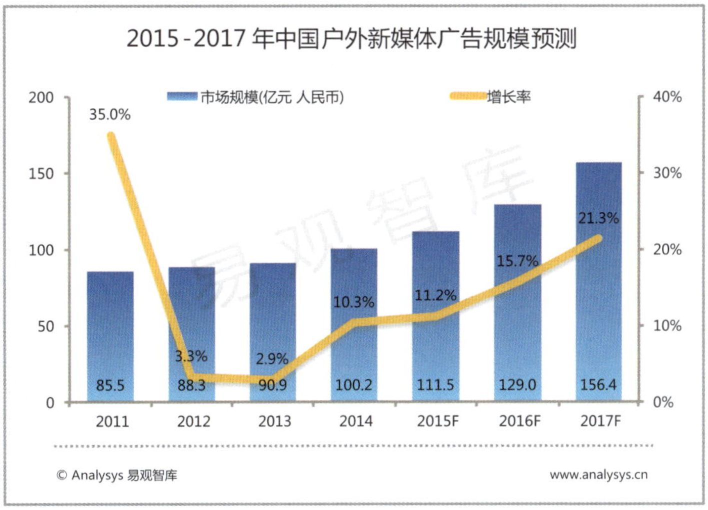

图 27 2015–2017 年中国户外新媒体广告规模预测

易观智库预测，中国户外新媒体市场 2014 年广告规模将突破百亿人民币，较去年增长 10.3%。预计未来几年，户外新媒体市场将保持更加良性的增长，2017 年广告市场规模将达到 156 亿元人民币，较 2013 年复合增长率为 14.5%。

易观智库研究认为，户外新媒体在 2014 年取得良好发展的原因主要来自两方面，一方面行业创新促使媒体价值提高，具体而言，各大厂商纷纷将二维码、互动技术等融入产品之中，借助新的技术形式摆脱媒体的单一传播性，此外，部分厂商还将 Wi-Fi 布局到媒体空间中，开辟移动端上网入口进行业务革新，通过以上方式还能获取用户信息并提供广告效果监测数据，媒体价值得到大幅提升；另一方面，移动互联网的发展也带来了广告主结构的丰富，尤其是游戏的火热也带动了户外新媒体广告业绩的提升，并使分众传媒、华视传媒等成为游戏推广的标配企业。未来几年，随着整体宏观经济的逐渐好转，各大厂商在资源整合上的共振效果逐渐凸显，以及在转型创新上的成绩显现，整体市场将会保持向好增长，预计 2017 年市场广告规模突破 150 亿人民币。

在中国户外新媒体行业中，各主要企业处于差异化发展阶段，具有不同的竞争实力，如易观智库实力矩阵图形所示：

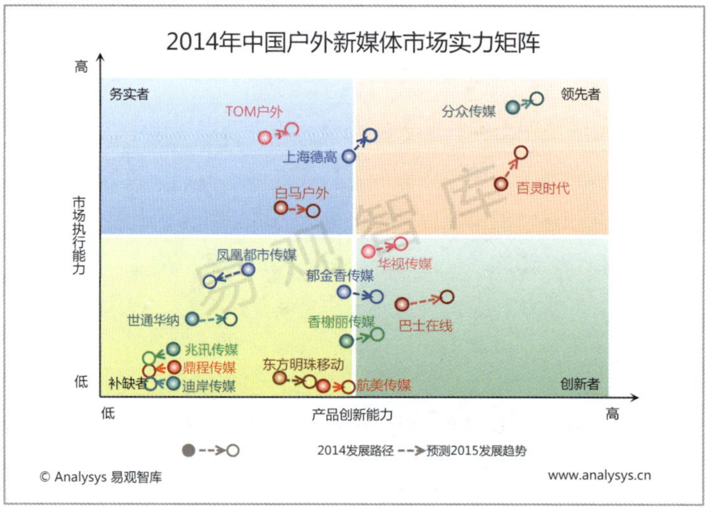

图 28 2014 年中国户外新媒体市场实力矩阵

易观智库分析认为，目前，户外新媒体市场马太效应初现，行业领先者纷纷借助创新或资源整合谋求进一步的发展，打造行业壁垒，未来竞争实力也将增强。

领先者象限典型厂商分析：

作为行业领先者，分众传媒通过布局楼宇 Wi-Fi 进行移动互联网转型，投资人人聚财、认购蓝港互动，涉足游戏、金融等热门领域，扩宽业务线，技术方面融合 3D 技术，丰富广告形式；百灵时代利用旗下新媒体品牌百灵欧拓与微软进行云计算合作，引领广告业的信息化转型，代理游戏并结合互动丰富业务结构，此外还通过进军海外市场来拓展业务。

创新者象限典型厂商分析：

作为创新者，华视传媒、巴士在线均布局巴士 Wi-Fi，看重公交媒体端的重要移动入口，虽然前期投入较大且用户接受度尚待提高，但对于其业务未来可持续增长意义重大。在新媒体、传统媒体的融合趋势下，郁金香、香榭丽等媒体也分别被新文化、粤传媒收购，未来多方媒体资源融合带来的整合效应也将逐渐显现，成为市场的重要带动者。从 2014 年厂商发展布局情况也可以看出，随着市场创新及资源壁垒的积累，未来，行业将进入良性的发展阶段，行业进入门槛也将逐渐提高。

务实者象限典型厂商分析：

作为务实者，TOM 户外所在集团业务资源丰富，同时拥有互联网、出版、户外传媒、电视及娱乐业务，拥有深厚的市场积累。随着移动互联网的兴起，开始寻求各大业务的通连整合，结合户外传媒及移动互联网实现多屏、互动的广告播送。未来，在户外广告进一步转型、产业链整合方面潜力巨大。

白马户外成立时间较早，主要经营户外候车厅领域。经历了早期的行业扩张后，逐渐发展为对重点区域的布局。随着资源的垄断优势凸显，营业额逐渐提升，积累了一定的资金基础。移动互联网发展早期，将二维码技术运用于候车亭广告牌，实现线上商品购买。

补缺者象限典型厂商分析：

作为补缺者，郁金香、香榭丽分别被新文化、粤传媒收购，未来借助新资源有望加快发展步伐，向创新者演进。

互联网金融

互联网支付

在第三方支付产业链之中，用户（买家）和服务商户位于两端，第三方支付厂商是服务提供者，目前最主流的支付厂商有互联网支付、移动支付和 POS 收单。收单完成后，会通过支付转接清算平台完成各银行之间的资金清算与流转，之后资金打入商户账户。

图 29 中国互联网支付产业地图

• 银行金融机构

银行金融机构不仅是第三方支付产业链的上游环节，更是该市场的政策制定方，在产业链中具有明确的话语权。中国金融行业发展相对保守和落后，特别是在针对个人用户服务方面，由此也带给了第三方支付市场快速发展的契机。第三方支付业务能够有效帮助银行提升其银行卡用户、网银用户的活跃度和黏性，但第三方支付业务也在一定程度和银行业务重叠，因此银行等金融机构对第三方支付市场的态度仍未完全明确，既有积极合作的方面，也有严厉封闭的部分。以银联为代表的卡组织，也就是转接清算平台机，同样作为上游环节，进行银行之间的资金清算与流转。

• 商户

商户即接入第三方支付服务的商家，使用第三方支付厂商提供的服务向自己的客户收取交易资金。移动支付的商户现阶段主要是通过移动互联网提供虚拟物品和服务的厂商。

• 第三方支付厂商

第三方支付厂商是该市场的中流砥柱，由于该市场的进入有较高的门槛，由此该市场目前存在厂商数量十分有限，真正有效运营的仅数十家。该市场经营模式相对单一，各家厂商产品线同质化程度相当高，竞争主要集中在客户关系、用户规模以及费用等方面。

由于中国第三方支付市场规模增长迅速，市场远未饱和，各家厂商一方面在圈地争抢份额，另一方面也希望在牌照发放的同时能够带来一定的交易规模来保证“生存权利”，大部分第三方支付厂商均处于不盈利的状态，靠风险资本支持发展。

在第三方支付厂商为数不多的基础上，真正经营移动支付业务的厂商则更少，开发出相应的产品并无较大门槛，但能够形成有效地用户规模则是对于第三方支付厂商最大的考验。目前除了支付宝和财付通依托账户支付模式的用户基础涉足移动支付市场外，其他的厂商在该领域并未大力推进。

• 用户

目前在移动互联网用户中，手机支付已经成为普遍行为。2013 年中国手机支付用户规模达到 1.25 亿，占手机网民总量的 25%。与手机支付快速增长相伴的是各种与移动支付相关的应用的下载量激增，与支付、网银、金融证券相关的各类移动应用的累计下载量已经超过 4 亿次。

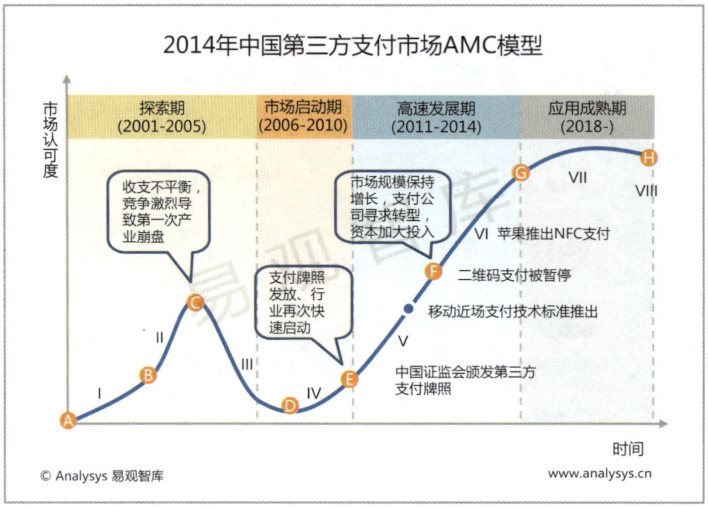

图 30 2014 年中国第三方支付市场 AMC 模型

易观智库分析认为，2014 年中国第三方支付市场仍处于高速发展期。

此阶段支付企业的主要服务方式已经被用户认可，市场稳定增长，进入门槛提高，这一阶段推动产业和企业发展的关键因素开始转为用户需求推动。随着第三方支付牌照的发放，一些领先的第三方支付企业也开始从单纯的追求市场规模向追求市场规模和利润两个方面进行转变。

易观智库分析认为，本阶段电子支付渠道创新不断，支付产业链有了进一步的完善，业务方向也将多元化发展。

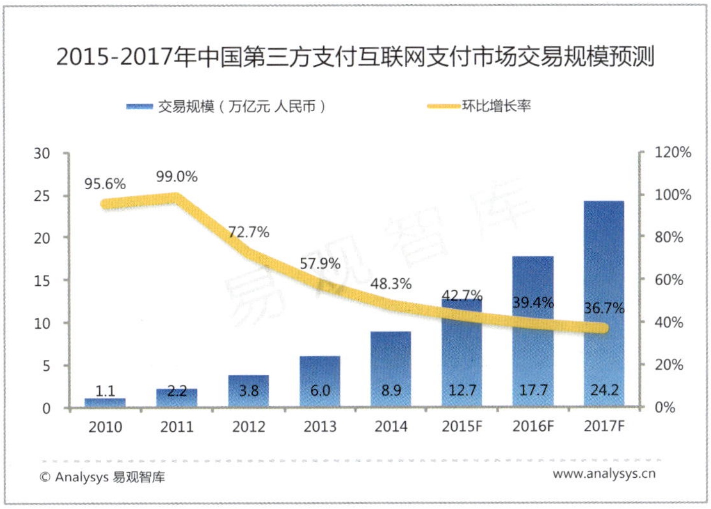

图 31 2015-2017 年中国第三方支付互联网支付市场交易规模预测

易观智库预测，中国第三方支付互联网支付市场 2014 年交易规模达到 8.9 万亿元人民币，同比增长 48.3%。随着电子商务和行业互联网化的发展进入成熟时期，互联网支付市场的交易额增长将逐步放缓，但未来理财、P2P 资金托管和跨境支付等新兴支付领域将成为互联网支付增长的主要动力。

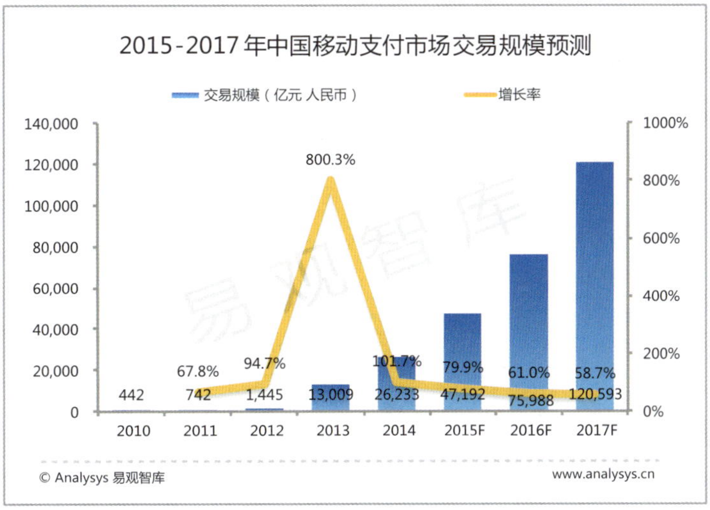

图 32 2015-2017 年中国移动支付市场交易规模预测

易观智库分析认为，移动支付的最大缺点是场景比较单一，以大额的转账、理财和网购为主，创新性比较少。随着移动端用户迁移的放缓和互联网理财收益的下降，使移动支付短期内很难重现 800% 的增长率。未来移动支付的重心将放在线下小额、高频场景构建上，增速将有所下降。

在中国第三方支付互联网支付市场中，各主要企业处于差异化发展阶段，具有不同的竞争实力，如易观智库实力矩阵图形所示：

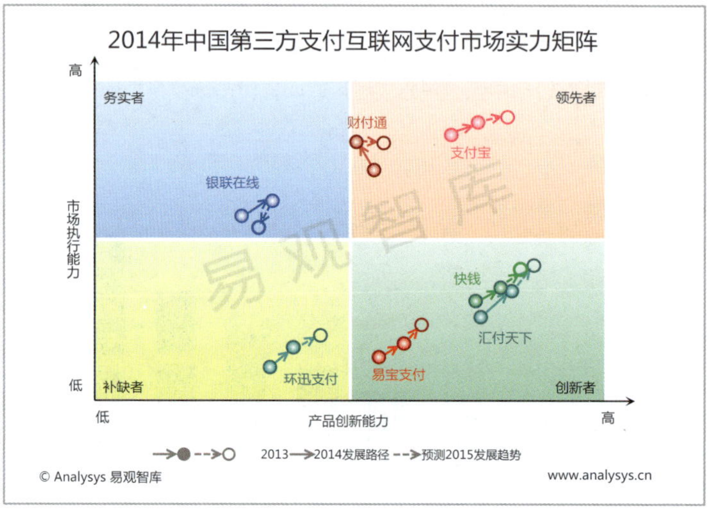

图 33 2014 年中国第三方支付互联网支付市场实力矩阵

通过对 2014 年中国第三方支付互联网支付市场主要厂商的执行能力和业务创新能力进行比较，易观智库研究发现支付宝和财付通执行能力和创新能力均表现比较突出，处于领先者象限；快钱支付、汇付天下和易宝支付创新能力较强，市场表现跟领先者相比仍有差距，处于创新者象限；银联在线支付在原有雄厚资源的基础上，提高了产品创新和业务拓展能力，市场表现较好，但创新能力有待提升，暂处于务实者象限；环迅支付表现较稳定，暂时处于补缺者象限。

领先者象限典型厂商分析：

支付宝和财付通作为成长背景和资源优势非常相似的两家支付企业，拥有庞大的集团资源和用户规模优势，产品研发和市场拓展能力突出，并利用规模效应和集团协同优势在互联网支付市场拥有较高的市场份额，一直处于领先者位置。

支付宝在互联网支付方面的重点明显放在了跨境支付上，与日本、泰国、韩国和德国等多家海外知名电商合作进行支付宝付款，并与全球最大的退税机构环球蓝联合作海外购物退税；3 季度阿里推出招财宝理财平台，通过预约功能将余额宝中追求更高收益的大额理财用户进行分流，很大程度上是阿里在平台、金融、大数据方面结合的实践，表明互联网金融已经进入了平台经济时代。

易观智库分析认为，未来支付宝仍然会保持较高的业务创新能力，在互联网金融方面将有更广泛的涉猎，平台化趋势和渠道优势将更加明显，从而带动支付宝盈利模式的创新。

2014 年财付通战略重心在移动支付，同时在 2014 年第 3 季度获得了央行颁发的银行卡收单牌照，未来可能加大对银行卡收单市场的拓展。易观智库分析认为，虽然在交易规模上，财付通的互联网支付的市场份额依然保持稳定，但是创新能力没有太多提升。2015 年财付通将大力开展理财和 P2P 资金托管等创新金融服务，预计财付通的创新能力将有一定提升。

创新者象限典型厂商分析：

随着互联网支付的竞争加剧和互联网金融的崛起，第三方支付从基础支付通路上衍生增值业务的趋势进一步加强。

2014 年第 2 季度以来，快钱发布“支付 2.0 战略”，在支付基础上叠加金融服务、财务管理、营销管理等服务，深度挖掘企业需求，陆续推出“云端会员管理系统”、“快易融”等叠加产品，分别解决线下中小商户营销、融资问题。并且随着跨境支付牌照的发放，在跨境支付领域建立了一套成熟的产品体系，着手拓展航空市场，创新力度较大。易观智库认为，2015 年快钱在互联网支付市场规模将继续快速增长。

汇付天下也在今年紧抓互联网金融机遇，积极发展 P2P 资金托管和针对理财顾问提供的理财投资服务平台“云财富”。 汇付天下在 P2P 资金托管上也取得了领先优势，截至到 2014 年 9 月底，接入的 P2P 平台已经突破 300 家。2015 年，汇付天下通过 P2P 资金托管、理财、基金申购等领域的布局在互联网支付领域提升自身优势，完成从支付公司到金融服务平台的转型。

2013 年易宝支付通过建立易宝金融独立子公司来运作互联网金融业务，为易宝支付现有客户提供金融服务，其中包括含有 P2P 公司、小贷公司、保理公司、供应链融资公司的金融服务平台和提供闲置资金的理财服务平台，除此之外，易宝也在 P2P 资金托管方面积极开拓业务。易观智库分析认为，2015 年易宝通过在金融领域的抢先布局，保持较高的创新力度和利润水平。

务实者象限典型厂商分析：

2014 年银联商务加大了对互联网支付的创新和拓展力度，在教育、交通等行业的互联网支付方面增长稳定，同时与银行、商户积极开展联合营销活动，2014 年第 2 季度通过“62 儿童消费节”强势促销实现了交易额的快速增长，力度刷新银联营销活动的历史纪录，正在加速市场化转型。但由于互联网金融的崛起、行业移动互联网化的加深以及央行监管加强，第三方支付公司纷纷在支付通路上进行叠加增值业务的创新，新的支付技术和市场模式相继推出。在这样的大背景下，银联商务很难比体量较小、转变灵活的第三方支付公司抢先一步拓展自身的创新能力，预计 2015 年银联在线支付仍将保持在务实者象限。

补缺者象限典型厂商分析：

环迅支付作为一家早期进入的老牌支付企业，一直保持稳健的发展策略，市场表现相对低调。这是由于这种发展策略的影响，环迅支付虽然在市场份额和创新能力方面均表现低调，但是他的确是市场中的稳定因素，通过业务创新和与资源型企业的合作极易进入务识者象限或创新者象限。

在中国移动支付市场中，各主要企业处于差异化发展阶段，具有不同的竞争实力，如易观智库实力矩阵图形所示：

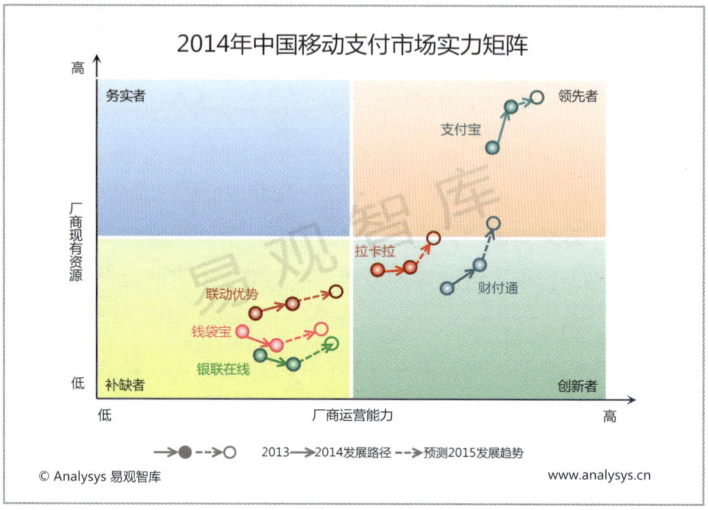

图 34 2014 年中国移动支付市场实力矩阵

易观智库通过对 2014 年中国第三方移动支付市场主要厂商的执行能力和业务创新能力进行比较，发现支付宝执行能力和创新能力均表现比较突出，处于领先者象限；拉卡拉和财付通在创新能力上有大幅度提升，但市场份额与支付宝相比相对较小，处于创新者象限；钱袋宝、联动优势、银联在线的市场表现跟领先者相比仍有差距，处于补缺者象限。

2014 年移动支付行业内支付宝依旧占据大头，市场份额已经接近 80%，前三甲市场份额汇总接近 95%，市场集中度进一步加大。中小移动支付厂商则在移动支付的某一环节积极发展手机刷卡支付，移动 POS 和应用内支付。现有移动支付市场虽由巨头占有主要份额，中小移动支付企业生存不易，但依然有自身优势，在为旅游、游戏、彩票、保险、基金等交易规模更大、信息化需求更高的行业客户提供移动支付的解决方案，或者依靠其他支付业务如 POS 收单，结合移动支付技术加以改造，建设线下移动生态圈的方向拥有可观的市场机会。

移动支付市场目前交易场景还比较单调，主要来自于移动网购和个人的转账、还款等常规消费。微信红包、打车支付和线下扫码、声波支付等小额交易，虽然对交易额贡献不多，但迅速培养了用户移动支付习惯的养成，已形成从目前的大额理财驱动转向小额消费驱动的趋势。未来移动支付厂商不会单纯追求移动支付规模，小额消费的创新场景才是重点。构建小额消费的场景和技术安全性成为移动支付厂商的关注重点，同时监管政策的加强也将直接推动各家支付厂商对移动支付安全技术和产业链的创新。

补缺者象限典型厂商分析：

联动优势作为老牌移动支付厂商，其电信充值缴费业务量很大。3 季度推出“U 刷”是在移动支付模式上的创新，在 2014 年通过应用内支付积极开拓行业支付市场，目前在商旅、电商、教育、农资等行业具有一定优势，在面向细分行业中小微企业服务过程中，联动优势也将供应链金融和互联网技术相融合，响应供应链中小企业的融资需求。易观智库预计 2015 年联动优势市场份额仍将保持稳步增长。

2014 年 4 季度钱袋宝推出新一代智能移动支付终端 – 钱袋宝 MPOS，将传统金融 POS 功能与智能移动终端 APP 应用相结合，技术创新发力可见一斑。易观智库预计，2015 年钱袋宝不只局限于提供移动支付硬件产品和软件产品，也将更多关注增值服务，借势互联网金融，进一步快速增长。

2014 年银联在移动支付市场动作频频，先后联合了诸多安卓手机厂商，搭建 AndroidPay 支付体系，目标直指近场支付。在远程支付市场，支付宝钱包一家独大，银联的机会存在于近场支付。但由于近场支付产业链复杂，受理环境运作难度大，且较为依赖线下场景，预计银联在近场支付的探索将很难带动规模的大幅度增长，2015 年依然停留在补缺者象限。

领先者象限典型厂商分析：

2014 年支付宝钱包陆续推出了“未来医院”、“未来公交”和“未来生活广场”项目，全面覆盖医疗卫生、公共服务和城市商圈，重金构建 O2O 的相关支付场景，打造支付宝钱包平台化的地位，并在“双 12”和美廉美等线下商超开展合作，通过重金营销补贴激活了移动支付线下的消费。易观智库预计，移动支付市场目前交易场景还比较单调，未来移动支付的重心会放在构建创新支付场景上，未来支付宝仍然会保持较高的业务创新能力。

创新者象限典型厂商分析：

2014 年 1 季度微信红包火爆中国之后，财付通在 2 季度推出了手机 QQ 支付，直接借助海量的手机 QQ 用户资源，丰富了财付通在移动端的布局。微信支付将我的银行卡升级成我的钱包，并推出钱包和好友转账功能，开始从银行卡转入转出的形式转向小额账户支付。3 季度推出好友转账和面对面转账，带动微信支付的交易进一步走高。与此同时，手机 QQ 支付的用户数在第 3 季度突破 9000 万，财付通完成在移动支付的双线布局。易观智库预计，以微信支付为代表的财付通已在拓展更多的支付场景，从客户端的转账、缴费到支持京东、上品折扣的移动支付，未来仍有较大潜力，市场规模及创新力度将继续稳健提升。

拉卡拉通过创新银行综合受理解决方案的推广，与多家银行达成合作，在 2 季度保持了相对稳定增长。手机收款宝和社区 O2O 模式的开店宝也成为拉卡拉业务的增长点，下半年社区商城业务登陆其 APP、超级手机银行 APP、手机收款宝 APP 等移动端，打通了与线下开店宝终端之间的链接。易观智库预计，随着拉卡拉线下网点数量快速增加以及金融理财业务的上线，为移动端交易量的提升提供了基础。

P2P 网贷

P2P 是“Peer to Peer”的简写，即为“个人对个人”提供贷款平台服务的商业模式。该模式被引入中国后，市场快速发展，成为金融体系有效补充手段，有效地缓解了中国个人信贷及小微企业融资难现状。随着产业发展，P2P 网贷生态不断完善，参与方从最初只是单一网贷平台中介，到如今担保、保理、支付机构等也成为不可或缺的关键力量存在。

图 35 中国 P2P 网贷产业地图

- P2P 网贷平台

国内 P2P 网贷市场的进入门槛仍然较低，现存平台数量较多，但大部分 P2P 平台经营模式相对单一，提供的产品和服务同质化程度相当高，竞争主要集中在交易费用和是否对投资者实施担保等方面。由于目前市场处于各平台圈地争抢份额的状态，多数 P2P 网贷平台并不盈利，靠风险资本支持发展。

- 投资者

国内网贷投资者群体以 70 后、80 后的男性为主，主要分布于互联网、金融以及政府部门等行业，投资金额主要集中在 1 万至 50 万之间，其中以 10 万至 20 万之间居多。这类人群能承受一定风险、思想比较开放、投资比较激进、有一定的经济基础。投资者可以根据网贷平台上公布的借款人的利息和借款用途与个人信用状况不同来决定自己是否应标，目前该群体在该产业链上占有一定的主动权，但是由于投资者独立承担投资风险，其投资也逐步趋向于选择信用较好的网贷平台。不过值得注意的是，各平台上网贷投资者有高度重合性，社会投资人数量处于低位，有待进一步提升。

- 融资者

借款者在借贷平台注册并填写招标申请，提交后等待投资者投标，投标完成之后，借贷平台审核借款人资料，通过则借款成功。目前国内主要借款者多为短期流转或购买生产材料所用，除部分网商，多数借款者“离网”特征明显，故网贷平台多以线下团队或合作单位辅助开发线下借款者。另外，就整个网贷产业链来看，借款人拥有一定的主动权，如果借款人直接违约，投资人将面临极大风险，因此准确判定借款人信用、资质状况是整个借贷体系的核心。

- 支付机构

支付机构是 P2P 网贷市场上主要的资金托管方及资金通道。P2P 网贷平台由于其中介的性质不能够设置资金池，央行也明确指出必须引入资金的第三方托管机制，故大多数 P2P 网贷公司都选择与第三方支付平台合作，以处理借款人和贷款人之间的大量资金往来。对于大多数投资者而言，第三方支付平台的存在让他们更容易对 P2P 网贷公司产生信赖。第三方支付平台的引入，实现了“信息”和“资金”的完全独立，从而保障了出借人的借款安全，有助于 P2P 企业回归“中介”的本质。

• 担保机构

除了一些采用纯粹 P2P 经营模式的网贷平台，其余大部分平台都向投资者保证本金的安全，这就需要担保机构的介入。当融资者发生债务违约时，担保机构会替融资者把本金偿还给投资者。当然，担保机构会向网贷平台收取一定的费用，因此会增加网贷平台向投资者和融资者所收取的手续费。目前参与到 P2P 网贷担保的担保机构多为融资性担保公司，具有一定的风险控制能力，一定程度上也为 P2P 网贷平台提供了风控作用。

• 小贷公司

小贷公司的作用一方面是替网贷平台对融资者进行审核，另一方面也会向网贷平台推荐合适的融资者。

• 评级机构

国外多数 P2P 网贷平台均已引入第三方信用评级机构，让后者对网贷项目进行评级，从而方便投资者认识这些网贷项目的风险水平，再根据收益率的情况从中进行选择。目前国内平台已逐渐开始引入第三方信用评级机构。

• 交易监管方

目前中国在对 P2P 网贷市场的监管方面还未出台具体相关的法律法规，2015 年 1 月银监会进行了机构调整，网贷业务归属其中新成立普惠金融部管理，监管架构完成后细则有望落实到地方银监局实施。届时 P2P 网贷市场有望在行业准入、运营规范、展业模式等产生门槛，上层建筑的完善将有效推动中国 P2P 网贷行业发挥更大普惠金融作用。

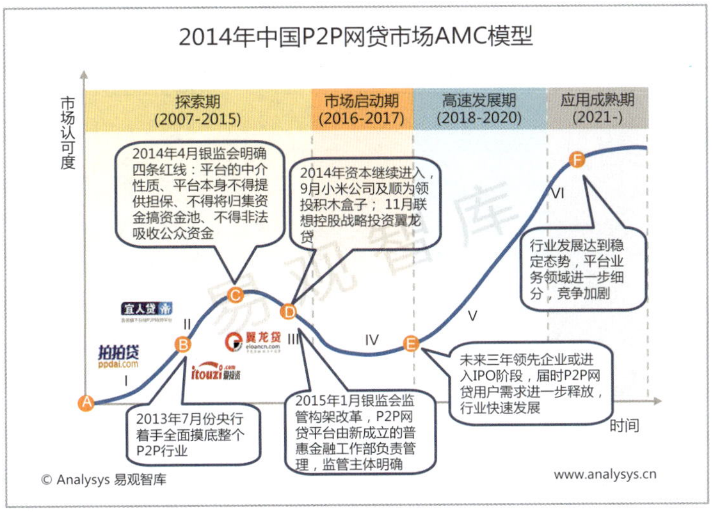

图 36 2014 年中国 P2P 网贷市场 AMC 模型

P2P 网贷 2007 年进入中国后快速发展，线上线下业务齐头并进，对于缓解中国个人及中小微企业投融资矛盾起到了一定的作用，然而由于国内征信资源稀缺、线上风控难度较大等因素，中国 P2P 网贷市场扩张瓶颈问题依然突出，易观智库分析认为，当前中国 P2P 市场处于探索后期。

2007 年前后，银行业面向企业重点推出供应链金融相关解决方案，对于缓解中小企业融资困境起到一定作用，不过在金融危机背景下其门槛依旧较高。值得注意的是，互联网技术革新消除了各行业间壁垒，为草根涉足中小微企业金融服务提供了机会，“个人对个人、个人对企业”等中间方此时大量涌现。由于征信体系并不健全，P2P 网贷纯线上业务模式诞生之初面临生存瓶颈，多家企业因此因地制宜，逐步增加线下力量。这种做法有利有弊，平台可以对借款端进行强力把控，以加大借款方违约成本及控制违约率；弊端在于，平台高额扩张成本考验资本实力。

P2P 网贷发展初期，网贷环境较为宽松，大量以自融、投机为目的的不良平台滋生，劣币驱逐良币恶劣现象虽未发生，但直接影响用户对市场认知，如今行业自律不断，但落实程度差强人意，监管手段加以规范时机已基本成熟，政策完善将驱动行业迎盘整期到来。

从规模上看，2014 年实体经济从金融体系获得的资金总额为 16.41 万亿，而 P2P 网贷市场规模只有 0.2 万亿，中国金融市场化改革的背景下，金融产品与服务的供给方、定价权等开放将是普惠金融最大的落实，相信未来三年随着产业基础环境的完善，行业规模将真正出现爆发式增长。

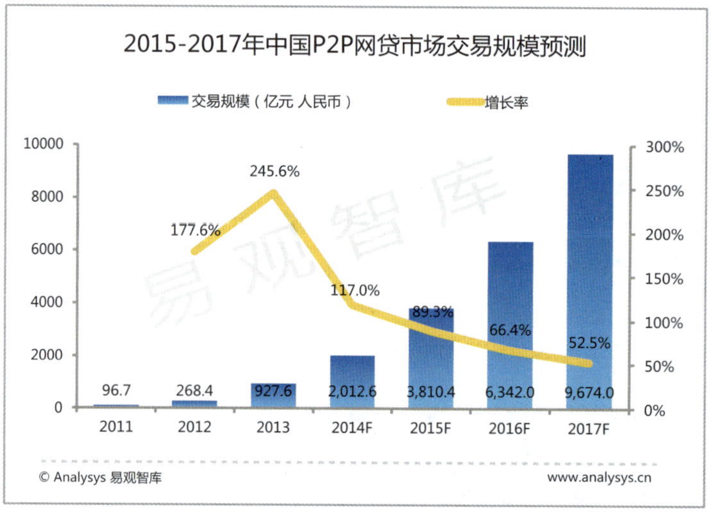

图 37 2015–2017 年中国 P2P 网贷市场交易规模预测

易观智库的数据显示，2010 年至 2014 年中国 P2P 网贷市场交易规模近年保持较高速的增长。截至 2014 年末通过 P2P 模式撮合完成交易规模为 2012.6 亿元人民币，在巨大市场缺口及衍生创新业务形态的驱动下，行业仍会有进一步的增长，易观智库预计，2017 年市场体量达到 9674 亿元人民币。

易观智库分析认为，经过七年的培育，市场或将出现如下趋势：

1. P2P 网贷监管细则落地，市场准入门槛形成

2013 年 11 月，十八届三中全会正式提出“普惠金融战略”，开启了互联网普惠金融发展路线，明确为普通大众、小微企业提供更好的金融创新服务。至 2015 年初银监会机构作出调整，P2P 网贷明确归属普惠金融部，未来上层统筹、地方部门管理思路基本已定，而具体管理实施细则有望在今年出台，届时 P2P 网贷市场准入门槛形成。

在政策、资本等驱动下，网贷行业震荡盘整，投资泡沫逐渐退去，P2P 行业发展规范显著增强，企业在运营能力与风控技术上实现创新，不断突破经营地域限制，同时在 PC 端与移动端的布局基本可获得完善，

领先企业获得长远发展。

2. P2P 网贷市场梯队化发展，生态完善助力企业突破地域限制

P2P 借贷平台大大提升资金交易的效率，又进一步促进了社会资源的优化配置与国内征信体系建设，P2P 行业市场规模冲击万亿。

融资方地理区域分布不同、行业领域不同，在网贷平台上所接受承受成本（利息、交易佣金、担保费等综合成本）根据自身还款能力大小具有明显差异，此种结构性差异随着征信体系的完善逐渐弱化，征信资源充分为 P2P 企业所用，抢占行业细分领域成竞争焦点。

在 P2P 网贷市场中，各主要企业由于现有资源和市场定位的不同而处于差异化发展阶段，具有不同的竞争实力，如易观智库实力矩阵图形所示：

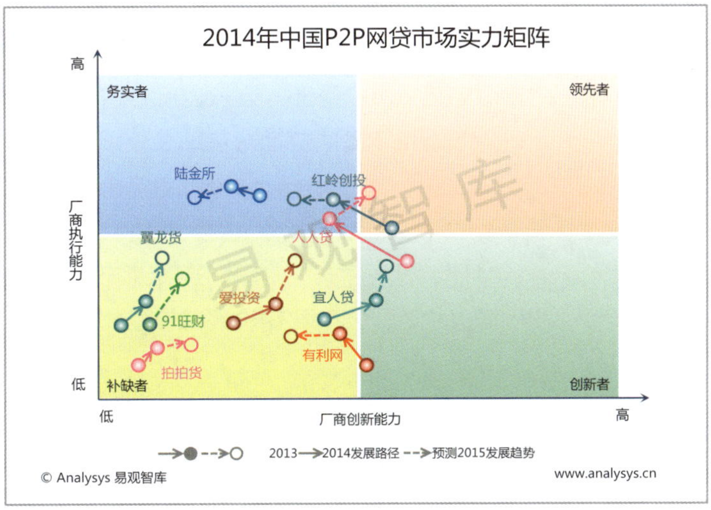

图 38 2014 年中国 P2P 网贷市场实力矩阵

易观智库分析认为，行业交易规模是从历史角度考察平台过往表现方式之一，P2P 网贷行业受多种利好因素促进规模连续多季度出现大幅上升。与此同时，P2P 企业作为中介平台，唯有扎实在风险控制、信息披露与共享、投资者教育等彰显社会责任方向进行努力，从而提升自身竞争力，助力行业“正本溯源”更加健康发展。

领先者象限典型厂商分析：

领先者在业务模式或产品 / 服务等创新性上拥有较强的独特性，同时具有较好的系统执行力能够把创新性提供给市场并获取较高的市场认可。

2014 年中国 P2P 网贷市场领先者象限厂商空缺。

务实者象限典型厂商分析：

人人贷 2010 年上线，全称人人贷商务顾问（北京）有限公司，注册服务于中国小微借贷领域，与线下的友众信业商务顾问有限公司同属于人人友信集团，人人贷交易规模稳步上升，其中 80% 以上项目审核职能依赖于友信，平台创新能力需获得新的突破，方可有望进入领先者象限，否则将落后被赶超。

从业务类型看，人人贷信用与抵押借贷项目均有所涉及，项目额度主要在 50 万以下，所处市场领域有

别于 P2B 平台或银行，深耕细作使得网贷业务持续上升。在 2014 年初人人贷获得亿级（美元）投资，营销投入、团队人员激增，直接推动平台业务快速增长。2014 年人人贷布局移动互联网领域，APP 安卓、IOS 客户端先后上线，有利于自身展业及用户体验上升。人人贷综合实力提升，势必将为更大规模融资行为进行准备。

陆金所包括 lufax、lfex 两大平台，发展目标为平安旗下金融资产交易平台，涵盖证券化资产交易、P2P 网贷等多条业务线。平安集团在金融领域拥有全牌照，创新能力在传统金融机构领域领先，陆金所只是其中一环，且陆金所发展 P2P 网贷业务部分仍主要依赖与线下合作的地产机构、平安子公司等内外部资源支持，故 2014 年其 P2P 网贷业务规模有所增长，在市场创新快速变化的背景下，其在市场营销及产品服务方面的发力程度相对不如其他平台。

创新者象限典型厂商分析：

宜人贷作为宜信公司 2012 年推出的网络借贷服务平台，是网络端个人消费信贷市场佼佼者，其目标客户定位为城市白领阶层，单个项目平均借款额度在 10 万以下，业务上小额分散特征明显。

宜信、宜人贷实行大风控体系，宜信集团在信审资源方面给予宜人贷极大支持。在客户层面，不断聚焦细分人群，如针对互联网技术人员推出“码上贷”，不过由于此类借贷者需求相对较弱及其承受的综合成本仍然居高，“码上贷”对于促进宜人贷在互联网从业者中品牌意义要大于实际业务效果。在移动互联网领域，2014 年宜人贷对于借贷流程进一步优化，推出“极速模式”，有利于满足用户对于便捷性及安全性的诉求；及通过获得用户社交、消费等个人授权信息，也有利于自身数据体系的构建。

补缺者象限典型厂商分析：

有利网 2013 年初上线，倡导一站式理财平台，借款端项目基本控制在 30 万以下，较新颖模式理念使得其在同年 11 月便获得软银千万美元融资，为平台运营能力加强奠定基础。

在网贷市场快速发展背景下，创新业务模式不断涌现、客户群体日益细化，有利网借款端继续完全由线下合作机构审核推荐，平台产品线唯有项目名称进行了一定程度包装外，产品创新性变动不大，有利网日益临近成为线上投资者导流平台。为加大客户稳定性，有利网在移动端推出投标客户端，同时网站增加用户投资分析小工具，服务模式如此的改善有利于提升老客户使用体验会有所帮助，然而对于突破新客户获取瓶颈仍是其需要考虑的迫切问题。

互联网理财

互联网理财是以互联网理财平台为核心，通过互联网及移动互联网的技术手段推进金融理财服务互联网化的进程，并整合产业链上下游资源为投资者提供理财产品的咨询、购买以及投资者教育等服务。

图 39 中国互联网理财产业地图

总体来看，互联网理财产业包含理财产品供应商、互联网理财平台、第三方支付平台、账户保障体系和理财服务平台五大环节。

- 理财产品供应商

国内互联网理财产品目前还基本上由传统金融机构提供，包括提供银行理财产品的银行，提供货币基金、短期理财基金、债券基金和股票基金的基金公司，提供万能险和投连险的保险公司，以及提供私募理财计划、信托、票据等理财产品的其他机构。由于现在互联网理财市场上各类宝宝类货基产品仍是市场主流，所以在各类理财产品供应商中，基金公司占据的份额仍然最大。

- 互联网理财平台

目前国内的互联网理财平台主要有传统金融机构类、互联网企业类、财经网站及理财 APP 类，还有运营商类。其中，互联网企业类平台客群覆盖更广，同时在互联网理财市场上有先发优势，成为互联网理财平台中的佼佼者；传统金融机构也慢慢开始发力，创新原有的网络业务渠道，利用在理财产品研发方面的优势逐步迎头赶上。财经网站理财 APP 类及运营商类平台则面向各自的细分客户群体，针对性地提供互联网理财服务。

- 第三方支付机构

以支付宝、财付通为代表的第三方支付机构，是投资者购买互联网理财产品时主要的资金通道。但目前监管机构对第三方支付机构的定位仍是小微支付，因此对大额支付、大额投资理财设定了一定的额度限制。

- 账户保障体系

目前针对互联网理财账户的资金安全问题，各大互联网理财平台纷纷与人保财险、众安保险等专业财险公司展开合作，推出“个人账户安全保障保险”。如果账户资金出现被盗的情况，承保的保险公司将全额赔付。

- 理财服务平台

融 360、银率网等理财服务机构，在线实时提供财经资讯，传授投资理财技巧，介绍各类投资与理财产品并发布相关研究报告。方便互联网理财投资者了解市场动态、把握市场脉搏，更好地选择互联网理财产品。

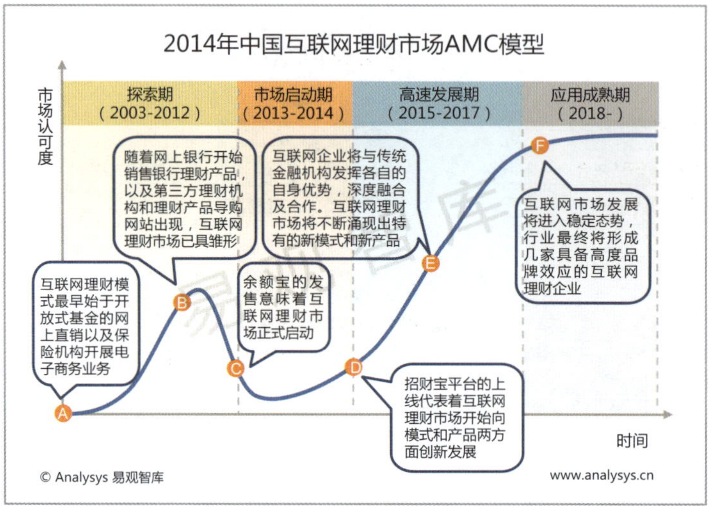

图 40 2014 年中国互联网理财市场 AMC 模型

从 2003 年开始，伴随着开放式基金的发展，基金公司也开始逐步开展基金网上直销业务。通过整合银行卡和基金产品的资源，投资者可以通过在网上使用银行卡轻松享受开户、申购、赎回、分红等一站式网上基金交易服务。同时，各家银行也开始在各自的网上银行渠道开始销售银行理财产品。另外，以淘宝保险和基金频道上线为标志，互联网企业也开始利用自身的网络渠道和客群覆盖优势，涉足保险及基金产品的销售。在这一阶段，无论是传统金融机构开拓网络销售渠道，还是互联网企业进入理财产品销售领域，模式均仅限于把销售渠道由线下扩展到线上，互联网理财市场在这一阶段处于市场探索期。

2013 年余额宝的发售和热销，吸引了如百度、腾讯、京东等众多互联网企业跟风入场，标志着互联网理财市场进入了市场启动期。短短一年多的时间内，互联网理财市场的整体规模已经超过 1.6 万亿。然而，随着货币基金收益率逐步下滑，宝宝类互联网理财产品规模地告别了高增长，各家互联网理财企业开始向模式和产品两方面创新发展。2014 年，中国互联网理财市场处于市场启动期向高速发展期过渡的时间节点。

目前，以余额宝为代表的互联网理财产品，凭借着大众化生活化的理财方式、较低的投资门槛、相对较高的理财收益率，带动了互联网理财市场的发展。但目前市场也逐渐陷入了产品同质化竞争、收益率不再具有优势、理财服务模式比较单一的发展瓶颈。随着市场参与主体更注重产品与模式的创新，将带动互联网理财市场进入高速发展期。

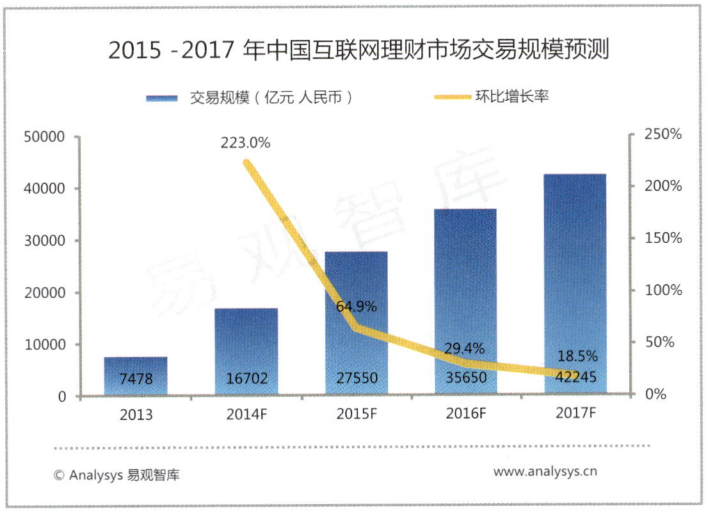

图 41 2015-2017 年中国互联网理财市场交易规模预测

2013 年余额宝的发售，推动互联网理财市场开始爆发式增长。到 2014 年下半年，随着货币基金收益率逐渐回归常态，由货币基金宝宝类产品推动的市场规模高增长已经结束。未来互联网理财市场的增长将主要来自于理财产品的产品线丰富和产品创新，以及传统金融机构理财产品营销由线下的传统模式向线上互联网模式的转化。前者主要包括，随着 2014 年 4 季度股市大涨而引起投资者关注的股票型基金等高风险高收益理财产品的引入，以及互联网企业结合其 O2O 的全产业链布局，将互联网理财引入各个消费场景中，让消费和理财相互渗透相互融合，使得金融理财生活化；后者主要包括，传统金融机构纷纷设立直销银行以及理财产品网上商城等举措，将理财服务渗透到传统营业网点覆盖不到的区域。

易观智库分析认为，在 2015 年，中国互联网理财市场规模将比 2014 年环比增长 64.9%，规模达到 27550 亿元人民币。预计到 2017 年，整体市场规模将超过 4 万亿。在金融服务产业和互联网产业迅速发展的推动下，互联网理财市场将继续保持快速发展。在互联网理财市场中，各主要企业由于现有资源和市场定位的不同而处于差异化发展阶段，具有不同的竞争实力，如易观智库实力矩阵图形所示：

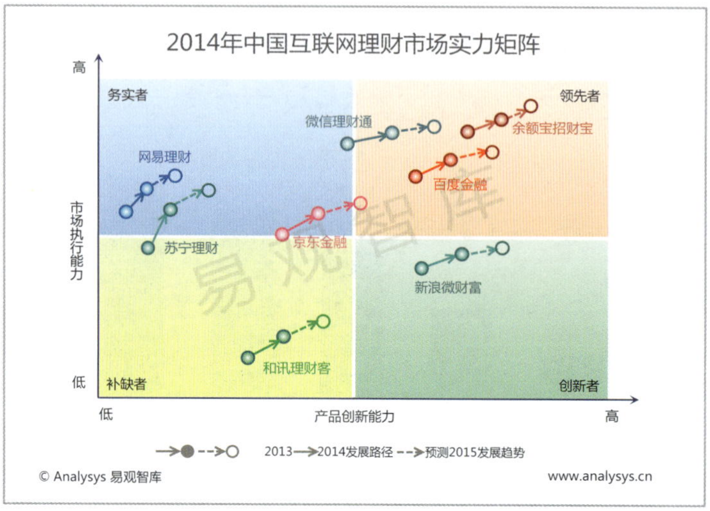

图 42 2014 年中国互联网理财市场实力矩阵

易观智库分析认为，互联网理财市场未来的决定性因素将取决于用户大数据的应用和互联网企业 O2O 产业链的布局。就目前来看，余额宝和招财宝、微信理财通和百度金融在分别的电商、社交和搜索领域中，均处于绝对的领先地位，在理财市场的执行能力和创新能力也显著高于其他厂商，预计 2015 年会进一步加强领先优势。同时，京东、苏宁在电商领域有一定领先优势，新浪、网易等企业依赖于 PC 端积累社交及游戏方面的客户优势，上述企业将通过理财模式创新和产品创新不断加强市场竞争能力，呈现出对领先厂商的追赶趋势。另外，以和讯为代表的专业财经类网站，将在细分市场中起到补缺者的作用。

领先者象限典型厂商分析：

支付宝推出余额宝后，腾讯也于 2014 年 1 月依托微信平台开始涉足互联网理财市场。数据显示，微信理财通用户数量目前已经超过 1000 万，资金规模则突破 1000 亿，累计收益超过 30 亿元人民币。微信理财通定位于纯理财平台，产品仅限于货币基金和短期理财债券型基金，种类少而精，方便投资者选择。上述两种产品均为低风险产品，适合风险承受能力较低的投资者进行大额投资。预计微信理财通未来将继续深耕移动端互联网理财市场，依托微信和手机 QQ 两大移动社交平台完成双线布局。

务实者象限典型厂商分析：

苏宁理财于 2014 年 2 月上线，整体模式与余额宝类似。同样是立足自身的电商业务，依托支付工具 – 易付宝，同时与两家基金公司合作推出宝宝类理财产品。另外，苏宁理财还涵盖了票据理财、保险理财和基金等理财产品，均为理财市场上较为成熟的产品。苏宁还推出了对公理财业务，专门对供应商、商户合作伙伴，及广大公司客户推出的线上理财平台，产品以银行理财和货币基金产品为主。

创新者象限典型厂商分析：

新浪微财富平台重点创新的领域是客户服务与投资者教育方面。投资者可以从新浪财经上实时获得各类交易行情与海量财经资讯，还可以获得投资咨询服务。新浪专门推出了在线咨询平台 – 理财师，吸引了各类金融投资机构近万名拥有认证资格的专业理财分析师入驻，实时解答投资者的各类问题。另外，新浪微财富还和广发证券合作推出了专属服务平台，引入广发证券 1000 余名投资顾问，覆盖资讯、咨询、交易等全环节，实时服务与广发证券账户体系对接后的新浪注册用户。通过上述服务平台，金融机构也可以精准定位客户、切实掌握客户需求，并定制化地提供理财顾问服务。

补缺者象限典型厂商分析：

和讯理财客主要针对和讯网专业财经网站所覆盖的客户群体，这部分投资者专业性和风险承受能力均较一般投资者更高。因此，在“理财客”平台上，除了常规的货基产品“活期盈”和定期产品“定期盈”之外，还引入了股票指数基金类产品“指数盈”，投资者可以分享到股票市场上涨带来的超额收益。

生活信息服务

在线旅游

在线旅游是以旅游电子商务 B2B 和 B2C 平台为基础，通过技术手段推进旅游资源供应商信息化进程，并整合产业链上下游资源为旅游消费者提供酒店、机票、度假、门票等旅游产品或服务的线上查询、线上预订、线上支付及评价、线上互动交流等服务。

随着在线旅游渗透率不断加深，其产业链宽度和纵深迅速拓展，在线旅游产业链中的机构类型也更加多元化，总体来看，在线旅游产业链已形成包含供应商、B2B 平台、B2C 平台、媒体和营销平台和支撑平台这五大环节。其中，B2B 平台包含度假产品交易平台、机票交易平台和酒店交易平台。B2C 平台包括在线旅游代理商（OTA）、搜索平台和电商平台。媒体和营销平台包括旅游媒体和旅游 UGC。支撑平台包括支付平台、信息管理系统、电信运营商和旅游保险提供商。

图 43 中国在线旅游产业地图

供应商是指旅游资源直接经营者，包括景点运营商、航空公司、铁路公司、汽车客运公司、酒店运营商等。它们构成了旅游市场的基础生产要素，是在线旅游市场发展的基石。整体上看，旅游供应商十分分散，需要借助分销渠道为旅游消费者提供整合产品。B2B 平台正是解决旅游资源分销的第一个环节，B2B 平台主要为在线旅游代理商提供包含酒店、机票、度假产品等旅游产品的集中采购； B2B 平台主要参与包括旅游批发商、旅游供应商和旅游零售商。B2C 平台是为旅游零售商提供面向旅游消费者进行旅游产品在线零售，从商业模式上来看，主要分为在线代理商（OTA）、电商平台和搜索平台；近年来，也出现旅游供应商通过搜索平台、第三方电商平台或自建电商平台的方式进行旅游产品直销。媒体和营销平台主要包括旅游媒体和旅游 UGC，它们为在线旅游企业和产品提供品牌推广和传播平台，旅游 UGC 更是以旅游社交的方式集聚旅游用户，可实现精准营销。支撑平台为在线旅游业务正常开展提供在线支付、信息直连、网络等基础支撑，并针对在线旅游市场提供保险等附加保障。

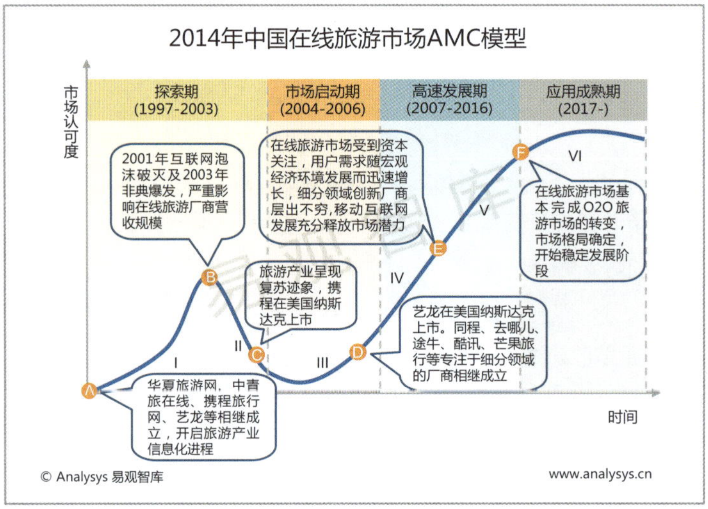

图 44 2014 年中国在线旅游市场 AMC 模型

2007 年至今，在线旅游市场处于高速发展期。大量资本涌入在线旅游市场，推动细分市场创新和行业整合。机票预订市场已趋于成熟，酒店预订市场即将成为最大在线预订市场，随着 2011 年人均 GDP 突破 5000 美元，度假旅游市场发展迅速，各在线旅游厂商均围绕度假旅游进行市场份额争夺。2013 年起移动互联网兴起，极大扩充了在线旅游发展空间，并为线上线下业务整合提供了可能性。领先在线旅游厂商将通过对产业链上下游和同类厂商的投资、收购或战略合作巩固市场份额。

2014 年众信旅游、华远国旅、中青旅等多家传统旅游集团也加深互联网程度，利用互联网（包含移动互联网）平台和技术对现有业务体系进行改造，全面升级组织结构、业务流程、产品体系、营销体系、渠道建设等基础运营体系，从而提升企业核心竞争力，以符合互联网时代发展需要。

易观智库预测，2017 年及以后在线旅游市场将进入应用成熟期。经过 2013 年至 2016 年移动端、PC 端互联网业务和线下资源的融合，在线旅游厂商将实现业务模式的 O2O 转型，线上和线下业务的互联互通将大幅提高行业渗透率，并通过各细分市场业务竞争形成稳定市场格局。近年来，随着人均可支配收入不断增长，社会文化、科技和政策环境的不断进步，居民的旅游需求增长迅速，在线旅游市场随之高速发展。易观智库分析认为，2014 年中国在线旅游市场整体规模达到 2798.2 亿元人民币，相比 2013 年增长了 28.3%。预计到 2017 年这一数字将达到 4983.4 亿元人民币。在旅游产业和互联网产业迅速发展的催化下，国内在线旅游市场将继续保持快速发展。

图 45 2015–2017 年中国在线旅游市场规模预测

目前国内在线旅游市场对旅游行业的渗透率仅为 8.5% 左右，远低于发达国家市场水平。未来随着信息技术的进一步发展和互联网覆盖面的进一步扩大，更多的消费者将选择在线旅游的消费方式，消费者对在线旅游需求的增长将促使线下旅游产品及服务供应商和代理商加速信息化进程，在线旅游市场规模将迅速增长。从细分市场来看，机票预订业务和酒店预订业务目前是在线旅游市场营业收入最高的两个业务版块。机票预订市场发展已较为成熟，由于机票是同质化较高的旅游产品，同时，航空公司在线售票体系已比较完善，近年来不断加强直销力度，机票代理佣金率下降较快，未来机票预订市场规模增长有限，在整体在线旅游市场中的比重呈现缓慢下降趋势；在酒店预订市场，不同酒店提供的服务体验差异性较大，佣金率水平较高，同时，大量小微型酒店、客栈等住宿服务供应商仍未实现信息化，酒店在线预订市场覆盖率存在较大增长空间，酒店预订业务市场规模将继续稳定增长；度假旅游近几年来增长较快，市场规模迅速扩大，在国家积极扶持个人旅游市场、出行便利性不断提高、个人可支配收入不断增长以及旅游需求不断扩大等大量利好因素的促使下，度假旅游产品在整体在线旅游市场中的占比将快速提高。

近年来，随着智能终端的普及，移动互联网得到快速发展，2013 年智能手机销量占到整体手机市场的 73.1%。目前，在线旅游市场主要集中在“旅行前 + 旅行后”这两个阶段，智能机的普及和移动互联网的易得性使得消费者可以通过移动客户端，在“旅行中”实时满足对旅游产品或服务的需求，移动客户端填补了消费者“旅行中”的在线旅游消费，从而形成“旅行前 + 旅行中 + 旅行后”的完整的在线旅游市场覆盖。在线旅游市场对“旅行中”阶段的渗透将激发全新的市场机会，目前市场份额较小的在线旅游厂商可能通过积极有效的无线端布局一举改变市场强弱格局，因此，强劲的需求和在线旅游厂商的激烈竞争将促进移动端旅游市场的飞速发展。在中国在线旅游行业中，各主要厂商差异化竞争态势凸显，展现出了不同的竞争实力，如易观智库实力矩阵图形所示：

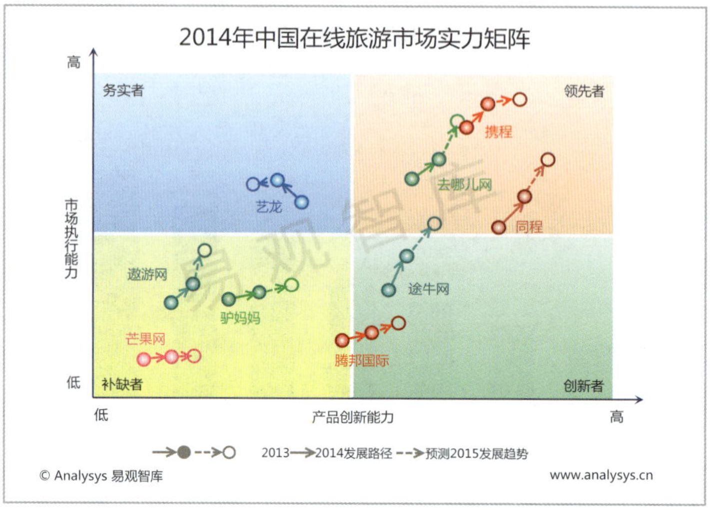

图 46 2014 年中国在线旅游市场实力矩阵

领先者象限典型厂商分析：

2014 年中国在线旅游市场领先者：携程、去哪儿、同程

携程是国内第一批进入在线旅游代理市场的厂商之一，业务体系较为完善，形成了一站式在线旅游服务体系。携程在在线旅游市场多年发展所积累的线下资源和运营执行经验有助于其形成规模化经营模式。规模化经营结合高效率的执行确保了携程对于在线旅游产业链全面覆盖。在机票预订和酒店预订业务上，携程一直保持绝对领先位置，但在度假旅游细分市场上，同程、途牛等市场后来者通过商业模式创新进行侧面竞争，取得一定市场份额，携程领先优势不明显。

去哪儿是在线旅游市场的后起之秀。与传统旅游代理商不同，去哪儿主要商业模式是打造在线旅游搜索商务平台，通过点击付费和广告费实现盈利。去哪儿通过自身技术积累建立起较高技术壁垒，依靠百度入股带来资金和流量支撑，去哪儿在在线旅游市场的订单规模已处于领先地位。2014 年起去哪儿通过直签酒店接入旅游代理业务，“商务搜索平台 +OTA”的战略目标已逐渐清晰。

同程是精耕细作于度假旅游细分市场的厂商。在以景点门票为代表的周边游市场上，同程是先行者，吃下了第一口蛋糕，以门票和周边游作为用户入口，布局国内游和出境游市场，同程凭借强劲的执行能力，实现了快速发展，进入领先者象限。2014 年年末，同程开始布局出境游，通过与万达旅游进行战略合作，补充线下资源缺口，并依靠资本支持，同程旅游正谋求实现从门票第一名到休闲旅游第一名的跨越。

务实者象限典型厂商分析：

2014 年在线旅游市场务实者：艺龙

艺龙是国内最早一批进入在线旅游市场的厂商之一，主要以酒店预订业务为主，同时提供机票预订和旅游资讯服务。艺龙从发展初期便受到携程竞争压制，市场份额长年位于国内第二，2006 年到 2007 年发生内部人事结构动荡，竞争实力有所减弱，在这种背景下，艺龙 2007 年确定了砍断弱势业务线，摒弃成本高昂的呼叫中心，专注于酒店在线预订业务的发展战略，从而大大降低艺龙的运营成本，同时为公司的未来发展注入互联网基因，不同于携程大规模的呼叫中心和线下推广，艺龙主要依赖互联网进行营销、分销和渠道建设，在互联网普及的社会趋势下，艺龙在在线预订上的深耕细作积累了丰富的线上资源和渠道，并在移动互联网的布局上奠定了较好的基础。但单纯依靠酒店业务的模式会对艺龙未来发展空间带来较大不确定性，酒店预订业务竞争壁垒较低，在服务质量上，各厂商各有优势和短板，在酒店覆盖面上，其他线下执行力较强的竞争厂商易于跟单，短期可以大幅提高酒店覆盖面，此外，携程、去哪儿等提供一站式在线旅游解决方案的厂商会对艺龙唯酒店预订业务模式产生挤压效应。

补缺者象限典型厂商分析：

2014 年在线旅游市场补缺者：遨游网、驴妈妈、芒果网

遨游网隶属于中青旅集团，前身是中青旅在线，是中国第一批在线旅游网站。在十多年发展历程中，遨游网主要向消费者提供旅游度假预订、资讯及专业服务。依托上市公司中青旅 30 多年的行业积累，拥有享誉全国的中青旅联盟逾 10 年的全国网络和旅游服务资源，遨游网提供北京、上海、广州、南京等多个出发城市、遍及全球 100 多个国家和地区的旅游产品预订及度假服务，包括出境旅游度假、国内旅游度假、海岛旅游度假、抢游惠等丰富线路及领先服务。2014 年中青旅向遨游网增加投资，未来遨游网将作为度假旅游预订平台的定位实现进一步发展。

驴妈妈主要定位于“自助游 + 景点门票”的旅游在线代理模式。为消费者提供以打折门票、自由行、特色酒店为核心，同时兼顾跟团游的巴士自由行、长线游、出境游等在线旅游业务。在度假和景点门票等细分市场上，驴妈妈具有较强的竞争力，发展空间较大。从市场份额来看，驴妈妈占比较小，但市场定位独特，业务整合能力较强，随着自助旅游人群的急速增加和电子商务团购业务的快速发展，在线旅游市场也不断地扩大，驴妈妈通过初期“自助游 + 景点门票”业务和攻略分享内容积累，可以逐渐实现从“中介型网站”向“服务型网站”的转型，形成一个庞大的景区营销平台，吸引景区在上面做精准营销推广，以收取广告费用以及其他整个产业链延伸所带来的收入。

芒果网率属于香港中旅集团，主要为消费者提供以度假旅游为核心的、涵盖酒店、机票、度假等多项旅游产品和服务的一站式在线旅游服务。芒果网主要竞争优势在于来自集团的雄厚的资金和资源支持。芒果网作为香港中旅集团的信息化战略的重要环节，在高投入的在线旅游市场，港中旅为芒果网提供了稳定的资本保障，港中旅旗下数百个旅行社营业点、自营或控股的大型景区、控股或参股的多家酒店，以及香港中旅旗下的汽车、轮船客运公司等，为芒果网提供了大量旅游资源供应商。资本和资源的保障是芒果网发展的最大优势，对芒果网飞速发展助力很大。但在运营上，芒果网未形成差异化特色，业务模式与携程等厂商类似，受携程等大型厂商的挤压明显。

创新者象限典型厂商分析：

2014 年在线旅游市场创新者：途牛、腾邦国际

途牛创立于 2006 年 10 月，为消费者提供由北京、上海、广州、深圳等 64 个城市出发的旅游产品预订服务， 目前，途牛旅游网提供 8 万余种旅游产品供消费者选择，涵盖跟团、自助、自驾、邮轮、酒店、签证、景区门票以及公司旅游等。途牛 2014 年 5 月在纳斯达克上市，是中国首个度假旅游细分市场上市公司，途牛依靠丰富的旅行社资源，通过产品重新设计包装，为消费者提供个性化旅游服务。途牛在产品创新上的实力已体现为用户规模和收入规模的快速增长，预计 2015 年途牛将进入领先者象限。

腾邦国际是首家在国内上市的在线旅游厂商。腾邦国际是第一批进入票务代理行业的厂商之一，主要竞争优势为在线预订平台的技术实力。从发展初期，腾邦国际就采用以在线预订为主的轻资产模式，没有呼叫

平台的巨额成本，盈利能力较强。2014 年对机票代理平台、线下旅行社、差旅管理平台等多项收购或并购，并完成对欣欣旅游的收购，开始介入度假旅游市场，业务体系逐渐多元化。但腾邦国际较明显的劣势在于品牌推广力度不足。在华南以外地区品牌认知度较低。

招聘

在线招聘服务是以互联网及相关技术，为雇主和求职者在招聘和求职过程中提供相关服务，包括招聘信息发布、简历下载、求职简历生成、职位搜索、职业测评、培训教育等相关服务。

招聘是最早被互联网化的行业之一，目前在线招聘市场已经渗透到人力资源市场产业链的多个环节，包括提供招聘猎头服务、职业测评、培训教育、人事外包及咨询等。目前单纯的在线招聘业务主要涉及雇主、求职者、招聘平台、支付平台等环节。招聘平台为雇主提供招聘猎头服务、培训测评服务、人事外包及咨询等相关服务；为求职者提供求职简历生成、职业测评及与求职相关的增值服务等；支付平台提供线上支付先关支撑服务。

图 47 中国在线招聘产业地图

目前，中国在线招聘市场的主要玩家包括：传统招聘平台、分类信息平台、垂直招聘平台、社交招聘平台。传统招聘平台已形成双寡竞争局面，前程无忧与智联招聘传统招聘平台在朝职业发展平台发展，为不同层级人才提供对应的职业发展相关服务，包括中低端人才、高端人才、校园在校生等，为企业提供相关人力资源服务，包括招聘猎头服务、培训测评服务、人事外包和咨询服务等，目前，传统招聘平台 C 端用户仍以中端人才为主，传统招聘平台仍然是目前多数用户的首选，凭借多年的积累及口碑，传统招聘平台营收一直占在线招聘市场整体营收规模的 65% 左右，但同时传统招聘平台也面临着诸如用户体验不高等问题；分类信息网站，凭借自身在本地生活服务行业的优势，主要提供基层蓝领人群的求职招聘服务，随着移动互联网的发展使得越来越多的基层蓝领工作者的互联网渗透率大大提升，且随着中国第三产业的不断发展，这一招聘市场的发展前景相当广阔；垂直细分招聘平台，包括行业垂直、地域垂直、高 / 低端人才垂直等，随着互联网技术的发展，一些创新型招聘平台开始在垂直细分招聘领域进行深耕，力求改变传统在线招聘模式，为提高用户体验、提高招聘求职效率而努力；社交招聘平台，包括职业社交网站、微招聘等社交网络招聘等，主要利用社交工具，使得求职者与雇主可以在线交流，达到快速求职招聘的目的。

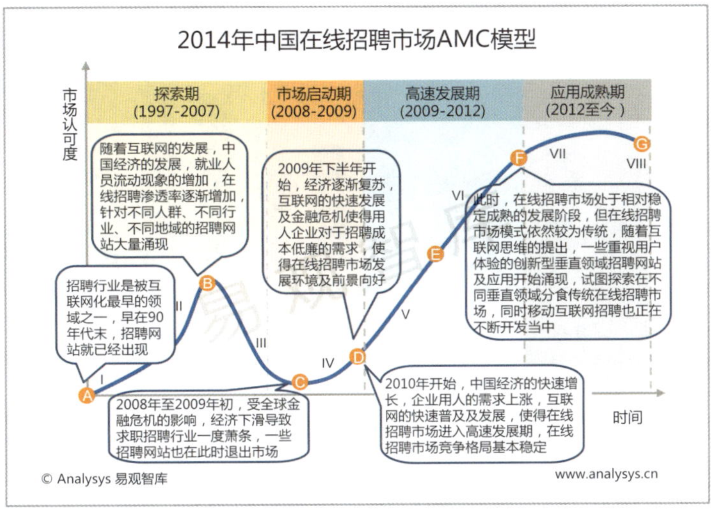

图 48 2014 年中国在线招聘市场 AMC 模型

步入 2014 年，在线招聘市场竞争格局雏形已经初现。市场主要玩家包括：传统招聘平台、分类信息平台、垂直招聘平台、社交招聘平台。传统招聘平台已形成双寡竞争局面，前程无忧与智联招聘传统招聘平台在朝职业发展平台发展，为不同层级人才提供对应的职业发展相关服务，包括中低端人才、高端人才、校园在校生等，为企业提供相关人力资源服务，包括招聘猎头服务、培训测评服务、人事外包和咨询服务等。目前，传统招聘平台 C 端用户仍以中端人才为主，传统招聘平台仍然是目前多数用户的首选；分类信息网站，凭借自身在本地生活服务行业的优势，主要提供基层蓝领人群的求职招聘服务，随着移动互联网的发展使得越来越多的基层蓝领工作者的互联网渗透率大大提升，且随着中国第三产业的不断发展，这一招聘市场的发展前景相当广阔；垂直细分招聘平台，包括行业垂直、地域垂直、高 / 低端人才垂直等，随着互联网技术的发展，一些创新型招聘平台开始在垂直细分招聘领域进行深耕，力求改变传统在线招聘模式，为提高用户体验、提高招聘求职效率而努力；社交招聘平台，包括职业社交网站、微招聘等社交网络招聘等，主要利用社交工具，使得求职者与雇主可以在线交流，达到快速求职招聘的目的。

目前，中国在线招聘市场处于相对稳定增长的发展局面，整体市场规模将保持稳定增长态势，根据易观智库的监测，2014 年，中国在线招聘市场规模将达到 32.4 亿元人民币，与去年相比增长 19%，预计到 2017 年，这一数字将达到 53.3 亿元人民币。

图 49 2015–2017 年中国在线招聘市场规模预测

在中国在线招聘市场中，各主要企业处于差异化发展阶段，具有不同的竞争实力，如易观智库实力矩阵图形所示：

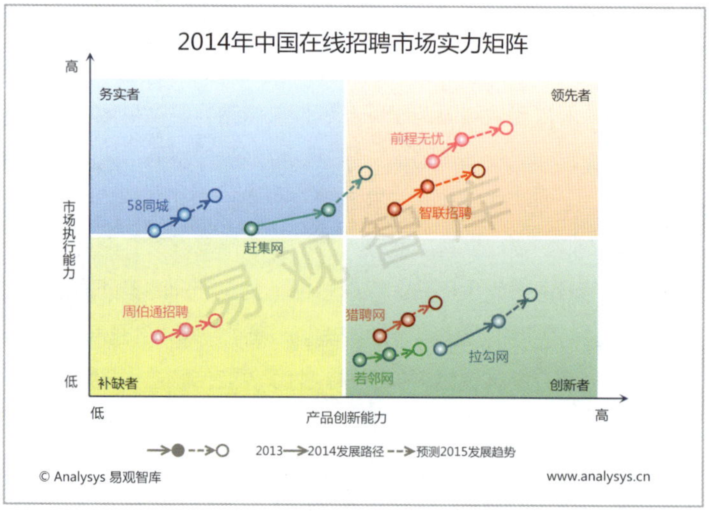

图 50 2014 年中国在线招聘市场实力矩阵

领先者象限典型厂商分析：

前程无忧：前程无忧作为招聘行业的领先者，作为综合性招聘服务平台，其业务已经渗透到人力资源市场的多个环节，在线招聘、培训测评、人事外包及咨询等服务在市场已经形成规模及口碑效应，是企业招聘中低层员工的首选平台之一。

智联招聘：智联招聘同样是中国在线招聘市场的领先者之一，正在向职业发展平台演进发展，智联招聘产品覆盖用户的整个职业生涯，校园招聘、白领招聘、针对高端人才及海外人才的招聘服务均有涉猎，同时在职业测评、培训教育等方面均有业务开展，是众多企业招聘人才的首选平台之一。

创新者象限典型厂商分析：

拉勾网：拉勾网作为互联网人才招聘平台，在产品服务方面均有较大突破，抓住现今互联网人才需求和流动较大的现状，通过提高用户体验，从求职者角度提高其求职体验，打破以往招聘者为主导的招聘模式，达到双方求职招聘高效率的目的。但是由于其垂直行业及地域的局限性，目前市场占有率相对较低，盈利模式亦不清晰。

猎聘网：作为高端人才的招聘网站，猎聘网的产品创新方面，包括针对 C 端用户的一系列增值服务，如直接主动电话、私信联系猎头等，以及成立的专注于搭建企业与中高端职业经理人桥梁的全球职业发展中心，力求打造猎头、高端人才、公司三方互动职业发展平台，但是目前其市场规模较小，招聘信息不对称现象也较普遍。

若邻网：曾经为职业社交平台的若邻网在 2013 年调整发展战略，将业务重心转移到社交招聘上。通过伯乐、人脉圈、面经、工资等多个产品服务创新，专注社交招聘领域。

务实者象限典型厂商分析：

赶集网：随着互联网的持续渗透和智能移动终端的进一步普及，使得低学历人群及基层蓝领工作者触网越来越容易，且中国服务业的发展和本地小型企业及商户的互联网化运营，使得低学历及基层蓝领在线招聘市场机会十分明显，且蓝领招聘市场体量庞大，赶集网已经将业务重心调整到蓝领招聘领域，通过在线及时社交等创新应用，提高用户体验。

58 同城：与赶集网相同，同属于分类信息网站，招聘业务作为 58 同城的业务之一，同样市场前景广阔，但是 58 同城未将招聘业务特别发展，但是由于其市场体量大，58 同城在本地生活服务行业的商户积累和线上流量优势，使得其蓝领招聘业务发展情况亦相对较好。

补缺者象限典型厂商分析：

领英：2014 年 2 月 linkedin 推出中文网站领英，正式进入中国市场，依靠在全球职业社交和招聘市场积累的丰富运营经验和技术优势，领英希望能够快速拓展用户。但就目前的运营情况来看，领英在中国市场仍然显得有点水土不服，用户和收入规模都还很小，想要争夺更大的市场，领英不仅需要持续加大资金和技术的投入，职业社交与招聘相结合的商业模式也需要针对中国市场的特点进行本土化创新。

周伯通招聘：周伯通招聘市场定位于 IT 互联网行业的社交招聘，以招聘社区的方式增加用户黏性，将垂直招聘和社交因素相结合，但是由于市场执行能力及市场体量不大和招聘方式受众群小等原因，市场表现一般。

婚恋

互联网婚恋交友指交友双方在互联网上以交友或达成婚姻关系为目的而进行的一系列查看个人资料、线上交流互动和线下相亲交友，最终达成朋友或婚姻关系的交友行为。

随着互联网对日常生活渗透率不断加深，中国互联网婚恋交友产业链的宽度和纵深均迅速拓展，产业链中的机构类型也更加多元化，总体来看，在线旅游产业链已形成包含支付平台、电信运营商、位置服务、硬件制造商、广告交易平台、社会化广告平台、技术服务商、传媒和婚恋交友平台等环节。

图 51 中国在线婚恋交友产业地图

支付平台、电信运营商和位置服务为互联网婚恋交友市场提供基础技术支撑，电信运营商为用户提供PC 互联网和移动互联网，位置服务提供商为移动端用户提供基于位置服务的交友服务和其他增值服务，支付平台为线上用户消费提供通道。广告交易平台、社会化广告平台和技术服务商为互联网婚恋交友平台构建广告交易基础，广告主通过广告交易平台和社会化广告平台将营销资源释放到互联网婚恋交友平台。江苏卫视、东方卫视等传媒集团为互联网婚恋交友平台提供营销和市场推广渠道，并通过直播婚恋交友节目与互联网婚恋交友平台形成业务上的合作关系。

中国互联网婚恋交友行业发展趋势主要包括：移动端市场占主要地位、O2O 商业模式、产业链横向拓宽和实名制。

移动端市场占主要地位：随着 3G 移动网络商用的成熟和 4G 移动网络的迅速推广，以及公共或商业区域 Wi-Fi 覆盖面的增加，互联网婚恋交友用户网络易得性提高，对移动端依赖性大大加强，部分网站移动端用户活跃度已经超过 PC 端，世纪佳缘、百合网等网站已经积极推进移动端发展，未来移动端婚恋交友市场将超过 PC 端，成为中国婚恋交友市场的主要部分。

O2O 商业模式：传统线上婚恋交友服务已经逐渐成熟，大量线上用户存在巨大的线下交流互动的需求，另一方面移动端的发展使线上线下的界限更加模糊，在这一背景下，婚恋交友网站呈现出加速向线下扩展的趋势。

产业链横向拓宽：婚恋交友网站用户生命周期短，用户在寻找到合适伴侣后便会流失，因此，婚恋交友市场产业链较短，婚恋交友网站未来在丰富产品线的过程中会呈现横向拓展的趋势，如通过电子商务进行交友、恋爱等主题的产品销售、提供婚庆产品、婚礼服务等业务，深层次挖掘用户在交友阶段的需求。

实名制：不同于普通社交网站，婚恋交友网站用户以结婚为主要目的，资料的真实性对于用户忠诚度十分重要。目前中国婚恋交友网站的身份认证体系还仅限于基础信息的认证，未来身份认证体系的发展趋势将朝着更深层次和立体化的方向前进。

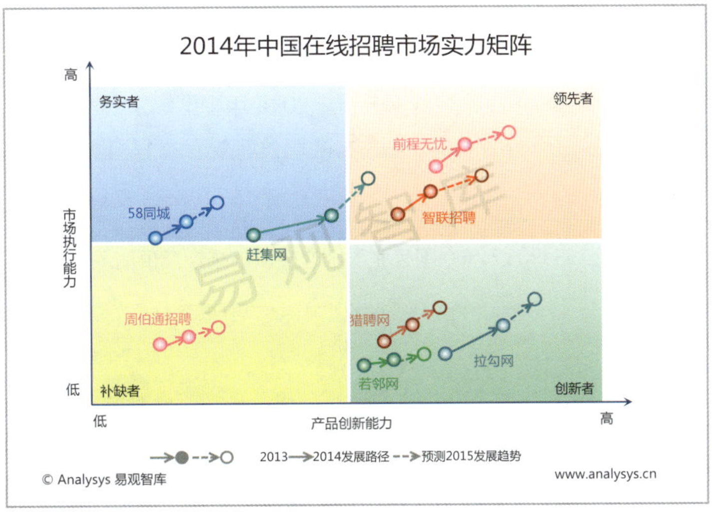

图 52 2014 年中国互联网婚恋交友市场 AMC 模型

当前随着中国经济快速增长，白领群体规模增长迅速，居民生活节奏加快，影响了城市居民的婚育习惯，剩男剩女、晚婚晚育成为备受关注的社会现象，同时随着以“非诚勿扰”为代表的相亲节目收视火爆，引发居民对于婚恋交友网站的关注。这给中国互联网婚恋交友市场的发展提供了良好的外部环境，世纪佳缘、百合网、珍爱网相继实现盈利，标志着互联网婚恋交友商业模式发展成熟。移动互联网的快速发展扩大了互联网婚恋交友厂商服务深度和广度，用户活跃度提高，各厂商围绕移动端和 O2O 进行战略布局。易观智库预测，2015 年及以后互联网婚恋交友市场将进入应用成熟期。经过几年的移动端、PC 端互联网业务和线下资源的融合，互联网婚恋交友厂商将实现业务模式的 O2O 转型，线上和线下业务的互联互通将大幅提高行业渗透率，并形成稳定市场格局。

图 53 2015—2017 年中国婚恋行业整体市场规模预测

中国婚恋行业自古有之，“男大当婚，女大当嫁”的传统婚恋价值观仍然占据社会主流，一方面非婚人口规模持续增长，另一方面互联网的发展使婚恋行业摆脱地域限制，能否在更广泛的范围内服务用户，中国婚恋行业整体规模近年来保持快速增长。易观智库分析，2014 年中国婚恋行业整体规模达到 164.8 亿元人民币，同比增长 4.8%，预计未来三年将保持 4.0% 左右的增长速度，2017 年市场整体规模将达到 185.1 亿元人民币。

图 54 2015–2017 年中国互联网婚恋交友市场规模预测

中国互联网婚恋交友行业 2014 年市场规模为 20.0 亿元人民币，环比增长 25.8%，预计 2015 年全年市场规模达到 26.7 亿元人民币，市场规模将保持 30.0% 左右增长速度，2017 年市场规模将达到 43.2 亿元人民币。

在中国互联网婚恋交友市场中，各主要企业处于差异化发展阶段，具有不同的竞争实力，如易观智库实力矩阵图形所示：

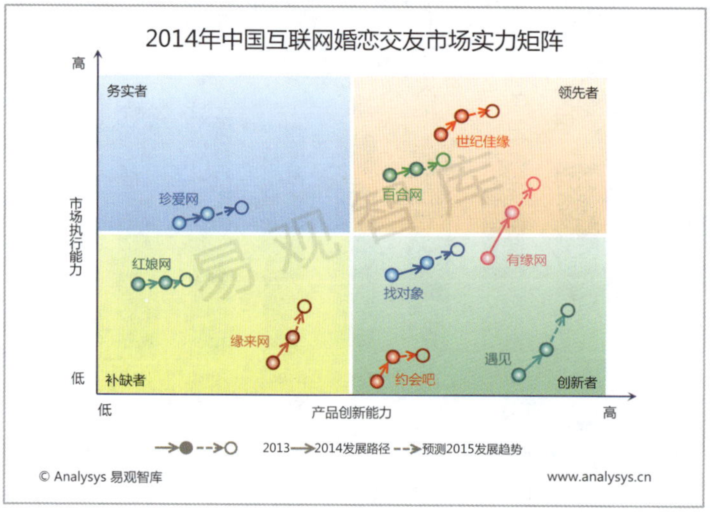

图 55 2014 年中国互联网婚恋交友市场实力矩阵

领先者象限典型厂商分析：

2014 年中国互联网婚恋交友市场领先者：世纪佳缘、百合网、有缘网

世纪佳缘成立于 2003 年，是中国第一批互联网婚恋交友网站之一。世纪佳缘业务模式以互联网婚恋平台为主，2011 年推出高端猎婚服务，并建立身份认证体系。2011 年 5 月 11 日于美国纳斯达克股市上市。世纪佳缘为中国盈利能力最强的婚恋交友网站。

百合网成立于 2005 年，是中国首个采用“心灵匹配”模式进行会员匹配的婚恋交友网站。2007 年，百合网成为第一个采用实名制体系的婚恋交友网站。百合网将线下门店作为发展重点，截至 2014 年底已经拥有 130 多家线下门店，高于其他婚恋交友网站。

有缘网成立于 2007 年，前身为红豆网，2011 年更名为有缘网。有缘网是同时具备 WEB，WAP，安卓，IOS，塞班，MTK 等多平台客户端的婚恋交友网站，主要为用户提供随时随地的大众婚恋服务。有缘网目前拥有 1.3 亿注册用户，在移动端具有较高的活跃度。

务实者象限典型厂商分析：

2014 年互联网婚恋交友市场务实者：珍爱网

珍爱网前身中国交友中心成立于 1998 年，2006 年更名为珍爱网。珍爱网是提供专业红娘服务的相亲网站，目前拥有注册会员 6 千万左右，主要运营模式是“网络征选 + 红娘电话服务”，即红娘通过电话为注册会员进行匹配服务。

补缺者象限典型厂商分析：

2014 年互联网婚恋交友市场补缺者：红娘网、缘来网

红娘网由合肥集缘婚恋服务有限公司运营。主要通过搭建交友社区、提供红娘服务来为用户提供婚恋交友服务。易观智库显示，红娘网 PC 端活跃用户规模排名靠前，移动端活跃用户规模相对较小。

缘来网由深圳去约会信息技术有限公司运营，主要面向 18-38 岁的都市白领人群，通过建立严格的会员身份认证机制和会员投诉机制以及客服人工审核、技术屏蔽与会员投诉等方式屏蔽不良会员，保证会员的高质量和交友过程中的安全。

创新者象限典型厂商分析：

2014 年互联网婚恋交友市场创新者：找对象、约会吧、遇见

找对象、约会吧和遇见均是诞生于移动端的婚恋交友应用，结合移动互联网的易得性和位置服务等技术支撑，移动端婚恋交友应用突破了 PC 端的付费产品体系，能够为用户提供创新型交友服务，提高用户渗透率。

租用车

在线租用车是以互联网为媒介，通过线上租用车平台完成租用车方与车辆提供方的信息传递和交易对接，从而实现租用车服务 O2O。目前互联网租用车主要覆盖互联网租车、互联网出租车、互联网专车、互联网拼车、互联网巴士等细分领域，其中互联网租车和互联网专车发展相对较快。由于近年来生活服务 O2O 的大趋势影响，在线租用车市场的结构正在不断地丰富，其产业链环节也在不断拓展。目前来看，在线租用车市场产业链主要包括上游汽车制造商、线下支持、租用车平台及最终用户环节。

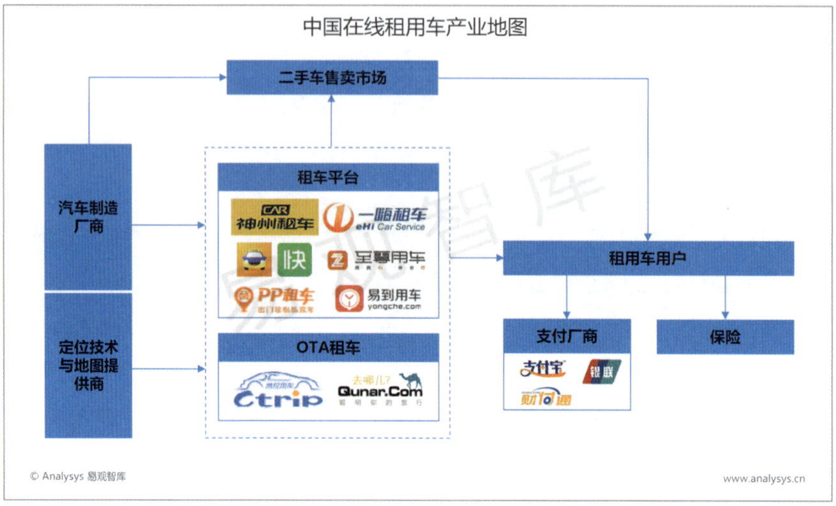

图 56 中国在线租用车产业地图

汽车制造商为资源提供者，同时自己也向最终用户提供租用车服务。虽然制造商已经看到了这个市场，并尝试开展业务，但目前仍然缺少代表性企业。通过直面对接消费者提供租用车服务，制造商可以有效降低中间分销费用，集中管控车辆，将为其带来“开源节流”的效益。分销商、出租商和个人出租者则为在线租用车提供了线下资源支持，传统出租商通过自建平台也可以直接向最终用户提供租用车服务。而作为产业核心的在线租用车平台充当了出租方与最终用户的信息交互桥梁。滴滴快的、神州租车、易到用车、一嗨租车及至尊租车等专业租用车平台面向最终用户提供多品类、多方式的租用车服务，同时在线旅游代理平台也与出租商合作接入了租用车端口，如携程、去哪儿与多家租用车平台开发旅游增值服务的租用车业务，丰富了在线租用车的产业地图。

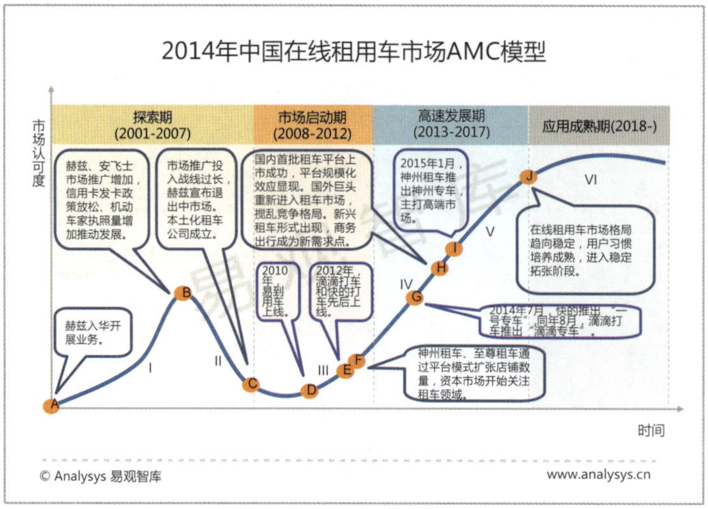

图 57 2014 年中国在线租用车市场 AMC 模型

易观智库分析认为，在 2014 年至 2017 年中国在线租用车市场将呈现以下趋势：

1. 自驾短租市场格局既定，呈规模式放大

包括神州、一嗨、至尊租车在内的自驾短租平台，是在线租用车市场发展的领头羊。经过 8 年的发展历程，已经形成以休闲短租为主要使用动机的客户群体。伴随着神州租车、一嗨租车的相继上市成功。在线短租自驾市场已经形成了“两超多强”的格局，短租自驾市场将继续承担起在线租用车市场推广教育工作，并通过较强的流程管控体系进一步扩大规模，培养用户习惯。市场的增长呈现结构性放大。

2. 外来巨头实行全球布局，中国特色改造成为落脚关键点随着中国在线租用车市场发展态势逐渐明朗，海外租用车市场巨头纷纷重拾其中国的拓展计划。中国的政策环境和信用环境是目前海外巨头无法熟悉掌握的制约条件，同时海外租用车企业的流程化管理以及规模效应还未拓展开来，双重困难成为外来巨头迟迟无法破局的关键核心。与中国租用车企业进行合作成为目前拓展的唯一不选之路。虽然诸如赫兹与神州的合作、Uber 与百度的合作作为市场看好的强心针，但是租用车市场的竞合关系依旧紧张。即便是借助中国企业的渠道进行推广，但是运营效果仍待市场考验。

3. P2P 模式兴起，助力中国租用车市场发展通过 P2P 租用车平台将进行租用车，是 2014 年租用车市场发展的亮点。该种模式充分利用了闲置车辆，突破了租用车平台车辆数量的闲置。同时又能极大降低平台的运营成本，P2P 平台如同雨后春笋般兴起。虽然在行业比例、发展瓶颈以及风险控制层面仍然有诸多质疑，但是 P2P 模式在未来今年内的发展仍将处于快速扩张的形态，同时行业内部盘整不断，在波折中逐渐增强竞争能力，关键的核心是对于时机的把控。

4. 政策逐渐健全。尽管当前从政策层面尚未对专车特别是社会车辆从事专车服务进行完全肯定，但毫无疑问的是，互联网专车已经日渐成为一、二线城市人们乐于选择的出行方式，并有效解决了由于供给不足造成的出行难以及服务问题。Analysys 易观智库分析认为，未来中国专车行业将继续强化现有服务水平，并凭借优于出租车的服务水平和近似的价格成为未来中国一、二线城市居民出行首选交通工具之一。

5. 向集中化、平台化、场景化发展。高速发展期标志着租用车服务将开始向平台化发展，独立租用车服务的流量将主要来自拥有海量活跃用户和使用场景的平台化 / 渠道级应用。目前这类应用多为互联网巨头旗下服务，如百度地图、支付宝、微信、滴滴打车等。率先完成完整租用车平台布局的互联网巨头将在未来赢得更多市场份额。

中国互联网租用车市场经历了数年增长，其 2014 年市场交易规模已经达到了 206.8 亿元人民币。随着用户对互联网租用车的认知度提升、市场技术升级、资本利好和互联网企业开始对传统行业进行互联网 + 改革，中国互联网租用车市场交易规模将持续数年高速增长。预计在 2015 年，中国互联网租用车市场交易规模将增长至 427.1 亿元人民币。2015 年新增的市场交易额将主要由专车和拼车等细分领域贡献。预计到 2017 年，中国互联网租用车市场交易规模将增长至 876.7 亿元人民币，并将继续保持平稳增长。

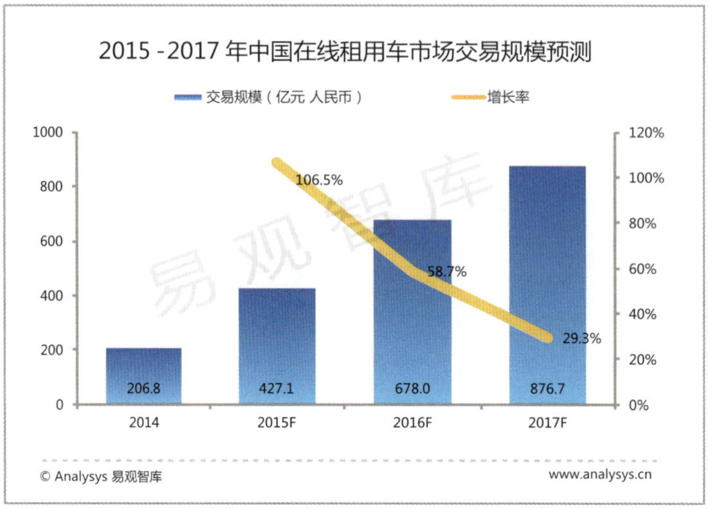

图 58 2015–2017 年中国在线租用车市场交易规模预测

在中国在线租用车市场中，各主要企业处于差异化发展阶段，具有不同的竞争实力。

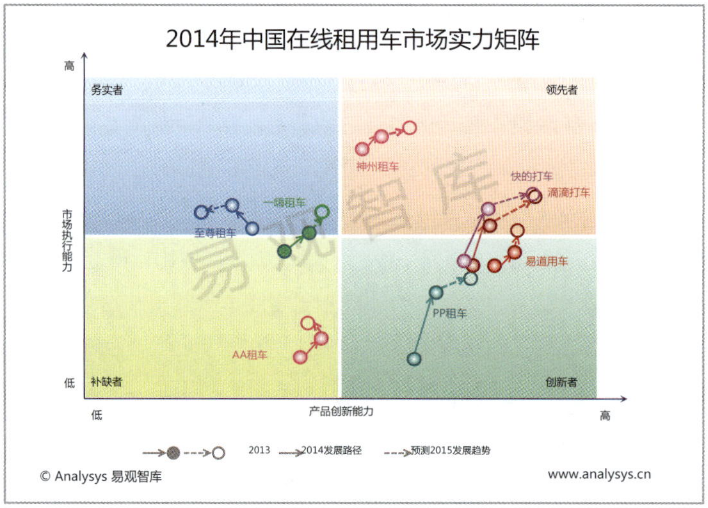

图 59 2014 年中国在线租用车市场实力矩阵

领先者象限典型厂商分析：

神州租车：神州租车成立于 2007 年 9 月，前身为陆正耀创建的 UAA 联合汽车俱乐部。发展至今员工超过 6000 人，车辆规模超过 50000 辆，全国服务覆盖城市超过 60 个。是目前中国大陆地区规模最大的在线租用车平台。2014 年，神州上市成功，并与海外巨头赫兹签订战略投资协议，并购赫兹在中国所有的租车业务。易观智库分析认为：神州通过资本的形式获取了赫兹先进的管理和运营经验，同时变向获取海外资源，推动神州国际业务的发展。同时扩大了自有车队数量，为进一步扩张提供保障。

滴滴打车 & 快的打车：2015 年 2 月 14 日，经过了长达两年的激烈竞争，滴滴打车与快的打车宣布合并。

一个月后，滴滴快的发布了互联网专车安全与服务标准，包括车辆和司机准入门槛，技术监控手段、保险与现行赔付保障制度等，全面统一滴滴专车与一号专车在安全与服务机制。这一标准填补了互联网专车行业安全管理标准的空白，亦间接提升了专车行业的准入门槛，使专车行业从此拥有了其他行业类似的准入、监控、售后、赔付标准与机制。同时，这一标准的发布也标志着滴滴快的已经正式将运营重心转移至专车服务，联合发布互联网专车安全与服务标准亦是在向友商展示其市场领先地位。此外，预计 2015 年滴滴快的将继续扩张其他租用车产品线，并向综合租用车平台商转变。

务实者象限典型厂商分析：

至尊租车：成立于 2006 年，目前车辆规模约 4500 台，门店总数约为 200 家。以个人短租自驾业务为主，同时提供企业租车和代驾服务。至尊租车曾经是国内成立最早的连锁租赁平台，由于发展布局的偏差，目前被神州租车和一嗨租车赶超。易观智库分析认为：至尊租车拥有一定的资金支持，可以抢占部分城市的市场份额，长期来看其发展空间受到竞争对手挤压，持续发展能力有待观测。

一嗨租车：成立于 2006 年 1 月，目前员工人数近 3000 人，车辆规模超过 10000 辆，覆盖城市近 70 个。是目前仅次于神州的以提供在线短租为主的租车平台。与神州租车不同的是，一嗨租车采用自营 + 加盟模式在店面的扩张上速度要高于神州租车，同时风险控制难度也相对增高。2014 年 7 月，一嗨国际租车频道上线运营，对北美、欧洲地区提供服务。12 月，一嗨租车上市成功。对此易观智库分析认为，一嗨租车实现更大规模化的资金基础得到保障，同时在海外拓展层面拥有了有力支撑。

创新者象限典型厂商分析：

易到用车：成立于 2010 年，整合车辆规模达到 5 万辆左右。个人用户及企业用户的比例为 8：2，为车辆及用户提供平台担保，并从中抽取佣金。易到用车的创新性在于开辟了代驾平台的模式，以商务用车为突破口逐渐向高端个人用户渗透的路径。以整合签约的形式保证服务于质量，保证用户体验。

PP 租车：P2P 的商业模式运用在租车领域是 2014 年租车互联网化过程中的一大亮点。PP 租车的模式较好地解决了租用车市场模式较重的问题，从而在 2014 年有了较快扩张。但是由于这种模式对于平台管理的要求更高，极易产生纠纷，又限制了整体的发展。同时国家在监管层面也对于 P2P 模式也进行管控，因此 PP 租车在未来一段时间内仍将维持创新者的姿态，在市场当中谋求发展。

团购

团购是以电子商务 C2B 的模式为基础，由众多的消费者聚合起来，与商家进行谈判和交易，团购既适合商家，通过低价团购的方式将商品或服务批量售出，也适合有共同需求的用户群，集体购买同款商品或服务，享受折扣。

团购的商品种类可分为实物类和服务类，团购的的产业链环节主要涉及商户、用户、团购网站、团购导航网站、支付平台及物流平台。团购对于商户来讲更多的是一种营销方式，商户通过低价团购形式将商品或服务批量售出，用户在有效时间及规定的购买数量范围内通过低价购买享受物美价廉的商品或线下服务体验；团购网站在其中起到连接作用，团购网站聚集商家商品及服务信息，用户通过团购网站进行购买支付，团购网站与商家进行利益分成，随着团购品类的增多及团购市场的日益规范，团购网站在服务保障方面已经与商家形成有效机制，努力保障和提高用户的线下服务体验；团购导航网站集合多家团购信息，为用户提供集合信息平台，同时帮助团购网站，尤其是新生团购网站进行推广，从中收取推广费；支付平台及物流平台为团购市场提供服务支撑平台。

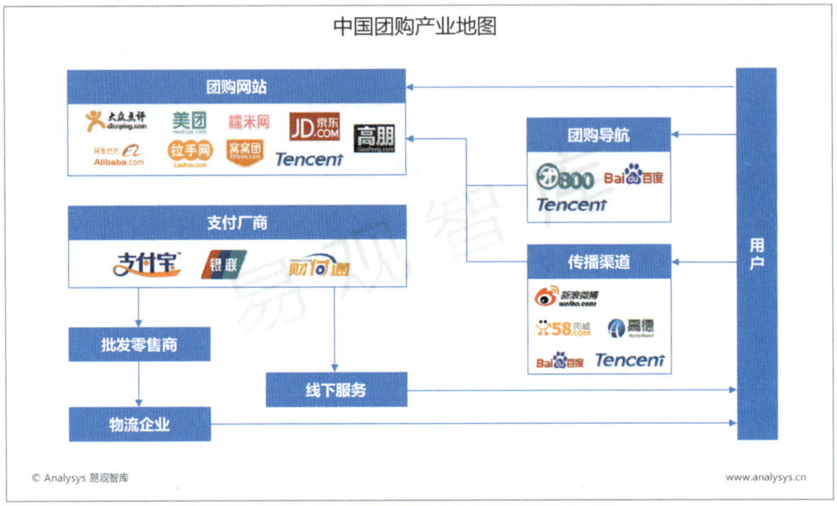

图 60 中国团购产业地图

中国团购市场经历了快速发展和盘整期，商业模式已经成熟，盈利模式亦清晰。本地生活服务团购市场更是将本地商户希望打破空间精准营销和推广的需求与用户对本地生活服务的消费需求相结合，使本地生活服务电子商务化，推动了生活服务市场 O2O 的发展进程。团购市场经历“千团大战”，投资方、商户、用户已趋于理性，服务机制、信任机制逐渐完善，运行环境持续好转。

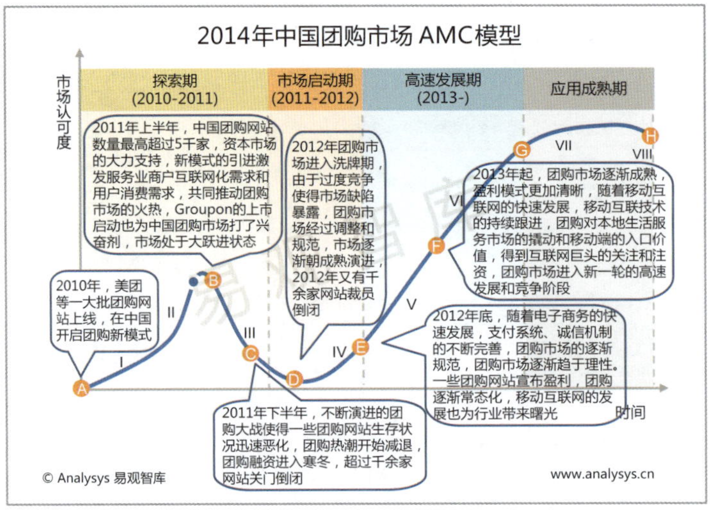

图 61 2014 年中国团购市场 AMC 模型

步入 2014 年，团购市场在实物类商品交易上已经发展到成熟阶段，在本地生活服务行业，团购通过线下耕耘及市场的不断教育，团购已经成为部分本地商户网络营销的主要形式，特别是在餐饮、休闲娱乐等产品标准化不高的领域，团购通过对本地商户的教育，将带动商户的 IT 化运营；在票务、酒店等高标准领域，特别是电影票行业，团购已经成为票房贡献的主要力量，进而改变影院的盈利模式。随对本地生活服务行业的电子商务化，团购已不仅仅局限于团购形式，不断拓宽业务类型，对于餐饮、酒店的在线预订、外卖订餐等领域不断深耕，试图打造本地生活服务消费平台。

易观智库分析认为，2015 年团购市场将呈现如下发展趋势：

三、四线及以后城市将被重点开发。一、二线城市团购市场渗透率已相对较高，三、四线及以后城市本地商户 IT 化运营概念、本地生活服务电子商务化进程还处于待开发状态，市场体量相对较大，2015 年，团购厂商将重点开发三、四线及以后城市。

移动端市场规模占比进一步提高。2015 年，移动端团购市场规模占比将进一步提高，各大厂商开发重点及业务品类将集中在移动端，移动互联技术将渗透到更多细分领域的消费场景，为用户提供随时随地的消费体验。

易观智库分析认为，2014 年中国团购市场整体交易规模达到 750 亿元人民币，环比增长率为 102.7%，随着团购应用发展的成熟，团购市场将稳步发展，预计到 2017 年团购市场交易规模将达到 1924 亿元人民币，环比增长 25%。

图 62 2015-2017 年中国团购市场交易规模预测

随着移动互联网的发展，对于场景化属性极强的本地生活服务行业，团购网站在移动端的开发更是将商户资源和团购网站及应用的服务相打通，为用户提供随时随地的消费体验。目前团购市场正在经历新一轮的高速发展期，团购市场的线下资源挖掘能力及市场的良好运转现状为团购市场在本地生活服务行业的竞争角逐提供优势，如何利用移动互联网及创新技术驱动团购市场的发展和本地生活服务行业的变革，是团购厂商胜出的关键。

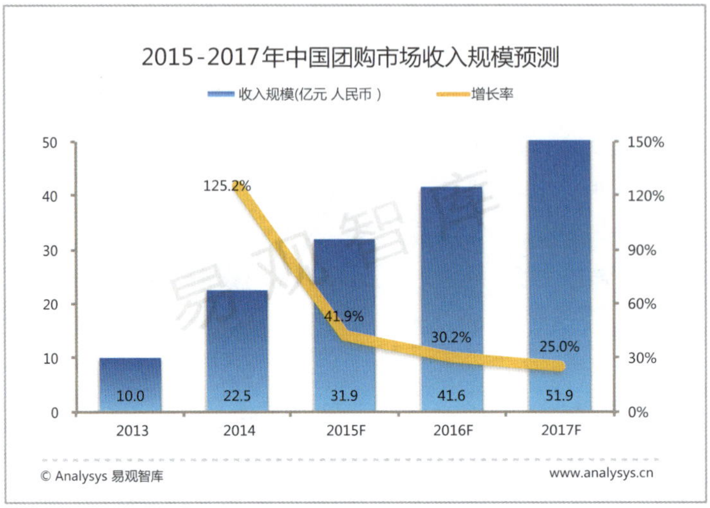

图 63 2015–2017 年中国团购市场收入规模预测

从团购市场的收入看，2014 年中国团购市场收入规模达到 22.5 亿元人民币，较上一年增长 125.2%，随着团购市场的稳定及业务创新和市场开发的投入，收入年增速将放缓，预计 2017 年收入规模达到 51.9 亿元人民币。

在中国团购市场中，各主要企业处于差异化发展阶段，具有不同的竞争实力，如易观智库实力矩阵图形所示：

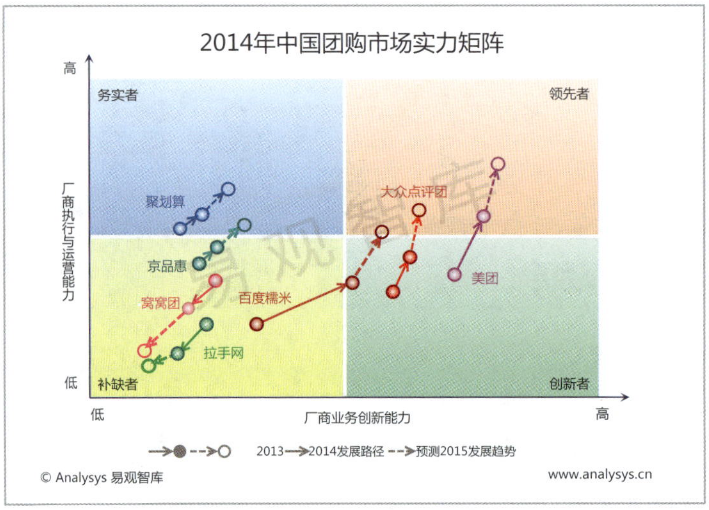

图 64 2014 年中国团购市场实力矩阵

领先者象限典型厂商分析：

美团：美团凭借强大线下执行能力和产品创新能力，领跑中国团购市场发展，无论在 PC 端和移动端均处于领先地位。美团抓住移动端发展机遇，移动端用户覆盖数及活跃性已超过 PC 端。美团交易规模占中国团购市场的 50% 以上，处于市场竞争第一的位置，在产品创新方面同样处于领先地位，猫眼电影、酒店在线预订、美团外卖等一系列产品开发在市场均有优势表现。在三、四线城市的开拓上，美团凭借强大执行能力，无论市场占有率及交易规模均占领先地位。

创新者象限典型厂商分析：

大众点评团：大众点评团整体市场交易规模位居第二，其在生活服务行业的多年积累和大众点评用户黏性优势方面，使得大众点评在线订座、外卖订餐等新产品的市场表现仍需观后，其线下执行能力和产品创新能力上仍有提升空间。

百度糯米：百度糯米进入百度旗下后，其市场表现提升较快，特别是在电影票团购及在线选座、自助餐团购方面，百度糯米凭借营销活动、产品服务能力及百度搜索和移动端技术开发等优势，使得百度糯米在团购领域的竞争地位超越拉手网、窝窝团等位于第三位，未来市场前景可观。

务实者象限典型厂商分析：

聚划算：聚划算作为淘宝一种常规促销方式的存在，模式，享受本身流量红利，使得其在实物团购及生活服务团购方面的业绩表现均相对较好。

补缺者象限典型厂商分析：

京品惠：作为京东的团购频道，凭借京东的流量优势，业务发展情况向好，随着京东对京品惠的投入及执行力度和运营力度的加大，京品惠未来将朝务实者方向发展。

内容消费

网络视频

网络视频是指用户通过包括手机、平板电脑在内的移动通信终端以及 PC 端，通过在线观看或通过点播、下载等方式将视频内容服务商提供的视频文件传送到本地终端设备进行观看的服务。该产业链主要涉及的主体有（版权）内容提供商、视频运营商、广告商、终端用户等。

图 65 中国网络视频产业地图

2014 年视频厂商在内容投入上依旧火热，版权、自制双管齐下。尤其在自制内容上各家联合专业机构，甚至影视公司等强实力制作班底，并结合用户特征数据分析，生产符合大众口味的自制剧，部分剧在成本投入上比肩传统电台。此外，随着视频厂商对内容的把控性逐渐增强，围绕自制展开的一系列产业环节运营也开始拓展，如衍生品开发、IP 改造等，从而使产业价值更多流向视频厂商。除内容之外，2014 年产业链在硬件环节也进行了拓展，视频的终端载体开始向家庭智能电视转移，家庭娱乐成为视频厂商纷纷瞄准的新领域。

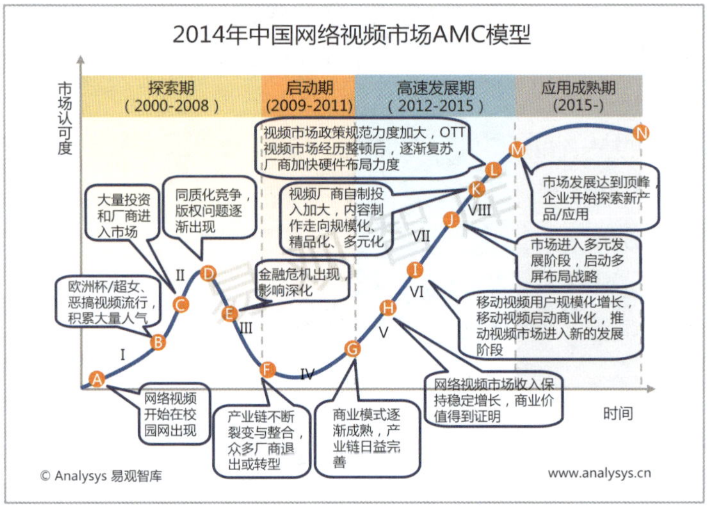

图 66 2014 年中国网络视频市场 AMC 模型

易观智库分析认为，中国网络视频市场目前处于高速发展阶段。

对个人用户而言：

随着网络视频对用户数据信息的重视，在内容制作、推送等过程中更加注重用户口味，如利用大数据进行目标人群分析，进而推出符合人群特征的内容，风行网推出的开放平台产品 – 视频号即可根据大数据进行目标人群辨识及个性化推荐；在制作过程中，鼓励用户互动，通过用户反馈决定剧情的发展方向，优酷土豆、爱奇艺等视频网站也已逐渐开始将大数据技术用于自制剧中。用户属性、喜好等数据的有效利用，使得视频内容制作更具导向性，定位更加鲜明。

随着快播、射手网等的倒闭，视频行业逐渐在政策监管下走向规范化、版权化。主流综合视频网站在视频观看上的渠道作用越来越强，在可替代性盗版网站逐渐被清理的情况下，用户将逐渐向正规版权网站或聚合网站端迁移。主流视频厂商的引导也将带动用户开始为版权内容埋单，用户付费意识将随着行业环境的变化而提高。

对行业客户而言：

视频网站现在在广告植入形式上更加多样，开始将商品信息植入视频内容之中，如阿里旗下营销平台阿里妈妈通过数据和技术支持优酷“边看边买”和土豆“玩货”等新视频营销模式，同时帮助商家进行数据化运营，降低视频投放成本；爱奇艺在时尚真人秀《爱上超模》节目中，将超模选手的穿着装扮接入京东链接，降低用户跨平台购买成本；PPTV 也将于苏宁布局视频电商融合，提升对用户黏性和对广告主客户的增值服务能力。

对于电商客户而言，能有效借助视频平台优势增加流量渠道，随着人群定位的逐渐精准，基于视频平台的购买转化率也将提高。

对于品牌客户而言，品牌营销开始逐渐深入内容内涵。借助视频网站在自制上的主动性和海量用户优势，品牌客户可以定向的与视频厂商进行内容的开发，并配合视频平台前期宣发运营、后期衍生开发，使品牌传播效应达到最大化。

随着 OTT 视频市场的开始复苏，视频厂商在硬件终端上的投入逐渐加大，纷纷寻求资源合作，如优酷土豆与瑞芯微达成预订协议，订购 RK3288 芯片，用于机顶盒等智能硬件的生产，此外还将推出智能路由器丰富用户体验；风行网以百视通为支撑，将成立 OTT 电视业务事业群，整合 IPTV、有线电视、风行网等多方资源运作；腾讯视频也将发力 OTT 产业链，预备 2015 年推盒子业务。对于整体行业客户而言，未来在广告投放上也应注意多屏的组合化，通过多屏联动效应扩大品牌受众面。

根据易观智库监测，2014 年中国网络视频广告市场规模将达到 170 亿元人民币，较 2013 年增长 39.2%，至 2017 年，中国网络视频市场规模将达到 480.4 亿元人民币，较 2013 年的复合增长率为 40.8%。移动端视频随着流量的大幅提高和商业化速度加快，2014 年移动端视频广告市场规模将达到 46.9 亿元人民币，占到总体规模 27.59%，至 2017 年，移动端视频广告市场规模将达到 258.5 亿元人民币，较 2013 年的复合增长率为 161.8%，约为整体视频广告的 4 倍。

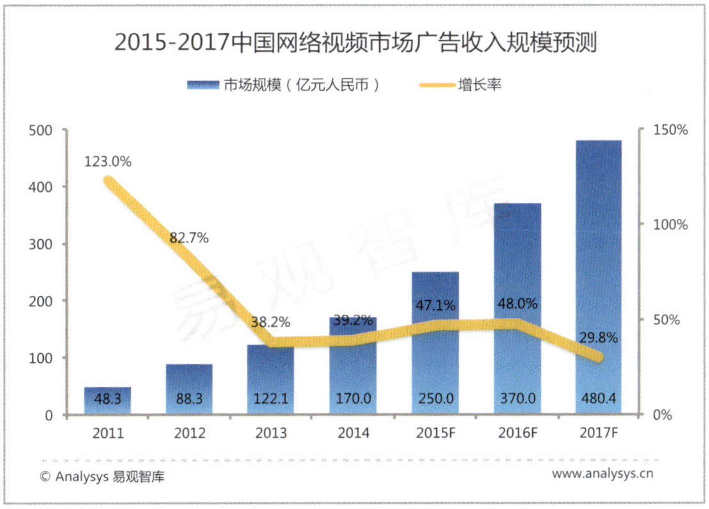

图 67 2015–2017 年中国网络视频市场广告规模预测

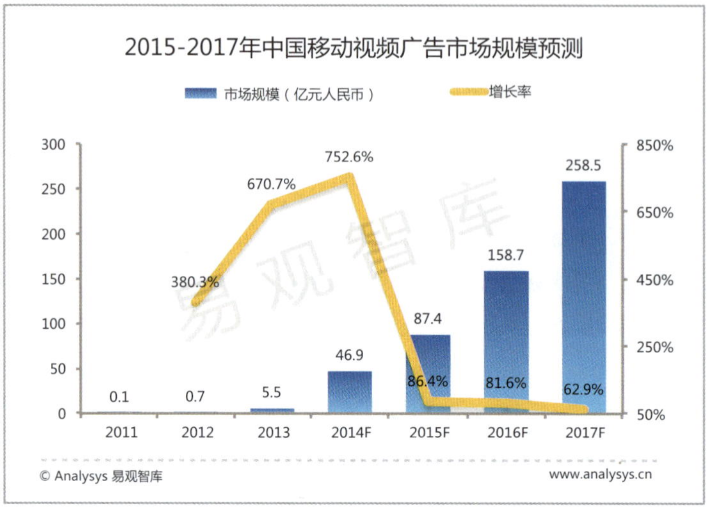

图 68 2015-2017 年中国移动视频广告市场规模预测

易观智库分析认为，视频网站 2014 年市场规模继续保持良好的增长，主要源于 PC 端内容、技术上的不断创新及移动端的逐步商业化。视频网站在自制内容上投入的增加进一步提高广告库存，且原生广告植入空间的增长也给视频网站带来更多的广告营收。2014 年家庭智能终端政策的不断规范也促使 OTT 视频市场逐渐复苏，2015 年其战略地位也将提高。预计未来几年，随着市场的逐渐培育，家庭智能硬件也将成为视频的又一重要入口，成为视频网站的又一价值扩充渠道，且兼具牌照、硬件、内容各资源于一体的企业在价值创造、分配上将更具优势。

在中国视频行业中，各主要企业纷纷加快发展步伐，打造独具特色的品牌优势，资源投入、创新力度不断提高。如易观智库实力矩阵图形所示：

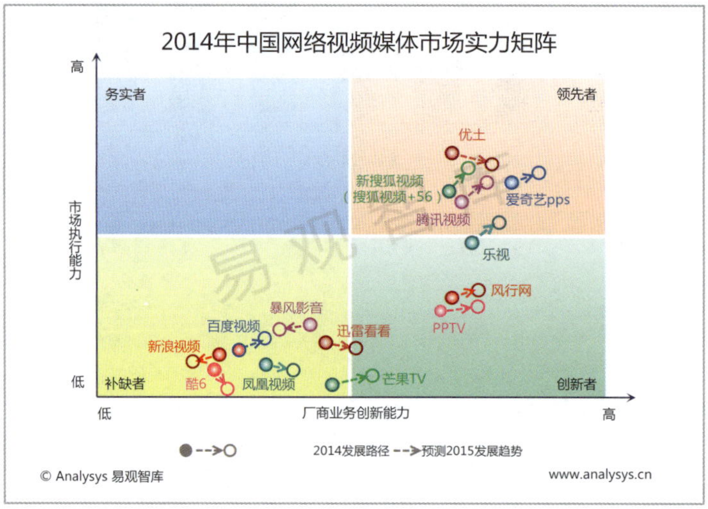

图 69 2014 年中国网络视频市场实力矩阵

易观智库分析认为，2014 年视频市场围绕资源、用户等的竞争更加激烈，内容、技术、战略创新层出不穷。随着视频自制内容力度的不断加大，各大视频厂商纷纷加大对自制内容的投入，部分综合实力强大的厂商开始进军电影领域。视频厂商在内容制作上的自主能力逐渐提高，相应的对上下游产业链的融合参与力度也不断加强。在终端硬件上，视频厂商逐渐重视其他硬件入口的渠道作用，进行相关战略资源的整合。在网络视频市场领先者包括优土、爱奇艺 PPS、搜狐视频、腾讯视频；创新者包括乐视、风行网、PPTV 等；补缺者包括凤凰视频、56 网、芒果 TV 等。与 2013 年相比，视频市场主流厂商在竞争格局上逐渐紧凑，竞争态势逐渐胶着。卫视端互联网化程度逐渐提高，也加入视频网站的竞争之中。

领先者象限典型企业分析：

优酷土豆：凭借其在视频网站的用户及品牌积累，依然处于市场领先地位。作为领先者，优酷土豆在战略上面面俱到，内容、硬件、营销策略上全线投入，保持综合竞争实力。版权内容方面扩展国际版图，自制内容方面提高制作水准，并进军电影制作领域，开发衍生经济。硬件方面，优酷土豆作为内容提供方与康佳展开深度合作，并入股国广东方为智能电视端内容输送铺路。未来 2015 年，随着其他视频厂商的竞争力提升，以及移动端格局的尚未稳定，优酷土豆市场份额将有所下降。其与阿里合作的加深，将有助于丰富视频端的广告主结构，扩大营收渠道，但同时也应注意新型广告形式与用户体验之间的平衡。

爱奇艺 PPS：爱奇艺 PPS 在合并后完成了基础方面的整合，包括会员登陆帐号、广告投放系统、内容生产后台、融合 P2P 与 CDN 的 HCDN 技术等，并完成了品牌整合。在内容战略方面，爱奇艺 PPS 加大自制投入，开展工作室战略；成立爱奇艺影业，“联姻” 华策影视，投身电影制作。预计 2015 年爱奇艺 PPS 将继续加大自制的投入力度，并以视频平台为支撑，围绕 IP 进行一系列的衍生开发。硬件终端领域，与 TCL 合作推出了 TV+ 产品，并引入小米作为第二大股东，小米的硬件将为其提供强大的终端内容入口。技术上，爱奇艺将视链、绿镜、智能版权检测、动态广告植入、视频自动拆分标注、视频代表帧自动抽取等视频图像技术投入其中。2015 年，随着技术、内容、硬件上的不断突破，以及百度流量上的支撑，爱奇艺 PPS 的市场份额将有望提升。

搜狐视频：2014 年搜狐视频加大品牌耕耘力度，加强优势内容打造。版权内容方面，在维持美剧平台特色的基础上，首开“国内第一美综平台”，相继引入美国王牌综艺节目、脱口秀等，强化品牌特色。自制内容方面，继《屌丝男士》之后，联合韩国顶级电视制作团队，推出自制剧《隐秘而伟大》，打造首部 4K 网络长剧《匆匆那年》，继续优化其自制内容方面的水准。技术方面，搜狐视频客户端研发硬件解码技术，实施多平台布局，满足用户多屏观看需求。搜狐视频在用户规模上的领先及内容、技术的不断创新使其继续处于市场领先象限。2015 年，56 网加入的共振效应也将开始显现，进而加大其自制资源整合实力。

腾讯视频：2014 年，腾讯视频注重平台的娱乐打造，并借助腾讯集团产品实现用户的快速增长。内容上，在 2013 年平台内容库重点建设之后，2014 年版权优势更加鲜明，独播、联播内容播放表现突出，且注重腾讯出品优质内容打造。腾讯视频在平台投入上的不断加大及腾讯产品的生态支撑，使腾讯视频跃居视频市场领先象限。2014 年腾讯成立影视业务平台“腾讯电影 +”，布局电影业务，2015 年将有望利用腾讯的优质 IP，如游戏、动漫、及文学作品等进行电影的改编。硬件方面，腾讯视频对智能电视市场的重视也为其 2015 年发展带来新的市场想象空间。

创新者象限典型企业分析：

乐视：在 2013 年加大对互联网电视、盒子的布局力度后，其内容、营销、终端、平台的生态逐渐形成。

但随着来自互联网电视端内容政策的监管从紧，其在硬件端的内容红利变现受阻。尽管政策对其生态造成阻碍，但乐视业务开拓创新方面依然可圈可点。渠道方面，乐视加大海外市场的布局；平台方面，乐视建立生鲜平台，加大垂直资源整合力度。此外，围绕智能生态，乐视继续进军互联网智能电动汽车，建立汽车互联网生态系统。乐视在资源上的不断整合有望提高其生态的吸引力和竞争力，但是未来对资源的有效协同利用及多业务发展的资金成本也是乐视实现强劲发展的挑战。

风行网：2014 年风行网在“台网融合”战略上进一步深化，与电视台合作不局限于上下游关系，风行网也不只是内容播出平台，“台网融合”也开始体现在内容的统一宣传、造势等方面，使节目的传播力度大增，带动相应广告收入的上升。除“台网融合”节目的带动外，风行网也对网页端全面改版，打通网页端与软件端的播放，并继续扩大热门内容如影视剧、综艺节目等方面的投入。营销方面，风行网彻底打通 SMG 的 TV、百视通的 IPTV、风行的网络三方数据库，获取不同平台受众数据，将大数据技术运用于全媒体营销之中。2015 年，“台网融合”的加深也将带动营销价值的进一步释放，同时，“视频号”产品的推出也将为传统媒体和用户带动新的平台价值。

PPTV：2014 年，PPTV 集中力度加大体育内容和家庭互联网事业部的投入，进而强化其现有优势。PPTV 在体育内容上的特色为其积累了一批强黏性的用户，随着自制内容热度的不断提高，PPTV 也不断加强其自制力度。随着高管不断更替，苏宁对其控股比例增加，预计 2015 年，PPTV 与苏宁的资源整合力度也将提高，家庭互联网化、视频电商等方面协调效应有望加强。

补缺者象限典型企业分析：

迅雷看看：迅雷凭借早期的用户积累，其 PC 端的用户活跃度可观，但相较而言，移动端用户活跃度仍旧较低，截至到 2014 年 12 月其移动端活跃用户数仅 186 万，活跃度较低。在视频市场用户逐渐向移动端迁徙的大趋势下，加上优酷土豆、爱奇艺等大力发展移动布局，迅雷在移动端不具备明显优势。由此看来，如何提高移动端用户活跃度，实现移动端业务发展成为其亟待解决的难题。

数字音乐

数字音乐是指音乐作品通过互联网、移动通信网络等有线和无线方式传播，其主要特点是形成了数字化的音乐产品制作、传播和消费模式。按照播放终端的不同，分为在线音乐（以 PC 为终端）和移动音乐（以手机、平板电脑等为终端）。在线音乐是指以互联网为传播渠道，由服务提供商提供到 PC 终端下载或者播放的数字音乐服务。移动音乐是指通过移动通信网络为传播渠道，由服务提供商提供到手机、平板电脑等移动终端的数字音乐服务。

该产业链主要由以下环节构成：音乐内容提供商（音乐人、唱片公司、版权代理机构）、音乐服务提供商（音乐门户网站、移动应用）、音乐商店、电信运营商、终端设备厂商、广告主、支付平台和用户。

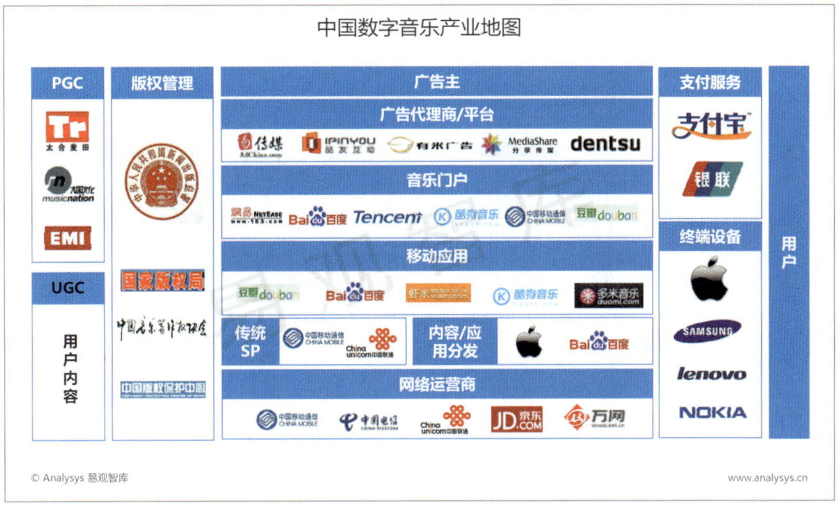

图 70 中国数字音乐产业地图

版权内容是数字音乐产业链的关键资源，对数字音乐产业能否健康有序发展起到关键作用。对于在线音乐市场来说，版权保护的法律监管漏洞、用户为正版内容付费的习惯尚未成熟影响了传统互联网时代版权音乐内容的发展。对于移动音乐市场来说，唱片公司整合音乐人资源、拥有丰富的音乐内容资源，是与渠道方博弈的关键筹码。但由于目前音乐版权资源较为分散，渠道方单独与各家唱片公司签署版权内容，导致唱片公司话语权被减弱。

目前，电信运营商的音乐基地业务仍是最大的收入入口，鉴于移动音乐是强内容导向的手机应用，电信运营商不具备现有的版权内容资源，需要整合内容版权资源。另外，随着市场竞争的激化，以及行业集中度的进一步提高，电信运营商体质内的缓慢决策流程将会造成竞争优势的逐步丧失，话语权将受到一定的影响。

音乐服务提供商的收入主要来自于电信运营商的分成。受到目前广告主对广告价值缺乏认同，以及广告转化率较低的影响，音乐服务提供商广告收入规模占比极低。另外，用户付费习惯尚未成熟，付费比例极低。需要政府监管制度的不断完善和产业自身对版权逐渐规范，为移动音乐产业创造了更广阔的机会和条件。

目前数字音乐产业的发展表现以下特点：

1. 音乐版权资源较为分散。未形成内容提供商的合力，不利于对版权签约渠道的管理与控制，盗版、侵权的版权问题一直存在。原创音乐为音乐原创、成品推广、版权保护等建立一个良性、健康的发展环境，可通过与选秀节目等平台推广，为数字音乐产业创造新商机；

2. 多终端布局趋势明显。目前正在向手机、平板电脑、智能电视、汽车、在线音响等设备扩展，更加多元化；

3. 行业利润分配不均；

4. 服务类型的多元化。主要的产品形态包括，曲库类、电台类、社区类、音乐商店、运营商基地、音乐 MV、移动 K 歌等；

5. 移动音乐成为数字音乐主战场，音乐社交是潜在爆发点。移动互联网随时在线、随时分享、随时沟通的特点促成音乐的社交化趋势；

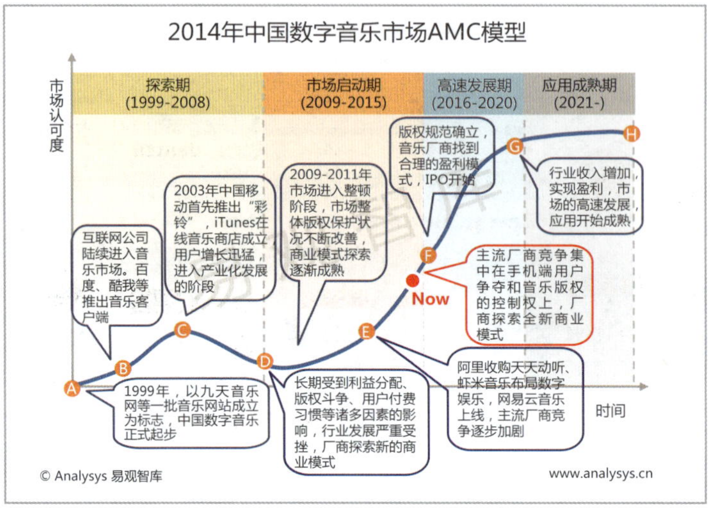

图 71 2014 年中国数字音乐市场 AMC 模型

易观智库将中国数字音乐市场的发展周期分为四个阶段，即探索期、市场启动期、高速发展期和应用成熟期。根据 AMC 曲线，处于探索期的中国数字市场自 1999 年九天音乐成立到 2008 年，经历了大量 PC 端音乐客户端上线，版权保护的缺失和用户付费习惯的教育仍然是阻碍数字音乐产业发展的两大桎梏，而运营商彩铃业务自 2003 年推出后，用户和收入增长迅猛，救活了唱片公司，话语权也从唱片公司手中交给了资本和 SP 等手上，决定音乐产业命运的是渠道为王的电信运营商。

数字音乐相关企业对数字音乐的市场特点、市场竞争状况、用户偏好等方面的信息掌握不足，在产品、市场、服务等策略选择方面随意性较大，从而产生了许多问题。其中最主要的问题是版权在最初没有得到重视，在互联网高速传播的影响下，盗版和免费下载盛行，盗版、侵权的冲击造成正版音乐网站发展艰难，数字音乐市场的整体发展受到严重制约。

进入 2014 年之后，中国数字音乐市场的各类问题，随着法律法规的完善、版权问题的进一步解决、企业商业模式的积极探索以及用户良性消费行为的培育，中国数字音乐市场将于 2016 年有望步入高速发展期阶段，市场得到快速稳定的发展，通过厂商们不断探索全新商业模式，会有更多的数字音乐厂商获得盈利。

从中国数字音乐整体市场发展趋势来看，经过了近几年对音乐版权的整顿和逐步规范，原创内容稳步增加，大规模、有组织的音乐版权侵权行为基本销声匿迹。数字音乐市场的未来发展趋势已参照网络视频行业发展路线探索前行。目前，数字音乐市场已由腾讯、百度、阿里等几大巨头企业为主流的市场竞争格局，通过兼并重组，在数字音乐的内容、渠道等领域发展出不同的市场寡头，各自探索出成熟可行的商业模式。

未来数字音乐市场发展也将有如下趋势：第一，用户付费享受更多权益的概念已被越来越多的用户接受；第二，宏观环境的发展，为移动音乐产业创造了更广阔的机会和条件；第三，原创音乐成新商机；第四，音乐版权市场的规范化由巨头竞购独家版权开始；第五，在线演艺利用粉丝经济，增值服务等获得新的增长点。

易观智库预测，2014 年，中国数字音乐市场的整体规模将达到 97.6 亿元人民币，较去年同比增长 31.6%；2015 年将达到 126.7 亿元人民币，较 2014 年同比增长 29.7%；2017 年将有望达到 179 亿元人民币。

图 72 2015–2017 年中国数字音乐整体市场规模预测

在线音乐市场规模稳中有升，仍旧依靠在线演艺市场收入作为主要的来源。2014 年，中国在线音乐整体市场规模将达到 62.4 亿元人民币，其中在线演艺市场规模达 52.4 亿元人民币，仍是在线音乐整体市场的主要收入来源；2015 年将达到 86.6 亿元人民币，较 2014 年同比增长 36.6%；预计 2017 年将达到 130 亿元人民币。

移动音乐市场，随着政府监管制度的不断完善和产业自身对版权逐渐规范，2014 年的市场规模达到 35.2 亿元人民币，较 2013 年增长 13.1%；2015 年将达到 39.7 亿元人民币；2017 年较上年同比增长 10.7%，将达 49 亿元人民币，市场的增长速度稳步提升。

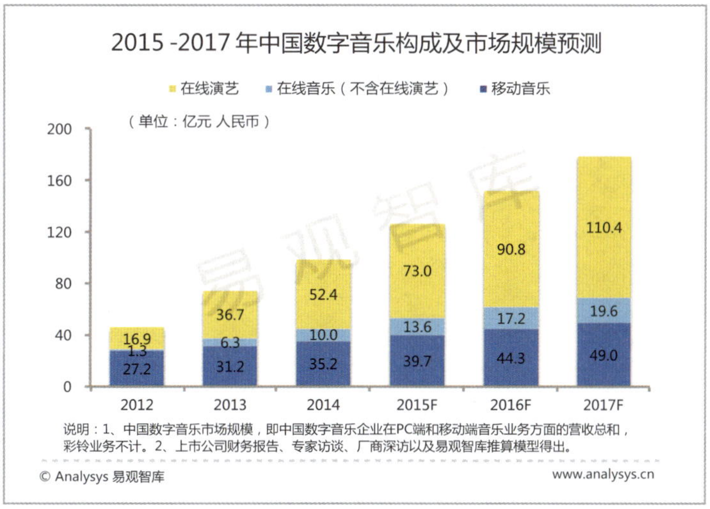

图 73 2015–2017 年中国数字音乐构成及市场规模预测

易观智库研究认为，从产业发展周期看，数字音乐经过几波的波峰与波谷发展之后，市场发展稳定。主要数字音乐厂商在实力矩阵中所处的位置以及执行能力和创新能力的变化情况做如下解读：

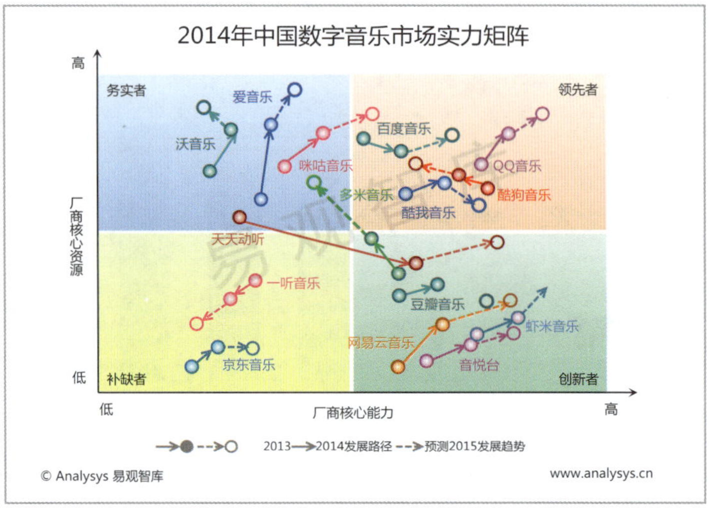

图 74 2014 年中国数字音乐市场实力矩阵

领先者象限典型厂商分析：

QQ 音乐：是中国领先的数字音乐服务平台，是腾讯在移动互联网的重要布局之一。QQ 音乐以腾讯社交关系为基础，依托 QQ、QQ 空间、微信、视频游戏等娱乐生态链和社交产品链，形成联动是其最大优势。在众多移动音乐厂商中，QQ 音乐付费增值的盈利模式最为成熟。在互联网化的新形势下，QQ 音乐于 2014 年加大与多家唱片公司达成独家版权合作，QQ 音乐牵手华纳、YG、环球国际大牌唱片公司，并与杰威尔、华谊、华研、英皇、乐华、少城时代等一线唱片公司达成独家版权合作，QQ 音乐已经开始向版权分销商转型。QQ 音乐在数字音乐市场格局趋于领先，QQ 音乐在腾讯业务中的战略地位将越来越高。

务实者象限典型厂商分析：

咪咕音乐：前身为中国移动无线音乐基地，目前是咪咕文化科技有限公司旗下成立的专业公司，以音乐为载体的新媒体业务。是中国移动对基地业务进行公司化改造的重要一步，咪咕音乐基地积累了超过 400 万首的正版音乐曲库，累计音乐下载量超过 100 亿次，咪咕特级会员突破 1.6 亿，成为国内最大的正版音乐分发平台。同时，音乐基地还构建了从音乐创作、发行到演艺的完整产业链，未来将在“全产品、全渠道、全终端、全用户”四个方向上不断发力。咪咕音乐在数字音乐市场格局趋于务实，此轮改革是中国移动对互联网化创新的尝试。

爱音乐：前身为中国电信数字音乐运营中心，现为中国电信股份有限公司全资控股公司，负责独家运营中国电信音乐内容相关的产品、平台及服务，是中国电信唱片商及合作方为用户打造的立体化数字音乐云服务平台。用户超 2.5 亿，其中移动互联网用户超 2 亿。业务包括：中国电信彩铃及多媒体彩铃业务应用合作商；在线听、音乐下载、IPTV 卡拉 OK、MV、音乐会员俱乐部等服务提供商，开展集约运营及营销推广；提供手机、电脑、固话、IPTV 等信息终端的音乐服务；蜂巢产品等互联网音乐服务及演艺经纪、广告业务等。作为运营商音乐基地之一的“爱音乐”，一直在尝试探索互联网化音乐模式，与领先者厂商在创新能力方面存在一定差距，目前是务实者代表之一。

创新者象限典型厂商分析：

天天动听：为上海水渡石信息技术有限公司开发，该公司成立于 2008 年，2012 年年底获得阿里巴巴战略投资。一方面将补充阿里巴巴在移动音乐方面的短板，另一方面天天动听将依托阿里巴巴的资本优势，进一步助力其在移动音乐商业化方向的发展。天天动听的布局已开始从移动手机端逐步向多平台进行延伸，突破传统模式，将歌手及明星资源进行最大程度的整合利用。升级了此前推出的《动听新歌榜》栏目，将原有的单一音频节目形式升级为视频节目，更符合年轻用户的欣赏习惯。

多米音乐：是 A8 新媒体集团旗下的音乐娱乐平台，凭借首创用户歌单互动社区，云音乐同步机跨终端技术，首创定时音乐以及创意音乐气泡，实时更新海量曲库、一点即播等功能，已拥有超 2 亿用户，其中月度活跃用户达数千万。多米音乐也开始涉足社交音乐，密语直播台已集合千万用户。未来将和移动互联网、穿戴式智能设备等其他服务融合，带给用户更加丰富的体验，“泛音乐化”将是未来网络音乐的商业化发展方向。多米音乐成为创新者象限典型厂商代表之一。

补缺者象限典型厂商分析：

京东音乐：是京东商城旗下的数字音乐媒体，拥有数字音乐、有声读物、独立音乐、艺人库、京东 FM 等多个频道，提供海量正版高品质音乐免费试听和下载功能，并为用户提供音乐排行榜和新歌速递。京东 FM 随心听超过 30 个电调频道，并有超过 19 万首古典音乐，是最大的数字古典音乐商店。由于自身规模发展有限，对数字音乐产业格局影响不大，是补缺者象限典型厂商代表之一。

移动阅读

网络视频、数字音乐和数字阅读行业是集 PC 端、客户端、Pad 端、手机端的多屏互动领域，用户在视频观看方面由更高的流量要求，因而大部分用户仍习惯用 PC 观看视频；对于数字音乐市场，移动端的音乐下载付费、无 Wi-Fi 环境下使用软件带来的高流量花费，而随着在线音乐网站对版权问题的重视，持续提供大量的优质版权数字音乐内容，仍有大部分用户驻守 PC 端；对于数字阅读市场来说，结合了图、文、声、形的多媒体表现形式具有高质量、精准度、深内容等特征，用户借助 PC、电子书、手机、平板电脑等终端智能设备，可充分利用碎片化时间进行数字阅读获取更多信息积累。

移动互联网正不断深入改变着人们的使用习惯、搜索习惯、浏览习惯，而移动阅读几乎是不受任何场景和生活的限制，并且融合社交元素带来更友好的用户体验，使得用户从 PC 端向移动端大量迁徙，并已经超过 PC 端用户数量，未来数字阅读移动化、社交化是大势所趋。

移动阅读是指利用手机、平板电脑、电子阅读器等移动终端，通过在线、下载等方式，浏览电子小说、动漫、报刊等内容的阅读行为。该产业链主要由以下环节构成：资源版权方（个人作者、图书版权方、版权代理 / 互联网内容提供商），电信运营商，互联网服务提供商，电商平台，终端厂商，广告主，支付厂商和用户。

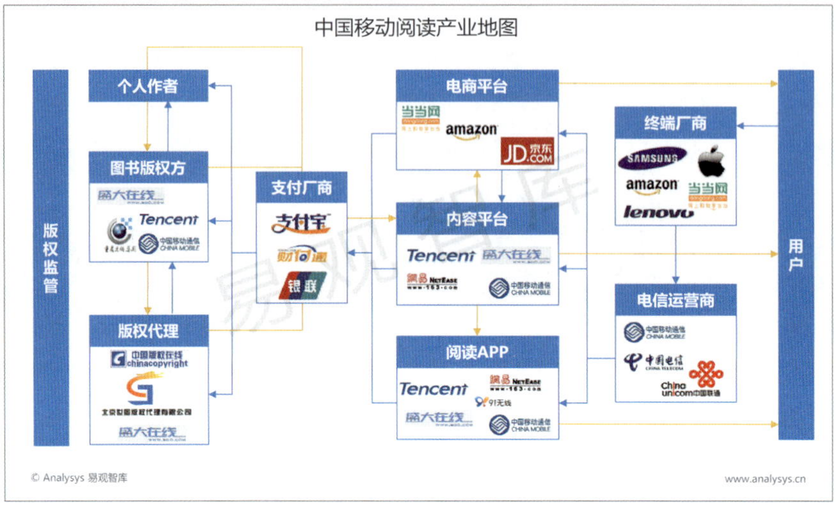

图 75 中国移动阅读产业地图

内容是移动阅读的关键资源，随着出版社对内容的逐步开放，移动阅读厂商逐步扩充团队人员，走向规模化内容资源的阶段。在中国移动阅读产业链中，内容集成商整合了出版方（如传统出版社）、个人原创作品等内容，拥有丰富的内容资源，并与个人作者分成版权费用。拥有生产网络文学作品版权的网络文学网站（如起点中文网、纵横中文网、17K 小说网、创世中文网等）在移动阅读的内容资源方面也独具优势，而由于传统出版方资源分散，中国出版社多达 580 家以上，各自为战，在产业链中缺乏话语权，更多的是依靠内容集成商（即电子版权代理）与产业链下游厂商进行博弈。在市场中，多数网络文学网站也是数字版权代理，凭借其内容生产能力以及内容整合能力，在产业链中处于核心地位。

在目前整体移动阅读市场中，电信运营商阅读基地业务占据整体市场收入规模的七成以上。中国电信运营商拥有相对庞大的用户群、丰裕的资金、成熟付费通道、以及对手机应用推广渠道强有力的掌控权，这些优势有助于中国电信运营商成为移动阅读产业链的领导者。但移动阅读是强内容导向的应用，中国电信运营商不具备现有的版权内容资源，需要整合内容提供方资源。另外随着市场竞争的激化，互联网服务提供商的用户规模逐渐扩大，第三方支付的成熟，电信运营商的话语权将受到一定的削弱。

电商平台以销售传统出版物的电子版书籍为主。目前此类厂商主要有淘宝电子书、京东商城、亚马逊中国、当当等。在海外数字阅读的产业链中，电商平台有较好的版权环境以及普遍的用户付费习惯作为基础，而在目前的中国网络文学市场，由于电商平台主要销售的是传统出版社的版权内容，而传统出版行业资源分散、互联网化程度低，为市场提供的数字版权内容数量及质量均偏低，因此电商平台的模式并未得到犹如美国亚马逊式的发展。未来较长的时间内电商平台都不会成为中国移动阅读产业链的主流渠道。

随着用户付费意识逐渐增强，政府对版权内容的保护力度加强，付费用户将越来越多，移动阅读领域的支付环节也将成为厂商关注的焦点。移动阅读服务提供商的收入主要来自于用户对内容的消费，目前大部分用户通过运营商渠道进行付费。伴随着第三方移动支付工具种类增多，运营商结算渠道不再是用户付费的唯一选择，网银支付、虚拟货币点卡充值等第三方支付方式不断获取用户，未来将移动阅读产业的付费渠道逐渐向第三方支付偏移。

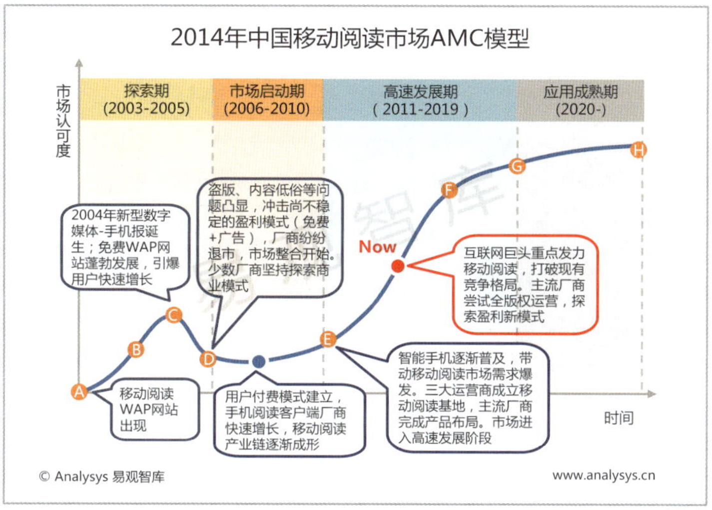

图 76 2014 年中国移动阅读市场 AMC 模型

2014 年中国移动阅读处于行业高速发展期。在此阶段，用户付费的商业模式形成，在此商业模式的支撑下，市场迅速增长，市场进入门槛提高，主要参与厂商掌握核心资源，如用户资源、渠道资源以及内容资源。但是产业尚未形成大规模的盈利，仅有部分厂商实现收支平衡，进入盈利阶段，还需要通过用户的积累以及市场容量的不断扩充，形成规模效应，从而促使产业链各环节走向大规模盈利状态。目前移动阅读市场发展的最大瓶颈是盗版内容的存在以及用户付费习惯尚未成熟，突破这一瓶颈需要政策层面的支持以及市场对用户的培养，同时移动互联网支付环境的成熟也是促进移动阅读市场健康发展的主要因素。在此期间互联网巨头完成对市场布局，并将移动阅读业务作为发力重点，着力提升内容资源和产品服务的质量，提高用户阅读体验，抢占移动阅读市场，与产业链各环节形成联动效应，主流厂商尝试全版权运营，探索阅读盈利新模式。

移动阅读产业发展具有以下趋势：第一，移动阅读用户需求升级，个性化和社交化成为产品创新方向；第二，优质内容成为竞争关键；第三，全版权运营构建泛娱乐生态圈，拓展粉丝经济；第四，用户付费意愿提高，付费方式多元化趋势；第五，高端阅读市场被逐步开发。

易观智库数据显示，到 2014 年，中国移动阅读市场收入规模达到 88.4 亿元人民币，增幅达 41.4%。预计 2017 年市场整体收入规模将突破 150 亿元人民币。截至到 2014 年底，中国移动阅读活跃用户数比 2013 年环比增长 20.9%，达 5.9 亿。预计到 2016 年活跃用户规模将接近 6.9 亿。

图 77 2015-2017 年中国移动阅读市场规模预测

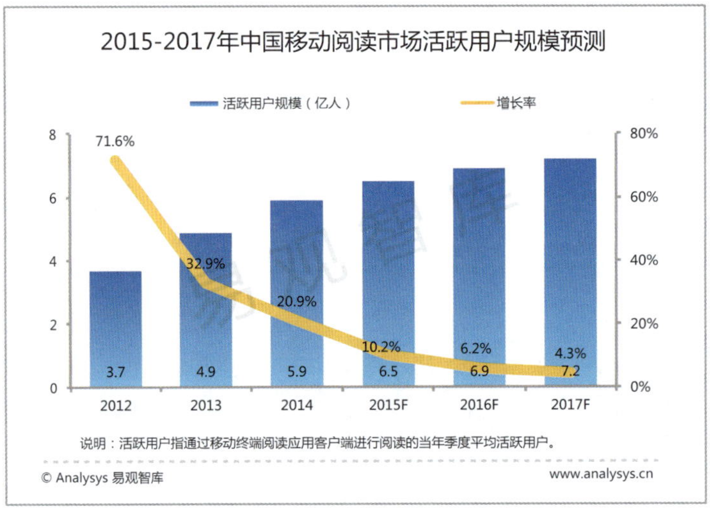

图 78 2015-2017 年中国移动阅读市场活跃用户规模预测

在数字阅读行业中，各主要企业处于差异化发展阶段，具有不同的竞争实力，如易观智库对移动阅读厂商实力矩阵图形所示：

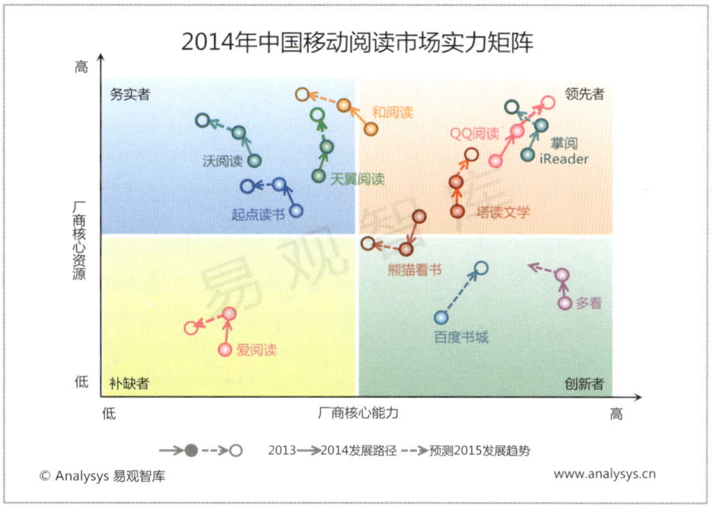

图 79 2014 年中国移动阅读市场实力矩阵

领先者象限典型厂商分析：

掌阅 iReader：经过长期的市场积累与新渠道的拓展，在 2013 年底已经与 200 多家手机厂商合作，为其提供阅读平台和技术支持，除了小米和苹果，其他所有的手机厂商三星、联想、华为等均有合作，覆盖率 90% 以上。不断开拓的渠道使其用户规模得到了迅速增长，2014 年第 3 季度其累计注册用户规模位居市场首位。作为内容聚合平台的掌阅 iReader，充分利用移动终端便捷性和及时性的特点，为用户提供具有吸引力的海量内容资源，迅速积累起庞大的用户规模，通过付费阅读的方式获取盈利。除此之外，掌阅还为移动终端商提供平台支持来获得收入分成。由于用户付费是掌阅目前最主要的盈利模式，因而吸引用户是产品发展的关键。因此，掌阅 iReader 在产品功能方面持续发力，使产品在反应速度上快于同类竞品，同时全球首创护眼功能，进一步提升用户体验。除此之外，掌阅 iReader 还开发出基于位置服务的书架查看功能以及好友间的微信送书功能，增加产品的社会化属性。满足用户日渐增长的社交化需求，形成“圈子”效应，通过用户之间的强关系来提升对产品的忠诚度。最终将移动端不断创新的产品体验发展成为自身的竞争优势，获得了市场和整个行业的认可。

QQ 阅读：腾讯旗下的移动阅读应用，2014 年 4 月，腾讯文学 2014 年互动娱乐年度发布会上，吴文辉宣布腾讯文学将全面拥抱移动互联网，重点发力移动阅读。此后腾讯文学持续加大对移动端的投入，升级核心产品体验，深入挖掘渠道价值，实现移动与 PC 端产品间的彻底互通，数据、运营、资源全面共享与统一运作，同时提升移动端产品的互动性，打造以内容为核心的互动阅读体验，优化产品，尤其是优化阅读体验和基于腾讯大数据平台的智能推送功能。QQ 阅读依托网站过亿的用户规模，以及不断优化的产品体验，快速占据市场主导地位发展势头迅猛。

塔读文学：一直致力于发展高品质文学的策略，作品离不开作者，因此塔读文学一直注重作者的挖掘与培养，并通过比赛的形式发掘有潜力的作者。并通过举办热点作品发布活动，使塔读与原创作家、线下出版商有了良好的合作互动。体现其在与原创作者签约，以及线上线下出版合作，推进优秀内容引进方面的积极态度。塔读文学隶属的天音通信，在今年 6 月获得虚拟运营商牌照，并推出 170 号码资费套餐。天音通信将在未来实现 170 号码与既有移动业务的整合，将各个移动互联网应用与既有渠道分销业务的整合，扩大塔读文学的渠道规模，同时制定包括定向流量在内的多种特色业务，以实现移动阅读产品的差异化发展。

务实者象限典型厂商分析：

电信运营商阅读基地：拥有优势的渠道资源和内容资源，其利用终端预装以及合作渠道进行推广与营销，用户规模增长迅速，基于其海量用户以及便利的支付通道，其在产业链中具有绝对的话语权。并具备可以为电子书提供电信级别的版权保护，这是很多阅读网站很难做到的。图书入库之前，运营商都会严格把关，保证引进的都是正版图书。但是运营商的移动阅读服务缺乏互联网基因，产品用户体验、产品推广、产品运营依然遵从 SP 模式，市场竞争力不足。虽然短期内能够带来可观的收入，但是如果不进行互联网化的革新，随着互联网公司移动阅读服务的用户积累以及第三方支付的普及，可能处于不稳定状态，难以在市场中长期占据主导地位。

创新者象限典型厂商分析：

百度书城：作为今年 5 月刚上线的新产品，整合其母公司百度的资源，为用户提供海量作品。并在上线后不久打通百度帐号，与用户注册数近 10 亿的百度贴吧，以及每天有超 1 亿用户访问的百度视频等百度系产品实现帐号全面互通，使用户规模获得快速增长。同时借助百度的技术资源，在产品的功能方面不断优化。随着百度文学宣布加强对移动端的铺设力度，百度书城未来将获得巨大的发展空间。

多看阅读：一直走精品阅读路线，对于出版商提供的内容资源，会安排内容编辑重新排版、校对，涉及图片和公式，多看有自己的设计人员进行重新设计。为了使之更适合移动阅读屏幕，多看会花费大量的时间和精力去重新设计排版。但是目前高端精品阅读细分市场尚未迎来高速增长期，高端用户的移动阅读需求还未被激发出来。多看被小米收购之后，其目标用户与小米手机的用户群体存在错位。因此在 2014 年，多看没有顽固坚守高端精品阅读，而是在网络原创文学方面展开布局，引进目前主流的网络原创小说，以获取更多的用户与收入，为发展精品阅读提供保障。

补缺者象限典型厂商分析：

爱阅读：无论是在综合创新能力还是核心资源方面与市场中的其他竞争者相比还存在差距。若未来市场定位准确，投入产出比例均衡，将会一直保持目前在市场竞争中的定位，对移动阅读产业格局的影响不大。

网络游戏

易观智库预计接下来的 2015 年，中国网络游戏市场的整体规模将继续保持稳健增长，达到 1264.86 亿元人民币，较 2014 年增长 15.3%；2016 年将达到 1409.73 亿元人民币，较之 2015 年增长 11.5%；2017 年达到 1567.14 亿元人民币，较 2016 年增长 11.2%。

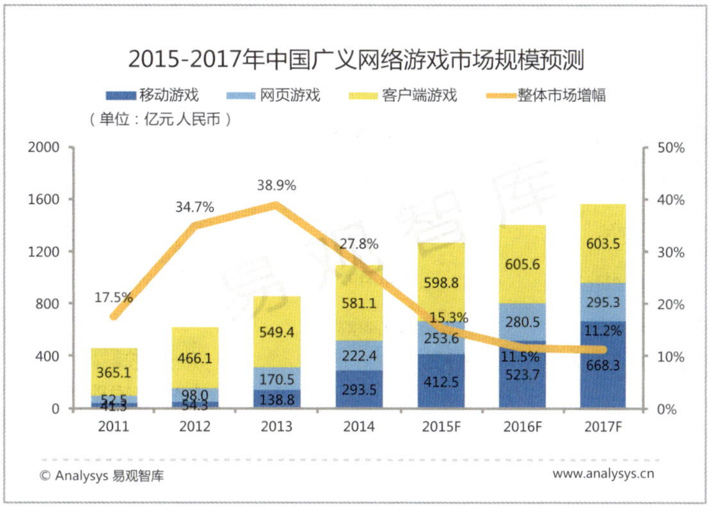

图 80 2015-2017 年中国广义网络游戏市场规模预测

中国的客户端网络游戏经历十多年发展，已经进入成熟发展阶段，规模增速放缓，整体行业创新能力大幅减少。尽管 2014 年有诸多精品大作上市，但仍然无法解决整体行业增长瓶颈。绝大部分端游企业已经不再立项新的端游项目，自主研发端游市场全面萎缩。一方面移动游戏的兴起对端游市场产生一定分流作用；更重要的原因则在于，端游自身玩法老化、创新不足、同质化现象严重等问题始终没有得到有效解决。未来端游市场前景依然暗淡。

网页游戏方面，市场结束了高速增长态势，步端游后尘进入存量市场，放缓趋势明显。中国页游市场增速放缓的主要原因与端游大同小异，一方面由于页游产品自身产品创新困难、同质化现象严重，另一方面研发商对于流量过度依赖等问题，也是市场发展速度放缓的重要原因。

移动游戏方面，随着中国智能手机渗透率的不断提高，全新一批标杆性产品的诞生，以及端游、页游巨头的强势进入，2014 年移动游戏迎来了一个快速发展的阶段。预计在 2015 年，伴随着整体游戏品质的提升，移动游戏市场将赢来了一个爆发期。

客户端游戏

客户端游戏是指传统的依靠下载客户端，在电脑上进行的网络游戏。中国客户端游戏市场经过十多年的发展，目前已步入成熟期，市场增长率逐渐降低。未来，随着人口红利消失、用户规模趋于饱和、现有经典产品加速老化以及新品推出速度继续放缓，中国客户端游戏市场预计将于 2017 年出现同比负增长。

中国客户端游戏市场产业链主要包括上游的游戏研发商、中游的游戏运营商、下游的游戏分销和网吧媒体平台以及提供支撑服务的设备提供商和电信运营商等。目前国内端游厂商的主要业务模式是研运一体，所以上游的研发商和中游的运营商经常是一体的。但由于自研项目的风险较高，部分端游厂商目前已停止自研立项，而是通过代理海外精品进行运营变现和产品储备。

图 81 中国客户端游戏产业地图

中国客户端游戏市场自 2000 年左右开始兴起，在经历了 2002–2008 年的高速发展期之后，已于 2009 年进入了市场成熟期，整体市场规模趋于稳定，各端游厂商的竞争格局也保持稳态。2014 年，随着移动游戏的高速发展，端游的活跃玩家数量出现下降，关注度也远远不及其鼎盛时期。虽然目前端游市场依然占据中国网络游戏市场的最大份额，但随着移动游戏市场的爆发式增长，未来端游在整体网游中所占比例将逐步下降。

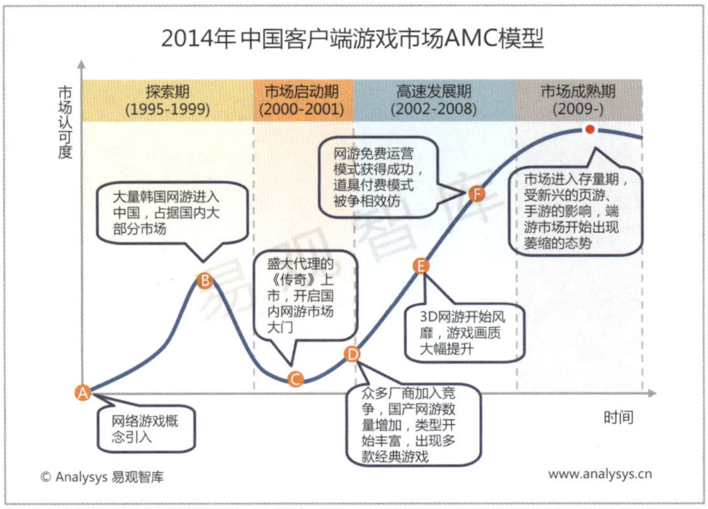

图 82 2014 年中国客户端游戏市场 AMC 模型

根据易观智库的监测，中国客户端游戏市场 2014 年市场规模达到 581.1 亿元人民币，同比增长 5.8%。

易观智库分析认为，客户端游戏市场 2014 年增速降至 5.8%，主要原因是整体端游市场已步入存量期，各大端游厂商纷纷转战移动游戏领域，减少了对端游的投入，端游新品推出速度放缓。未来随着端游市场继续成熟，市场增速将继续放缓，并将于 2017 年出现萎缩。

图 83 2015–2017 年中国客户端游戏市场规模预测

由于端游市场较高的准入门槛和较长的资金回报周期，目前基本没有新进入厂商，且现有的主要参与者竞争格局已十分稳定，但各家实力依然有差距，如易观智库实力矩阵图形所示：

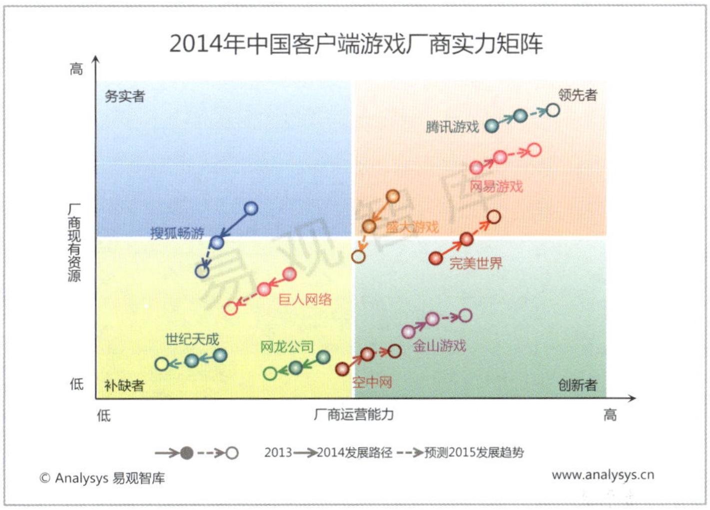

图 84 2014 年中国客户端游戏厂商实力矩阵

领先者象限典型企业分析：

腾讯：在客户端游戏各细分领域都有较成熟的产品，旗下《地下城与勇士》、《穿越火线》、《英雄联盟》等已成为知名品牌。腾讯依靠在游戏运营方面积累的经验，以及庞大的 QQ 用户群，长期占据端游市场半壁江山，未来也将继续保持霸主地位。

网易：在游戏自研方面具有强大的实力，凭借旗下《梦幻西游》等系列游戏拥有大批忠实的玩家粉丝。

2014 年网易在重点布局手机游戏领域的同时，也陆续推出了《危机 2015》、《天谕》等端游新品，继续在端游领域保持领先位置。

务实者象限典型企业分析：

畅游：在 2014 年经历了较大的营收下滑和人事变动，市场份额有所下降。在端游方面，畅游虽然加强了对海外产品的代理力度，但对《天龙八部》单款产品的依赖依然十分严重。随着现有产品的继续老化，畅游的优势渐被削弱，将从务实者象限降至补缺者象限。

创新者象限典型企业分析：

完美世界：具有较强的游戏研发实力，2014 年将业务重心转向移动游戏领域，并在电视游戏方面继续投入。端游方面，2014 年完美世界推出《射雕 ZERO》，并配合游戏发布了专属可穿戴互动设备，在游戏体验的创新上有所突破。较强的创新能力将助力其向领先者象限进发。

补缺者象限典型企业分析：

巨人网络：在 2014 年完成了公司私有化，并开始在移动领域的二次创业，推出了多款手机游戏产品，此外还成立了页游发行中心，在端游、页游、手机游戏三个领域均有布局。2014 年巨人网络虽然也推出了端游新品，但因公司重心转向手机游戏，其在端游领域将继续扮演补缺者的角色。

网页游戏

网页游戏又称无端网游，是基于网络浏览器的多人在线互动游戏，用户无须下载客户端，只要打开网页就可以进行游戏体验。

中国网页游戏市场产业链可分为三大环节，分别是网页游戏研发商、网页游戏运营平台和其他支撑机构。支撑机构中主要包括广告联盟、支付厂商以及电信运营商。网页游戏研发商将产品交给联运平台进行运营，联运平台通过自有流量以及购买外部流量的方式获取用户；用户付费通过支付厂商流向运营平台，再由平台与研发商进行分成。

图 85 中国网页游戏产业地图

易观智库将中国网页游戏市场的发展周期分为四个阶段，即初期的探索期、市场启动期、高速发展期和市场成熟期。根据此 AMC 曲线，可以看到中国网页游戏在经历了三年的高速发展期之后，于 2014 年进入了市场成熟期。2014 年中国网页游戏市场稳中有增，主要受益于数款流水创纪录的明星产品。同时，页游市场精品化趋势明显，游戏品质逐步提升；流量进一步向大平台集中，中小平台的生存空间受到较大挤压。

2014 年，页游厂商加速向移动游戏领域拓展。由于页游和手机游戏在营销、推广模式上差别较大，页游厂商在移动游戏领域的表现并不突出，成功大作非常罕见。目前来看，大多页游厂商只把手机游戏作为主业之外的重点发力领域，并未放弃原有业务，但也有部分厂商完全放弃页游，加入手机游戏厮杀大军，这也使得页游研发厂商竞争格局发生较大变化。

在资本市场层面，2014 年网页游戏相关的并购事件数量不多，游戏行业并购依然集中在火热的移动游戏领域。游族网络、天神互动在 2014 年均完成借壳上市，仙海网络出售 20% 股权给光线传媒，三者收购溢价分别为 33 倍、7 倍和 16 倍，对比国内整体并购重组情况，资本市场对页游厂商的投资意愿相对来说处于较高水平。

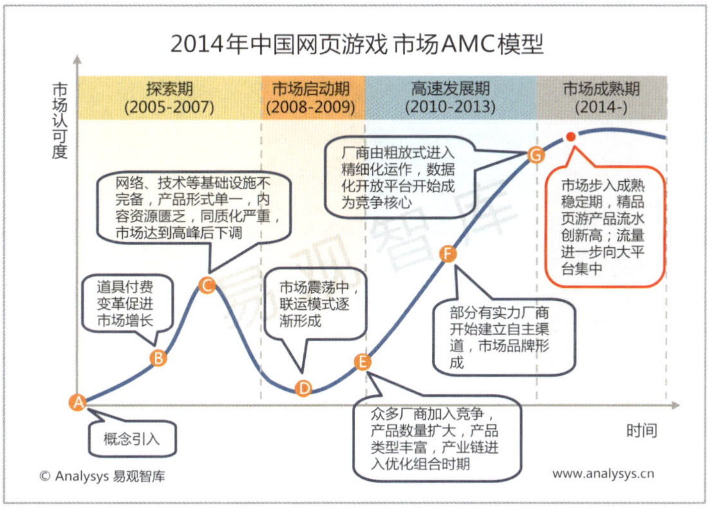

图 86 2014 年中国网页游戏市场 AMC 模型

在经历过去三年的高速增长期之后，中国网页游戏市场已步入成熟期，厂商由粗放式发展进入了精细化运作。根据易观智库的监测，中国网页游戏 2014 年市场规模达到 222.4 亿元人民币，同比增长 30.5%。未来三年，中国网页游戏市场的增速将继续放缓，市场集中度将进一步提高。

图 87 2015–2017 年中国网页游戏市场规模预测

易观智库分析认为，目前的网页游戏市场游戏运营平台中呈现出以下几点趋势：首先，握有流量的网页游戏平台话语权将逐渐增加，腾讯、360 和百度三家平台凭借庞大的自有流量和用户基础，在网页游戏运营平台中的竞争优势日益明显；其次，页游运营平台将更多地通过自主研发，把控上游产品质量，从而提升平台吸引力。在自研领域表现突出的平台商包括 37 游戏、4399 和 9377（广州创思）等；最后，在国内页游市场增长放缓的大背景下，除了切入手机游戏领域，拓展海外游戏市场将成为页游厂商获取更多发展空间的主要方式。如易观智库实力矩阵图形所示：

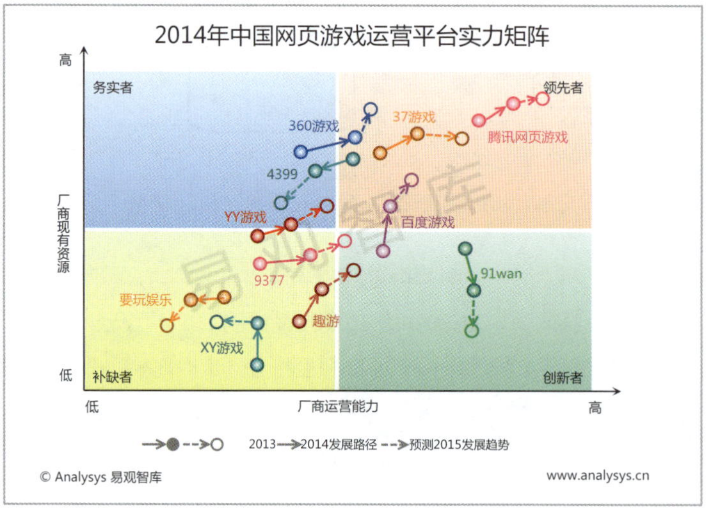

图 88 2014 年中国网页游戏运营平台实力矩阵

领先者象限典型厂商分析：

37 游戏：37 游戏成立于 2011 年，致力于网页游戏运营与移动游戏的研发及运营，旗下拥有 37 网页游戏平台、37 移动游戏、6711 网页游戏平台等。今年下半年，37 游戏独家代理旗下极光工作室自研的页游《大天使之剑》创造了 60 天流水破 3.2 亿元人民币的纪录，其运营能力可见一斑。作为国内一线页游平台，37 游戏的市场份额仅次于腾讯，而且 2014 年底，公司 60% 的股权作价 19.2 亿元人民币出售给顺荣股份的方案获得通过，也使得 37 游戏未来有更多资金实力进行业务布局。

360 游戏：360 游戏平台是互联网大佬抢滩网页游戏市场的典型代表，2010 年进入市场，目前已成为页游运营平台中的领先者。360 游戏的优势在于其用户规模和平台流量，旗下游戏浏览器、安全软件、搜索等产品的用户基础广泛，自有流量丰富。

百度游戏：百度于 2008 年进入网页游戏市场，凭借搜索引擎的自有流量以及品牌和平台优势，近两年的市场份额有较大提升。随着流量进一步向大平台集中，加之百度在在联运及独代方面的运营经验积累，未来百度游戏将继续保持领先者的地位。

务实者象限典型厂商分析：

4399：4399 成立于 2002 年，作为国内研运一体的老牌网页游戏厂商，在用户规模和平台流量上具有优势。4399 拥有超过千人的研发团队，2013 年末推出的自研页游《七杀》表现出色。但随着页游市场进入成熟期，流量获取成本日益提高，4399 在页游领域的竞争力逐渐被削弱。

YY 游戏：YY 游戏是欢聚时代旗下的页游运营平台，成立于 2010 年，依托 YY 语音、多玩游戏网等欢聚时代旗下产品的玩家基础，YY 游戏在页游运营平台的份额逐步提升。2014 年，YY 游戏发布“欢聚游戏”品牌，宣布进军端游市场，在全行业转型手机游戏的大潮下，不失为其资源变现、占据市场的重要时点。

补缺者象限典型厂商分析：

9377：9377 是广州创思旗下的游戏运营平台，上线于 2011 年，该平台约一半流水依靠自研页游《烈焰》、《赤月传说》等。较强的研发能力使得 9377 平台在保障产品质量、提高用户黏性方面能力较强，未来或将从补缺者进入创新者行列。

创新者象限典型厂商分析：

91wan：云游控股（Forgame）旗下的 91wan 上线于 2007 年，是国内较大的页游发行和运营平台，注册玩家数达 2.2 亿，发行超过 100 款自研及第三方网页游戏，在游戏组合、数据挖掘和精准营销方面具有优势。云游控股于 2013 年 10 月登陆港交所，并将业务重心转向移动游戏领域，使得 2014 年以来 91wan 平台的开服数及流水额都大幅下降。由于 91wan 平台的运营策略并非行业大势所趋的精品化，未来 91wan 平台的市场份额将继续下跌。

移动游戏

中国移动游戏市场在经历了 2013 年爆发式增长的一年之后，迎来一波小高潮，在 2014 年进入高速发展阶段。但市场火热的背后是研发商推广成本的大幅上升，渠道把握着整体市场话语权，厂商竞争日趋激烈，进一步提高了移动游戏的准入门槛。同时，部分厂商也暴露出急功近利、产品同质化现象等一些问题，中小厂商全面洗牌，2014 年是大厂竞争角逐的一年。随着智能手机在中国市场的出货量逐步萎缩，人口红利已经几近枯竭，未来移动游戏将进入产品为王的时代，移动游戏在品质和玩法创新道路上仍然拥有巨大提升空间，整体市场前景依然被看好。

从资本市场角度来看，2014 年依然延续 2013 年资本的市场狂热态势，并购事件超过 20 起，涉及金额远超去年，标的方企业 PE 倍数普遍高达 15 倍左右。

图 89 中国移动游戏产业地图

易观智库将中国移动游戏市场的发展周期分为四个阶段，即探索期、市场启动期、高速发展期和应用成熟期。

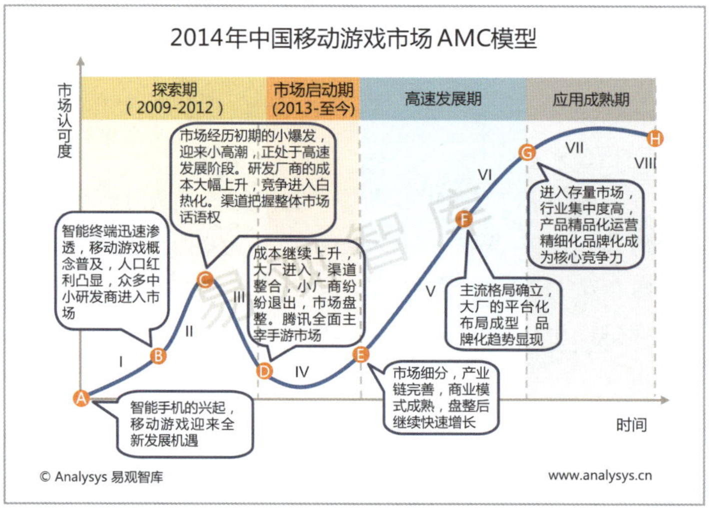

图 90 2014 年中国移动游戏 AMC 模型

对个人用户而言：

移动游戏是移动互联网市场中商业模式最为成熟的产业之一。随着 Wi-Fi、3G 乃至 4G 的普及和智能手机渗透率的提高，用户已经逐渐养成了在手机上玩游戏的习惯。游戏，已经成为在智能手机上启动最为频繁的应用类型之一。以免费增值模式为主导的移动游戏商业模式日渐成熟，加快了游戏在玩家群体中的传播，并间接促成用户后续付费习惯的养成。随着人口红利进一步被发掘，未来中国移动游戏市场规模将进一步走高，整体用户模型由较为核心的重度玩家继续向轻度玩家群体辐射。而对于玩家来说，随着硬件配置不断媲美 PC 和主机，厂商研发迭代速度不断加快，越来越多品质优秀、富有创意的游戏产品推向市场，将进一步满足各个群体对于不同细分类型游戏的需求。

对行业参与者而言：

2014 年移动游戏爆发式的增长，行业同时暴露出许多问题。竞争者过度参与，产品生命周期短，研发周期压缩，厂商试错机会有限，产品同质化现象严重等，共同导致了行业门槛不断提高。这就要求研发厂商必须回到游戏产品本身的创意性和可玩性上来，通过精品化策略才能在激烈的竞争中存活。2015 年对于中国移动游戏行业来说将是大厂厮杀的一年，众多中小企业将面临淘汰，但整体市场仍然拥有巨大的上升空间。

据易观智库研究发现，预计 2015 年的市场规模将达到 412.46 亿元人民币，较上一年度增长 40.5%；2016 年将达 523.65 亿元人民币，较 2015 年增长 27.0%；2017 年市场规模将超过 668.27 亿元人民币，较上一年度增长 27.6%。未来三年，移动游戏市场规模将保持高速增长。

图 91 2015–2017 年中国移动游戏市场规模预测

随着中国移动游戏市场在今年迎来了快速发展，移动游戏平台作为产业链中游戏分发环节的重要参与者，较去年出现了巨大变化。众多行业参与者进入市场，渠道林立、分散现象仍然较为严重，但随着巨头如百度、腾讯、360 在移动互联网布局上的发力，未来渠道寡头化将成为趋势。具体情况如易观智库实力矩阵图形所示：

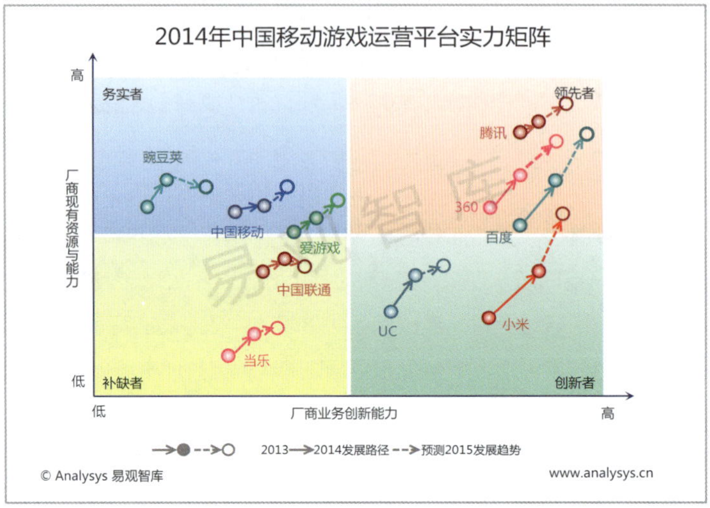

图 92 2014 年中国移动游戏运营平台实力矩阵

领先者象限典型厂商分析：

腾讯游戏：布局移动游戏领域较早，是国内最先进入移动游戏领域的传统客户端游戏企业之一，在移动产品方面的布局也较早，长期以来通过微信、QQ，积累了大量的移动互联网用户。2014 年腾讯移动游戏平台上线进一步巩固了腾讯在移动游戏分发领域的地位，凭借其输出的巨量用户和社交链条，微信为移动游戏未来创造无限的想象空间。

百度：在通过整合 91 和多酷后成立百度移动游戏，迅速占领游戏分发市场份额，从而整体实力晋升行业领先者。目前百度移动游戏除了进行游戏联运业务以外，也在积极布局移动游戏发行业务。未来随着百度移动搜索份额的进一步扩大，由此带来的搜索红利将进一步扩大百度在游戏分发能力方面的领先优势。

360：通过 360 手机助手成功成为安卓移动游戏分发渠道中最重要的市场参与者之一，在工具类产品中快速抢占了大量的市场份额，产品覆盖率、转化率均处于行业领先地位，随着渠道寡头化趋势日益加剧，360 手机助手的商业价值将进一步凸显，手机游戏方面业务将进一步快速增长，成为 360 未来营收增长的重点。

务实者象限典型厂商分析：

中国移动：在功能机时代，因为其平台的用户规模，稳定的支付渠道获得了长足的进步，平台上也聚焦了大量的 SP、CP 资源，而在智能手机时代，移动互联网开始了爆发式增长，运营商渠道的优势在减小，而移动支付的进一步发展又解决了用户的付费问题，互联网化的移动游戏平台对运营商平台产生了巨大的冲击。

创新者象限典型厂商分析：

小米：近几年来最成功的互联网公司之一，其硬件 + 软件的模式与苹果模式具有一定相似性。小米作为一家做硬件的互联网公司，以用户至上的产品理念获得市场认同，加之其出色的营销能力，使其拥有巨量忠实粉丝。小米应用商店因此也成为安卓手机厂商中运营最为成功的官方市场。

补缺者象限典型厂商分析：

当乐：自 2004 年成立起，一直专注于中重度手机游戏下载与运营，成立十年来见证了中国手机游戏从冷到热的巨大转变，也积累了一大批高质量手机游戏用户。截至到 2014 年 10 月，当乐已有超过 1.5 亿注册用户，月启动游戏的数字达到 154.7 次，一个用户每天打开游戏在 5 次以上，与各主流平台的平均值相比，当乐平台用户高了近一倍以上，属于高质量中重度用户。

基础应用与服务

在基础应用与服务当中，较为明显的特征是在 PC 时代教育用户的使用习惯，但是用户以及更大的商业价值发生在移动端，因此在下述章节当中我们会着重描述移动端的基础应用与服务。其中搜索服务较为特殊，它在移动端以及在 PC 端所产生的影响都较为巨大，因此首先对全网的搜索应用展开论述。

搜索

中国搜索引擎市场发展至今，产业链基本成熟，可以看到，拥有 SEM 技术优势的竞价广告代理商，在产业链中的地位将会不断提高，而搜索引擎联盟网站在调动中小网站和中小广告主的长尾市场中扮演了重要的角色。

搜索引擎代理商，位于搜索引擎运营商与企业广告主之间，其主要作用体现在：其一，向搜索引擎运营商无法直接接触到的企业客户进行竞价广告的销售工作，主要针对二、三线城市的广告主；其二，承担一部分搜索引擎广告的售后服务工作。

搜索引擎联盟是网络广告联盟当中的一种形式，指的是以搜索引擎运营商为核心的网站联盟体系。搜索引擎有产品及联盟，联盟既为其他厂商进行联盟营销推广，而同时也在其他网络联盟推广自己产品及服务的网络联盟。目前，国内的搜索引擎联盟主要包括有百度联盟、谷歌联盟（即 Google AdSense）等。

图 93　中国移动搜索产业地图

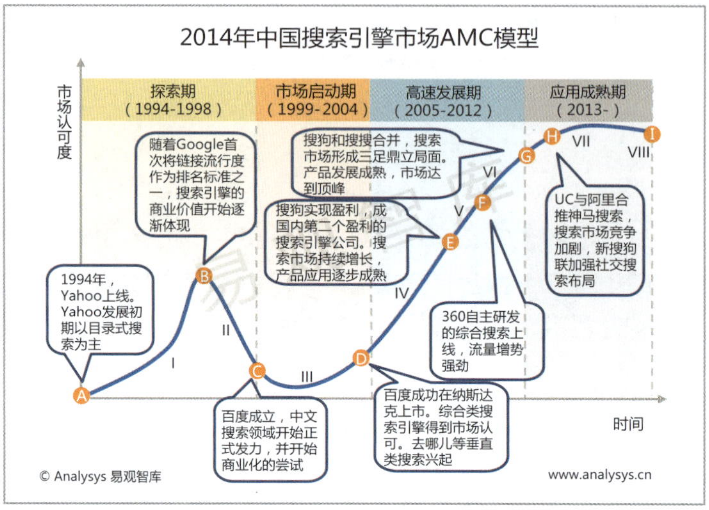

图 94 2014 年中国搜索引擎市场 AMC 模型

探索期（1994-1998）

与海外市场相比，中国搜索引擎市场起步较晚，市场前期是以海外的搜索引擎服务提供商提供的中文搜索服务为主，并未实现大规模的发展。

市场启动期（1999-2004）

1999 年百度的成立标志着中文搜索领域开始正式发力。2003 年，搜索技术服务推广至各大门户，中国搜索引擎市场的主要搜索服务商呈现出百度、Google、与 Yahoo 三足鼎立的局面。

高速发展期（2005-2012）

2005 年，百度成功在纳斯达克上市。综合类搜索引擎的市场规模不断壮大，得到市场认可。同年，去哪儿网上线，致力于为中国旅游消费者提供全面、准确的旅游信息服务，标志着垂直类搜索的兴起。

这一阶段，推动产业和企业发展的关键因素开始转为用户需求推动。领先企业的业务创新和扩展更加注重用户需求，通过对个人用户和潜在细分市场需求的充分挖掘进行产品创新和产品完善。搜索引擎向垂直、细分方向拓展，搜索服务水平有了进一步提升。

应用成熟期（2013-）

时至 2013 年，中国搜索引擎市场进入应用成熟期。随着互联网信息的爆发式增长，用户搜索需求明显增加，搜索引擎在互联网产业中的渗透比例逐步提高，搜索引擎平台的媒体价值不断被广告主所认可，行业的高景气度导致参与主体逐渐增多。目前，中国搜索引擎市场中百度仍占据主要份额，谷歌中国由于服务器迁至香港，使得中国大陆市场竞争力下降。搜狗、腾讯搜搜凭借社区和客户端优势发力搜索业务，占据一定的市场份额。2013 年，搜狗和搜搜的合并，将加强搜狗在移动端的布局。360 作为市场新秀，自 2012 上线以来，迅速占领了一定市场流量份额，但在市场变现方面，仍处于起步阶段。

步入 2014 年，中国搜索引擎市场进一步成熟，但同时在移动市场发展加快，市场的参与者也面临着不同程度的机遇与挑战。一方面，移动搜索的商业化方面，百度进程遥遥领先，在移动入口日益丰富的情况下，移动端搜索引擎服务商的流量格局也与PC端大不相同，主要表现在360搜索的PC端浏览器入口优势被弱化，

UC 与阿里推出的神马搜索凭借同样的模式得以深化发展，同时，以宜搜等为代表的移动搜索，凭借在运营商方面的资源优势，迎来新的发展机遇。

根据易观智库的监测，2014 年中国搜索市场再次迎来较为高速的发展，预计 2014 年搜索引擎市场规模达到 571.4 亿元人民币，至 2017 年，搜索引擎市场规模将达到 1160 亿元人民币。

图 95 2015–2017 年中国搜索引擎市场规模预测

易观智库分析认为，2014 年搜索引擎市场在经过流量大幅向移动端迁移的过程中，商业化亦实现了较为强势的表现，从而带动了整体搜索市场的规模化增长。例如，百度移动端流量占比已经达到自身所有流量占比的 50%，移动端营收占比达到了整体收入的 3 成以上，移动搜索自此爆发。同时，如搜狗、360 等，移动端的流量占比也均达到了 30% 左右，2014 年尚未带来营收方面的规模化贡献，2015 年发展值得期待。

根据易观智库对 2013–2015 年中国搜索引擎 & 无线搜索市场厂商在实力矩阵中所处的位置以及执行能力和创新能力的变化情况作如下解读：

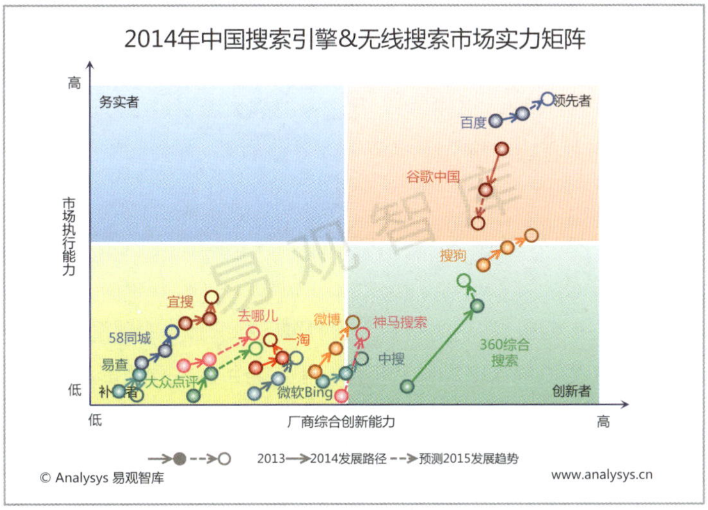

图 96 2014 年中国搜索引擎 & 无线搜索市场实力矩阵

领先者象限典型厂商分析：

百度：百度凭借率先的市场布局，领跑中国搜索引擎市场的发展。百度凭借全网业务布局，无论在 PC 端还是移动端均保持领先的位置。2014 年，百度抓住移动端的发展机遇，一方面，百度凭借率先的移动端独立搜索产品的布局，保证了在移动端的用户规模覆盖；另一方面，百度率先启动移动商业化的业务布局，在移动端的收入占比接近自身总收入的 4 成。百度作为中国搜索引擎市场的开拓者，在技术、数据、产品方面都有强大的核心竞争力，尤其是百度进一步整合旗下多款产品和应用，有效地提升了用户体验。2014 年百度推出的直达号营销服务，更是深化其商业模式的表现。

谷歌中国：在经历中国本地化产品和服务团队的流失后，谷歌中国在中国搜索市场的发展日益艰难，其在中国内的市场份额不断下降，用户体验受到严重影响。但在中国企业在海外市场的推广力度加大的大环境下，谷歌中国仍是最重要的渠道之一，因此营收表现方面仍具有较强优势。随着移动搜索市场的爆发，未来谷歌中国或将通过布局安卓市场来曲线布局，迎来发展转折。

创新者象限典型厂商分析：

搜狗：在经过一年的整合后，搜搜和搜狗的协同效应显现。新搜狗在整合搜狐和腾讯的各产品、服务的流量渠道后，其用户规模和营收实现了稳定的增长。同时，2014 年基于腾讯突出的社交产品及数据，新搜狗在社交搜索服务方面进行战略布局，形成独有的差异化优势，未来，基于独有的社交数据和入口，将给新搜狗带来更为有利的发展空间。2014 年在移动搜索方面，新搜狗尚处于产品和服务的逐渐优化阶段，以提升用户体验为核心，未来，随着产品 / 服务以及渠道的布局日益完善，商业化也将全面展开。

360 综合搜索（好搜）：自 2012 年奇虎 360 进入搜索市场以来，凭借平台和渠道优势取得了可观的流量表现，在营收表现上也实现了稳定增长。目前，360 综合搜索的流量仍由浏览器、360 安全等产品贡献，基于用户主动搜索的占比仍需不断加强，用户的品牌认知及习惯的养成仍需不断地教育。因此，2014 年，在移动搜索的快速发展下，因 360 产品及平台在移动端的优势并不如 PC 端强势，360 综合搜索在移动端的表现尚需不断加强，寻找突围的关键点，保证在搜索市场的长远发展。

补缺者象限典型厂商分析：

微软 Bing：在谷歌中国业务日益受到影响的情况下，微软 Bing 及时以满足中国用户的英文搜索需求入手，转化了部分谷歌中国的用户。微软凭借 Windows PC 端和手机端产品和操作系统的布局，保持了稳定的流量份额。2014 年，微软 Bing 推出了语音搜索产品“小冰”，同时，开始将 Bing 搜索技术整合至 Office 办公软件中，凭借 Office 产品的极强普及率，将成为 Bing 未来的强大流量供给。但是受限于用户的品牌认知低的限制，在用户规模和收入规模方面、尚待突破。

移动社交

中国移动社交市场产业链由广告主、移动社交平台、内容提供商、技术服务商、第三方提供商、移动运营商、终端厂商和用户等组成。广告主通过广告交易平台和社会化广告平台将营销资源释放到移动社交平台，主要以文字链、图片、视频等展现形式呈现给用户。移动社交平台通过为用户提供移动社交服务，在整个产业链中处于核心地位。移动社交平台负责整合各方资源，吸引用户使用产品。在用户形成一定规模并对产品产生黏性的时候，提供增值服务作为盈利来源之一。除了自身功能开发外，内容提供商也为移动社交平台提供新闻资讯、游戏、视频等内容，丰富平台的资源。技术服务商为移动社交平台提供如网络开发、远程数据库等技术服务，作为平台的基层支撑。第三方 APP 和合作站点主要以用户为基础作为平台的扩展运营平台而存在。电信运营商在产业链中主要负责提供基础设施和收费网关等功能以收取相应的流量费用。

图 97　中国移动社交产业地图

中国网络社交是互联网社会化时代的典型产物，也是互联网服务提供商与用户身份发生变化的典型代表产品。整体而言，中国网络社交的发展主要经历了如下阶段：在互联网发展早期，主要以论坛 BBS 形式为主，这阶段的主要特征是内容为王；而随着以 MSN、QQ 为代表的即时通讯应用的出现，使用户开始习惯使用网络渠道沟通交流，真正建立起网络化社会关系。随后博客、微博等社交媒体争相涌现，通过文字、图片、视频分享等多样化的形式、不同的定位功能满足不同人群的社交需要，分享沟通交流成为此阶段的主要特征。同时，自 2003 年起，随着移动互联网的不断快速发展，促进了传统的社交通讯模式向移动端的迁徙，移动社交即时通讯市场出现。在此过程中，针对不同人群、不同功能模式，出现以微信、陌陌、YY 为代表的产品，基于社交关系、垂直需求挖掘等优势获得市场空间。易观智库分析认为，目前移动社交即时通讯市场已进入高速发展阶段，发展历程具体分析如下：

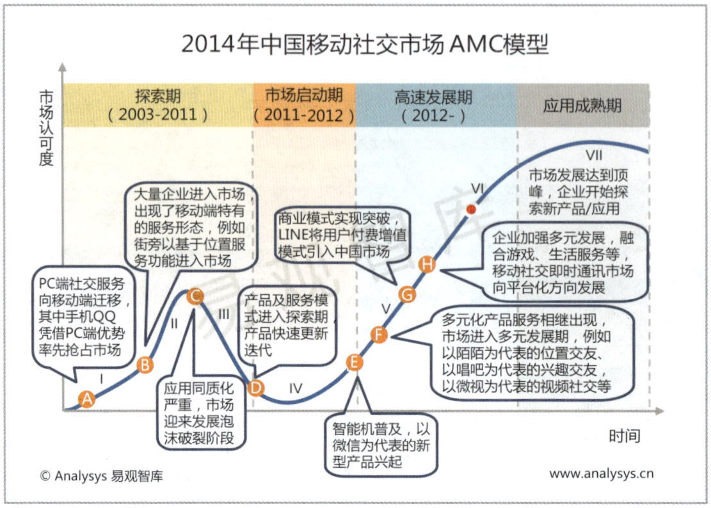

图 98 2014 年中国移动社交市场 AMC 模型

探索期（2003-2011）：

移动社交通讯市场出现，厂商大量进入，淘汰频繁，商业模式不清晰，在大量的同质化发展下，使众多移动社交通讯应用大量退出，市场进入去泡沫化阶段。

市场启动期（2011-2012）：

在大量的移动社交即时通讯软件开始退出，市场开始进入新产品和服务的探索期，社交与通讯并重的模式正式出现，移动社交即时通讯成为了移动用户的刚性需求，在此阶段，经过一轮洗牌淘汰，主流厂商确定，并保持了长远的发展能力。

高速发展期（2012-）：

自 2012 年起，在用户偏好多样化、产品功能逐渐丰富的情况下，市场进入高速发展阶段，各企业加强构建自身行业竞争壁垒，市场进入门槛逐渐增高，同时出现较为清晰的商业模式。值得注意的是，产品在差异化上也进行了更多的拓展，以陌陌为代表的陌生交友产品兴起，并凭借其突出的位置精准度，独特的地理位置群组、附近活动等功能受到用户广泛欢迎，成为中国位置交友的首家用户规模过亿产品，变革了移动社交位置服务市场，真正开启了基于地理位置服务的社交化通讯服务时代；以唱吧为代表的兴趣交友兴起，各种基于用户兴趣的社交应用层出不穷；以微视为代表的视频交友，则是以新的交流方式为切入点进入用户视野。此阶段市场在商业模式上探索成效显现，通过增值服务、游戏、广告等进行营利的模式，逐渐为用户、市场接受。

2014 年移动社交网络呈现出“一超多强”的格局，微信仍然占据龙头地位，以高度的用户惯性保留了大部分流量，但内容的同质化、中国网民社交需求的多元化以及用户期望值渐高导致微信一飞冲天的局势开始降温，用户的部分注意力流向其他垂直细分领域，异质化社交突起，基于人群的闺蜜社交、同志社交、美女社交、陌生人社交、学生社交，基于场景的夜店社交、约会社交，基于兴趣的绘画社交、游戏社交、美食社交、匿名社交等产品在今年都有一定的进展。特别是陌陌的上市激励了垂直社交市场的信心，也将刺激垂直社交集体发力，产品更为丰富，市场逐渐走向成熟。

应用成熟期：

移动社交即时通讯市场发展达到顶峰，市场上的产业链已经成熟，各个环节分工明确。企业开始探索新产品 / 应用，同时，在商业模式上开始寻求新的突破。根据易观智库用户雷达监测数据显示，截至到 2014 年 12 月，中国移动社交市场月度活跃用户约达 4.7 亿人，环比增长率约为 0.1%。

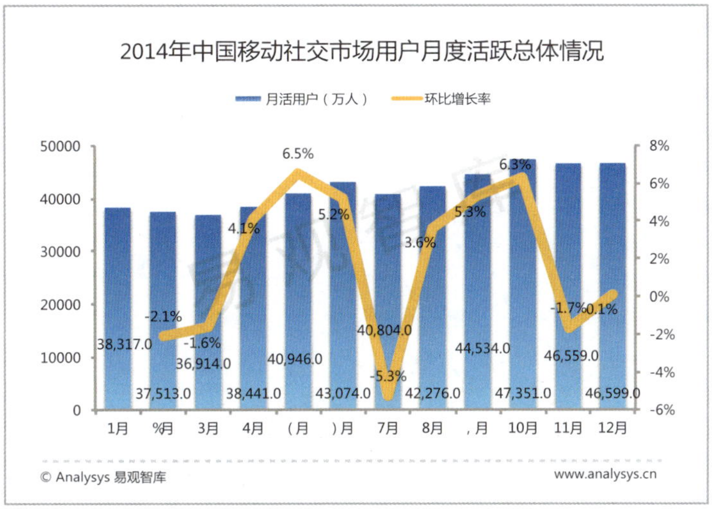

2014 年中国移动社交市场用户月度活跃总体情况

根据易观智库监测数据显示，2014 年中国移动社交市场用户规模达到 6.3 亿人，较 2013 年增长 12.3%，预计 2017 年达到 7.8 亿人。

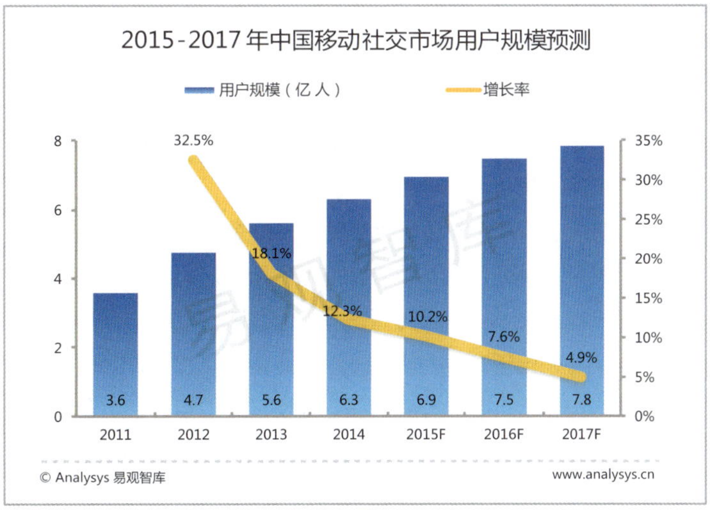

图 100 2015-2017 年中国移动社交市场用户规模预测

易观智库研究认为，中国移动社交市场未来的发展趋势有以下几点：第一，电信运营商创新在即，资源打通可成方向；第二，垂直社交产品多样化，异质化社交趋势形成；第三，互融互通或成可能发展方向；第四，位置服务功能将带动移动社交应用延展更多 O2O 使用场景；第五，移动社交平台的安全问题将越来越被行业重视，相应地，需要在这方面制定全面的通讯政策。

易观智库研究认为，从产业发展周期看，在移动社交市场高速成长阶段，选取收入规模和用户规模描述厂商的综合执行力。收入规模是移动社交平台综合素质的基本测度指标，用户规模是移动社交网络平台稳定发展的基础，并在一定意义上受到应用开启次数这一黏性指标影响。而就厂商业务创新能力而言，移动社交平台的商业模式探索和产品创新以及市场营销能力成为判断其未来成长能力的重要指标。

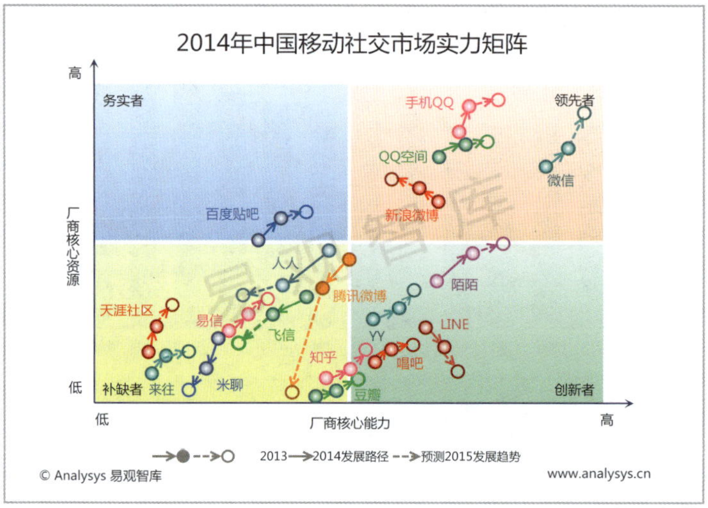

图 101 2014 年中国移动社交市场实力矩阵

领先者象限典型厂商分析：

微信：2014 年微信丰富完善其产品创新，推出短视频分享、摇一摇实时参与、微信内信息查找以及微信支付等功能，加强用户互动和生活便利性，未来可能会成为腾讯的中心产品。2014 年微信在国内的地位更为稳固，但国际化程度不及 WhatsAPP 和 LINE，目前已在 15 个不同海外市场进行了相关广告投放，未来想要进一步发展的话，海外市场就是其最难突破的瓶颈。

手机 QQ：依托于其庞大的用户规模，在移动社交领域依然保持领先地位，依靠“附件的群”功能受欢迎程度上升以及手机 QQ 钱包的用户群增加，手机 QQ 依然保持良好的活跃状态。

新浪微博：微博活跃用户仍然保持较好的同比增速，主要来自于二、三线活跃用户增长。2014 年，微博的商业化程度高速发展，特别是来自移动端的收入贡献已达 44%，主要原因是：一、微博在二、三线城市的市场活动推广力度加大；二、与电视节目合作，增强与电视观众的互动性；三、改进了广告产品的形式，包括展示型广告、效果性广告以及移动广告，同时与阿里巴巴在汽车、电影等垂直领域加强合作开发，进一步开拓了市场空间。

QQ 空间：作为腾讯开放平台体系的重要阵地，QQ 空间月活跃账户增速不及 QQ 和微信。坐拥庞大的用户规模，QQ 空间在移动端着重强化移动特性，并完善了基于移动化社交化的一系列社区内容，移动营销效果初现。QQ 空间在社会化媒体营销的商业化方面经验丰富，作为强关系的熟人社交平台，用户之间的相互影响力较高，基于大数据的精准营销一旦赢得用户响应，将扩大辐射用户的范围。未来随着微信的威胁，可能面临用户流失、活跃度降低及原创内容少的风险。

务实者象限典型厂商分析：

百度贴吧：传统的论坛模式为百度贴吧赢得稳定的用户基础，同时也实现了用户移动端转移。作为典型的 UGC 平台，百度贴吧基于共同话题聚合的社群，在话题制造和搜索热点方面都有很强的影响力。不仅丰富了百度的账号体系，更重要的是积累了大量的数据，帮助百度建立用户的兴趣图谱，构建庞大的百度生态体系，有利于进行粉丝营销，形成社群经济。但就目前而言，百度贴吧移动端核心内容少且难于管理，维护高度活跃的自有社区难度较大。

创新者象限典型厂商分析：

陌陌：陌陌在 2014 年保持高速的增长态势，主要原因在于其创新的产品功能，围绕陌生人交友而设计的群组、留言板、陌陌吧、附近活动等功能带动活跃的社区氛围，有效提升了用户的参与度。相比微信、微博等其他社交类产品，陌陌具有鲜明的独特性和不可替代性，未来发展的最大阻碍因素在于自身团队建设，取决于产品创新能力和对用户需求的把控能力。盈利方面，用户数量增长及活跃度的提高带动会员数量大幅增长，同时也促进游戏变现，未来还在开拓诸如“到店通”等新型商业产品，试图获取营销收入，但目前处于早期，盈利尚不确定。

YY 语音：以便捷的语音聊天服务被用户所知，从工具演变为平台，并进行多元市场的开拓，娱乐、在线游戏和在线教育均设专门的业务线，经过多年的发展拥有一大批稳定增长且相对固定的用户。但是商业模式并非广告赢利，而是依靠其他增值服务获得收入，这种创新的模式成功与否尚不确定。

唱吧：以互联网思维突击 KTV 市场，通过垂直领域的创新深耕，以其低门槛和高质量的内容生产方式迅速积累一定用户量。商业模式方面，虽然通过虚拟道具、手机游戏、广告、会员等形式实现了商业化，但是单一的唱歌功能无法形成规模化的延伸价值，未来在娱乐化、社区化方向还要深入开拓。

补缺者象限典型厂商分析：

人人网：2014 年人人网的整体用户规模和盈利能力都出现一定下滑，虽然公司今年注重产品创新，推出匿名真心话分享平台“哔哔”、社交互动问答游戏“么么答”以及分期购物的人人分期，但并未引发明显的用户拥护。人人网在移动社交方面着重强调“学生群体”，但其移动端起步较晚，在用户需求和产品体验方面深挖不足，导致用户流失率较大，未来成长空间有限。

易信：2014 年易信新增免费通话功能，并率先布局可穿戴应用领域，创新开拓由智能手机迈向可穿戴设备的沟通方式，同时未来还将进一步扩展渠道力量，整合深挖更多跨运营商的通讯服务。然而移动通信社交产品同质化严重，易信目前没有足够的产品优势抵消用户社交关系转移成本。

知乎：作为知识型社交问答网站，通过高质量可沉淀有价值的信息与人关联起来，其产品导向意味着用户决定平台上的内容偏好。移植于硅谷创新产品 Quora 进军互联网小众市场，经营高质量内容及高素质用户的理念，知乎定位于高端用户、输出优质内容，以开放的编辑模式形成用户自生成内容，并使用独特的筛选机制控制内容质量，优质的平台资源保证了用户的聚集。营销方面，知乎注意对优质内容的整编传播，一些科技、互联网的内容被科技媒体在微博、微信发表，甚至使用众筹模式联合出版人推出图书，不仅激发了用户参与的主动性，同时也带动自身走向商业化的市场层面。但高端的特性代表其受到小众市场影响力的限制，优质资源和高端用户的稀缺也是知乎面临的重大挑战，未来知乎要获得持续发展不仅需要关注用户体量，同时还需要保持社区的独特性和秩序。

手机浏览器

手机浏览器是一种用户在手机终端上通过通信网络进行内容浏览的移动互联网工具。其最主要的应用为网页浏览，同时也可以聚集大量的应用，如导航、社区、多媒体影音、天气、股市等，为用户提供全方位的互联网服务。目前手机浏览器按安装模式可分为手机内置浏览器（例如 IE 浏览器、苹果 Safari）和第三方手机浏览器（例如手机 QQ 浏览器、UC 浏览器）。

手机浏览器目前被厂商定位为平台级产品，并借此加强手机浏览器的入口能力和用户黏性。因此在手机浏览器中，各家产品主要比拼的是对内容资源整合的能力和提升用户体验的服务。用户体验一方面源于技术优化，取决于浏览器的内核和产品设计；另一方面取决于内容资源的品质和精准性。这也使内容提供商成了浏览器厂商重要的合作伙伴。

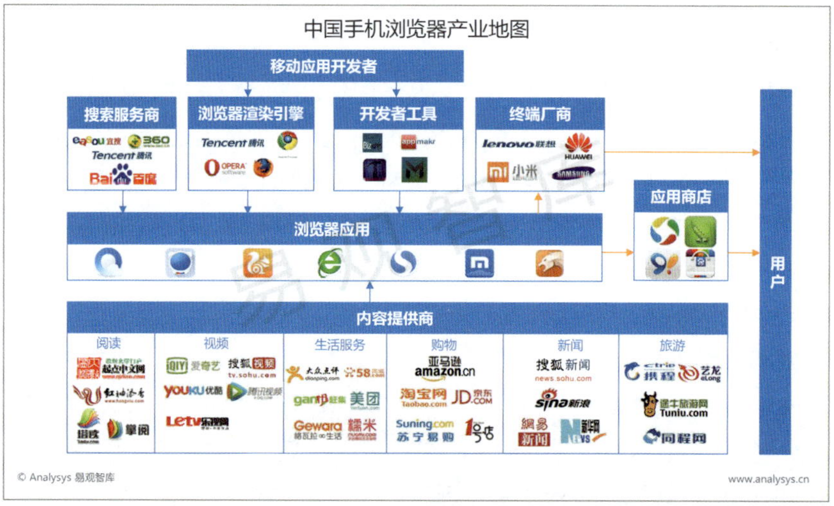

图 102 中国手机浏览器产业地图

手机浏览器作为移动互联网第一用户入口，已经成为用户一站式的应用平台，平台化的趋势发展正在加速形成。易观智库分析认为，目前第三方手机浏览器市场已经进入产业成熟期，市场格局基本稳定，未来市场的增长势能将会衰减，市场参与者普遍都在围绕着内容资源展开竞争。

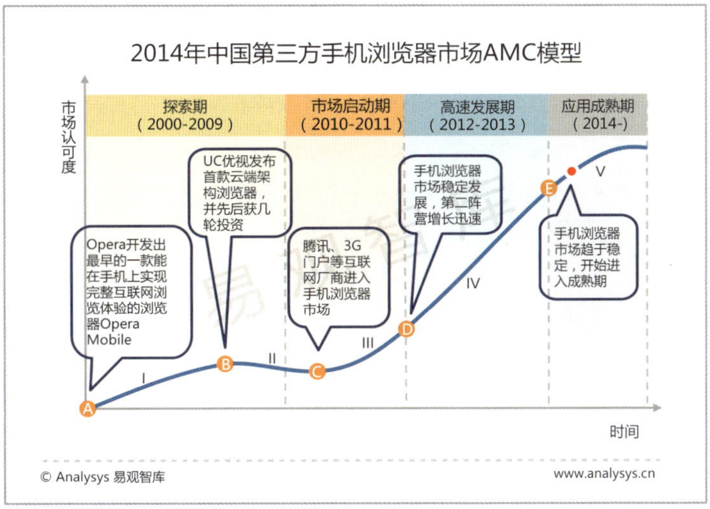

图 103 2014 年中国第三方手机浏览器市场 AMC 模型

探索期（2000-2009）

2000 年，中国手机浏览器市场处于市场探索初期，以 Opera 和 UC 为代表的厂商发布手机浏览器产品，进入手机浏览器市场。当时的移动网络以 2G 为主，带宽低资费高，智能手机系统以塞班为主，终端性能较低，UC 浏览器以节省流量、运行速度为核心竞争力，短时间内积累了大量用户，迅速成为市场的霸主。在探索期，手机浏览器厂商采用面向用户免费的策略，以此抢占用户市场，这个时期主要竞争的焦点在于争夺用户，商业模式并不清晰。

市场启动期（2010-2011）

2010 年和 2011 年，随着 3G 网络和 Android 手机的逐渐普及，手机浏览器成为了应用、游戏、内容分发的入口级应用，众多互联网厂商加入到市场竞争中来，如腾讯旗下的 QQ 浏览器加强了其在手机浏览器市场的资源投入，迅速扩大用户规模占领市场，打破了 UC 一家独大的市场格局，市场向多元化发展。

市场启动期，厂商除了继续跑马圈地之外，也开始商业模式的探索，试图构建基于浏览器入口的生态体系。例如，建立基于手机浏览器的游戏运营平台以及应用分发平台；基于二维码的 O2O 商业模式探索；基于浏览器的移动支付等。

高速发展期（2012-2013）

2012 年到 2013 年，手机浏览器市场竞争愈加激烈，进入高速发展期，手机浏览器用户达到一定规模，用户黏性逐步养成。这个时期，市场格局再次生变，以手机 QQ 浏览器和百度手机浏览器为代表的互联网巨头厂商开始发力手机浏览器市场以争夺移动互联网入口，并取得了不错的成绩，尤其 QQ 浏览器的市场规模已超越 UC，成为了手机浏览器市场新的领军者。

同时，处于高速发展期的手机浏览器市场商业模式逐渐清晰，主要的商业模式有游戏、广告和搜索，通过联合运营手机游戏获取高额的利润；同时，广告也成为手机浏览器的重要收入来源之一；通过搜索，手机浏览器为搜索引擎带来流量，以获取利润。

应用成熟期（2014-）

2014 年，手机浏览器市场将进入应用成熟期，市场格局将相对稳定，用户规模持续增长，但随着市场渗透率的逐步提高，用户增速将逐渐放缓。

随着众多原生 APP 的不断普及，其实现的功能几乎可以覆盖网民的各种需求，因此挤压了手机浏览器的市场空间，由于其入口地位被超级 APP 削弱，使得各手机浏览器厂商不得不开始重视浏览器内容的搭建，以此来吸引用户。在产品功能性方面，纷纷将主流应用，如阅读、视频等功能加载到浏览器中，阅读、视频等功能可以有效提升用户在线时长和使用黏性、提升活跃用户规模。同时，浏览器所包含的服务还与企业自有业务形成强相关，例如 UC 浏览器就借助浏览器入口的特性将电商服务接入，并且在年内“双十一”期间做了优惠促销活动，将用户引导至浏览器上。浏览器产品目前正在强化平台属性，将内容服务、娱乐服务、生活服务全部融于一体，未来平台化趋势将更为明显。

另外，随着 4G 网络的发展，用户的移动上网环境也将逐步改善。在内容服务上，各家浏览器厂商将基于对用户浏览行为的数据进行大数据分析，并为用户推送更为精准的内容来匹配用户的需求。未来围绕浏览器展开的内容竞争将更为明显，对厂商的内容整合能力形成极大的考验。

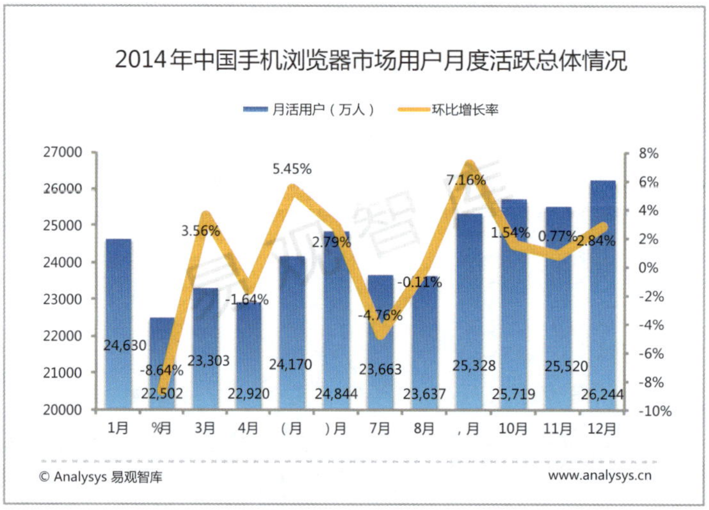

图 104 2014 年中国手机浏览器市场用户月度活跃总体情况

基于易观智库中国数字消费用户雷达监测数据显示，2014 年中国手机浏览器市场月度活跃用户数已突破 26244 万人。

易观智库分析认为，在 2015 年中国第三方手机浏览器市场将呈现以下趋势：

1. 产品竞争将围绕内容资源展开，平台化趋势发展进入白热化

由于手机浏览器具备移动互联网入口级地位，为了更好地利用其流量分发的能力，平台化的发展呈现必然趋势。同时厂商为了维持手机浏览器产品的用户黏性，分别增加了阅读、视频等内容来保证用户留存率。预计浏览器厂商未来将更加专注于经营内容服务，增加用户在线时长，为用户带来更全面、完善的资源。

2. WEB APP 进一步完善，企业借助大数据分析来提升用户体验

随着 HTML5 技术的成熟，未来 WEB APP 本地调用能力将得到提升与完善。WEB APP 的优势在于能够为用户提供优化后的使用界面，减少用户流量和增强浏览体验，提升用户满意度。同时还可以通过点击链接

的形式在 WEB APP 之间快速切换。这一点体现出了手机浏览器中心化的发展趋势。同时，利用大数据可以做推送服务的精准定位，更好地匹配用户需求。预计大数据的应用将会成为未来平台级浏览器业务发展的核心支撑。

根据易观智库发布的数据显示，2014 年中国第三方手机浏览器用户覆盖数为 4.6 亿人，同比 2013 年上涨 21.1%。预计到 2017 年整体用户规模将达到 6.2 亿人。

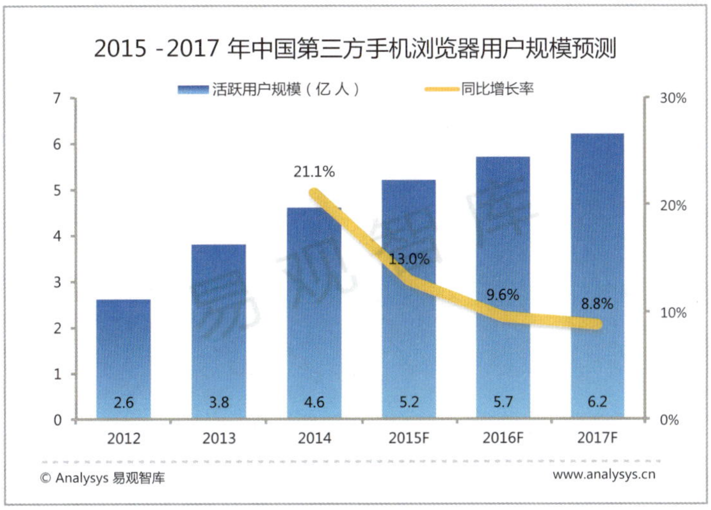

图 105 2015-2017 年中国第三方手机浏览器用户规模预测

关键影响因素分析 – 促进因素：

1. 移动互联网用户及智能终端的发展

移动互联网用户及手机终端的发展是所有移动互联网应用发展的基础。中国智能手机进入市场成熟期，市场增速减缓，这也会相应的影响到第三方手机浏览器市场的用户规模。

2. 手机浏览器的 WEB 端体验

移动 APP 的用户体验是其发展进入成熟期后最容易影响用户留存率的一个因素。随着应用开发技术的发展，手机浏览器能够为用户带来更好的用户体验。另外大数据的发展也会增加用户的体验。

3. 网页应用的发展

移动互联网内容的逐渐增多，特别是原有 WEB 网页资源的进一步开放，使得移动互联网用户可获取的信息内容量得到快速提升，内容量的增加使得用户需要借助更专业的手机浏览器应用软件。

随着 HTML5 从技术变成标准逐步成为现实，WEB APP 本地调用能力将得到提高和完善。这也使手机浏览器具备了“中心化”的特性，使手机浏览器成为了平台级的应用。

关键影响因素分析 – 阻碍因素：

1. 原生 APP 的应用

目前，移动互联网市场手机客户端应用成为推动移动互联网发展的重要作用力之一。就现阶段来看，原生 APP 的发展，正在削弱手机浏览器的入口地位，而且在用户体验方面会做得更好。未来，手机客户端 APP 的应用将成为影响浏览器发展的重要因素。

2. 系统及终端自带手机浏览器的发展威胁

随着智能操作平台的普及以及移动互联网用户对于移动互联网应用及内容的逐渐熟悉，手机浏览器的竞争将越来越多地集中于网络浏览的应用体验上，由于系统及终端自带的浏览器应用都有较高的硬件适配度以及较好的操作体验，未来系统及终端自带的手机浏览器应用将影响第三方手机浏览器的发展。

由于产业发展成熟，竞争格局相对稳定，易观智库通过实力矩阵对 2014 年中国第三方手机浏览器市场竞争态势做如下解读：

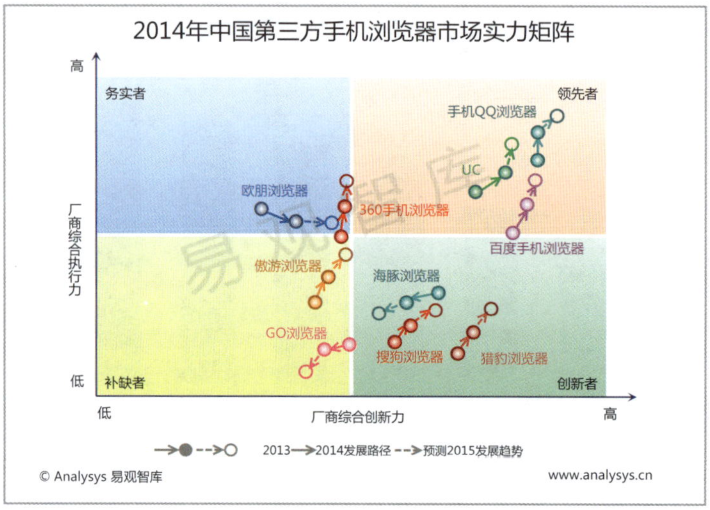

图 106 2014 年中国第三方手机浏览器市场实力矩阵

领先者象限典型厂商分析：

手机浏览器领先者阵营成了互联网巨头 BAT 三家企业竞争的主要市场。QQ 浏览器活跃用户覆盖率在 2014 年跃居第一位；UC 浏览器深度整合阿里资源，在“双十一”期间利用手机浏览器做天猫促销；百度手机浏览器瞄准浏览器入口，在推出百度“直达号”后浏览器平台化内容进一步丰富。预计三者都将借助大数据分析来提升自有服务的精准性，以提升产品用户体验，而且三家企业在内容整合方面的能力相当，所以用户体验成为了它们真正比拼的焦点。未来整体手机浏览器市场份额将进一步向领先者行列的产品倾斜。

务实者象限典型厂商分析：

欧朋浏览器在市场中有着较大的活跃用户覆盖率，但是从内容整合方面来看欧朋浏览器所具备的资源与 BAT 相比仍处于劣势，而且其平台化能力表现不足。360 浏览器虽然拥有 360 系的资源，但是在 2014 年整体表现平平，市场份额上升更多的是依靠 360 系其他产品带动发展。在第三方内容资源和整合能力方面 360 表现不足。

创新者象限典型厂商分析：

海豚浏览器虽然在用户体验方面有一定的优势，但是由于其资源整合能力和第三方内容资源有限，限制了其产品的进一步创新，同时也导致其平台化发展将会面临很大考验。猎豹浏览器和搜狗浏览器依靠其企业优势，在第三方内容整合方面有一定的优势，同时还能够配合用户需求推出特殊的功能：例如春运抢票。但是由于受到 BAT 三家企业的影响，活跃用户覆盖率难以快速提升。

补缺者象限典型厂商分析：

傲游浏览器依靠其在 PC 端的品牌优势和技术实力，在市场执行力方面有一定的优势。GO 浏览器是久邦数码旗下产品，久邦 2013 年在美国上市后，其产品更偏向于海外市场，整合的资源也以海外资源居多，因此对于国内用户而言并不能带来很好的用户体验，在激烈的市场竞争下难以保证很好的市场份额。

位置服务

位置服务（LBS，Location Based Services）是指在电子地图平台的支持下，向大众或行业用户提供的与位置相关的诸如定位、路径查询、地图查询的各种服务。目前较为普遍的面向大众的位置服务包括以下三类：自导航服务、移动位置服务、互联网地图服务。基于位置服务市场蕴藏了巨大的商机，产业链中的众多参与者都积极投入其中，大力推进位置服务以及应用，主要包括手机导航、位置交友、智能汽车、智能救助、智能交通、智能医疗定位和物流监控。

位置服务产业链构成的移动位置服务是移动增值业务中最具吸引力的业务，同时也是产业链合作环节中最为复杂的业务之一。总体来看，位置服务产业链由移动运营商、移动位置服务提供商、终端厂商、GIS 开发商、应用提供商到下游的移动终端商和 O2O 商家等多个环节组成。在位置服务产业合作中，移动位置服务提供商和移动运营商提供支持与服务：移动运营商向移动位置服务提供商提供入网接口，而移动位置服务提供商则通过移动运营商平台为用户提供导航定位服务。随着产业链整合的趋势日益明显，移动运营商开始呈现向位置服务提供商转型的趋势；从应用产品还可以看出移动位置服务与社交网络、O2O 的逐渐融合。

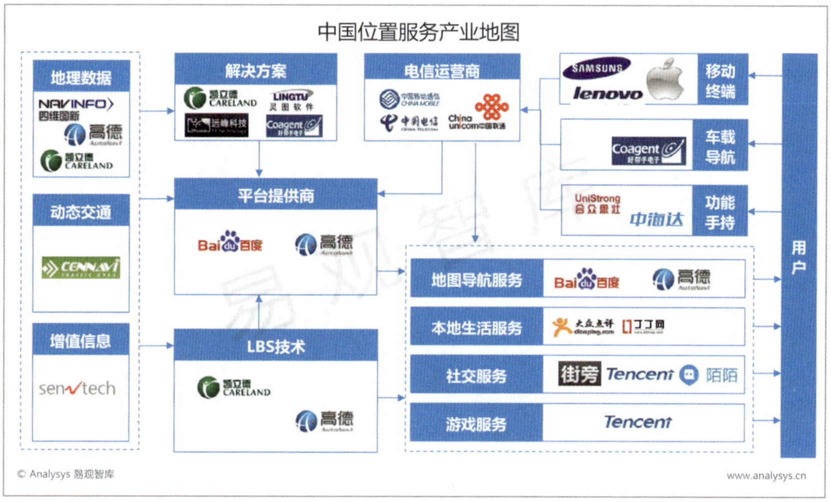

图 107 中国位置服务产业地图

国内主要的位置服务提供商包括移动运营商中国移动、移动位置服务提供商高德和平台提供商百度等。依托于在 4G 网络进行移动互联网建设、运营的优势，中国移动在移动位置服务运营商领域具有一定的竞争优势。处于国内位置服务领先地位的移动位置服务提供商高德软件在国内数字地图内容、导航软件研发以及提供位置服务解决方案等领域具有较强优势。百度作为中国电子地图领先者，不但积累了大量的普通用户，还同时为许多开发者提供开放平台服务，让开发者能够方便地调用百度地图进行应用开发。

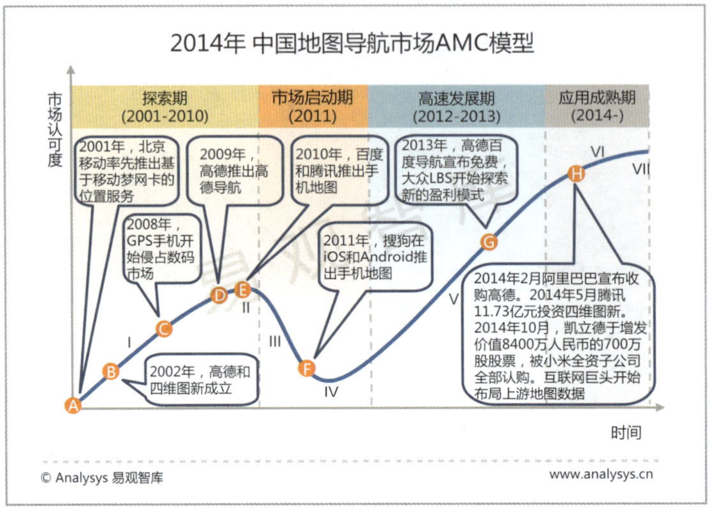

图 108 2014 年中国地图导航市场 AMC 模型

易观智库分析认为，整个中国地图导航市场目前处于应用成熟期。在经历了多年的发展和数次大型收购，中国互联网巨头已经基本完成了从地图数据到 O2O 的全产业链布局。

近两年互联网企业与传统地图导航企业之间发生了多起投资与收购案。阿里先投资易图通，后入股高德并对其进行收购。而腾讯则是拿下科菱航睿后，又迅速成为四维图新的第二大股东。再加上之前百度对长地万方的收购和最近小米入股凯立德，优质地图导航厂商资源已经被互联网巨头瓜分殆尽，地图导航行业自此全面进入了寡头时代。

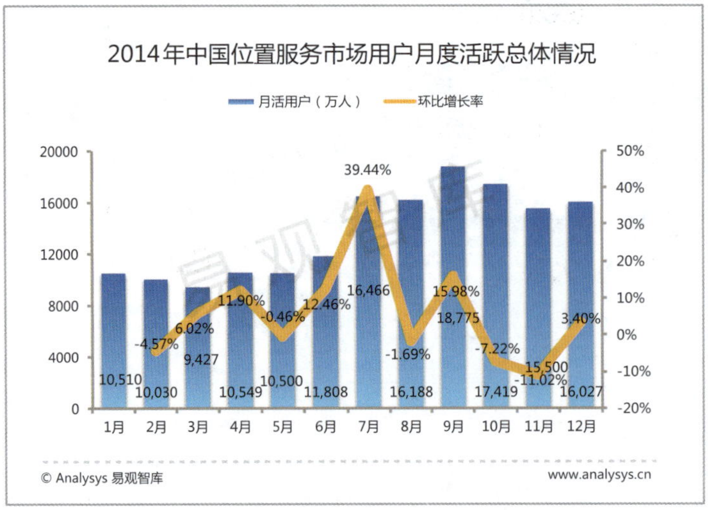

图 109 2014 年中国位置服务市场用户月度活跃总体情况

基于易观智库中国数字消费用户雷达监测数据显示，2014 年中国位置服务市场月度活跃用户数已突破

16027 万人。

根据易观智库发布的数据显示，在 2014 年，中国手机地图覆盖用户规模将比 2013 年增长 43.9%，覆盖用户规模达 2.48 亿人。预计到 2017 年，中国手机地图覆盖用户规模将达到 5.57 亿人。

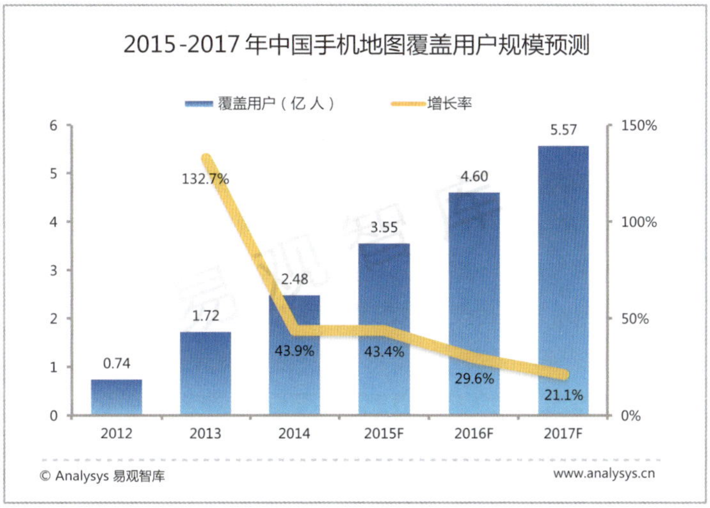

图 110 2015–2017 年中国手机地图市场覆盖用户规模预测

作为当前移动互联网用户出行的常用工具，手机地图已成为基于地图导航的 O2O 领域最基本的应用工具和用户入口。同时由于中国手机地图市场已进入应用成熟期，用户增长率方面将会有所下滑。易观智库分析认为，2015 年中国手机地图市场将呈现以下趋势：

1. 由平台向渠道转型

2014 年，各大互联网厂商纷纷加大投入，意图围绕手机地图打造基于位置服务的 O2O 生态闭环。但大量投入却没有换来预期的产出，因此各大互联网巨头近期开始逐渐收紧对基于手机地图 O2O 的投入，并尝试剥离手机地图的平台属性。易观智库分析认为，手机地图未来将从原本的平台化向渠道化降级，仅作为流量入口继续为商家提供渠道和扩展服务。

2. 拓展产品应用场景

当前手机导航出现向手机地图融合的趋势，在未来手机地图将拥有完整的导航功能，并完全替代手机导航，同时其内置的导航服务也将由单一的路径导航向围绕驾车场景的综合服务演进，在产品中为用户提供驾车场景强相关的增值服务，同时作为流量入口服务于线下商家。

在中国手机地图行业中，各主要企业处于差异化发展阶段，具有不同的竞争实力，如易观智库实力矩阵图形所示：

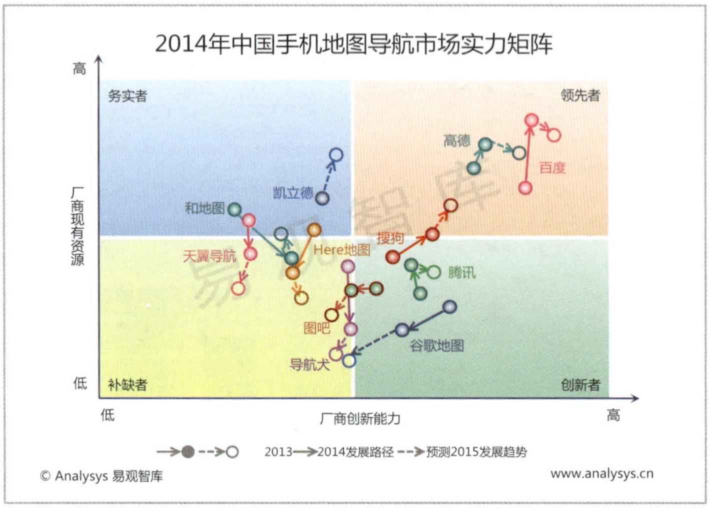

图 111 2014 年中国手机地图导航市场实力矩阵

领先者象限典型厂商分析：

随着中国手机地图导航应用在中国移动互联网用户中渗透率已达到较高水平，手机地图导航的用户数量很难再出现爆发性增长。在经历了前期巨量营销投入累计用户的阶段后，位于领先者的高德与百度将在 2015 年转攻为守，降低营销资源投入的同时继续在产品创新与生态闭环上耕耘。

百度于 2014 年更多地围绕地图进行生态圈建设，在团购、租车、室内定位、地图数据等多个 O2O 与地图行业进行了投资与合作。其中 2014 年 1 月百度收购糯米并与搜索和地图进行了深度整合，成了百度 O2O 生态圈中的一张王牌。2014 年 9 月，百度推出“直达号”服务，直接推进了百度地图由平台到渠道的转型。预计在 2015 年，百度将在对百度地图渠道化的同时，继续提升百度地图的功能与用户体验，以巩固自己的领先者位置。

高德于 2014 年 4 月被阿里巴巴收购，并随后表示将三年不盈利，专注于用户、产品、研发。这意味着高德在获得了阿里巴巴的支持后，未来的运营重心将放在产品方向，并放弃了原本的 O2O 布局。预计在 2015 年，不再背负盈利重担的高德虽然在现有资源指标上有所下滑，但仍将保持高度创新的发展势头，并继续保持在领先者象限。

搜狗地图擅长不断通过微创新吸引用户并提升用户黏性，这也让它在 2014 年成了第三家进入领先者象限的厂商。搜狗计划于 2015 年引进语义理解及语音交互，并为车企提供导航解决方案。虽然搜狗自身资源与高德和百度差距较大，但创新能力不容小觑，预计在 2015 年将继续深入领先者象限。

创新者象限典型厂商分析：

腾讯地图虽然拥有完整的街景测绘团队，但在目前却受限于集团整体策略的原因，在营销、资源、技术、创新等多方面都处于停滞不前的状态，已经失去了继续扩展市场份额的机会，预计 2015 年腾讯地图将继续停留在创新者象限中。腾讯在 2014 年打造了全新品牌“路宝”，并推出了相关智能硬件产品，但其市场表现仍需时间证明。

图吧地图的资源、执行能力与创新能力在 2014 年没有得到任何改善，维持现有运营环境将十分艰难，预计在 2015 年将下滑至补缺者象限。

务实者象限典型厂商分析：

凯立德作为老牌导航厂商，一直立足于车载导航市场，但自有产品移动互联网化缓慢，错过了早期占领移动互联网市场的机会。2014 年凯立德引入了大量投资，其中有十分善于互联网营销的小米。预计在 2015 年，凯立德除了继续深耕车载导航外，还将凭借小米的技术、商店平台、终端预装等资源继续从渠道到产品进行移动互联网化，并在务实者象限巩固地位。

补缺者象限典型厂商分析：

缘于中国电信的传统思维和天翼导航在中国电信产品线中的地位，天翼导航从技术和设计上均难以与同类产品竞争，同时其传统收费模式也难以与现在的免费模式抗衡，这导致了天翼导航既难以吸引客户，也无法保持用户黏性。预计天翼导航在 2015 年将继续在补缺者象限中下滑。

受困于中国移动本身的局限性和地图在技术与创新上难以与其他产品竞争。但借助于自身庞大的预装渠道和营销资源，中国移动计划于 2015 年对和地图进行大规模推广。预计和地图将于 2015 年重返务实者象限。

Here 地图在 2014 年将产品从原本的 Windows Phone 平台扩张到 Android，并计划于 2015 年重返 iOS 平台。但鉴于其在中国市场基本不进行营销推广与渠道扩张，且产品本地化程度不高，因此 Here 地图在 2015 年将继续在补缺者象限中下滑。

导航犬的执行能力与创新能力依然没有在 2014 年得到改善，预计 2015 年将继续在补缺者象限中下滑。

移动应用分发

应用商店诞生的初衷，是让智能手机用户在手机上完成更多的工作和娱乐。在 2009 年底，手机软件商店的概念迅速风靡起来，各大手机厂商开始搭建自己的应用商店，来提升自身手机产品的卖点和吸引力。手机软件商店里的内容涵盖了手机软件、手机游戏、手机图片、手机主题、手机铃声、手机视频等几类。

图 112 中国移动应用分发产业地图

目前的应用商店产业主要由手机厂商、移动运营商、移动互联网软件开发者等部分组成。

应用商店模式由手机应用软件下载作为支撑，建立起来的一个完整的手机软件生态体系，应用商店模式的生态系统包括：应用程序、游戏开发商、移动支付、广告投放平台、运营商、手机厂商、系统 UI 商与刷机 ROM 商。

应用商店本身是一个电子商务平台，用来出售开发者开发的应用程序和其他数码产品。不仅如此，它是一个商业平台、活动策划、营销推广、服务发布的平台。

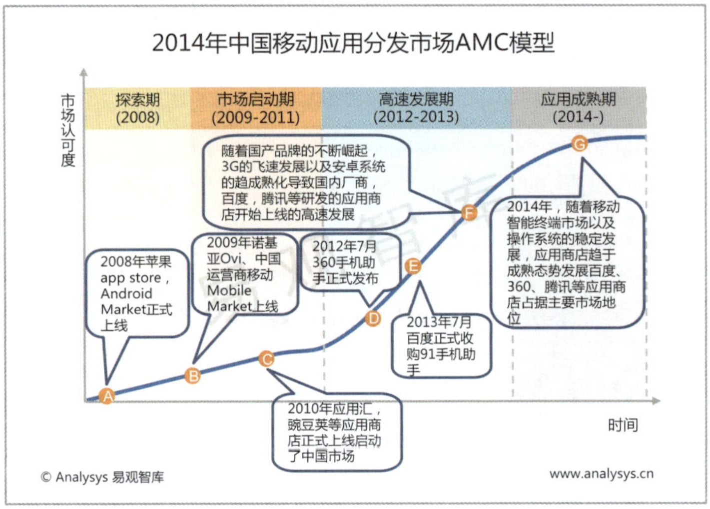

图 113 2014 年中国移动应用分发市场 AMC 模型

探索期（2008）

苹果公司在 2008 年 7 月正式推出应用程序商店“APP Store”，无论是从盈利方面还是影响力方面都取得了巨大的成功。因此国内许多系统提供商、终端生产商、运营商等都将纷纷进入市场。

市场启动期（2009-2011）

2009 年是中国手机应用商店市场的起步年，三大电信运营商纷纷进入市场，诺基亚 OVI Store、Andriod Market 等开通中国区业务。随着 iOS、Android 等智能手机快速流通，中国手机应用商店市场迎来了市场的快速启动期。2010 年应用汇、豌豆荚等都相继构建自己的在线应用平台。应用商店的发展离不开中国 3G 网络以及移动终端智能机的普及和渗透，也是移动互联网不可缺少的组成部分。

高速发展期（2012-2013）

中国在线应用市场百花齐放，市场处于厂商高速发展的阶段。移动互联网入口之争愈发激烈，互联网巨头纷纷推出自己在手机助手领域的最新产品：360 发布了 360 手机助手，在市场出现手机安全、应用下载安装为一体的应用分发平台。腾讯成立了应用产品中心，主要负责应用宝和海纳的产品研发工作。百度移动应用也更名为百度手机助手，由单纯的应用下载拓展至手机优化管理功能。加上 91 手机助手、豌豆荚手机精灵等知名应用，国内手机商店市场竞争趋于白热化。2013 年百度收购 91 无线，也意味着中国移动应用市场，正在加速进入寡头时代。360、腾讯与百度将成为掌控整个移动渠道的三巨头，第三方势力单一的团队生存空间将进一步被挤压。

应用成熟期（2014- ）

2014 年随着智能终端市场操作系统平稳发展，应用商店市场将进入应用成熟期，市场格局将相对稳定，应用分发市场已被百度、360 和腾讯三大平台掌控，共同占据 80% 的市场份额。但是随着 4G 的推广和逐渐普及，腾讯依靠微信、手机 QQ 等后盾，统一分发终端入口，通过导流来实现流量的增加，从而推动市场份额的持续攀升。未来互联网巨头之间将在市场份额、产品创新等方面的竞争会愈加明显。

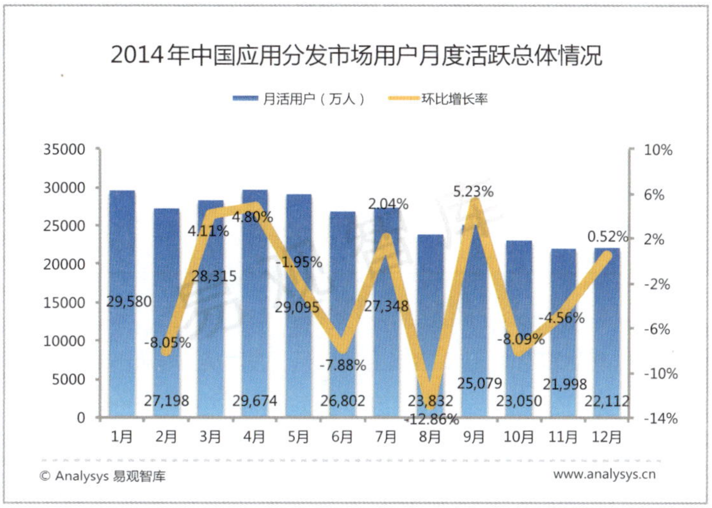

图 114 2014 年中国移动应用分发市场用户月度活跃总体情况

基于易观智库中国数字消费用户雷达监测数据显示，2014 年中国移动应用分发市场月度活跃用户数已突破 22112 万人。

根据易观智库数据显示，预计 2015 年中国应用商店用户规模将达到 6.7 亿人，较 2014 年增长 10.8%。预计 2017 年中国应用商店用户规模将在 7.7 亿人左右，整体增长速度呈现出下降趋势。

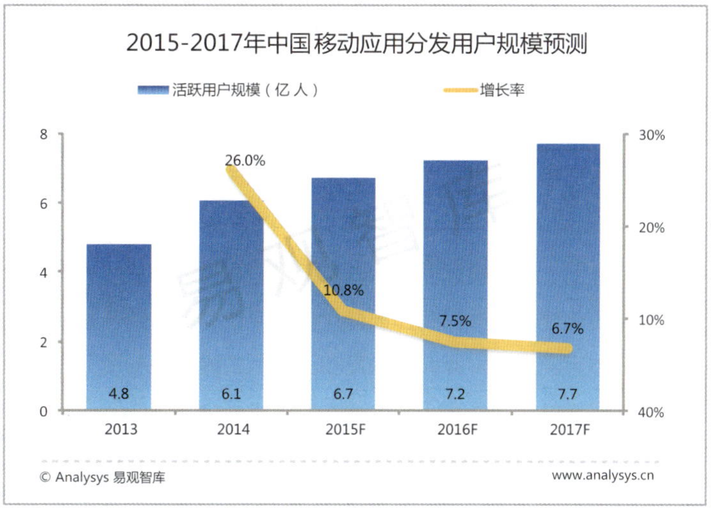

图 115 2015−2017 年中国移动应用分发用户规模预测

目前应用商店已进入产业发展的成熟期，市场品牌格局相对稳定，整体应用商店市场超过 80% 以上的份额被三大互联网巨头占领（百度、腾讯、360），2015 年应用商店用户数量虽然仍保持增长，但是增速明显下降。

易观智库分析认为，目前中国应用商店发展已基本向国际趋同，未来应用商店具体的业务发展模式将主要像两类深化：一是搜索引擎模式，二是社交关系模式。

搜索引擎模式：随着市场用户集中度的不断提高，应用内容资源的海量化，精准匹配用户个性化应用服务需求和深度挖掘海量应用内容成为了今后发展的一大方向，依赖于用户行为数据挖掘和分析的搜索模式逐步成为主流。目前国内主流应用商店中豌豆荚的应用搜索正是这一模式，为用户提供差异化产品搜索。

社交关系模式：当应用商店与用户、用户与用户之间互动不断增强，基于用户所信赖的社交关系的应用服务推广将成为更为有效的发展模式，这将有赖于构建起以应用商店为平台的应用服务关系网络，以社交关系价值重构移动应用商店的服务链条。腾讯应用宝推出社交化功能，以社交化分发，通过好友和圈子的方式实现对用户个性化应用需求的精准定位。从长远来看，随着用户体验不断深化，应用商店对自身定位的发展也会有不同方向，应用商店未来的形态仍存在变数。

应用商店未来前景广阔，其目前格局基本持以稳定。但是三大互联网巨头（百度、腾讯、360）占据整体市场的 80% 份额，对其他应用商店造成不同程度的挤压，整合市场的步伐正在加快，一部分第三方商店可能会被收购甚至挤出市场。随着国产手机厂商对自主应用商店重视加强，伴随手机出货量迅速增长，手机厂商占领入口更为直接，在手机出厂时，便已直接预装手机，手机厂商的线下渠道优势为其用户规模发展提供了有力的资源支持。因此其未来格局或将发生改变。

关键影响因素分析 – 促进因素：

1. 流量免费专区

随着运营商与应用商店的进一步合作，为终端用户提供了免流量下载应用的功能，因此迅速地增加了安卓系统的应用商店的用户数。

2. 4G 业务发展

4G 牌照的发放以及移动智能终端的逐渐普及，应用商店的渗透率不断增加。预计在 2017 年 90% 的移动互联网用户会使用应用商店。

3. 社交化

应用商店与用户、用户与用户之间互动不断增强，基于用户所信赖的社交关系的应用服务推广将成为更为有效的发展模式。

4. 大数据

利用大数据提高用户对应用的匹配度，提高了应用商店营销模式的推广效率。

5. 政策

政府对移动应用的监管力度不断提升，有效地提高了用户下载应用的安全性，促进产业健康发展。

关键影响因素分析 – 阻碍因素：

1. 应用商店同质化

快速迭代要求所有应用商店厂商对应用的技术和设计方面不断创新，但是厂商之间竞争却趋于相同，差异化创新在应用商店横向对比上表现乏力。

2.　恶意软件

应用商店市场快速扩大规模，市场出现一些恶意软件阻碍和破坏用户利益并且很多用户难以甄别出这类恶意软件。

3.　轻应用

基于 HTML5 的 WEB APP，直接用浏览器实现应用服务功能。轻应用的发展取代了部分本地应用的功能，导致用户下载应用的需求降低。

4.　其他应用分发渠道

其他应用分发渠道入口的增加分流了部分应用商店的用户数，例如微信可以承担游戏应用的分发，浏览器可以承担内容的应用分发。

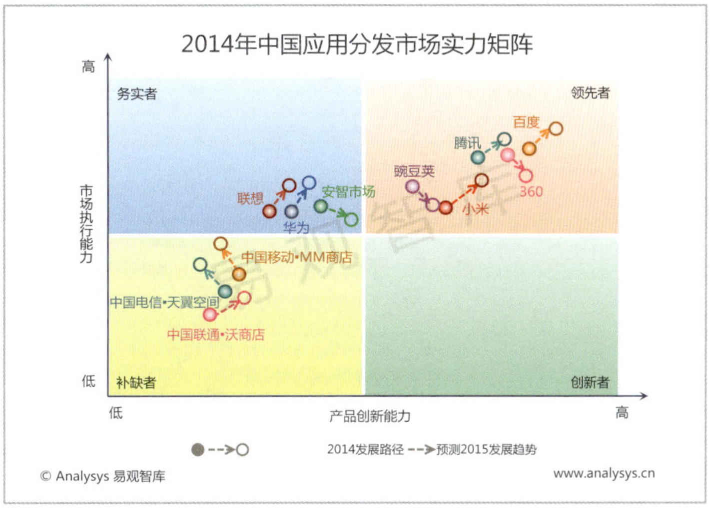

图 116　2014 年中国移动应用分发市场实力矩阵

领先者象限典型厂商分析：

应用商店市场目前处于成熟发展阶段，手机应用商店是中国手机网民应用下载最常用的渠道。自从百度收购 91 无线之后，成为了全渠道、跨终端的应用分发平台，整体应用分发能力较强，在搜索领域具有绝对优势，为应用分发提供了大量的流量资源。

360 在移动互联网领域布局较早，其最开始借助 360 安全卫士迅速占领移动互联网入口，由此促使其 360 手机助手能够迅速渗透，通过手机安全、手机浏览器、搜索引擎等途径为用户提供下载，在应用分发市场中有极强的市场竞争力。

腾讯主要依靠应用宝、微信、手机 QQ、手机浏览器进行游戏和应用的分发。腾讯依靠其海量的用户资源，如微信和手机 QQ 用户，大力推广手机游戏并在 2014 年着重推广应用宝，使应用宝的用户规模以及应用分发量迅速占据市场领先地位。

豌豆荚定位于应用搜索，为用户提供 PC 版以及手机版的应用商店，是“创新工场”首批孵化的项目。豌豆荚持续提升创新能力，是创新者象限中唯一的非互联网巨头企业，2014 年豌豆荚重点提升应用内内容搜索能力，例如：可直接一键下载优酷、新浪视频等主流视频应用的视频内容到手机中，为用户提供差异化产品功能，为其在市场中赢得了生存空间。

随着小米手机的出货量快速增长，产能不断提升，其手机销量已经能够进入中国市场的 TOP3，无论是品牌认可度还是对于渠道的把控小米都具备了领先者的资格。小米应用商店内置于所有小米手机上，依托着小米手机的优质平台，从而使小米应用商店迅速攀升到领先者的位置。

务实者象限典型厂商分析：

国产手机厂商也开始在应用分发市场发力，导致该市场的竞争更加激烈。联想的乐商店占领入口更为直接，在手机出厂时，便已直接预装手机。华为智汇云的应用组织逻辑则更为清晰，把应用和游戏直接分开，华为智汇云的方式更为直观。目前手机厂商开始互联网化转型，线下渠道优势为其用户规模发展提供了有力的资源支持，但是在用户体验、用户黏性方面比第三方应用商店略显逊色。

创新者象限典型厂商分析：

随着应用商店的飞速发展，整个市场属于成熟化发展趋势。在应用商店市场生存，需要应用商店厂商的综合能力都要得以提升。

补缺者象限典型厂商分析：

随着运营商大幅降低终端补贴，影响国内手机市场格局外，三大传统运营商自主应用商店份额降低。如今是一个互联网飞速发展的时代，而近年来运营商在互联网领域发展相对匮乏，流量入口较为单一，运营商习惯把合作伙伴传统化管理，并且合作资源贫瘠。随着分发量的减少，无法吸引合作伙伴。同时也加深了用户对此印象，导致运营商应用商店用户黏性受到影响。

手机安全

目前，移动支付市场的持续增长已经成为手机安全市场发展的主要驱动力，各手机安全厂商都围绕用户关心的支付安全这个核心问题展开新一轮逐鹿。保障用户的移动支付安全，除了在技术上（包括终端厂商、运营商、应用商店和开发者等全产业链）保障安全外，手机安全厂商还在积极布局移动安全生态圈。

图 117 中国手机安全产业地图

手机安全厂商：手机安全厂商处于手机安全市场产业链的核心环节，在产业链中，手机安全厂商与手机终端厂商、电信运营商及电子市场为合作关系，手机终端厂商和电子市场为手机安全厂商提供手机预装和推广服务，同时，手机安全厂商与广告主和电信运营商合作，进行广告推广与合作服务。

终端厂商：手机安全厂商为手机终端厂商提供手机安全软件预装服务。手机终端厂商是手机安全软件的业务载体，同时掌握手机安全软件的用户渠道，预装到手机中的手机安全厂商需要对终端厂商支付相应的预装推广费用。

应用市场：电子市场作为手机安全软件的推广渠道，用户通过应用商店可免费下载相关应用，电子市场为手机安全软件厂商推广安全产品，并收取相应的推广费；同时，电子市场为确保应用商店内各种应用的安全，需要手机安全软件厂商提供安全监测服务，并获取相应的监测费用。

电信运营商：手机安全厂商与电信运营商进行合作，为运营商用户提供安全及流量保护服务，从而获得运营商相关的服务提成以产生收入。

银行及第三方支付：手机安全厂商与银行或第三方支付厂商进行合作，为银行或第三方支付厂商提供安全及流量保护服务，从而获得相关的服务提成以产生收入。

手机安全用户：用户可以从应用商店、运营商和终端厂商自带软件渠道免费获得手机安全软件，用户使用手机安全软件的主要目的在于病毒的查杀和手机垃圾的清理，而随着移动支付的快速发展，手机和财产的关联越发紧密，未来保证手机支付及财产的安全，用户需要专业的具备财产保护功能的手机安全软件；同时，隐私窃取也成为当前主要的手机安全威胁，用户手机上的图片以及个人信息等需要被有效地保护，个人隐私保护也将成为用户较为关注的安全软件功能之一。

目前，移动支付市场的持续增长已经成为手机安全市场发展的主要驱动力，各手机安全厂商都围绕用户关心的支付安全这个核心问题展开新一轮逐鹿。保障用户的移动支付安全，除了在技术上保障包括终端厂商、运营商、应用商店和开发者等全产业链安全外，手机安全厂商还在积极布局移动安全生态圈。

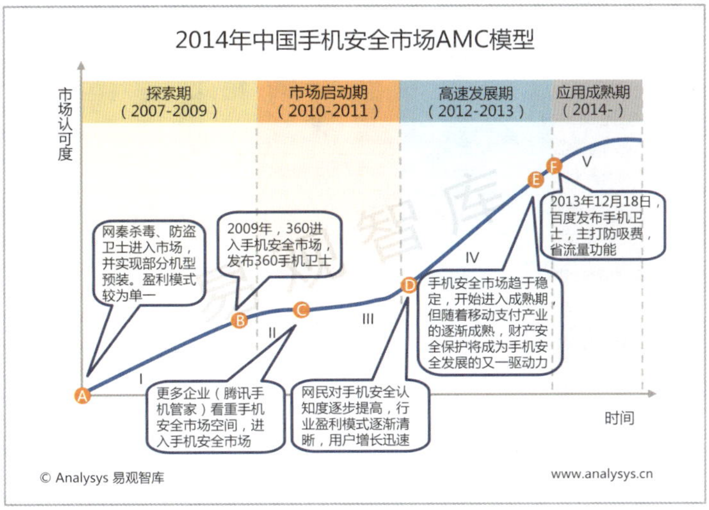

图 118 2014 年中国手机安全市场 AMC 模型

中国手机安全市场大致分为如下几个阶段：

探索期（2007-2009）：

网秦杀毒、防盗卫士等厂商进入市场，并实现部分机型预装。该阶段3G网络逐渐普及，手机安全问题开始凸显，各厂商相继发布手机安全产品，但盈利模式较为单一。2009年360进入手机安全市场，发布360手机卫士产品。

市场启动期（2010-2011）：

随着360进入市场以后，更多的企业纷纷进入手机安全市场，参与市场竞争，抢占市场份额，并探索新的商业模式，同时把安全产品作为入口之一。该阶段包括腾讯手机管家在内的更多企业开始进入该领域，并看重手机安全市场的发展空间。

高速发展期（2012-2013）：

随着网民对手机安全认知度逐步提高，用户规模增长迅速，同时手机安全盈利模式较为清晰，主要为广告、增值服务运营及第三方合作分成等，企业开始注重产业链协作，更加开放发展。2013年12月18日，百度发布手机卫士，主打防吸费和省流量等功能。

应用成熟期（2014-）：

该阶段手机安全市场趋于稳定，开始步入成熟期。但随着移动支付产业的逐步发展成熟，财产安全保护将成为手机安全发展的又一驱动力。

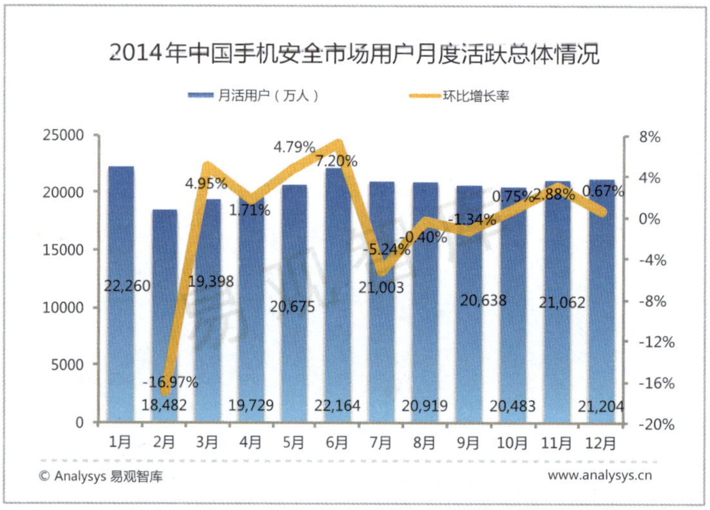

图119 2014年中国手机安全市场用户月度活跃总体情况

基于易观智库中国数字消费用户雷达监测数据显示，2014年中国手机安全市场月度活跃用户数已突破21204万人。

根据易观智库发布的数据显示，在2014年，中国第三方手机安全用户数将比2013年增长50.2%，活跃用户将达到4.13亿人，预计到2017年，活跃用户规模将达到5.38亿人。

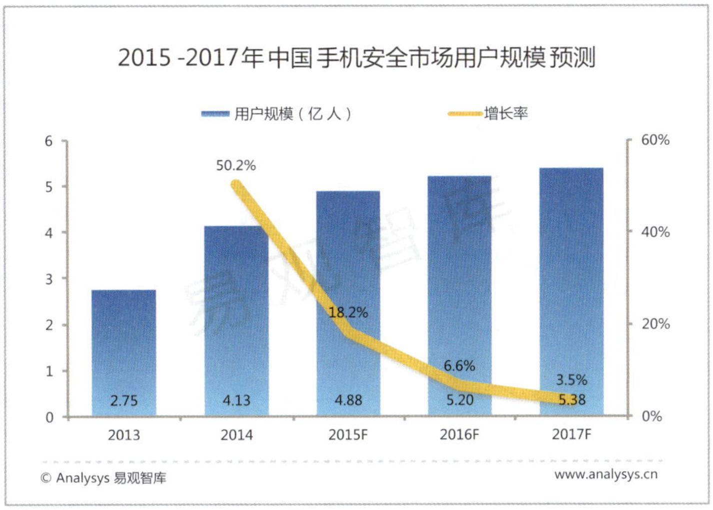

图 120 2015—2017 年中国手机安全市场用户规模预测

易观智库分析认为，在 2015 年中国手机安全市场呈现以下趋势：

1. 手机安全软件功能全面发展

2015 年，随着安全威胁多元化发展，用户面临着更多的财产安全防护及电信诈骗安全防护等各类安全问题，手机安全厂商将尽可能多地满足用户日益增多的需求，从硬件保护到隐私保护再到财产保护。而且手机安全软件的发展将会加入更多用户所希望的功能，不断提升用户体验，进一步加大在技术研发上的投入。

2. 产品设计垂直化

大众化的安全需求已不能给用户带来安全感，也无法吸引用户，未来安全厂商产品的设计将更加垂直化，从隐私防窃取、财产安全防护和云端安全防护等几大主流功能进行渗透。

3. 步入移动安全生态圈竞争时代

随着安全病毒的大规模爆发，单一的安全服务已经不能满足用户的需求。手机安全厂商将着力构建一站式安全服务，具体体现在终端 + 运营商 + 安全软件商 + 渠道商 + 平台商，把控好从生产到用户使用及使用过程中每一个环节的安全服务，因此移动安全厂商之间的竞争将布局在整个移动安全生态圈中，否则将面临被淘汰的命运。

易观智库预计，未来国内手机安全厂商的竞争将从技术竞争和商业模式竞争步入移动安全生态圈的竞争。根据用户移动支付场景打造整个移动安全生态圈的厂商将获得用户青睐，并在新一轮竞争中脱颖而出，因此移动安全生态圈的竞争将重塑手机安全市场的竞争格局。

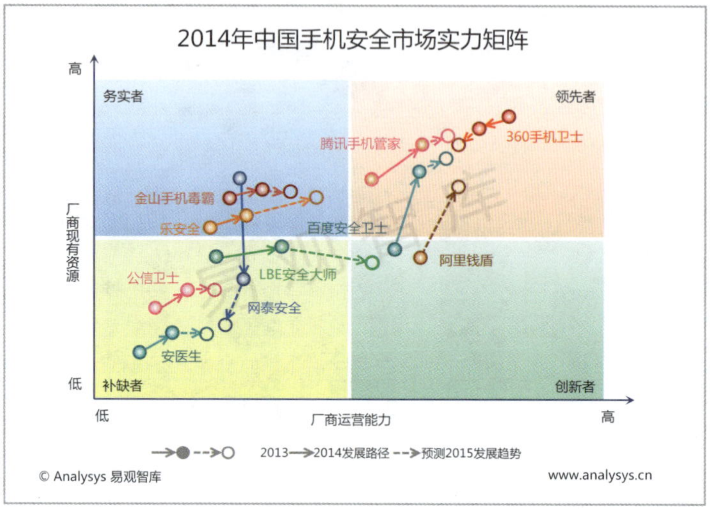

图 121 2014 年中国手机安全市场实力矩阵

领先者象限典型厂商分析：

360 手机卫士：360 手机卫士拥有先发优势，由 PC 导入移动终端。同时，360 用户规模庞大以及强势的移动互联网入口优势，有助于其手机安全软件的发展。360 商业模式较为成熟，通过各产品相互引导用户流量，最终通过广告和游戏产生盈利。

腾讯手机管家：腾讯手机管家依托于腾讯公司的产品和品牌优势，品牌影响力及用户群庞大。另外，腾讯手机管家拥有较强的产品研发能力和产品创新能力，并建立了移动安全实验室，而且腾讯手机管家拥有资源整合优势，很难被复制。

百度安全卫士：百度安全卫士以防吸费、省流量为主打，提前布局安全支付，百度品牌的用户认知度及公信力高。百度安全卫士通过一系列市场推广迅速扩大知名度，引导用户平稳升级，新用户增长迅速。同时百度安全卫士产品研发能力强，自主反病毒引擎屡次获得国际评测机构好评。

创新者象限典型厂商分析：

阿里钱盾：阿里钱盾依托阿里品牌及生态圈优势，着力于打造从用户到合作伙伴再到开发者的移动安全生态圈。另外，阿里钱盾主要用于保护移动端用户的网购以及资金交易安全，依托淘宝、天猫和支付宝、余额宝等庞大用户和品牌优势，产品前景较好。

务实者象限典型厂商分析：

金山手机毒霸：金山手机毒霸依托金山 15 年的安全技术积累，并背靠猎豹移动公司。截至 2014 年 9 月猎豹移动公司全球移动用户安装总量为 8.6 亿，月活跃用户超过 3.4 亿，且猎豹移动在 Google Play 全球非游戏类发行商排名第二。金山毒霸连续 20 次通过国际权威评测机构 VB100 的认证，是中国通过次数最多的自主知识产权杀毒软件。

乐安全：乐安全依托联想的用户优势和品牌影响力，主打保护用户隐私和防吸费等功能。乐安全基于首创的 API 拦截技术，从底层主动拦截各种安全威胁，实时监控与拦截系统中的敏感操作，避免各类吸费软件、广告软件乃至木马病毒等窃取用户隐私及吸费。

补缺者象限典型厂商分析：

网秦安全：网秦从手机安全起家，但是其收费的商业模式逐渐被免费取代，其战略重心也开始逐步向移动互联网生态圈迁移，利用自身已有的资金、技术、运营和人才等优势，重点布局移动游戏、移动广告、企业移动化和移动医疗等领域，其手机安全业务逐渐退居二线。

易观智库预计，未来国内手机安全厂商的竞争将从技术竞争和商业模式竞争步入移动安全生态圈的竞争。根据用户移动支付场景打造整个移动安全生态圈的厂商将获得用户青睐并在新一轮竞争中脱颖而出，因此移动安全生态圈的竞争将重塑手机安全市场的竞争格局。

智能终端

智能手机

智能手机是指具有独立的操作系统，可以由用户自行安装软件、游戏等第三方服务商提供的程序，通过此类程序来不断对手机的功能进行扩充，并可以通过移动通讯网络来实现无线网络接入的这样一类手机的总称。目前中国智能手机市场已经进入到产业成熟期。

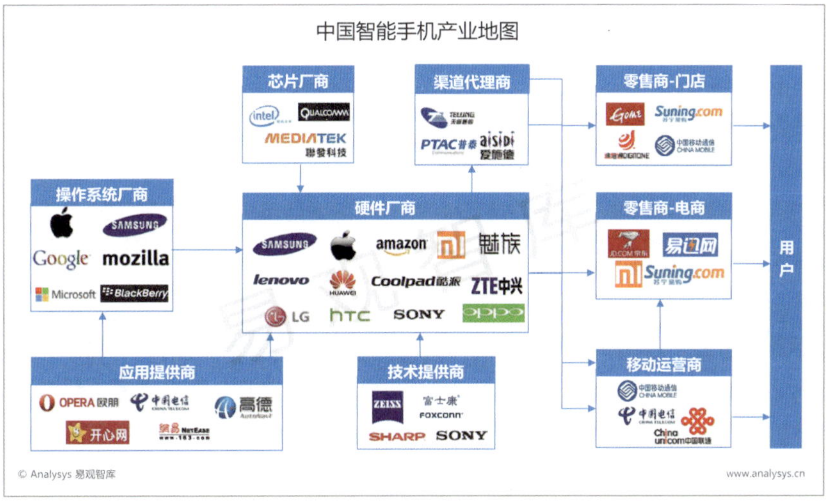

图 122 中国智能手机产业地图

智能手机产业链涉及上游芯片厂商、操作系统提供商、技术提供商、硬件厂商、渠道代理商、终端销售商、移动运营商、应用软件提供商、用户等。

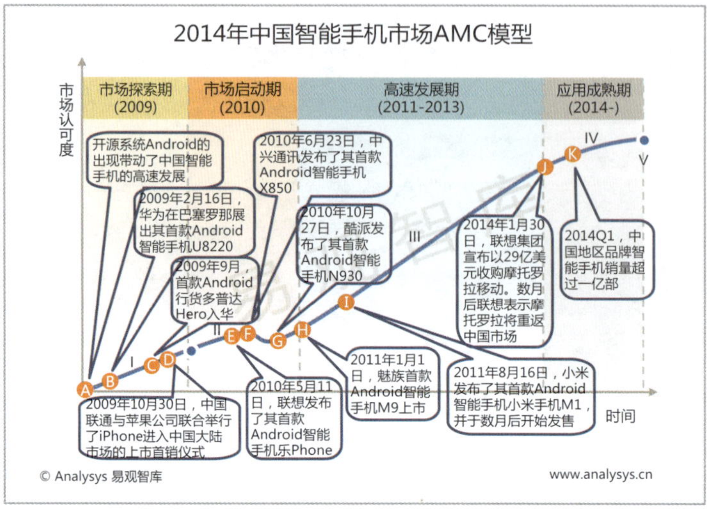

图 123 2014 年中国智能手机市场 AMC 模型

智能手机于 21 世纪初出现，因为价格和易用性问题，用户群更多局限于需要移动办公的商务人士。直到几年后，新一代智能手机操作系统 Android 和 iOS 的出现，智能手机才被广大消费者所接受。而开源的 Android 则直接推动了中国智能手机产业的崛起。尽管中国智能手机市场已达到市场成熟期，但随着未来中国 4G 的高速发展和先进创意的出现，市场格局仍有希望被打破。易观智库分析认为，以下几点将可能成为打破中国智能手机市场僵局的关键：

1. 更具创意的营销模式

联想在 2012 年开始效仿小米，运用互联网思维打造自己的粉丝团队。而华为则将最受用户欢迎的“荣耀”独立出来，以电商运作的方式与小米进行竞争。尽管许多中国智能手机厂商以不同的方式效仿小米，且取得了一定的市场效果，但单纯的模仿难免让消费者感到厌烦，这也注定了效仿小米不可能成为中国智能手机厂商的主流模式。因此更具创意的营销模式将成为吸引用户的关键。

2. 持续创新的产品设计

在互联网营销大规模爆发之前，中国智能手机厂商长期依赖运营商补贴与渠道，在千元价位左右开展价格战，利润被大幅挤压，随之带来的便是产品同质化严重。当中国智能手机厂商开启互联网营销模式，并且在产品硬件配置无法互相拉开差距时，更具创新的功能与设计则成为了产品制胜关键。在加强产品设计的基础上，许多厂商也开始尝试通过提高产品售价和服务，打造高端产品，如华为 Mate 系列和联想 VIBE 系列。厂商通过打造高端产品线，既能够展现其技术与设计实力，同时又能够树立高端品牌形象，这将成为未来提升品牌价值的关键。

3. 提升产业链配套能力

中国智能手机厂商一般采用来自高通、联发科或英伟达的硬件方案，这导致了其产能受制于上游硬件厂商。历史上曾经多次出现因为上游芯片厂商产能不足而导致智能手机厂商难以满足市场需求的情况。目前中国智能手机厂商仅有华为拥有自己的海思平台，因此提升其自身产业链配套能力将成为中国智能手机厂商在未来占领市场先机的关键。

根据易观智库数据显示，预计 2014 年中国智能手机销量将达到 4.21 亿台，较 2013 年增长 22.7%。预计 2017 年中国智能手机销量将在 5.93 亿台左右，整体增长速率呈现出下降趋势。

图 124 2015-2017 年中国智能手机市场规模预测

目前智能手机已进入产业发展的成熟期，市场品牌格局相对稳定，整体智能手机市场超过 92% 以上为安卓智能手机，2014 年智能手机市场虽然销量仍保持增长，但是增速明显下降。

易观智库认为未来智能手机市场的发展将来源于以下两个方面：首先，4G 终端将在 2015 年迎来市场爆发期。2014 年初中国移动 4G 业务开始商业化，国家政策也积极推动 4G 业务的发展，运营商的终端补贴政策下调促使三大运营商将发展重点放在业务竞争层面，而随着技术的发展，目前 4G 终端手机已经可以实现全网通，因此可以说中国智能手机市场未来将重点推出 4G 终端，运营商在 2015 年全面推行 4G 终端补贴也会促进 4G 业务和 4G 终端的双向发展；其次，智能手机产品形态发展雷同，未来的竞争点将集中于生态系统的建设。2014 年各家手机厂商的旗舰机型基本配置雷同，而且定价方面基本以覆盖成本为主，毛利率很低，所以未来的重点发展将放在软件、内容与硬件生态的建设，并以此来弥补硬件成本。

阻碍智能手机市场发展的因素其中之一是智能手机市场本身产品已缺乏新意，目前为了应对市场竞争，各家厂商的产品更新周期都在缩短，快速迭代虽然在同一品牌内能带来技术提升，但是品牌之间横向比较很难见到差异化创新，导致硬件产品之间竞争趋同。

关键影响因素分析 – 促进因素：

1. 智能手机成本下降

手机成本的下降，加之国民可支配收入的提升，智能手机由耐用消费品向快速消费品的转化趋势加剧。

2. 4G 业务发展

4G 牌照的发放以及未来 4G 的逐渐普及，由于 3G 升级 4G 需要用户更换手机，因此 4G 的发展对于智能手机的销量有一定的促进作用，但是到 4G 的大规模商用还需要一年左右的市场培育期，其为手机销售带来的红利主要将在 2015 年集中体现。

3. 软硬生态建设

生态建设需要连接软件、内容与硬件之间，依靠多方协同发展来促进智能手机市场的持续增长。

关键影响因素分析 – 阻碍因素：

1. 品牌商之间竞争创新乏力

快速迭代使自有产品始终保持技术与设计方面的创新，但是品牌商之间竞争却趋于相同，差异化创新在品牌商之间横向对比表现乏力。

由于产业发展成熟，竞争格局相对稳定，易观智库通过实力矩阵对 2014 年智能手机市场竞争态势做如下解读：

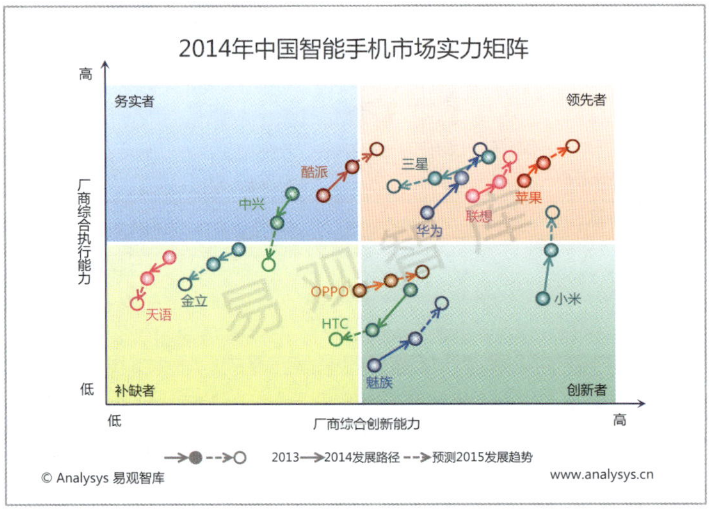

图 125 2014 年中国智能手机市场实力矩阵

领先者象限典型厂商分析：

智能手机市场领先者：苹果、三星、联想、华为

华为与联想经过 2014 年一年的发展，不但保持了自己在智能手机市场的地位，还开始对国际市场进行探索。华为依靠“荣耀”系列品牌为自己成功打开了中低端消费者市场，市场份额与品牌价值都在不断提升，为了使品牌价值能够进一步在国际市场体现，华为开始进军高端手机市场，在专利资源上华为所具有的优势十分明显。联想进一步落实其 PC+ 战略构想，在 2014 年内硬件与软件布局双管齐下，通过收购摩托罗拉手机业务，使其具备了与国际市场手机厂商竞争的实力，奠定了其国际化路线的重要基础。三星由于产品缺乏创新而且在国内智能手机市场受到国产手机与苹果的双重打压，市场份额有所滑落。苹果则通过发布大屏 iPhone 手机、与运营商深度合作以及自有的优质软件生态服务保持着市场的领先地位。

务实者象限典型厂商分析：

智能手机市场务实者：中兴、酷派

酷派旗下独立品牌“大神”借鉴互联网企业手机产品的经营模式，将产品定位于中低端市场，利用互联网渠道快速铺货，收获了一定的市场影响力，但是在创新方面仍然不具备软件或者硬件生态组成，依靠手机硬件单兵作战的情况没有得到改善。中兴长期与运营商渠道深度合作，无法体现出自有品牌价值，但是摆脱运营商渠道的旗下品牌努比亚又定位于中高端用户，使其品牌难以覆盖到更广泛的千元机市场，难以得到用户广泛认可，市场规模相比 2013 年呈现下降趋势。

创新者象限典型厂商分析：

智能手机市场创新者：HTC、OPPO、小米、魅族

创新者市场中小米依然保持着快速增长，在产能不断提升的同时，其产品销量已经能够进入中国市场的TOP3，无论是品牌认可度还是对于渠道的把控小米都具备了领先者的资格，但是由于小米是互联网公司起家，在硬件制造方面极度缺乏专利技术，而随着高通的垄断格局被打破，小米未来的发展之路将面临众多挑战，其国际化的策略也会进一步受阻，因此小米仍然处在创新者阵营。魅族在 2014 年通过发布 MX4，并且在营销与设计方面均有所突破，使其产品的市场认可度大幅提升。另外通过与阿里合作，魅族也进一布提升了自己在渠道方面的资源。但同样由于魅族并非 IT 行业起家的公司，在专利数量上缺少优势，产能不足的困扰也限制了其业务的快速发展。

补缺者象限典型厂商分析：

移动终端市场补缺者：天语、金立

2014 年随着 4G 网络的快速渗透以及国产智能机的创新崛起，中国智能机市场竞争异常激烈。目前为了应对市场竞争，各家厂商的产品更新周期都在缩短，快速迭代虽然在同一品牌内能带来技术提升，部分国产品牌在技术创新以及品牌推广上略显薄弱。若无创新的产品形态以及商业模式，难以在市场中立足。

智能电视

智能电视指具有全开放式平台，搭载了操作系统，使用户在欣赏普通电视内容的同时，不仅可观看互联网内容、交互式内容，也可自行安装和卸载各类应用软件，持续对功能进行扩充和升级的新电视产品。

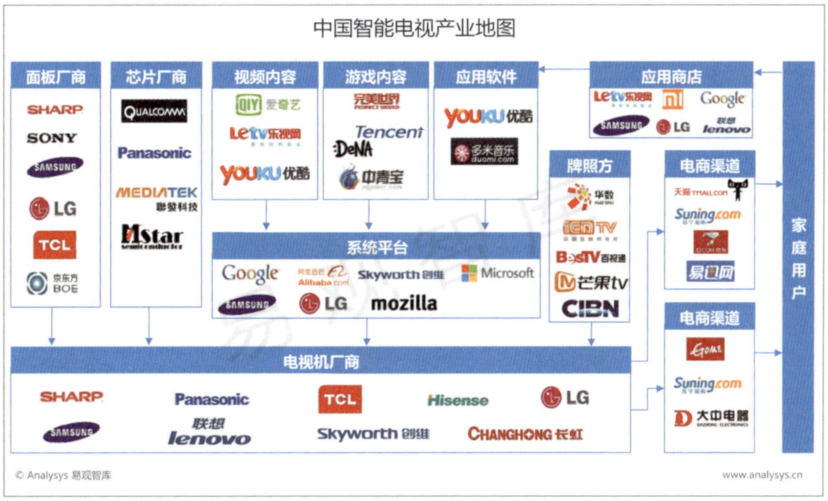

图 126 中国智能电视产业地图

目前的智能电视产业生态主要由芯片厂商、零部件厂商、内容提供厂商、应用服务提供商、操作系统厂商、电视机生产厂商、互联网电视牌照方、销售渠道、家庭用户等部分组成。

视频内容资源按照国家要求必须要接入互联网电视播控平台中才允许播放内容，这一点对于智能电视厂商形成了很大的限制，特别是对于像乐视和小米这样具有互联网基因的智能电视。未来智能电视的盈利重点将放在内容平台，而盈利方式主要还是依靠广告、应用分发等常见的模式为主。

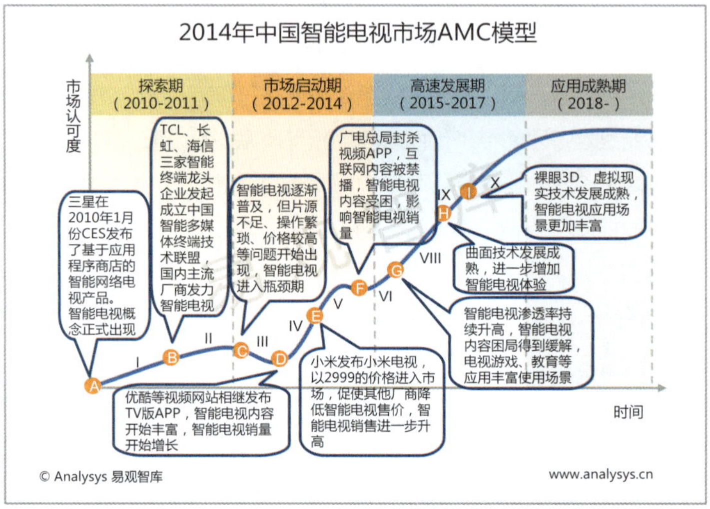

图 127 2014 年中国智能电视市场 AMC 模型

中国智能电视发展周期过程如下：

探索期（2010 -2011）：

2010 年 1 月份，三星在 CES 发布了基于应用程序商店的智能网络电视产品，智能电视概念正式被提出。对于竞争激烈的电视行业，国内电视厂商迅速跟进，2011 年 TCL、长虹、海信三家智能终端龙头企业发起成立中国智能多媒体终端技术联盟，国内主流厂商发力智能电视。

启动期（2012-2014）：

经过厂商的推广，智能电视逐渐普及，但片源不足、操作繁琐、价格较高等问题开始出现，智能电视进入短暂的瓶颈期，但随着首个视频网站 TV 版 APP 的推出，以及小米进入市场迅速拉低智能电视售价，智能电视市场进入启动期。

但在2014年中，广电总局封杀视频APP，互联网内容被禁播，智能电视内容受困，影响部分智能电视销量。

高速发展期（2015-2017）：

智能电视渗透率持续升高，而智能电视内容困局也得到缓解，电视游戏、教育等应用逐渐丰富，智能电视使用场景越来越广泛，随着曲面电视、裸眼 3D、虚拟现实技术的逐渐成熟，智能电视的使用场景及用户体验进一步得到提升，智能电视进入高速发展期。

智能电视作为客厅的大屏设备之一，用户的浏览体验比智能手机和平板电脑要强很多，同时由于其具备操作系统和第三方应用扩展能力，在 2013 年成了各大企业竞争的内容入口之一。但是 2014 年由于广电总局收紧对智能电视的政策管控，使许多互联网视频播放平台无法进驻客厅市场，同时也对智能电视产业造成了巨大影响。

易观智库分析认为，在 2015 年中国智能电视市场将呈现以下趋势：

1. 内容提供商与互联网视频播控牌照方加紧合作

2014 年智能电视发展中最大的限制来自于广电总局的政策管控，在政策调整初期，所有视频应用均被要求在智能电视应用商店中下架，后期不仅要求应用下架，还同时限制了用户从第三方渠道安装的视频应用，优酷、乐视、迅雷、搜狐、腾讯等第三方视频网站的电视 APP 均无法播放视频内容，唯一视频来源为智能电视中播控平台牌照持有者聚合的内容。这种管控使以内容为主要盈利模式的企业受到了极大限制，而唯一解决方案就是与牌照持有者深度合作。

2. 智能电视渗透率持续上升，智能电视游戏将成为下一个智能电视上的核心应用

智能电视市场渗透率持续上升，2014 年已经接近 60%。随着智能电视覆盖率不断上涨，以及硬件配置和运算能力的不断提升，越来越多的游戏开发者被吸引至智能电视平台。大屏幕优势和优质的 CPU 运算能力为大型电视游戏提供了很好的发展环境，预计智能电视游戏产业将成为下一个智能电视领域爆发内容资源。

根据易观智库数据显示，在 2014 年，中国智能电视销量预计在 2668 万台，比 2013 年销量上涨 24.0%，预计 2017 年智能电视销量将达到 4668 万台。

图 128 2015–2017 年中国智能电视市场规模预测

关键影响因素分析 – 促进因素：

1. 智能电视视频内容

视频内容是智能电视前期发展的核心驱动力，因为用户的使用习惯仍然需要培养，对旧有平板电视的使用习惯前期将起到决定性因素，所以视频资源在产业发展初期对用户吸引力大、影响明显。

2. 智能电视游戏

智能电视游戏是随着智能电视市场逐渐发展而开始爆发的另一种电视内容服务，利用智能电视大屏幕的优势和游戏本身所具备的强娱乐性，智能电视游戏能够很好地吸引用户，并在产业发展中后期对提升用户黏性有重要帮助。

3. 智能电视硬件配置与产品设计

硬件配置与产品形态将会随着智能电视平台内容、游戏与其他应用的发展而开始得到用户的关注。2014

年 4K 显示屏是智能电视市场的热点之一。

关键影响因素分析 – 阻碍因素：

1. 用户认知度

智能电视的发展一方面是得益于传统电视产业发展进入瓶颈期，所以智能电视市场未来发展需要从电视存量市场来切入，这也需要提升用户对智能电视的认知度才可以消耗存量市场的用户购买力。

2. 国家政策

智能电视是国家广电信息网络与内容的出口，因此国家在内容把控方面十分严格。目前第三方视频应用程序已经被勒令在智能电视应用商店下架，并且不允许在智能电视平台单独播放，必须要接入具有牌照的互联网播控平台。

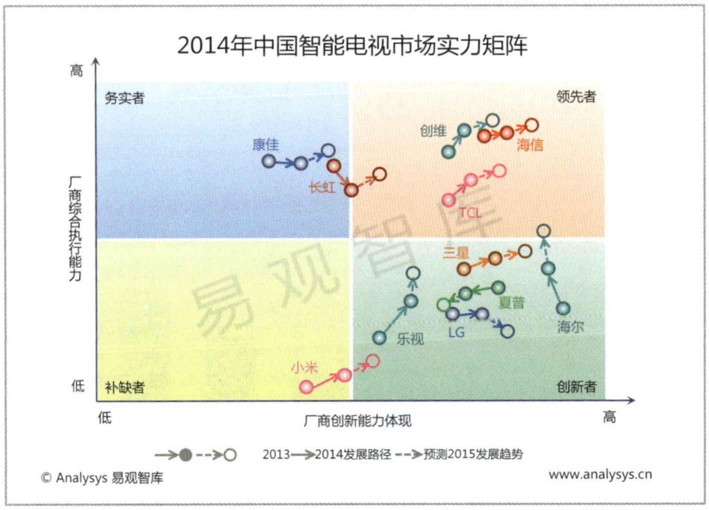

图 129 2014 年中国智能电视市场实力矩阵

领先者象限典型厂商分析：

智能电视市场领先者：创维、海信、TCL、LG

TCL、海信与创维是中国智能电视市场的高销量品牌，与此同时三家电视企业都在积极打造自有的内容资源，或是与内容平台进行深度合作，以此来提升自有产品的用户体验。而 LG 是全球主要的高清曲面屏生产商，且是 WEB OS 的实际拥有者，在自主技术创新领域有一定的影响力。

务实者象限典型厂商分析：

智能电视市场领先者：长虹、康佳

长虹与康佳的产品销量在国内市场同样具有优势，但是这两家企业在布局内容服务的时候均相对滞后。例如康佳虽然早有转型计划，但是直到 2014 年 8 月份才与优酷联合推出新款智能电视，在产品设计和营销方面得以改善。

创新者象限典型厂商分析：

智能电视市场领先者：海尔、夏普、三星、乐视、小米

智能电视创新者中乐视是依靠互联网内容视频快速发展的企业，借助互联网渠道使乐视能够缩减渠道

成本，并且通过用户在电商或相应的社交平台的信息反馈可以对产品做出改善。但是由于乐视超级电视在 2014 年内曾有违背广电总局规定的行为，而被要求整顿。另外小米虽然业务发展快，但是在智能电视方面缺少内容支持，在 2014 年也不惜砸重金寻找与内容提供商之间的合作。三星与夏普是世界知名电器厂商，其产品无论是技术、品牌还是设计都被用户广泛认可，但是在内容建设方面仍然缺少核心竞争。

补缺者象限典型厂商分析：

无。

智能可穿戴设备

智能可穿戴设备是一种由人穿戴和操控，具备计算能力、通信能力、存储能力，并能与用户进行交互的计算机设备。

可穿戴技术泛指被整合进可穿戴设备中，以实现各项功能的科学技术。主要包括：嵌入技术、识别技术（语音、手势、眼球等）、传感技术、连接技术（Wi-Fi、蓝牙、GSM 等）、柔性显示技术、电池技术等。

智能可穿戴设备是应用穿戴式技术对日常穿戴进行智能化设计、开发出的可以穿戴的设备的总称。目前智能可穿戴设备的产品形态丰富，包括手表、腕带、头戴式、戒指、纽扣、跑鞋等形态。易观智库根据目前市场上主流的智能可穿戴产品的形态分析，智能可穿戴式设备的重点覆盖领域包括：

1. 智能手表：将手表内置智能化系统、搭载智能手机系统、连接于网络而实现多功能，能同步手机中的电话、短信、邮件、照片、音乐等；

2. 智能腕带：内置传感器芯片，可以通过人体的体温、运动、脉搏等生命特征来侦测人体机能，并通过数据形式呈现；

3. 智能头戴式设备：指具有独立操作系统，可以由用户安装应用程序，并可通过语音或动作操控进行人机交互的眼镜和头盔等设备。

图 130 中国智能可穿戴设备产业地图

智能可穿戴式设备市场产业链主要涉及：芯片、传感器、屏幕、电池、硬件厂商、系统平台、云服务及健康大数据平台、开发者生态系统、语音控制与交互技术、制造业代工 & 封装、线上销售渠道、线下销售渠道、软件商店、应用软件和用户等环节。

易观智库认为，在智能可穿戴设备领域的发展过程中，居于核心地位的是苹果、Google、微软等掌控“系统平台 + 开发工具 + 软件及分发渠道 + 硬件 + 大数据云计算”的联盟间的竞争。

关于分销渠道，智能硬件以及智能可穿戴设备的营销模式正在悄然发生着改变，由于电子商务推动销售渠道的扁平化，以及智能终端设备的普及，在线营销方式逐步为广大消费者接受，广大硬件制造商 / 智能硬件创业企业普遍打出线下零售 + 线上电商渠道的组合方式来销售产品。另外，随着智能可穿戴设备的发展，还催生了众筹以及预售等新的在线销售模式。

2014 年中国智能可穿戴设备市场仍处于市场探索期。众多厂商进入该领域，各种产品层出不穷。易观智库通过运用科学的方法对中国智能可穿戴设备市场的发展和变迁进行总结、梳理，以客观反映智能可穿戴设备的发展趋势。中国智能可穿戴设备发展周期过程如下：

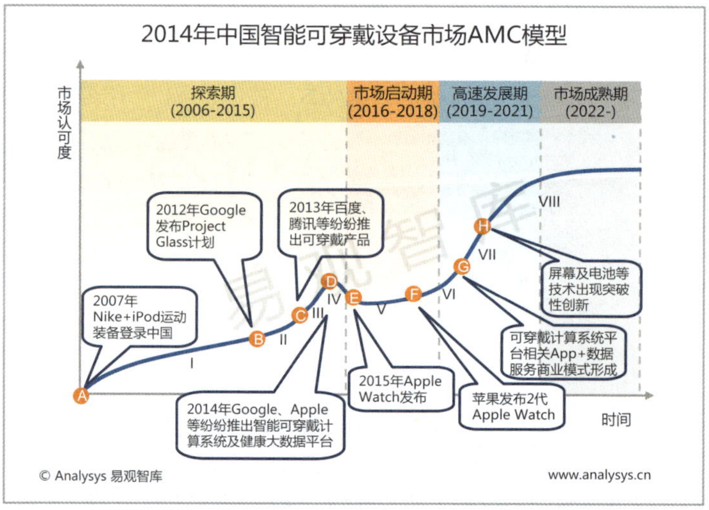

图 131 2014 年中国智能可穿戴设备市场 AMC 模型

探索期（2006-2015）：

2007 年，Nike+iPod 运动装备正式登陆中国市场，意味着运动数字化设备首次进入中国普通消费者视野。同年，Fitbit 发布首款智能可穿戴的追踪设备，到 2012 年 Google 发布 Project Glass 计划预示着智能可穿戴设备时代即将到来。2014 年是智能可穿戴设备真正爆发的元年，软硬件方面，Google 发布了转为智能可穿戴设备设计的操作系统 Android Wear 和 MOTO 360 智能手表，Microsoft 发布了 Microsoft Band，Apple 发布了 Apple Watch；生态系统方面，Google，Microsoft 和 Apple 都在健康大数据和云服务领域发布了平台，分别是 Google Fit，Microsoft Health 和 Apple Healthkit。

启动期（2016-2018）：

健康大数据服务逐步成熟，产品差异化加大。

2015 年 Apple Watch 的推出将吸引越来越多的消费者关注智能可穿戴设备，更多的关注带来更多的产品诞生，产品差异化将加大，为消费者带来更多的产品选择。

随着苹果发布 2 代 Apple Watch，智能可穿戴设备提供的服务愈加完善，健康类数据快速增长，健康类大数据服务将逐步成熟。

易观智库认为，智能可穿戴设备未来将在人体健康监测等领域发挥重要的作用，配合大数据和云服务，此类产品未来会在健康、运动、医学等市场广泛使用。

易观智库分析，得益于市场上日渐增多的智能可穿戴设备，以及在消费者中的日渐普及，中国智能可穿戴设备市场在 2014 年的交易规模为 22 亿元人民币。在 2015 年，Apple Watch 的正式上市会极大的刺激整个智能可穿戴设备市场规模的增加，预计市场规模将会达到 135.6 亿元人民币。在 2016 年，市场规模增速有所回落，但预计依然会增长到 228.0 亿元人民币。

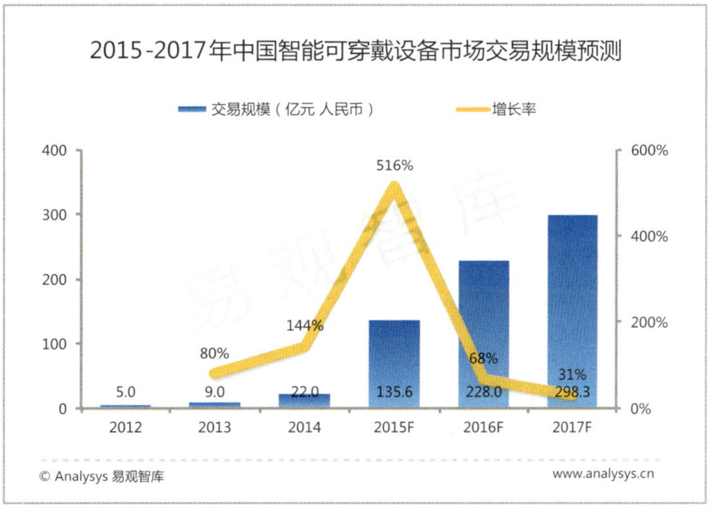

图 132 2015-2017 年中国智能可穿戴设备市场交易规模预测

在智能可穿戴设备领域中，各主要企业处于差异化发展阶段，具有不同的竞争实力，如易观智库实力矩阵图形所示：

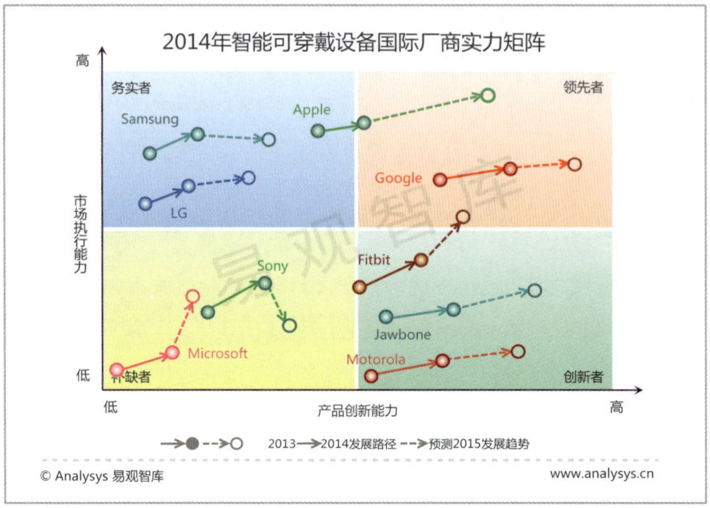

图 133 2014 年智能可穿戴设备国际厂商实力矩阵

领先者象限典型厂商分析：

Google、苹果公司处于行业领先者，Google 以技术驱动整体发展，并积极推进大数据分析、云服务、交互模式的创新，以互联网广告和搜索技术授权为主要的商业模式，品牌影响力在行业内很高。苹果公司的主要赢利路径：一是靠卖硬件产品来获得一次性的高额利润，这在目前为苹果提供了绝大部分的利润来源；二是靠卖音乐和应用程序来获得重复性购买的持续利润以及获得运营平台的报酬。这两个赢利方式还会互相加强，形成良性循环。随着苹果公司推出可穿戴设备及健康大数据服务平台，且苹果公司在行业内具备较高品牌影响力，资源整合能力较强，综合服务能力在行业中处于领先位置。

务实者象限典型厂商分析：

三星电子、LG 依托强大的硬件综合实力以及资源优势，发展迅速，具有较强的市场执行能力，处于务实者的行列，但是三星在软件技术、交互设计领域后劲不足，企业发展速度较缓慢。

创新者象限典型厂商分析：

Motorola 移动推出的 MOTO360 在工业设计、交互体验方面具备一定的创新性。Jawbone、Fitbit 在健康大数据细分领域具备一定的创新能力。

补缺者象限典型厂商分析：

微软公司虽然进入可穿戴市场较晚，微软公司本身具备较强的软件 + 服务的综合实力以及资源优势，虽然目前刚推出其可穿戴计算设备及运动健康大数据云服务平台，考虑到其在应用软件和数据服务领域的优势，微软公司处于从补缺者快速向务实者方向发展。Sony 虽然进入智能可穿戴设备市场较早，但是因为其市场能力有限，未能占据主导地位，处于补缺者行列。预计随着 Sony 加大在研发方面的投入，在 2015 年将会有创新型产品发布。

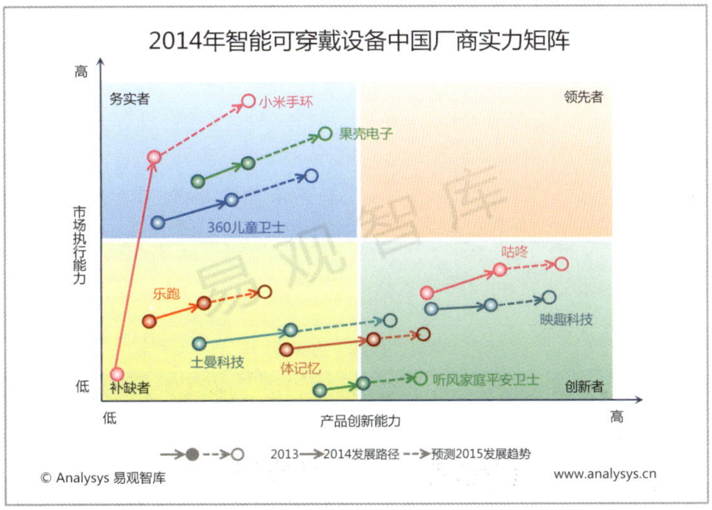

图 134 2014 年智能可穿戴设备中国厂商实力矩阵

务实者象限典型厂商分析：

果壳电子为国内最早进入智能可穿戴设备领域的厂商，旗下的 GEAK Watch 系列智能手表凭借其优秀的工业设计和时尚感以及丰富的功能，在 2013 年销量就超过了 50 万块；360 儿童卫士定位精准，产品质量过硬，凭借其强大的在线营销能力，占据市场领先位置，2014 年 11 月销量突破 30 万块；小米手环作为今年发布新智能手环产品，虽然只具备一些基本功能，但凭借其 79 元的亲民价格以及极强的在线营销能力，截至到 2014 年 11 月底出货量已经突破 100 万。但其在交互设计、产品工艺、大数据服务领域的能力较弱。

创新者象限典型厂商分析：

咕咚网作为国内最早进入智能可穿戴设备领域的厂商，在产品研发领域率先提出软件 + 硬件 + 大数据服务理念，为用户提供健康大数据存储、分析、健康建议服务，并率先将健康监控产品拓展到其他健康运动监控领域，创新能力较强；映趣科技作为本土智能手表厂商，产品实行差异化定位，采用先进的骨传导技术，工业造型设计能力比较优秀，但用户体验不足；体记忆致力于打造差异化的腕带类产品，除了传统的健康监控类产品外，还致力于打造云健康管理平台，并开发了移动支付手环等产品，具备一定的创新能力，但产品性价比较低；听风家庭平安卫士在位置服务定位技术领域有突出技术优势。

补缺者象限典型厂商分析：

乐跑手环产品性价比高，但是产品形态单一，大数据服务能力较弱。土曼手表虽然采用了较为节能的“墨水”屏幕，但其产品整体工业设计及交互设计水平欠佳，用户体验较差。

未来重点投资趋势方面，随着智能可穿戴设备在最近几年的持续走热，投资人对于智能可穿戴设备行业的投资兴趣也逐渐升温。现阶段，资本市场对于智能可穿戴设备的热捧主要是看好未来的发展前景。易观智库发现，投资人看好的不仅是智能可穿戴设备，更是整个物联网行业。未来的趋势就是软件和物理世界进行融合，软件的进入增加了物理设备的使用场景和使用效率，改善了消费者的日常生活。可穿戴设备以及更大的物联网市场，未来市场潜力巨大。

新一代信息技术大数据

大数据

伴随固定电话、移动通信、通信设备、广播设备、电子商务零售商、软件、计算机硬件和半导体等数据使能者的出现，数据服务者进入大数据生态系统，在数据零售与数据使能之间成为“中间商”的角色，既可成为数据零售的上游，也可直接向最终用户提供服务。

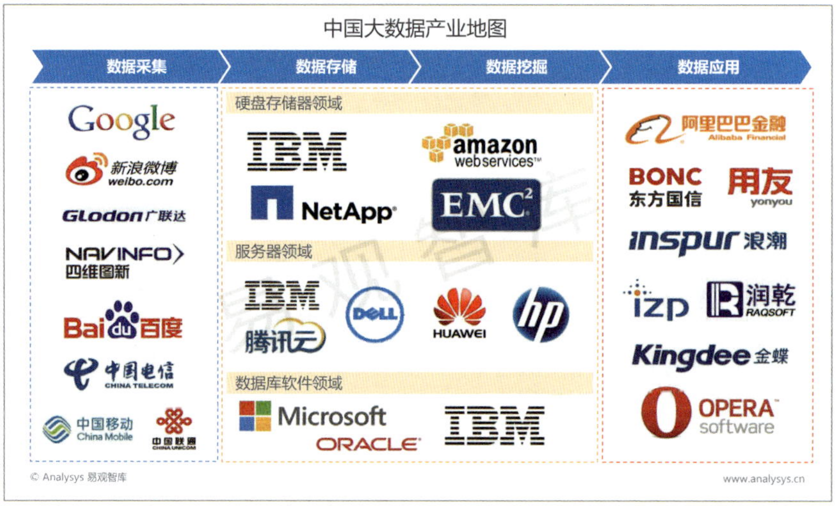

图 135 中国大数据产业地图

大数据产业链整体布局完整，但局部环节竞争程度差异化明显。数据采集环节，综合型大数据源市场处于结构化整合阶段，垂直型大数据源市场处于布局阶段；数据存储和数据挖掘环节市场结构稳定，国际巨头垄断，寡头格局已经形成，国内企业短期内很难超越；数据应用环节是国内企业的机会，但技术仍不成熟。

各环节产业链正在影响企业商业模式的转变。模式一：利用存储能力进行运营，满足企业和个人面临海量信息存储的需求；模式二：对数据进行挖掘分析后预测相关主体的行为，以开展业务；模式三：直接进行信息租售或提供信息租售平台；模式四：IT 服务提供商提供大数据空间出租模式，通过出租一个虚拟空间，从简单的文件存储，逐步扩展到数据聚合平台；模式五：针对企业需求，为运营某一环节或某一业务问题提供解决方案，实施单点技术，例如向零售商提供大数据分析技术，获得营销点子；模式六：针对企业系统需求，提供整体解决方案；模式七：BDaaS (Big data as a service)，数据应用即服务的模式，通过云服务提供在线大数据技术或者解决方案。

易观智库数据显示，2014 年进入大数据应用市场的快速增长期，易观智库对中国大数据整体市场行业发展生命周期作如下解读：

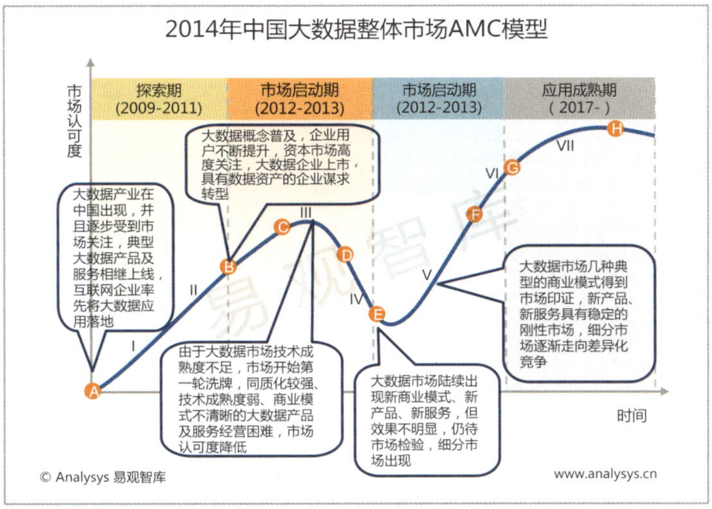

图 136 2014 年中国大数据整体市场 AMC 模型

探索期（2009-2011）：大数据产业在中国出现，并逐步受到市场关注

典型大数据产品及服务相继上线，互联网企业率先将大数据应用落地。

数据资产的概念已得到企业管理者普遍认可，并开始探索如何提升企业的数据资产的价值。

启动期（2012-2013）：市场产品进行试错，开始出现一些成熟的商业模式

企业信息系统的个性化需求持续上升，行业领域进一步细分，云计算市场的不断扩大带来移动社交、大数据等技术的迸发。

越来越多的企业通过部署云计算推动信息化变革，借助移动互联、社会化、大数据技术，实现更精准的决策和更深入的协作，从而提升或打造企业竞争优势的壁垒。

成长期（2014-2016）：细分市场逐渐走向差异化竞争

市场增速加强，各类解决方案出现，垂直行业市场持续渗透。政府、电信、金融、零售的线下大数据市场规模较大。

伴随固定电话、移动通信、通信设备、广播设备、电子商务零售商、软件、计算机硬件和半导体等数据使能者的出现，数据服务者进入大数据生态系统，在数据零售与数据使能之间成为“中间商”的角色，既可成为数据零售的上游，也可直接向最终用户提供服务。

成熟期（2017 之后）：大数据市场规模将过百亿

数据生态系统复合化程度加强。系统内部角色开始细分，商业模式不断创新，竞争环境开始调整。

数据管理成为核心竞争力，直接影响财务表现。数据资产管理效率与主营业务收入增长率、销售收入增长率显著正相关。对于具有互联网思维的企业而言，数据资产竞争力所占比重为 36.8%，数据资产的管理效果将直接影响企业的财务表现。

通过产业核心要素的大数据，掌控数据生态的主要生态链，从而实现在数字经济时代的再一次腾飞。2014 年，大数据进入快速发展的第一阶段，增长速度将接近 30%。预计 2016 年国内大数据市场规模总量将突破 100 亿人民币。需求方面，企业对于大数据的需求持续增强，各类大数据应用逐渐落地，并成为产业链的核心，企业着力培育自身的数据资产。供给方面，新兴技术推动大数据技术环境趋向成熟，行业大数据应用渐渐丰富，大数据生态系统多元化程度加强。结合易观智库对于中国大数据市场的发展趋势及竞争力趋势研究，易观智库推荐数据应用市场关注数据管理技术与拥有产业核心要素数据的相关企业。

图 137 2015–2017 年中国大数据整体市场交易规模预测

易观智库分析认为，大数据市场未来将呈现以下发展趋势：

1. 数据生态系统复合化程度加强

大数据的世界不只是一个单一的、巨大的计算机网络，而是一个由大量活动构件与多元参与者元素所构成的生态系统，终端设备提供商、基础设施提供商、网络服务提供商、网络接入服务提供商、数据服务使能者、数据服务提供商、触点服务、数据服务零售商等一系列的参与者共同构建的生态系统。

而今，这样一套数据生态系统的基本雏形已然形成，接下来的发展将趋向于系统内部角色的细分，也就是市场的细分；系统机制的调整，也就是商业模式的创新；系统结构的调整，也就是竞争环境的调整等等，从而使得数据生态系统复合化程度逐渐增强。

2. 数据管理成为核心竞争力，直接影响财务表现

当“数据资产是企业核心资产”的概念深入人心之后，企业对于数据管理便有了更清晰的界定，将数据管理作为企业核心竞争力，持续发展，战略性规划与运用数据资产，成为企业数据管理的核心。

易观智库分析认为，数据资产管理效率与主营业务收入增长率、销售收入增长率显著正相关；此外，对于具有互联网思维的企业而言，数据资产竞争力所占比重为 36.8%，数据资产的管理效果将直接影响企业的财务表现。

3. 产业核心要素的掌控者主导数据生态体系

数据生态体系中的核心环节是产业的核心要素，例如电商的支付、物流、信息（信用）。掌握产业核心要素环节的企业若顺势而为，把握大数据时代的机遇，将企业自身的核心竞争力优势进一步释放，运用互联网思维，通过产业核心要素的大数据掌控数据生态的主要生态链，从而最终实现在数字经济时代的再一次腾飞。

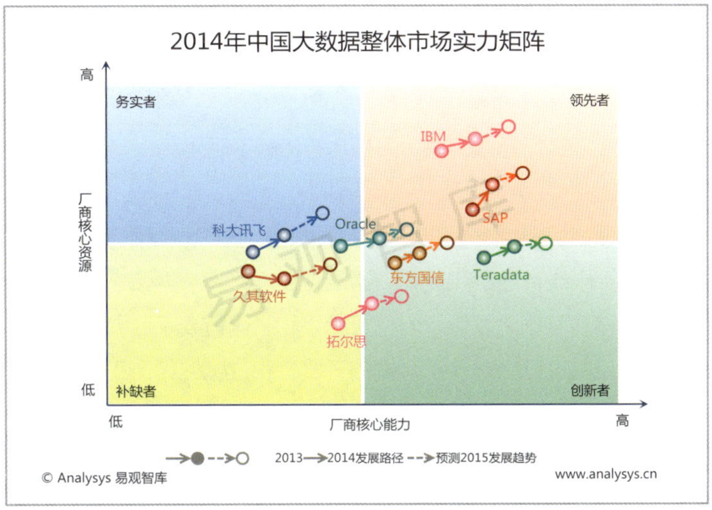

图 138 2014 年中国大数据整体市场实力矩阵

根据易观智库实力矩阵分析模型可以发现：IBM、SAP、Oracle 处于领先者象限，科大讯飞处于务实者象限，久其软件处于补缺者象限，东方国信、Teradata、拓尔思处于创新者象限。

领先者象限典型厂商分析：

领先者在商业模式创新或产品 / 服务创新性上拥有较强的独特性，同时具有很好的系统执行力能够把创新性提供给市场并获取较高的市场认可。

2014 年中国大数据整体市场领先者：IBM、SAP、Oracle

IBM 是商业分析和大数据技术最活跃的厂商之一。近年来，IBM 先后投资了 SPSS、Clarity、Open Pages、i2、 Algorithmics 等公司用以开发其商业分析解决方案，为客户提供预知判决、防范诈骗、风险和威胁的能力。此外，IBM 雇佣了近 9000 名具有专业行业知识的资深分析咨询师，建立起了由 8 各全球分析解决方案连接起来的网络。IBM 大数据平台建立在开元的 Apache Hadoop 之上。通过向用户提供分析的整合手段从而理解信息以求得更好的商业收益，此平台能够使数据密集型应用软件更方便地管理和分析 PB 级大数据。

SAP 大数据业务涉及四个层面，包括吸收、存储、处理以及展现，针对半结构性数据、结构性数据以及非结构性数据，其中数据处理的 SAP HANA 是 SAP 大数据解决方案提的核心。SAP HANA 是一个利用内存计算的新型实时数据平台，能够实现在海量数据持续增加的情况下支持实时业务驱动，可以在本地部署也可以通过云交付。SAP HANA 平台可以助力企业的实时业务，包括对运营报表、数据仓库、大数据预测分析和文字分析的实时分析；也涉及核心流程加速、计划优化应用和感知响应应用等实时应用；以及数据库、移动端、云端的实时平台。

甲骨文 Oracle 将大数据平台的行为概括为数据获取、数据组织和数据分析。并为这三个阶段开发了不同的产品，而这些产品又与其推出的“大数据机”完全集成到一起。随着 Oracle 大数据机的推出，Oracle 成了以全面、软硬件集成的产品满足企业关键大数据需求的公司。Oracle 大数据机是一款集成设计的系统，旨在简化大数据项目的实施与管理。该数据机采用 18 台 Oracle Sun 服务器的全机架式配置，总共拥有 864 GB 主内存、216 核 CPU、648 TB 原始磁盘存储空间，并在节点和其他 Oracle 集成化系统之间采用 40 Gb/

s 的 InfiniBand 网络连接以及 10 Gb/s 的以太网数据中心连接，可通过 InfiniBand 网络连接多个机架进行横向升级扩展，使其能够获取、组织和分析超级海量的数据。

务实者象限典型厂商分析：

务实者评价拥有丰富的资源，执行能力较强，但是创新优势不明显。

2014 年大数据整体市场务实者：科大讯飞

科大讯飞具有先进的智能语音识别技术，在移动互联网、教育信息化和行业应用等领域积极布局，取得了丰硕成果。教育信息化领域，围绕普通话和英语口语测评技术打造从学习、培训到考试的一体化服务，并最终聚合成统一的教育门户；移动互联网领域，以“灵犀”和“语音云平台”为抓手，背靠中移动实现合作互赢；公司已有的语音云平台目前也已经累计了众多的开发者和过亿的终端用户，这也将成为公司未来发展的重要资源；同时其世界级的模式识别与人工智能技术将可能为新型可穿戴设备的兴起奠定技术基础。

补缺者象限典型厂商分析：

补缺者具备一定资源，但是优势资源带来的效应并没有明显地表现出来，立足于某一细分市场，尚有发展潜力。

2014 年大数据整体市场补缺者：久其软件

商业智能是久其软件培育的创新业务，本质是帮助现有的大量优质客户分析自身经营数据并改善管理。产品及服务包括久其商业智能套件研发 20 项，产品包括杜邦分析、ABC 成本分析、预算分析、对标分析、What-if 分析、综合绩效评价、因素分析等，分析深度较深。2010-2011 年，久其商业智能软件开始得到认可，商业智能产品已经在多个电信（福建、陕西、湖南、广西、重庆等）ABC 作业成本管理系统、电信北九省集中 MSS 系统优化扩容数据分析系统、多个综合分析系统（广东移动、广东电信、湖北电信）推广，而光明乳业财务风险预警监测系统和中冶财务信息辅助决策系统标志着在电信业之外开始有应用。

创新者象限典型厂商分析：

创新者在产品 / 技术上的投入很大，并在商业模式、技术或者产品服务的创新性上有独特的优势。但是由于种种原因没有得到很好的市场表现。创新者迫切需要获取研发投入的产出，将会大力改变整个产业的格局。

2014 年大数据整体市场创新者：东方国信、Teradata、拓尔思

东方国信积极引导业务模式从项目制向“项目主导，项目 + 产品 + 咨询服务 + 运营”转型。标准化产品和咨询服务的毛利率较高，能显著提升其 ROE 水平，运营业务则代表了商业智能的长期发展方向，看好公司的多元化发展战略。从项目制向产品制转型，走产品化与平台化之路。开始从数据整理及呈现业务向数据运营业务转型。研发力量持续向中层、底层技术投入，在 2013 年完成了数据集成和管理工具等产品，并推进数据库和 ETL 产品的研发，逐渐形成了 BI 全产业链的多层次产品结构。产品化和平台化能力得到明显加强，从两方面可以得到印证，公司毛利率水平从 2013 年第 3 季度开始逐季提升 (40.90%、44.62%、56.39%)；人均产值在 2012 年的 22.76 万元人民币 / 人基础上增长到 2013 年的 25.77 万元人民币 / 人。

Teradata 的核心亮点包括：第一，实时查询加速，Teradata 动态企业级数据仓库配备的主内存超过上一代产品的 8 倍，通过增加主内存容量将显著提升运营、关键业务以及实时查询的速度。依据不同的工作负载，在相同时间内，用户能够查询业务问题的数量几乎增加了 5 倍。第二是一致的查询性能，Teradata 在固态硬盘中增加了 3 倍的闪存数量，利用闪存，Teradata 能够为运营及战略查询提供一致的性能。Teradata 虚

拟储存软件（Teradata Virtual Storage software）能够确保有效利用新增闪存容量，将使用频率更高的数据置于闪存之内。第三是整体性能，采用了双 Intel Xeon 12 核心 2600 V2 处理器，以及高性能 NetApp E5500 数据存储系统的平衡结合，数据仓库处理性能提升了 40%。第四是效率，现有系统在能耗和部署空间需求等方面下降 4 倍。第五是存储量，Teradata 动态企业级数据仓库 6750 平台能够满足规模最大、最苛刻的实时负载，拥有数以千计的应用程序，能够真正满足无限数量的并发用户在 61 拍字节（PB）的数据中进行查询，为决策者提供最重要的数据。

拓尔思以四大非结构数据核心处理技术为依托，开发了一系列非结构数据处理软件产品，基本完全覆盖企业等机构用户非结构数据管理业务，目前 90% 的部委门户网站，60% 以上的省政府门户网站采用了 TRS 产品，包括 TRS 内容协作平台、TRS Portal 和 TRS 全文数据库系统的结合已成为党政内网建设的最佳方案；媒体行业 50% 的报业集团是 TRS 用户，TRS Smart 是未来的增长点。

云计算

云计算是一种 IT 资源的交付和使用模式，指通过网络以按需、易扩展的方式获得所需的硬件、平台、软件及服务等资源。提供资源的网络被称为“云”，其计算能力通常是由分布式地大规模集群和服务器虚拟化软件搭建。云计算的内容主要包括：基础设施即服务（IaaS）、数据存储即服务（DaaS）、平台即服务（PaaS）、软件即服务（SaaS）、云安全和虚拟化应用等内容。云计算的 5 个基本特征是按需服务、宽带访问、资源池化、快速扩展和服务度量。云计算主要有 3 种部署模式，分别是公有云、私有云和混合云。

目前国内云计算产业链正在逐步构建中。主要产业链由云基础层、云支撑层、云服务层和用户构成。云基础层包括软件（业务平台、管理平台、系统软件和虚拟化）、硬件（服务器、存储、网络设备和安全）、网络（IDC）和终端（WEB OS、瘦终端、上网本、智能手机和平板电脑）。云支撑层包括系统集成商、咨询服务商和整体解决方案提供商。云服务层包括 IaaS 服务商、PaaS 服务商和 SaaS 服务商。用户包括普通消费者、企业和政府。

图 139 中国云计算产业地图

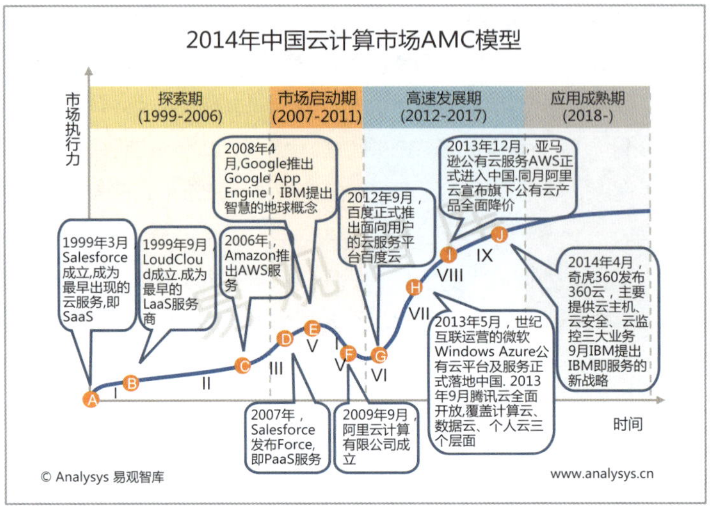

图 140 2014 年中国云计算市场 AMC 模型

探索期（1999-2006）：

随着虚拟化、网格计算、分布式计算等技术逐步成熟，云计算的概念逐步成熟，云服务概念和技术经历了积累阶段后，云服务开始初现。

市场启动期（2007-2011）：

云服务的三种形式全部出现，IT 企业、电信运营商、互联网企业等纷纷推出云服务，云服务体系形成。从 2010 年开始，大量企业跟风进入 IDC 行业，为了快速提升业务能力进行了过度投资，拼抢市场，酝酿成新一轮的恶性竞争和大量的资源浪费。业内还陆续出现了一些云计算企业的并购事件，例如：阿里云收购万网，IBM 收购 CloudFoundary，EMC 收购 VMWare 等。这些并购案例印证了泡沫的破裂，云计算从高潮期走入低谷，泡沫破裂，大公司开始重新根据失败的经验定义行业标准，逐步把云计算带入复苏期逐步走向成熟。

2010 年 10 月中国国务院发布《关于加快培育发展战略性新兴产业的意见》，将云计算纳入战略性新兴产业；同月发改委发布《关于做好云计算服务创新发展试点示范工作的通知》，确定北京、上海、杭州和深圳、无锡 5 城市先行开展云计算服务创新发展试点示范工作；2011 年国务院发布《关于加快发展高技术服务业的指导意见》，将云计算列入重点推进的高技术服务业。

高速发展期（2012-2017）：

云计算类产品功能日益完善，逐步形成主流云服务平台的技术、产品、服务标准。

云服务类型多样化，传统领域企业开始通过研发、收购等方式投入云服务中。随着物联网以及大数据技术的发展和普及，主流云服务平台与第三方合作密切，增值服务内容逐渐丰富，用户需求被迅速激发，产业保持高速增长。同时，大量云计算相关的创业创新型企业创立，如七牛云存储、青云 QingCloud、UCloud 等，对中国的云计算发展起到了较大推动作用。

应用成熟期（2018-）：

应用成熟期的标志包括：物联网产品及服务大规模走入家庭，数据变成可进行交易的商品，云计算成本继续大幅下降（docker 模式），云计算产品功能健全，市场格局相对稳定，云服务进入成熟阶段，发展变缓，服务内容和模式向着深度定制化方向发展。

直接面向终端用户的云服务是云计算行业的重要环节，云服务的市场规模对于衡量云计算市场的体量具有关键作用。根据易观智库产业数据库的监测，2014 年中国云服务市场规模为 784.8 亿元人民币，增长率达 70%。预计到 2017 年中国云服务市场规模达到 3390 亿元人民币，增长率达 52%。

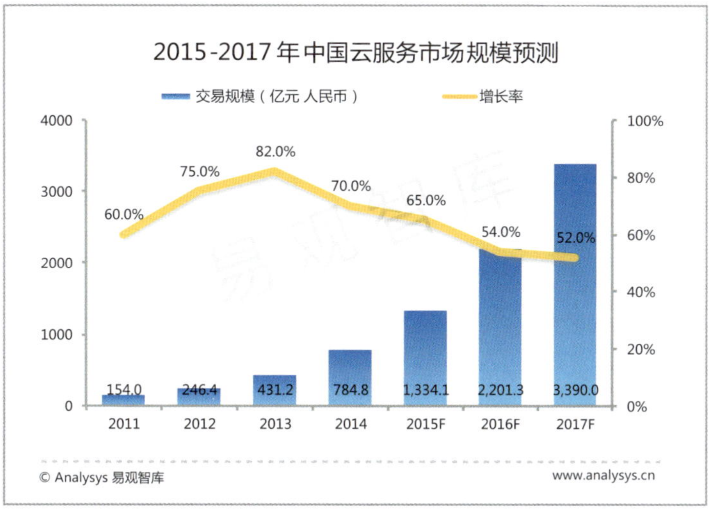

图 141 2015-2017 年中国云服务市场交易规模预测

易观智库分析认为，国内云计算产业链将逐步完善，虚拟化、负载均衡等 IaaS 层技术已有所突破，并已出现占据主导地位的厂商。随着 IaaS 技术的进一步成熟，未来 3-5 年 SaaS 和 PaaS 市场规模和用户规模将有较大增长。鉴于 IaaS 层对于 SaaS 和 PaaS 的发展所起的重要基础性作用，且发展相对完善，下文将重点分析 IaaS 市场的厂商竞争实力。

在中国云服务 IaaS 市场中，各主要企业处于差异化发展阶段，具有不同的竞争实力，如易观智库实力矩阵图形所示：

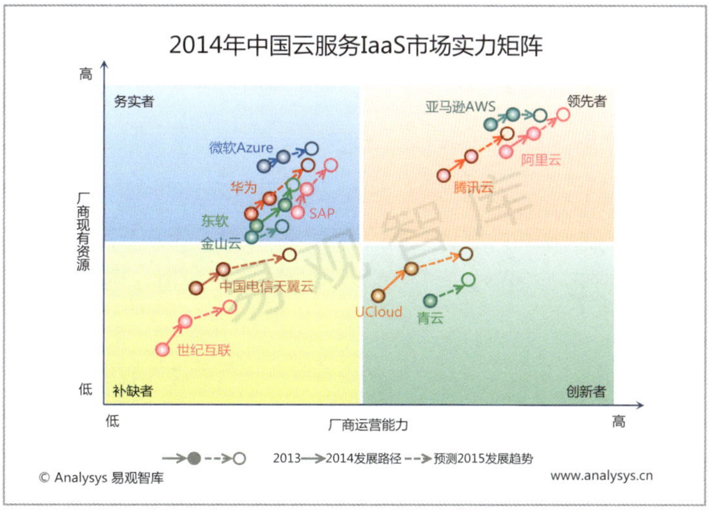

图 142 2014 年中国云服务 IaaS 市场实力矩阵

领先者象限代表厂商分析：

阿里云是阿里巴巴集团旗下云计算品牌，用户用互联网的方式即可远程获取海量计算、存储资源和大数据处理能力。借阿里巴巴集团强大的影响力，阿里云服务的客户遍布互联网、移动 APP、音视频、游戏、电商等各个领域。阿里巴巴作为中国最大的电商及交易平台，在云计算领域布局较早，作为中国公司中第一个真正实现“去 IOE”的，技术表现也十分出色。

务实者象限代表厂商分析：

金山云是金山集团旗下控股公司，作为金山系的一员，金山云与小米的联系极为紧密。雷军构建的小米生态系统需要云平台，作为金山软件最大利润和营收来源的游戏业务也需要云平台，金山云从诞生起就有优质的客户。诞生于老牌公司，金山云有一定的技术积累，但发展时间较短，运营能力还有待提高。

创新者象限代表厂商分析：

UCloud 作为新兴云服务提供商，客户主要面向移动端，手机游戏公司是其主要客户。相比大型互联网公司，UCloud 资金实力和技术实力相对较薄弱；但作为创业型公司，多样的服务模式、良好的用户体验使其获得了大量创业公司的青睐。

补缺者象限代表厂商分析：

天翼云是中国电信旗下面向最终消费者的云存储产品，是提供文件同步、备份及分享等服务的网络云存储平台。现如今个人云存储市场竞争激烈，而天翼云没有明显的技术优势，模式也相对单一，难以形成突围。

车联网

广义的车联网是指车与任何物体（V2X）的交互，包括车与人（V2P）、车与车（V2V）、车与基础设施（V2I）等，实现车辆与公众网络通信的动态移动通信系统。目前中国的乘用车前装车联网市场，由于 V2V、V2I 受限于行业标准以及基础设施建设等问题，目前仍停留在实验室阶段，所以主流厂商主要集中在 V2P 方面的探索。

从整个前装车联网发展的历程来看，分为四个阶段：

第一阶段：2009 年，跟随国外 G-Book、OnStar 发展的步伐，中国本土前装车联网系统开始出现，主要功能集中在导航、音乐、呼叫中心等用户的基本需求方面。在这一发展阶段中，整车厂商占据主导地位，是产业链的核心环节。

第二阶段：随着前装车联网的发展，越来越多的垂直领域企业开始发现车联网的优势，比如保险、物流等行业，利用车联网进行崭新的 CRM 模式、车辆管理。这些垂直领域的车联网的商业模式往往是 B2B 形式，即所谓的项目制，因而效率和覆盖率都比较低，而且运营成本偏高。但是在商用车的车联网领域，特别是涉及智能交通部分，政府部门会有一定政策方面的扶持。因此在这一阶段，产业链主导主要是保险公司、物流公司、交管部门等。

第三阶段：由于前两个阶段，企业在前装车联网领域投入存在产出比较低，因而迫切需要能够出现一个平台，能够整合所有细分领域的应用和服务，这也是众多车联网领域企业在现阶段的主要目标。平台提供商的前提条件是要拥有强大的资源整合能力，因此存在较高的行业壁垒。在这一阶段，整车厂依然具有较强的话语权，但是独立 TSP 将作为产业链的核心，因为它具备建立统一开放平台的能力。

第四阶段：实现 V2P 之后，更重要的是 V2V、V2I 甚至实现汽车与一切物体互联互通，通过这些最终真正实现避免交通事故、躲避交通拥堵，甚至是安全的自动驾驶。在这一阶段，车联网更多强调的是生态系统的协同作用，产业链核心的特征将不再鲜明。目前这部分的发展还受限于基础设施的完善程度以及中国复杂的道路情况等。中国前装车联网产业链较长，参与企业众多，并且仍不断有企业进入市场。易观智库分析认为，现阶段整车厂商占据产业链主导地位，拥有最高话语权，掌握所有供应商的最终决策权，而一般作为整车厂商一级供应商的 TSP 则是产业链的核心，为车厂提供包括技术服务以及运营在内的整体解决方案。

基于国内目前前装车联网行业的发展现状，其产业链如下图所示：

图 143 中国前装车联网产业地图

1. 内容 / 服务提供商

内容提供商主要为服务提供商生产文本、图像、音频、视频或多媒体信息。目前中国车联网产业尚处于探索期，很多前装车联网服务仅以导航为主，此外提供远程诊断、紧急救援、车辆防盗等专业性强的信息服务。但从用户需求角度出发，内容的广度、深度仍然不够，因此随着产业的发展，前装车联网将实现更加丰富的内容整合。目前内容提供方面并没有达到盈利阶段，内容提供商的利润较小、竞争激烈，但又是不可或缺的环节，因此内容提供者可以在现有的基础上开拓内容的广度，同时不能脱离内容的针对性。

服务提供商主要是提供 GIS 引擎、服务平台、客户中心、安全救援等服务，相比内容提供商，参与度更高一些。但是无论是内容提供商还是服务提供商，最大的软肋是缺少汽车渠道市场，因此虽然作为产业链基础环节，话语权确并不高。

2. 整车厂商

整车厂商占据产业链主导地位，掌握所有供应商的最终决策权。车厂目前纷纷推出自有车联网产品，但实际上从车厂核心需求的角度分析，未来车厂还是应该更聚焦于车本身的安全性、稳定性及高性能，使得驾驶变得更安全；从另一层面来讲，车厂产品往往研发周期长并且迭代较慢，相比互联网企业的创新、快速、开放、灵活，车联网产品难以满足用户多样化的需求。因此对于车厂来说，最重要的是对汽车行驶安全的把控，而服务应该由专业 TSP 企业去做。而现阶段，车厂之所以仍然把控服务，一方面由于整个市场仍处于探索期，未来的诸多不确定性决定了其谨慎的态度，另一方面中国市场独立 TSP 厂商的技术实力仍需提升。

3. TSP（T 服务运营商）

目前车联网的发展阶段，TSP 在整个产业链中是处于核心地位的。国外 TSP 的发展比国内的发展较为成熟，主要是整车厂商和移动运营商独立或合作的形式展开。而中国 TSP 目前发展较为薄弱，但是其市场潜力较大，消费者的需求也较为强烈，收益较高，是产业链众多企业争取的对象。

4. 电信运营商

电信运营商在车联网中扮演比较重要的角色。首先基础电信运营商在产业链中的主要角色是网络服务提供商，是信息传递的通道。但运营商依托丰富网络和用户资源、平台以及在 ICT 信息服务产业链的整合能力和经验，还可以向产业链上、下游延伸获得更多的发展空间，如作为 TSP 的角色提供平台研发以及运营服务，为企业提供端到端的解决方案，甚至可以通过合作或 OEM 拓展到终端集成领域。因此电信运营商在该产业链中的定位主要有两种角色：通道提供商和 TSP。中国移动运营商应该同时扮演好这两种角色。

5. 终端设备提供商

终端设备提供商拥有 4S 店等汽车渠道，因此主要在汽车后市场占有一定的主动权。由于汽车影音导航厂商本身具备一定的客户群，而这些客户也是车联网产业的用户，因而在进入车联网市场已经拥有部分客户资源。

6. 用户

中国乘用车车联网市场，最终用户主要是个人用户，因而用户的满意度是车联网业务发展的关键。只有用户愿意为所使用的服务支付相应的费用，产业链上其他环节的收益才有保证，这也就要求产业链上各环节通力合作，深入了解消费者的需求，提供令消费者满意的应用和服务。

从车联网应用市场发展历程来看，目前市场仍处于探索期，并且以乘用车前装车联网市场为主，不论是产品还是商业模式都不够成熟。预计这一阶段仍将持续 2 年至 3 年。易观智库对中国车联网行业发展生命周期作如下解读：

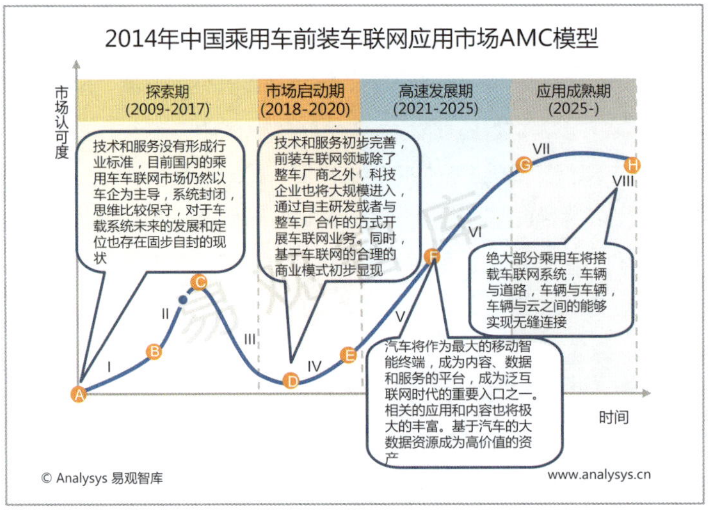

图 144 2014 年中国乘用车前装车联网应用市场 AMC 模型

随着车联网的发展，互联网巨头看重其未来的发展前景开始进行布局，用户认知度逐渐提高。主流车厂均以 2014 年为时间点，纷纷启动 Connected Car 项目，相比移动互联网产品，车联网产品开发周期较长，从研发、测试到上市至少需要 1–2 年时间，未来几年内车联网产品将陆续投放市场，用户认知度会进一步提高。

市场探索期 (2009-2017)：

技术和服务还不完善，没有形成行业标准，并且乘用车前装车联网行业进入壁垒比较高，所以对于企业的战略是完善自身技术和服务，并且加强产业链整合能力，从而占领市场。目前国内的乘用车前装车联网市场仍然以车企为主导，系统封闭，思维比较保守，对于车载系统未来的发展和定位也存在固步自封的现状。因此，2014 年以 BAT 为代表的互联网公司的进入，势必为这个市场带来一股新兴的力量。

市场启动期 (2018-2020)：

技术和服务初步完善，前装车联网领域除了整车厂商之外，科技企业也将大规模进入，通过自主研发或者与整车厂合作的方式开展车联网业务。同时，基于车联网的合理的商业模式初步显现。

高速发展期 (2021-2025)：

汽车将作为最大的移动智能终端，成为内容、数据和服务的平台，成为泛互联网时代的重要入口之一。前装车载系统将主要基于通用和开放的平台进行开发，相关的应用和内容也将极大地丰富。基于汽车的大数据资源成为高价值的资产，将应用与众多相关行业比如保险、售后、消费和营销等。

应用成熟期 (2025-)：

绝大部分乘用车将搭载车联网系统，车辆与道路、车辆与车辆、车辆与云之间能够实现无缝连接。

从趋势上判断，易观智库对于该行业的发展趋势有如下的判断：

趋势一：车厂开放，车联网应用与 CAN 融合

从整个乘用车前装车联网行业发展来看，未来最大的发展趋势是开放，随着车厂逐步开放数据，车联网生态系统会越来越健全，产业链分工开始明确，这样一来车联网开放平台成为发展关键，开放平台不但可以将产业链上下之间的资源串联起来，还能够把基于汽车的细分领域服务整合在一个统一的平台上面。从目前乘用车前装车联网发展阶段来看，开放平台最可能是由能够服务多家车厂能力的独立 TSP 角色来担任，当然也可能是 IT、互联网等巨头。

车联网要取得快速健康的发展，需要形成以具有较强实力的平台运营商为主导，产业链各方具有实力企业的紧密合作，打造一个相对成熟而且具有竞争力的产业链，从而为在车联网生态系统中众多希望发力于车联网市场却又找不到着力点的企业带来信心和希望，车联网市场才能显示出它巨大的魅力。

趋势二：产品创新不断，愈加多样化

随着车联网领域核心技术得到突破，导航算法、语音识别、云计算、大数据发展达到相当的成熟度，技术将驱动产品创新。比如，车联网的导航技术将向更加直观、更加易用，传统的静态导航将逐渐被动态导航所取代，导航将不断地向 3D 导航技术、实景导航技术及在线化方式发展，而地图增量更新技术、动态交通信息技术将在导航技术中全面应用。

趋势三：创新商业模式出现

整体产业链来看，由于整合难度大，缺乏具有实力的平台服务商来主导产业链，导致车联网目前商业模式还处于比较简单的初级阶段，所以受限于行业发展，车联网可持续发展的商业模式还需要相对较长的投入过程。然而随着生态系统的健全，更多 CP/SP 提供商、互联网厂商进入车联网的产业链，车联网提供更加多样化的服务，随之而来会出现新的商业模式，比如基于车辆数据形成大数据产品，比如基于车载应用的广

告等，所以，厂商会充分利用这一块屏开拓全新的商业模式。

趋势四：市场从制造要素为核心扩展至后服务要素

汽车是高度集成的产品，目前市面的前装车联网产品也是汽车出厂时就已经集成好，所有的应用和服务都是用户被动接受的。然而未来随着车联网发展到一定阶段，在充分竞争的市场格局下，车联网产品的首要目标是提高用户体验，提高用户满意度，从而提升企业品牌价值，在这一趋势下，车联网核心将是围绕如何满足用户的个性化需求，以及如何提升服务品质，因此在产品形态上，最终的产品和服务也应该是由用户主动选择的。根据易观智库发布的《2014-2017 年中国车联网市场专题研究报告》显示，2014 年中国乘用车前装车联网市场规模达到 107.5 亿元人民币，较 2013 年增长 28.3%，从发展阶段看，车联网市场仍保持快速的发展。目前中国的汽车年销量超过 2000 千万辆，汽车保有量超过 1.2 亿辆，而真正搭载车联网系统的汽车仍然非常差，整体渗透率还不到 10%。

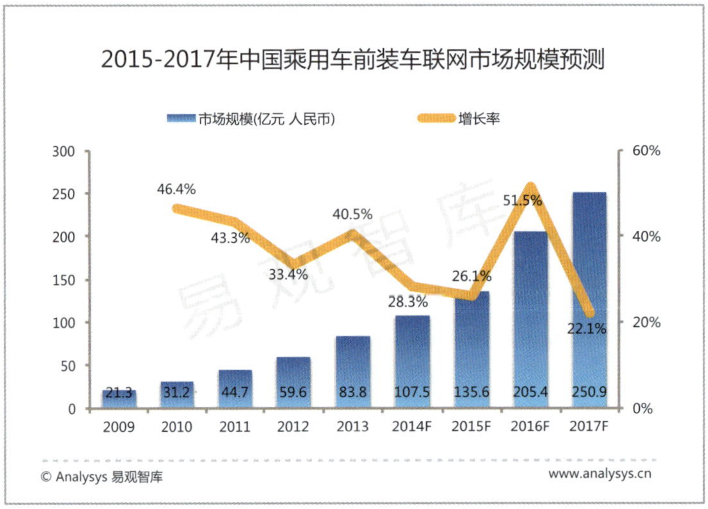

图 145 2015-2017 年中国乘用车前装车联网市场规模预测

在前装市场，以安吉星，G-BOOK，InkaNet 等为代表的车联网系统是主流汽车品牌和主流车型的重要配置，这些车联网系统基本上都是由整车厂商主导研发的，虽然一些是通过与第三方合作的方式，但主导权仍然在车企手中。而后装市场虽然今年以来有所发展，但是由于 OBD 接口本身的局限性以及汽车内部控制和数据的不够开放，导致后装车联网产品不能成为主流。

从产品的角度来看，目前的各种车联网系统在功能上大同小异，后端的服务也主要集中在行车、安全和救援等方面。从用户的角度来看，目前的前装车联网系统还难以真正解决用户痛点，因此车主付费使用车联网服务的意愿不强，续费率很低。从厂商的角度看，目前车联网系统仍然是作为增加整车销售竞争力的一种配置性产品，而没有上升成为真正的智能车载系统。根据易观智库发布的《中国乘用车前装车联网市场专题研究报告 2014》显示，目前前装车联网的发展阶段，TSP 在整个产业链中是处于核心地位的。国外 TSP 的发展比国内的发展较为成熟，主要是整车厂商和移动运营商独立或合作的形式展开。而中国 TSP 目前发展较为薄弱，但是其市场潜力较大，消费者的需求也较为强烈，收益较高，是产业链众多企业争取的对象。易观智库通过实力矩阵模型从厂商现有资源和厂商运营能力两个维度对车联网 TSP 市场的格局进行描述，以此确定主要厂商的竞争地位并分析各厂商的演进路线。易观智库企业竞争力矩阵主要是通过维度拆分的方法，通过二维的方式，尽量完整地体现企业在某市场中的竞争实力。

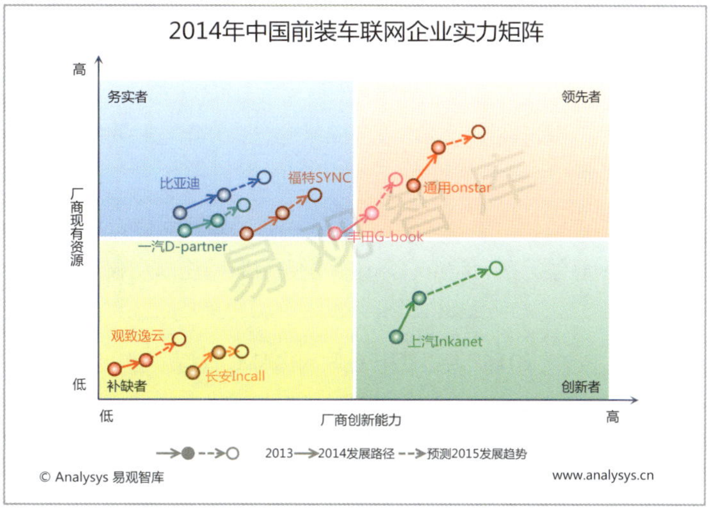

图 146 2014 年中国前装车联网企业实力矩阵

领先者象限典型厂商分析：

通用 Onstar 作为目前装机量最大的前装车联网系统，不论是在用户体验还是后端服务方面都比较成熟，经过多年的运营使 Onstar 成为目前前装车联网市场的典型代表。Onstar 是与整车深度互联的。基于 CAN 总线集成技术及强大的 IT 后台系统，能够为用户提供及时、人性化的服务。同时，呼叫中心也加深了用户与安吉星之间的互联沟通程度; 目前从活跃用户数量、产品保有量及服务使用量来看，Onstar 均具备领先优势。

务实者象限典型厂商分析：

福特、比亚迪、一汽的前装车联网系统都具备各自的优势和特点，也具有了一定的装机量，但从系统的用户体验，内容和应用的丰富度来说还有待提升。

福特 SYNC 是福特与微软共同开发，SYNC 系统是基于微软的 Microsoft Auto 系统开发而来的。Microsoft Auto 现在的名称叫作 Windows Embedded Automotive，是一款基于 Windows CE 开发的车载嵌入式系统。这款系统最早由微软的汽车业务部于 1995 年完成开发， 并于 1998 年以 AutoPC 的产品形成推向市场。福特 SYNC 的硬件与系统集成由 Continental 提供。从产业链中角度，具较强的合作伙伴资源，但从创新角度仍有待提高。

创新者象限典型厂商分析：

上汽的 Inkanet 系统一直尝试较为前瞻性的开发和设计，随着上汽与阿里的合作，上汽自主品牌的车联网系统将有更多创新的东西呈现给市场。目前搭载该系统的车型包括荣威和 MG 等，快速精准的语音识别能力、出色的人机界面与响应速度、便捷全面的服务功能以及丰富强大的车载应用使得该系统具备了更多的创新元素。

补缺者象限典型厂商分析：

观致和长安作为较为新兴的车联网系统开始搭载在各自品牌的车型上，但不论是从装机量和创新能力方面来看都处于较为初级的阶段。

行业互联网化

银行业互联网化

银行业的互联网化一般是指，银行在自身内核业务的基础上，利用互联网技术为客户提供新型差异化的银行服务。2014 年以前，银行业的互联网化主要集中在运营的互联网化上，即在零售业务领域，用电子银行和网络银行的渠道替代传统实体的银行渠道。到了 2014 年，第三方支付、互联网理财、P2P 网贷以及众筹等互联网金融模式的冲击，倒逼银行在产品互联网化、营销互联网化以及服务互联网化等方面做出了积极的回应。

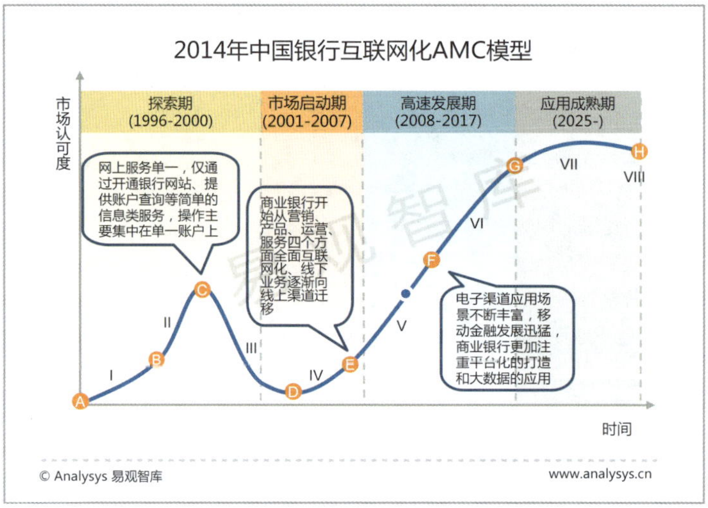

图 147 2014 年中国银行互联网化 AMC 模型

市场探索期 (1996-2000)：

1996 年起，中国银行率先在国内开通门户网站，并开始搭建网上银行服务系统，也拉开了商业银行互联网化的序幕，各大商业银行均相继推出了自己的网上银行和门户网站，2000 年，招商银行率先在国内推出“移动银行”服务，但由于安全技术及法律监管的因素，商业银行在互联网上所提供的服务更多集中在账户查询等简单的信息类服务。

市场启动期（2001-2007）：

2001 年，《网上银行业务管理暂行办法》的颁布标志着中国对网络安全性管理已经有法可依。2002 年底，国有银行和股份制银行全部建立了网上银行，开展网上银行业务的商业银行达 21 家，互联网化已全面涉及到商业银行的产品、运营、服务和营销。其电子银行的功能逐步完善，电子银行替代率不断提升。

高速发展期（2008-2017）：

随着 3G 技术的普及以及智能手机的快速发展，商业银行移动银行得到了良好的发展环境，得以迅速发展，商业银行在移动金融的发展提升到战略高度，而伴随着利率市场化进程的加快以及互联网金融的爆发，银行开始全面拥抱互联网，银行系电商、直销银行、银行系 P2P 平台相继产生。

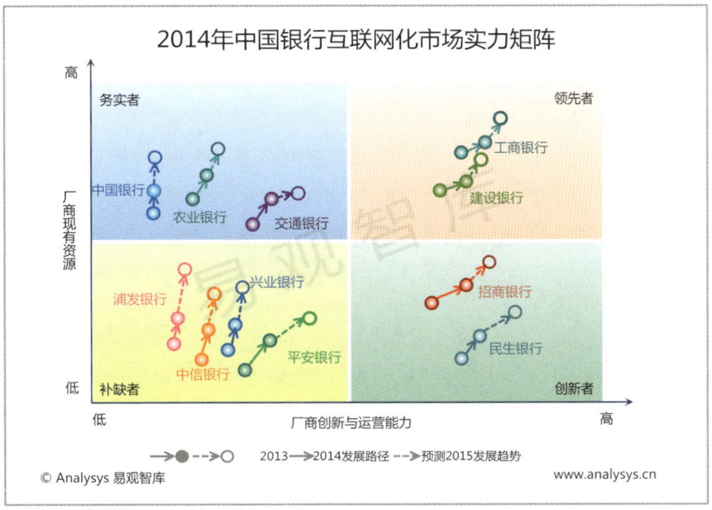

图 148 2014 年中国银行互联网化市场实力矩阵

通过对 2014 年中国商业银行互联网化的执行能力和业务创新能力进行比较，易观智库研究发现工商银行和建设银行在资源、创新与执行能力两方面均表现比较突出，处于领先者象限，招商银行、民生银行在互联网化的进程中一直保持追赶的角色，具有较强的创新能力，其与领先者的差距主要体现在现有客户资源上，处于创新者象限；平安银行、中信银行、兴业银行市场表现跟领先者相比仍有差距，处于补缺者象限；农业银行、中国银行与交通银行拥有较大体量的客户群体，但创新能力仍然有待提升，暂处于务实者象限。

务实者象限代表厂商分析：中国银行、中国农业银行、交通银行

中国银行、中国农业银行与交通银行作为国有大行，近两年来在不断加快互联网化的进程，从资源上来看，这三家商业银行有着较为明显的优势，尤其是其所拥有的庞大的客户体量使其迅速在电子银行业务中占据了一定的市场份额，但是在创新与运营这项指标中，与领先者和创新者上还存在一定的差距，农行、交行均推出了自有电商平台“e 商管家”与“交博汇”，但从市场推广效果来看与领先者象限的商业银行所推出的电商平台无论是交易额还是知名度上都有所不及。

领先者象限代表厂商分析：工商银行、建设银行

工商银行与建设银行作为国内两家最大的商业银行，从各方面资源上来说与其余商业银行相比都具有较大优势，而两家商业银行对于其互联网化的战略布局也颇为重视：

建设银行在互联网化进程中一向布局较早，为国内首批推出网上银行、手机银行的商业银行之一，根据易观智库 eCDC 用户雷达监测数据显示：通过不断地优化，建设银行手机的活跃用户已成为国内活跃客户最多的手机银行；而其在 2012 年推出的“善融商务”已成为银行系电商中最具知名度的品牌之一，2014 年上半年报数据显示，截至 6 月 30 日，善融商务平台的交易额就已突破 600 亿元人民币。

2014 年 1 月，工商银行自有综合品类电商平台“融 e 购”上线，主要以面向 C 端用户为主，“融 e 购”实质上是工行互联网化战略中最为重要的一项布局之一，搭建电商平台卖货并不是其主要意图，其目的在于数据、平台以及个人金融业务的对接，工商银行将会通过电商平台所聚集的信息和用户来进行精准的金融服务推送和匹配。在短短一年的时间内，“融 e 购”交易额就已突破 700 亿元人民币。同时，工行在 2014 年

还开发了属于自己的移动即时通讯应用 –“融 e 联，在增强客户黏性的同时，也在营销推送和社交数据的获取上起到了一定的推动作用。

创新者象限代表厂商分析：招商银行、民生银行

招商银行和民生银行两家股份制银行近两年来在银行互联网化道路上可谓发展迅速，虽然在资源上不及五大行，但其在创新与运营的指标中表现尤为突出。

在业内率先推出微信银行、最早推出银行系 P2P 投融资平台“小企业 E 家”，招商银行在银行互联网化创新的道路上一直走在前列，其网上银行、手机银行的用户体验受到了用户的广泛认可，2014 年，招商银行发力移动支付，推出“一闪通”支付产品，招商银行一闪通的技术核心在于 NFC 支付，相比目前绝大多数手机银行应用，其不仅可以实现利用手机转账、支付，更可以在招商银行线下 ATM 机实现存取款等服务。

2014 年 2 月 28 日，民生银行直销银行正式上线，这是继 2013 年 9 月，民生与阿里巴巴签署战略合作协议后，民生银行在互联网金融领域的又一次重要布局，产品与目标人群定位的精简以及能够打破地域限制进行展业，使得众多网点资源有限的股份制商业银行纷纷效仿。其次，移动金融方面，民生银行相比去年取得了高速发展，通过版本细分推出小微专版手机银行，使其更加符合小微商户的业务需求与使用习惯，小微商户的资金交易量带动了其交易额的增长，2014 年，民生银行手机银行交易额突破 3 万亿元人民币。

补缺者象限代表厂商分析：平安银行、中信银行、兴业银行

平安银行由于背靠平安集团，在资产资源与技术资源上并不缺乏，其差距主要体现在客户体量上，在 2014 年，平安银行继民生之后推出了自有直销银行橙子银行， 但就目前来看，不论是早期的电子银行还是相对较新的互联网创新业务，其市场表现与领先者仍然存在一定的差距，但由于有平安集团的资源支持，平安银行在互联网创新上拥有较大的想象空间，极有可能进入创新者区间。

中信银行在 2014 年推出了薪金宝业务，焦点则在于可实现智能申购赎回，基金份额可直接支付和取现。这种自身革命式的创新值得称赞，使得用户体验更加完善，但就本身来说，仍然是在以“余额宝”为代表的货币基金上进行的微创新，在电子银行方面，中信银行仍然需要进一步完善，在移动支付领域，“异度支付”具有一定的品牌知名度，但其用户规模仍然有限。

兴业银行与浦发银行相对发展较为稳定，在 2014 年的发展中，其市场表现相对领先者与创新者来说仍然存在差距，仍然需要进一步追赶。

家电业互联网化

家用电器主要指在家庭及类似场所中使用的各种电器和电子器具，包含大小家电以及厨电等各类家用电器，如洗衣机、电冰箱、空调、电扇、微波炉、吹风机、饮水机等。又称民用电器、日用电器。

家用电器使人们从繁重、琐碎、费时的家务劳动中解放出来，为人类创造了更为舒适优美、更有利于身心健康的生活和工作环境，提供了丰富多彩的文化娱乐条件，已成为现代家庭生活的必需品。

随着移动互联网时代的到来，进入 2014 年，家电行业的智能化战略纷纷发布。除了海尔的“U-home”战略之外，长虹发布了智能化转型战略，美的发布了 M-SMART 智慧家居战略发布。行业的领导者在领域内率先转型互联网，大家电的美的、海尔，小家电的九阳、美的，平板电视的海信、创维，都在寻求自己的互联网之路。也不乏子领域崛起的新星小米、SKG。互联网时代，并不是谁先进入谁就能占有先机，最主要

的还是顺应或者引领消费者需求。

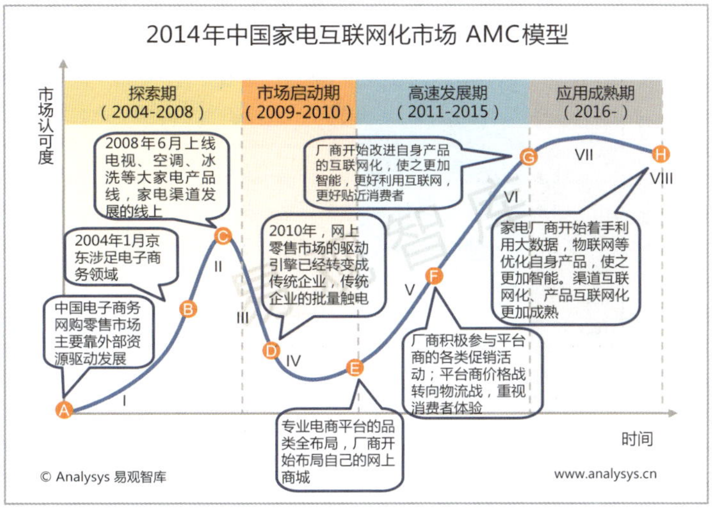

图 149 2014 年中国家电互联网化市场 AMC 模型

探索期（2004-2008）：

从 2004 年开始中国电子商务网购零售市场先有外部资本驱动探索，1 月份京东开始布局电子商务领域，直到 2008 年 6 月才开始上线大家电产品，家电产品渠道互联网化开始。

市场启动期（2009-2010）：

经过了经济危机，家电行业开始复苏，2010 年 6 月 3 日国家出台家电以旧换新政策推动家电行业的发展。同时，传统家电企业开始认识到互联网的巨大力量，批量触电，成为主要的推动者。

高速发展期（2011-2015）：

到 2011 年，专业的电商平台几乎覆盖全部的家电产品，同时家电厂商也开始布局自己的电商平台，2011 年 1 月 15 日，海尔集团旗下电器 B2C 网购平台全时电器网对外上线，紧接着美的、TCL 都开始布局自己的网上平台。

2011 年天猫双十一，各家电品牌商积极响应，参与其中。愈发的重视互联网用户的消费习惯与行为。渠道互联网化程度趋于成熟的同时，厂商开始重视自身产品的互联网化，2014 年 2 月 26 日，四川长虹发布的云图像识别冰箱，3 月 16 日，小天鹅第三代智能洗衣机的问世，2014 年 3 月海尔正式发起了 U+ 产业联盟，这一平台涵盖芯片、模组、电控、厂商、开发者、投资者、电子商务、云服务平台和跨平台合作等多方面，第三方产品接入 U+ 产业联盟后，可以实现跨品牌、跨品类的互联互通，数据和资源全部共享，互联网化程度进一步加强。

应用成熟期（2016-）：

随着互联网，尤其是移动互联网的高速发展，使得互联网越来越贴近消费者的生活，大数据、云计算技术的不断成熟，会更加地优化家电产品、家电渠道的互联网化程度。

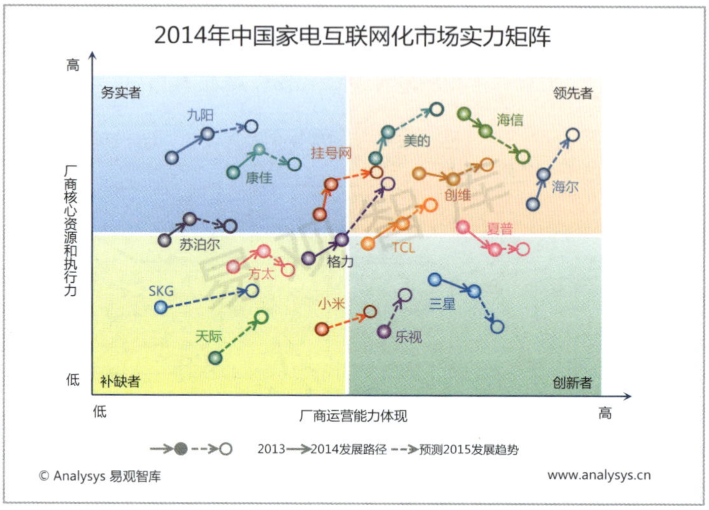

图 150 2014 年中国家电互联网化市场实力矩阵

领先者象限代表厂商分析：海尔

海尔不仅成功构建市场份额并且加速全球布局，在专利和标准领域的话语权不断提升，成为家电领域的全球领导者。海尔自主研发的 U+ 平台是目前最为成熟的智能家居平台。海尔作为资质较老、资金充足、产品丰富的传统硬件厂商，其在家电行业具有很强的号召力和较为庞大的用户群。目前海尔 U+ 平台已经开放了云服务数据、智能硬件、APP 等接口给合作伙伴。

务实者象限代表厂商分析：康佳

随着互联网接入电视，以及互联网企业进军彩电行业，平台、内容成为彩电行业的竞争领域。在传统家电企业中，康佳在此领域一直走在前列。康佳认为，视频、游戏、教育、社交等在线资源应成为智能电视的核心应用，因此，康佳联合多家国内巨头企业，为 SLED 产品打造丰富、专业的互联网平台与内容。视频方面，康佳与优酷合作，采用通过 CIBN 认证的优酷土豆资源，为用户提供国内外热播影视资源，并推出康佳优酷电视。游戏方面，康佳携手腾讯，打造电视业内最大的 TV 版游戏平台。教育方面，康佳独有黄冈名师教育内容，为用户带来最专业的学习平台。此外，康佳与腾讯联合品牌合作，推出康佳微信电视、QQ 物联电视等。

创新者象限代表厂商分析：乐视

乐视网是唯一一家在中国 A 股上市的视频网站，一直致力于打造基于视频产业和智能终端的“平台 + 内容 + 终端 + 应用”完整生态系统，为用户提供垂直整合的完整价值链。随着企业的壮大，乐视的业务版图正在迅速扩大，超级汽车“SEE 计划”、乐视超级手机等，不过手机和汽车项目都是十分“烧钱”的行当，需要企业有一定的资金实力。

补缺者象限代表厂商分析：方太

作为国内首屈一指的高端厨电品牌，方太的高端品牌战略走得十分成功，受到消费者的普遍认可。品牌定位和品牌宣传清晰明朗，专注于厨电、灶具，给消费者一个明确的“品质 + 高端”的信号。但在传统企业触网的节奏中，方太的速度相比较海尔、海信要缓慢。产品过于单一，价格“昂贵”，而家电市场品牌众多，产品量大，作为企业容易受到来自不同厂商不同程度上的冲击。

教育业互联网化

互联网教育，是指依托互联网和多媒体技术，以网络为介质进行的教学活动。通过计算机和互联网，学员和教师可以不受时间、空间和地点等条件的限制开展教学活动，包括先进的数字化音频、视频技术，实现文字、图像和声音的同步传输，方便有效地实现交互式教学。

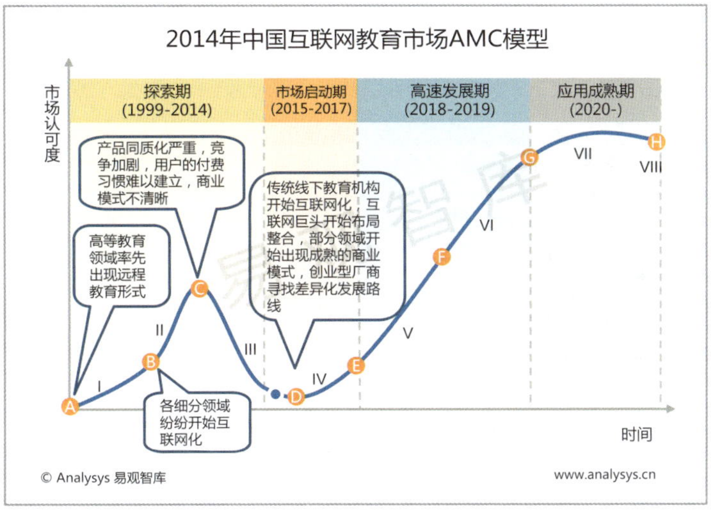

图 151 2014 年中国互联网教育市场 AMC 模型

学前教育市场仍处于探索期，用户规模还在不断扩大，大量厂商及投资方涌入，厂商提供的产品 / 服务严重同质化，市场竞争激烈，商业模式不清晰，多以融资或并购为主要资金来源。企业类型主要以创业型企业为主。

K12 教育市场的应试需求旺盛且基本为刚性需求，市场规模巨大并且还在逐步增加。产品的标准化程度较高，大多以网校为平台，在线提供教学视频、教辅资料文本等，这类产品的盈利模式基本都是以付费购买的模式。另一类产品则是从今年起较为热门的在线答疑类产品，由于能迅速解决学生作业问题而受到用户和资本的追捧，但盈利模式尚不清晰。

高等教育由于受到国家政策的壁垒性限制，在教育资源获取以及用户市场方面具有很强的封闭性特征。但在国务院宣布“取消和下放网络高等学历教育的行政审批”政策后，这一细分领域将迎来潜力巨大的市场发展。同时，从国外引进的 MOOC 教学模式带动了国内一系列高等院校以及互联网企业的重视，用户规模正在高速增长，但如何实现盈利是其迫切需要解决的问题。

由于留学热潮持续高涨，留学教育市场属于高增长高毛利率的领域，绝大多数留学教育机构都有自己的门户网站，但大多以网上推广营销、地面接单的方式运营。而具备较纯正“互联网基因”的留学平台则以决胜网为典型例子，但盈利模式稳定性较缺乏。

职业教育作为刚需型领域，是大多数职场人士改变命运的第二次机会，因此可谓市场潜力巨大。但由于需求各异，因此目前国内互联网职业教育的细分领域繁复并且发展速度呈现明显差异化，以公务员考试、IT

技能培训等为主的领域发展较为成熟。

外语教育覆盖全年龄，且具有一定程度的刚需性，因此市场规模巨大，用户需求强烈，产品呈现多样化趋势。大型传统上市教育机构雄霸市场，新兴已获融资的初创企业发展迅速，整个市场进入高速发展阶段。

兴趣教育涉猎范围广泛，属于非刚需性的慢热细分领域，在互联网上仍处于探索期。

综合平台对互联网技术、资本及资源整合的能力要求较高，因此现阶段主要由 BAT、YY 等互联网巨头占据，整体处于探索阶段。互联网巨头介入综合平台主要通过两种渠道：一是投资，为具有市场发展潜力的创业型教育平台出资；二是独立或与其他传统线下教育机构合作，搭建全领域跨度的综合性教育平台。虽全领域布局，但目前尚未找到较清晰的盈利模式。

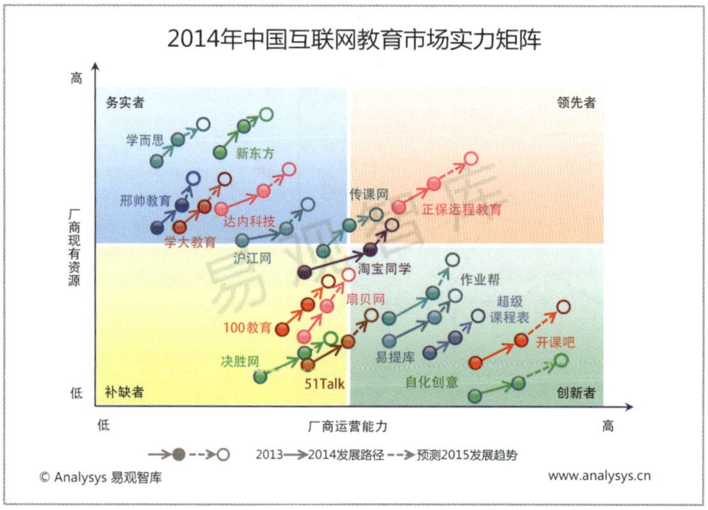

图 152 2014 年中国互联网教育市场实力矩阵

根据模型可以发现：以新东方、学而思、学大教育、达内科技等为代表的传统线下教育机构由于其现有规模及拥有的资源，基本上处于务实者象限；而创业型企业，如自化创意、开课吧、超级课程表等则由于具备较高的创新能力，大多位于创新者象限，发展潜力较大。

领先者象限代表厂商分析：正保远程教育

成立于 2000 年的正保远程教育目前拥有中华会计网校、医学教育网、法律教育网、中小学教育网、自考 365 等跨越 15 个不同行业的 17 家网站，基本覆盖了 K12 教育、高等教育、职业教育等三大垂直细分领域。由于其满足了多种人群的应试需求，形成了用户粘度较高的市场规模，是国内远程教育行业招生人数最多的网络教育机构。正保远程教育的最大优势是其占据了国内目前仍然相对封闭的职业技能培训市场，具备网络教育资质并获得教育部批准，使其在考证市场中获得了得天独厚的资源获取优势。同时，作为四大会计师事务所员工的网上培训基地，正保的用户服务以及模式化培训等方面都有较强的竞争力。

务实者象限代表厂商分析：沪江网

沪江网从 2001 年以外语学习论坛的身份诞生，到 2004 年推出社区产品“沪江部落”，2005 年向门户形态调整，增强了媒体属性，2006 年开始公司化运作，2007 年开通沪江商城业务，2008 年金融危机后拓展新的业务沪江网校，2009 年移动互联网开始兴起，沪江网就一直在开发 APP，但由于当时环境还未成熟，所以直到近两年才开始批量推出。从沪江网的发展历程可以看到，沪江网基本上是与中国互联网行业发展的路线保持同步的，并且始终紧密围绕着人们的学习需求。十余年的发展历程让沪江网在较为成熟、竞争激烈的在线外语教育市场占有举足轻重的地位。其优势在于打造了“流量及用户导入 – 获取资讯 – 购买课程 – 社区分享和传播 – 吸引更多用户”这样一个完整的闭环生态链，能够形成持续的盈利，积累巨大的用户量。

但沪江网仍面临着以下问题：1. 如何将引流导入的巨大用户量沉淀下来变为注册用户、进一步成为付费用户；2. 如何增强用户黏性，在用户考过四、六级后，是否还会留下来继续购买其他课程；3. 传统教育集团纷纷通过 O2O 模式来涉足互联网教育，沪江网如何保持线上教育的优势，同时又弥补其相对于线下教育的不足；4. 随着沪江网上的教育门类越来越丰富以及平台的逐渐开放性，它将面临着与 BAT 巨头的直接竞争。

创新者象限代表厂商分析：开课吧

开课吧作为慧科教育的成员企业，其依托于慧科集团的线下资源以及打通了学习与求职闭环的生态系统是其最核心的资源。作为创新者，开课吧对 O2O 有较为深入的理解，并拥有较强大的线下资源基础来支撑其打造 O2O 闭环。一方面，开课吧与高校合作，通过翻转课堂来实现 O2O；另一方面，个体学习者也能通过慧科教育的线下教学中心，与老师、同学进行面对面讨论。

除了在主营业务领域打造 O2O 学习闭环，开课吧还尝试探索图书领域的 O2O 模式。其与电子工业出版社合作推出的“跃读”APP，通过在纸质书中嵌入二维码的方式，让用户用移动智能设备获取线上的富媒体资源。开课吧认为“跃读”的想象空间很大，除了现有的知识拓展、测试、移动社交、论坛社区等功能外，未来还能衍伸到电商和利用大数据来获取用户反馈、用户画像等。

补缺者象限代表厂商分析：决胜网

决胜网成立于 2010 年，是国内首家留学教育领域的网络搜索引擎式平台。网站通过用户本人在线测评后由系统自动推荐相应的服务中介和产品，一定程度上实现了留学服务市场的定制化服务。决胜网目前已经与近百家综合性中介机构以及小型留学工作室建立合作伙伴关系，使其在决胜网的平台上进行课程发布和留学咨询申请服务，此外决胜网从成立之初与中国教育服务中心形成的天然合作关系为其提供了良好的资源以及用户群体基础。根据决胜网 CEO 戴政的说法，决胜网也早已以通过流量变现、交易佣金的方式实现了盈利。但尽管前景看似一片光明，决胜网仍然面临一系列难题：如何突破由只与小型留学工作室合作带来的教育资源提供商数量不足的瓶颈，如何解决留学教育市场产品 / 操作标准化的问题以及如何维持在日后的留学教育市场中的利润规模等。这些问题将成为决胜网能否成功转移到其他三个象限的关键因素。

医疗业互联网化

随着云计算和互联网 / 移动互联网的发展，医疗企业在业务的拓展和发展中，正逐步将内部的业务流程和外部的医疗活动与互联网 / 移动互联网结合起来，从而有效提升企业整体的核心竞争力，这一趋势称为医疗企业互联网化发展趋势。

放眼望去，中国医疗互联网化经历了医疗信息化、在线医疗、移动医疗三大表现形式。其中，从 20 世纪 80 年代开始的医疗信息化主要体现在医院实施基于信息化平台、 HIS 系统的整体建设；各医院之间、医院所属各部门之间提供病人信息管理。在线医疗表现在医生与患者 24H 在线一对一交流，部分在线预约服务缓解医院就诊压力；但因线上局限性，无法避免误诊，因而在线医疗不能完全取代医生现场诊治。移动医疗是移动互联网时代的新兴行业，移动医疗厂商不仅仅通过先进的移动终端、智能硬件等提供医疗服务与健康指导，还为医生打造个人品牌，解决医疗资源稀缺、看病难等问题，更是实现医疗信息化的创新，使移动技术贯穿医院内部信息系统，简化流程，提高效率。总而言之，医疗互联网化后的产业变革即互联网医疗产业的诞生。

互联网医疗是将医疗资源互联网化。互联网医疗厂商通过互联网以及移动互联网为渠道，运用网络、大数据、云存储、智能设备等先进技术，不断创新，加速了整个行业的发展进程。传统医疗机构则是将其内部业务流程和外部医疗活动与互联网结合，提高自身在行业中的竞争力。在整个行业生态链中，为用户提供医疗资源和平台技术提供商们处于产业链上游，在整个互联网医疗生态链中处于核心地位；而包含网络、终端设备以及支付平台在内的渠道供应商成为实现手段。

中国互联网医疗行业呈现出一些主流细分领域和新兴细分领域共同发展的态势，整个市场在漫长的探索期后进入了市场启动期，且广受社会各界关注。因此，易观智库对中国互联网医疗行业的发展周期进行如下解读。

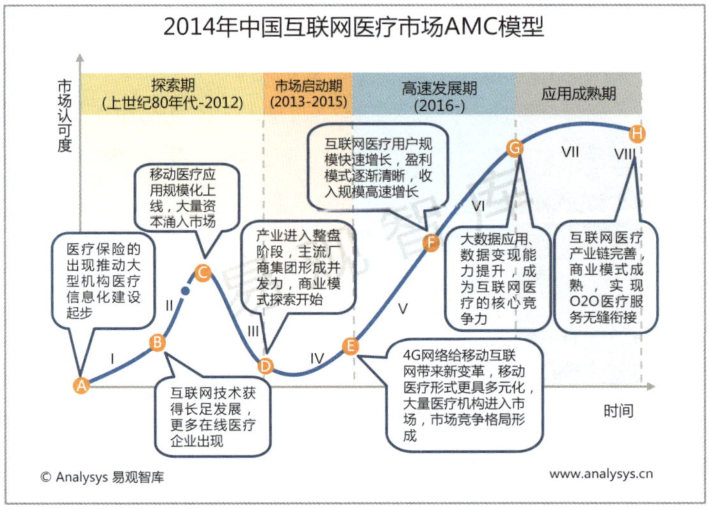

图 153 2014 年中国互联网医疗市场 AMC 模型

探索期（上世纪 80 年代 -2012）

从上世纪 80 年代开始，随着医疗保险的出现，推动了医疗信息化建设，互联网医疗由此成为政府扶持的重点行业。而通过医疗信息化建设的初见成效，加上互联网技术获得长足发展后走向成熟，促使更多的行业参与者进入市场。2012 年，随着智能终端的普及，一些初创移动医疗企业进入，受到资本市场关注，以至 2012 年年底互联网医疗市场开始进入整盘阶段，通过主流互联网医疗厂商集团的形成并发力，商业模式探索也随之开始。

市场启动期（2013-2015）

2013 年，互联网医疗行业进入市场启动期，具体体现在互联网用户趋向饱和并逐渐向移动互联网转移，因而移动医疗作为互联网医疗全面发展过程中的创新行业，逐渐进入了移动互联网用户的生活，用户对于移动医疗的认知度开始形成。预计 2015 年年底，在 4G 移动网络普及的推动下，移动医疗形式更具多元化，再加上大量的医疗机构进入市场，市场竞争格局随后形成。

高速发展期（2016-）

预计从 2016 年开始，随着互联网、移动互联网用户对于互联网医疗行业的需求逐渐增大，终端厂商、电信运营商、软件方案商等纷纷在市场立足，成为产业链重要环节。其中，移动医疗用户规模快速增长，促进移动医疗盈利模式的逐渐清晰化，从而市场规模也得以高速增长。

应用成熟期

在应用成熟期，整个互联网医疗市场发展将趋于成熟，市场进入门槛有所提高，行业内部竞争也逐渐加剧。从产业链角度来看，互联网医疗产业链完善，从而实现了 O2O 医疗服务的无缝对接。从商业模式来看，大数据应用、数据变现能力提升，成为移动医疗的核心竞争力；用户付费意愿提升，促使行业商业模式成熟化。

中国互联网医疗市场的竞争格局主要是由在线医疗厂商、移动医疗厂商以及 BAT 互联网巨头所构成。

出于移动医疗市场即将进入高速发展期，BAT 加速了对互联网医疗领域的扩展，为今后的爆发式增长做好战略布局。阿里于 2014 年 5 月推出“未来医院”计划，开始其移动医疗战略，通过支付宝对医疗机构开放自己的平台能力，包括账户体系、移动平台、支付及金融解决方案、云计算、大数据平台等，目标为帮助医院提高运转效率，优化医疗资源配置。百度在同年 7 月与智能设备厂商和服务商联手推出“北京健康云”，与百度云形成无缝对接，用户通过这些健康感知设备，实时监测到自身健康数据。而腾讯则是在 9 月、10 月分别以投资丁香园、挂号网来扩张其在移动医疗领域的布局，腾讯所看重的是丁香园在医疗交互平台、移动医疗以及大数据上的优势，目的将微信、手机 QQ 植入移动医疗元素，专业的内容和服务与广大的用户结合，能够产生更大的价值；而挂号网优势主要表现在线下资源和线上服务上：目前已接入全国 23 个省份超过 900 家重点医院，实名认证的注册用户超过 3700 万，有 12 万医生通过挂号网为患者提供预约挂号服务，目的是在获得医生资源的基础上加速完善移动问诊平台布局。BAT 的医疗布局都在发挥其自身优势的前提下进行的，目前还谈不上谁更具优势，更有前景，但对于整个互联网医疗行的的市场竞争格局形成起到了十分重要的作用。

目前，中国互联网医疗市场的竞争格局主要是由在线医疗厂商、移动医疗厂商以及 BAT 互联网巨头所构成。

在线医疗的发展主要体现在众多在线医疗企业都纷纷向移动端发展，使得互联网医疗行业逐步演变为在线医疗与移动医疗相融合的形态，一些作为医疗领域较早起步的互联网创业公司，例如丁香园、寻医问药网等企业积累了一定的医疗资源和用户基础，在品牌、用户数据、医生实力上具一定优势；而像近几年上线的挂号网、百度健康由于在行业壁垒升高后进入，起步阶段便拥有较为优势的资源与能力，因此未来将加速发展，在行业中扮演主要角色。然而，由于行业中同质化产品现象严重，这些在线医疗厂商在产品、服务上的差异化，以及用户体验还有提升空间。从行业竞争格局来看，国内一些在线医疗厂商在核心资源与执行力维度上实力比较接近，以及 BAT 在在线医疗领域的先后布局，未来将不断激发各厂商间的主导权争夺。

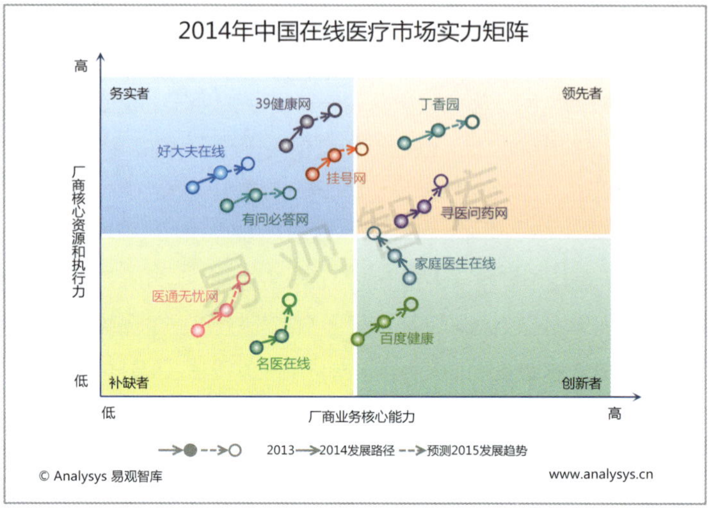

图 154 2014 年中国在线医疗市场实力矩阵

领先者象限代表厂商分析：丁香园

领先者象限的企业在在线医疗产品、服务创新能力和软硬件技术能力具优势，它们的商业模式较为清晰，从而引发较高的商业化程度；现阶段在线医疗产品、服务运营体系趋向成熟，包括医院、医生、医学术、临床案例等在内的医疗资源雄厚，数据库资源优质，数据收集、挖掘、分析经验丰富，并具备先进的算法技术，在用户方面拥有较高的优质医患用户，用户流失率较低。

以丁香园为例，作为国内最早的医生社区垂直化平台，丁香园一直致力于医疗专业领域的互联网及大数据实践；目前的盈利方式多样，包括广告投放、网络学术营销、市场调研、丁香通服务、会议服务、丁香人才服务和医药数据服务。在移动端布局上，丁香园以多维度移动产品拓展受众范围，致力于满足医患用户需求的移动医疗实践。医生端推出医疗学术类、医生互动类和医学培训类的多种 APP，患者端推出药品信息查询的工具类 APP 帮助患者安全用药，移动端的产品服务以免费为主，主要盈利模式是通过医生增值服务获取。

务实者象限代表厂商分析：挂号网

务实者象限的企业具有丰富的包括医院、医生、医学术、临床案例等在内的医疗资源，较成熟的在线医疗产品、服务运营体系，以及较大优质医患用户规模，用户流失率较低；但在在线医疗产品、服务创新能力，软硬件技术能力上还有上升空间，商业模式尚未清晰，因而商业化程度不高。

以挂号网为例，它具备了丰富的线下合作资源，专注于打造医疗 O2O 服务体系。2014 年挂号网所合作的医院规模超过 900 家，累计服务患者人次超过 1.6 万人次，目前 PC 端拥有超过 4000 万实名注册用户和大于 13 万名重点医院的专家，移动端推出微医 APP，连接医生、医院和患者，促进信息在三者间的共享，专注并持续解决患者就医难点、痛点。挂号网注重智能化分级诊疗，构建安全和高效的导诊咨询、在线复诊平台，一定程度上解决了医院与患者信息、医生与患者信息的不对称。然而挂号网的商业化程度不高，除了通过微医开拓移动医疗业务外还始终保持保守的经营，因此其创新能力还有待提升。

创新者象限代表厂商分析：家庭医生在线

创新者象限的企业在在线医疗产品、服务创新能力、软硬件技术能力上具一定优势；商业模式较清晰，但仍有探索空间；现阶段包括医院、医生、医学术、临床案例等在内的医疗资源缺乏竞争力，并且在产品、服务运营体系上尚未成熟，因而缺乏优质医患用户，用户留存率较低。

代表企业家庭医生在线从传统媒体转型到互联网医疗领域，通过医生 UGC 来构建差异化的医患交流平台。目前家庭医生在线的盈利模式主要以广告营销为主，其次就是通过高端家庭医生服务和与运营商合作进行盈利。在用户方面，由于互联网医疗领域的特殊性，用户的活跃度相对较低，黏性也不高，优质用户的培养成为家庭医生在线突破的关键。

补缺者象限代表厂商分析：医通无忧网

补缺者象限的企业在在线医疗产品、服务的运营体系、创新能力上居于劣势，软件技术能力也有待突破；由于商业模式上仍在探索期，导致商业程度不高；现阶段包括医院、医生、医学术、临床案例等在内的医疗资源均缺乏竞争力，因而缺乏优质医患用户，用户留存率较低。

代表企业医通无忧网始终遵循传统在线医疗经营模式，从而导致整体业务发展低于行业水平，在线广告营销的盈利模式略显单一。另外，医通无忧网在医疗业务创新能力、市场占有率上均悬殊，对于产业格局的影响微弱，因而需要通过企业转型和创新来脱颖而出。

汽车业互联网化

汽车业互联网化是指汽车行业与互联网融合而进行的产业优化和升级，是产业链上的各方利用互联网技术在营销、渠道、产品和运营四个层面开展的一系列资源整合、效率提升、模式创新和价值链重构的活动。在互联网化的进程中，汽车互联网企业扮演着非常重要的角色，它们为产业链上的各个环节提供基于线上或线上线下相结合的解决方案，帮助传统的汽车前市场和后市场相关企业完成数字化，网络化和移动化的转型。同时，传统的汽车企业（如整车厂商、经销商集团、零部件厂商、后市场服务商等）也将借助互联网技术和模式向互联网转型。

互联网化对汽车行业的影响并不像某些行业那样具有颠覆性（比如广告和零售行业），至少从目前来看，这种影响并未撼动产业链结构或产业链各方的地位，而是基于互联网的技术、产品、模式和数据为其提供强有力的支撑和服务，使消费者、制造商、经销商和服务提供商都能从中受益。

汽车行业“营销”互联网化：汽配厂商和经销商，汽车厂商和经销商，二手车商以及汽车后市场服务提供商利用网络手段开展营销活动，借助门户网站、搜索引擎、电商平台、社交平台、APP 等多种渠道，依托在线广告投放技术和广告网络，实现精准度更高和效果更好的营销目的。汽车行业“渠道”互联网化：汽车配件、汽车用品、新车、二手车等产品，以及汽车后市场相关服务，通过线上渠道或者 O2O 模式实现销售，达到减少交易环节、降低交易成本、增加用户触点、便捷支付配送等目的。汽车行业“产品”互联网化：汽车作为终端借助各种无线通信技术接入互联网，实现车辆属性、行车状况、车载功能、车主需求等信息的互联网化，达到车辆与车辆、车辆与道路、车辆与网络的无缝链接。通常称之为“车联网”。汽车行业“运营”互联网化：汽车行业内的相关厂商利用互联网技术对原有的体系架构进行重新设计，使企业内部外部的各个环节和各个业务单元完成互联网化。

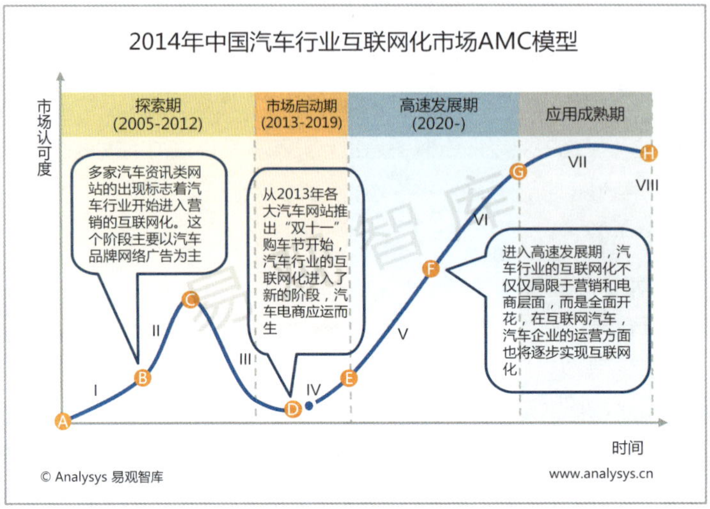

图 155 2014 年中国汽车行业互联网化市场 AMC 模型

探索期（2005-2012）

在这一阶段，多家汽车资讯类网站的出现标志着汽车行业特别是整车企业开始进入营销互联网化的阶段。这个阶段，汽车网站快速发展，用户通过线上方式获取汽车资讯的习惯逐渐形成，整车企业在广告投放上也逐渐开始考虑线上渠道，这个时期汽车类网络广告繁荣发展。在探索期内，出现了包括易车网、汽车之家、爱卡汽车、太平洋汽车网等一大批知名的汽车垂直网站。

市场启动期（2013-2019）

从 2013 年各大汽车网站推出“双十一”购车节开始，汽车行业的互联网化进入了新的阶段，汽车电商应运而生。这个时期，不仅仅是新车电商，包括二手车电商、后市场电商、配件电商等都开始大量出现。互联网为汽车行业的产品（新车、二手车、配件、用品、保险产品等）和服务（保养、维修、租车、代驾等）提供了线上的分销渠道，各类汽车垂直电商的出现也为消费者提供了更加便捷和高效的购买平台。但是，在这一阶段也是各个企业持续探索的过程，各种商业模式仍然充满不确定性，初创企业仍面临诸多挑战。

高速发展期（2020-）

进入到高速发展期，汽车行业的互联网化将不仅仅局限于营销和电商层面，而是全面开花。在互联网汽车、汽车企业运营方面也将逐步实现互联网化。

- 新车电子商务

新车电子商务领域，主要由三类企业组成。第一类是汽车网络媒体，比如汽车之家、易车和新浪汽车，这些企业一直以来扮演的是垂直媒体的角色，收入来源主要依靠整车厂商的广告投放，他们依托内容和流量的优势正在向垂直电商转型，希望成为在线整车销售的电商平台。第二类是综合电商，比如天猫、京东和苏宁，这些电商平台近几年逐渐意识到汽车市场的重要性以及整车这一品类的在线销售趋势，开始将业务范围延伸至新车销售领域。第三类是整车企业或经销商集团自建的电商平台，比如上汽集团（国内最大的整车厂商）自建的车享网和庞大集团（国内最大的经销商集团之一）自建的庞大汽车商城，去年以来一些具备互联网意识的汽车行业传统企业开始进行电商化的尝试，除了在天猫、京东等电商平台开设旗舰店之外，也自建电商平台拓展整车销售的在线渠道。

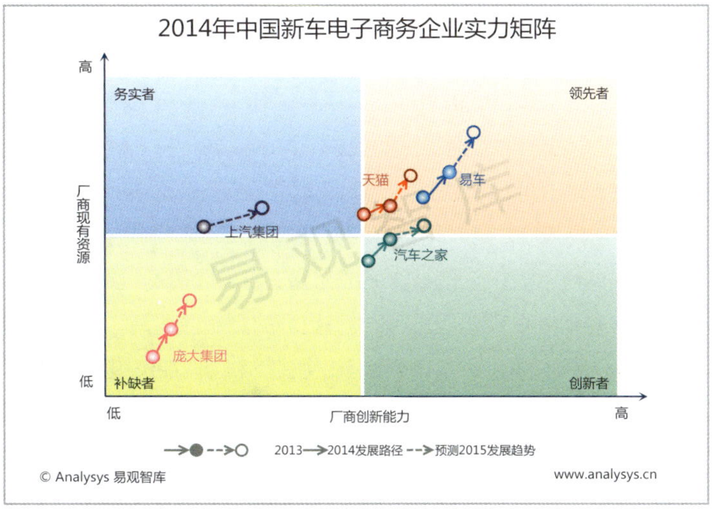

图 156 2014 年中国新车电子商务企业实力矩阵

领先者象限代表厂商分析：易车

易车这两年在新车电商方面的布局较为领先，依托一直以来拥有丰富的经销商资源以及充足的用户流量，2014 年推出的易车商城和惠买车两个平台成为易车实现电商化的重要手段，在“双十一”期间的购车活动中这两个平台也实现了大量的订单成交量。易车以垂直网站起家，通过多年在汽车行业的深入耕耘以及对产业的理解，在新车电商的发展路径上走得最快。

创新者象限代表厂商分析：汽车之家

汽车之家经过不断地探索，开始在新车电商领域践行自己的模式。一直以来汽车之家擅长经营内容和流量，在汽车类资讯、社区和用户黏性上保持领先地位，但在针对行业特别是经销商的服务上起步较晚。这两年通过不断地尝试开始探索一些新车电商的新模式，比如在去年双十一期间推行的全款购车活动，虽然比例不大，但做出了新的尝试而且效果不错。

务实者象限代表厂商分析：上汽集团

上汽集团在 2014 年推出了车享网，将其打造成为与其线下各种资源联动的线上汽车电商平台，在新车方面虽有布局但成效还未显现。上汽在线下拥有自有的渠道体系和售后体系，并且在全国拥有大量的存量用户，虽然在线上运营和创新能力上缺乏足够经验，但其现有资源的优势不可忽视。

补缺者象限代表厂商分析：庞大集团

国内领先的经销商集团庞大集团也早在几年前就推出了自己的庞大汽车商城，其中既有整车电商，也包括后服务和零部件等电商，但是由于庞大自身处于传统行业而且缺乏互联网基因，自建的电商平台的发展并不理想，不论是从流量，营销还是线上线下打通等方面都有待提高。

- 二手车电子商务

中国的汽车行业经历了十年的快速发展，新车的产销量大幅提升，随着居民汽车保有量的大大提高，二手车的交易量也出现了快速增长，消费者购买二手车的习惯也在逐渐形成。但目前国内的二手车流通渠道效率低下，成本居高不下，相关诚信体系及政策不够完善，导致了二手车市场的发展受到制约，近几年出现的二手车电商这一形式在一定程度上能够改善这一局面。二手车电商是指通过互联网 / 移动互联网技术和手段完成二手车的交易流程，提高二手车的流通效率，降低流通成本，实现二手车交易的在线化、便捷化和扁平化。二手车电商平台是指企业搭建的二手车在线信息或交易平台，利用互联网技术并结合线下的服务资源为二手车买卖双方提供交易过程中的部分或所有服务，进而促成交易的完成，并获得相应的收入。

二手车电商主要分为三类模式，即交易服务型（ToB）、交易服务型（ToC）和信息服务型。交易服务型（ToB）二手车电商属于批发型渠道，车辆来源广泛，同时能够集合多地二手车商参与竞价交易。车商根据平台出具的车况检测报告进行出价，成交后可直接依据报告完成交易（如车易拍），也可参考报告内容并实地看车后再完成交易（如优信拍、开新等）。前者在模式上更轻，具有更好的复制性和跨区域扩张能力。交易服务型（ToC）二手车电商属于零售型渠道，以线上展示平台和线下门店为主。线下门店设施齐全，除了检测、整备、交付和售后服务之外，还为上门的顾客提供休息和休闲娱乐的场所，是一体化的二手车卖场。信息服务型二手车电商是二手车市场资讯来源和流通的重要通道，但并未解决二手车市场的关键痛点，没有真正解决交易过程中的问题，盈利模式也比较单一，主要以广告为主，并不是未来二手车电商发展的主流模式。

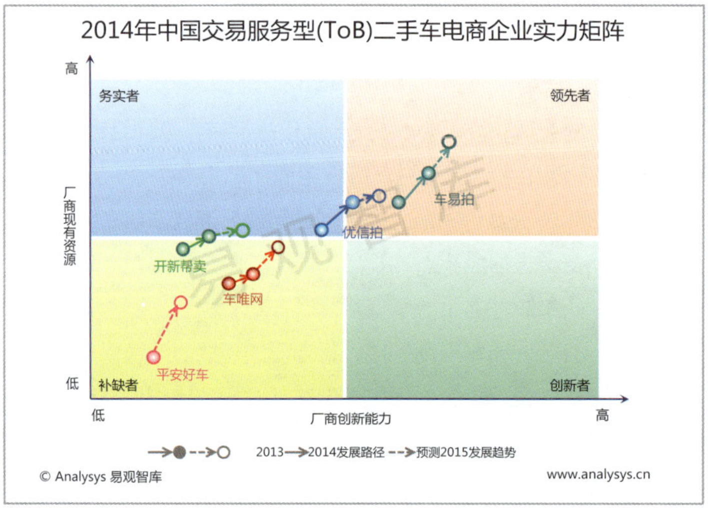

图 157 2014 年中国交易服务型（ToB）二手车电商企业实力矩阵

领先者象限代表厂商分析：车易拍

车易拍经过多年的沉淀和积累，实现了二手车在线拍卖平台的快速发展，在二手车交易量和交易金额上都居于首位，同时凭借 268V 行认证能够真正实现二手车的高效跨区域流通。目前车易拍不论在服务车商数量、覆盖城市数量以及交易规模上都保持领先，车况认证品牌力也在不断提升。

务实者象限代表厂商分析：优信拍

优信拍通过以现场拍为主、线上拍为辅的策略，快速拓展各地的拍卖中心，实现二手车的大规模集中化交易。2014 年优信拍获得了 2.6 亿美元的新一轮融资，成为目前最大一笔二手车电商融资，根据公司自身的模式发展，预计后续将在线下现场拍卖方面进一步发力，同时在物流服务等方面进一步完善。

补缺者象限代表厂商分析：开新帮卖

开新帮卖成立时间虽然较长，但由于一直侧重 C2B 模式，在 C 端车源获取上存在一定难度，同时其业务这几年一直局限在上海市场，导致整体交易规模并没有出现爆发式的增长。相比车易拍和优信拍，开新帮卖的全国化扩张速度较慢，预计未来 1–2 年会看到开新在华南地区的布局。

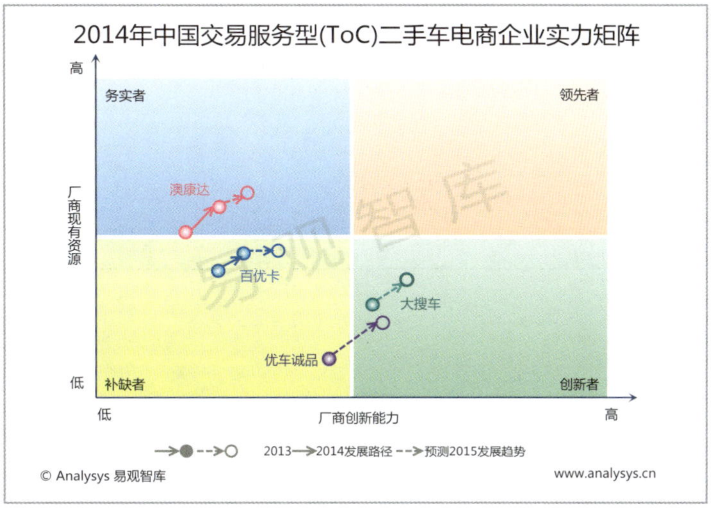

图 158 2014 年中国交易服务型（ToC）二手车电商企业实力矩阵

ToC 二手车电商仍处于发展初期，暂无领先者。

创新者象限代表厂商分析：大搜车

大搜车推出的寄售平台模式为用户提供了良好的交易体验，在线上运营方面也进行了诸多创新尝试。去年大搜车在杭州等地建立了新的寄售门店，同时也推出了“车牛”APP 产品试图为建立二手车商社交平台。虽然由于零售模式的限制，短期内难以快速扩张，但在创新层面值得期待。

务实者象限代表厂商分析：澳康达

澳康达经过多年的发展，深耕深圳市场，建立了 12 万平米的购车广场。一直以来澳康达以低调务实的经营理念稳步前行，通过自营模式开展二手车交易需要更多的人员和资金的投入，虽然其线上平台的设计和运营存在不足，但在线下服务和体验方面优势明显。

补缺者象限代表厂商分析：优车诚品

优车诚品成立时间不长，采用的也是平台式的虚拟寄售模式，同时在成立不久即获得千万美元的融资也使其具备了快速发展的资金实力，同时优车诚品的创始团队具备互联网基因，在二手车电商领域能够展开一些产品或模式上的创新。

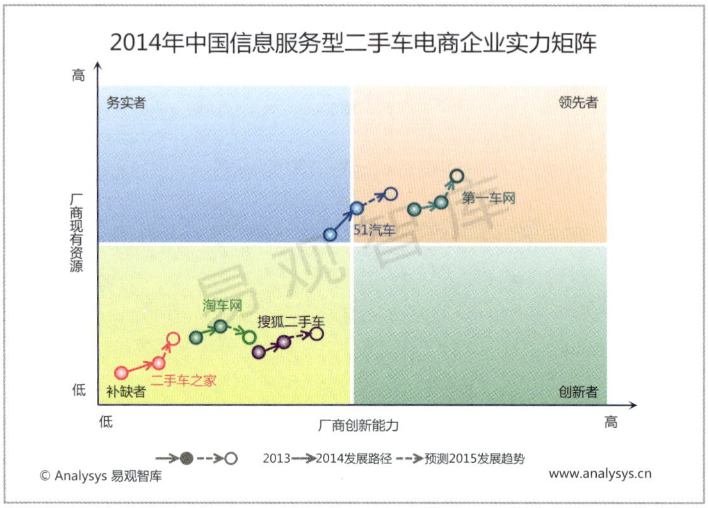

图 159 2014 年中国服务信息型二手车电商企业实力矩阵

领先者象限代表厂商分析：第一车网

第一车网在流量方面处于领先地位，同时在各类二手车的信息服务上也有突出表现。经过多年的运营和客户积累，第一车网在与二手车经销商和品牌认证二手车的合作商都处干领先地位，在业界的口碑也较高，成为目前主流的二手车垂直信息平台。

务实者象限代表厂商分析：51 汽车

51 汽车运营多年，在流量和服务方面一直追赶第一车网。2014 年 51 汽车推出了“天天拍车”业务，开始正式进入二手车在线拍卖领域，虽然在信息服务方面稍逊于第一车网，但在交易型业务方面 51 汽车将有可能实现反超。

补缺者象限代表厂商分析：淘车网

淘车网目前是易车网的二手车信息平台，虽然运营多年，但并不是主要业务，同时受制于其信息平台的局限，在业务方面难以有所拓展，更多地仅仅是依赖少量的广告收入维持，预计未来易车在二手车方面的策略也会有所调整，更多的倾向于建立交易服务型平台，

• 后市场电子商务

中国的汽车保有量与平均车龄的持续增长推动汽车后市场进入快速成长阶段，预计 2014 年中国汽车后市场规模将超过 6000 亿辆。但目前国内的汽车后市场存在流通环节过长，成本居高不下，相关的维修标准及政策也不够完善，导致了后市场的发展受到了制约，近几年出现的后市场电商形式在一定程度上能够改善这一局面。汽车后市场是指汽车销售以后，围绕汽车使用过程中的各种服务，它涵盖了消费者买车后所需要的一切服务。汽车后市场电商是指通过互联网技术和手段将消费者买车后所需要的服务中一项或多项消费决策、支付流程放到线上，降低服务成本。目前主要指配件及用品电商以及维修保养 O2O。

目前汽车后市场电商正处在探索启动期，行业涌入大批创业者和再创业者。随着市场竞争的加剧，市场中大部分资金实力弱、市场规模小的汽车后市场电商将逐渐退出市场；分散的市场中将崛起几个龙头企业，并有企业 IPO。具备商品价格、地理位置和服务质量三大优势的、并有合理商业模式的汽车后市场电商创业

公司有可能迅速打开市场，进入排名前列，成功 IPO。一些规模较大的品牌连锁服务门店借助线下网店布局紧密、服务质量好，与线上电商合作，也能获得较好的成绩。

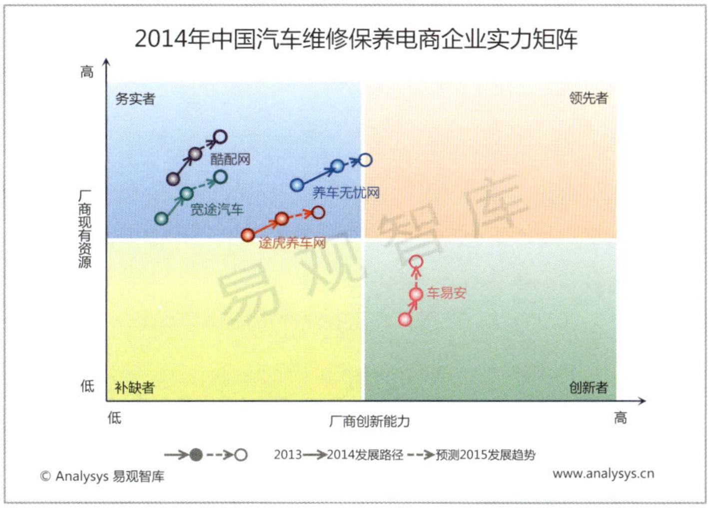

图 160 2014 年中国汽车维修保养电商企业实力矩阵

维修保养电商目前仍处于发展的初级阶段，尚未出现领先者。

创新者象限代表厂商分析：车易安

车易安通过技术创新，通过为终端维修店提供软件解决方案的方式与之进行深入合作，并实现线上线下的相互协同。虽然目前的业务仅覆盖上海区域，但在合作维修点的选择上，以及线上平台的运营方面都在不断进步。

务实者象限代表厂商分析：养车无忧网

养车无忧网依托其母公司盖世汽车网的汽车配件渠道，能够实现为终端门店导流的同时，也能够为消费者提供汽车配件的选购，同时养车无忧去年在华东地区也进行了较大力度的布局。

零售业互联网化

零售业是指通过买卖形式将工农业生产者生产的产品直接售给居民作为生活消费用或售给社会集团供公共消费用的商品销售行业。零售业在国民经济中扮演着日益重要的角色作用，其对国民经济的增长做出越来越大的贡献，逐渐发展成为供应链的主导，成为国民经济中引导生产和消费的先导型行业。

随着信息技术的迅速发展和电子计算机、互联网络的逐渐普及以及基于互联网技术的电子商务的兴起和进一步完善，电子商务已经成为零售业一种极为重要的营销工具，也将成为未来零售业的主要技术支撑，更是将零售业推到了一个新阶段。零售业整体逐渐被划分为两种相对存在的形式：传统零售与网上零售。

网上零售是指通过互联网或其他电子渠道，针对个人或者家庭的需求销售商品。网上零售 (B2C/C2C) 即交易双方以互联网为媒介的商品交易活动，即通过互联网进行的信息的组织和传递，实现了有形商品和无形商品所有权的转移或服务的消费。买卖双方通过电子商务 (线上) 应用实现交易信息查询 (信息流)、交易

（资金流）和交付（物流）行为。

传统零售业是指以实体店为基础，以门店建设、商品陈列、顾客挑选、购买服务为主的传统经营模式，其发展演进经历了近百年的时间，业态也非常丰富，有专业商店、百货店、超级市场、便利店、仓储店、连锁经营等传统零售是零售业的一种形式，是相对于网上零售而存在的、主要基于实体店面进行经营活动的零售类企业。传统零售是相对于网上零售而言的，其交易平台为实体的店面，而非虚拟的网络平台，其行业发展也较为成熟。

随着网上零售市场的高速发展，传统零售企业面临着巨大冲击的同时亦发现到互联网化的趋势，纷纷“触网”。目前，传统零售互联网化仍处于市场启动期：

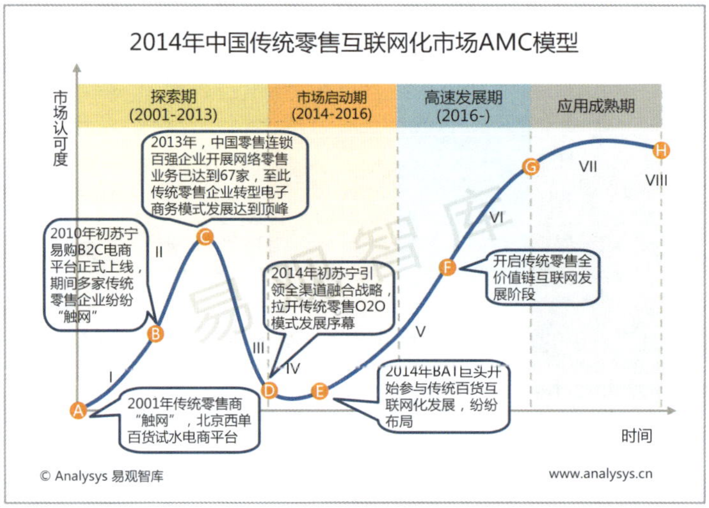

图 161 2014 年中国传统零售互联网化市场 AMC 模型

探索期（2001-2013）：

不管是在成本控制能力、财务运作能力、品牌价值、营销技术、供应体系、分销渠道等各方面，传统零售商相对于网络零售商都具有相当明显的优势，在忽视电子商务长达数年之后，不少传统零售商开启转型步伐，转型的路径主要是开设网上商城，截至目前，中国零售连锁百强中以苏宁、国美、银泰、王府井、百联为代表已有 67 家企业“触网”，而在 2009 年还只有 14 家。面临电子商务百货化愈演愈烈和消费者习惯改变，传统零售商的纷纷“被触网”是不择之选；沃尔玛、苏宁、百联等零售巨头相继触网预示着百货零售业的互联网化趋势已是不争的事实。传统零售商介入电子商务，经历了三个过程：

依附式：在自身物流体系不是很完善，依附现有电子商务平台，主动介入电子商务业务；

外包式：将电子商务涉及的技术、运维（仓储、物流等）、运营（订单和促销）和营销等环节部分外部给其他专业服务商运作；

自建式：在自有电子商务业务日益成熟的情况下，自建商务平台，整合网络购物平台产业链，实现自身效率和价值最大化。

市场启动期（2014-2016）：

随着移动互联网的普及，线上与线下的鸿沟被消弭，电子商务已渐渐地与实体零售融为一体，形成无法分割的整体，越来越多的消费者希望零售商能够提供线上线下一体化的、无缝的购物体验。苏宁所提倡的“互联网零售模式”之所以是传统零售业的未来方向，在于它顺应了当前的消费潮流和当下的消费行为习惯。

未来零售，必然是多渠道满足消费者购物选择而非任何一个单渠道能够长久；正如线下零售商全面建设在线平台，纯电商也都纷纷落地联合，纯线上品牌都开始寻求线下开店增加体验营销，而纯电商落地营销也面临着前期大量固定费用及投资的门槛并且线下没有市场先机更无法面对线下竞争而将导致亏损甚至关门的挑战。2014 年，苏宁云商围绕“店商 + 电商 + 零售服务商”的战略，进一步强化实体店战略转型以及 EXPO 超级店的建设，通过在北京、上海、广州、深圳、西安及其他主要省会城市建设 SKU 超过 10 万个的超级店，巩固一线城市的领先地位。今年苏宁将完成 100 家 EXPO 超级店的建设，未来三年，苏宁将新开和升级总计 400 家超级店。

移动互联网的爆炸式发展，既使得原来在 PC 端占优势的电商企业纷纷布局移动端的发展，又给传统实体零售企业带来了 O2O 转型的机遇。从 2013 年 9 月开始，多家零售业上市公司陆续公告与腾讯、阿里巴巴等互联网企业合作拓展 O2O 模式，合作内容包括流量、营销、会员、数据、支付等层面。3 月 8 日，阿里巴巴集团又高调打造“手机淘宝 3.8 生活节”，联手银泰、大悦城、新世界、华联、王府井等国内五大零售百货集团，打通手机、电脑、线下零售消费路径，共同探索全新的移动化、电商化消费模式。

从目前行业发展状况看，O2O 模式已经进入了落地实践期。一方面是传统实体零售企业战略转型的需要；另一方面，随着互联网企业移动支付的推广，线下资源将成为它们争抢的对象。随着信息技术的演进、消费者消费习惯的改变，移动购物的发展，O2O 进而全渠道转型仍是传统零售业不可逆转的发展趋势。

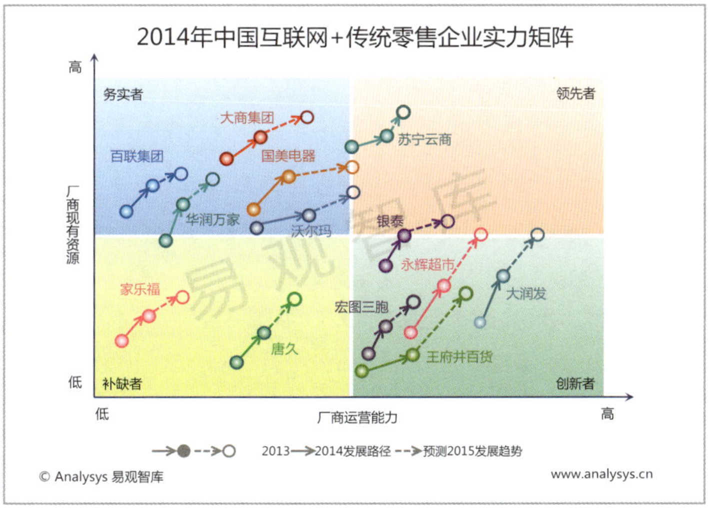

图 162 2014 年中国互联网 + 传统零售企业实力矩阵

传统零售业 O2O 转型来势凶猛，2014 年更是集中发力。互联网逐渐融合传统零售业，传统零售业对线上认同感已是一种常态，全新的 O2O 零售业态随着彼此心态的变化已逐渐落地。

领先者象限代表厂商分析：苏宁以 O2O 打造全新零售业态

苏宁云商早在 2013 年就开始了 O2O 转型，2013 年 6 月实行线上与线下同价；2013 年双十一期间苏宁推出首届 O2O 购物节，并且在同年开放苏宁易购平台。2014 年，苏宁推出首个 O2O 体验店 – 苏宁嗨店；苏宁嗨店旨在打通线上与线下交易、游戏互动、服务休息三大核心体验。苏宁 O2O 关注的重点不仅仅只是体验，在大数据上，嗨店还要担负起打通苏宁广场、苏宁易购、苏宁电器、红孩子、PPTV 等各平台的会员体系的重要任务。

务实者象限代表厂商分析：国美以 O2M 战略为核心的零售巨头

国美在 2012 年收购库巴网，并在同年将国美在线与库巴网整合统一为国美在线；2013 年，沉默多时国美集团高级副总裁、国美在线董事长牟贵先发布的业内首个《电商悼词》，重新获得外界关注；2014 年 3 月，国美对外披露了未来的战略发展方向，即“线下实体店 + 线上电商 + 移动终端”的组合式运营模式，又称 O2M。该模式的核心在于进一步掌握和拥有开放式的供应链平台，并全面实施渠道开放。国美围绕 O2M 战略开展了一系列布局：在线下与超市、百货、地方连锁等业态进行合作，如北京物美、浙江联华、广州摩登百货等；在线上除了国美在线的自营业务和平台业务之外，还将与社会化电商平台展开广泛合作，如天猫旗舰店，加强线上、线下的紧密融合。

务实者象限代表厂商分析：大商以 O2O 构建多重零售业态

2014 年 4 月，大商集团成立天狗电子商务公司；2014 年 11 月，天狗网正式上线，天狗网提供的商品和服务将以实体店铺为根基，体现本地化消费特色。大商体系 O2O，规划将天狗网与线下超市、百货等进行交互，大商线下的导购人员将可以把物品拍照，并可以上传到天狗商城；另外，激活第三方商家的 ERP 系统，并接入天狗 O2O 的数据平台。天狗网将建立一体化的系统，把原来的系统全部替换，模仿京东供应链管理后台系统，跟品牌商库存对接，仓库对接。天狗未来还规划有集合店的形式，类似宜家模式。

创新者象限代表厂商分析：银泰与阿里共建大数据 O2O

2014 年 3 月，阿里集团以 53.7 亿元港币对银泰商业进行战略投资，双方将打通线上线下的商业基础体系，并将组建合资公司。交易完成后，阿里集团持有银泰商业 9.9% 股份及价值约 37.1 亿元港币的可转换债券。双方将实现线上线下的商品交易、会员营销以及会员服务的无缝衔接；除此之外，这套基础体系将对全社会开放，为所有的线下各大商业集团、零售品牌及零售商服务。2014 年双十一期间，银泰门店、银泰网和淘宝聚划算平台将进行 O2O 联动，聚划算开辟银泰专区，银泰门店展示聚划算银泰专区，无线端也将同步展示，线下线上互动体验，形成购物闭环。

创新者象限代表厂商分析：大润发超市巨头的 O2O 梦想

2014 年 10 月，大润发升级现有平台“飞牛网”，首次尝试线上与线下融合。“飞牛网”是大润发投资的 B2C 电子商务网站，由上海飞牛集达电子商务有限公司创建并成立于 2013 年 6 月，是以自营为主的全品类综合零售购物网站。2014 年 1 月 16 日正式对外营业，目前配送区域为上海、江苏、浙江、安徽。此次大润发 O2O 平台“飞牛网”将展开四项 O2O 规划，分别是生鲜 O2O、门店发货 O2O、门店电子屏 O2O 以及目前最备受关注的千乡万馆 O2O。大润发作为实体零售充分利用互联网技术，把线上和线下的资讯流、商品流、资金流和物流串接在一起完成交易活动。

创新象限代表厂商分析：三胞强势并购助力转型 O2O

2014 年 1 月，三胞集团通过商圈网以约 3900 万美元的现金收购麦考林 63.7% 的股权。三胞集团收购麦考林，是基于人才、渠道、资源等多方面的综合因素考虑的。未来计划借助麦考林的资源，同时结合自身业务、公司规划，继续深耕 O2O 方面的业务。同年 3 月，三胞集团的下属全资子公司广州金鹏，又以“闪电”

速度收购以色列最大的养老服务公司娜塔丽 (Natali)，收购金额近 1 亿美元。4 月，三胞集团完成对英国老牌百货集团福来莎 (House of Fraser) 的收购。7 月，三胞集团全资收购乐语通讯，预计年底交易完成后，乐语通讯将更名为“宏图乐语”。10 月，三胞集团签约收购拉手网，欲将拉手网的线上资源与三胞集团丰富的线下实体资源结合起来，在持续发展团购业务的基础上，打造 O2O 电商平台。

补缺者象限代表厂商分析：家乐福被 O2O 遗弃的零售巨头

2014 年，家乐福在中国地区呈现出下滑趋势，销售额负增长 6.4%，进入中国市场十几年来，家乐福在中国的表现与其全球第二零售商的身份并不相符。在国内零售行业低迷的情况下，传统零售商使出浑身解数主动变革，以赢得未来的生存空间。一些传统零售商主动接触互联网，进行不同模式的电商探索。相比之下，家乐福显得愈发保守。与沃尔玛、大润发等零售巨头相比，家乐福在电商上毫无作为。事实上，家乐福当然明白电商是未来，但业绩没有起色，利润上不去，苦于资金压力，物流缺乏，只能一拖再拖。而中国的电商市场也较为特殊，经过几年的快速增长后，天猫、京东、苏宁易购等大平台已几乎形成了“赢者通吃”的局面。如今看来，家乐福已经快跟不上发展节奏了。

第伍部分

厂商分析

第五部分 厂商分析

互联网行业作为知识密集型产业，创新灵感星汉灿烂。你可以在这里看到有创业的温床、成长的沃土、对峙的阵列、厮杀的战场、不甘的埋葬。每一载春秋，这里都会有万众瞩目的粉墨登场，也会有不计其数的黯然退场。沉浮是阶段存在的，更迭是永恒不变的。本部分，易观智库以 2014 年为时间点，对于在产业内所覆盖与关注的各细分领域的厂商进行了简要分析与名录摘要。如前所述，名录摘要与厂商简析是随时间而动态调整的，列于下文，以资参考。

电子商务

B2B

阿里巴巴

阿里巴巴 B2B 业务是集团的旗舰业务，以会员服务、供应商服务和培训、贷款服务为主，其中诚信通、网销宝、应用服务、物流服务是供应商服务的主体。近年来，电子商务 B2B 产业处于转型增长的时期：各厂商或将线上平台与线下产业园相融合，加大垂直电商 B2B 的竞争；或通过供应链金融创新，推动信息平台向服务平台与交易平台的转型。尽管如此，阿里 B2B 的市场领导地位仍然不可撼动。根据易观智库季度监测数据，2014 年第 4 季度阿里巴巴 B2B 业务的营业收入达 20.96 亿人民币，占据该季度中国电子商务 B2B 市场 46.29% 的市场份额。

2014 年阿里巴巴开始疯狂投资之路，分别与优酷土豆、高德软件、快的打车、美团、陌陌等公司完成数十亿美元的交易，并购交易涉及互联网、IT、文化传媒、物流等多个行业，并购公司超过 12 家，并购数额近 300 亿人民币。2014 年 5 月，阿里巴巴向美国证券交易委员会提交了 IPO 招股书，并于 9 月 19 日正式在纽约所挂牌上市。

从整个布局来看，1688 到淘宝、到天猫、到聚划算，阿里希望端到端建立一个完整的电子商务产业链，从生产、制造、批发、零售这么一条龙的服务，一个闭环的电子商务生态链。整个 1688 批发主要偏向流通领域与加工制造，面对采购则偏向工厂服务领域。通过集采等方式为更多的中小企业与大型的采购企业达成对接，使之参与到整个供应链建设中。以商会友形式为商人建构一个信息沟通交流的平台，信息互通成为阿里的标准。

在阿里分拆为 25 个事业部后，形成了纵线服务体系与横向支撑体系的格局。B2B 等各纵线的自主性与竞争性在年内得到加强，横向资源的支撑与协同能力如果得到集团保障，如与阿里金融、阿里云、阿里妈妈等加强协同创新，阿里巴巴 B2B 在产业内的相对支配地位将进一步得到稳固。同时，阿里 B2B 也面临推动 PC 向无线服务的转型，用户与服务的无线迁移是阿里在未来持续成功的关键之一。

易观分析——

阿里凭借电子商务市场的先入优势，积累了大量的用户流量，建立起从营销到支付到增值服务的完整电商生态圈，完成了 B2B、B2C、中小企业管理的电子商务全方位布局。在企业发展过程中培育出的大批技术和管理人才，形成了具备坚定执行力的企业文化。同时，多年经营和推广，建立起较高的信誉度和知名度。

但是，随着企业规模的扩大，出现了商务平台庞大而杂乱，信息的质量不高的问题，创付费信息效果逐渐恶化，盈利模式出现转型困难。同时，严峻的经济环境给中小企业带来的劳动成本压力，对 B2B 商业模式造成挑战。在信息获取门槛变低的现状下，阿里不仅面临来自于交易类 B2B 企业的竞争与垂直品类平台的竞争，也面临越来越多的供应商自建网站的竞争。

为避免精益客户流失，阿里已经开始通过行业细分，提升自身的服务能力，并偕同金融企业向电子商务的更深层次发展。而阿里上市带来的强大资金流入，将带给阿里更大的创造可能性。

一、基础信息

1.1 基本信息

1.1.1 公司全称：阿里巴巴（中国）电子商务公司

1.1.2 成立时间：1999 年

1.1.3 总部地点：中国杭州

1.1.4 上市时间：2014 年 9 月 19 日

1.1.5 企业性质：股份制

1.1.6 资本信息：融资、利润分配

1.1.7 联系方式：

网址：http：//www.1688.com/

地址： 中国杭州市余杭区文一西路 969 号（311121）

电话： (+86) 571-8502-2077

1.2 组织信息

1.2.1 管理层

马　云　执行主席

蔡崇信　执行副主席

陆兆禧　首席执行官

二、业务信息

2.1 产品及服务信息

1688、淘宝、支付宝、支付宝钱包、诚信通、阿里妈妈、一淘网、阿里云、聚划算、天猫、中国万网 Vendio 及 Auctiva、阿里金融等

2.2 覆盖范围

2.2.1 行业：电子商务 B2B 及服务

2.2.2 主要客户：全国大小型商户和购买需求者

2.2.3 业务区域：全球

2.3 收入结构：国际交易市场和中国交易市场的付费会员销售会籍以及增值服务，国际交易市场又占大部分比重，总收入一半以上。

三、综合信息

3.1 发展定位：全球电子商务平台

3.2 重要合作伙伴及供应商：新浪、国际旅游岛、海尔、杭州市政府、中国电信、中国联通、义乌中国小商品城、深圳市政府等

慧聪网

慧聪网通过线上的标王、买卖通、采购通等帮助买家卖家速配，同时通过线下洽谈会、交易会、会展等促进业界沟通，线上线下相结合，营销效果显著。根据慧聪网 2014 年 11 月 14 日发布的 2014 年第 3 季度业绩报告，慧聪网 2014 年第 3 季度销售收入为 2.58 亿元人民币，同比增长 6.4%，并占据该季度中国电子商务 B2B 市场 4.92% 的份额。慧聪网给中小企业创造了生存与发展的机遇。慧聪网买家服务则主要趋向于支撑买家服务，同时慧聪网为企业提供线上采购洽谈会，线下采购见面会，展会采购峰会等多样的采购服务。

针对中小企业贷款难的问题，慧聪 2013 年初就与民生银行合作，帮助企业用极其灵活的方式、极低的成本获得信贷。2013 年底与神州数码达成协议，投资 10 亿元人民币设立小贷公司，用互联网数据优势帮助企业更方便地获得需要的资金服务。同时在行业垂直上组建专业队伍，深度服务并差异化于阿里。线上线下相结合的 O2O 服务模式，线上力推在线交易，线下做产业园。2014 年 4 月 15 日，慧聪向联交所提交申请并获得通过，其已发行的股份在 2014 年 10 月 10 日在香港由创业板转为主板上市，此次转板上市将提升慧聪网整体形象并提高股票流通量，并对公司日后的成长性、财务灵活性、业务发展等方面带来诸多好处。

易观分析——

慧聪拥有着电商 B2B 市场的先入优势，以内贸业务为核心，垂直深入 60 多个行业，能为客户提供最为细分的咨询。客户基本为商人或专业人员，对企业的采购或决策有重要决定作用，同时拥有较高的消费能力。在营销方面，慧聪拥有专业的广告服务和超低的广告成本，帮助客户以最小的投入获得最专业的广告服务。联盟网站 5000 余家，同时与各大搜索引擎形成互动，将自身打造成为强大的推广平台。

虽然，B2B 市场上，信息服务同质化严重，企业之间的竞争压力极大，且市场管理风险与各类营销渠道之间存在冲突。同时，慧聪的市场管理混乱，与其他 B2B 企业（如阿里）的客户重合度高，受自身服务品牌及服务经验的制约，客户忠诚度较低，慧聪在这些方向缺乏创新能力，在挖掘服务与规范商业模式过程中可能遇到阻力。

但是慧聪已经细分 60 多个行业，在垂直行业有深度服务。而且在线上线下融合方面做出极大努力，同时在金融服务上也有所突破。因此，慧聪在产品线具有巨大的潜力，可通过整合来完善自身的服务体系。

一、基础信息

1.1 基本信息

1.1.1 公司全称：慧聪网有限公司

1.1.2 成立时间：1992 年

1.1.3 总部地点：海淀区大钟寺东路 9 号京仪科技大厦 B 座 2 层

1.1.4 上市时间：2003 年 12 月香港上市

1.1.5 企业性质：有限责任公司（自然人投资或控股）

1.1.6 资本信息：注册资金：3600 万人民币

1.1.7 联系方式

网址：http：//www.hc360.com/

邮箱：ir@hc360.com

1.2 组织信息

1.2.1 人员规模：在 12 个城市拥有分公司，服务团队约 3054 人

1.2.2 管理层

郭　江 首席执行官

二、业务信息

2.1 产品及服务信息

《慧聪商情广告》：商情报价、产品广告、产品技术信息为主的印刷品广告信息媒体，集上千家企业信息、上万条产品报价，发行覆盖范围广。

《中国行业资讯大全》对行业信息、产品技术、行业黄页信息进行系统化编整的行业商务年鉴。

慧聪旗下网站：慧聪智能家居网、慧聪家电网、慧聪 IT 网、慧聪服装网、慧聪建材网、慧聪印刷网、慧聪教育装备网、慧聪五金网、慧聪汽配网、慧聪工程机械网、慧聪涂料网、慧聪酒店网、慧聪塑料网、慧聪纺织网、慧聪空调制冷网、慧聪食品工业网、慧聪化工网、慧聪广电网、慧聪音响灯光网、慧聪泵阀网、慧聪机床、慧聪 LED 屏网、慧聪电气网、慧聪皮革网、慧聪清洁网、慧聪通信网、慧聪净水网、慧聪出轨网、慧聪玻璃网、慧聪制药工业网、慧聪美容美发网、慧聪太阳能网、慧聪吊顶网、慧聪钢铁网、慧聪纸业网。

慧聪发发：是慧聪网发布的一款网上贸易即时沟通软件。

慧付宝：支持买卖双方在线完成交易的支付服务工具，主要提供货款代收代付的服务。

买卖通：用户通过商务中心查询采购信息，订阅采购商机，在线洽谈等。企业可以建立起集合产品展示、企业推广、在线洽谈、身份认证、网络广告、搜索产品等多种功能的网络商铺。

2.2 覆盖范围

2.2.1 行业：汽保、汽配、汽用、工程机械；广电、教育、酒店、通信；安防、消防、水工业、暖通、泵阀、热泵；涂料、表面处理、塑料、制鞋、化工；家电、专业音响灯光、影音、厨房电器、集成吊顶、家电配件、汽车电子；印刷、丝印、食品、制药、纸业；电子、IT、电气、变频器。

2.2.2 主要客户：全国各行业的企业

2.2.3 业务区域：辐射全国

2.3 收入结构：慧聪在 2014 年前三个季度互联网服务占据全部销售收入的 85%，工商业目录及黄页目录占 3.4%，会议及其他服务占 11.6%。

三、综合信息

3.1 发展定位：凭借专业的信息服务与先进的互联网技术，为中小型企业搭建可靠的供需平台，提供全面的商务解决方案。

3.2 重要合作伙伴及供应商：招商加盟、去哪儿机票、赶集网、军事、法律网、19 楼、爱卡汽车、来订吧、百战军事网、中国行业信息网、网络 114、马可波罗、世界工厂网、中国供应商、法捷网、百度、谷歌、搜狗、搜搜、360 搜索等

中国制造网

中国制造网自 1998 年成立以来专注服务于中国中小企业的全球贸易领域，在国际营销、产品推广方面聚集了一定优势，经过十多年的竞争和发展，已成为国内第三方 B2B 电子商务平台中的有力竞争者。与阿里巴巴等平台不同的是，中国制造网旨在推广中国企业，为中国供应商提供信息发布和收集的服务，已成为全球采购商采购中国产品的重要渠道之一，并且目前仍保持着较高成长率的态势。其基本服务 – 中国产品目录，涵盖了 26 个大类、1600 个子类、多达 1,000,000 种以上的中国产品数据，为全球采购商寻求中国产品提供了重要途径。

根据易观智库年度监测数据，2014 年中国制造网的营业总收入为 5.1 亿元人民币，同比下降 0.11%，占据中国电子商务 B2B 市场 2.30% 的市场份额。2014 年 4 月，中国制造网荣获 2013 年度“中国 B2B 行业网站影响力大奖”。

易观分析——

中国制造网的品牌形象特征明显，“面向全球专注的推广中国产品”，所拥有的强大的认证供应商服务，为国内企业产品打入海外市场增加了筹码。由于中国制造网严重依赖国际市场，易受国际经济性波动影响，抗风险能力差。目前世界范围的经济危机以及人民币升值都冲击到客户企业的出口市场。另外，在国内，来自于同类综合 B2B 企业的竞争加剧，且自身平台内产品的同质化严重，削弱了中国制造网的综合竞争力。内外贸服务收入失衡，使得中国制造网盈利模式单一，难以创造更高利润。

但是正因为国际市场范围的经济疲软，给平台承接更多高端制造转移提供了机会。借此机会，中国制造网可以进行产业链的升级改造，进行模式转型。

一、基础信息

1.1 基本信息

1.1.1 公司全称：焦点科技开发有限公司中国制造内贸站

1.1.2 成立时间：1998 年 2 月

1.1.3 总部地点：南京

1.1.4 上市时间：2009 年 12 月 9 日 焦点科技股份有限公司在深圳 A 股正式挂牌上市

1.1.5 企业性质： 股份制

1.1.6 联系方式

网址：http：//cn.made-in-china.com/

电话：025-66775089

地址：江苏省南京高新技术产业开发区星火路 9 号软件大厦 A 座

1.2 组织信息

1.2.1 管理层

沈锦华 总裁、董事长

二、业务信息

2.1 主要产品与服务信息

主要产品：

中国制造网内贸站－立足内贸领域，致力于为国内中小企业构建交流渠道

中国制造网繁体站－内贸站繁体版

中国制造网国际站－面向全球，向国外客户推广中国企业

服务信息：

作为采购商：通过关键词搜索或通过中国产品目录查找产品，联系供应商；在商情板搜索销售商情并联系供应商；发布采购商情，将采购信息加入商情板；采用收费的贸易服务，有效开展同中国产品供应商之间的贸易往来。

作为供应商：将产品和公司信息加入中国产品目录实现信息推广；通过商情板，搜索全球买家及其采购信息；采用推广服务，提高产品曝光率。

作为海外供应商：将产品和公司信息加入商情板；通过商情板搜索全球买家及其采购需求；有机会使用中国制造网的推广服务－横幅，有效推广产品和企业品牌。

2.2 覆盖范围

2.2.1 行业：电子商务 B2B 搜索运营商

2.2.2 主要客户：国内中小企业、国外企业

2.2.3 业务区域：全球业务

2.3 收入结构：收入主要来自两方面，其一是会员费，包括金牌认证供应商、银牌认证供应商、高级会员和实名会员四个层级，每个层级享受其不同质量的服务；其二是增值服务费，如企业推广的服务费用、广告费、全面配合中国进出口需求的全面性贸易服务费用等。

三、综合信息

3.1 发展定位：立足内贸领域，致力于为国内中小企业构建交流渠道，帮助供应商和采购商建立联系、挖掘国内市场商业机会。

3.2 重要合作伙伴及供应商：瑞士通用公证行、上海跨国采购发展有限公司、平台百卓采购网、中国检验认证有限公司、台塑、台湾文笔国际股份有限公司、慧择保险网、财客、中国建材网、途牛旅游网、钢材网、万维家电网、中国旅游信息网、c114 中国通信网、百度、谷歌、搜狗、搜搜、360 搜索等搜索引擎。

环球资源网

环球资源是一家领先业界的多渠道 B2B 媒体公司，致力于促进大中华地区的对外贸易。公司的核心业务是通过一系列英文媒体，包括环球资源网站、印刷及电子杂志、采购资讯报告、“买家专场采购会”及贸易展览会，促进亚洲各国的出口贸易。

根据易观智库监测数据显示，2014 年第 3 季度，公司营业收入为 4250 万美元，同比下降 5.4%，占中国电子商务 B2B 市场 5.52% 的市场份额。2013 年 1 月环球资源获《财资》杂志颁发 2012 年度企业大奖金奖，表彰公司在投资者关系及社会责任两个领域的卓越表现；2013 年 3 月中山市对外贸易经济合作局与环球资源开展战略合作，环球资源助力中山出口企业提升海外市场知名度，全面挺进国际市场；2013 年 5 月环球资源启用中文版企业新标识，更加专注中国市场，携手中国供应商迎接新挑战；2013 年 6 月环球资源网站主页改版，突显核心产品及服务，增加供应商的曝光机会。2014 年 1 月再次荣获《财资》杂志颁发的 2013 年度企业大奖金奖；2014 年 3 月环球资源公布计划 2014 年 4 月底前开始以每股 10 美元的现金价格收购约 500 万股一项发行人要约；2014 年 4 月环球资源宣布与中国对外贸易中心开展合作，联合举办将于 2015 年 3 月 23 日至 25 日开展的首届上海国际电子展览会；2014 年 6 月环球资源旗下联盟企业 eMedia Asia Limited 在上海成功举办了“2014 年度 EDN-China 创新奖”颁奖典礼。

易观分析——

长期经营的经验，使环球资源网非常了解西方客户的习惯，从而积累起广泛的西方客户资源。由于能够提供线上线下整合服务，因此线下资源也非常丰富。但外贸出身使得环球资源所提供服务及网站的用户体验不太符合中国客户的习惯，并难以实现本土化。较高的资费门槛也挡住了大量的中小企业客户，因此，现有服务模式和盈利模式缺乏创新与突破。

在逐渐恶劣的中国外贸环境下，环球资源网还面临着大型综合外贸平台和现有小额外贸批发平台的挑战。但是环球资源网拥有大量的专业买家及行业资源，通过网站的优化整合及推广，可以为尤其是国内客户提供便捷高效高质的内外贸服务，机会点在于如何通过网站的优化整合推广，从而吸引更多用户。

一、基础信息

1.1 基本信息

1.1.1 公司全称：环球资源

1.1.2 成立时间：1970 年由贸易杂志起家

1.1.3 总部地点：深圳市益田路与福华三路交汇处深圳国际商会中心 36 楼

1.1.4 上市时间：2000 年 美国纳斯达克

1.1.5 企业性质：外资

1.1.6 资本信息：注册资本 5000 万元人民币

1.1.7 联系方式

网址：http：//corporate.china.globalsources.com/

电话：(86-755) 88282888

传真：(86-755) 88282588

1.2 组织信息

1.2.1 管理层：

韩礼士 执行董事长

二、业务信息

2.1 产品及服务信息

2.1.1 环球资源贸易网站：帮助供应商有效传递价值，提升买家关注度及偏好度。

14 个行业网站涵盖业内最详尽的产品和供应商信息

- 业界独有的供应商星级排名体系，从一星到六星，星级越高，曝光越强
- 行业首创搜索结果显示“每家一行”，全面提升供应商曝光率
- “已核实供应商”体系，帮助供应商快速赢得买家信赖

2.1.2 环球资源贸易杂志：按行业划分，广告创意服务助您发掘和展示独特卖点，树立企业形象，区别于竞争对手，有效提升买家关注度及偏好度。

- 印刷版及电子版以多种形式、多种渠道发行，全面覆盖专业买家
- 电子版贸易杂志，方便买家随时随地查阅产品信息
- iPad 版电子杂志，买家只需点击“在线查询”按钮，即可向供应商发送在线询盘
- 采购交易会专刊，帮助供应商接触高质量展会买家
- 在香港采购交易会现场开辟“星光长廊”，展示供应商杂志广告
- 专业的广告创意团队为每一位客户度身定制专业的 B2B 广告

2.1.3 环球资源贸易展会：整合“实体展会”与“在线展会”，帮助供应商延伸参展效益，充分曝光，提升买家关注度及偏好度。

● 实体展会：选址全球各大采购枢纽，全年近 60 场专业贸易展会，覆盖 14 个热门行业，全面覆盖传统市场及新兴市场专业买家。

● 在线展会：业界首创，全新独特的推广渠道，基于实体展会，因而其内容更加可靠真实。不仅与实体展会在时间和空间上互补，还进一步扩充了推广渠道。

2.1.4 环球资源买家专场采购会：为经筛选的优质供应商提供了一个绝佳平台，帮助供应商在私密环境中面对面会晤全球顶级采购商。

- 在亚洲各大货源中心及环球资源展会现场举办
- 全球前 100 大零售商中，32 家均通过买家专场采购会寻找优质供应商
- 每场会议锁定一个产品类别或一个买家 + 买家会前甄选供应商 + 私密的洽谈环境 = 高效率的会晤

2.1.5 环球资源专业出口系列培训：为供应商提供含金量极高的出口培训，帮助供应商提升竞争力。

- 涵盖近百个主题的实用课程，包括如何有效处理买家查询、如何有效参展等
- 在线培训灵活高效，可随时随地多人多次观看多种课程
- 面对面培训提供交流分享机会

2.1.6 环球资源专用供应商目录：环球资源专用供应商目录是为供应商度身设计的功能强大的推广信息

管理后台。

- 有效管理买家查询，提升推广效果
- 随时随地，在线更新产品目录及公司信息
- 便捷注册申请参加买家专场采购会
- 获取极具价值的市场资讯

2.2 覆盖范围

2.2.1 行业：电子商务国际贸易 B2B

2.2.2 主要客户：国际买家零售商、大中华地区的对外贸易企业

2.2.3 业务区域：全球

2.3 收入结构：网站业务占据大半，专业杂志和展会平台也占据着不少成分

三、综合信息

3.1 发展定位：以适当资讯，在适当时机，通过适当渠道，连接全球买家及供应商

3.2 重要合作伙伴及供应商：

- 中国（深圳）国际品牌服装服饰交易会。
- 环球资源是 Agentrics 在亚洲的唯一合作伙伴，为其成员提供直接采购渠道，拓展在亚洲的采购活动。
- BiMBA（北大国际 MBA）环球资源与北京大学合作，联合为中国经理人推出世界级的出口培训课程。该课程帮助中国经理人掌握最新的国际营销工具和技能，从而增强中国出口的竞争实力。
- 环球资源与必维国际检验集团（纽约泛欧证券交易所 / 巴黎，交易代码：BVI）合作，为环球资源社群成员提供认证服务。
- 环球资源与中欧国际工商学院联合举办出口营销管理课程。该课程专为中国出口企业的高级管理人员设计。
- 环球资源 (NASDAQ： GSOL) 与 United Business Media 的合资公司 eMedia Asia Ltd 与 Penton Media, Inc. 组成战略性联盟，联合推出《电子系统设计》(Electronic Design–China) 杂志，即 Penton 出版的顶级电子类杂志 Electronic Design 的简体中文版。这本全新的杂志将为 40000 名中国大陆的设计工程师及工程经理提供有关电子系统设计技术和应用方法的最新资讯。
- 环球资源与 UBM Electronics 创办合资企业 eMedia Asia。
- 环球资源与 Dun & Bradstreet 合作产品与解决方案。

中国电子商务 B2B 行业中的其他企业名录节选如下表：

表 2 中国电子商务市场 B2B 行业企业名录节选

厂商	备注
阿里巴巴	简要分析见前述　数据分析及详细分析见易观智库企业库
慧聪网	简要分析见前述　数据分析及详细分析见易观智库企业库
中国制造网	简要分析见前述　数据分析及详细分析见易观智库企业库

续表

厂商	备注
环球资源网	简要分析见前述　数据分析及详细分析见易观智库企业库
敦煌网	数据分析及详细分析见易观智库企业库
马可波罗网	数据分析及详细分析见易观智库企业库
海虹医药网	数据分析及详细分析见易观智库企业库
国联资源网	数据分析及详细分析见易观智库企业库
金银岛	数据分析及详细分析见易观智库企业库
万国商业网	数据分析及详细分析见易观智库企业库
生意宝	数据分析及详细分析见易观智库企业库
兰亭集势	详细分析见易观智库企业库
四海商舟	详细分析见易观智库企业库
中国网库	详细分析见易观智库企业库
网盛生意宝	详细分析见易观智库企业库
铭万中国	详细分析见易观智库企业库
建行善融商务	详细分析见易观智库企业库
锦程物流网	详细分析见易观智库企业库
沱沱网	详细分析见易观智库企业库
焦点科技	详细分析见易观智库企业库
易唐网	详细分析见易观智库企业库
深圳一达通	详细分析见易观智库企业库
一比多	详细分析见易观智库企业库
全球五金网	详细分析见易观智库企业库
东方钢铁网	详细分析见易观智库企业库
我的钢铁网	详细分析见易观智库企业库
环球财富网	详细分析见易观智库企业库
企博网	详细分析见易观智库企业库
第一食品网	详细分析见易观智库企业库
鄂尔多斯羊绒网	详细分析见易观智库企业库
纺织商务网	详细分析见易观智库企业库
风簸网	详细分析见易观智库企业库
服装染色网	详细分析见易观智库企业库
工艺礼品网	详细分析见易观智库企业库
工艺品交易网	详细分析见易观智库企业库
好孩儿玩具网	详细分析见易观智库企业库
华夏礼品网	详细分析见易观智库企业库

续表

厂商	备注
慧聪服装网	详细分析见易观智库企业库
慧聪家电网	详细分析见易观智库企业库
慧聪礼品网	详细分析见易观智库企业库
慧聪食品工业网	详细分析见易观智库企业库
家电圈	详细分析见易观智库企业库
家居在线	详细分析见易观智库企业库
金贝网	详细分析见易观智库企业库
酒代理网	详细分析见易观智库企业库
酒市网	详细分析见易观智库企业库
全球纺织品	详细分析见易观智库企业库
全球内衣交易网	详细分析见易观智库企业库
全球箱包网	详细分析见易观智库企业库
食品产业网	详细分析见易观智库企业库
食品机械网	详细分析见易观智库企业库
食品品牌网	详细分析见易观智库企业库
食品商机网	详细分析见易观智库企业库
食品商务网	详细分析见易观智库企业库
世界服装鞋帽网	详细分析见易观智库企业库
世界家具时报网	详细分析见易观智库企业库
世界鞋网	详细分析见易观智库企业库
童装加盟榜	详细分析见易观智库企业库
玩具巴巴	详细分析见易观智库企业库
玩具谷	详细分析见易观智库企业库
玩具基地网	详细分析见易观智库企业库
未来在线网	详细分析见易观智库企业库
温州电器网	详细分析见易观智库企业库
亚太家居网	详细分析见易观智库企业库
医护服饰网	详细分析见易观智库企业库
义乌市场网	详细分析见易观智库企业库
义乌小商品批发网	详细分析见易观智库企业库
有机食品信息网	详细分析见易观智库企业库
真玩具网	详细分析见易观智库企业库
中国冰淇淋网	详细分析见易观智库企业库
中国厨房设备网	详细分析见易观智库企业库

续表

厂商	备注
中国第一服装网	详细分析见易观智库企业库
中国纺织面料网	详细分析见易观智库企业库
中国纺织品网	详细分析见易观智库企业库
中国纺织商务网	详细分析见易观智库企业库
中国服饰网	详细分析见易观智库企业库
中国服装辅料网	详细分析见易观智库企业库
中国服装批发网	详细分析见易观智库企业库
中国服装网	详细分析见易观智库企业库
中国海产网	详细分析见易观智库企业库
中国海洋食品网	详细分析见易观智库企业库
中国家具行业网	详细分析见易观智库企业库
中国家具网	详细分析见易观智库企业库
中国家装家居网	详细分析见易观智库企业库
中国酒网	详细分析见易观智库企业库
中国旧衣服装网	详细分析见易观智库企业库
中国轻工业网	详细分析见易观智库企业库
中国日用品网	详细分析见易观智库企业库
中国食品产业网	详细分析见易观智库企业库
中国食品模具网	详细分析见易观智库企业库
中国食品饮料网	详细分析见易观智库企业库
中国丝绸网	详细分析见易观智库企业库
中国玩具网	详细分析见易观智库企业库
中国鲜花礼品网	详细分析见易观智库企业库
中国香料网	详细分析见易观智库企业库
中国游乐设备信息网	详细分析见易观智库企业库
中国枣网	详细分析见易观智库企业库
中国装饰网	详细分析见易观智库企业库
中华厨卫网	详细分析见易观智库企业库
中华古典家具网	详细分析见易观智库企业库
中华茗茶网	详细分析见易观智库企业库
中华珠宝网	详细分析见易观智库企业库
中外玩具网	详细分析见易观智库企业库
中鞋网	详细分析见易观智库企业库
中国库存网	详细分析见易观智库企业库

续表

厂商	备注
中国化工机械网	详细分析见易观智库企业库
中国化工仪器网	详细分析见易观智库企业库
中国化工资讯网	详细分析见易观智库企业库
中国机械设备网	详细分析见易观智库企业库
中国科学仪器网	详细分析见易观智库企业库
中国农业仪器网	详细分析见易观智库企业库
中国汽车零配件网	详细分析见易观智库企业库
中国汽车配件网	详细分析见易观智库企业库
中国汽摩配件网	详细分析见易观智库企业库
中国汽配城	详细分析见易观智库企业库
中国塑胶网	详细分析见易观智库企业库
中国塑料网	详细分析见易观智库企业库
中国万维化工网	详细分析见易观智库企业库
中国五金商机网	详细分析见易观智库企业库
中国五金网	详细分析见易观智库企业库
中国吸塑网	详细分析见易观智库企业库
中国仪器搜索网	详细分析见易观智库企业库
中国仪器网	详细分析见易观智库企业库
中国仪器仪表网	详细分析见易观智库企业库
中国仪器之家	详细分析见易观智库企业库
中国印刷包装网	详细分析见易观智库企业库
中国印刷产品网	详细分析见易观智库企业库
中国印刷网	详细分析见易观智库企业库
中国纸箱网	详细分析见易观智库企业库
中国轴承网	详细分析见易观智库企业库
中华标准件网	详细分析见易观智库企业库
中华工控网	详细分析见易观智库企业库
中华汽配网	详细分析见易观智库企业库
中华塑料网	详细分析见易观智库企业库
中外印机网	详细分析见易观智库企业库
中原汽配网	详细分析见易观智库企业库
千汇网	详细分析见易观智库企业库
518 汇成网	详细分析见易观智库企业库
不锈钢水箱网	详细分析见易观智库企业库

续表

厂商	备注
中国发电机网	详细分析见易观智库企业库
凡宇资讯网	详细分析见易观智库企业库
富宝金属网	详细分析见易观智库企业库
钢铁价格网	详细分析见易观智库企业库
光伏网	详细分析见易观智库企业库
广州苗木网	详细分析见易观智库企业库
海南黄花梨网	详细分析见易观智库企业库
好巴巴养殖网	详细分析见易观智库企业库
河北果蔬网	详细分析见易观智库企业库
红枣网	详细分析见易观智库企业库
花牛网	详细分析见易观智库企业库
华夏建材网	详细分析见易观智库企业库
慧聪建材网	详细分析见易观智库企业库
建材信息网	详细分析见易观智库企业库
建材资讯宝	详细分析见易观智库企业库
建筑建材贸易网	详细分析见易观智库企业库
金属 114 网	详细分析见易观智库企业库
九正建材网	详细分析见易观智库企业库
垃圾处理网	详细分析见易观智库企业库
绿色建材网	详细分析见易观智库企业库
能源在线	详细分析见易观智库企业库
农博网	详细分析见易观智库企业库
农产品信息网	详细分析见易观智库企业库
农村养殖网	详细分析见易观智库企业库
农民网	详细分析见易观智库企业库
莆商木材网	详细分析见易观智库企业库
全球花木网	详细分析见易观智库企业库
全球金属网	详细分析见易观智库企业库
全球铝业网	详细分析见易观智库企业库
全球新能源网	详细分析见易观智库企业库
盛丰建材网	详细分析见易观智库企业库
世界建材网	详细分析见易观智库企业库
世界建材总网	详细分析见易观智库企业库
首聚能源博览网	详细分析见易观智库企业库

续表

厂商	备注
蔬菜网	详细分析见易观智库企业库
太阳能网	详细分析见易观智库企业库
天工网	详细分析见易观智库企业库
土木在线	详细分析见易观智库企业库
我要油漆网	详细分析见易观智库企业库
新能源 114	详细分析见易观智库企业库
冶金行业网	详细分析见易观智库企业库
亿钢网	详细分析见易观智库企业库
优倍网	详细分析见易观智库企业库
长江有色金属网	详细分析见易观智库企业库
照明信息网	详细分析见易观智库企业库
中部农产品网	详细分析见易观智库企业库
中硅信息网	详细分析见易观智库企业库
中国畜牧网	详细分析见易观智库企业库
中国钢企网	详细分析见易观智库企业库

网上零售

淘宝

淘宝网是亚太地区较大的网络零售商圈，是中国深受欢迎的网购零售平台，由阿里巴巴集团在 2003 年 5 月 10 日投资创立，其业务跨越 C2C、B2C 两大部分。随着淘宝网规模的不断扩大和用户数量的不断增加，淘宝网逐渐演变成一个囊括 C2C、B2C、团购、分销、拍卖等多种电子商务模式的综合性零售商圈。目前拥有超过 5 亿的注册用户数，每天有超过 6000 万的固定访客，成为世界范围内的电子商务交易平台之一。根据阿里巴巴公布的财报显示，2014 年全年淘宝成交规模达 15110 亿元人民币，增长 37.2%。

淘宝经过多年的经营，建立起了自己专属的生态圈，在产业链的各个环节都保持了优势地位。淘宝拥有自身的流量入口一淘、交易工具支付宝、众多快递合作伙伴，加之其正紧锣密鼓的投资物流企业、申请快递牌照，已经打通了从营销、支付再到物流的整个产业链条。

此外，由于其吸引了大量的用户，在内外部营销、会员管理、网站设计优化、数据商业化等方面存在明显优势。但是，由于淘宝平台模式的天然缺陷，其对供应链的控制能力，供应链响应速度方面及物流方面存在短板。根据 2013 年“双 11”及“双 12”相关数据和新闻显示，物流问题依旧是制约淘宝提高客户满意度的一大阻碍。与此同时，如何提高在线支付的安全性也是淘宝需要解决的另一问题。

易观分析——

淘宝网多年的经营，在其平台上积累了大量商家和消费者，凭借支付宝、菜鸟物流等服务领域的布局，已形成了完整的电商生态圈，巨大的用户流量和市场影响力使淘宝网能够长期保持市场领先地位。

但是入驻商家鱼龙混杂，商家监管难度大，容易出现不法商贩和不法交易行为，严重影响消费者对淘宝网的用户体验。

与其他电商相比，物流是淘宝网发展的最大短板，虽然去年淘宝在此方面有所作为，但其物流战略布局时间长，推进难度大，短时间内对物流状况的改善有限。

一、基础信息

1.1 基本信息

1.1.1 公司名称：阿里巴巴集团

1.1.2 成立时间：1999 年（集团） 2003 年 5 月 10 日（淘宝）

1.1.3 总部地点：浙江杭州

1.1.4 上市时间：2014 年 9 月 19 日（阿里巴巴在纽约证券交易所上市）

1.1.5 企业性质：中外合资

1.1.6 资本信息：注册资本 5000 万元人民币

1.1.7 联系方式

网址：http：//www.taobao.com/

地址：杭州市余杭区文一西路 969 号西溪园区 311100

电话：集市消费者热线：0571-88158198 集市商家热线：0571-88157858

1.2 组织信息

1.2.1 管理层：

马 云 执行主席

蔡崇信 执行副主席

陆兆禧 首席执行官

二、业务信息

2.1 产品及服务

C2C、B2C 综合电子商务平台，拥有最为丰富的包括鞋包、配饰、运动、珠宝、数码、家电、美妆、母婴、家居、食品、百货、汽车等实体商品和大量的虚拟（充值）商品。主要产品有阿里旺旺、淘宝店铺、淘宝指数、快乐淘宝、淘宝基金（2013 年 11 月 1 日上线）、淘点点（2013 年 12 月 20 日推出）。

作为第三方平台，有线上交易、7 天无理由退换货、数据统计、物流等众多针对买家与卖家的服务。

2.2 覆盖范围

2.2.1 行业：综合互联网 C2C、B2C 交易平台

2.2.2 主要客户：国内外商家和消费者

2.2.3 业务区域：全球

2.3 收入结构：主要收入来源为广告、增值服务，具体收入结构不详。

三、综合信息

3.1 发展定位：全面打造综合性线上零售商圈，国内领先的个人交易平台。

3.2 重要合作伙伴及供应商：主要合作伙伴有阿里巴巴（中国）、支付宝、搜狐、MSN、雅虎、淘宝联盟、淘拍档。此外淘宝“淘拍档”有百合计划：成员有百胜软件、富润科技、管易软件、又一城软件、湖畔网络技术、禾唐科技、任我行软件、赛普软件、商通电子商务、飞速网络、商派网络、宏巍信息、万维商联、欢乐逛、派科思诺、网商软景、光云软件、暴风科技、浙江省检验检疫科学技术研究院、网萌网络等。

天猫

“天猫”原名淘宝商城，2012 年 1 月 11 日正式更名为“天猫”，是一家国内领先的综合性购物网站。迄今为止，天猫拥有超过 5 万家商户，7 万个品牌，4 亿多买家。通过在商品、服务等方面的优势，为商家和消费者提供一站式线上购物解决方案。2014 年 2 月 19 日，天猫国际正式上线，主要为国内广大消费者提供海外原装进口商品。截至 2014 年 9 月，天猫国际店铺超过 140 家，拥有来自北美洲、欧洲、大洋洲等大洲的多个国家和地区的数千个品牌，其“海淘”市场潜力巨大。

随着人们收入水平和生活品位的不断提高，时尚成为越来越多的消费者所关注的对象，为了顺应潮流，天猫把“打造时尚生态圈”作为其 2014 年工作的重心。2014 年天猫推出“五化”改革提升其 B2C 电商服务，即品牌时尚化、行业垂直化、会员价值化、无线个性化和服务分层化。2014 年第 2 季度以来，天猫对首页进行全面改版升级，更新品牌标语，不断拓展时尚领域。随即在 2014 年 8 月 14 日天猫发布时尚战略，为平台商家提供一揽子“品牌时尚化”整体解决方案，欲通过时尚媒体立体营销体系，实现品牌商与消费者间的无缝对接。8 月 23 日，天猫宣布与时尚集团跨界合作，正式发布整体时尚战略，同时推出“边看边买”创新服务。根据已发布财报及其他相关监测数据，2014 年全年天猫成交规模达到 7630 亿元人民币，同比增长 73%。

易观分析——

依托阿里旗下淘宝网多年积累的用户和商户资源，在用户和商品丰富性上占有优势，使其在 B2C 市场长期处于领先的地位；

伴随着天猫国际上线，以及在打造“时尚生态圈”上的一系列动作，天猫将迎来一次巨大的改变，或逐步走高端商品路线，与淘宝网区别开来；

互联网的进一步普及以及 B2C 市场的不断扩大，对天猫强力打造时尚界地标性网上购物平台提供了优越的条件；

但天猫依赖第三方物流，相比目前的京东商城、卓越亚马逊等商家，在物流上表现出发货不及时、物流效率低等问题，对消费者的体验造成不良影响；

天猫在服饰服装品类的交易规模上具有领先优势，但在 3C 品类上处于弱势地位，在 3C 品类的竞争中与京东具有一定差距，需要进一步推进。

一、基础信息

1.1 基本信息

1.1.1 公司全称：阿里巴巴集团（天猫事业部）

1.1.2 成立时间：1999 年（集团） 2008 年 4 月（天猫）

1.1.3 总部地点：香港（国际总部） 杭州（中国总部）

1.1.4 上市时间：2014 年 9 月 19 日（阿里巴巴在纽约证券交易所上市）

1.1.5 企业性质：股份制

1.1.6 资本信息：中外合资，具体资本不详

1.1.7 联系方式：

网址：http：//www.tmall.com/

邮箱：florenceshih@hk.alibaba-inc.com

地址：浙江省杭州市余杭区文一西路 969 号

电话：4008608608

1.2 组织信息

1.2.1 人员规模：天猫 500 人以上

1.2.2 管理层

马　云 执行主席

蔡崇信 执行副主席

陆兆禧 首席执行官

二、业务信息

2.1 产品及服务信息

2.1.1 产品信息

B2C 综合商城，产品囊括汽车、电脑、服饰、家居用品、家装建材等实体商品及网络游戏装备等虚拟商品，拥有品牌街、名鞋馆、网上超市、医药馆、喵鲜生、电器城、淘宝旅行等特色店铺。

作为第三方服务平台，其服务有正品保障、天猫智库、线上交易、7 天无理由退换货、数据统计、物流、代运营接入等。2014 年秋季推出“在线看秀”、“边看边买”的全新创新性购物服务。

2.2 覆盖范围

2.2.1 行业：综合 B2C 平台

2.2.2 主要客户：国内外全网用户

2.2.3 业务区域：国内及海外

2.3 收入结构：天猫的营业收入主要包括广告、交易分成、商家增值服务三部分。具体比例不详

三、综合信息

3.1 发展定位：网购世界中的第五大道或者香榭丽舍大道，中国乃至世界 B2C 的新地标

3.2 重要合作伙伴及供应商：拥有包括国内及国外来自美国、英国、日本、澳大利亚、法国、韩国、台

湾、香港等多个国家和地区的 5 万多家商户，7 万多个品牌，包括 Dior、LV、PRADA 等奢侈品牌及安娜苏、Karenmillen、NYR 等海外知名品牌。

京东商城

京东商城是以 3C 起步的综合性网购平台，是中国最大的自营式电商企业。目前，京东为消费者提供 13 大类超过 4000 万 SKUs 的丰富商品，品类包括：计算机、手机及其他数码产品、家电、汽车配件、服装与鞋类、奢侈品、家居与家庭用品、化妆品与其他个人护理用品、食品与营养品、书籍、电子图书、音乐、电影与其他媒体产品、母婴用品与玩具、体育与健身器材以及虚拟商品。

京东商城发展初期的供应商资源优势主要集中在 3C 产品，通过降低自身毛利，使得商品价格具有较强竞争力，京东迅速获得大量活跃用户。2010 年京东凭借平台的优质用户资源，转型百货，进而帮助京东发展了大量新用户。此外，京东不断升级自建物流体系，进一步强化了供应链能力，截至 2014 年 12 月 30 日，京东建立了 7 大物流中心，在全国 39 座城市建立了 118 个仓库，总面积约为 230 万平方米。同时，还在全国 1855 个行政区县拥有 2045 个配送站和 1045 个自提点、自提柜。推出 211 限时达、次日达、夜间配和三小时极速达等一系列专业配送服务。在邮费方面，京东自 2014 年 2 月 27 日起，对自营商品配送费进行调整，针对不同级别的会员实行不同等级的“满免”制度。

京东商城正向着品牌化，多元化，国际化方向发展。2014 年 1 月 9 日，京东携手包括玖姿、朗姿、歌莉娅、GXG 等在内的数十家潮流品牌召开“尚 • 京东”为主题的 2014 春夏时尚新品发布会，同时与玖姿、新秀丽、费雷、ENZO、EVISU、JEFEN、Clarks、UGG、阿迪达斯、迪斯尼、六福珠宝共 11 家国际高端品牌达成深度战略合作计划。2014 年 4 月 2 日，京东集团正式进行分拆，包括 2 个子集团、1 个子公司和 1 个事业部，涉及金融、拍拍和海外业务。5 月 22 日，京东集团在美国纳斯达克挂牌上市，成为仅次于阿里、腾讯、百度的中国第四大互联网上市公司，这将为京东商城的进一步发展带来新的契机。在移动购物方面，京东借助腾讯于 2014 年 8 月 8 日开通手机 QQ 一级购物入口，完成京东 QQ 一级购物入口、京东微信一级购物入口以及京东客户端的整体移动端布局，全力进军移动 B2C 市场。

根据京东在 2014 年 11 月 17 日发布的第 3 季度财报，2014 年第 3 季度，京东商城交易额达 673 亿元人民币，同比增长 111%，在网上零售 B2C 市场中占据 18.1% 的份额，在自营式电商市场的占有率为 51.9%。

易观分析——

京东拥有中国电商行业最大的仓储设施和较为完善的物流配送体系，能够为平台商家和消费者提供优质的物流配送服务。

在3C 品类上具有较强的优势，丰富的商品品类和正品保证使消费者对京东3C 品类的信任度较高。

随着腾讯入股以及京东腾讯电商总体战略合作协议的签订，腾讯为京东的发展注入了新鲜血液。借力腾讯，京东完成其移动终端的全面布局，有利于京东的进一步发展。

相比市场份额更大的天猫，其短板是商品价格和品类丰富度，京东想要在互联网浪潮中分一杯羹，便不能固守电商的城池，应当多元化发展，但多元化发展的同时也应注重自身规模的控制。

一、基础信息

1.1 基本信息

1.1.1 公司全称：北京京东世纪贸易有限公司

1.1.2 成立时间：1998 年 6 月 18 日

1.1.3 总部地点：北京

1.1.4 上市时间：2014 年 5 月 22 日（美国纳斯达克）

1.1.5 企业性质：民营企业

1.1.6 资本信息：注册资本 1000 万元人民币

1.1.7 联系方式

网址：http：//www.jd.com/

邮箱：zhouyongyue@jd.com

地址：北京市朝阳区北辰西路 8 号北辰世纪中心 A 座 100101

电话：010-58959005

1.2 组织信息

1.2.1 管理层

刘强东 董事会主席、首席执行官

二、业务信息

2.1 产品及服务信息

品类完善的综合商品，包括计算机、收集及其他数码产品、家电、汽车配件、服装与鞋类、奢侈品、家居与家庭用品、化妆品与其他个人护理用品、食品与营养品、书籍、电子图书、音乐、电影与其他媒体产品。母婴用品与玩具、体育与健身器材以及虚拟商品在内的 13 大类超过 4000 万 SKUs 的优质商品。主要产品有京东商超、京东支付和京东云。

所提供的服务包括 211 限时达、次日达、夜间配和三小时极速达，GIS 包裹实时追踪、售后 100 分、快速退换货以及家电上门安装等。

2.2 覆盖范围

2.2.1 行业：综合电商平台

2.2.2 主要客户：大众

2.2.3 业务区域：2014 年 1 月京东西北大区正式启动运营，至此京东业务区域遍布全国

2.3 收入结构：京东商城的营收来源主要来自分成、销售返点、增值服务、交易差价等方面。具体结构不详

三、综合信息

3.1 发展定位：京东商城是中国 B2C 市场最大的 3C 网购专业平台，是中国电子商务领域最受消费者欢迎和最具影响力的电子商务网站之一。京东坚信，创新是发展的不二法则，唯有京东人不断追求创新、发展方能为消费者持续创造价值。

3.2 重要合作伙伴及供应商：ACER 宏碁电脑、俄罗斯的 DST、老虎基金、九州通医药集团股份有限公司等

苏宁云商

苏宁易购是苏宁云商旗下网上购物平台，是建立在苏宁云商长期以来积累的丰富零售经验和采购、物流、售后服务等体系上的，由行业内领先的合作伙伴 IBM 合作开发的新型网站平台。现已覆盖传统家电、3C 电器、日用百货等全品类，居中国 B2C 市场份额前三强。据 2014 年 8 月 18 日“中国民营企业 500 强”发布会，苏宁分别位列“2014 中国民营企业 500 强”和“2014 中国民营企业服务业 100 强”第一。

2014 年年初，苏宁易购把母婴用品确定为家电 3C 之外的第二个核心品类。在 818 周年庆活动中，当日成交订单达到 220 万单，销售额同比增长 390%。

根据易观智库监测数据显示，截至 2014 年 6 月底，苏宁易购开放平台入驻商家数已超过 8000 家，首次注册会员新增 1858 万。2014 年第 3 季度公司财报披露，苏宁易购 2014 年第 3 季度销售收入 285.22 亿元人民币，同比增长 15.9%；其中线上平台实体商品交易规模达 84.64 亿元人民币，同比增长 52.26%。截至 2014 年第 3 季度，苏宁易购在网上零售 B2C 市场中的份额为 5.1%，居第三位。

易观分析——

苏宁易购依托苏宁电器、苏宁云商的资源优势，在 3C 家电产品的价格、供应链、售后等方面保持领先地位。苏宁易购的品牌价值也是发展的优势之一。苏宁易购的实体店为其供应链和仓储能力提供了很大的支持。

苏宁云商长期以来积累的采购、零售、物流和售后服务的经验，以及其线下门店实体经营获得的消费者选购经验，为苏宁易购的长期快速发展提供了保障。苏宁云商为提升用户体验，与行业领先企业 IBM 等合作，开发更具人性化、产品分类更清晰、更易操作的网络购物平台，能吸引更多的客户。

长期以来以 3C 品类为主的电商形象深入人心，消费者市场一时难以突破，加之京东、天猫等其他 B2C 交易平台的威胁，以及国美等其他拥有线下实体店厂商的进入，苏宁易购面临的竞争也异常激烈。

一、基础信息

1.1 基本信息

1.1.1 公司全称：苏宁云商集团股份有限公司

1.1.2 成立时间：1990 年

1.1.3 总部地点：江苏南京

1.1.4 上市时间：2004 年 7 月

1.1.5 企业性质：股份制

1.1.6 资本信息：注册资金 738304.31 万元人民币

1.1.7 联系方式：

网址：http：//www.suning.com/

邮箱：ggzx@cnsuning.com　b2b@cnsuning.com

地址：江苏省南京市玄武区徐庄软件园苏宁大道 1 号（210000）

电话：4008198198

1.2 组织信息

1.2.1 人员规模：8364 人

1.2.2 管理层

张近东 董事长

二、业务信息

2.1 产品及服务信息：综合，各品类产品

平台开放、在线交易、物流配送、上门安装、品牌推广等双边服务

2.2 覆盖范围

2.2.1 行业：综合电商

2.2.2 主要客户：全网用户

2.2.3 业务区域：国内及海外

2.2.4 收入结构：具体细分结构不详

三、综合信息

3.1 发展定位：力争最大限度赢得 B2C 市场收益，计划到 2020 年实现 3000 亿元人民币的销售规模，成为中国领先的 B2C 平台之一。

3.2 重要合作伙伴及供应商：IBM、思科、新浪、凡客等

亚马逊中国

亚马逊中国，原名卓越亚马逊，是一家 B2C 电子商务网站，前身为卓越网。2004 年 8 月 19 日亚马逊公司宣布以 7500 万美元收购雷军和陈年创办的卓越网，将卓越网收归为亚马逊中国全资子公司，使亚马逊全球领先的网上零售专长与卓越网深厚的中国市场经验相结合，进一步提升了客户体验，并促进了中国电子商务的成长。

亚马逊中国汲取了亚马逊集团在 IT 技术及物流配送方面的优势基因，在中国率先推出“定时送货”服务与“夜间送货”服务，提升用户体验。但是亚马逊本土化能力不足，在网站页面设计、网站运营方面不能够贴合中国消费者的使用习惯，在一定程度上制约了亚马逊中国的发展。

2014 年 8 月，亚马逊（中国）投资有限公司宣布与上海自由贸易试验区、上海市信息投资股份有限公司达成合作，建立跨境电子商务平台，开展跨境电子商务业务。2014 年 9 月 1 日，道格 • 葛接替冯思哲出任亚马逊中国总裁，提出 5 个新计划，包括国际精品馆、尚品馆、专属定制产品专区、智能数码馆等五个品类专属馆，旨在拓展其网站品类。

根据易观智库数据监测，2014 年全年亚马逊中国交易规模达 239.78 亿元人民币，在网上零售 B2C 市场中的份额为 1.4%。

易观分析——

自建物流，在 16 个城市拥有自己的配送队伍，推出个性化的配送服务，坚持以客户为中心，满足中国用户的多样化需求；

超强的 IT 能力和大数据分析能力，精准的产品推送使得亚马逊积累了优良的口碑，拥有大量的忠实用户和高销售额；

在跨境电商领域的布局较早，进口商品品类较为丰富，对海淘客具有足够的吸引力；

管理决策受制于人，本土化工作有待提高，对第三方卖家监管不严，导致其品牌形象受到打击，流失部分用户；

随着阿里等公司的上市，亚马逊的交易额与市场份额有所下滑，其未来所面临的竞争压力增加。

一、基础信息

1.1 基本信息

1.1.1 公司全称：亚马逊（中国）公司

1.1.2 成立时间：亚马逊公司初创于 1995 年；卓越亚马逊成立于 2000 年

1.1.3 总部地址：北京市朝阳区东四环中路 56 号楼 5 层

1.1.4 上市时间：1997 年 5 月 15 日

1.1.5 企业性质：外资企业

1.1.6 资质信息：225063.2 万港元

1.1.7 联系方式

网址：http：//www.amazon.cn/（亚马逊中国）

邮箱：cn-cs-smfix@amazon.com

电话：（1）客服电话：400-810-5666（2）海外用户：86-28-65332666

1.2 组织信息

1.2.1 管理层

亚马逊中国总裁：道格·葛（Doug Gurr）

二、业务信息

2.1 产品及服务信息

亚马逊（中国）电子商务提供超过 32 大类和超过 2000 万种商品，主要有图书、音乐、影视、手机数码、家电、家居、玩具、健康、美容化妆、钟表首饰、服饰箱包、鞋靴、运动、食品、母婴、户外和休闲等 32 大类产品，2013 年，消费电子产品 Kindle 家族进入中国。2014 年 7 月，亚马逊中国推出三大类别的“广告推广”服务，包括“搜索广告”、“展示广告”和“高端定制广告”。

2.2 覆盖范围

2.2.1 行业：综合类电商

2.2.2 主要客户：全球消费者

2.2.3 业务区域：亚马逊中国拥有业界最大最先进的运营网络之一，目前有运营中心，分别位于北京（2个）、苏州（2个）、广州（2个）、成都（2个）、武汉、沈阳、西安、厦门、上海、天津、哈尔滨、南宁，总运营面积超过 70 万平米。其主要负责厂商收货、仓储、库存管理、订单发货、调拨发货、客户退货、返厂、商品质量安全等。同时，亚马逊中国还拥有自己的配送队伍和客服中心，为消费者提供便捷的配送及售后服务。

2.3 收入结构：具体信息不详

三、综合信息

3.1 发展定位：以最丰富的选品、最具竞争力的价格、最完备的自建物流和最优的客户体验成为中国消费者的首选的综合网上商场。

3.2 重要合作伙伴及供应商：马可波罗、泡泡网手机频道、中国供应商网、PC HOME 产品中心、珂兰钻石、公务员考试、百度乐居、一大把 - 家电圈、中国人民大学出版社、海词在线词典、PConline 数码相机频道、杭州搜房网、91 手机门户网、拉手网、麦考林、我买网、凡客诚品、糯米网、比特网、LC 风格网，龙源期刊网。

中国网上零售行业中的其他企业名录节选如下表：

表 3 中国网上零售行业企业名录节选

厂商	备注
淘宝网	简要分析见前述　　数据分析及详细分析见易观智库企业库
天猫	简要分析见前述　　数据分析及详细分析见易观智库企业库
京东商城	简要分析见前述　　数据分析及详细分析见易观智库企业库
苏宁易购	简要分析见前述　　数据分析及详细分析见易观智库企业库
亚马逊中国	简要分析见前述　　数据分析及详细分析见易观智库企业库
1 号店	数据分析及详细分析见易观智库企业库
易讯网	数据分析及详细分析见易观智库企业库
腾讯电商	数据分析及详细分析见易观智库企业库
当当网	数据分析及详细分析见易观智库企业库
凡客诚品	数据分析及详细分析见易观智库企业库
国美在线	数据分析及详细分析见易观智库企业库
麦考林	数据分析及详细分析见易观智库企业库
唯品会	数据分析及详细分析见易观智库企业库
新蛋	数据分析及详细分析见易观智库企业库
走秀网	数据分析及详细分析见易观智库企业库
西拓网	数据分析及详细分析见易观智库企业库
小米商城	数据分析及详细分析见易观智库企业库
红孩子	数据分析及详细分析见易观智库企业库

续表

厂商	备注
库巴网	数据分析及详细分析见易观智库企业库
拍拍网	数据分析及详细分析见易观智库企业库
1 号药网	详细分析见易观智库企业库
99 网上书城	详细分析见易观智库企业库
玛萨玛索	详细分析见易观智库企业库
银泰百货	详细分析见易观智库企业库
百联 E 城	详细分析见易观智库企业库
王府井百货	详细分析见易观智库企业库
乐天市场	详细分析见易观智库企业库
橡果国际	详细分析见易观智库企业库
本来生活网	详细分析见易观智库企业库
电果网	详细分析见易观智库企业库
365 鲜果网	详细分析见易观智库企业库
草莓派化妆品商城	详细分析见易观智库企业库
春水堂	详细分析见易观智库企业库
珂兰钻石网	详细分析见易观智库企业库
乐友	详细分析见易观智库企业库
第九大道	详细分析见易观智库企业库
博库网	详细分析见易观智库企业库
第五大道	详细分析见易观智库企业库
东方 CJ	详细分析见易观智库企业库
多利农庄	详细分析见易观智库企业库
高鸿商城	详细分析见易观智库企业库
贡天下	详细分析见易观智库企业库
购得乐	详细分析见易观智库企业库
好乐买	详细分析见易观智库企业库
和茶网	详细分析见易观智库企业库
胡桃夹子	详细分析见易观智库企业库
华强北商城	详细分析见易观智库企业库
佳品网	详细分析见易观智库企业库
家居就	详细分析见易观智库企业库
金象网	详细分析见易观智库企业库
酒美网	详细分析见易观智库企业库
酒仙网	详细分析见易观智库企业库

续表

厂商	备注
聚美优品	详细分析见易观智库企业库
聚尚网	详细分析见易观智库企业库
开心人网上药店	详细分析见易观智库企业库
酷运动	详细分析见易观智库企业库
快书包	详细分析见易观智库企业库
乐蜂网	详细分析见易观智库企业库
乐淘	详细分析见易观智库企业库
中国移动	详细分析见易观智库企业库
中国联通	详细分析见易观智库企业库
中国电信	详细分析见易观智库企业库
绿盒子	详细分析见易观智库企业库
绿森数码	详细分析见易观智库企业库
买卖宝	详细分析见易观智库企业库
美乐乐	详细分析见易观智库企业库
魅达网	详细分析见易观智库企业库
魅力惠	详细分析见易观智库企业库
梦露时尚	详细分析见易观智库企业库
名鞋库	详细分析见易观智库企业库
母婴之家	详细分析见易观智库企业库
甫田网	详细分析见易观智库企业库
七彩谷	详细分析见易观智库企业库
千腾网	详细分析见易观智库企业库
俏物悄语	详细分析见易观智库企业库
屈臣氏	详细分析见易观智库企业库
趣玩网	详细分析见易观智库企业库
瑞宝仕	详细分析见易观智库企业库
上海药房网	详细分析见易观智库企业库
上品折扣	详细分析见易观智库企业库
尚品网	详细分析见易观智库企业库
顺丰优选	详细分析见易观智库企业库
丝芙兰	详细分析见易观智库企业库
寺库	详细分析见易观智库企业库
淘鞋网	详细分析见易观智库企业库
天品网	详细分析见易观智库企业库

续表

厂商	备注
天天果园	详细分析见易观智库企业库
天天网	详细分析见易观智库企业库
沱沱工社	详细分析见易观智库企业库
哇塞网	详细分析见易观智库企业库
万表网	详细分析见易观智库企业库
网易商城	详细分析见易观智库企业库
西街	详细分析见易观智库企业库
可得眼镜网	详细分析见易观智库企业库
大童网	详细分析见易观智库企业库
新七天电器网	详细分析见易观智库企业库
药房网	详细分析见易观智库企业库
也买酒	详细分析见易观智库企业库
依谷网	详细分析见易观智库企业库
移淘	详细分析见易观智库企业库
易果网	详细分析见易观智库企业库
优菜网	详细分析见易观智库企业库
优集品	详细分析见易观智库企业库
优雅 100	详细分析见易观智库企业库
优众网	详细分析见易观智库企业库
悠品	详细分析见易观智库企业库
佑一良品	详细分析见易观智库企业库
珍品网	详细分析见易观智库企业库
正大天地	详细分析见易观智库企业库
知我药妆网	详细分析见易观智库企业库
中粮我买网	详细分析见易观智库企业库
珠宝网	详细分析见易观智库企业库
左岸女人	详细分析见易观智库企业库
NALA	详细分析见易观智库企业库
NO.5 时尚广场	详细分析见易观智库企业库
SaSa	详细分析见易观智库企业库
钻石小鸟	详细分析见易观智库企业库
周大福	详细分析见易观智库企业库
周生生	详细分析见易观智库企业库

电商服务

代运营服务

上海宝尊

上海宝尊是目前中国电商服务市场处于领先地位的服务商，2010 年更名为上海宝尊电子商务有限公司。上海宝尊主要为品牌企业和零售商提供包括营销服务、IT 服务、客户服务和物流服务等在内的专业整合式服务。得益于中国电子商务市场的急速扩张，上海宝尊迅速成长为电商服务行业的翘楚，并获得了阿里巴巴集团、凯欣资本两轮数千万美元的投资。而与淘宝网的深度合作，使其有能力为品牌和消费者提供更多更好的服务内容。上海宝尊在电商服务市场增长稳健，市场份额处于前列，在行业内具有较大的影响力。作为电商服务商，上海宝尊的竞争力主要体现在其成熟完善的电商服务体系与 IT 技术服务，以及与淘宝网的密切合作上。其提供的一揽子专业整合式服务帮助诸多品牌在电商平台上取得成功，并获得了品牌厂商的认可。目前上海宝尊已经与超过六十家国内外知名品牌厂商建立合作关系。随着电子商务市场的稳步推进，传统企业触网加速，电商代运营市场也将得到进一步拓展，电商服务商仍有长足的发展空间。代运营市场经过多年的发展已经走向成熟，行业面临新一轮洗牌，上海宝尊作为业界领先的企业有望利用其市场地位获得更多的市场份额。经过多年发展，上海宝尊体量不断增长，目前已经拥有 1200 余名员工，其运营品类也在不断扩张。如何在高速增长的环境下保持其专业性和核心竞争力将成为下一阶段发展的重点。目前电商代运营市场不仅有老牌服务商，也有一批新星崛起，市场竞争仍然激烈。上海宝尊需提高自身的竞争力，以便能在未来的竞争中保持自己的优势。面对市场变化与竞争，上海宝尊已开始积极参与到产业链全过程运营，将中低层次的服务逐层剥离外包出去，并更专注于营销和 CRM 服务、IT 系统及服务，以提升自己的核心竞争力。在机遇与危机并存的市场中，上海宝尊想要继续保持自己的优势，应当增强自身的稳定性，注意自身规模的控制，稳步前进。

易观分析——

上海宝尊拥有成熟的电商服务体系，并且在营销、CRM 服务和 IT 系统及服务上形成了自己的核心竞争力，具有良好的口碑，并得到了客户认可。此外，它还获得了阿里巴巴集团的资金和资源支持。但是上海宝尊客户多为品牌厂商，议价能力较低，并且在小品牌的推广中缺乏相关的经验，难以获得其中的高利润。

随着中国电子商务市场规模的不断扩张，电商代运营行业仍有很大空间，这为上海宝尊的进一步发展提供巨大空间。随着电商服务行业的渐趋成熟，大量代运营商将会被市场淘汰，而上海宝尊所具备的专业性以及多年积累的企业影响力有利于挖掘更多客户，在市场竞争中将保持一直以来的市场优势。

易观智库认为，上海宝尊近年来公司规模的扩张速度较快，品牌团队的管理上面临着问题。由于品牌客户增长较快，上海宝尊还面临维持盈利水平、品牌推广专注度不够的问题，这或将影响其进一步的发展。作为电子商务服务商，上海宝尊虽有诸多品牌合作伙伴，但是品牌商“单飞”的危险依然存在。

一、基础信息

1.1 基本信息

1.1.1 公司全称：上海宝尊电子商务有限公司

1.1.2 成立时间：2007 年

1.1.3 总部地点：上海

1.1.4 资本信息：注册资金 1057.2023 万元人民币

1.1.5 企业性质： 有限责任公司

1.1.6 联系方式

网址：http：//www.baozun.com/

邮箱：bd@baozun.com marketing@baozun.com

地址：上海市闸北区万荣路 1188 号 E、F、H 栋

电话：021-60956000

1.2 组织信息

1.2.1 管理层

仇文彬 首席执行官

二、业务信息

2.1 主要产品与服务信息

主要产品：品牌官网系统平台

数据仓库

服务信息：作为数字服务和电子商务服务商，为品牌和零售商提供从前端到后端的全套电商服务，包括网站搭建、更新及托管，IT 设施搭建，客户服务，仓储物流服务以及数字营销等。

2.2 覆盖范围

2.2.1 行业：电商代运营

2.2.2 主要客户：品牌商和零售商

2.2.3 业务区域：全国

2.3 收入结构：上海宝尊主要收入为电商代销佣金、网络经销、分销分成以及其他收入。具体比例不详

三、综合信息

3.1 发展定位：中国电子商务领域第一大数字服务和电子商务服务商，品牌和零售商在中国电商市场上的首选合作伙伴。

3.2 重要合作伙伴及供应商信息：阿里巴巴、淘宝网、天猫商城、雷士照明、飞利浦、伊莱克斯、Nike、Converse、玖熙、Levi's、哈根达斯、养生堂、美标、多乐士、吉利全球鹰、美的微波电器、九阳、Intel、惠普、立顿、卡夫、养生堂等

北京古星

北京古星是目前中国电子商务代运营市场中重要的服务商，致力于为品牌商提供一站式的电子商务解决方案。2005 年，北京古星进入电子商务代运营领域，成为国内最早提供电商整体解决方案的服务商，并与阿里巴巴、淘宝网达成了密切合作，获得其平台支持。北京古星专注于服装及运动、户外品牌，为这些品牌提供专业的电子商务服务，其客户包括 Crocs、Vans、NewBlance、Kappa 等国际品牌，也包括安踏、李宁、马克华菲等国内一线品牌。2012 年，北京古星年销售额达到 3 亿元人民币，并成为天猫商城金牌服务商。北京古星在发展策略上走专一路线，深耕服装、运动、户外品牌的代运营服务外，不涉足其他领域，这种专一性使其成为这一领域最专业的服务商。近年来，北京古星逐渐剥离仓储物流、系统软件业务，转而外包给科捷物流、ShopEx 等合作伙伴，并逐削弱分销、经销模式，转型为真正意义上的服务商。在市场扩张上，古星坚持稳健的发展策略，专注度比较高。轻量化转型和稳健的发展策略使得古星能够集中精力其更专业的方面，如设计、运营和营销等，提升了其核心竞争力，同时也避免了大举扩张给其发展带来的不稳定因素。目前北京古星已经与国内外 10 家知名品牌商达成了合作伙伴关系，并且开始深入到供应链系统中，这不仅能深化合作关系，还将提升其利润空间。北京古星的轻量化模式虽然减少了负担，使企业更能专注优势领域，但是其他服务商在设计、运营和营销上追赶的步伐并未放慢，其仍需进一步提升实力，确保自己的优势地位。北京古星目前的品牌合作伙伴较少，并且在盈利上完全依赖代销佣金，品牌的维系显得格外重要，在竞争激烈的代运营市场中，其他服务商业也在追逐品牌商，而古星目前的品牌合作拓展较慢，这种情况或将影响到其未来发展的稳定性。目前，北京古星在电子商务代运营领域仍具有优势，但想要在代运营市场继续保持自己的优势，在坚持轻服务商路线的同时也应开拓自己的竞争优势点。

易观分析——

北京古星专注于户外、服装领域，具有非常强的专业性，在领域内具有很好的口碑。企业基因明显，在设计、运营和营销上占有优势。轻服务商模式具有很强的灵活性，资金压力小。

但就目前而言，北京古星的品牌合作伙伴较少，利润点单一。轻服务模式下，竞争力优势点较少，公司战略趋于保守。考虑到中国电子商务市场规模仍处于上升期，有利于其进一步扩大市场。随着电商服务行业的进一步洗牌，古星模式如能够复制将会吸引更多的客户。

易观智库认为，品牌商在代运营合作中处于强势地位，能否维系好目前的合作关系至关重要。电商代运营领域竞争仍然激烈，能否推出差异化、专业化的电商服务将影响其发展。

一、基础信息

1.1 基本信息

1.1.1 公司全称：北京古星互联电子商务有限公司

1.1.2 成立时间：2005 年

1.1.3 总部地点：北京

1.1.4 资本信息：注册资金 50 万元人民币

1.1.5 企业性质： 有限责任公司

1.1.6 联系方式

网址：http：//www.galaxeed.com/

邮箱：ziyi.huang@galaxeed.com

地址：北京市海淀区杏石口路 50 号中间建筑 B 区 112 室

电话：010-62720062

1.2 组织信息

1.2.1 管理层

黄 珂 首席执行官

二、业务信息

2.1 主要产品与服务信息：为服装、户外、运动品牌商提供最专业的代运营服务，提供包括策略咨询、视觉创意、销售管理、营销管理、客服运营、系统搭建、仓库管理在内的一站式服务。

2.2 覆盖范围

2.2.1 行业：电商代运营

2.2.2 主要客户：品牌商和零售商

2.2.3 业务区域：全国

2.3 收入结构：北京古星的主要收入为电商代销佣金

三、综合信息

3.1 发展定位：以品牌代销为主的轻量代运营商。服装、运动、户外品牌商最专业的电子商务服务商。

3.2 重要合作伙伴及供应商信息：阿里巴巴、淘宝网、天猫商城、京东商城、科捷物流、ShopEx、Crocs、NewBlance、Kappa、Vans、安踏、Timberland、Northland、鄂尔多斯、劲霸、马克华菲等

北京兴长信达

北京兴长信达是中国电子商务代运营领域的领军企业。作为中国领先的全程电子商务外包服务商和整合营销解决方案供应商，兴长信达致力于中国电子商务行业的开拓与实践，服务于一流的品牌和零售商，客户包括摩托罗拉、索尼、HTC、罗技、乐高、A.O. 史密斯等众多国内外知名品牌。北京兴长信达提供的全方位电子商务解决方案涉及技术、运营、市场营销、仓储、物流、支付等环节，涵盖电子商务流程的方方面面。随着电子商务市场的急速增长，兴长信达也获得了长足发展，并在 2009 年获得了渣打银行、北京银行和交通银行的资金支持。早在 2010 年，其营收已近 5 亿元人民币。2010 年以来，凭借在箱包行业的经验，兴长信达将服务客户从手机行业拓展至服装、鞋帽等更多行业。兴长信达具备强大的技术研发实力，2006 年 7 月便自主研发推出了 B2C 商城系统 ECSHOP，为传统品牌企业提供全程电子商务服务支持的系统，实现了 B2C 网站前台、WMS、CRM、ERP 等系统的无缝整合。兴长信达成立之初，业务范围涉及电商服务和自营 B2C，随着 B2C 市场的迅猛发展，2009 年后兴长信达逐渐将原先的手机之家、18900 网、烧包网这三大业务模块全部独立出去，集中电子商务外包服务领域。经过多年的发展，兴长信达已经成长为中国电子商务代运营市场中的佼佼者。兴长信达涉足代运营领域较早，有丰富的电子商务运营经验，加之其具备的强大研发能力，使得兴长信达能够在电子商务市场的爆发中得到快速发展，并得到了一批品牌商的肯定，在业内获得了不错的影响力。但是其发展

策略上的保守使得企业难以获得更快的成长，抢占市场份额。目前兴长信达品牌客户仍较少，集中于传统的手机通讯和数码家电领域，坚持全品类的发展路线需要其更快的扩张。随着电子商务市场增势趋于平缓，代运营市场必将受到影响，在激烈的市场竞争中要保持优势，还需要进一步挖掘自身的竞争力。作为代运营商，兴长信达在数据挖掘、处理、分析上具有巨大优势，借此优势可以进一步深入到供应链中，以获取更多的利润。

易观分析——

北京兴长信达有着完善的电商服务体系，并且拥有核心研发技术及成熟的产品，丰富的电子商务运营经验以及专业的研发、运营、策划、设计、营销团队，业内良好的口碑和客户基础。但北京兴长信达作为品牌厂商的服务商，也存在着其议价能力相对较低的问题，公司发展战略趋于保守。

纵览中国电子商务市场，市场规模仍处于上升期，有利于其进一步扩大市场。随着电商服务行业的进一步洗牌，其在研发上的突出优势和业内的影响力能够吸引更多的客户。目前多平台的选择也为其获得更高利润提供了空间。

易观智库认为，北京兴长信达公司规模与运营品类增长较快，需要面对高速扩张后团队管理、品牌维护等问题。同时因为电商代运营在整个产业链中的价值较低，议价能力差，整体增长空间有限，未来需要扩大业务范围，提升企业在产业链中的地位。

一、基础信息

1.1 基本信息

1.1.1 公司全称：北京兴长信达科技发展有限公司

1.1.2 成立时间：2006 年 4 月

1.1.3 总部地点：北京

1.1.4 资本信息：注册资金 800 万元人民币

1.1.5 企业性质： 有限责任公司

1.1.6 联系方式

网址：http：//www.ec3s.com/

邮箱：BD@ec3s.com ruby.fu@ec3s.com

地址：北京市朝阳区广渠路 29 号九龙花园 4 号楼

电话：010-67778952

1.2 组织信息

1.2.1 管理层

刘 磊 董事长、首席执行官

二、业务信息

2.1 主要产品与服务信息

主要产品：PEC 平台

服务信息：为一流品牌商和零售商提供全程电子商务外包服务商和整合营销解决方案，包括电子商务渠道规划、电子商务网站建设、营销规划、数据分析、商品管理、订单处理、客户管理、仓储、物流配送服务、客户服务 / 呼叫中心、ERP 系统集成等。

2.2 覆盖范围

2.2.1 行业：电子商务代运营

2.2.2 主要客户：品牌商和零售商

2.2.3 业务区域：全国

2.3 收入结构：北京兴长信达的主要收入来自电商代运营佣金

三、综合信息

3.1 发展定位：中国电子商务服务业的领跑者，成为中国的 GSI

3.2 重要合作伙伴及供应商信息：阿里巴巴、淘宝网、天猫商城、ebay、PayPal、摩托罗拉、索尼、HTC、诺基亚、罗技、卡西欧、GE、海尔、品利、牧羊人、乐高、A.O. 史密斯等

中国代运营服务行业中的其他企业名录节选如下表：

表 4 中国代运营服务行业企业名录节选

厂商	备注
上海宝尊电子商务有限公司	简要分析见前述　　数据分析及详细分析见易观智库企业库
北京古星互联电子商务有限公司	简要分析见前述　　数据分析及详细分析见易观智库企业库
北京兴长信达科技发展有限公司	简要分析见前述　　数据分析及详细分析见易观智库企业库
北京北联伟业电子商务有限公司	详细分析见易观智库企业库
北京瑞金麟网络技术服务有限公司	详细分析见易观智库企业库
北京新七天科技有限公司	详细分析见易观智库企业库
北京亿动电子商务有限公司	详细分析见易观智库企业库
常熟市畅享计算机信息技术有限公司	详细分析见易观智库企业库
成都浩瑞贸易有限公司	详细分析见易观智库企业库
成都奇赢网络科技有限公司	详细分析见易观智库企业库
东莞市乐其网络科技有限公司	详细分析见易观智库企业库
方为电子商务	详细分析见易观智库企业库
易观国际	详细分析见易观智库企业库
佛山市小冰火人网络科技有限公司	详细分析见易观智库企业库
福建省速利电子商务有限公司	详细分析见易观智库企业库
广州加关注网络科技有限公司	详细分析见易观智库企业库
广州青木信息科技有限公司	详细分析见易观智库企业库
广州市百库电子科技有限公司	详细分析见易观智库企业库
广州营易网络技术有限公司	详细分析见易观智库企业库
杭州不争科技有限公司	详细分析见易观智库企业库

续表

厂商	备注
杭州多赢网络科技有限公司	详细分析见易观智库企业库
杭州恩昊网络科技有限公司	详细分析见易观智库企业库
杭州构想网络科技有限公司	详细分析见易观智库企业库
杭州麦旺电子商务有限公司	详细分析见易观智库企业库
杭州商聪信息技术有限公司	详细分析见易观智库企业库
杭州网营科技有限公司	详细分析见易观智库企业库
杭州悠可化妆品有限公司	详细分析见易观智库企业库
吉首市盘古电子商务有限公司	详细分析见易观智库企业库
嘉兴乐淘网络科技有限公司	详细分析见易观智库企业库
建宜信息技术（上海）有限公司	详细分析见易观智库企业库
蓝火翼	详细分析见易观智库企业库
青岛良品生活电子商务有限公司	详细分析见易观智库企业库
赛五洲	详细分析见易观智库企业库
山东雅诺达电子商务有限公司	详细分析见易观智库企业库
上海百秋网络科技有限公司	详细分析见易观智库企业库
上海茶马古道电子商务有限公司	详细分析见易观智库企业库
上海帝奕电子商务有限公司	详细分析见易观智库企业库
上海峻昵电子商务有限公司	详细分析见易观智库企业库
上海凯淳实业有限公司	详细分析见易观智库企业库
上海乐丽电子商务服务有限公司	详细分析见易观智库企业库
上海丽人丽妆化妆品有限公司	详细分析见易观智库企业库
上海青桐网络技术有限公司	详细分析见易观智库企业库
上海尚展网络科技发展有限公司	详细分析见易观智库企业库
上海汤民电子商务有限公司	详细分析见易观智库企业库
上海淘喆电子商务有限公司	详细分析见易观智库企业库
上海网渠电子商务有限公司	详细分析见易观智库企业库
上海悦维广告有限公司	详细分析见易观智库企业库
上海智驭电子商务有限公司	详细分析见易观智库企业库
深圳市红火网电子商务有限公司	详细分析见易观智库企业库
深圳市里德海司科技有限公司	详细分析见易观智库企业库
深圳市联创纵横科技有限公司	详细分析见易观智库企业库
深圳市直接电子商务有限公司	详细分析见易观智库企业库
苏州易康萌思商务信息咨询有限公司	详细分析见易观智库企业库
淘金信息科技江苏有限公司	详细分析见易观智库企业库

续表

厂商	备注
天润控股	详细分析见易观智库企业库
图派科技	详细分析见易观智库企业库
象翌微链科技发展有限公司	详细分析见易观智库企业库
亿家联合环保设备（北京）有限公司	详细分析见易观智库企业库
易积	详细分析见易观智库企业库
翼商网络	详细分析见易观智库企业库
浙江邦淘电子商务有限公司	详细分析见易观智库企业库
浙江速网电子商务有限公司	详细分析见易观智库企业库
中山市暴风科技有限公司	详细分析见易观智库企业库
重庆网爵科技有限公司	详细分析见易观智库企业库

仓储物流服务

中国邮政

中国邮政集团公司是在原国家邮政局所属的经营性资产和部分企事业单位基础上，中国邮政集团公司依法经营邮政专营业务，承担邮政普遍服务义务，受政府委托提供邮政特殊服务，对竞争性邮政业务实行商业化运营。中国邮政集团公司公司注册资金为800亿元人民币，为国务院授权投资机构，承担国有资产保值增值义务。财政部为中国邮政集团公司的国有资产管理部门，国家邮政局为中国邮政集团公司的行业监管部门。中国邮政集团公司在全国各省、自治区、直辖市设置邮政公司。中国邮政集团公司在财富世界500强企业排行榜中，位居168位，在中国500强企业排名中位列第28位。中国邮政集团公司的普遍服务范围广泛，业务种类较为全面，服务资费低廉，服务网点遍布全国各地，投递网络深入千家万户，满足了本国境内包括城市、农村、海岛、边疆在内的所有居民的基本通信需求。截至2013年底，邮政支局所4.7万处，每个邮政支局所平均服务面积203平方公里，平均服务人口2.9万人。全国城区每日平均投递次数2次，农村每周平均投递次数5次。中国邮政承包邮递、集邮、金融三大类数十种传统业务的同时，根据市场需求，不断提高一些传统业务的服务水准，开发出许多新的邮政业务和服务，并逐步形成了以核心业务为主导、以多元化的业务为补充的业务结构。中国邮政以“构建一流实物传递网络”为总目标，综合利用铁路、汽车等运输手段，基本形成了一个覆盖全国、连接城乡、通达世界的拥有先进信息传输平台的实物传递网络。该网以北京等七个一级邮区中心局为骨干，包含2201个主要处理节点，是国内规模最大、通达地区最多、使用最广泛的国内实物运递网络。

易观分析——

中国邮政的网络资源在国内最为完善，三网合一。在专业方面，中国邮政是第三方物流提供者。中国邮政的品牌影响力大，历史久，网点遍及全国各个地区，线下网络覆盖全国，并且拥有完善的物流系统及代收货款一体化平台 。在政策上，中国邮政集团公司是在原国家邮政局所属的经营性资产和部分企事业单位基础上，中国邮政集团公司依法经营邮政专营业务，承担邮政普遍服务义务，受政府委托提供邮政特殊服务，对竞争性邮政业务实行商业化运营，是中国邮政经久不衰的主要原因。

尽管中国邮政拥有遍布全国的近 5 万个营业网点，由于邮政面临一系列问题，如信函业务大量萎缩，报刊、速递业务从窗口办理转向上门服务；全球范围内的邮政企业都面临着业务量下滑、营业厅资源闲置的挑战；信息共享不足，技术不完善；网点效率较低，重点不突出；经营管理模式老旧等，因此无法与新兴物流企业相比较。此外，中国邮政进入电商这一领域时间晚，失去发展升级先机。

中国物流市场空间巨大，社会物流总费用依然偏高：中国的物流成本占 GDP 的比重一直徘徊在 18% 的水平上，远高于国外发达国家水平，行业的整体经营效率和管理能力还有待进一步提高。同时，物流企业经营状况尚未明显好转，整体电商的物流发展生态圈不够完善，信用等级仍较低，需要拓展的环节很多。经济体制转轨下，中国邮政具有更多机会发展仓储业务。在阿里巴巴成功上市之前，中国邮政集团和阿里巴巴集团在京共同签署战略合作框架协议，借助阿里巴巴的平台与电商技术实现仓储物流服务的资源互补优势，加快自身产业架构升级与信用服务标准的改善。

一、基础信息

1.1 基本信息

1.1.1 公司全称：中国邮政集团公司

1.1.2 成立时间：2007 年 1 月 29 日

1.1.3 总部地点：北京

1.1.4 上市时间：待定

1.1.5 企业性质： 国有独资

1.1.6 联系方式

网址：http：//www.chinapost.com.cn/

邮箱：http：//mail.chinapost.com.cn/

总部地址：北京市西城区金融大街甲 3 号

电话：11185

1.2 组织信息

1.2.1 管理层

李国华 总经理、党组副书记

二、业务信息

2.1　主要产品与服务信息

主营业务：国内和国际邮件寄递业务；报刊、图书等出版物发行业务；邮票发行业务；邮政汇兑业务；机要通信业务；邮政金融业务；邮政速递业务；邮政物流业务；电子商务业务；各类邮政代理业务；国家规定开办的其他业务。中国邮政集团公司是国内唯一同时拥有实物流、资金流、信息流的企业。

服务信息：邮政业务除了传统的信函、邮政汇兑、包裹、报刊发行、特快专递、集邮、邮政储蓄等业务外，又衍生出许多新的服务门类。如新增了商业信函、《中邮专送广告》、邮资广告明信片、企业拜年卡、账单以及音像制品与图书发行等业务，加强了报刊零售业务发展力度；新开办了电子汇兑业务；新增了代办业务，主要包括代理保险、国债，代售彩票、IC 卡、手机寻呼机及代放号，代发工资、养老金，代缴税金，代收电信资费、公用事业费（煤气、水、电费）、INTERNET 通讯费、有线电视费、物业费、卫生费等数十种业务。

另外，中国邮政还新开办了电子邮政（E – POST）业务和物流配送业务。电子邮政主要包括网上邮市、网上商城、电话购物、网上邮局、电子汇兑、电子认证、电子邮票、电子商函、网上银行、电话银行等。物流配送业务是中国邮政下一步将重点发展的新业务之一。

2.2　覆盖范围

2.2.1　行业：实物网是中国邮政传递各类邮件、货物的营业窗口、分拣处理设备、运输网路、投递段道等支撑力量的总称。

2.2.2　主要客户：商家和消费者

2.2.3　业务区域：全球

2.3　收入结构：邮政行业业务包括函件、包裹、快递、订销报纸、订销杂志、汇兑

三、综合信息

3.1　发展定位：邮政业是国家重要的社会公用事业，邮政网络是国家重要的通信基础设施

3.2　重要合作伙伴及供应商：阿里巴巴集团、TOM 集团等

顺丰速递

顺丰速递不断地满足市场的需求，在中国大陆、香港、澳门、台湾建立了庞大的信息采集、市场开发、物流配送、快件收派等业务机构及服务网络。与此同时，顺丰积极拓展国际件服务，除开通中国大陆、香港、澳门和台湾外，顺丰目前已开通美国、日本、韩国、新加坡、马来西亚、泰国、越南、澳大利亚等国家的快递服务。截至 2014 年 12 月，顺丰已拥有近 34 万名员工，1.6 万多台运输车辆，18 架自有全货机及遍布中国大陆、海外的 12000 多个营业网点。顺丰速运将经营理念定位于“成就客户，推动经济，发展民族速递业”。顺丰积极探索客户需求，不断推出新的服务项目，为客户的产品提供快速安全的流通渠道，帮助客户更快更好地对市场做出反应，推出新的产品和调整策略，缩短贸易周期，降低经营成本，促进客户竞争力的提高。

顺丰速递全部采用自建、自营的方式建立自己的速递网络，特别是 2002 年集团总部成立以来，更加致力于加强公司的基础建设，统一全国各个网点的经营理念，大力推行工作流程的标准化，提高设备和系统的科技含量，提升员工的业务技能和素质，努力为客户提供更优质的服务，不遗余力地塑造顺丰这一民族速递品牌。

易观分析——

速度是物流市场竞争的决定性因素。想要分到更多的市场份额，快递企业必须把速度放在第一位。民营快递企业都比 EMS 快约 50%，而顺丰，则依然比其他民营快递快约 20%。其次，顺丰经营灵活，物流链的低成本运营，高满载率的运输车，灵活性大的组织战略，较低成本的雇佣人员都使其能够很好地控制成本。这样，既保持了物流链及站点的完整性，又提升了整个信用服务的等级。在中国市场耕耘 20 年的顺丰拥有网络及性价比的优势，2200 多个营业网点，覆盖中国大陆 32 个省和直辖市，近 250 个大中城市及 1300 多个县级市或城镇。此外，顺丰相继先后推出顺丰风 E 商圈、顺丰宝（第三方支付平台）、尊礼会、顺丰优选。针对中高端客户，采取代理方式，主要通过增加业务量增加收入，增加市场附加值。明确的市场划分以及准确的物流链的整体构架是顺丰的独到之处。易观智库认为顺丰未来将在国内布局电商产业园网，整合国内优质的电商资源，形成规模优势，打造一体化生态电商服务圈。

快递企业向上延伸的市场还在发展期。顺丰利用现有客户资源开发中高端用户电销市场。2014 年，顺丰优选重复购买率达到 40%。在冷物流链的基础上加强中高端食品电商发展，鲜明的市场定位加速电商高速发展。除此之外，电商企业对物流领域虎视眈眈：随着京东、海尔日日顺等物流企业的对外开放，也间接分化了顺丰在整个物流行业中的市场地位。特别是京东的物流，其在一线城市的物流效率与顺丰相比，有过之而无不及。

一、基础信息

1.1 基本信息

1.1.1 公司全称：顺丰速运

1.1.2 成立时间：1993 年 3 月 26 日

1.1.3 总部地点：广东省深圳市福田区福华路万基商务大厦 9-11、14-20 楼

1.1.4 企业性质：（集团）有限公司

1.1.5 资本信息：注册资金 1 亿元人民币

1.1.6 联系方式：客服专线 4008111111

网址：http：//www.sf-express.com/

1.2 组织信息

1.2.1 管理层

王　卫 首席执行官

二、业务信息

2.1 产品及服务信息：顺丰标快、顺丰标快（国际）、顺丰即日、顺丰特惠、物流普运、顺丰特安。保价、代收货款、签单返还、委托件、等通知派送、超时退费、包装服务、正式报关、安检报备、特殊入仓服务、改派服务、电子账单、派件短信通知（SMS）、签收短信通知（MSG）、系统对接服务。

2.2 覆盖范围

2.2.1 行业：互联网、物联网、B2B、B2C 交易平台

2.2.2 主要客户：商务、电商和个人客户

2.2.3 业务区域：全球

2.3 收入结构：顺丰速递电商顺丰优选代理方式以及电商产业园区

三、综合信息

3.1 发展定位：借助顺丰速运成熟的仓储、IT 信息系统、顺银支付及顺丰优选等服务产品，并整合其他配套服务资源，为电商企业提供一站式服务。

3.2 重要合作伙伴及供应商：

运单：艾迪芙文化用品（深圳）有限公司；运单 / 贴纸：广州九恒条码有限公司；服装：天津市大中服装有限公司；包类：亨铨实业（深圳）有限公司；纸箱：惠州市恒利富包装材料有限公司。

德邦

德邦是国家“AAAAA”级物流企业，主营国内公路运输业务。截至 2014 年 12 月，公司已开设直营网点近 5300 家，服务网络遍及全国，自有营运车辆约 9200 余台，全国转运中心总面积超过 105 万平方米。公司始终以客户为中心随时候命、持续创新，始终坚持自建营业网点、自购进口车辆、搭建最优线路，优化运力成本，为客户提供快速高效、便捷及时、安全可靠的服务体验，助力客户创造最大的价值。

德邦坚持“承载信任、助力成功”的服务理念，保持锐意进取、注重品质的态度，强化人才战略，通过不断的技术创新和信息化系统的搭建，提升运输网络和标准化体系，创造最优化的运载模式，为广大客户提供安全、快速、专业、满意的物流服务。一直以来，公司都致力于与员工共同发展和成长，打造人企双赢。在推动经济发展，提升行业水平的同时，努力创造更多的社会效益，为国民经济的持续发展，和谐社会的创建做出积极贡献，努力将德邦打造成为中国人首选的国内物流运营商，实现“为中国提速”的使命。

易观分析——

德邦物流链直营网点众多，在全国 32 个省、市、自治区开设近 5300 家网店，自有运输车辆 9200 余台，货台总面积超过 105 万平方米，日吞吐量 6 万吨，服务网络遍及国内 550 多个城市和地区，覆盖全国 90% 的经济中心和人口。公司内部科学化的人员管理模式和信息化的资源管理模式，推动德邦更快发展。德邦早期就拥有直营网站方便客户查询快运。

可是德邦的市场定位单一，快运运营方式不同于快递。德邦一直做大货的分拣和运输，电销的小货管理还未涉足。

电商市场模式还未成熟，大型快运与快递产业还需长期融合。随着物流市场的逐渐成熟，更细致的社会化分工将出现。德邦要聚焦于其核心竞争力，寻求与其他电销商分工和合作的机会。

顺丰的“越界”威胁，京东、凡客等电商网站自建物流并开始对外承接业务。德邦需要在剧变的市场中，转型找到合适自己的发展途径。

一、基础信息

1.1　基本信息

1.1.1　公司全称：德邦物流股份有限公司

1.1.2　成立时间：1996 年 9 月

1.1.3　总部地点：上海青浦区徐泾镇

1.1.4　德邦快递运营时间：2013 年 11 月 1 号

1.1.5　企业性质：民营

1.1.6　联系方式：

网址：http：//www.deppon.com/

邮箱：dpdzswb@deppon.com

电话：400—830—5555

1.2　组织信息

1.2.1　人员规模：运输车辆 1945 台、员工 19765 人

1.2.2　管理层

崔维星　董事长

二、业务信息

2.1　产品及服务信息

2.1.1　产品信息：360 特惠件、标准快递、精准卡航、精准城运、精准汽运、增值服务、代收货款、保价运输、安全包装

2.2　覆盖范围

2.2.1　行业：B2B、B2C 平台

2.2.2　主要客户：全网用户

2.2.3　业务区域：国内

2.3　收入结构：快递及零担物流

三、综合信息

3.1　发展定位：德邦物流志在成为中国人首选的国内物流运营商，公司以“为中国提速”为使命，凭借一流水准的服务体系和持续完善的营业网络，竭诚为广大客户提供快速、安全、专业的服务。

3.2　重要合作伙伴及供应商信息：阿里 B2B、普洛斯、沃尔沃卡车、梅赛德斯－奔驰卡车、米其林轮胎、麦肯锡公司、IBM、甲骨文（ORACLE）、安永（EY）、瓦楞纸箱、深圳纸箱

中国储运

中国物资储运总公司（China National Materials Storage And Transportation Corporation，英文缩写“CMST”，中文简称“中国储运”）隶属于国务院国资委监管的大型中央企业中国诚通控股集团有限公司，是以综合物流、物流贸易、金融物流以及物流地产等为主营业务，同时兼具物流技术、电子商务、供应链集

成管理等服务功能的全国性大型现代综合物流企业。

中国物资储运总公司成立于二十世纪六十年代初，由原国家经委物资管理总局储运管理局改制建立，是具有50多年历史的专业物流企业，拥有国内最大的仓储占地、先进的物流设施、完善的服务功能和各类物流专业人才。依托通达全国的仓储实体网络，中储可为各界客户提供全过程物流解决方案、组织全国性及区域性仓储、运输、配送、动产监管、多式联运、加工制造、物流设计、内外贸易、科技开发、现货市场、电子商务、小额贷款、金属材料检验、物流地产开发、资本运作等综合物流服务。

中国物资储运总公司在全国中心城市和重要港口设有子公司及控股公司90多个，占地面积900万平方米。储存各类生产、生活资料。年吞吐货物6000万吨。所属多家物流中心拥有铁路专用线超过7条，总长70多公里。中国储运凭借完备的硬件设施、优质的服务品牌，形成了以分布在全国主要中心城市的大中型仓库为依托，以信息化为纽带，以现代物流技术为手段，覆盖全国、辐射海内外的综合物流服务网络和全天候、全方位、全过程的多维服务体系。

易观分析——

中国储运在全国各中心城市的大宗商品流通基地逐步入网交易，区域行业资源将得到充分整合，全国大部分地区的大宗商品产业链将得到无缝对接，广大客户将享受到交易平台全方位的交易、资讯和融资服务。

并且，中国储运作为央企的子公司占据政策优势与大型项目的技术优势。中储电子商务公司开发团队在国家科技部及商务部的支持下，与清华大学合作，共同开发的“钢铁全程电子商务及其供应链融资服务技术研究开发与示范应用”课题、采用国内先进的交易系统打造的大宗物品第三方B2B交易平台www.e56ec.com已上线运营。此外，中储总公司在行业内具有较高的品牌知名度和社会影响力。中储国际货运代理公司具有国家外经贸部颁发的《国际货物运输代理企业批准证书》和中国民用航空总局批准的“国际货运销售代理业务经营权”。

易观智库分析认为中国储运进入电商时间晚。电销与大型储运是不同的两种仓储物流方式，电子商务的小型拆检管理存在未知的风险。另外，竞争对手众多，诸如德邦、顺丰等同类企业转行做电商，其他原本做电商的“四通一达”也涉足快运行业。在市场购买力惊人的电商市场中，较低用户接受度、电商平台的成熟度以及可能产生的不良信誉等级是新进入的电商企业将会遇到的危机与挑战。

一、基础信息

1.1 基本信息

1.1.1 公司全称：中国物资储运总公司

1.1.2 成立时间：二十世纪六十年代

1.1.3 总部地点：北京市丰台区南四环西路188号六区18号楼

1.1.4 企业性质：全国性大型现代综合物流企业

1.1.5 资本信息：1997年1月在上海证券交易所上市

1.1.6 联系方式

网址：http：//www.cmst.com.cn/

电话：010-83673331

1.2 组织信息

1.2.1 管理层

韩铁林 总经理

二、业务信息

2.1 产品及服务信息：仓储服务、运输配送服务、集装箱服务等

2.2 覆盖范围

2.2.1 行业：仓储运输、电子商务、国际货运代理业务、进出口。

2.2.2 主要客户：海尔、美的、格力、苏宁、易初莲花、华润、雀巢等。

2.2.3 业务区域：全球

2.3 收入结构：制造商

三、综合信息

3.1 发展定位：以优化配置全社会物流资源为己任，以创造供应链价值为目标，致力于成为中国经济良性发展的促进者，矢志创建国际一流的综合物流企业，为客户和合作伙伴在梦想与现实之间构架通往成功的桥梁。

3.2 重要合作伙伴及供应商：泰州隆盛吊索具制造有限公司

中国仓储物流服务行业中的其他企业名录节选如下表：

表 5 中国仓储物流服务行业企业名录节选

厂商	备注
中国邮政	简要分析见前述　　数据分析及详细分析见易观智库企业库
顺丰速递	简要分析见前述　　数据分析及详细分析见易观智库企业库
邦德物流	简要分析见前述　　数据分析及详细分析见易观智库企业库
中国储运	简要分析见前述　　数据分析及详细分析见易观智库企业库
Amazon 社区服务站	详细分析见易观智库企业库
datamax	详细分析见易观智库企业库
Honeywell	详细分析见易观智库企业库
intermec	详细分析见易观智库企业库
TGW	详细分析见易观智库企业库
unitech	详细分析见易观智库企业库
zebra	详细分析见易观智库企业库
阿里巴巴物流	详细分析见易观智库企业库
爱彼西	详细分析见易观智库企业库
安博	详细分析见易观智库企业库

续表

厂商	备注
安能物流	详细分析见易观智库企业库
百利威	详细分析见易观智库企业库
菜鸟	详细分析见易观智库企业库
城市之星	详细分析见易观智库企业库
大隆物流	详细分析见易观智库企业库
大田陆运	详细分析见易观智库企业库
大洋物流	详细分析见易观智库企业库
德马泰克	详细分析见易观智库企业库
递四方信息	详细分析见易观智库企业库
东红物流	详细分析见易观智库企业库
凡客如风达	详细分析见易观智库企业库
飞远配送	详细分析见易观智库企业库
凤凰通达	详细分析见易观智库企业库
共速达	详细分析见易观智库企业库
好友汇	详细分析见易观智库企业库
华创货运	详细分析见易观智库企业库
汇通天下	详细分析见易观智库企业库
佳吉	详细分析见易观智库企业库
京东物流	详细分析见易观智库企业库
聚创物流	详细分析见易观智库企业库
昆山华宏物流	详细分析见易观智库企业库
蓝海宏业	详细分析见易观智库企业库
立象	详细分析见易观智库企业库
路易通	详细分析见易观智库企业库
明亮物流	详细分析见易观智库企业库
摩托罗拉	详细分析见易观智库企业库
南京福佑	详细分析见易观智库企业库
能安物流	详细分析见易观智库企业库
宁波中通	详细分析见易观智库企业库
鹏程货运	详细分析见易观智库企业库
普洛斯	详细分析见易观智库企业库
赛澳递	详细分析见易观智库企业库
圣安物流	详细分析见易观智库企业库
苏宁易购配送	详细分析见易观智库企业库

续表

厂商	备注
穗佳物流	详细分析见易观智库企业库
泰利物流	详细分析见易观智库企业库
天地华宇	详细分析见易观智库企业库
天天快递	详细分析见易观智库企业库
网阔专线宝	详细分析见易观智库企业库
五洲在线	详细分析见易观智库企业库
小红帽	详细分析见易观智库企业库
欣技	详细分析见易观智库企业库
新邦	详细分析见易观智库企业库
新蛋软件	详细分析见易观智库企业库
兴铁物流	详细分析见易观智库企业库
亚马逊物流	详细分析见易观智库企业库
义乌金驰	详细分析见易观智库企业库
易迅物流	详细分析见易观智库企业库
永和迅物流	详细分析见易观智库企业库
远成物流	详细分析见易观智库企业库
韵达快运	详细分析见易观智库企业库
中良物流	详细分析见易观智库企业库
中铁快运	详细分析见易观智库企业库
中铁物流	详细分析见易观智库企业库
中通速递	详细分析见易观智库企业库
中一行物流	详细分析见易观智库企业库

信息服务

在线旅游

携程旅行网

携程旅行网创立于 1999 年，总部设在中国上海，员工 30000 余人，目前公司已在北京、广州、深圳、成都、杭州、南京、厦门、重庆、青岛、沈阳、武汉、三亚、丽江、香港、南通 17 个城市设立分支机构，在南通设立服务联络中心。2010 年，携程旅行网战略投资台湾易游网和香港永安旅游，完成了两岸三地的布局。2014 年，投资途风旅行网，将触角延伸及北美洲。

作为综合性旅行服务公司，携程成功整合了高科技产业与传统旅行业，向超过 2.5 亿会员提供集无线应用、酒店预订、机票预订、旅游度假、商旅管理及旅游资讯在内的全方位旅行服务，被誉为互联网和传统旅游无缝结合的典范。

易观分析——

作为在线旅游市场的先入者，经过 10 多年的发展，携程拥有着较强的品牌影响力及大量的客户资源。同时依靠先进的服务和管理系统，携程为会员提供更加便捷和高效的服务。随着行业竞争越发激烈，携程向旅游产业上下游延伸，通过投资入股酒店集团、旅行社等上游资源，增强旅游产业渗透能力，并通过投资入股同行业厂商，扩大细分市场份额。

其规模化的运营为会员提供更多优质的旅行选择，保障了服务的标准化，确保服务质量，并降低运营成本。然而，携程也面临着巨大的竞争压力，去哪儿等垂直旅游平台带来的价格竞争，淘宝、京东等大型电商平台的高调布局，以及航空公司和酒店大力发展的直销业务，都为携程细分市场竞争带来挑战。

在移动互联网方面，携程布局缓慢，竞争力弱于 PC 端。在线旅游移动端市场孕育着颠覆现有市场格局的潜能。

一、基础信息

1.1 基本信息

1.1.1 公司全称：携程国际有限公司

1.1.2 成立时间：1999 年 6 月

1.1.3 总部地点：上海

1.1.4 上市时间：2003 年 12 月 9 日 美国纳斯达克上市

1.1.5 企业性质：股份制

1.1.6 资本信息：不详

1.1.7 联系方式

网址：http：//www.ctrip.com/

地址：上海市虹漕路 421 号 63 幢 3 楼

电话：8008206666

1.2 组织信息

1.2.1 管理层

梁建章 董事会主席、首席执行官

二、业务信息

2.1 产品及服务信息：电话热线、PC 端服务及 APP

酒店、旅游、机票、火车、团购、商旅、度假、门票、礼品卡、论坛、订餐、积分特卖

2.2 覆盖范围

2.2.1 行业：在线旅游

2.2.2 主要客户：全网用户旅游，出行人群

2.2.3 业务区域：全球

2.3 收入结构：携程收入主要围绕大住宿和大交通两条业务线

三、综合信息

3.1 发展定位：中国领先的在线旅行服务公司，提供全方位旅行服务，做互联网和传统旅游无缝结合的典范。

3.2 重要合作伙伴及供应商：途风网、中软好泰、铁友网、途家网、鸿鹄逸游、香港永安旅游、台湾易游网

艺龙旅行网

艺龙旅行网 (NASDAQ： LONG) 是中国领先的在线住宿服务提供商之一，致力于为消费者打造专注专业、物超所值、智能便捷的住宿预订平台。通过手机和平板客户端、手机艺龙网（m.eLong.com）和 PC 电脑网站（eLong.com）、24 小时预订热线（4009-333-333），为消费者提供酒店、公寓、客栈、机票及火车票等预订服务。艺龙旅行网通过提供地图搜索、图片、描述、用户真实点评以及国内外热点目的地指南等在线服务，使用户可以在获取广泛信息的基础上做出最佳的住宿决定。截至 2014 年 10 月，艺龙旅行网可提供全球 200 多个国家超过 37 万家酒店、公寓、客栈的预订服务。艺龙旅行网股份份额排名前两位的股东是 Expedia, Inc.（Nasdaq： EXPE）和腾讯公司（HKSE：0700）。易观智库监测数据显示，艺龙 2014 年营业收入为 11.6 亿元人民币，同比增长 7.9%，收入增长幅度较小。

易观分析——

作为 Expedia 旗下的企业，艺龙具有资金和资源的支持。专注于酒店预订的在线旅游商艺龙网，酒店是其主要的收入来源。但由于同质类竞争公司较多，艺龙在其他细分领域的无所作为，将使竞争对手蚕食在酒店预订市场的领先优势。

在与门票预订、旅游线路规划、用车服务等其他细分市场紧密相连，打包产品成为旅游产品供应的发展趋势下，与其他网络旅游厂商进行战略合作或被收购是艺龙的必然选择。

一、基础信息

1.1 基本信息

1.1.1 公司全称：艺龙旅行网

1.1.2 成立时间：1999 年 5 月

1.1.3 总部地点：北京

1.1.4 上市时间：2004 年 10 月 28 日美国纳斯达克上市

1.1.5 企业性质：股份有限公司

1.1.6 资本信息：注册资本 1600 万

1.1.7 联系方式：

网址：http：//www.elong.com/

邮箱：bj@corp.elong.com

地址：北京市朝阳区酒仙桥中路 10 号星科大厦 B 座

电话：+86-10-58602288

1.2 组织信息

1.2.1 管理层

崔广福 首席执行官

二、业务信息

2.1 产品及服务信息：电话热线、PC 端服务及 APP 客户端

特惠信息、酒店频道、机票频道、旅游度假、旅游指南、旅游社区、积分

2.2 覆盖范围：全球

2.2.1 行业：在线旅游

2.2.2 主要客户：全网用户旅游人群

2.2.3 业务区域：全球

2.3 收入结构：收入来源主要是酒店预订服务

三、综合信息

3.1 发展定位：中国最大的、最智能的旅行服务市场。以最低成本，最简便的交易，最智能的信息，为客户提供最好的旅行服务。

3.2 重要合作伙伴及供应商：国际在线支付 PayPal、招商银行、阿联酋航空、VISA、MasterCard、PICC、HSBC、迪士尼、SONY、PICC、银联、中国移动、三星等

同程网

同程网络科技股份有限公司（简称同程网）是中国领先的休闲旅游在线服务商。创立于 2004 年，总部设在中国苏州，员工 4000 余人，注册资本 11429 万元人民币，旗下同时拥有 B2B 旅游企业间平台和 B2C 大众旅游平台的旅游电子商务网站。同程先后获得了元禾控股、腾讯科技、博裕资本等机构的数亿元人民币投资。2014 年 4 月，同程旅游获得携程超过 2 亿美元战略投资。同程旅游是国家高新技术企业、商务部首批电子商务示范企业，2012 年和 2013 年连续两年入选“中国旅游集团 20 强”，是中国在线旅游行业三大企业集团之一。已和全国 3 万余家酒店，全球 12 万家酒店建立了良好的合作关系。新的十年，公司以“休闲旅游第一名”为战略目标，目前公司在中国景点门票预订市场处于绝对领先位置，并积极布局周边游、长线游、邮轮旅游等业务版块。

根据易观智库监测数据显示，2014 年同程在中国在线旅游 OTA 市场占据 7.4% 的份额，位居第三。

易观分析——

同程在休闲旅游市场保持领先地位，背靠携程、腾讯等大股东，同程具有较强的资金支持。同时，同程手握腾讯、博裕、元禾等 3 家机构的 5 亿元人民币投资，将继续在度假旅游细分市场做大做实，以门票和周边游作为用户入口，布局国内游和出境游市场，全力实现从门票第一名到休闲旅游第一名的跨越。另外，景点门票作为高频次的旅游预订业务，代表着真实的旅游需求，非常利于与移动客户端应用进行融合。同程目前正在加大移动客户端投入，通过位置服务将旅游预订业务移动化、本地化，从而强化作为休闲旅游服务厂商的市场定位。

一、基础信息

1.1　基本信息

1.1.1　公司全称：同程网络科技股份有限公司

1.1.2　成立时间：2004

1.1.3　总部地点：中国苏州

1.1.4　上市时间：未上市

1.1.5　企业性质：股份有限公司

1.1.6　资本信息：注册资本 11429 万元人民币

1.1.7　联系方式

网址：http：//www.ly.com/

地址：苏州市工业园区星湖街 328 号（崇文路）创意产业

电话：4007-777-777

1.2　组织信息

1.2.1　管理层

吴志祥　首席执行官

二、业务信息

2.1　产品及服务信息：电话热线、PC 端服务及 APP 客户端

门票、酒店机票预订、酒＋景服务、长线游、出境游、旅游攻略

2.2　覆盖范围：全球

2.2.1　行业：在线旅游

2.2.2　主要客户：全网用户旅游人群

2.2.3　业务区域：全球

2.3　收入结构：收入来源主要是酒店预订服务

三、综合信息

3.1　发展定位：让更多的人享受旅游的乐趣，感受生活的美好是同程旅游努力和奋斗的目标。

3.2　重要合作伙伴及供应商：返利网、丁丁旅游、QQ 团购、翼游

去哪儿网

去哪儿成立于2005年，主要经营模式是为消费者和旅游产品/服务供应商提供旅游搜索商务平台。去哪儿网现有超过3800名正式员工，其中产品研发人员占比32.4%，其服务搜索范围超过125000条航线，468000家酒店以及186000条度假线路。去哪儿网的主要收入来源为机票领域、酒店领域以及无线领域，2011年，去哪儿与百度联盟达成战略合作关系，两者进行优势互补，其中去哪儿获百度战略投资3.06亿美元，旅游搜索引擎进一步完善，为用户提供更加智能快捷的旅游搜索指南。去哪儿在打造垂直搜索平台的同时，也在加强自身OTA业务，去哪儿网开始借鉴“四大航”绑定地方政府的方式走“地方政府路线”，与多家高级酒店签署协议，加强与线下商家的沟通，扩展直签酒店规模，吸引更多对价格敏感的年轻人使用去哪儿网，从而增强盈利能力。

易观分析——

去哪儿网提供垂直搜索引擎对海量旅游信息进行搜索、整合、对比，覆盖全面，铸就其最大的中文在线旅游网站的地位。同时提供了多种技术工具，能让用户自行通过排序、过滤得到所需信息，特有的智能比价系统帮助用户获得更加出色的用户体验。去哪儿网无线端收益增幅最大，说明移动互联时代的到来，无线旅游将成为一个新的掘金点。

但是，去哪儿网仍存在一些问题。

流量不足问题：去哪儿网这种垂直搜索引擎和百度这种综合类搜索引擎的一个显著区别就是流量问题，两者的合作正好弥补了去哪儿网流量不足的问题。

线下服务不足问题：旅游的核心消费群体是年轻人，去哪儿网的比价策略让更多对价格敏感的年轻人能够住上更好的酒店，享受更好的服务，这正是弥补了在线旅游网站线下服务不足的通病。

去哪儿网毕竟成立相对其他几个老牌旅游网来说较晚，在品牌口碑上存在一定的弱势。

缺乏像携程等庞大的用户群体和被广泛认可的服务能力。

技术优势相较于其他老牌旅游网不够明显。

而去哪儿网也凭借着自己对终端用户的掌控能力，掌控一定的话语权。与此同时，在渠道分销模式中，去哪儿与上游供应商合作，直接承担机票、酒店的直销业务，与OTA合作伙伴形成直接竞争关系。随着去哪儿等旅游网站用户规模的不断增大，在线旅游行业不断进行整合和资源集中，OTA与平台的界限将更加模糊，竞争格局也更加复杂。

一、基础信息

1.1 基本信息

1.1.1 公司全称：北京趣拿软件科技有限公司

1.1.2 成立时间：2005年2月

1.1.3 总部地点：北京

1.1.4 上市时间：2013年11月1日 美国纳斯达克上市(NASDAQ：QUNR)

1.1.5 企业性质：合资

1.1.6 联系方式

网址：http：//www.qunar.com/

地址：北京市海淀区苏州街 29 号院 18 号楼维亚大厦 17 层

电话：(8610) 10101234

1.2 组织信息

1.2.1 管理层

庄辰超 首席执行官

二、业务信息

2.1 主要产品与服务信息：在线旅游产品的搜索、比价服务

酒店预订、机票门票预订、度假预订、团购、租车服务

去哪儿手机版—无线业务

2.2 覆盖范围

2.2.1 行业：在线旅游

2.2.2 主要客户：全网用户旅游，出行人群

2.2.3 业务区域：全球

2.3 收入结构：首先是为旅游商带来交易的服务收入，其次是网页广告收入，再则其他类型的收入，如产品代理销售收入，其他企业的文字连接收入已经第三方支付平台的佣金收入等。

三、综合信息

3.1 发展定位：全球最大的中文在线旅行网站，以信息敏感的旅行者为主，聪明地安排消费者的旅行，竭力为消费者提供最全面、性价比最高的产品、可靠的服务和便捷的技术工具。

3.2 重要合作伙伴及供应商信息：百度、香港航空、支付宝、财付通、劲旅网、凤凰旅游、人民网

途牛旅游网

途牛旅游网创立于 2006 年 10 月，以“让旅游更简单”为使命，为消费者提供由北京、上海、广州、深圳等 64 个城市出发的旅游产品预订服务，产品全面，价格透明，全年 365 天 24 小时 400 电话预订，并提供丰富的后续服务和保障。目前，途牛旅游网提供 8 万余种旅游产品供消费者选择，涵盖跟团、自助、自驾、邮轮、酒店、签证、景区门票以及公司旅游等，已成功服务累计超过 400 万人次出游。同时基于途牛旅游网全球中文景点目录以及中文旅游社区，可以更好地帮助游客了解目的地信息，妥善制定好出游计划，并方便地预订旅程中的服务项目。

途牛旅游网在 2014 年实现迅速发展，并于 2014 年 5 月登陆纳斯达克，成为上市公司。得益于中国居民度假旅游需求的迅速增长，途牛 2015 年收入增幅将进一步提高。

易观分析——

途牛作为一个相对年轻的公司，品牌认知度还比较低，主要分销传统旅行社产品，靠旅游线路的预订起家，逐步成为跟团游市场第一名。途牛跟旅行社的关系是合作，帮旅行社卖产品、做服务。途牛专注做零售商，跟旅行社的议价能力也明显增强，规模效应起来之后，途牛网在价格、产品品类等方面的优势越发显现出来。在 OTA 市场竞争日益激烈的今天，途牛在充分发挥自己在跟团游和境外游优势的同时，选择和大牌在线旅游企业合作显得尤为重要。随着携程入股途牛，双方在业务上的互补互利将会给途牛的发展带来新契机。

一、基础信息

1.1 基本信息

1.1.1 公司全称：南京途牛科技有限公司

1.1.2 成立时间：2006 年 10 月

1.1.3 总部地点：南京

1.1.4 上市时间：2014 年 5 月 9 日美国纳斯达克上市

1.1.5 企业性质：股份制

1.1.6 资本信息：注册资本 200 万元人民币

1.1.7 联系方式：

电子邮箱：tuniucs@tuniu.com

网址：http：//www.tuniu.com/

地址：南京市玄武区玄武大道 699-32 号途牛大厦

电话：025-86853969

1.2 组织信息

1.2.1 管理层

于敦德 董事长、首席执行官

二、业务信息

2.1 产品及服务信息：电话热线、PC 端服务及 APP 跟团、自助、自驾、邮轮、酒店、签证、景区门票以及公司旅游

2.2 覆盖范围

2.2.1 行业：在线旅游

2.2.2 主要客户：全网用户旅游，出行人群

2.2.3 业务区域：全球

2.3 收入结构：途牛主要分销传统旅行社产品，靠旅游线路的预订起家，逐步成为跟团游市场第一名。其中，出境游发力明显，占据总交易额的 70%。

三、综合信息

3.1 发展定位："让旅游更简单"

3.2 重要合作伙伴及供应商：澳大利亚旅游局、柏林旅游局、加拿大旅游局等各大国外旅游局、携程。

中国在线旅游行业中的其他企业名录节选如下表：

表 6 中国在线旅游行业企业名录节选

领域	厂商	备注
综合	携程旅行网	简要分析见前述数据分析及详细分析见易观智库企业库
综合	艺龙旅行网	
综合	同程网	
综合	去哪儿网	
综合	途牛旅游网	
综合	来订吧预订网	详细分析见易观智库企业库
综合	芒果传媒有限公司	详细分析见易观智库企业库
信息化解决方案	北京巅峰美景科技有限公司	详细分析见易观智库企业库
信息化解决方案	三亚金棕榈度假酒店	详细分析见易观智库企业库
信息化解决方案	浙江九天科技有限公司	详细分析见易观智库企业库
信息化解决方案	浙江深大智能科技有限公司	详细分析见易观智库企业库
商旅服务	深圳市腾邦国际商业股份有限公司	详细分析见易观智库企业库
商旅服务	五星汇	详细分析见易观智库企业库
商旅服务	悠会网	详细分析见易观智库企业库
旅游资讯	北京久游科技有限公司	详细分析见易观智库企业库
旅游资讯	乐途旅游网	详细分析见易观智库企业库
旅游资讯	欣欣旅游网	详细分析见易观智库企业库
旅游资讯	悠哉旅游网	详细分析见易观智库企业库
旅游社区	到到网	详细分析见易观智库企业库
旅游社区	驴妈妈旅游	详细分析见易观智库企业库
旅游社区	驴评网	详细分析见易观智库企业库
旅游社区	蚂蜂窝旅游网	详细分析见易观智库企业库
旅游社区	穷游网	详细分析见易观智库企业库
旅游产品	80 天环游网	详细分析见易观智库企业库
旅游产品	爱嘉途	详细分析见易观智库企业库
旅游产品	春秋旅行社	详细分析见易观智库企业库
旅游产品	桂旅网	详细分析见易观智库企业库
旅游产品	国旅在线	详细分析见易观智库企业库
旅游产品	锦江旅游	详细分析见易观智库企业库
旅游产品	凯撒国旅	详细分析见易观智库企业库

续表

领域	厂商	备注
酒店预订	12580	详细分析见易观智库企业库
酒店预订	7 天连锁酒店	详细分析见易观智库企业库
酒店预订	爱日租	详细分析见易观智库企业库
酒店预订	百酷网	详细分析见易观智库企业库
酒店预订	冰点酒店控	详细分析见易观智库企业库
酒店预订	布丁酒店	详细分析见易观智库企业库
酒店预订	格林豪泰连锁酒店官网	详细分析见易观智库企业库
酒店预订	国际青年旅舍	详细分析见易观智库企业库
酒店预订	汉庭	详细分析见易观智库企业库
酒店预订	今日酒店特价	详细分析见易观智库企业库
酒店预订	锦江之星	详细分析见易观智库企业库
酒店预订	酒店达人	详细分析见易观智库企业库
酒店预订	桔子酒店	详细分析见易观智库企业库
酒店预订	蚂蚁短租	详细分析见易观智库企业库
酒店预订	米途订酒店	详细分析见易观智库企业库
酒店预订	莫泰酒店	详细分析见易观智库企业库
酒店预订	如家酒店	详细分析见易观智库企业库
酒店预订	速 8 酒店	详细分析见易观智库企业库
酒店预订	途家网	详细分析见易观智库企业库
酒店预订	住哪网	详细分析见易观智库企业库
酒店预订	租了啦	详细分析见易观智库企业库
景区	TouchChina	详细分析见易观智库企业库
景区	一块去旅行网 – 景点打折门票	详细分析见易观智库企业库
机票预定	东方航空	详细分析见易观智库企业库
机票预定	港航	详细分析见易观智库企业库
机票预定	国航	详细分析见易观智库企业库
机票预定	海南航空	详细分析见易观智库企业库
机票预定	南方航空	详细分析见易观智库企业库
机票预定	上海航空	详细分析见易观智库企业库
机票预定	中华航空	详细分析见易观智库企业库
火车票预订	铁路总公司 12306	详细分析见易观智库企业库

分类信息

58 同城

58 同城 2005 年 12 月创立于北京。截至目前，58 同城的网站内容已经覆盖全国 380 个城市，提供房屋租售、招聘求职、二手物品、二手车、二手房、商家黄页、宠物票务、旅游交友、餐饮娱乐等多种生活服务，同时为商家提供以网邻通为基础的多款推广产品。

2013 年 10 月 31 日，58 同城正式在纽约交易所挂牌上市。2014 年 6 月，58 同城正式与腾讯达成战略合作，腾讯将拥有 58 同城全面摊薄后 19.9% 的股份和 15.2% 的投票权，成为 58 同城第一大机构股东。在 2014 这一年中，58 同城在获得腾讯的流量导入和资金支持后，拓展三、四线城市的能力获得提升，同时移动端的产品开发和运营方面也有了很大的提高。

易观分析——

58 同城作为分类信息上市第一股，品牌优势明显，在与腾讯公司的战略合作支持下，移动端流量大幅度上升。

但是 58 同城付费商户的渗透率整体仍然偏低，中小企业乃至小微企业在该平台上的变现能力仍较弱，处于“信息流通”阶段，无交易数据的沉淀，对搜索的依赖性较大。

此外，58 同城获得来自腾讯 QQ、微信、QQ.com 以及 QQ 浏览器等各个平台的流量，进一步加强了本地服务领域的领先地位。为弥补不足，其沟通和支付体系未来可能与腾讯接轨。

易观智库认为如何有效地将腾讯庞大的移动端用户与 58 同城业务相结合，如何“激活”中小企业在该平台上的付费需求，是 58 同城亟待解决的问题。

一、基础信息

1.1 基本信息

1.1.1 公司全称：北京五八信息技术有限公司

1.1.2 成立时间：2005 年 12 月

1.1.3 总部地点：北京市

1.1.4 上市时间：2013 年 10 月 31 日

1.1.5 企业性质：上市股份公司

1.1.6 资本信息：注册资本 1000 万元人民币

1.1.7 联系方式

网址：http：//www.58.com/

地址：北京市朝阳区北苑路乙 108 号北美国际商务中心 E 座

电话：010-57960888

1.2 组织信息

1.2.1 管理层

姚劲波 总裁、首席执行官

二、业务信息

2.1 产品及服务信息：

作为一站式生活服务平台，本地信息内容已经覆盖全国380个城市，提供房屋租售、招聘求职、二手物品、二手车、二手房、商家黄页、宠物票务、旅游交友、餐饮娱乐等多种生活服务。

通过PC端与APP客户端，58同城提供分类信息、无线产品、商业产品和工具产品，具体有：

（1）分类信息

房产信息、招聘信息、求职简历、跳蚤市场、生活黄页、交友征婚、宠物/宠物用品、票务/优惠券、车辆买卖与服务、教育培训、商务服务、旅游/酒店/签证。

（2）无线产品

手机58（58同城手机客户端）

（3）商业产品

生活黄页、网邻通、房产版网邻通、招聘通、置顶、精准推广、智能推广

（4）工具

列车时刻表、一折机票、酒店预订

2.2 覆盖范围

2.2.1 行业：一站式生活服务平台/分类信息网站

2.2.2 主要客户：各类信息的提供者、供应商以及各类信息的需求者

2.2.3 业务区域：全国

2.3 收入结构：根据财报显示，截至2014年第3季度，58同城总营收为7200万美元，同比增长72.9%。其中会员收入3700万美元，同比增长52.7%，占总营收的51.4%；在线推广收入3490万美元，同比增长103.7%，占比48.5%；其他营收10万美元。净利润590万美元，低于去年同期的930万美元。第3季度付费商户约为56万家，同比增长58.6%。

三、综合信息

3.1 发展定位：人人信赖的一站式生活服务平台

3.2 重要合作伙伴及供应商：腾讯公司、北京电子城投资开发股份有限公司、温州君义同城信息技术有限公司、潍坊添翼网络科技有限公司、柳州唐潮科技有限公司、新疆鸿跃网络科技有限公司、内蒙古国风网络技术有限公司、互动星城信息技术有限公司、西宁德旭网络科技有限公司、山东金点子广告传媒有限公司、宝庆分公司、吉林市原点网络技术有限公司、滨州市江圣禾泰广告有限公司、广西北海众鑫信息科技有限公司、本溪市平山区芊秋网络服务中心等渠道代理商

赶集网

赶集网成立于2005年，总部位于北京，目前在上海、深圳设有分公司，分站遍布全国370多个城市，服务遍布人们日常生活的各个领域，2013年成功将旗下的蚂蚁短租孵化独立，并宣布其获得近千万美元融资。截至到2014年9月，全国共有近600万商户在赶集网平台上为用户提供生活服务信息。从工商注册到租店

装修，再到招聘员工，赶集为商户提供了做生意的全面解决方案。2014 年 8 月 25 日，赶集网完成新一轮融资，融资额超 2 亿美元。

2014 年 8 月 21 日，赶集网公布了最新的运营高管阵容，涉及战略、销售、商务及市场四个战略方向，宣布将在渠道规模、市场布局、运营转型、人才培育、业务创新等诸多方面持续投入各方资源，并继续紧抓手中具有领先优势的无线产品。

易观智库分析认为，赶集网是国内仅次于 58 同城的生活信息应用类网站，其中，赶集网在体量和盈利能力上较 58 同城差距不大，在招聘市场优势明显。

易观分析——

赶集网获得老虎基金和凯雷投资 2 亿美元投资，融资到位，流量质量高且领先增长，具有未上市状态下更灵活的市场举措，并且在 O2O 方面的发展空间和提升潜力大。

但就目前来讲，赶集网提供给用户的服务还比较初级，初期太低调，没有在全国铺开，一定程度上给了其他对手不少机会，在某些分类如服务业、宠物、票务等方面并不占优势。

易观智库分析认为，赶集网分类信息平台的不少服务会与 BAT 旗下的 O2O、位置服务重合冲突，如何不断推出极致产品，颠覆传统渠道和人们的思维将会是赶集网下一步的重点。

一、基础信息

1.1 基本信息

1.1.1 公司全称：赶集网

1.1.2 成立时间：2005 年

1.1.3 总部地点：北京

1.1.4 上市时间：未上市

1.1.5 企业性质：私营企业

1.1.6 资本信息：不详

1.1.7 联系方式

网址：http：//www.ganji.com/

地址：北京市海淀区上地软件园南路 57 号八维学校内

电话：(010)57353539

1.2 组织信息

1.2.1 管理层

杨浩涌 首席执行官

二、业务信息

2.1 产品及服务信息：提供招聘求职、房屋租售、车辆买卖、二手物品买卖、宠物票务、教育培训、同城活动及交友等全方位的本地生活及商务服务类信息

2.2 覆盖范围

2.2.1 行业：分类信息平台网站

2.2.2 主要客户：已开通服务的城市互联网用户，包括信息需求方、信息提供者和供应商

2.2.3 业务区域：在全国 370 多个城市开通分站

2.3 收入结构：赶集网主要营收来源为会员费及在线广告，具体营收结构不详

三. 综合信息

3.1 发展定位：帮助老百姓更便利地获取优质生活服务信息

3.2 重要合作伙伴及供应商：谷歌、TOM、大众点评网、北京艺鸣盛世文化传媒有限公司、百思诚文化传媒（北京）有限公司、中国移动 12580、千龙网、北方网、东方网、丁丁网、南方网、大洋网、深圳新闻网、奥一网、华龙网、抓金商务网、四川在线、八维互联、19256 聚合搜索等

中国分类信息行业中的其他企业名录节选如下表：

表 7 中国分类信息行业企业名录节选

厂商	备注
58 同城	简要分析见前述　　数据分析及详细分析见易观智库企业库
赶集网	简要分析见前述　　数据分析及详细分析见易观智库企业库
百姓网	数据分析及详细分析见易观智库企业库
爱帮网	数据分析及详细分析见易观智库企业库
城市吧	数据分析及详细分析见易观智库企业库
查查吧	数据分析及详细分析见易观智库企业库
列表网	数据分析及详细分析见易观智库企业库
大豆生活网	数据分析及详细分析见易观智库企业库
易登网	详细分析见易观智库企业库
搜了网	详细分析见易观智库企业库
E 都市	详细分析见易观智库企业库
今题网	详细分析见易观智库企业库
口碑网	详细分析见易观智库企业库
地球城	详细分析见易观智库企业库
酷易搜	详细分析见易观智库企业库
快点 8 分类信息网	详细分析见易观智库企业库
微信公众账号大全	详细分析见易观智库企业库
去 114 分类信息网	详细分析见易观智库企业库
八桂网	详细分析见易观智库企业库
网邻通	详细分析见易观智库企业库
手递手	详细分析见易观智库企业库
51 同城网	详细分析见易观智库企业库

续表

厂商	备注
久久信息网	详细分析见易观智库企业库
114 生活网	详细分析见易观智库企业库
百业网	详细分析见易观智库企业库
中国金属新闻网	详细分析见易观智库企业库
客集齐网	详细分析见易观智库企业库
中国工业信息网	详细分析见易观智库企业库
我易网	详细分析见易观智库企业库
Kvov 免费信息发布平台	详细分析见易观智库企业库
入围网	详细分析见易观智库企业库
城际分类	详细分析见易观智库企业库
分类 168	详细分析见易观智库企业库
爱喇叭	详细分析见易观智库企业库
猎城网	详细分析见易观智库企业库
88 分类	详细分析见易观智库企业库
818 同城网	详细分析见易观智库企业库
必够分类信息网	详细分析见易观智库企业库

招聘

51job

前程无忧于 2009 年 4 月在美国纳斯达克上市，是首个在美国上市的中国人力资源服务企业。

前程无忧拥有全国目前最大的职位信息库，目前前程无忧注册用户超过 7000 万，高峰期每天有超过 300 万的用户访问量。其庞大的简历库收录的简历超过 6000 万份，日有效职位达 270 万，日浏览页面超过 3 亿，每周有多达 3800 万份简历通过前程无忧投递到企业。

根据易观智库监测数据显示，前程无忧 2014 年第 3 季度总营收为人民币 4.740 亿元，同比增长 13.0%；净利润为人民币 1.872 亿元，同比增长 59.5%。

易观分析——

前程无忧拥有目前全国最大的职位信息库、高质量的简历库、广泛的服务网络和先进的技术，能为个人和企业提供全面的职位信息和较为便捷的求职途径。

但由于受当前市场状况和增值税改变所带来的影响，前程无忧目前营收增长速度持续放缓，处于“薄利多销”状态，急需创生新的商业模式和盈利点带动营收及利润的增长。随着越来越细分的招聘需求以及更多的垂直类型招聘网站出现，前程无忧的外部竞争者越来越多，企业外部竞争环境处于白热化状态，其面对的挑战也越来越大。

一、基础信息

1.1 基本信息

1.1.1 公司全称：前程无忧

1.1.2 成立时间：1998 年

1.1.3 总部地点：上海市

1.1.4 上市时间：2004 年 9 月（美国纳斯达克）

1.1.5 企业性质： 股份制

1.1.6 资本信息：近 21 亿美元市值（上市后）

1.1.7 联系方式

网址：http：//www.51job.com/

总部联系方式：

地址：上海市浦东新区张东路 1387 号 3 号楼（张江集电港 2 期）

电话：+86-21-6160 1888

传真：+86-21-6879 6266

邮箱：ir@51job.com

全国电话销售中心联系方式：

地址：中国武汉光谷关山大道 1 号 E2 栋 430074

电话：400-886-0051

传真：+86-027-8781 5151

邮箱：callcenter@51job.com

1.2 组织信息

1.2.1 管理层

甄荣辉（Rick Yan） 首席执行官

二、业务信息

2.1 主要产品与服务信息

前程无忧的主要产品包括报纸招聘、网站招聘、招聘猎头、培训测评、人事外包和咨询（薪酬调查、调研咨询、典范企业评选）以及人力资本杂志。主要提供个人求职和企业求才服务，为个人求职者提供不同行业和不同地区的职位频道，根据求职者需求提供个性化职位搜索服务、个人简历管理服务和职位订阅信息推送服务。

个人求职：帮助个人寻找合适的职位。

企业求才：帮助招聘单位找到合适的人才，推出基于互联网的真正服务于企业招聘管理的操作系统 – 无忧网才。

培训测试：为企业提供全方位的专业化培训服务，包括为企业量身定制的各种公开课程、内部培训、实战模拟及专业测评方案。

招聘猎头：首创"报纸 + 网站 + 猎头 + 校园招聘 + 管理软件"的全方位招聘方案，帮助企业高效准确地锁定目标，用最短的时间、最经济的成本找到最合适的人才。

人事外包：提供人事事务代理、人才派遣从员工招聘到退工的一站式服务与咨询，帮助企业更好的管理人力资源。

2.2 覆盖范围

2.2.1 行业：互联网招聘网站（人力资源服务机构）

2.2.2 主要客户：具有求职需求的个人和人才需求的企业等网络用户。

2.2.3 业务区域：全国

2.3 收入结构：主要收入是网络招聘业务收入和人力资源服务业务收入。2014 年第 3 季度总营收为人民币 4.740 亿元，其中网络招聘服务营收为人民币 3.155 亿元；出版物广告营收为人民币 200 万元；人力资源相关营收为人民币 1.565 亿元。

三、综合信息

3.1 发展定位：致力于为积极进取的白领阶层和专业人士提供更好的职业发展机会，同时为企业搜寻、招募最优秀的人才，成为国内最具影响力的领先的网络招聘服务提供商。

3.2 重要合作伙伴：前程无忧主要合作伙伴有 CC 校网、中国设计资讯、明日商务网、知久商务网、上海兼职、厦门人才网等 100 多个企业。

智联招聘

智联招聘前身是 1994 年创建的猎头公司智联（Alliance）公司。其总部位于北京，并在上海、广州、深圳、成都等 20 多个城市设立了分公司，业务涉及全国的 50 多个城市。2014 年 6 月 12 日，智联招聘在美国纽约证券交易所正式挂牌上市，成为第二个在海外上市的国内互联网招聘公司。

截至 2014 年 9 月 30 日，公司拥有超过 8900 万的注册用户，包括跨国公司、中小型企业和国企等在内的 335,168 个雇主在智联招聘的平台上共计发布了约 1800 万个工作职位。根据易观智库监测数据显示，2014 年第 3 季度中国互联网招聘市场收入格局中，智联招聘占据市场总营收的 27.7%。据智联招聘发布的 2014 财年第 2 财季未经审计的财报显示，截至 12 月 31 日，智联招聘第 2 财季总营收达 3.418 亿元人民币（约合 5510 万美元），同比增长 18.7%；净利润为 6150 万元人民币（约合 990 万美元），同比增长 51.7%。

易观分析——

前身是 1994 年创建的一家猎头公司，其独特的历史为智联招聘现今的专业品质奠定了基石，积累了宝贵的人力资源服务经验和优秀的客户源。智联招聘拥有覆盖面广、质量高、活跃度强的在线人才库，中国最大、最丰富的职场视频平台，专业的团队、全程精细化服务以及丰富的媒体资源和品牌运作经验，使其在人力资源服务行业具有较强的优势和竞争力。长期与大型媒体和权威机构展开合作，扩大了其在领域内的知名度和社会影响力；

前程无忧一直是智联招聘最大的竞争对手，随着国内百度、58 同城、赶集网等进入招聘行业，猎聘网、拉勾网等新兴招聘网站来势汹汹，智联招聘在市场的竞争优势不断受到冲击。

一、基础信息

1.1 基本信息

1.1.1 公司全称：智联招聘

1.1.2 成立时间：1997 年

1.1.3 总部地点：北京

1.1.4 上市时间：2014 年 6 月 12 日（美国纽约证券交易所）

1.1.5 企业性质：民营企业

1.1.6 联系方式

网址：http：//www.zhaopin.com/

电话 400-885-9898/800-810-0484

地址：北京市朝阳区望京阜荣街 10 号首开广场 5 层　100020

1.2 组织信息

1.2.1 管理层：

公司高管：郭　盛　首席执行官

二、业务信息

2.1 主要产品与服务信息

智联招聘主要产品与服务有网上招聘服务、报纸招聘服务、猎头服务、智联卓聘、培训服务、校园招聘服务、急聘产品、人才测评、《首席人才官》杂志和智联社区。

网上招聘服务：为个人用户提供网上求职、简历中心、求职指导等个性化服务；为企业客户提供以网络招聘为核心的人才解决方案。

报纸招聘服务：与全国众多重点城市的主流高端平面媒体强强联手，每周推出专业的《智联招聘周刊》/《智联招聘专刊》。

猎头服务：智联猎头是中国最早的外资猎头公司之一，其业务遍布全国，已经在北京、上海、天津、深圳、南京、成都、苏州等城市设有猎头部。

智联卓聘：2013 年推出，面向职场高端人才、猎头和企业，推出职位找人的“I want you”模式，并首创网络招聘电商模式，让候选人多维展示自己。

培训服务：始于 2001 年，服务范围包括公开课、认证、企业内训及人才测评，为跨国公司、民营企业、国有企业及其员工提供有针对性的培训方案与课程体系，课程设计战略、营销、管理、团队、人力资源、职业素质等多个方面。

校园招聘服务：服务项目包括帮助招聘企业制定完善的校园招聘解决方案；利用智联校园招聘在线广告栏目发布招聘信息；运用校园资源开展校内宣传；提供专业的线上简历管理及简历数据分析报告；严谨专业的校园招聘活动执行及项目管理；候选人的笔试、面试以及人才测评服务；为企业提供完整的活动整理报告及视频、图像记录。

急聘产品：“急聘”是搜索结果职位有限排名的服务，通过在求职搜索结果中对职位置顶并特殊展示。

旨在帮助企业用较少的投入在短时间内带来更多的简历投递。

人才测评：依托国内、外顶级人才测评专家和专业机构形成科学、系统、完善的测评产品和服务体系。推出以任职测评、在职测评、竞职测评及个人测评为基本骨架的人才测评体系。

《首席人才官》杂志：创刊于2003年3月，专访业内知名企业人力资源高管及专家学者，旨在收集、制造、加工和传播中国人力资本管理领袖意见、成功案例、先锋实践、变革故事等。

智联社区：是一个为用户提供的与同行朋友、HR、职场老手等交流的空间和平台。

2.2 覆盖范围

2.2.1 行业：互联网招聘网站（人力资源服务机构）

2.2.2 主要客户：具有求职需求的个人用户和具有人才需求的企业用户

2.2.3 业务区域：全国

2.3 收入结构：主要收入由在线招聘服务营业收入和其他服务营业收入构成，包括中介收入、急聘排名回报、广告收入、企业招聘外包收入、猎头服务等。据智联招聘发布的未经审计的财报显示，2014 财年第 2 财季在线招聘服务营收为 2.640 亿元人民币（约合 4260 万美元），其他服务营收 7780 万元人民币（约合 1250 万美元）。

三、综合信息

3.1 发展定位：智联招聘的终极目标是做一个优秀的职业发展平台，所提供的服务能够贯彻用户的整个职业生涯，并将强化职位招聘与职业测评、职业培训之间的衔接。

3.2 重要合作伙伴及供应商信息：除各行各业的众多企业外，智联招聘还是多家权威机构的战略合作伙伴，主要包括北京大学企业社会责任与雇主品牌传播研究中心发起机构；人民大学劳动人事学院研究合作伙伴；中国青年志愿者协会度假战略合作机构；CCTV 年度雇主调查合作机构；国台办“台企联”战略合作机构，台资企业人才服务网络平台构建机构；中国残疾人联合会信息中心战略伙伴。此外，还与中央电视台、凤凰卫视等多家大型媒体建立了合作关系；与土豆网合作建立了职场视频平台。

拉勾网

拉勾网是专注于互联网职业机会的招聘网站。

截至 2014 年 7 月 1 日，已有超过 20000 多家互联网公司入驻拉勾网，覆盖包括互联网、移动互联网、电商、游戏、O2O、大数据、云计算、社交网络、在线教育、互联网金融等多个互联网细分领域。据拉勾网公布的数据，目前其拥有超过 100 万的用户数，简历投递量超过 300 万人次，为 2 万家互联网公司提供了服务，发布有效职位 12 万个，每天有 5000 人左右通过拉勾找工作。

2014 年 8 月 19 日，拉勾网宣布已完成 2500 万美元的 B 轮融资，估值达 1.5 亿美元，拉勾迎来了一个新的发展时期。

易观分析——

背靠3W咖啡，能充分利用3W咖啡长期积累的创业想法、品牌品质，从3W导入大量客户和粉丝，借助3W进行口碑营销，扩大知名度；

“给用户做产品，向企业收钱”的新型商业模式，采取面向互联网的垂直招聘方式，以用户体验为中心，实行“全程透明”式招聘，符合中国本土化需求和互联网在线招聘市场的新特点，拉勾发展前景可观；

由于垂直招聘网站的招聘领域专属性，行业单一性以及区域领域经济发展的差异性，导致拉勾所面临的市场体量相对较小，难以形成规模化发展；

目前传统招聘平台仍然占国内在线招聘市场60%左右的市场份额，仍呈现以传统招聘平台为主导的市场竞争格局，前程无忧、智联招聘、中华英才等传统老牌招聘公司是拉勾发展的强劲对手。此外，猎聘、大街等兴起的招聘公司也是拉勾不容忽视的竞争者。

一、基础信息

1.1 基本信息

1.1.1 公司全称：北京拉勾网络技术有限公司

1.1.2 成立时间：2013年7月

1.1.3 总部地点：北京市

1.1.4 上市时间：未上市

1.1.5 企业性质：合伙企业

1.1.6 资本信息：目前估值8亿元人民币左右

1.1.7 联系方式

网址：http：//www.lagou.com/

邮箱：pqzhao@laogou.com（商务合作）

地址：北京市海淀区海淀西街70号　100015

电话：400-605-9900

1.2 组织信息

1.2.1 人员规模：60名员工

1.2.2 管理层

马德龙　首席执行官

二、业务信息

2.1 主要产品与服务信息

庞大的互联网公司库、优质职位信息首发平台、微信服务号“@拉勾”服务平台、24小时极速入职服务等。

2.2 覆盖范围

2.2.1 行业：互联网垂直招聘网站

2.2.2 主要客户： 互联网公司、求职者

2.2.3 业务区域：全国

2.3 收入结构：拉勾网目前主要商业模式是企业用户付费，按照企业招聘不同岗位、不同薪资，采取“后置收费”方式：企业成功找到一个人，需向拉勾支付 2000-3000 元不等的费用。

三、综合信息

3.1 发展定位：以让优质的人才和优秀的企业及时相遇为己任，致力于打造最专业的互联网招聘平台。

3.2 重要合作伙伴及供应商信息：启明创投、贝塔斯曼亚洲投资基金以及百度、腾讯、阿里巴巴、新浪、优酷、乐视网、去哪儿网、聚美优品、锤子科技、小米、豌豆荚等超过 20000 家互联网公司。

猎聘网

猎聘网成立于 2006 年，于 2011 年上线，隶属于万仕道（北京）管理有限公司，是一家职业经理人和猎头实名制互动网站，凭借其创新的产品模型及独有的服务模式，成为国内唯一真正实现企业、猎头和职业经理人三方互动的职业发展平台，目前拥有注册职业经理人 800 万，活跃经理人会员超过 200 万，已认证的专业猎头顾问 25000 名。据猎聘网披露数据显示，截至 2014 年第 2 季度，猎聘网拥有超过 1500 万的注册会员，已服务超过 10 万家优质企业，共发布近 100 万个中高端职位，每周新增中高端职位 7 万个，有 15 万名猎头在猎聘网平台上寻找核心岗位的候选人。猎聘网总部位于北京，在上海、广州、深圳、天津、大连、杭州、南京、武汉、厦门、成都等十余个城市设有分公司，其用户除中国大陆地区以外，还包括美国、加拿大、英国、澳大利亚、新加坡等 17 个国家的华人华侨，以及中国香港、澳门、台湾的众多中高端职业经理人。

2014 年 4 月 15 日，猎聘网宣布完成 C 轮融资，总计融资金额为 7000 万美元。该轮融资将主要用于产品和科技研发、人才招聘、提升品牌和改善用户体验。

易观分析——

2014 年 4 月 15 日，猎聘网成功完成总计金额为 7000 万美元的 C 轮融资，是国内网络招聘行业五年来最大的一笔融资，为猎聘网未来的发展和飞跃提供了坚实的保障。

猎聘网 CEO 戴科彬在网站定位上的大胆尝试以及 “企业 - 猎头 - 职业经理人”三位一体商业模式开创，为猎聘网打下坚实的基础，随着口碑的建立和对 C 端求职者服务的不断细分，使猎聘网在完成早期积累后迈入发展快车道。

2014 年中国互联网大会召开第二天，智联卓聘创始人和猎聘网 CEO 戴科彬进行《在线招聘的下一个十年》对话，智联 CEO 郭盛带领智联卓聘向垂直领域挑战，首站直指猎聘，猎聘将迎来一场巨大的考验。

一、基础信息

1.1 基本信息

1.1.1　公司全称：猎聘网

1.1.2　成立时间：2006 年

1.1.3　总部地点：北京市

1.1.4　上市时间：未上市

1.1.5　企业性质：外商独资企业

1.1.6　资本信息：不详

1.1.7　联系方式

网址：http：//www.liepin.com/

全国客服热线：400-6838-789

总公司联系方式

地址：北京市东四环八里庄西里 99 号住邦 2000 商务中心 2 号楼 8 层　100025

电话：（010）65502668

1.2　组织信息

1.2.1　人员规模：近 2000 人

1.2.2　管理层

戴科彬　首席执行官

二、业务信息

2.1　主要产品与服务信息

猎聘网主要产品有线上招聘、RPO 招聘、专业猎头、猎聘通、HR 沙龙。

为求职者提供服务：

高薪职位：每周提供超过 10000 个高端猎头职位机会；

猎头服务：与数万名专业的猎头顾问直接联系，获得高薪职位推荐，获得职业规划建议；

隐私保护：创新实名认证系统，保护职业经理人的隐私信息，建立职业经理人与猎头顾问沟通的诚信平台；

精准推荐：创新的职位与人才的匹配系统，将职位与高端人士的职业期望紧密结合，精准匹配，为招聘方和职业经理人进行最佳的匹配推荐，省时高效；

会员尊享：金卡会员享受，猎头第一时间发现，简历搜索排名靠前，转接服务保护隐私，漏接电话短信提醒等。

为企业提供招聘服务：

职位发布：通过精准职位发布、搜索帮助企业找到准确、适合的目标候选人，利用专业的“猎聘通”管理工具，提升招聘组织管理和候选人筛选效率；

品牌曝光：通过网站广告和媒体网络覆盖更多优质的候选人，面向各企业、机构的管理决策层及行业内资深专业人员的品牌覆盖；

猎头沟通：通过长期的猎头服务经验积累，创立独特的人才精准匹配体系，个性化的候选人意向确认服务，帮助企业拉近与候选人的距离；

专业服务：针对个性化的高端人才招聘需求，通过提供综合的招聘流程服务达到招聘目标，降低企业招聘事务成本。

猎聘秘书应用（移动终端）：随时随地搜索高薪职位；精准职位实时推荐；与专业猎头实时沟通；关注猎头获取更多机会；全方位隐私保护。

2.2 覆盖范围

2.2.1 行业：中高端人才招聘网站（网络招聘）

2.2.2 主要客户：全球中高端职业经理人、企业、猎头

2.2.3 业务区域：全球

2.3 收入结构：目前猎聘网的营收主要来源于企业付费和增值业务收入。2014 年具体收入构成不详

三、综合信息

3.1 发展定位：始终专注打造以经理人个人用户体验为核心的职业发展平台，全面覆盖传统网络招聘以企业为核心的广告发布平台，用属于移动互联网时代的产品服务组合打造一个为全球华人经理人服务的职业发展平台。

3.2 重要合作伙伴及供应商信息：华平投资集团、经纬中国、国内外各知名企业

中国招聘行业中的其他企业名录节选如下表：

表 8 中国招聘行业企业名录节选

厂商	备注
前程无忧	简要分析见前述　　数据分析及详细分析见易观智库企业库
智联招聘	简要分析见前述　　数据分析及详细分析见易观智库企业库
拉勾网	简要分析见前述　　数据分析及详细分析见易观智库企业库
猎聘网	简要分析见前述　　数据分析及详细分析见易观智库企业库
数字英才网	详细分析见易观智库企业库
中华英才网	详细分析见易观智库企业库
应届生求职网	详细分析见易观智库企业库
中国人才热线	详细分析见易观智库企业库
卓博人才网	详细分析见易观智库企业库
南方人才网	详细分析见易观智库企业库
大街网	详细分析见易观智库企业库
528 招聘网	详细分析见易观智库企业库
592 招聘网	详细分析见易观智库企业库
大中华人才网	详细分析见易观智库企业库
八方人才网	详细分析见易观智库企业库
我的工作网	详细分析见易观智库企业库
百大英才网	详细分析见易观智库企业库

续表

厂商	备注
子午线人网	详细分析见易观智库企业库
千千集招聘	详细分析见易观智库企业库
白城招聘网	详细分析见易观智库企业库
百度人才	详细分析见易观智库企业库
一览英才网	详细分析见易观智库企业库
中国国家人才网	详细分析见易观智库企业库
中国人才信息网	详细分析见易观智库企业库
1010 兼职网	详细分析见易观智库企业库
伯才	详细分析见易观智库企业库
第一招聘网	详细分析见易观智库企业库
若邻社交招聘网	详细分析见易观智库企业库
人人校招	详细分析见易观智库企业库
英才网联	详细分析见易观智库企业库
新世纪人才网	详细分析见易观智库企业库
万行招聘联盟	详细分析见易观智库企业库
乐荐招聘网	详细分析见易观智库企业库
一起兼职网	详细分析见易观智库企业库
中国专业人才网	详细分析见易观智库企业库
每日人才网	详细分析见易观智库企业库
好前途人才网	详细分析见易观智库企业库
猪八戒网	详细分析见易观智库企业库
举贤网	详细分析见易观智库企业库
职友集	详细分析见易观智库企业库
万仕道管理咨询公司	详细分析见易观智库企业库

婚恋

世纪佳缘

上海花千树信息科技有限公司（世纪佳缘）是中国最大的在线婚恋交友平台，根据易观智库季度监测数据显示，世纪佳缘 2014 年第 3 季度净收入为 1.62 亿元人民币，同比增长 25.5%。通过互联网、无线平台和线下活动为中国大陆、香港、澳门、台湾及世界其他国家和地区的单身人士提供严肃婚恋交友服务。2011 年 5 月 11 日，世纪佳缘登陆美国纳斯达克全球精选市场进行首次公开募股，成为首家上市的中国在线婚恋交友平台。2014 年第 3 季度，世纪佳缘 PC 端覆盖人数远高于其他网站，达到 5605.5 万人，环比增长 0.2%。

在移动端，世纪佳缘用户月度使用时长也领先于其他厂商。在巩固线上用户活跃的同时，世纪佳缘也在加大线下业务投入，加速建设线下门店，并通过丰富的线下活动增强用户活跃度，世纪佳缘将线上数据库积累和线下服务体验紧密结合，以此来打通 O2O 婚恋交友业务体系，2014 年第 3 季度世纪佳缘一对一红娘业务、线下收入约 5550 万元人民币。

易观分析——

在婚恋交友市场上，世纪佳缘有着较大的品牌优势和知名度。从最初四五万的会员总量到目前 1 亿的会员总量，网站注册会员增长迅速。2014 年 7 月，世纪佳缘“懂你”上线，推大数据找对象，可以看出其积极在技术上创新突破，依靠科技进一步提升服务品质的努力。世纪佳缘将互联网平台和线下交友活动结合，大规模的线下活动使其有了更大的竞争优势。

2014 年是中国互联网婚恋交友厂商转型 O2O 和向移动端迁移的元年，主要互联网婚恋交友厂商线上业务规模增长逐渐接近上限，通过打通线上平台和线下业务的 O2O 模式转变深度介入用户从匹配到相亲及结婚的全部环节，是其将来发展的必然优势。但是，移动端市场孕育着颠覆现有市场格局的潜力，移动端的婚恋市场格局还不稳定，世纪佳缘在移动端面临的竞争和压力依然较大。

一、基础信息

1.1 基本信息

1.1.1 公司全称：上海花千树信息科技有限公司

1.1.2 成立时间：2003 年 10 月 8 日

1.1.3 总部地点：北京

1.1.4 上市时间：2011 年 5 月 11 日 美国纳斯达克上市 (NASDAQ：DATE)

1.1.5 企业性质：股份制

1.1.6 联系方式：

网址：http：//www.jiayuan.com/

邮箱：xieweina@jiayuan.com business@jiayuan.com

地址：上海市杨浦区大连路 970 号海上海 9 号楼 201 室

电话：010-57835066

传真：010-57835066

1.2 管理层

钱永强 董事会主席

吴琳光 首席执行官

二、业务信息

2.1 主要产品与服务信息

线上网站，移动应用 APP 客户端，线下服务商

在线自助婚恋服务 + 个性化匹配 + 高端猎婚

2.2 覆盖范围

2.2.1 行业：婚恋交友

2.2.2 主要客户：征友的单身人群

2.2.3 业务区域：全球，主要在中国

2.3 收入结构：截至 2014 年第 3 季度，世纪佳缘在线服务净收入为人民币 1.065 亿元，占总净收入的 65.9%。一对一红娘服务净收入为人民币 4950 万元，占总净收入的 30.7%，较 2013 年同期的大幅增长 258.8%，较前一季度增长 51.4%。同比和环比的增长均得益于一对一红娘服务中心和所覆盖城市数量的增加。线下活动及其他服务的净收入为人民币 600 万元，占总净收入的 3.4%，较 2013 年同期的人民币 370 万元增长 64.1%，相比前一季度的人民币 480 万元增长 27.3%。同比增长和环比增长主要由于公司为线下活动引入了更多赞助以及公司线上广告收入的增加。

三、综合信息

3.1 发展定位：服务于真诚征友的单身人群，并建立严格的身份认证机制和会员投诉机制，通过客服人工审核、技术屏蔽以及会员投诉等方式屏蔽不良会员，尽最大努力维护征友会员的质量、征友过程的安全和在世纪佳缘征友的效果

3.2 重要合作伙伴及供应商信息：广东卫视，浙江卫视，山东卫视等各地主流媒体及新浪、邮政

百合网

百合网是中国第一家实名制婚恋服务商。根据易观智库季度监测数据显示：截至 2014 年第 3 季度，其在婚恋交友市场的收入份额排行第二，为 15.6%。2007 年 3 月，百合网成为第一个采用公安部身份认证系统的婚恋网站。百合网的线下实体店行业领先，目前已在全国开设 130 家城市实体店。通过 30 多个维度为用户推荐合适的交往对象，帮助用户找到幸福指数更高的伴侣，成功地满足了千万都市白领对高效率、高质量、高诚信度婚恋服务的要求。百合网的目标是通过不断探索和创新，奠定中国现代婚恋服务业的基础，成为行业龙头企业。

易观分析——

百合网创始人以技术出身，决定了其核心竞争优势来源于技术创新，其独有的“心灵匹配测评系统”，成为其一直以来打响品牌的重要因素。作为在线婚恋市场的老二，百合网在竞争策略上采取差异化竞争，通过主攻线下市场，将一对一红娘服务作为主要盈利业务，在线下门店建设上投入巨大，已经形成线上线下双平台发展的格局，未来百合网还需要加强线上线下融合，打通 O2O 服务体系。

一、基础信息

1.1 基本信息

1.1.1 公司全称：北京百合在线科技有限公司

1.1.2 成立时间：2005 年 5 月

1.1.3 总部地点：北京

1.1.4 上市时间：未上市

1.1.5 企业性质： 民营公司

1.1.6 联系方式

网址：http：//www.baihe.com/

邮箱：cs@baihe.com

地址：北京市朝阳区光华路 15 号泰达时代中心 1 号楼 13 层

电话：010-58208288

1.2 组织信息

1.2.1 管理层

田范江 首席执行官

二、业务信息

2.1 主要产品与服务信息

线上网站，移动应用 APP 客户端，线下红娘服务平台

为单身人士提供交友，相亲等线上线下服务。

2.2 覆盖范围

2.2.1 行业：婚恋交友

2.2.2 主要客户：高端成功人士以及优秀的单身社会精英

2.2.3 业务区域：中国

2.3 收入结构：主要来自于 VIP 服务收费，线下服务收费。

三、综合信息

3.1 发展定位：旨在为高端成功人士以及优秀的单身社会精英提供更多的婚恋选择，以拥有更高质量的婚姻生活

3.2 重要合作伙伴及供应商信息：钻石婚恋网、江苏卫视《非诚勿扰》、湖南卫视《我们约会吧！》、东方卫视《百里挑一》、浙江卫视《爱情连连看》、南京电视台《中国好音缘》、昆山广播《真情 1+1》、北京广播《为爱牵手》、天津广播《相约玫瑰园》、石家庄广播《你让我心动》

珍爱网

珍爱网创始于 1998 年 5 月，前身是中国交友中心，以网络征选 + 红娘电话的婚配服务模式，目标为忙碌的城市白领省时省心的成就姻缘。珍爱网目前拥有超过 2000 人的专业红娘团队，7000 万单身会员。根据易观智库季度监测数据显示：截至 2014 年第 3 季度，其在婚恋交友市场的收入份额排行第三，为 14.5%。珍爱网由原美国投资银行摩根士丹利（Morgan Stanley）职业经理人、留美博士李松和原美国戴尔公司（Dell）职业经理人陈思创办经营。珍爱网的运营公司珍爱网信息技术有限公司的总部位于深圳市，在北京、上海、广州、厦门、南京、苏州、重庆、成都、长沙等十几个城市设有分支机构。珍爱网由中友集团旗下的深圳市

珍爱网信息技术有限公司运营，珍爱网秉承“成就天下姻缘”的宗旨，珍爱网打造在中国长期发展的道路，并致力于成为最佳的婚恋服务机构。

易观分析——

区别于其他网站的最大特点是“人工红娘的服务”，通过电话为注册会员牵线做媒，并具有多项身份诚信认证。珍爱网独创结合网络平台加电话红娘的服务模式，通过全职电话红娘每天为成千上万的会员提供电话牵线匹配，会员在注册 24 小时内便可开始享受到来自珍爱红娘的贴心服务。实践证明，这种大规模和高品质的红娘服务在成功效率上远远高于只提供自助平台的交友类网站。珍爱网的运营体现的是传统行业与互联网的结合，但是其收费方式单一，且价格高，只适用于有一定收入基础的人群。

一、基础信息

1.1 基本信息

1.1.1 公司全称：深圳市珍爱网信息技术有限公司

1.1.2 成立时间：1998 年 5 月

1.1.3 总部地点：中国深圳

1.1.4 上市时间：未上市

1.1.5 企业性质： 民营企业

1.1.6 联系方式

网址：http：//www.zhenai.com/

地址：朗山路 11 号的东江环保大厦 5 楼和 6 楼 2 层

电话：4001-520-520

1.2 组织信息

1.2.1 管理层

李 松 首席执行官

二、业务信息

2.1 主要产品与服务信息

“网络征选 + 电话红娘服务”，提供一对一的人工服务，为单身用户提供婚恋交友服务。

2.2 覆盖范围

2.2.1 行业：婚恋交友

2.2.2 主要客户：25-45 岁的城市白领

2.2.3 业务区域：中国

2.3 收入结构：线上增值产品收入和线下红娘服务

三、综合信息

3.1 发展定位：打造真实交友、严肃婚恋的平台，倡导永恒真爱、才子佳人的良缘；举办丰富多彩、热情洋溢的聚会，服务情趣高雅、真诚觅缘的会员；承担和谐社会、幸福家庭的使命，追求恒久美好、幸福一生的佳缘。

3.2 重要合作伙伴及供应商信息：珍爱网与多家电视节目展开合作，进行电视相亲活动。

中国婚恋行业中的其他企业名录节选如下表：

表 9 中国婚恋行业企业名录节选

厂商	备注
世纪佳缘	简要分析见前述 数据分析及详细分析见易观智库企业库
百合网	简要分析见前述 数据分析及详细分析见易观智库企业库
珍爱网	简要分析见前述 数据分析及详细分析见易观智库企业库
红娘网	详细分析见易观智库企业库
深圳浩天投资有限公司	详细分析见易观智库企业库
有缘网	详细分析见易观智库企业库
聚缘网	详细分析见易观智库企业库
领爱网	详细分析见易观智库企业库
心动婚恋	详细分析见易观智库企业库
爱情公寓婚恋网	详细分析见易观智库企业库
久久结婚网	详细分析见易观智库企业库
爱在这儿婚恋网	详细分析见易观智库企业库
知己交友网	详细分析见易观智库企业库
速配网	详细分析见易观智库企业库
绝对 100 婚恋交友网	详细分析见易观智库企业库
美美源征婚网	详细分析见易观智库企业库
红线婚恋网	详细分析见易观智库企业库
真情在线婚恋网	详细分析见易观智库企业库
网易花田	详细分析见易观智库企业库
同城约会	详细分析见易观智库企业库
赶集婚恋交友网	详细分析见易观智库企业库
非诚勿扰客户端	详细分析见易观智库企业库

租车

神州租车

作为中国领先的汽车租赁服务提供商，神州租车通过移动互联网创新性的租车服务，在成立短短 7 年之内积累了大量的用户。同时，公司积极借鉴国际上成功的汽车租赁模式，并结合中国客户的消费习惯，为客户提供短租、长租及融资租赁等专业化的汽车租赁服务，以及全国救援、异地还车等完善的配套服务，致力于成为消费者首选的中国汽车租赁服务品牌。2014 年 9 月，神州租车有限公司于香港联交所主板成功上市，在汽车租赁行业中率先打开市场化进程。

截至到 2014 年 9 月，神州租车车队规模为 57745 辆，在全国 70 多个主要城市拥有 700 多个直营租车网点，拥有数千家企业客户和近百万个人客户。根据易观智库季度监测数据，2014 年第 3 季度神州租车营业收入为 7.6 亿元人民币，同比增长 20.4%；经调整 EBITDA（税前折旧及摊销前利润）为 4.367 亿元人民币，较去年同期增加 60.2%。

易观分析——

神州租车拥有庞大规模的租车团队，形成了覆盖全国的网点网络，并且组建了自有的二手车交易平台以丰富业务结构。相较行业内主要对手来说，针对同等条件车辆神州租车的费用较高，不利于其拓展客户群体。由于采取“融资、降价、采购、扩张、再融资”的发展模式，神州租车需要大规模的资金支持，但至今资金回报的效果并不明显。近年来，反对铺张浪费的政策性因素及买车难、“有照无车”的普遍现象造成了客户转投租车市场，给神州租车带来广阔的发展前景。而随着外国租车公司进军中国市场，神州租车需要引入和完善先进管理经验，开拓和创新的市场营销手段，来应对即将到来的挑战。

一、基础信息

1.1 基本信息

1.1.1 公司全称：神州租车有限公司

1.1.2 成立时间：2007 年 9 月

1.1.3 总部地点：北京

1.1.4 上市时间：2014 年 9 月 19 日 香港联交所主板上市

1.1.5 企业性质： 外商独资

1.1.6 联系方式

网址：http：//www.zuche.com/

邮箱：cs@zuche.com pr@zuche.com

地址：北京市朝阳区望京中环南路甲 2 号佳境天城大厦 2 层

电话：010-58209999

传真：010-58209966

1.2 组织信息

1.2.1 管理层

陆正耀 执行董事、行政总裁兼董事会主席

二、业务信息

2.1 主要产品与服务信息

主要产品：

神州租车网 – 神州租车的门户网站

神州二手车网 – 神州租车旗下的二手车交易平台

神州租车应用客户端 – 包括 iPhone 版、Android 版、Windows Phone 版和 Win8 版，可定位并查找最近租车门店

服务信息：

短租自驾：按天计费的自驾租车方式。

短期代驾：按天计费的代驾租车方式。

长租服务：基于经济权利的租车方式，一般租期为 90 天以上。

企业租车：按照企业单位的租车方式，通过签订一份合同可以全国用车。

顺风车站：两个固定站点之间来往的租车方式，租车费用比短期租车便宜。

国际租车：世界范围内都可以实现租车。

2.2 覆盖范围

2.2.1 行业：汽车租赁行业

2.2.2 主要客户：异地工作者、出差的商务人士、政府机构、企事业单位等

2.2.3 业务区域：主要为全国，涉及国际业务

三、综合信息

3.1 发展定位：消费者首选的中国汽车租赁服务品牌，引领中国汽车租赁行业的发展

3.2 重要合作伙伴及供应商信息：上海通用、雪铁龙、标致、北京现代、大众、福特、宝马、奥迪、奔驰、丰田、广州本田、汉口银行、中国银行、中国银联、交通银行、中国民生银行、广东发展银行、浙商银行、渤海银行、中国农业银行、华夏银行、中国光大银行、北京银行、中国建设银行、中国工商银行、招商银行、中国人民财产保险股份有限公司、中国平安保险

易到用车

易到用车定位于服务企业和个人的商务出行需要，通过移动互联网新技术和 Car Sharing 新理念，打造了一个移动互联网的用车平台，为客户提供专业的配驾用车服务，有效地提高了汽车的使用效率，降低了汽车保有量。客户可以通过易到用车网或者移动 APP 实现便捷租车，公司会及时选派线下车辆进行服务。2014 年 1 月 15 日易到用车正式公布融资细节并发布公司全新 O2O 战略，并与携程达成合作以深化市场规模占有率。

截至 2014 年 12 月，易到用车网已经覆盖北京、上海、广州、深圳等全国 74 个城市，并且将会进一步扩展。根据易观智库监测数据显示，2014 年第 2 季度易到用车 PC 端覆盖人群达 22.95 万，移动端为 7.8 万。

易观分析——

易到用车采取“轻门店，重网络”的政策，并通过闲置车辆的加盟形成了轻资产的企业模式，对资金量的需求相对灵活。易到定位于中高端市场，为客户提供专业代驾服务，而低端市场业务与自驾服务方面尚未触及。由于一线城市租车市场的饱和度，易到同样面临着向三、四线城市扩张的竞争压力。

一、基础信息

1.1 基本信息

1.1.1 公司全称：北京东方车云信息技术有限公司

1.1.2 成立时间：2010 年 5 月

1.1.3 总部地点：北京

1.1.4 上市时间：未上市

1.1.5 企业性质：民营公司

1.1.6 联系方式

网址：http：//www.yongche.com/

邮箱：service@yongche.com

地址：北京市海淀区北四环西路 66 号中国技术交易大厦 B 座 19 层

电话：010-62680707

1.2 组织信息

1.2.1 管理层

周航 首席执行官

二、业务信息

2.1 主要产品与服务信息

主要产品：

易到用车网 – 易到用车的门户网站

易到用车应用客户端 – 包括 iPhone 版和 Android 版，更便捷租车

易到用车卡 – 通过充值卡支付租车费用的服务

易粉社区 – 提供给客户讨论平台，并以此收集建议

服务信息：

在线订车：客户直接通过网络预定租车服务。

接送机 / 火车：为客户提供接送服务。

时租服务：包括时租、半日租和日租的短时租车服务。

热门线路：特定热门线路的租车服务。

企业服务：为企业客户提供租车服务。

2.2 覆盖范围

2.2.1 行业：汽车租赁行业

2.2.2 主要客户：商务出行需求较大人士等

2.2.3 业务区域：全国

三、综合信息

3.1 发展定位：服务企业和个人的商务出行需求，提供高品质的配驾用车服务

3.2 重要合作伙伴及供应商信息：平安银行、中国南方航空、中国电信、去哪儿网、中国联通、招商银行、壹钱包、中国国际航空公司、中国工商银行、中青旅遨游网、中国银行、交通银行、中国农业银行、携程网、12580 服务平台、114 查询网、中国民生银行、凯撒旅游、中国移动、春秋航空网、酷讯旅游、北京银行、途家网、中国建设银行、途牛旅游网。

一嗨租车

一嗨租车主要为个人和企业用户提供综合租车服务，是中国首家实现全程电子商务化管理的汽车租赁企业。自成立以来，一嗨租车致力于推广租车这种绿色出行方式，并通过不断提高其综合投入来提高核心竞争力。企业不断开拓和完善多元化租车服务，满足了客户个性化用车的需求；而多种支付方式及便捷的取 / 还车方式使得一嗨成为行业中的领先者。同时，一嗨优秀的服务质量也赢得了社会各界的广泛认可，为企业积累了不少忠实客户。2014 年 10 月，一嗨租车向美国证券交易委员会递交 IPO 申请，计划赴纽交所上市。

截至 2014 年 12 月，一嗨租车已经在全国 90 多个城市开设了 700 多个网点，拥有 100 多种车型、10000 多台租赁车辆，服务范围覆盖全国。根据易观智库季度监测数据，2014 年第 3 季度一嗨租车净收入为 2.201 亿元人民币，同比增长 48.4%；调整后 EBITDA（税前折旧及摊销前利润）为 7640 万元人民币，同比增长 291.4%。

易观分析——

一嗨采取“自营＋加盟”的策略，在扩张速度和规模上具备一定优势。但由于加盟形式的制约，一嗨缺乏有效的统一管理机制，容易造成自营网点与加盟商的差异化服务，从而对品牌产生影响。此外，相较于神州租车，一嗨缺乏强大的后端资源，自身的供应链整合能力也稍显不足。目前，在行业内租车公司的激烈竞争及外国租车公司进入中国的情况下，一嗨面临着保有市场和继续扩张的沉重压力。

一、基础信息

1.1 基本信息

1.1.1 公司全称：一嗨租车租赁有限公司

1.1.2 成立时间：2006 年 1 月

1.1.3 总部地点：上海

1.1.4 上市时间：递交 IPO 申请，筹备上市中

1.1.5 企业性质： 中外合资

1.1.6 联系方式

网址：http：//www.1hai.cn/

邮箱：pr@1hai.cn

地址：上海市普陀区大渡河路 388 弄 5 号国盛中心 12 层

电话：400-888-6608

传真：021-54891121

1.2 组织信息

1.2.1 管理层

章瑞平 董事长、首席执行官

二、业务信息

2.1 主要产品与服务信息

主要产品：

一嗨租车网 – 一嗨租车的门户网站

一嗨租车应用客户端 – 包括 iPhone 版和 Android 版，提供便捷租车服务

嗨友会 – 提供租车自驾、吃饭住宿在内的旅游团服务套餐

服务信息：

自驾短租：1–6 天的自驾租车方式。

自驾长期：7 天以上的自驾租车方式。

车型查询：客户自己选择车型的租车方式。

国际租车：在世界范围同商业联盟实行租车服务。

2.2 覆盖范围

2.2.1 行业：汽车租赁行业

2.2.2 主要客户：个人、企业及个性化定制租车客户

2.2.3 业务区域：主要为全国，涉及国际业务

三、综合信息

3.1 发展定位：成为全球领先的汽车租赁企业和受人尊敬的最佳雇主企业

3.2 重要合作伙伴及供应商信息：携程旅行网、同程网、芒果网、悠哉旅游网、锦江旅行网、中国东方航空、中国南方航空、西部航空、中国银行、中国民生银行、招商银行、中国建设银行、淘宝网、京东网上商城、驴妈妈旅游网、华住酒店集团等

中国租车行业中的其他企业名录节选如下表：

表 10 中国租车行业企业名录节选

厂商	备注
神州租车	简要分析见前述 数据分析及详细分析见易观智库企业库
易到用车	简要分析见前述 数据分析及详细分析见易观智库企业库
一嗨租车	简要分析见前述 数据分析及详细分析见易观智库企业库
嘟嘟租车	详细分析见易观智库企业库
PP 租车	详细分析见易观智库企业库
一点租车	详细分析见易观智库企业库
至尊租车	详细分析见易观智库企业库

团购

美团

美团网成立于 2010 年 3 月 4 日，是中国团购市场成立较早的团购公司之一。截至 2014 年第 3 季度，美团在中国团购市场的大约占据了 55% 的份额。在餐饮美食、休闲娱乐、酒店旅游类都处于领先地位。随着移动互联网的发展，团购作为生活服务 O2O 的主要形式，移动端用户活跃性已超越 PC 端。根据易观智库数据显示，2014 年 12 月移动 APP 排行榜中，美团团购排名第 49 位，12 月活跃用户数达 2130.2 万，位居团购 APP 首位。2014 年全年，美团交易额已经突破 460 亿元人民币，同比增长 180%，其中移动端交易额占比已经达到 90% 以上。

易观分析——

商家合作数量众多、消费体验良好、保障体系完善、内容创新活跃是美团网在目前团购市场占据领先地位的主要原因。

易观智库分析认为，国内的团购市场经过 4 年的竞争发展后，模式已然清晰，整体格局基本稳定，行业很难发生大的变化。美团网在餐饮美食等重点领域已占据绝对优势，行业龙头地位几乎无法撼动。

一、基础信息

1.1 基本信息

1.1.1 公司全称：北京三快在线科技有限公司

1.1.2 成立时间：2010 年

1.1.3 总部地点：北京

1.1.4 上市时间：未上市

1.1.5 企业性质：私营企业

1.1.6 联系方式

网址：http：//www.meituan.com/

地址：北京市朝阳区望京东路 6 号望京国际研发园三期

邮箱：marketing@meituan.com

1.2 组织信息

1.2.1 管理层

王 兴 首席执行官

二、业务信息

2.1 产品及服务信息

产品：猫眼电影、餐饮美食团购、酒店预订团购等。

服务：美团致力于为消费者发现最值得信赖的商家，让消费者享受超低折扣的优质服务；为商家找到最合适的消费者，给商家提供最大收益的互联网推广。同时美团网始终遵循消费者第一、商家第二、美团第三的原则，对合作商家进行严格审查，以确保消费者权益受到最大化的保障。还投入千万元人民币进行呼叫中心建设，同时率先推出“7 天内未消费，无条件退款”、“消费不满意，美团就免单”和“过期未消费，一键退款”等一系列消费者保障计划，构成了完善的“团购无忧”消费者保障体系，为用户提供最贴心的权益保障，免除消费者团购的后顾之忧，让消费者轻松团购，放心消费。

2.2 覆盖范围

2.2.1 行业：网络购物

2.2.2 主要客户：互联网用户

2.2.3 业务区域：全国

2.3 收入结构：收入来源于销售佣金等。具体收入结构不详。

三、综合信息

3.1 发展定位：做吃喝玩乐的大平台，连接人与商户，形成可以追踪的闭环，把以往置于线下的交易环节逐渐转移到线上

3.2 重要合作伙伴及供应商：红杉风险投资、阿里巴巴、微软等

大众点评

大众点评网于 2003 年 4 月成立于上海，是中国领先的本地生活信息及交易平台，也是全球最早建立的独立第三方消费点评网站。大众点评不仅为用户提供商户信息、消费点评及消费优惠等信息服务，同时亦提供团购、餐厅预订、外卖及电子会员卡等 O2O 交易服务。2014 年 2 月，腾讯宣布与大众点评战略合作，持后者 20% 股份。根据易观智库数据显示，2014 年第 3 季度中国团购市场中，大众点评团市场份额同比增长 3 个百分比，占比 22%，位居第二。2014 年 12 月，移动 APP 排行榜中，大众点评排名第 59 位，12 月活跃用户达 1686.5 万人，环比增长 12.4%，位居团购领域第二。

易观分析——

2014 年 2 月，大众点评与腾讯共同宣布达成战略合作，该合作的最大意义在于大众点评拿到了微信“九宫格”入口，被外界认为是其咸鱼翻身的大杀器，为此大众点评付出了价值 6.9 亿美元的股份。然而时隔近一年，流量的增长似乎并未给大众点评带来实质性的交易量的大幅增加，市场占有率远远落后于美团网。

易观智库分析认为，在经历洗牌后的团购市场，已进入“一超两强”时代。餐饮、酒店、电影作为团购市场的主要营收项目，大众点评与美团仍有一定差距。如何稳扎稳打提高业绩、攻克三、四线城市，并在主营业务方面做出自己的特色，仍是大众点评趋待解决的问题。

一、基础信息

1.1 基本信息

1.1.1 公司全称：上海汉涛信息咨询有限公司

1.1.2 成立时间：2003 年

1.1.3 总部地点：上海

1.1.4 上市时间：未上市

1.1.5 企业性质：民营企业

1.1.6 联系方式

网址：http：//www.dianping.com/

地址：上海市普陀区陕西北路 1283 弄 9 号 1304 室

联系电话：021-53559777

1.2 组织信息

1.2.1 管理层

张　涛 首席执行官

二、业务信息

2.1 产品及服务信息

全面整合营销解决方案，6 大推广方式量身定制

团购：高效的短期营销工具

优惠券：精确传递优惠信息，持续刺激消费欲望

关键词：潜在客户找商家，首先看到

签到：签到推广活动，让顾客帮忙打广告

城市通：个性化页面

互动性：通过消费者拍照点评，让消费者有更好的选择

2.2 覆盖范围

2.2.1 行业：网络信息服务

2.2.2 主要客户：互联网用户

2.2.3 业务区域：全国

2.3 收入结构：收入来源于广告费、佣金、无线增值等。收入结构不详。

三、综合信息

3.1 发展定位：中国最大的城市生活消费指南网站

3.2 重要合作伙伴及供应商：腾讯、红杉风险投资、三星、微软等

百度糯米

2010 年 6 月，人人公司旗下团购网站“糯米网”正式上线，致力于成为用户的“本地精品生活指南”，为商家创造“精准营销平台”。2013 年 8 月，百度宣布向糯米网战略投资 1.6 亿美元，获得 59% 股份，成糯米第一大股东，其后全资收购人人所持的全部糯米网股份，成为糯米网的单一全资大股东，并于 2014 年 3 月正式更名为百度糯米。百度和糯米深度整合后，通过品牌和服务双升级，在百度本地化服务的战略中成为重要的布局之一。

根据易观智库监测数据显示，百度糯米在 2014 年第 3 季度中国团购市场成交额中占据 13%，名列第三。

易观分析——

百度糯米的高速成长成为团购格局的新亮点，虽然目前百度糯米仍与美团和大众点评有较大差距，但其在 2013-2014 年度取代了窝窝团的位置，向上爬升至第三，从这个角度看，糯米被百度收购后的成绩已经尽显无疑。

对于百度糯米这样的 O2O 网站，百度除了向之导入流量与用户之外，更要导入自己的移动基因与使用场景。百度糯米承袭百度移动基因“即搜即买”或成团购新模式。借助百度的品牌优势和资本、技术实力，以及百度移动端的爆发式增长，百度糯米能否超越大众点评或者美团值得期待。

一、基础信息

1.1 基本信息

1.1.1 公司全称：百度在线网络技术（北京）有限公司

1.1.2 成立时间：2000 年

1.1.3 总部地点：北京

1.1.4 上市时间：2005 年

1.1.5 企业性质：股份有限公司

1.1.6 联系方式

网址：http：//www.nuomi.com/

1.2 组织信息

1.2.1 管理层

李彦宏 董事长、首席执行官

刘 骏 百度技术副总裁、百度糯米首席执行官

二、业务信息

2.1 产品及服务信息

产品：致力于通过团购的方式向消费者推荐高折扣的本地精品生活服务。

服务：糯米网推出优惠券，有多种消费服务供选择，包括美食、休闲娱乐、SPA、美容美发、摄影、运动健身等。可在糯米网直接下载打印或者免费发送短信，凭优惠券可在指定店内享受打折优惠。2014 年 3 月 6 日，百度糯米开始升级售后服务，率先推出“全场随便退”的服务机制，全场所有生活服务类团单均支持未消费退款政策。从 3 月 6 日 0 点 0 分起，消费者在生效时间后支付的订单便可享受该项服务。该服务涉及包括电影票、代金券、门票等在内的全部生活服务品类。退款方式主要有两种：一是在经过审核后，款项于 7 日内退至消费者的百度糯米账户。消费者可在下次团购时直接充抵现金使用。二是通过网络银行或支付平台进行支付的费用，将在 9-12 个工作日内直接返还到消费者的原账户中。

2.2 覆盖范围

2.2.1 行业：网络购物

2.2.2 主要客户：互联网用户

2.2.3 业务区域：全国

2.3 收入结构：收入来源于销售佣金等。具体收入结构不详。

三、综合信息

3.1 发展定位：通过品牌和服务双升级，承诺为消费者提供“省钱更省心”的团购服务，通过大幅度的让利为用户省钱，无后顾之忧的服务让用户省心，为移动互联网时代的人们带来一种生活方式的全新体验。

3.2 重要合作伙伴及供应商：麦当劳等

中国团购行业中的其他企业名录节选如下表：

表 11 中国团购行业企业名录节选

领域	厂商	备注
团购	美团网	简要分析见前述 数据分析及详细分析见易观智库企业库
综合	大众点评	
团购	百度糯米	
电影	布丁电影票	详细分析见易观智库企业库
电影	豆瓣电影	详细分析见易观智库企业库
电影	格瓦拉电影	详细分析见易观智库企业库
电影	猫眼电影	详细分析见易观智库企业库
电影	时光网	详细分析见易观智库企业库
餐饮	淘宝网	详细分析见易观智库企业库
餐饮	易淘星空网络科技（北京）有限公司	详细分析见易观智库企业库
团购	like 团	详细分析见易观智库企业库
团购	嘀嗒网	详细分析见易观智库企业库
团购	点评团购	详细分析见易观智库企业库
团购	高朋团购	详细分析见易观智库企业库
团购	拉手网	详细分析见易观智库企业库
团购	满座网	详细分析见易观智库企业库
团购	美团网	详细分析见易观智库企业库
团购	糯米网	详细分析见易观智库企业库
团购	品质团	详细分析见易观智库企业库
团购导航	团 800	详细分析见易观智库企业库
团购	团购王	详细分析见易观智库企业库
团购	窝窝团	详细分析见易观智库企业库

打车 APP

滴滴打车

滴滴打车自 2012 年 6 月推广以来，迅速渗透市场，在很短时间内积累了广大的用户群，成为中国打车 APP 中的佼佼者。滴滴打车颠覆了路边打车的概念，利用互联网优势，将线上出租车资源和线下客户需求联系起来，并通过网络支付车费，形成了完美的产业链对接，在节省了客户等待成本的基础上，也提高了出租车的资源利用率。2014 年 1 月 4 日，滴滴打车与微信正式开启合作，并推出了微信支付车费的功能，微信打车持续火爆。根据易观智库监测数据显示，截至 2014 年第 3 季度，滴滴打车已经覆盖全国 300 个城市，累计账户数近 7000 万，占据中国打车 APP 市场 44.9% 的份额。然而，滴滴打车在停止对打车费用的补贴后，面临着大量用户流失的情况，如何扩大忠实用户群体，保存自我商用价值是滴滴打车面临的首要问题。

易观分析——

滴滴打车采取补贴政策来打开市场，一度显现了十分火爆的场面。同时，由于独家接入微信，凭借微信的广大用户群，其应用使用率及普及率都有显著提高。然而，在停止对打车费用的补贴后，滴滴打车也面临着大量用户流失的情况。针对这种情况，滴滴打车 6 月份开启第二轮补贴，打算在继续扩大市场占有率的同时逐步培养忠诚客户。8 月初，滴滴打车已取消了司机端的现金补贴，旨在应对未安装打车客户端的市民打车难的公关问题。此外，滴滴打车也加大了对司机和乘客爽约行为的处罚力度，爽约三次可能会导致账号永久封禁，这一举措也有效地缓解了司机与乘客间的信任危机。然而，在行业竞争激烈的形势主导下，局限于打车市场恐怕难以找到出路，因此滴滴打车于 8 月推出定位于中高端的新业务品牌 - 滴滴专车，在北京、广州上线公测，正式进军商务用车市场。

一、基础信息

1.1 基本信息

1.1.1 公司全称：北京小桔科技有限公司

1.1.2 成立时间：2012 年 6 月

1.1.3 总部地点：北京

1.1.4 上市时间：尚未上市

1.1.5 企业性质： 民营

1.1.6 联系方式

网址：http：//www.xiaojukeji.com/

邮箱：shichanghezuo@diditaxi.com.cn

地址：北京市海淀区上地东路 9 号得实大厦北区 5 层

电话：400-000-1999

1.2 组织信息

1.2.1 管理层

程维 首席执行官

二、业务信息

2.1 主要产品与服务信息

滴滴打车 Android 司机版、滴滴打车 Android 乘客版、滴滴打车 iOS 司机版、滴滴打车 iOS 乘客版

2.2 覆盖范围

2.2.1 行业：打车行业、租车行业

2.2.2 主要客户：普通市民

2.2.3 业务区域：全国大部分城市，并在持续拓展中

2.3 收入结构：主要为广告收入

三、综合信息

3.1 发展定位：以创新和用户体验为宗旨，扎根服务交通运输行业

3.2 重要合作伙伴及供应商信息：百度地图、高德地图、去哪儿网、携程网、微信等

快的打车

发行于 2012 年 5 月的快的打车，在先后获得了阿里巴巴、经纬创投等多家机构数亿美元的投资后，一举发力，成为国内最大的出租车打车 APP 之一。截至 2014 年第 3 季度，快的打车已覆盖国内 358 个城市，累计用户数超过 8000 万，占据中国打车 APP 市场 54.4% 的市场份额。2013 年 11 月，快的打车将大黄蜂打车并入旗下，并于次年正式推出了一号专车产品，旨在服务中高端客户，成为国内第一家全面覆盖出租车和中高端商务用车服务领域的叫车平台。通过基于位置服务的即时服务，快的打车将线上需求转化为线下支撑，将出租车与乘客间的被动等待转化为主动联系，在方便乘客出行的同时，也降低了出租车的空载率，在很大程度上提高了交通效率。但是，巨大用户群是通过巨大的补贴费用带来，用户忠诚度不高，在 5 月取消补贴后，快的打车的用户明显下降。同时，快的打车所面向的高端用车品牌也面临着传统租车企业的挤压。

易观分析——

采用补贴战略政策下，快的打车在推出后不久，迅速渗透市场，建立了自己的消费群，也树立了行业内的领先优势。但是，持续的补贴“高烧”带来的是成本的升高。在用户忠诚度不高的情况下，乘客和司机的诚信体系也存在问题，司机优先选单，造成不符合司机意愿的乘客打不到车的情况十分常见；乘客发单，但后续取消订单而未通知司机的情况也屡有发生。此外，同行业内的激烈竞争也势必给快的打车带来不小的压力。为了提升品牌形象，快的打车还推行了免费接送老人、孕妇的“乐行联盟”公益活动，树立了良好的社会形象。相较滴滴打车，快的打车率先推出的“一号专车”品牌也使得其市场多样化，有利于在行业竞争中取得优势。

一、基础信息

1.1 基本信息

1.1.1 公司全称：杭州快迪科技有限公司

1.1.2 成立时间：2012 年 5 月

1.1.3 总部地点：杭州

1.1.4 上市时间：尚未上市

1.1.5 企业性质：民营

1.1.6 联系方式

网址：http：//www.kuaidadi.com/

邮箱：bd@kuaidigroup.com

地址：杭州市西湖区文三路 477 号华星科技大厦 9 层

电话：400-000-2666

1.2 组织信息

1.2.1 管理层

吕传伟 首席执行官

二、业务信息

2.1 主要产品与服务信息

快的打车：面向出租车市场的叫车软件，提供乘客便利性并提高交通资源利用率

一号专车：面向中高端商务用车领域的出行平台，提供预约、接送、车型选择等服务

2.2 覆盖范围

2.2.1 行业：打车行业

2.2.2 主要客户：普通市民及商务出行人士

2.2.3 业务区域：全国

2.3 收入结构：广告收入、线上线下的营销活动等

三、综合信息

3.1 发展定位：通过移动互联网应用，面向全人群、全需求，提高交通效率，改善生活品质

3.2 重要合作伙伴及供应商信息：阿里巴巴、经纬创投、58 同城、去哪儿网、高德地图、百度地图、支付宝、宝宝树、高铁管家等

中国打车行业中的其他企业名录节选如下表：

表 12 中国打车行业企业名录节选

厂商	备注
滴滴打车	简要分析见前述　　数据分析及详细分析见易观智库企业库
快的打车	简要分析见前述　　数据分析及详细分析见易观智库企业库
车小二	详细分析见易观智库企业库
摇摇招车	详细分析见易观智库企业库
打车达人	详细分析见易观智库企业库
大黄蜂打车	详细分析见易观智库企业库
打车小秘	详细分析见易观智库企业库

内容消费

网络视频

优酷土豆

自 2012 年 8 月合并后，优酷土豆一直占据中国网络视频市场的领先位置。根据易观智库监测数据显示，优酷土豆 2014 年第 3 季度营业收入达到人民币 11.1 亿元，同比增长 29%。净亏损为人民币 1.814 亿元，较 2013 年同期有所收窄。优酷土豆 2014 年第 3 季度财报显示，广告净收入为人民币 9.852 亿元，达到公司早前公布的广告净收入预期。增长主要来自品牌广告的业务成长及广告主平均投入的增加。合一影业公司的成立，预示着优酷土豆不再将角色局限于播放平台，而是深入到内容制作的核心层面。作为具有互联网基因的合一影业，在成立之初便提出“六大举措”，即大数据、商业、衍生经济、IP 孵化、新影人和粉丝互动。此外，优酷土豆与阿里的合作进一步扩大其电商平台的市场占有率，通过多屏战略为品牌广告主提供多屏交叉组合营销，以多屏曝光来增加广告主红利，以大数据优势，根据特定人群为电商提供精准营销，提高广告投放效率。

易观分析——

优酷土豆合并后在视频网站的市场份额中一直占据首位。多平台战略价值持续显现，移动端广告收入占比攀升，在金融、交通、IT、消费电子领域、日化、快消等各领域都有广泛发展，双平台差异化发展实现多元化广告投入。在视频资源布局方面，注重热点内容的投入，持续关注热点问题，加大韩娱投放力度，插足电影完善全生态圈，多角度满足用户需求；自制内容上，通过用户收入分享计划刺激优质 UGC 内容的生产，从而促使自制内容流量占比增加。凭借其大数据、大规模、大投入、大合作、大屏幕、大影响的大自制战略，用户在 PGC 生产上投入力度亦不断提高，UGC 在，品牌广告契合度提高上灵活度更高，未来可以为广告主定制个性化的内容制作方案。但优酷土豆在硬件终端布局相对保守，基于客厅电视内容监管政策，优酷土豆但从内容方面进行合作难以大展拳脚；然而，优酷土豆与迅雷、乐视网等多家视频、电视媒体存在版权纷争，视频播放体验效果稍欠人意。但随着移动端设备的普及和移动互联网的迅速发展，移动视频的迅速发展为优酷土豆带来发展新机。优酷土豆将不局限于内容的单向采购，角色方面逐渐往高品质内容参与者与制作者转化，并且在渠道推广方面进行优势整合，强大的平台优势和用户规模效应，再加上独立花絮、自制节目等营销，将使优酷土豆成为电影营销推广的加速剂、电影与消费者之间的粘结剂。硬件策略的不完善造成碎片化视频阅读冲击；版权问题的归属急需解决。随着优酷土豆与阿里合作的不断深入，未来，优酷土豆在视频内容上将与阿里中小商家生态系统进行深度对接，从而创造更大的价值空间。

一、基础信息

1.1 基本信息

1.1.1 公司名称：优酷股份有限公司

1.1.2 成立时间：2006 年

1.1.3 总部地点：北京

1.1.4 上市时间：2010 年

1.1.5 企业性质：上市公司

1.1.6 联系方式

网址：http：//www.youku.com/

邮箱：ent@youku.co

地址：北京市海淀区海淀大街 8 号中钢国际大厦 11 层

电话：(010)58851881

1.2 组织信息

1.2.1 管理层

古永锵 董事长、首席执行官

魏　明 优酷总裁

杨伟东 土豆总裁

二、业务信息

2.1 产品及服务信息

产品：资讯中心、娱乐中心、生活中心、优酷拍客、优酷牛人、优酷 PC 客户端、优酷 APP、优酷拍客 APP

服务：广告服务、用户上传 / 下载、视频推广 / 宣传、开放平台服务、VIP 会员服务、平台社区

2.2 覆盖范围

2.2.1 行业：互联网视频及内容行业

2.2.2 主要客户：视频用户群

2.2.3 业务区域：全球，主要是华语地区

2.3 收入结构：广告收入、视频推广 / 宣传、会员服务、具体结构不祥

三、综合信息

3.1 发展定位：实践“三网合一”，贯通视频内容制作、播出、发行三大环节，成为真正意义的互联网电视媒体，引领视频行业格局及全媒时代的大格局

3.2 重要合作伙伴及供应商：湖南卫视、北京电视台、辽宁卫视、安徽卫视、广东卫视、天津卫视、黑龙江卫视、山东卫视、吉林卫视、安徽电视台、浙江卫视、广西电视台、贵州电视台、辽宁电视台、东南卫视、湖南娱乐、辽宁都市、东南卫视、湖南经视、广西卫视、湖北电视台、湖北卫视、MTV 中文、嘉佳卡通卫视、欧洲体育新闻、东方卫视、金藏卡通卫视、新娱乐在线、中国达人秀、江苏卫视非诚勿扰、综艺最爆点、看东方、都市热线、今日一线、旅游卫视等

爱奇艺 PPS

爱奇艺，原名奇艺。2010 年 4 月 22 日，奇艺正式上线，2011 年 11 月 26 日，奇艺正式宣布品牌升级，启动“爱奇艺”品牌并推出全新标识。自成立伊始，爱奇艺坚持“悦享品质”的公司理念，以“用户体验”为生命，通过持续不断的技术投入、产品创新，为用户提供清晰、流畅、界面友好的观映体验。2013 年 5 月 7 日百度收购 PPS 视频业务，并与爱奇艺进行合并，现以“爱奇艺 PPS”为统一品牌。作为最早布局“云 + 端”模式的视频网站，爱奇艺 PPS 在业内率先启动“一云多屏、多屏合一”的无线战略，实施全平台的登陆布局，全面覆盖电视端、PC 端、手机端、PAD 端，满足用户多屏观看的体验需求。背靠百度强大的搜索数据资源，爱奇艺 PPS 以“SWS”模式（“Search”－“Watch”－“Share”）为核心竞争力，创新性推出“蒲公英”计划和“一搜百映”精准广告产品，为广告客户提供了视频行业中规模化的投放平台和领先业界的视频营销服务。

易观分析——

爱奇艺 PPS 合并重合度低，有互补优势；依托百度资本、流量、平台和品牌知名度的强有力支持发展自身强有力的用户体验。技术升级：在技术上，PPS 的“臻高清”率先进行高清服务的探索，为用户提供极致画质体验，贷款降低 50%，大大降低成本，为整个行业提前盈利提供便捷。爱奇艺 pps 较优酷土豆等视频网站进入市场时间较晚，先入者已经积累了大量用户，客户资源被抢占。差异化竞争合并新体系，爱奇艺和 PPS 的合并后，依靠百度能为其带来丰富的流量来源，同时凭借百度的智能语义搜索，优化产品体验。更加把筹码压得更大，从最后面的靠山讲还有百度的支持，从发展趋势走，只需将顺势而行，做好基础工作，那么在未来的差异化竞争里面，势必占据先锋地位。在内容资源整合上，爱奇艺 PPS 加强台网联动合作，注重自制内容的合力打造，同时在资金投入上重视度也不断提高。未来，随着爱奇艺 PPS 巨大的用户基础，依靠百度大数据进行个性化内容的开发，打造出受大众用户欢迎的视频内容，并围绕自制进行完整的产业链运营将是其下一步发展的重要趋势。

一、基础信息

1.1　基本信息

1.1.1　公司全称：北京爱奇艺科技有限公司

1.1.2　成立时间：2010 年 4 月 22 日

1.1.3　总部地点：北京

1.1.4　上市时间：未上市

1.1.5　企业性质：私营股份制企业

1.1.6　联系方式

网址：http：//www.iqiyi.com/

邮箱：Edison@qiyi.com

地址：海淀区海淀北一街 2 号鸿诚拓展大厦 17 层

电话：(+86-10) 62677171

1.2 组织信息

1.2.1 管理层

龚 宇 首席执行官

二、业务信息

2.1 产品及服务信息：长视频、自制视频内容、合作伙伴视频内容；版权采购分析系统：涵盖电影、电视剧、综艺、动漫、纪录片等多十余种类型的国内首家正版视频内容库；多端移动广告系统

2.2 覆盖范围

2.2.1 行业：互联网 / 视频

2.2.2 主要客户：全网用户

2.2.3 业务区域：全国

2.3 收入结构：爱奇艺营收主要来源是视频广告，增值服务。具体结构不祥

三、综合信息

3.1 发展定位：为用户提供更丰富的视频内容和更优质的观看体验，实现用户、视频网站、合作方、广告客户的多方共赢。

3.2 重要合作伙伴及供应商：影视机构如光线影业、星美影业、海润影视等；电视台如东南卫视、湖南卫视、浙江卫视等；平面媒体如北京青年报、齐鲁晚报、羊城晚报、南风等；网站如人民网、新华网、豆瓣等；导航网站如 hao123、QQ 导航、遨游导航等；其他如中信银行、新东方英语、中国音协等。

暴风影音

暴风影音成立于 2003 年，是集在线视频和本地播放服务于一体的中国领先播放软件。凭借支持格式多、占用资源少、免费下载、使用便捷等特点，暴风影音迅速普及开来，成为互联网最流行的播放器之一。随着互联网视频用户对质量的要求提升，暴风影音不断创新，陆续开发了视频转码、左眼高清、3D 效果等功能以满足用户需求。2014 年 5 月发布了 IPO 预披露文件，预计发行 3000 万股，约募集资金 5.1 亿元人民币。2015 年 1 月 30 日，公司通过证监会 IPO 审核，即将在创业板上市。

易观分析——

暴风影音是中国互联网音视频播放软件的先入者，拥有广泛的用户规模和较高的品牌认知度。通过不断的技术创新，暴风开发了视频转码、左眼高清、3D 播放等多项增值服务功能，提高了用户体验感受。尽管暴风影音已经意识到内容的重要性，并已经开发了“暴风影视”在线视频，但相较其他视频网站内容依旧偏少。同时，由于内容的缺乏，暴风影音无法转变“工具”形象的大众定位，在用户体验和盈利上难以平衡。而发展内容需要大量资金投入，并且势必会造成行业竞争，这对营收有限的暴风影音来说不占优势。广告收入是暴风影音的主要收入来源，缺乏优质的广告主资源及客户端广告环境较差也将限制暴风影音的发展。

一、基础信息

1.1 基本信息

1.1.1 公司全称：北京暴风科技股份有限公司

1.1.2 成立时间：2003 年

1.1.3 总部地点：北京

1.1.4 上市时间：未上市

1.1.5 企业性质：民营

1.1.6 联系方式

网址：http：//www.baofeng.com/

邮箱：baofeng@baofeng.com

地址：北京市海淀区学院路 51 号首享科技大厦 13 层

电话：010-62309066

1.2 组织信息

1.2.1 管理层

冯　鑫 首席执行官

二、业务信息

2.1 主要产品与服务信息

主要产品：

暴风影音网 – 暴风影音门户网站，提供在线视频点播服务

暴风影音客户端 – 包括 PC、PC 加速版、手机端等多个版本，提供在线点播及离线下载等服务

暴风转码 – 支持超过 500 种的源格式，帮助用户实现所有流行音频、视频文件的格式转换

暴风资讯 – 为用户提供热点关注、娱乐、消费、生活服务、购物的资讯服务平台

暴风广告 – 提供多种形式的媒体广告产品

暴风游戏中心 – 运营大型休闲游戏、网页游戏的娱乐平台

2.2 覆盖范围

2.2.1 行业：互联网视频、传媒、游戏

2.2.2 主要客户：互联网用户

2.2.3 业务区域：全球，主要在华语地区

2.3 收入结构：主要为广告收入、有付费视频、游戏等收入项目

三、综合信息

3.1 发展定位：为全球互联网用户提供最好的互联网影音娱乐体验

3.2 重要合作伙伴及供应商信息：

新浪、搜狐、土豆、酷 6、激动网、联合网视、优朋普乐、九州、中录、中央电视台、北京卫视、湖南卫视、东方卫视、浙江卫视、旅游卫视等

风行网

风行网成立于 2005 年，是一个提供高清电影及电视剧免费在线点播、缓存下载的综合性站点。通过采用先进的 P2P 点播技术，使处于不同网络环境下的每个用户都能享受到高速度、高品质的流媒体服务。2013 年 8 月，百视通增资风行，并将持股额提升至 54%，双方由此展开优势互补战略合作，在建设风行网新一代视频平台的技术、内容和营销方面都有质的提高。

易观分析——

风行在 PC 客户端拥有较高的日均覆盖用户量，活跃用户在行业内居于领先。采用 P2P 技术使得用户不再受下载观看限制，而 15 秒的前贴片广告也很大程度上完善了客户体验感受。通过与百视通跨行业的合作，风行获得 SMG（百视通母公司）在资源和内容上的支持，并通过渠道、模式整合，完成从单纯的视频网站到全媒体传播平台的转变。但是，由于国家加大对视频版权的保护，风行的下载服务也将会受到影响。

一、基础信息

1.1 基本信息

1.1.1 公司全称：北京风行在线技术有限公司

1.1.2 成立时间：2005 年 9 月

1.1.3 总部地点：北京

1.1.4 上市时间：未上市

1.1.5 企业性质：内资

1.1.6 联系方式

网址：http：//www.fun.tv/

邮箱：pr@funshion.com

地址：北京海淀区知春路 6 号锦秋国际大厦 B 座 1201/1204 室

电话：010-82498288

1.2 组织信息

1.2.1 管理层

罗江春 首席执行官

二、业务信息

2.1 主要产品与服务信息

主要产品：

风行网 – 风行门户网站，提供高清电影及电视剧的免费在线点播

风行客户端 – 包括 PC、Andriod、iOS 和 Windows Phone 版本，提供在线点播及离线下载等服务

UniVideo– 提供风行网视频前贴片广告服务

风行游戏 – 以运营网页游戏、客户端游戏、Flash 小游戏为主的专业游戏平台

爱比店 – 提供淘宝店铺搜索比较服务

2.2 覆盖范围

2.2.1 行业：互联网视频、传媒、游戏

2.2.2 主要客户：互联网用户

2.2.3 业务区域：全球，主要为中国市场

2.3 收入结构：大部分来自于电子商务，另有部分视频点播、广告传媒及游戏收入

三、综合信息

3.1 发展定位：全球最领先的流媒体传输、内容搜索和发布技术平台

3.2 重要合作伙伴及供应商信息：百视通、腾讯网、新浪网、凤凰网、网易、搜狐、东方卫视、湖南卫视、浙江卫视、旅游卫视、博纳影业、星美影业、DMG 营业、上影集团、英皇电影、芭乐传媒、GEO 视界、新娱乐、南都娱乐、光明网、中国娱乐网等

乐视网

乐视凭借点播视频和版权分销，成为第一个实现盈利的网络视频网站，其广告营收得到爆发式增长，也使其广告收入跃居网络视频第一阵营，在中国拥有最大的版权库。基于“大剧看乐视”的基础上，在自制、体育、综艺等多个重要垂直领域精耕细作。公司 2014 年第 3 季度营业收入 180,634.42 万元人民币，较去年同期增长 194.50%；实现归属于母公司净利润为 6625.83 万元人民币，较去年同期下降 2.00%。在环境及网络视频行业蓬勃发展的市场环境下，预计全年乐视网仍将保持快速增长的态势。2014 年第 3 季度实现广告业务收入 44011.85 万元人民币，比去年同期增长 122.29%。2013 年，乐视网在网络自制剧，云视频业务，乐视盒子等研发部分投入 3.74 亿元人民币，占到营业收入的 15.84%。超过优酷土豆的 9.3% 和 Netflix 的 9%，为乐视网未来资产储备打造奠基石。而在 2014 年，乐视网联手《我是歌手第二季》，汪峰试水 O2O 模式等新兴模块涉足长远线上电商领域，打造多领域差异化平台发展，势必在未来电商领域占据先机。

易观分析——

乐视网长期与行业内外保持密切合作，具有极大的品牌效应。在版权储备方面更是获得较大收入；自制剧的客户端用户群体呈逐步上升态势，与影视制作公司、电视台、名导、名编剧的合作，助其在自制内容产出方面的发展，从而强化“平台 + 内容 + 终端 + 应用”的产业链布局的综合竞争力。在公开上市以及互联网电视发展中，乐视网都夺得头筹。在垂直资源的整合方面，乐视不断进行服务资源的整合，不断完善其平台生态。但是对于其长期发展而言，如何使各方面资源产生良好的协同作用，是影响其各垂直触角正常衍生的关键因素。此外，随着广电对互联网电视端政策的不断收紧，尽管其在终端售卖上表现突出，但是由此衍生的后续内容价值无法正常释放，也将使其盈利进程受到阻碍。虽然内与爱奇艺、腾讯视频、搜狐视频三大市场资本巨头的竞争，外存在较大盗版风险，但其视频市场资源以及多频互动使其移动端价值提升。

一、基础信息

1.1 基本信息

1.1.1 公司全称：北京乐视无限信息技术有限公司

1.1.2 成立时间：2011 年成立

1.1.3 总部地点：北京

1.1.4 上市时间：未上市

1.1.5 企业性质：私营企业

1.1.6 联系方式

网址：http：//www.letv.com/

地址：北京市朝阳区大望路东方梅地亚 C 座 16 层

1.2 组织信息

1.2.1 管理层

贾跃亭 董事长、总经理

二、业务信息

2.1 产品及服务信息

产品覆盖 PC 端，网页端，移动端

电影资讯、约看活动、票务服务、线上营销活动、O2O 营销支持、观影 vip 订制服务、电影全流程体验等。

2.2 覆盖范围

2.2.1 行业：传媒行业

2.2.2 主要客户：互联网用户

2.2.3 业务区域：全球

2.3 收入结构：乐视的营收来源主要为广告、版权分发、增值服务等。具体结构不祥

三、综合信息

3.1 发展定位：互联网时代的电影公司，为观众提供从线上到线下全方位的观影及增值服务，为国产电影保驾护航。

3.2 重要合作伙伴及供应商：足球比分、金鹰网、VeryCD、网酒网、暴风影音、中国娱乐网、NBA 直播、搜狗视频、爱卡汽车、搜视网、51.com、一搜视频、直播吧、中国电视网、京华网、电影网、114 啦影视等。

中国网络视频内容行业中的其他企业名录节选如下表：

表 13 中国网络视频内容行业企业名录节选

厂商	备注
优酷土豆	简要分析见前述　　数据分析及详细分析见易观智库企业库
爱奇艺 PPS	简要分析见前述　　数据分析及详细分析见易观智库企业库
暴风影音	简要分析见前述　　数据分析及详细分析见易观智库企业库
风行网	简要分析见前述　　数据分析及详细分析见易观智库企业库
乐视网	简要分析见前述　　数据分析及详细分析见易观智库企业库
CNTV	简要分析见前述　　数据分析及详细分析见易观智库企业库
腾讯视频	简要分析见前述　　数据分析及详细分析见易观智库企业库
PPTV	简要分析见前述　　数据分析及详细分析见易观智库企业库
搜狐视频	简要分析见前述　　数据分析及详细分析见易观智库企业库
56 网	数据分析及详细分析见易观智库企业库
凤凰视频	数据分析及详细分析见易观智库企业库
风行在线	数据分析及详细分析见易观智库企业库
激动网	数据分析及详细分析见易观智库企业库
酷 6	数据分析及详细分析见易观智库企业库
新浪视频	数据分析及详细分析见易观智库企业库
迅雷看看	数据分析及详细分析见易观智库企业库
UUSEE	数据分析及详细分析见易观智库企业库
V 电影网	详细分析见易观智库企业库
爱微电影网	详细分析见易观智库企业库
安徽网络电视台	详细分析见易观智库企业库
芭乐网	详细分析见易观智库企业库
爆米花	详细分析见易观智库企业库
北京网络广播电视台	详细分析见易观智库企业库
第一视频	详细分析见易观智库企业库
湖南广播电视台	详细分析见易观智库企业库
华数在线	详细分析见易观智库企业库
黑龙江网络广播电视台	详细分析见易观智库企业库
江苏网络电视台	详细分析见易观智库企业库
六间房	详细分析见易观智库企业库
芒果 TV	详细分析见易观智库企业库
深圳市快播科技有限公司	详细分析见易观智库企业库
上海文广	详细分析见易观智库企业库
山东电视台	详细分析见易观智库企业库
浙江卫视	详细分析见易观智库企业库
直播吧	详细分析见易观智库企业库

数字音乐

QQ 音乐

QQ 音乐是腾讯公司推出的网络音乐平台，是中国互联网领域领先的正版数字音乐服务的领先平台，同时也是一款免费的音乐播放器，始终走在音乐潮流最前端，向广大用户提供方便流畅的在线音乐和丰富多彩的音乐社区服务，其 VIP 用户（绿钻）还可享受高品质音乐试听等更多特权。2014 年初，QQ 音乐由腾讯电商部调整至 SNG 社交网络事业群，为了更好的将 QQ 音乐与腾讯社交网络结合。易观智库发现，QQ 音乐今年已加快对互动社交平台的布局，QQ 音乐联合腾讯视频以 2.5 亿元人民币获得大型电视选秀节目《中国好声音》第 3 季的视频独家网络版权，可为其强效聚合大量粉丝和用户的关注度，带来高额的广告收入。QQ 音乐为明星与粉丝提供互动的社交平台，粉丝投票支持被淘汰的歌手将有机会重返赛场等，让粉丝规模能够借助社交关系迅速扩大。在 3 季度，QQ 音乐也将独家互动直播选秀歌手“华晨宇”演唱会，华晨宇作为新秀艺人具有超高人气，可吸引大量的粉丝购票，QQ 音乐平台还推出献花、抢沙发等在线互动方式，这种现场演出 + 付费直播 + 线上互动的方式，不仅可以为传统演唱会商业领域开拓了一片全新蓝海，也为移动音乐的盈利提供了全新思维。在易观智库发布的 2014 年 12 月移动 APP 排行榜中，QQ 音乐排名第 8 名，音乐类应用第一。

易观分析——

QQ 音乐的 PC 端积累了大量用户资源，背靠腾讯具备的 QQ、QQ 空间、微信、微视、微博等多个社交平台资源，使其活跃用户数巨大，有着良好的生态圈；

QQ 音乐推出了每月 10 元 QQ 绿钻贵族服务，提供高品质音乐和 QQ 空间背景音乐等为其带来巨大的市场和商业模式，但也损失大量想要收听无损歌曲又想免费的用户，另外对于像动漫古典的小众曲库积累还有待丰富；

移动互联网的日渐崛起也为音乐社交带来了新的机会，QQ 音乐的战略调整也是出于这方面的考虑，基于位置服务与情境，结合腾讯社交的基因，QQ 音乐未来会有更多的想象空间。

一、基础信息

1.1 基本信息

1.1.1 公司全称：深圳市腾讯计算机系统有限公司

1.1.2 成立时间：1998 年 11 月 29 日

1.1.3 总部地点：深圳

1.1.4 上市时间：2004 年 6 月 16 日在香港联交所主板上市（股票代号 700）

1.1.5 企业性质：股份有限公司

1.1.6 资本信息：注册资本：100 万

1.1.7 联系方式

网址：http：//y.qq.com/

邮箱：10000@qq.com

地址：深圳市福田区赛格科技园 2 栋东 403 号

电话：0755-86013666

1.2 组织信息

1.2.1 管理层

马化腾 首席执行官

二、业务信息

2.1 产品及服务信息

客户端：PC 版、iPhone 客户端、iPad 客户端、MAC 版、Android 客户端、Android Pad 客户端、Windows8 版、Windows Phone 版

特色产品：车载互联、QPlay、QQ 音乐合作平台、笛声传歌、手机遥控、隔空下载、音乐基因、单曲电台、歌词翻译

2.2 覆盖范围

2.2.1 行业：数字音乐行业

2.2.2 主要客户：互联网用户

2.2.3 业务区域：全国

2.3 收入结构：绿钻贵族，广告收入

三、综合信息

3.1 发展定位：免费、流行、正版数字音乐服务平台

3.2 重要合作伙伴及供应商：英皇娱乐、相信音乐、杰威尔音乐、华研国际、美妙音乐、乐华娱乐、华谊兄弟音乐、少城时代、当然娱乐、联通沃音乐、安桥、梦之声、ONOS、DENON、Marantz、B&O、罗技、飞利浦、福特、通用、TCL

百度音乐

2011 年 6 月，百度旗下音乐平台 ting 正式上线。拥有百万正版授权曲库，2012 年百度 ting 正式改名为百度音乐，为用户提供免费下载、在线播放等音乐服务。2013 年 7 月，百度音乐旗下 PC 客户端“千千静听”正式进行品牌切换，更名为百度音乐 PC 端。此次品牌切换传承了千千静听的优势、并增加了独家的智能音效匹配和智能音效增强、MV 功能、歌单推荐、皮肤更换等个性化音乐体验功能。通过与韩国 SM 娱乐达成战略合作，获得艺人音乐、视频等正版内容授权，丰富曲库资源。同时推出了国内首个正版音源榜 - “百度 King” 榜，以客观数据为标准形成粉丝们喜欢的音乐排行榜。近期百度音乐还对产品进行了改版，新增了 “智能分类” 个性化功能，可以根据手机的系统时间、用户的运动状态、用户的地理位置等，给用户推荐合适的听歌场景。目前在绕开渠道环节，寻找通过营销推广来提高营收的模式。根据易观智库发布的《中国移动音乐市场季度监测报告 2014 年第 4 季度》数据显示，百度音乐移动端用户占市场份额有 6.7%，并覆盖上亿用户群体。

易观分析——

百度音乐整合了千千静听的优势和自身特点，依托于百度 MP3 搜索，运用了多年积累的机器学习与声学模型运算技术，同时通过云计算和大数据平台，给用户多终端协同、智能推荐的一站式体验，展现出“云资源整合 + 端技术创新”的强大优势；和“百度音乐人”原创音乐平台合作，可保护中国音乐人的知识产权，并吸引大量喜欢原创音乐的用户；

移动端百度音乐在品牌整合后将重心放在打造优质的产品体验、培育用户内容付费模式、孵化原创音乐在线推广平台这三方面，目前已取得了一定的进展。

一、基础信息

1.1 基本信息

1.1.1 公司全称：百度中国有限公司

1.1.2 成立时间：2000 年 1 月

1.1.3 总部地点：北京

1.1.4 上市时间：2005 年百度在美国纳斯达克上市

1.1.5 企业性质： 股份有限公司

1.1.6 联系方式

网址：http：//music.baidu.com/

邮箱：musichelp@baidu.com

地址：北京海淀区上地十街 10 号百度大厦

电话：总机 010–59928888

1.2 组织信息

1.2.1 管理层：

李彦宏 董事长、首席执行官

二、业务信息

2.1 产品及服务信息

音乐产品：百度音乐盒、百度随心听、百度音乐排行榜、原创音乐人、百度乐播其他产品

搜索服务：网页、视频、音乐、地图、新闻、图片、词典、常用搜索

导航服务：hao123、网站导航、百度团购

社区服务：文库、空间、百科、贴吧、知道、搜藏、经验、百度阅读、百度身边、百度旅游、百度新知、百度相册、百度校园

游戏娱乐：百度游戏、百度应用、站长与开发者服务、搜索开放平台、站长平台、百度统计、百度联盟、百度推广、广告管家、数据研究中心、风云榜、百度指数、百度分享、百度开发者中心、百度移动统计

软件工具：百度浏览器、百度影音、百度 hi、百度工具栏、百度阅读器、百度输入法、千千静听、百度杀毒、百度卫士

其他服务：百度翻译、百度寻人、百度公益、百度基金会、盲道、老年搜索、专利搜索、百付宝、百度

营销大学、天空软件、百度房产

新上线：百度认证、百度壁纸、百度桌面、百度魔图、百度一键 Root

百度移动类产品：百度移动搜索、百度移动应用、百度地图、百度手机浏览器、百度手机输入法、百度桌面、掌上百度、百度云智能终端平台、百度视频、hao123、百度新闻、百度壁纸、百度身边、百度云、百度魔图、百度通讯录、百度贴吧（移动）、百度知道（移动）、百度百科（移动）、百度旅游（移动）、百度文库（移动）、百度音乐（移动）、小说搜索、百度云 ROM

2.2 覆盖范围

2.2.1 行业：数字音乐行业

2.2.2 主要客户：互联网用户

2.2.3 业务区域：全国

2.3 收入结构：广告收入、Vip 会员服务

三、综合信息

3.1 发展定位：集服务与体验为一体的音乐平台

3.2 重要合作伙伴及供应商：英皇娱乐、通力唱片、索尼音乐、海蝶美妙音乐、环球音乐、华谊兄弟、相信音乐、杰威尔音乐、东乐、金牌大风、孔雀唱片、滚石唱片、天娱传媒、乐华娱乐等

酷狗音乐

酷狗音乐成立于 2006 年，是国内最早的数字音乐服务与互动平台。移动互联网爆发后，酷狗快速应对市场变化，发力移动端，在市场发展初期占据了较大领先优势，在移动音乐类软件中也稳居第一。随着智能手机的发展和普及，除了继续扩充曲库，完善音乐播放器基本功能外，满足用户个性化听歌体验成为未来的趋势和方向。一方面，通过对移动音乐大数据的应用，判断歌曲走势，分析用户特征，进一步强化用户体验。另一方面，通过增加社交功能加强用户间互动，提升用户黏性，试图通过精准营销和社会化营销，探索用户付费之外的商业模式。这些都是移动音乐未来的发展趋势。目前，根据易观智库发布的《中国移动音乐市场季度监测报告 2014 年第 4 季度》数据显示，酷狗音乐以 6.6% 的市场份额仍处于行业领先地位，但较前 3 季度 19.3% 的市场份额略有下滑。2 季度酷狗音乐还举办了“酷狗网络音乐盛典”活动，通过“网友票选”的奖项来提高粉丝的互动性和参与性，由此积累音乐用户并提高用户黏性。

易观分析——

有着 PC 端庞大客户群的先天优势，依托强大的音乐库、音乐标签化及个人偏好推荐功能，拥有 4 项国家发明专利和 23 项计算机软件著作权证书，让用户的需求满意度得到最大化提升；

酷狗主打主流音乐，因此流失掉部分喜欢小众音乐的用户，应扩充正版音乐曲库；

有着庞大的用户群和多年的用户习惯数据，通过分析大数据可发掘新的服务领域；

在 2014 年 12 月移动 APP 排行榜中，排名第 31 位，音乐类第 3 位。酷狗在移动端的市场正在被竞争对手蚕食，如何提高自身产品体验，发掘新用户是不容忽视的问题，一味依靠先前用户资源不是长久之计。

一、基础信息

1.1 基本信息

1.1.1 公司全称：广州酷狗计算机科技有限公司

1.1.2 成立时间：2006 年 2 月 20 日

1.1.3 总部地点：广州

1.1.4 上市时间：未上市

1.1.5 企业性质：有限责任公司

1.1.6 资本信息：注册资本 2608 万

1.1.7 联系方式

公司网址：http：//www.kugou.com/

邮箱：copyrights@kugou.com

联系人：王晓倩

电话：010-65814277-825

广州总部地址：广州市天河区科韵路广州信息港 B1 栋 13 楼

北京总部地址：北京市朝阳区光华路甲 8 号和乔大厦 B 座 208

1.2 组织信息

1.2.1 人员规模：500 人

1.2.2 管理层：

谢振宇 董事长、首席执行官

二、业务信息

2.1 产品及服务信息

产品：

PC：酷狗音乐盒 2014windows 版、酷狗 Mac 版

手机：酷狗安卓版、酷狗 iPhone 版

Pad：酷狗音乐 iPad 版、酷狗安卓 Pad 版

其他：酷狗收音机安卓版、酷狗收音机 iOS 版、酷狗游戏盒、酷狗繁星安卓版、酷狗繁星 iOS 版、酷狗收音机 PC 版、铃声制作工具、酷狗说吧、酷小狗等

服务：

音乐播放器提供在线音乐播放、本机音乐播放、网络收藏音乐、一键分享音乐等服务。

酷狗音乐网站提供乐库、电台、MV、资讯、美女秀场、音乐达人、歌友会、VIP 中心 等服务。

2.2 覆盖范围

2.2.1 行业：数字音乐行业

2.2.2 主要客户：互联网用户

2.2.3 业务区域：全国

2.3 收入结构：收入来源为在线广告（目前已弱化广告，为了保证用户体验）、增值业务（与游戏联合

运营，把一些流量导入到网络游戏里，去和游戏厂商联合运营）、推广收入（推广换版权）、向用户收费；酷狗近四年每年营业收入增长率均在 100% 以上。量化收入结构不详

三、综合信息

3.1 发展定位：P2P 音乐共享软件

3.2 重要合作伙伴及供应商信息：华纳唱片、索尼音乐、金牌大风、福茂唱片、丰华唱片、海蝶音乐、英皇娱乐、悦声无限、冒牌音乐、太合麦田、龙乐文化、致力音乐、极韵文化、恒大音乐、源泉、天娱传媒、华数唱片、中国移动通信、联想、诺基亚、BenQ、LG、淘宝网、大国文化、EEG、华友飞乐、鸟人艺术、网络秀、太格印象、NMG、乐海盛世、先之唱片、东方盛唐、dmg、爱美网、央视网综艺频道、乐华娱乐、汽车论坛、豆丁网、太平洋下载、pps 影音、手机浏览器、IT 之家、iPhone 游戏、旅游攻略、永乐票号、优酷、07073 网页游戏、杂碎音乐、5sing、新浪下载、酷 6 网、孔雀唱片、CUTV、环球音乐、音著协、手机之家、中国票务在线、ELLE、大麦网、娱乐星闻、兄弟网、音悦台、365 音乐网、我要玩网页游戏、海报时尚网、PC 下载、站长之家、巴士玩、妆品网、乐蜂网、华体网、悠视网等

天天动听

天天动听是上海水渡石信息技术有限公司开发音乐播放器，是一款功能强大、完全免费的音乐播放软件。作为国内首家的无损手机音乐播放器，其内置的强大解码器能够完美支持 APE、FLAC 等全部无损音频格式，最先开始向用户提供无损音乐的试听与下载。2012 年底天天动听曾获得阿里战略投资，今年阿里追加投资进行了收购。天天动听定位中高端用户，以男性用户为重心，进军硬件领域，涉足可穿戴领域。2013 年底，天天动听推出国内首款概念性好音质耳机，将其软件产品全线贯彻的“好音质”概念延伸至硬件产品，进一步夯实其作为国内最优音质数字音乐应用的领导地位。根据易观智库发布的《中国移动音乐市场季度监测报告 2014 年第 4 季度》数据显示，天天动听今年市场推广活动频繁，本季度以 13.6% 市场份额位居第四。天天动听高额拿下的《中国好声音》第 3 季独家音频版权，凭借好声音的超高人气，以分享、抽奖、投票等互动形式，加强“天天动听”品牌宣传和获取更多的音乐用户。

易观分析——

免费提供大量无损音乐，并有《中国好声音》第 3 季的独家音频版权，对于用户有很强的吸引力；

盈利模式尚不明晰，需慢慢培养用户的付费习惯；

为了弥补阿里在移动端音乐市场的短板，投资天天动听。已向有更多的“云技术”方面发展，可穿戴设备也不止限定在耳机领域，也在朝着手表等领域发展；

以 Hi-fi、无损作为卖点，发烧耳机作为衍生品，需要强大的技术力量作为支撑，未来要不断更新和创新技术才能留住用户。

一、基础信息

1.1 基本信息

1.1.1 公司全称：上海水渡石信息技术有限公司

1.1.2 成立时间：2008 年 05 月 09 日

1.1.3 总部地点：上海

1.1.4 上市时间：未上市

1.1.5 企业性质：有限责任公司

1.1.6 联系方式

公司网址：http：//www.ttpod.com/

上海总部办公地址：桂平路 680 号（靠近宜山路）创业园 31 号楼 2 楼

邮箱：bd@ttpod.com

1.2 组织信息

1.2.1 管理层：

黄晓杰 首席执行官

二、业务信息

2.1 产品及服务信息

天天动听手机客户端：Android、iPhone、iPad、Symbian、Java

天天 FM：Android、iPhone

耳机：天天动听 T1、天天动听 T1E

服务信息：音乐播放器提供在线音乐播放、本机音乐播放、网络收藏音乐、一键分享音乐等服务。

2.2 覆盖范围

2.2.1 行业：数字音乐行业

2.2.2 主要客户：互联网用户

2.2.3 业务区域：全国

2.3 收入结构：收入来源为在线广告、可穿戴设备销售收入等。量化收入结构不详

三、综合信息

3.1 发展定位：移动互联网数字音乐交互服务提供商

3.2 重要合作伙伴及供应商信息：阿里巴巴、91 桌面、中国好声音、雷石、儒豹手机搜索

多米音乐

多米音乐是国内首家专注于移动互联网，以“音乐云”为核心的手机音乐应用软件，又是音乐社交概念较早提出者，向音乐用户提供个性化音乐需求，提供便捷智能、跨终端于一体的专业数字音乐服务提供商。多米充分将场景、情感、社交融为一起，以歌单、音乐圈打造独有的特色内容及模式。此外，多米也向移动游戏学习，开始尝试运营商合作，联合联通等运营商推出多米用户 8 块钱包流量听歌的方式，免除用户流量瓶颈问题。2013 年，多米斩获多个奖项，同时在第四届手机应用开发者大会上，多米加入手机防盗联盟，致力为用户提供更高的安全保障。多米音乐在女性用户市场有着独特的个性化优势，在小米应用商店中，多米音乐为“粉色系”精品 APP 之一入驻粉红联盟，满足女性用户爱时尚、爱音乐、爱自拍、爱购物、爱美

颜等特殊需求，吸引了大量年轻、活跃、有个性的年轻用户。2014 年 6 月，多米发布了“多米晶饰”女性耳机，采用耀眼夺目的施华洛世奇水晶作为耳机装饰，颜色可由用户定制，彰显个性。而且在用户体验上也进行了深度包装，既可以享受多米音乐专属的个性化歌单推荐，还能够拥有演唱会抢票特权、活动优先参与权等优质的专业服务。目前，根据易观智库发布的《中国移动音乐市场季度监测报告 2014 年第 4 季度》显示，多米音乐以 11.1% 的市场份额位列第五。

易观分析——

多米音乐的技术不断革新，基于最先进的 P2P 传输技术，以及为用户服务的理念，获得了众多用户喜爱和行业认可；

目前主要目标用户为年轻女性，针对性较强；

依靠“音乐圈”的社交理念，多米音乐的用户有着高活跃度和高黏性等特点，为其增值服务奠定了一定的用户基础，多米音乐在多米家庭和云服务的搭配后活跃在更多终端上；

在 2014 年 12 月移动 APP 排行榜中，多米音乐排名 104 名，移动音乐市场竞争越来越激烈，仍面临着收费难的问题，如何利用自身资源打造新的盈利模式还需进一步探究。

一、基础信息

1.1 基本信息

1.1.1 公司全称：多米音乐

1.1.2 成立时间：2009 年 2 月 28 日

1.1.3 总部地点：北京

1.1.4 上市时间：未上市

1.1.5 企业性质：私营企业

1.1.6 联系方式

公司网址：http：//www.duomi.com/

邮箱：market@duomi.com

电话：010-57385272

地址：北京朝阳区高碑店惠河南街 1008-B 四惠大厦 3009E

1.2 组织信息

1.2.1 管理层

石建平 首席执行官

二、业务信息

2.1 产品及服务信息

覆盖手机、PC、PAD、互联网 HIFI 音响、智能电视等多类终端，手机版客户端，包括安卓、iOS、塞班、Windows Phone、Java 版本

多米电台、多米 DJ、多米音乐 APP、多米家庭、多米晶饰

2.2 覆盖范围

2.2.1 行业：数字音乐服务

2.2.2 主要客户：互联网用户

2.2.3 业务区域：全国

2.3 收入结构：用户收费，广告和增值服务，耳机产品销售收入。量化收入结构不详。

三、综合信息

3.1 发展定位：以“音乐云”为核心，提供便捷智能、跨终端于一体的专业数字音乐服务提供商。

3.2 重要合作伙伴及供应商：沃音乐、LG、ZTE 中兴、三星、摩托罗拉、索尼、诺基亚、酷派、天语、TCL、Hisense、金立、SHARP、E 人 E 本、中国电信、高通（Qualcomm）、威盛电子、MediaTek、华为

中国数字音乐内容与应用行业中的其他企业名录节选如下表：

表 14 中国数字音乐内容与应用行业企业名录节选

厂商	备注
QQ 音乐	简要分析见前述　数据分析及详细分析见易观智库企业库
百度音乐	简要分析见前述　数据分析及详细分析见易观智库企业库
酷狗音乐	简要分析见前述　数据分析及详细分析见易观智库企业库
天天动听	简要分析见前述　数据分析及详细分析见易观智库企业库
多米音乐	简要分析见前述　数据分析及详细分析见易观智库企业库
酷我	简要分析见前述　数据分析及详细分析见易观智库企业库
中国电信	数据分析及详细分析见易观智库企业库
中国联通	数据分析及详细分析见易观智库企业库
中国移动	数据分析及详细分析见易观智库企业库
365 音乐	详细分析见易观智库企业库
80 音乐论坛	详细分析见易观智库企业库
A8 音乐网	详细分析见易观智库企业库
GOOGLE 音乐商店	详细分析见易观智库企业库
iTunes	详细分析见易观智库企业库
Jing.FM	详细分析见易观智库企业库
TOM 在线	详细分析见易观智库企业库
爱国者音乐网	详细分析见易观智库企业库
爱音乐	详细分析见易观智库企业库
北京酷智科技有限公司	详细分析见易观智库企业库
楚天之声	详细分析见易观智库企业库
叮当音乐网	详细分析见易观智库企业库
豆瓣	详细分析见易观智库企业库

续表

厂商	备注
华友世纪	详细分析见易观智库企业库
京东	详细分析见易观智库企业库
九酷音乐	详细分析见易观智库企业库
九天音乐网	详细分析见易观智库企业库
空中网	详细分析见易观智库企业库
龙腾阳光	详细分析见易观智库企业库
麦克疯	详细分析见易观智库企业库
咪咕音乐	详细分析见易观智库企业库
人人	详细分析见易观智库企业库
搜狗音乐	详细分析见易观智库企业库
搜狐	详细分析见易观智库企业库
淘宝	详细分析见易观智库企业库
完美音乐在线	详细分析见易观智库企业库
网易云音乐	详细分析见易观智库企业库
虾米	详细分析见易观智库企业库
新浪音乐网	详细分析见易观智库企业库
炫音音乐论坛	详细分析见易观智库企业库
亚马逊	详细分析见易观智库企业库
一听音乐网	详细分析见易观智库企业库
音乐巴士	详细分析见易观智库企业库
音悦台	详细分析见易观智库企业库
掌上灵通	详细分析见易观智库企业库
中国原创音乐	详细分析见易观智库企业库

数字阅读

掌阅

掌中浩阅是一家专业从事手机软件开发及无线娱乐运营的科技公司。以移动端书城起家，进入移动阅读领域较早，在 Java 时代即开始移动阅读的布局，多年来积累了大量的阅读用户以及海量的内容合作方，从而建立起在移动阅读领域的竞争壁垒，相继推出了手机阅读、手机音乐、手机安全等多个系列产品，并与多内众多品牌手机厂商达成了战略合作。截至 2014 年，旗下移动阅读 APP 掌阅 iReader 已超 4 亿用户，并于 2014 年 4 月，荣获中国移动互联网应用类最具影响力电子阅读应用奖。根据易观智库数据显示，2014 年 12 月移动 APP 排行榜中掌阅 iReader 排名第 36 位，12 月活跃人数达 3354.7 万人，位居移动阅读领域 APP

第一位。截至 2014 年第 4 季度，掌阅 iReader 依靠强大的渠道优势和创新的产品体验，且在移动阅读企业中用户规模最高，占整体市场 26.1% 的份额。

易观分析——

作为内容聚合平台的掌阅 iReader，充分利用移动终端便捷性和及时性的特点，为用户提供海量的高品质图书内容，目前拥有畅销、生活、文学等类别的数字版权图书 35 万册，以及智能化的用户体验，迅速积累起庞大的用户规模，在移动阅读市场保持用户第一的位置。由于用户付费是掌阅 iReader 目前最主要的盈利模式，吸引用户是产品发展的关键，因此掌阅 iReader 在产品功能方面持续发力，使产品在更新速度上优于同类竞品，以及全球首创护眼功能，进一步提升用户体验。并于 5 月平台上线大量公版图书，继续丰富云端书城的内容资源，同时加大营销宣传力度，通过一系列营销活动，使产品和服务在用户心中树立起良好形象。并强化用户的品牌意识，为平台培养和建立稳定、忠实的用户群，通过用户间的口碑传播达到增值效果。

一、基础信息

1.1 基本信息

1.1.1 公司全称：北京掌中浩阅科技有限公司

1.1.2 成立时间：2008 年

1.1.3 总部地点：北京

1.1.4 上市时间：未上市

1.1.5 企业性质：私营企业

1.1.7 联系方式

网址：http：//www.zhangyue.com/

地址：北京市朝阳区四惠东通惠河南岸四惠大厦 2 层 2029E

总机：010-59231388

邮箱：jiashengting@zhangyue.com

1.2 组织信息

1.2.1 管理层

成湘均 首席执行官

二、业务信息

2.1 产品及服务信息

掌阅杂志，掌阅听书，掌阅动漫，掌阅 iReader

服务： 每天提供海量网络原创文学、畅销书、出版物阅读。

授权热门小说连载，最快同步更新。

满足个性阅读需要，阅读自定义、全文搜索、护眼模式等数十处创新。

云笔记，用户的点点滴滴，掌阅随身记。

倾力奉献云书架，用户不受设备限制方便阅读支持微博分享、短信互动等多种好友互动。

首家语音朗读专业提供，为盲胞点亮阅读。

2.2 覆盖范围

2.2.1 行业：数字阅读

2.2.2 主要客户：移动互联网用户

2.2.3 业务区域：全国

2.3 收入结构：收入来源于用户付费、增值服务等。收入结构不详。

三、综合信息

3.1 发展定位：数字阅读领域的领导者，国内最具规模和影响力的数字图书分发平台。

3.2 重要合作伙伴及供应商：中国移动、中国联通、中国电信、诺基亚、三星、HTC、摩托罗拉、SONY、LG、华为、步步高、天语、OPPO 音乐手机、酷派、HOSIN、AUX、朵唯、华勤通讯、HEDY、亿通、邦华等

腾讯文学

腾讯文学是腾讯旗下的全文学平台，于 2013 年 9 月 10 日正式亮相，涵盖“创世中文网”、“云起中文网”、“畅销图书”以及“QQ 阅读”、“QQ 阅读中心”等子品牌和产品渠道的业务体系。QQ 阅读依靠手机 QQ 及微信，拥有大量的忠实用户，与此同时，QQ 阅读推出的时间也相对较早，建立了先期的品牌知名度与用户认知。在 2013 年，盛大文学旗下的起点中文网团队出走加入腾讯，建立创世中文网，由此腾讯基本建立了网络文学的内容与渠道一体化架构。根据易观智库数据显示，2014 年第 4 季度，腾讯文学旗下 QQ 阅读用户占移动阅读市场份额 17.9%，位于掌阅 iReader 之后，位居第二。2014 年 4 月 16 日腾讯文学宣布以子公司形式独立运营，中国网络文学产业现行商业规则缔造者吴文辉担任腾讯文学首席执行官。QQ 阅读作为腾讯旗下的移动阅读应用，响应吴文辉宣布腾讯文学将全面拥抱移动互联网，重点发力移动阅读，升级核心产品体验，深入挖掘渠道价值，实现移动与 PC 端产品间的彻底互通，数据、运营、资源全面共享与统一运作。

易观分析——

腾讯文学投资创世中文网后，弥补了其内容生产环节的短板，足以支撑其“泛娱乐”战略。旗下 QQ 阅读依托数亿的庞大用户群和天然的社交基因在渠道、内容和泛娱乐化运作方面进行融汇创新，实现了与 PC 端的全平台贯通。另一方面首创“作品经纪人”制度，对优秀 IP 进行精确化的市场定位，进一步扩大明星 IP 的粉丝覆盖范围，实现 IP 版权的全线增值，同时将文学作品与游戏、动漫、影视进行跨界融合，通过整合多平台形成互动娱乐产业链，使作品的商业价值和社会价值最大化。

一、基础信息

1.1 基本信息

1.1.1 公司全称：上海阅闻信息技术有限公司

1.1.2 成立时间：2013 年 9 月

1.1.3 总部地点：上海

1.1.4 上市时间：未上市

1.1.5 企业性质：民营企业

1.1.6 联系方式

网址：http：//book.qq.com/

地址：上海市张江高科技园区碧波路 690 号 8 幢 501 室

1.2 组织信息

1.2.1 管理层

程 武 董事长

吴文辉 首席执行官

1.2.2 组织架构

腾讯文学包括：创世中文网、云起书院、腾讯文学网、读书频道、移动产品“QQ 阅读”、WAP 阅读平台“QQ 书城”及基于 QQ 空间的“QQ 读书”

二、业务信息

2.1 产品及服务信息

创世中文网是与腾讯合作下，以网络小说为主要经营内容的原创文学门户网站，是集阅读、创作、互动社区、版权运营于一体的新一代全开放网络文学平台。该网站由专业网络原创文学团队携数十位业界编辑倾力打造，提出了“创造（网络文学）新世界”的口号。

云起书院是集阅读、创作、版权运营为一体的全新网络开放平台，有完善的运营机制、作家制度、编辑制度、版权运作制度。目前，云起书院已拥有作品总数超过 11 万部，每日更新作品 5000 余部，日更新字数累计超过 2000 万字；年收入百万以上女性作者 5 人，年收入十万以上作者 100 余人。

QQ 阅读是腾讯公司开发的一款手机看书软件，在 Android/iPhone/iPad/Symbian/Kjava 等多手机平台上，全面支持 TXT、UMD、HTML、EPUB、DOC 等多种电子书格式，还可在 QQ 书城免费下载最新热门小说。海量图书资源、全新阅读模式、极速软件引擎、个性界面设计带给您最舒适的阅读体验。服务：海量书城在线资源、全平台多格式支持、个性化阅读模式、先进阅读内核引擎、舒适美观界面设计、贴心细致辅助功能。支付方式有 Q 币、充值卡、QQ 卡、银行卡、话费这五种。几乎平均每两周进行一次基于用户体验的版本更新，对用户体验进行不断追求。

2.2 覆盖范围

2.2.1 行业：泛娱乐 – 数字阅读

2.2.2 主要客户：互联网用户

2.2.3 业务区域：全国

2.3 收入结构：收入来源于会员增值、付费阅读。延伸至音乐、影视、文学、动漫、出版和周边制造等多个产业。具体量化收入结构不详

三、综合信息

3.1 发展定位：以“全文学”战略推进整体业务布局，关注作者和用户的需求，关注产业链上下游伙伴的互补优势，打造涵盖文学创作、阅读以及泛娱乐开发的一体化平台，最终形成覆盖全内容、全用户、全平台和全产业链的新体系和新生态。

3.2 合作伙伴与供应商：17K 小说网、人民文学出版社、作家出版社、凤凰出版传媒、接力出版、北京磨铁图书、中南博集天卷文化传媒、北京中文在线数字出版等出版社等

百度文学

百度文学是百度公司整合旗下原有阅读业务纵横中文网、多酷书城、91 熊猫看书、百度书城基础上，于 2014 年 4 月推出的全新文学品牌，隶属于百度 CBG(前向收费业务群)，致力于让每个人平等便捷地享受阅读的乐趣。基于百度大数据的百度文学，计划打造成最懂用户需求的中文原创及内容分发平台。2014 年 9 月，百度文学荣获第五届中国国际版权博览会“金慧奖”最佳名企奖。根据易观智库数据显示，2014 年第 4 季度，百度文学旗下品牌熊猫看书占移动阅读市场份额为 9.6%。2014 年 7 月，与中国移动“和阅读”达成战略合作，正式推出熊猫看书和阅读版，产品接入中国移动“和阅读”25 万的优质版权资源，为平台带去大量的用户，品牌影响力将得到全面提升。4 季度百度文学以打造完整产业链为前提，进行整合，确立了旗下子品牌及业务线，主打原创平台与分发平台，旗下熊猫看书借助百度全平台资源，保证自有原创资源的稳定输出，未来发展前景广阔。

易观分析——

百度文学加大资源整合力度，现已完整覆盖网络文学产业链。依托百度全平台资源，未来将全面建立包括动漫、游戏、影视、周边产品等增值业务在内的文学产业生态链，同时向第三方文学网站开放，加强百度与网络文学作者的交流，紧贴市场动态，抓住客户需求，更好应对市场变化。

易观智库分析认为，百度文学今后将成为最具吸引力的网络文学原创平台，但如何避免品牌内部博弈、有效整合，仍面临考验。

一、基础信息

1.1 基本信息

1.1.1 公司全称：北京百度网讯科技有限公司

1.1.2 成立时间：2000 年 1 月

1.1.3 总部地点：北京

1.1.4 上市时间：2005 年 8 月

1.1.5 企业性质：股份有限责任公司

1.1.6 联系方式

网址：http：//book.baidu.com/

地址：北京市海淀区上地十街 10 号百度大厦

总机：(+86 10) 5992 8888

传真：(+86 10) 5992 0000

1.2 组织信息

1.2.1 管理层

李彦宏 董事长、首席执行官

二、业务信息

2.1 产品及服务信息

产品信息：

纵横中文网系百度文学旗下原创阅读网站，旗下拥有萧鼎、烟雨江南、萧潜、梦入神机、无罪、柳下挥、烽火戏诸侯、方想、更俗、流浪的蛤蟆、郭怒、静官、乱世狂刀等众多网文大神，是国内领先的中文原创文学类专业网站。

百度书城是百度文学旗下无线阅读品牌，拥有移动客户端和页面站两大平台。百度书城拥有云书架、语音朗读、Wi-Fi 传书、仿真 3D 翻页、摇摇分享等多个贴心功能，为广大用户提供国内外一线名家、网文顶尖大神的海量精彩作品。

91 熊猫看书和阅读版系百度文学旗下无线阅读应用，系中国移动和阅读战略合作伙伴，独家接入中国移动海量精彩书籍，完美支持 TXT、EPUB、PDF 等多种格式，用户绑定中国移动手机号，即可直接使用话费进行支付，畅享阅读盛宴。

服务信息：

致力于让每个人平等便捷地享受阅读的乐趣，坚持正版、健康、绿色运营路线的同时，建立健全作家经纪人制度，引导和推动文学作品精品化，拓展渠道增值和版权变现业务，提高网络作家的生活水平，完善中国网络文学发展格局，与行业同仁一起进步，共同推动中国文学产业持续繁荣。

2.2 覆盖范围

2.2.1 行业：互联网

2.2.2 主要客户：互联网用户

2.2.3 业务区域：全国

2.3 收入结构：收入来源于付费阅读、增值服务等领域。具体量化收入结构不详

三、综合信息

3.1 发展定位：打造成最懂用户需求的中文原创及内容分发平台。

3.2 重要合作伙伴及供应商：中国移动“和阅读”、沃阅读、红袖添香、潇湘书院、3G 书城、看书网、小说阅读网、中文在线、纵横中文网等。

塔读文学

塔读文学正式上线于 2010 年 7 月，是中国最主流的数字版权创作、聚合和分发平台。以贴心的移动阅读体验为核心，以丰富的品质版权内容的精细化运营为特色，充分结合移动终端的富媒体特性，开展全平台

运营，服务已覆盖 7000 多款终端。主要业务包括塔读文学、客户端业务、终端业务和运营商业务。根据易观智库数据显示，2014 年第 4 季度，塔读文学占移动阅读市场份额为 10.1%，位居第三。塔读文学大力培养适合移动端阅读的优质原创内容，同时整合天音集团的渠道分销资源，加大宣传推广力度，扩大品牌影响力，并与百度手机助手合作独家首发软件，利用百度强大的渠道分发优势，更好的打开移动阅读市场。并大力发展自有 IP，将多部站内作品与影视游戏公司尝试跨界结盟，并且著名图书品牌 – 果麦文化系列产品强势入驻塔读，令塔读优质版权内容建设有更强的延展。

易观分析——

随着移动阅读市场产品功能不断创新促使用户需求发生改变，个性化和社交化已成为阅读刚需。塔读文学紧跟市场发展趋势，在应用设计领域获得了多项嘉奖，用户使用体验较好，有着一定的用户口碑，并不断创新应用，发散思维，谋求跨界合作，引领客户需求，使之成为行业共推的最佳“移动阅读创新平台”。

移动阅读市场呈现日渐白热化的趋势，在巨大的竞争压力下，塔读重点鼓励适合移动终端阅读方式的“轻小说”创作，为未来移动阅读生态寻找新内容新形式。而以优质内容为先导，不断升级产品体验，正是当今竞争激烈的市场环境下提高企业竞争力的重要环节。

一、基础信息

1.1 基本信息

1.1.1 公司全称：北京易天新动网络科技有限公司

1.1.2 成立时间：2008 年 9 月

1.1.3 总部地点：北京

1.1.4 上市时间：1997 年 12 月

1.1.5 企业性质：民营企业

1.1.6 联系方式

网址：http：//www.tadu.com/

地址：北京市朝阳区广渠路 37 号院 1 号楼 2 层

电话：010-56675207

邮箱：juan.du@tadu.com

1.2 组织信息

1.2.1 组织架构

郭佩琳 首席执行官

二、业务信息

2.1 产品及服务信息

塔读文学是手机无线互联网原创文学先锋，精选海量精品小说，汇集各种经典读物，其中都市、言情、青春、穿越、玄幻、修真、历史、武侠、灵异、科幻、游戏、军事题材小说深受读者喜爱，塔读文学陆续推出手机塔读 WAP 站（网址：wap.tadu.com）、塔读 Android 客户端、塔读 Symbian 客户端、塔读 Java 客户端已支持 2000 多款手机，方便手机无线读者阅读和下载。服务：精美独特的软件界面、逼真的 3D 手势翻页、在线、离线的完美阅读组合、贴心的快捷阅读设置以及精彩的用户互动，使得塔读书友通过阅读相识相知，相互关怀，快乐度过每一刻幸福时光。

开奇应用商店是为中国用户打造的新一代软件商店，提供优秀 Android 应用的集软件发布、搜索、安装于一体的平台。可以为用户打造极富个性的互联网手机，实现不同用户间的新一代移动互联生活。应用商店平台致力于提供更好的 Android 软件服务，拉近开发者和广大玩家的距离。服务：开奇应用商店，支持市场上所有 Android 操作系统的手机，店内所有程序完全经过真机测试，确保应用无病毒，无暗扣。开奇应用商店对于用户而言安装、下载、使用全程免费。对于购买店内应用程序，开奇提供了通过信用卡、支付宝、充值卡等多种支付手段。

2.2 覆盖范围

2.2.1 行业：数字阅读

2.2.2 主要客户：移动互联网用户

2.2.3 业务区域：全国

2.3 收入结构：收入来源于广告费、用户付费、增值服务等。收入结构不详

三、综合信息

3.1 发展定位：以原创为特色和目标，坚持创新，形成一套塔读独特的移动阅读平台经营模式。

3.2 重要合作伙伴及供应商：华为、三星、中兴、酷派、中国移动和阅读、中国联通沃阅读等

盛大文学

盛大文学是盛大集团的主要产品线，也是中国较早的在线文学服务提供商，盛大集团围绕文学开放平台打造了图书数字全产业生态链。在游戏业务取得高速发展的同时，盛大一直努力进行阅读领域的布局，通过收购整合的方式，基本打造了线上的具有垄断地位的阅读内容提供商，旗下拥有起点中文网、晋江原创网等多个文学原创网站，旗下大量的签约作者，使得其在内容方面占据 90% 左右的市场份额。但是在移动阅读时代，盛大的移动端布局缓慢，造成其在移动端没有内容的承接，这是其在未来的发展过程中面临的巨大风险。2013 年起点中文网团队的出走在阅读行业内部造成较大的震动，起点中文网团队及其部分资源的流失，削弱了盛大文学在业内的市场地位。4 季度，腾讯文学以 50 亿元人民币收购盛大文学。

易观分析——

盛大文学此前长期在网络文学市场中处于垄断地位，现今仍然保持着行业领先，但是其一家独大的垄断格局已逐渐被腾讯文学、百度文学打破。为了应对网络文学市场大环境的发展现状，应对移动阅读领域的强劲发展态势，盛大文学积极进行战略调整，重点发力移动端阅读，弥补其在移动端的短板。随着盛大文学并入腾讯文学，网络文学市场形成两强对垒的新格局，作为互联网巨头在移动端流量的争夺，用户从 PC 端向移动端的迁徙，移动阅读市场竞争加剧。

一、基础信息

1.1 基本信息

1.1.1 公司全称：盛霆信息技术（上海）有限公司

1.1.2 成立时间：2008 年 7 月

1.1.3 总部地点：上海

1.1.4 上市时间：未上市

1.1.5 企业性质：民营企业

1.1.6 联系方式

网址：http：//www.cloudary.com.cn/

地址：上海市浦东新区张衡路 666 弄 1 号

邮编：201203

总机：021-61870500

传真：021-61870501

1.2 组织信息

1.2.1 组织架构

邱文友 董事长、首席执行官

二、业务信息

2.1 产品及服务信息

盛大文学涉及线上阅读、移动阅读、广告投放、版权销售、线下出版等全产业链

盛大文学运营起点中文网、红袖添香网、小说阅读网、榕树下、言情小说吧、潇湘书院、晋江文学城等原创文学网站及天方听书网、悦读网。同时还拥有华文天下、中智博文和聚石文华三家图书策划出版公司。

旗下原创文学网站：

起点中文网

起点中文网（www.qidian.com）创立于 2002 年 5 月，是国内最大的原创网络文学网站。起点中文网以推动中国原创文学事业为宗旨，长期致力于原创文学作者的挖掘与培养，并取得了巨大成果。2003 年 10 月，起点中文网首创“在线收费阅读”服务，成为真正意义上的网络文学赢利模式的先锋之一，奠定了原创文学的行业基础。

起点女生网

成立于 2009 年 11 月，其前身是“起点女生频道”，致力于对女性网络原创文学及作者的培养和挖掘。依托起点中文网的成熟运作机制，实现了女性网络原创文学的商业化发展模式。起点女生网首创阶梯型写作全勤制度，在针对知名作者进行全方位宣传和包装的同时，兼顾对新进作者的培养。无论是知名作者还是新人写手，均享有签约作者的专属人身保险计划、VIP 作品基本福利计划、分类优秀作品奖励计划、小众类型作品的扶持计划等。版权运作方面，起点女生网的海量女性题材小说成了影视改编剧的剧本摇篮，囊括多部热门影视剧的原著小说版权。起点女生网依托领先的电子原创阅读平台，继续引入移动阅读、实体

出版、影视改编等多元拓展渠道，建立海量版权交易库，形成一个集版权运作、原创阅读为一体的综合性女性原创文化品牌。

起点文学网

集创作、培养、销售于一体，开拓传统类现实题材小说的新平台，同时拥有庞大的网络注册用户和丰富的出版渠道，是现实类原创小说门户网站之一。

红袖添香

创办于 1999 年，隶属于“北京红袖添香科技发展有限公司”，红袖添香为用户提供涵盖小说、散文、杂文、诗歌、歌词、剧本、日记等体裁创作和阅读服务，拥有技术领先的在线阅读、创作、投稿、签约、互动、稿酬结算系统，通过付费阅读、移动阅读、实体图书出版、影视版权输出等多形态文化产品打造立体化版权运营。

小说阅读网

创立于 2004 年，按内容分为 "女生版"、"男生版" 和 "校园版" 三个分站，主要提供海量言情类女性文学、青春校园及仙侠玄幻类男性文学作品。2009 年 4 月开始推出 VIP 阅读计划，目前网站各项社区功能和激励计划日趋成熟，2011 年又提供了下载和听书的新功能，现已成为国内功能最完善的原创文学网站之一。

榕树下

创办于 1997 年，2009 年，“盛大文学”控股后经过全新打造，成为一个以传播原创文学作品为基础、通过全版权运作模式打造的多领域文化传播平台。网站开发了多种使用功能并推出“榕树下私家书”等个性化产品。

言情小说吧

成立于 2005 年，秉承着为用户提供最好的言情小说阅读体验平台、打造全球华语言情小说阅读基地的信念，在网络文学界走专业化的独特发展道路。2009 年 7 月，言情小说吧推出付费阅读业务。

潇湘书院

创建于 2001 年，是最早发展女生网络原创文学的网站之一，也是最早实行女生原创文学付费阅读的网站之一。潇湘书院自 2007 年起实行收费阅读，2009 年潇湘带领女性文学向玄幻作品市场进军，打破了玄幻作品由男性文学一统天下的格局。2010 年问世的潇湘导购系统为读者提供“免费”阅读的绿色通道。除了提供在线阅读，潇湘书院以自有网站平台 www.xxsy.net 为基础，自有 WAP 站点及 Android、iPhone 客户端为辅助，并与移动、联通、电信以及腾讯、百度、新浪、搜狐、网易等多方合作，为读者提供无线手机阅读平台。

晋江文学城

成立于 2003 年，是全球最大女性文学基地。拥有在线作品 65 万部，包括：穿越、言情、影视、都市爱情、职场婚姻、青春校园、武侠仙侠、耽美同人、玄幻、网游、传奇、奇幻、悬疑推理、科幻、历史、散文诗歌等多种类型。

有声读物网和数字期刊网站：

天方听书网

创建于 2004 年，专注于有声读物的研发和市场运作，为广大听友提供最时尚最前沿的听书资讯和听书内容。网站内容涉及经济管理、中外文学、古典文学、现代文学、儿童文学、探案悬疑、科幻文学、百科知识等近 20 个大类。天方听书网为广大听众提供便捷的下载服务，同时，天方听书网积极开拓无线增值服务领域。

悦读网

创建于 2005 年，是中国最具创新力的数字出版发行平台之一。2012 年，悦读网与苹果 APP store 应用商店合作，在报刊杂志里面上线了大量的国内主流知名杂志。网站与众多刊社、出版机构正规签约上线，内容涵盖财经、管理、时事、时尚、汽车、家居、体育、数码等 30 多种类型。

三家图书策划出版公司：

华文天下

盛大文学旗下图书出版公司之一，专业从事图书策划、营销推广和发行代理的民营图书企业。2009 年，公司成功引进盛大文学的战略投资，强强联合，成立天津华文天下图书有限公司。

聚石文华

成立于 2009 年，主要包括图书的策划、出版及发行，其规模居于全国民营出版公司前列。出版领域涉及小说、励志、社科、生活、少儿等多个产品线。

中智博文

成立于 2003 年，2010 年成为盛大文学旗下成员，是一家专业从事图书策划、营销推广和发行代理的民营图书企业。公司发行的图书内容涵盖史地文化、少儿百科、经管励志、健康生活、学生读物、世界名著等诸多方面。

2.2 覆盖范围

2.2.1 行业：文学阅读、运营商、数字阅读服务全产业提供商

2.2.2 主要客户：互联网用户

2.2.3 业务区域：全国

2.3 收入结构：收入来源于线上付费、无线业务、授权许可收入和第三方游戏等，量化收入结构不详。

三、综合信息

3.1 发展定位：社区驱动型网络文学平台，以“一次生产、多次销售”的独有商业模式，打造全版权运营基地。

3.2 重要合作伙伴及供应商：中国移动和阅读、中国联通沃阅读、天翼阅读、新华社、文汇报、CCTV、人民文学出版社、作家出版社、长江文艺出版社、磨铁文化、支付宝、凤凰网、搜狐读书、网易读书等

中国数字阅读内容与应用行业中的其他企业名录节选如下表：

表15 中国数字阅读内容与应用行业企业名录节选

厂商	备注
掌中浩阅	简要分析见前述　数据分析及详细分析见易观智库企业库
腾讯文学	简要分析见前述　数据分析及详细分析见易观智库企业库
百度文学	简要分析见前述　数据分析及详细分析见易观智库企业库
塔读文学网	简要分析见前述　数据分析及详细分析见易观智库企业库
盛大文学	简要分析见前述　数据分析及详细分析见易观智库企业库
百度 -91 熊猫看书	简要分析见前述　数据分析及详细分析见易观智库企业库
17k 小说网	简要分析见前述　数据分析及详细分析见易观智库企业库
3G 门户	简要分析见前述　数据分析及详细分析见易观智库企业库
Anyview	简要分析见前述　数据分析及详细分析见易观智库企业库
北大方正集团有限公司	简要分析见前述　数据分析及详细分析见易观智库企业库
汉王科技	简要分析见前述　数据分析及详细分析见易观智库企业库
书旗免费小说	简要分析见前述　数据分析及详细分析见易观智库企业库
中国移动	简要分析见前述　数据分析及详细分析见易观智库企业库
中国联通	简要分析见前述　数据分析及详细分析见易观智库企业库
开卷有益	简要分析见前述　数据分析及详细分析见易观智库企业库
天翼阅读	简要分析见前述　数据分析及详细分析见易观智库企业库
云中书城	简要分析见前述　数据分析及详细分析见易观智库企业库
3G 书城	简要分析见前述　数据分析及详细分析见易观智库企业库
iReader	简要分析见前述　数据分析及详细分析见易观智库企业库
i 悦读	简要分析见前述　数据分析及详细分析见易观智库企业库
QQ 阅读	简要分析见前述　数据分析及详细分析见易观智库企业库
艾利和 Story	简要分析见前述　数据分析及详细分析见易观智库企业库
爱国者电纸书	简要分析见前述　数据分析及详细分析见易观智库企业库
百阅	简要分析见前述　数据分析及详细分析见易观智库企业库
多看阅读	数据分析及详细分析见易观智库企业库
津科翰林	数据分析及详细分析见易观智库企业库
开卷有益	数据分析及详细分析见易观智库企业库
空中网阅读业务	数据分析及详细分析见易观智库企业库
纽曼电子书	数据分析及详细分析见易观智库企业库
盛大 bambook	数据分析及详细分析见易观智库企业库
手机 QQ 阅读	数据分析及详细分析见易观智库企业库
台电电子书	数据分析及详细分析见易观智库企业库
万物青毕升	数据分析及详细分析见易观智库企业库
维旺明	数据分析及详细分析见易观智库企业库

续表

厂商	备注
欣博阅电子阅读器	数据分析及详细分析见易观智库企业库
亦墨电子书	数据分析及详细分析见易观智库企业库
易博士	数据分析及详细分析见易观智库企业库
易万卷 Mos	数据分析及详细分析见易观智库企业库
掌上书院	数据分析及详细分析见易观智库企业库
掌讯书苑	数据分析及详细分析见易观智库企业库
掌讯通	数据分析及详细分析见易观智库企业库
百度文学	详细分析见易观智库企业库
Google reader	详细分析见易观智库企业库
Instapaper	详细分析见易观智库企业库
南京掌门科技有限公司	详细分析见易观智库企业库
半壁江中文网	详细分析见易观智库企业库
博库网	详细分析见易观智库企业库
畅听王	详细分析见易观智库企业库
超星电子书	详细分析见易观智库企业库
创世中文网	详细分析见易观智库企业库
豆瓣	详细分析见易观智库企业库
亚马逊中国	详细分析见易观智库企业库
当当网	详细分析见易观智库企业库
京东商城	详细分析见易观智库企业库
飞库网	详细分析见易观智库企业库
凤鸣轩小说网	详细分析见易观智库企业库
华为技术有限公司	详细分析见易观智库企业库
幻剑书盟	详细分析见易观智库企业库
晋江文学城	详细分析见易观智库企业库
看书网	详细分析见易观智库企业库
空中网	详细分析见易观智库企业库
酷听网	详细分析见易观智库企业库
连城读书	详细分析见易观智库企业库
连城书盟	详细分析见易观智库企业库
中国电信	详细分析见易观智库企业库
磨铁中文网	详细分析见易观智库企业库
陌上香坊文学网	详细分析见易观智库企业库
蔷薇书院	详细分析见易观智库企业库

续表

厂商	备注
青年文摘	详细分析见易观智库企业库
书生	详细分析见易观智库企业库
书香电子书	详细分析见易观智库企业库
搜娱电子书	详细分析见易观智库企业库
天下电子书	详细分析见易观智库企业库
天下书盟	详细分析见易观智库企业库
铁血读书	详细分析见易观智库企业库
听中国	详细分析见易观智库企业库
万方	详细分析见易观智库企业库
网易云阅读	详细分析见易观智库企业库
小说之家	详细分析见易观智库企业库
新浪读书	详细分析见易观智库企业库
烟雨红尘原创文学小说网	详细分析见易观智库企业库
亿部书城	详细分析见易观智库企业库
悦读纪文化传媒有限责任公司	详细分析见易观智库企业库
中文在线	详细分析见易观智库企业库
逐浪小说网	详细分析见易观智库企业库
纵横中文网	详细分析见易观智库企业库

游戏

客户端游戏

腾讯游戏

腾讯游戏是国内领先的游戏研发和运营机构，也是国内最大的网络游戏社区。2003 年，腾讯凭借 QQ 游戏平台进入游戏领域，并随着腾讯 QQ 用户的快速增长逐渐成长为国内游戏领域的翘楚。2012 年，腾讯成立互动娱乐事业群（IEG），主要负责腾讯的“现金牛”游戏业务。2014 年 10 月，IEG 进行架构调整，原八大游戏工作室分拆重组进天美、光子、魔方、北极光四个工作室群，以更好应对目前的游戏发展趋势。腾讯游戏在端游领域布局完善，在角色扮演、动作游戏、竞技游戏、休闲游戏以及游戏平台等细分领域都有成熟的产品，并且引进培育了一批经典的品牌游戏，如《地下城与勇士》、《穿越火线》、《英雄联盟》等。腾讯游戏在端游研发和运营上拥有较强的实力。腾讯自主研发的《QQ 炫舞》、《QQ 飞车》、《天涯明月刀》、《御龙在天》等一批游戏不仅获得了业界的关注，也取得了巨大的成功。腾讯游戏在游戏市场还并购、控股了一批优秀游戏厂商，进一步壮大了自身实力。目前，腾讯游戏占据中国客户端游戏市场半壁江山。易观智库监测数据显示，2014 年腾讯游戏以 50.9% 的市场占有率排名第一，远高于排名第二的网易游戏（15.8%）。凭借其所依靠的平台优势以及自身丰富的研发、运营经验，腾讯游戏将会继续领跑端游市场。

易观分析——

腾讯游戏拥有多年积累的用户关系链和账号体系，平台优势巨大，用户基础好。在端游的运营和推广上，腾讯游戏有着丰富的经验，并逐渐在游戏研发领域形成了自己的竞争力。腾讯在端游领域的产品布局以及产品线都非常完善，并与韩国、欧美知名游戏厂商有着良好的合作关系。腾讯游戏虽然市场份额高涨，但在业内口碑欠佳。产品线的日益膨胀加剧了内耗，部分游戏运营情况不佳。游戏用户分布广泛、杂乱，影响了游戏环境与用户体验。

随着移动互联网的快速发展，端游市场虽然增速逐步放缓，但市场依然巨大。腾讯在端游领域的广泛用户基础，将会进一步增强其在未来的竞争力，拓展市场份额。随着众多端游厂商重心转向移动游戏领域，腾讯游戏在端游市场仍有较大的增长空间。

易观智库分析认为，腾讯游戏应继续增强自身的研发实力和创新能力，精简游戏产品线，培育新的明星产品。重视游戏环境，提升用户游戏体验，引导用户分流，以便更好地挖掘市场的潜力。

一、基础信息

1.1 基本信息

1.1.1 公司全称：腾讯控股有限公司

1.1.2 成立时间：2000 年 2 月

1.1.3 总部地点：深圳

1.1.4 上市时间：2004 年在香港联交所上市

1.1.5 企业性质：股份有限公司

1.1.6 资本信息：注册资金 8000 万元人民币

1.1.7 联系方式

网址：http：//game.qq.com/

邮箱：10000@qq.com

地址：深圳市福田区赛格科技园 2 栋东 403 号

电话：0755-86013666

1.2 组织信息

1.2.1 管理层：

马化腾 首席执行官

二、业务信息

2.1 产品及服务信息：网络游戏的研发、发行、运营

2.2 覆盖范围

2.2.1 行业：泛娱乐在线游戏

2.2.2 主要客户：互联网用户

2.2.3 业务区域：全国

2.3 收入结构：游戏增值服务收入、网络广告、电子商务交易

三、综合信息

3.1 发展定位：围绕泛娱乐战略，通过对版权的运营，打造中国最大的娱乐平台。

3.2 重要合作伙伴及供应商：动视暴雪、WeMade、Electronic Arts、NCsoft、NEOPLE 等

网易游戏

网易游戏是代表中国网络游戏原创力量的典型企业，在端游领域极富影响力。网易 2001 年正式成立在线游戏事业部，一直在网络游戏的自主研发领域处于行业前列。2003 年，网易游戏推出自研 MMORPG 游戏《梦幻西游》，目前已经成为中国市场中最成功的网络游戏之一，运营至今 11 年的时间，持续为网易游戏贡献大部分营收。《梦幻西游》以外，网易游戏还推出了十几款自主研发游戏，包括《天下 3》、《大唐无双 2》、《倩女幽魂 2》等。网易游戏不仅自主研发游戏，还代理一批经典网游。2008 年，网易获得《星际争霸Ⅱ》、《魔兽争霸Ⅲ：混乱之治》、《魔兽争霸Ⅲ：冰封王座》以及战网平台在中国大陆的独家运营权。2009 年，进一步获得暴雪旗下《魔兽世界》在中国大陆的独家运营权。网易游戏目前的产品布局已比较完善，角色扮演游戏、竞技对战游戏、射击游戏与休闲游戏等细分领域都有比较成熟的产品。凭借雄厚的研发实力和与暴雪的深度合作，网易游戏超越盛大游戏，成为中国端游市场中仅次于腾讯游戏的游戏厂商。易观智库监测数据显示，2014 年，网易游戏以 15.8% 的市场占有率排名第二，市场份额有所提升。随着移动互联网的迅猛发展，网易游戏也已开始涉足移动游戏领域，但其在端游领域仍保持着较高的专注度，其 2014 年在海外市场发布的自研 3D MMORPG 网游《天谕》或将成为下一个营收增长点。

易观分析——

网易游戏拥有很好的研发基因，在游戏的研发上不仅经验丰富，而且研发实力雄厚，拥有完善的游戏人才培养体系。网易游戏产品游戏环境和游戏体验都比较好，用户粘度较高，积累了良好的口碑和用户基础。网易游戏有完善的平台交易、游戏服务系统，并与暴雪游戏保持着良好的合作关系。但网易游戏缺乏平台优势，在游戏的推广和用户获取上能力不足。

端游市场经过多年的发展已经成熟，玩家对精品游戏的需求越来越旺盛，这对于以研发见长，坚持精品化战略的网易游戏将是一个极大的利好。此外，网易已开始涉足移动游戏领域，易信的不断成长，将会对网易移动游戏的发展提供有力支持。

易观智库分析认为，网易游戏应继续提升自己的研发实力，以维持自己的核心竞争力。网易游戏目前缺乏更多的营收增长点，并且急于拓展新的增长点，自主研发游戏的成功率不高，精品游戏的孕育缓慢。端游领域竞争仍然激烈，合理的战略将会给网易游戏带来更长远的发展。

一、基础信息

1.1 基本信息

1.1.1 公司全称：广州网易计算机系统有限公司

1.1.2 成立时间：1997 年 6 月 24 日

1.1.3 总部地点：北京市海淀区中关村东路 1 号院清华科技园 8 号楼启迪科技大厦（火炬大厦）D 座 26 层

1.1.4 上市时间：2000 年 6 月 30 日

1.1.5　企业性质：股份有限公司

1.1.6　资本信息：注册资本 2000 万人民币

1.1.7　联系方式

网址：http：//nie.163.com/

客服热线：020 － 83568090

1.2　组织信息

1.2.1　管理层：

丁　磊　首席执行官

二、业务信息

2.1　产品及服务信息

网络游戏的研发、出版、发行、运营；电子邮件；门户网站；广告

游戏产品：《新大话西游 2》、《新梦幻西游 2》、《大话 2 免费版》、《大话西游 3》、《新大话西游 3》、《大话外传篇》、《大唐无双零》、《龙剑》、《天下 3》、《斩魂》、《魔兽世界》、《精灵传说》、《新飞飞》、《藏地传奇》、《天谕》、《武魂》、《倩女幽魂 2》、《战音 OL》、《星际争霸 2》、《网易全明星》、《英雄三国》、《无线对决》、《炉石传说》、《游戏星城》、《危机 2015》、《爆裂天空》等

2.2　覆盖范围

2.2.1　行业：在线游戏

2.2.2　主要客户：互联网用户

2.2.3　业务区域：全国

2.3　收入结构：在线游戏收入（约占 80%）、广告收入、邮箱、电商及其他收入。

三、综合信息

3.1　发展定位：中国领先的在线游戏平台

3.2　重要合作伙伴及供应商：暴雪、Funnybee、EA 等

盛大游戏

盛大游戏是中国网络游戏的开端型企业。2001 年，盛大代理运营韩国网络游戏《传奇》，开始进入中国网络游戏的市场，并获得了巨大成功。2003 年，其自主研发的《传奇世界》正式商业化运营。此后，盛大通过自主研发、并购、合作运营的方式不断扩充自己的实力，成为中国端游领域的龙头。2009 年盛大游戏分拆上市，登陆美国纳斯达克股票市场。但在此后的发展中，盛大游戏在端游市场的份额先后被腾讯游戏和网易游戏赶超。易观智库监测数据显示，2014 年，盛大以 6.1% 的市场占有率排名第三。盛大游戏目前主要的营收来源仍然是其初期赖以成功的《传奇》系列游戏，自主研发能力不足使其在发展过程中面临着巨大风险。进入移动互联网时代，盛大游戏较早实现转型，通过并购与发行建立初期优势，但是在移动游戏业务发展过程中，依然面临研发能力薄弱的挑战。2014 年初，盛大游戏收到私有化邀约。2014 年 9 月 3 日，东方金融控股公司、海通证券、中银绒业三家公司收购盛大游戏约 58% 股份。盛大游戏可能在完成从美股退

市后，在国内 A 股市场借壳上市。目前端游市场的增速已经明显放缓，盛大游戏能否止住颓势，保持自己现有的优势将会成为市场对其的重大考验。

易观分析——

盛大游戏在客户端游戏领域拥有很好的用户基础以及由《传奇》系列游戏带来的良好口碑。盛大网络完善的娱乐产业链和 IP 优势为盛大游戏提供了资源支撑，此外，盛大游戏与国内游戏厂商有着良好的合作关系。但是盛大游戏在自主研发上缺乏核心竞争力，并且客户端游戏产品老化，缺乏相应的新产品补充。盛大游戏在游戏的运营和维持上能力也略显不足。

随着移动互联网的迅猛发展，移动游戏将成为新的增长点，盛大游戏及时调整策略，获得了移动游戏领域的先发优势。作为老牌的游戏厂商，其品牌号召力为进一步拓宽移动游戏市场提供了便利。端游厂商的重心转移，或将为其继续拓展端游市场提供机遇。

易观智库分析认为，盛大游戏目前研发能力不足的问题仍然比较突出，过度依赖老产品支撑营收。端游领域的渐趋饱和和移动游戏领域的红利渐趋消失，游戏市场竞争将会进一步加剧，盛大游戏的股权变动也增加了其发展的变数。

一、基础信息

1.1 基本信息

1.1.1 公司全称：盛大游戏有限公司

1.1.2 成立时间：2008 年 6 月（母公司盛大网络成立于 1999 年 11 月）

1.1.3 总部地点：上海

1.1.4 上市时间：2009 年在美国纳斯达克上市

1.1.5 企业性质：有限责任公司

1.1.6 资本信息：无

1.1.7 联系方式

网址：http：//www.shandagames.com/

邮箱：PR@shandagames.com

地址：上海市浦东新区张江碧波路 690 号一号楼

电话：021-50504740

1.2 组织信息

1.2.1 管理层

张蓥锋 董事长、代理首席执行官

二、业务信息

2.1 产品及服务信息

网络游戏的研发、出版、发行、运营

产品：《热血传奇》、《传奇世界》、《永恒之塔》、《星辰变》、《最终幻想 14》、《World Zero》、《龙之谷》、《英雄年代 2》、《传世英雄传》、《风云》、《新鬼吹灯》、《千年》、《魔界 2》、《魔界》、《传奇外传》、《传奇归来》、《传奇 3》、《夺宝传奇》、《彩虹岛》、《大轮回》、《盘龙》、《决战双城》等

2.2 覆盖范围

2.2.1 行业：在线游戏

2.2.2 主要客户：全网游戏玩家

2.2.3 业务区域：全球

2.3 收入结构：大型多人在线游戏收入、手机游戏收入

三、综合信息

3.1 发展定位：中国领先的游戏研发商、运营商、发行商，打造国际化的网游平台。

3.2 重要合作伙伴及供应商：盛大网络、NEXON、NCsoft、Wemade 等

完美世界

完美世界是中国客户端网游市场重要的开发商和运营商。2004 年，完美世界成立，并于次年正式推出基于自研 3D 游戏引擎开发的大型网游《完美世界》。其后完美世界不断丰富产品线，推出了基于自研引擎的多款网游。2007 年 7 月，完美世界登陆美国纳斯达克。凭借出色的研发能力和推广能力，完美世界一直在端游市场保持着领先地位。易观智库监测数据显示，截至 2014 年，完美世界以 5.2% 的市场占有率排名第五。完美世界不仅深耕国内市场，也积极拓展海外市场，已成功将旗下部分游戏出口到海外一百多个国家和地区。目前完美世界的营收中，来自海外市场的收入占四分之一。完美世界目前虽然在中国端游市场排名靠前，但是其在产品线的建设上并不完善，产品同质化明显，且缺乏海外精品游戏的代理。随着端游市场的增速放缓甚至萎缩，市场竞争势必更加激烈，完美世界不仅需要保持既有端游市场优势，又必须发力移动端，以获得长远发展。

易观分析——

完美世界拥有长期积累的自主研发能力优势，并且在海外市场的游戏推广与运营上有丰富的经验。完美世界在客户端网游市场拥有良好的业内口碑和用户基础。完美世界与国外优秀厂商也有着良好的合作关系，并相继获得了《DOTA2》和《火炬之光 2》的国内运营、发行权。但是，完美世界面临游戏题材单一，游戏产品布局不完善，游戏后续研发更新缓慢，用户流失后难获取等问题。

目前中国客户端网游市场增速明显放缓，市场竞争必将更加激烈，作为老牌厂商的品牌号召力将为其进一步巩固优势地位提供条件。进入移动互联网时代，完美世界积极布局，抢占了先发优势。

易观智库分析认为，在目前激烈的市场竞争中，完美世界仍面临着顶端厂商的步步紧逼，市场优势地位的维持困难。继续保持线上运营中游戏的游戏品质，采取稳健运营的策略，保证定期的新资料片、新内容更新，提高用户存留，延长游戏生命周期，突破原有题材束缚，是保证长远发展需要采取的措施。

一、基础信息

1.1 基本信息

1.1.1 公司全称：完美世界（北京）网络技术有限公司

1.1.2 成立时间：2004 年 3 月 10 日

1.1.3 总部地点：北京

1.1.4 上市时间：2007 年 7 月 26 日在纳斯达克上市

1.1.5 企业性质：股份有限公司

1.1.6 资本信息：注册资本 1500 万人民币

1.1.7 联系方式

网址：http：//www.wanmei.com/

邮箱：info@wanmei.com

电话：（8610）57801100

传真：（8610）57801400

地址：北京市海淀区上地东路 1 号院 1 号楼 E701

1.2 组织信息

1.2.1 管理层：

萧 泓 首席执行官

二、业务信息

2.1 产品及服务信息

网络游戏的研发、出版、发行、运营

产品：Angelica 3D 游戏引擎、Cube 引擎以及 Eparch 2D 引擎

《完美世界》、《DOTA2》、《武林外传》、《完美世界国际版》、《诛仙 3》、《笑傲江湖 OL》、《赤壁》、《热舞派对》、《口袋西游》、《神鬼传奇》、《梦幻诛仙 2》、《降龙之剑》、《神魔大陆 2》、《神鬼世界》、《倚天屠龙记》、《神雕侠侣》、《圣王》、《圣斗士星矢 online》等。

2.2 覆盖范围

2.2.1 行业：在线游戏

2.2.2 主要客户：全球游戏玩家

2.2.3 业务区域：全球

2.3 收入结构：PC 客户端游戏收入、移动游戏收入、游戏授权收入

三、综合信息

3.1 发展定位：中国领先的网络游戏开发商和运营商

3.2 重要合作伙伴及供应商：Valve、Runic Games、雷蛇、华硕、VISION、三星等页游

网页游戏

第七大道

作为中国目前最大的页游研发商，第七大道是一家立足于深圳发展起来的游戏公司，于 2008 年 1 月成立，

2013 年 5 月成为畅游公司的全资子公司。第七大道自主研发的《弹弹堂》和《神曲》曾先后成为国内收入最高的网页游戏。两款游戏的月流水都已超过 1 亿元人民币，截至 2013 年底在国内市场的累计总产值达到 19.32 亿元人民币。第七大道在海外市场也取得了令人瞩目的成绩，其业务已覆盖全球 140 多个国家和地区，海外营收已占到公司收入的 48%。第七大道在海外的出色表现，主要在于两个核心竞争力：一个是产品题材比较国际化，二是强大的海外运营团队。根据易观智库季度监测数据，2014 年中国网页游戏研发市场中，第七大道以 8.2% 的份额排名第三。2013 年被畅游收购时，第七大道创始人曹凯就辞职离开。2014 年 2 月起，COO 孟治昀及 CPO（首席产品官）、《神曲》制作人胡敏也相继离职，这标志着第七大道已经彻底畅游化，随着创始团队被清场，第七大道产品将来能否有持续表现尚在未定之天。

易观分析——

第七大道目前仍是中国最大的页游研发商，具有丰富的海外市场运营经验，是国际化拓展最成功的中国游戏企业之一。但面对墨麟集团和游族网络这样强有力的竞争对手，第七大道能否稳坐国内页游研发商头把交椅尚有很多不确定性。

成为畅游子公司后，第七大道创始团队几乎已被全部清场。在与畅游的控制权争夺战中，第七大道的研发能力被削弱，再也没有开发出像《神曲》、《弹弹堂》这样的游戏大作。海外的多个热点市场都有很强的增长动力，市场需求量非常大，这给第七大道未来的海外运营带来机遇。在畅游公司新管理层的带领下，第七大道未来的发展重点在于打造出新的精品页游，保持领先地位，并在手机游戏领域有所突破。

一、基础信息

1.1　基本信息

1.1.1　公司全称：深圳第七大道科技有限公司

1.1.2　成立时间：2008 年 1 月

1.1.3　总部地点：深圳

1.1.4　上市时间：2013 年 5 月被上市公司畅游收购

1.1.5　企业性质：股份制

1.1.6　资本信息：不详

1.1.7　联系方式

网址：http：//www.7road.com/

邮箱：info@7road.com

地址：深圳市南山区高新区中区科苑路 15 号科兴科学园 17–18 层 A1–A3 单元

电话：86–0755–36807777

1.2　组织信息

1.2.1　管理层

王　舒　总裁　　王　政　首席运营官

二、业务信息

2.1 主要产品与服务信息

页游：《神之皇冠》、《神曲》、《弹弹堂》、《弹弹堂 2》、《新弹弹堂》、《神创天下》、《剑影》、《精灵猎手》、《捕鱼日志》、《YY 大话骰》

手机游戏：《女仆联盟》

2.2 覆盖范围

2.2.1 行业：页面游戏、移动游戏

2.2.2 主要客户：网络游戏用户

2.2.3 业务区域：全球

2.3 收入结构：联运游戏分成收入，游戏授权收入

三、综合信息

3.1 发展定位：成为最受尊敬的游戏行业领跑者，打造全球精品游戏

3.2 重要合作伙伴及供应商信息：YY 游戏、37wan、4399、百度游戏、360 游戏中心、Proficient City、VNG、OASIS GamesELEX、Game Dreamer 等

墨麟

墨麟集团成立于 2011 年 11 月，总部位于中国深圳，是一家全球化娱乐内容研发及发行公司。集团旗下统含深圳墨麒、成都墨龙、上海灵娱、成都墨灵、上海墨鲲、深圳墨一、上海磨叽、武汉鱼之乐、锐游等众多研发品牌，拥有员工 1600 余人。墨麟集团凭借旗下多款游戏已将用户群扩展至多个重要的海外市场，并取得了不错的口碑成绩。作为新锐页游研发厂商，墨麟在两年发展积累中初露锋芒，迅速跻身进入第一梯队网页游戏研发商队伍中，市场份额占比保持稳定。根据易观智库发布的数据显示，墨麟集团在 2014 年中国网页游戏研发商市场名列首位，占有市场份额 8.6%，与排名第二的游族网络相差 0.2% 的份额。墨麟集团 2014 年的重点在于继续突出手机游戏产品，在稳定页游利润、保持页游良性发展的基础上，实现页游向手机游戏的转型，以及继续拓展海外的产品发行。如今，墨麟集团在手机游戏产品线方面逐渐布局成型，页游产品也越做越好。但页游出身的墨麟集团在无产品积累的经验下，反其道而行之，于今年选择进入端游市场，侧重细分市场，发力推出《装甲风暴》打头阵，是国内游戏公司中比较少见的。

易观分析——

墨麟具有多款精品页游，在页游市场竞争中位于领先地位，团队自主研发能力强，公司成立时间短，发展潜力大。在手机游戏和端游方面，墨麟的基础较差，要想跟上大部队还需要较长时间。特别是端游方面，2014 年才开始推出游戏产品。

在“内容为重，页游、手机游戏和端游只是平台不同”的指导理念下，从页游切入到手机游戏，甚至是进入客户端游戏的市场竞争，墨麟集团都有可能创造出新的有价值的产品。

在页游和手机游戏领域，墨麟都面临着激烈的竞争。墨麟需要在稳固页游业务的基础上，在不熟悉的手机游戏和端游领域不断探索。

一、基础信息

1.1 基本信息

1.1.1 公司全称：深圳墨麟科技有限公司

1.1.2 成立时间：2011 年 11 月

1.1.3 总部地点：深圳

1.1.4 上市时间：未上市

1.1.5 企业性质：民营企业

1.1.6 资本信息：1000 万元人民币

1.1.7 联系方式

网址：http：//www.mokylin.com/

传真：86-0755-86958252

地址：深圳市南山区科苑路科兴科技园 B 栋三单元 9F

电话：86-0755-86958281

1.2 组织信息

1.2.1 管理层

陈 默 董事长、首席产品官

二、业务信息

2.1 主要产品与服务信息

网页游戏：

《热血屠龙》、《魔龙诀》、《风云无双》、《美人决》、《乾坤大挪移》、《梦貂蝉》、《屠龙战神》、《大闹天宫 OL》、《龙纹战域》、《秦美人》、《战龙三国》、《暴风王座》

客户端游戏：

《决战光明顶》、《装甲风暴》

手机游戏：

《龙骑战歌》、《梦貂蝉》、《天天跳羊羊》、《仙战》、《花样爷爷》

2.2 覆盖范围

2.2.1 行业：网络游戏

2.2.2 主要客户：网络游戏用户

2.2.3 业务区域：全球

2.3 收入结构：由网页游戏、手机游戏和客户端游戏三方面收入构成，其中页游占比最大。

三、综合信息

3.1 发展定位：立志成为全球第一游戏 CP

3.2 重要合作伙伴及供应商信息：腾讯游戏、37 游戏、百度游戏、欢聚时代、动网先锋、中青宝、昆仑游戏、R2 GAMES、G 妹游戏、ENP GAMES、VINA GAMES、乐檬互动、喜悦网、9388 酷玩线上等

37 游戏

上海三七玩网络科技有限公司（以下简称“37 游戏”）成立于 2011 年，总部位于上海，在国内和海外多个地区设有子公司或办事处等分支机构，致力于网页游戏运营与移动游戏的研发及运营。市场覆盖中国大陆、港澳台、东南亚及北美等地区。公司旗下拥有 37 网页游戏平台、37 移动游戏、6711 网页游戏平台，成功运营《神曲》、《秦美人》、《龙将 2》、《武尊》、《攻城掠地》和《女神联盟》等游戏。37 游戏拓展页游业务，强调独代，精品化、品牌化，多拿有 IP 的产品，并开始自研。今年，37 游戏旗下的极光工作室自主研发改编自《奇迹 MU》的页游《大天使之剑》，依靠自身平台优势，联合百度、YY、金山、360 游戏平台同步首发，并在搜索引擎渠道进行全范围的网络用户推广，创造了 30 天流水破亿的纪录。2013 年，公司成立三七玩移动游戏事业部，并组建了移动游戏研发及运营团队，全面进军移动游戏领域。为了实现品牌化，37 游戏专门设计了“洋葱头”的卡通作为自身品牌形象，并积极推进游戏玩家见面会，建立玩家评测室保证游戏产品的质量。2014 年 3 月 6 日，37wan 宣布更名为 37 游戏，并以 210 万美元拿下 37.com 域名。2014 年 5 月，顺荣股份以 19.2 亿元人民币收购 37 游戏 60% 股权的方案已通过证监会审核。易观智库数据监测显示，2014 年中国网页游戏运营平台中，37 游戏作为流量模式的平台代表，在精品化战略的推进之下逐步形成自身的品牌价值，市场占比达 12.3%，仅次于腾讯网页游戏。

易观分析——

37 游戏依托自有平台运营优势，有较强的品牌号召力和优质的用户基础，与众多页游开发商保持着良好的合作关系。但其自主研发能力较弱，常被其他厂怀疑抄袭。初期推广宣传的途径较为简单粗暴，甚至是低俗，给用户留下一些不利于健康发展的印象。中国页游市场发展至今已进入成熟期，37 游戏稳坐第一梯队，大型平台的竞争优势明显，竞争格局在短期内将保持稳定，而且研发、运营并行将使 37 游戏将更具优势。

随着页游研发厂商转型移动游戏，页游产品数量相应较少，页游平台的增长速度将放慢。且页游运营成本逐年增加，利润被压得很低，行业竞争愈加激烈。这就要求 37 游戏在巩固和加强自身在页游平台运营领域地位的同时，加速向页游研发、手机游戏市场及海外市场拓展。今年 37 游戏加大了手机游戏和海外市场的投入，手机游戏产品即将大丰，海外市场也向北美和欧洲市场拓展，页游自研方面也推出了高流水的产品，未来的发展值得期待。

一、基础信息

1.1 基本信息

1.1.1 公司全称：上海三七玩网络科技有限公司

1.1.2 成立时间：2011 年 9 月

1.1.3 总部地点：上海

1.1.4 上市时间：未上市

1.1.5 企业性质：民营企业

1.1.6 资本信息：1000 万元人民币

1.1.7 联系方式

网址：http：//www.37.com/

电话：0553-8125237；4008-585-237

邮箱：hr@37wan.com

地址：广州市天河区百合路 19 号 37wan 大厦（广州分公司）

1.2 组织信息

1.2.1 管理层

李逸飞 首席执行官

二、业务信息

2.1 主要产品与服务信息

运营平台：

37 游戏 、6711 等网页游戏运营平台，以及手机游戏代理和运营平台 37 手机游戏。

网页游戏：

目前平台运营网页游戏产品总数超过 180 款，正在运营的产品超过 100 款，涵盖角色扮演、战争策略、模拟经营、体育竞技、益智休闲等游戏类型。

2.2 覆盖范围

2.2.1 行业：网页游戏、手机游戏

2.2.2 主要客户：网络游戏用户

2.2.3 业务区域：全球

2.3 收入结构：网页游戏代理运营收入、网页游戏研发收入、手机游戏运营收入

三、综合信息

3.1 发展定位：全球玩家的快乐选择，深受玩家喜爱的国际化品牌游戏运营商。

3.2 重要合作伙伴及供应商信息：巨人网络、岂凡网络、第七大道、百度游戏、上海易娱网络、江苏极光网络、上海傲庭网络、大宇资讯、墨麟集团、傲世堂、武易网络

YY 游戏

欢聚时代成立于 2005 年 4 月，于 2012 年 11 月在美国纳斯达克上市（NASDAQ：YY），主要提供富集通讯服务。公司业务体系包含多玩游戏网、YY 语音、YY 音乐、YY 教育、YY 手机客户端、YY 游戏运营平台等。YY 游戏运营平台目前已成功代理运营了 80 多款国内外精品网游，产品类型涵盖战争策略、角色扮演、模拟经营、休闲棋牌、休闲竞技射击等。根据易观智库数据显示，2014 年中国网页游戏市场规模进一步增长，YY 游戏占据了中国网页游戏运营平台 5.3% 的市场份额，排名第六。2014 年 8 月，欢聚时代旗下 YY 游戏发布全新独立品牌 – 欢聚游戏，宣布强势进军端游市场，同时推出一站式游戏体验平台“欢聚游戏平台”。

易观分析——

YY 游戏在页游领域的优势包括：欢聚旗下 YY 所聚集的海量用户；拥有经营了近十年强势游戏垂直媒体：多玩游戏网；YY 游戏在页游领域的多年运营经验。劣势主要有：对有限的热门网游依赖过大；相对于腾讯及其他一些业内企业早早在移动端大展拳脚而言，欢聚时代在移动端的布局已经显得有些滞后。

虽然客户端游戏市场已经进入平台期，但是以腾讯为代表的资源型企业，依然有能力在目前的存量市场中占据更多的份额，欢聚游戏进军端游市场，在全行业纷纷转型的情况下，不失为其资源变现、占据市场的重要时点。

要谋求更大的发展，欢聚时代需在游戏之外开拓更多的业务模式，但向外开拓则会受制于腾讯的卡位力度。特别是在移动互联网浪潮袭来时，腾讯微信对于 YY 的威胁丝毫没有减少。

一、基础信息

1.1 基本信息

1.1.1 公司全称：广州华多网络科技有限公司

1.1.2 成立时间：2005 年 4 月

1.1.3 总部地点：广州

1.1.4 上市时间：2012 年 11 月

1.1.5 企业性质：股份制

1.1.6 资本信息：不详

1.1.7 联系方式

网址：http：//www.duowan.com/

电话：（+8620）29162000

传真：（+8620）29162115

地址：广州黄埔大道中 309 号羊城创意产业园 3-08 栋

1.2 组织信息

1.2.1 管理层

雷　军 董事长

李学凌 首席执行官

二、业务信息

2.1 主要产品与服务信息

YY 游戏（游戏运营平台），多玩游戏网（游戏垂直媒体）

2.2 覆盖范围

2.2.1 行业：网络游戏运营

2.2.2 主要客户：网络游戏用户

2.2.3 业务区域：全球

2.3 收入结构：网页游戏运营收入

三、综合信息

3.1 发展定位：为世界提供完善富集通讯服务的社会化创新平台

3.2 重要合作伙伴及供应商信息：37 游戏、网易、完美世界、微软、麒麟游戏、盛大游戏、起凡游戏、百度、腾讯游戏、世纪天成、雷霆游戏、巨人网络、空中网、游艺春秋、迅雷游戏、天神互动、心动游戏、热酷、玩蟹科技、中国手机游戏、甲子网络、电魂、触控科技、冰川网络、清华同方、联想等

游族

“游族网络”（SZ.002174）全称游族网络股份有限公司，成立于 2009 年。是一家立足游戏研发、全球发行及相关产业经营发展的轻游戏互动娱乐企业。2014 年，游族网络借壳“梅花伞”，正式登陆国内 A 股主板。目前，游族网络在“全球发行、大 IP”的战略规划下，旗下网页游戏、手机游戏、发行、平台、海外五大业务共同发展。2014 年上半年，游族网络在海外市场狠下功夫，海外营收迅速增长，《女神联盟》单款产品创汇过亿，伴随的是高昂的开荒成本。但破冰后下半年的《战龙军团》、《神权》等作品都沿着前作荫庇，一路顺畅地在海外“捞金”。易观智库发布的数据显示，2014 年中国网页游戏研发市场中，游族网络排名第二，占据 8.4% 的市场份额。游族网络今年 4 月推出“+U 计划”，在未来三年内筹备 20 亿基金在全球范围内收购、代理精品游戏，加强自主研发，购买 IP，强化渠道合作及品牌营销力度。游族网络将利用成熟的商业模式，比如电影、游戏、网络电视剧去重新布局产业链，并将通过 +U 计划快速丰富游族手机游戏产品线，开拓手机游戏发行业务。

易观分析——

游族网络通过力推全球发行业务，在海外市场收获颇丰，立志将 IP 塑造成全球知名品牌。在大 IP 战略指导下，游族网络将打造一条涵盖游戏、影视、动漫等完整产业链，将轻娱乐从概念发展到产业化，并推出了 20 亿基金的“+U 计划”，以确保战略顺利进行。

随着近两年移动游戏大热，游族网络积极布局移动端，然而取得的效果却远不如页游，游族的 IP 战略对移动游戏的影响也是微乎其微。

受移动游戏冲击，网页游戏国内市场增速放缓，进入寡头竞争时代。就目前游族网络的发展状况看，页游企业依靠转型已经获得了资本的认可，继续建立用户口碑将会是未来长远发展的关键。

一、基础信息

1.1 基本信息

1.1.1 公司全称：游族网络股份有限公司

1.1.2 成立时间：2009 年 6 月

1.1.3 总部地点：上海

1.1.4 上市时间：2014 年 2 月

1.1.5 企业性质：股份制

1.1.6 资本信息：27570.9972 万人民币

1.1.7 联系方式

网址：http：//www.youzu.cn/

公司电话：021-33676512

公司传真：021-33676520

地址：上海闵行区紫秀路 100 号（原合川支一路，近吴中路合川路）“虹桥 • 总部 1 号”三号楼 8-10 层

1.2 组织信息

1.2.1 管理层

林 奇 董事长、首席执行官

二、业务信息

2.1 主要产品与服务信息

网页游戏：《女神联盟》、《战龙兵团》、《大将军》、《大侠传》、《骑士战歌》、《侠物语》、《轩辕变》、《一代宗师》、《七十二变》、《十年一剑》、《一骑当先》、《三十六计》

手机游戏：《萌江湖》、《四大萌捕》、《马上踢足球》、《一代宗师》、《十年一剑》、《妖精去哪儿》、《铁王座》

游戏平台：游族平台、9787 游戏平台

2.2 覆盖范围

2.2.1 行业：网页游戏及手机游戏研发与发行

2.2.2 主要客户：网络游戏用户

2.2.3 业务区域：全球

2.3 收入结构：网页游戏、手机游戏研发及运营收入。其中网页游戏占比 95% 左右，海外地区业务收入占比接近 30%。

三、综合信息

3.1 发展定位：成为全球领先的轻娱乐服务供应商坚持“精品战略”，爱游戏、爱玩家，做有爱的产品。

3.2 重要合作伙伴及供应商信息：Facebook、WorldPay、Sgame、Google Play、盛大文学、起点中文网、武侠小说大师温瑞安、知名制片人阚迪、苏州正游、上海交通大学等

移动游戏

触控科技

前身为 CocoaChina 开发者社区的触控科技经过近 4 年的发展，成长为中国手机游戏娱乐的领导者。通过《捕鱼达人》系列等经典游戏，使其在手机游戏行业拥有了巨大的知名度和用户群。在积极自主开发的同时，触控还代理了《秦时明月》、《时空猎人》等游戏，也使得其商业内容更加丰富。成立两年时间内，先后获得北极光、迪士尼思伟创投、红杉创投及纪源资本的风险投资，融资总规模达 5000 万美元。2012 年 8 月，触控招牌游戏《捕鱼达人》的激活量正式过亿；2013 年 7 月，触控科技投资并支持的

Cocos2d-x 游戏引擎全球占有率达到 30%，国内市场占有率 70%；2014 年 4 月，触控科技正式向美国证监会 SEC 公开递交上市申请。根据易观智库季度监测数据，触控科技在 2014 年第 1 季度通过单机游戏、网络游戏和广告平台获得大量营收，实现了首次盈利。这一数据一方面得益于营收的增长和毛利率的提高，另一方面则源于成本费用的进一步下降。截至 2014 年第 3 季度，触控科技占据中国移动游戏全平台发行市场 11.8% 的份额。

易观分析——

触控科技前身为 CocoaChina 开发者社区，后者是苹果科技在中国技术传播、讨论和分享社区，同时也为开发者提供资讯、开发指导和技术支持等服务。凭借这一积累优势，作为资深软件开发者和苹果粉丝的刘冠群和陈昊芝建立了触控科技，并且在短短几年之内树立了市场优势。其下游戏引擎 Cocos2d-x 在中国拥有 70% 的开发者认可和使用比例，开发者一旦选择了该引擎，就必须选择与该引擎适配的数据分析、支付和广告等增值服务，从而形成黏性效应，圈住用户。其次，因为该游戏引擎拥有众多使用者，这有利于触控科技拿到好的发行产品，也使其拥有丰富的发行产品储备资源。在发行渠道方面，触控科技与三大运营商建立了合作伙伴关系，同时在 2014 年 4 月推出了自己的广告平台，在推广自己产品的同时，也为广告投放商提供低成本、高效率的推广服务和投放策略。

虽然触控科技在手机游戏市场获取了不少红利和市场份额，但从收入可以看出，其自研游戏占据了 73.5% 的营收，代理游戏占 2.5%，而在线广告只拥有 1.5% 的份额。在自研游戏方面，单《捕鱼达人》就占据了 73.4% 的总营收，其他 15 款游戏仅仅分享了公司总收入的千分之一，充分说明游戏产品货币化能力极端分布不均衡的现象。2014 年 4 月，触控科技向美国证券交易委员会提交上市文件，但随后推迟了上市计划，有消息称触控科技未获得资本市场认可，其上市估值仅为 5.4 亿，与自身期望的 13 亿相去甚远。触控科技是否因此错过上市良机还不得而知，但是比较肯定的是触控科技在众手机游戏公司竞相上市的争夺上已经丧失了先机。目前，触控科技采用的策略“以手机游戏业务养平台业务”也存在问题，其平台的概念难以得到理解，如果触控科技想要确定并发展长远的平台，就必须向移动开发者证明 Cocos2d-x 引擎的货币化能力。

一、基础信息

1.1　基本信息

1.1.1　公司全称：北京触控科技有限公司

1.1.2　成立时间：2010 年

1.1.3　总部地点：北京

1.1.4　上市时间：计划上市中

1.1.5　企业性质：外商独资

1.1.6　联系方式

网址：http：//www.chukong-inc.com/

邮箱：contactus@chukong-inc.com

地址：北京市朝阳区京顺路 101 号人济大厦 A 座 2 层 100102

电话：4006661551

1.2 组织信息

1.2.1 管理层

陈昊芝 首席执行官

二、业务信息

2.1 主要产品与服务信息

主要产品：

Hello Hero 你好英雄 –3D 英雄收集、养成游戏

秦时明月 – 角色收集类武侠游戏

喜羊羊小顽皮 – 以“喜羊羊和灰太狼”为题材的物理解谜关卡游戏

龙域帝国 – 欧美写实风格的战争策略类游戏

凡人修真 – 以修真文化为原型，集合角色扮演、策略和冒险等元素的综合类游戏

一二三国 – 三国题材的卡牌游戏

寻宝连连看 – 连连看类解密游戏

合金风暴系列 – 回合类机甲弹射游戏

Ifighter– 角色扮演类飞行游戏

劲舞团 – 以跳舞为背景的模拟经营类游戏

乱斗堂 – 回合制战斗游戏

明珠轩辕 – 以中国古代神话背景为题材的角色扮演类游戏

帝王传 – 以三国时期为背景的策略类游戏

捕鱼达人系列 – 捕鱼为主题的经典休闲游戏

神的指意 – 剪纸风格的塔防、动作游戏

哼哈三国 – 回合制战斗游戏

进击的小怪物 – 集合休闲、策略的消除游戏

地下城与勇士 – “地下城与勇士”手机游戏版，街机格斗过关游戏

战国 – 战争策略类游戏

疯狂攀岩家 – 区别于传统奔跑模式的跑酷游戏

魂斗罗进化革命 – 经典热血动作设计游戏“魂斗罗”的翻版

时空猎人 – 即时魔幻格斗类游戏

2.2 覆盖范围

2.2.1 行业：手机游戏

2.2.2 主要客户：智能手机用户

2.2.3 业务区域：全国

2.3 收入结构：2014 年前八个月全部收入 1.75 亿，包括单机游戏、网游和广告收入

三、综合信息

3.1 发展定位：以支持、开发和发行移动游戏与世界联通，成为数字娱乐的领导者。

3.2 重要合作伙伴及供应商信息：北极光创投、思伟投资、红杉资本中国基金、纪源资本、新天域资本

蓝港在线

蓝港互动，即原蓝港在线，凭借其尖端的开发技术、敏锐的专业嗅觉，在成立的 7 年时间内，向手机、电脑游戏市场输送了大量高质量游戏。作为国内网络游戏的领导者，蓝港先后成立“西游记”、“佣兵天下”、“苍穹之剑”等代号的自主研发项目，并成功代理了《倚天剑与屠龙刀》、《神兽》、《黎明之光》等优质游戏，产品涉及回合制、角色扮演、休闲游戏、网页游戏及大型 3D 项目等类型。在中国游戏产业年会上，蓝港在 2007 年被评选为“年度十大新锐游戏企业”；2008 年、2009 年、2010 年连续三年荣获“年度十大网络游戏研发商”；2011 年获得“中国游戏行业金手指奖”；2013 年获得中国手机游戏大会颁发的“最佳手机游戏发行商”大奖。截至 2014 年底，蓝港已商业化十七款网络游戏，包括十款自主研发游戏和七款代理游戏，其中五款为手机游戏，四款为网页游戏，七款是客户端游戏，还有一款为客户端和网页的双端游戏。目前，蓝港已成长为拥有 800 多员工和自己独立 Call Center 客服中心的游戏公司，并且在全国 50 个城市都设立了办事机构。根据易观智库季度监测数据，截至 2014 年第 3 季度，蓝港互动占据中国移动游戏全平台发行市场 2.9% 的份额。

易观分析——

蓝港在线长期以来秉承“精品游戏”的理念，认真对待每一款游戏。其工作成员是具备多年行业经验的专家评估团队，对于游戏代理和引进有很高标准，也最大限度地保证了游戏质量。此外，蓝港具有与知名开发商合作的能力和经验，也具备高度敏锐的行业嗅觉，能合适的选择知名产品进行代理，并将其本地化以适应中国市场。虽然蓝港具有端游、页游和手机游戏的技术经验，但一直以来都只是潮流的追随者。端游时代，蓝港晚了三四年；页游时代，蓝港晚了两年；到了现在移动手机游戏时代，蓝港依然是一个迟到者。同时，作为手机游戏行业的“保守派”，其创新意识较为落后，盈利模式较为单一，仅靠研发，没有有效渠道进行推广，在产品同质化日益严重的市场中难以树立品牌特征。另外，近来手机游戏市场的繁重山寨行为扰乱了游戏开发和产品分销的正常秩序，势必也将给蓝港带来困扰。

一、基础信息

1.1 基本信息

1.1.1 公司全称：蓝港互动有限公司

1.1.2 成立时间：2007 年

1.1.3 总部地点：北京

1.1.4 上市时间：计划上市中

1.1.5 企业性质： 民营

1.1.6 联系方式

网址：http：//www.linekong.com/

地址：北京市海淀区海淀北一街 2 号首创拓展大厦

电话：(8610) 84170099

1.2 组织信息

1.2.1 管理层

王 峰 董事会主席、首席执行官、执行董事

二、业务信息

2.1 主要产品与服务信息

主要产品：

神之刃 –3D 卡牌类手机游戏

苍穹之剑 –3D 动作类手机游戏

王者之剑 –3D 格斗类手机游戏

黎明之光 –3D 双端（客户端 + 网页端）动作类游戏

三国演义 – 以三国历史为背景的角色扮演类网页游戏

大笑三国 – 西游记题材的回合制角色扮演类网页游戏

佣兵天下 –3D 玄幻题材的角色扮演类网络游戏

西游记 – 以西游记为背景的角色扮演类网络游戏

神兽 – 即时回合制骑战网络游戏

倚天剑与屠龙刀 – 以金庸武侠小说为题材的回合制武侠网络游戏

2.2 覆盖范围

2.2.1 行业：手机游戏、页游、网游

2.2.2 主要客户：智能手机用户及电脑用户

2.2.3 业务区域：全国

2.3 收入结构：2013 年蓝港互动的营业收入达到 5.2 亿元人民币，同比增长 93.6%。

三、综合信息

3.1 发展定位：成为一家受人尊敬的游戏公司

3.2 重要合作伙伴及供应商信息：奇虎 360、多玩游戏、游戏风云电视频道、PPS 游戏平台、PPTV 聚力、IS 游戏平台、起点游戏平台、91wan 网页游戏运营平台、金山网址导航、瑞星安全游戏、搜狗游戏中心、人人游戏、酷狗游戏、虎扑游戏、芒果游戏、4399 游戏吧等

中清龙图

作为国内优质网络游戏开发商和代理发行商，中清龙图拥有坚实的页游基础与合作推广平台，其开发的《九仙》、《天龙诀》等页游在登陆腾讯游戏平台后取得了不错的成绩，也积累了不少的技术和运营经验。2013 年 9 月，中清龙图获得神州泰岳 2 亿元人民币注资，并于 10 月开始组建团队，低调转型进入手机游戏

市场。作为中清龙图代理的第三款产品，《刀塔传奇》自登陆应用商店以来，一直稳居畅销榜前列，甚至在2014 年第 2 季度登顶 iOS 畅销榜榜首位置，在收入方面也位列前十。凭借《刀塔传奇》这一突破性的成功，中清龙图成功跻身行业第一梯队。根据易观智库季度监测数据，在 2014 年第 3 季度中国移动游戏全平台发行商竞争格局中，中清龙图以 17.0% 的市场份额位居第二，完成了从页游到手机游戏的成功转型。而作为其业务布局之一的“海外扩张”政策，中清龙图早在 2013 年 3 月已经完成了与海外发行平台乐檬互动的合并，希望能借此跃居世界研发与代理商之列。

易观分析——

同样前身作为页游的开发、运营商，中清龙图在 2013 年 9 月转入手机游戏市场时，正赶上了手机游戏发展的黄金发展期。公司采取“以质取胜”的策略，每年挑选不超过 6 款产品进行重点开发和精细化运营，并且摒弃了杂七杂八的付费模式，将玩家的整体体验需求放在首位，聚集了广大的消费者市场。在推广方面，企业采取整体运营的方式，一体包装，力在打造整体品牌。此外，与其他游戏发行商不同的是，在后续营销方面，企业不仅仅通过线上线下进行推广，在电视媒体、楼宇广告等传统媒介也有涉及。同时，在 2013 年完成与乐檬互动平台的合并也使得中清龙图具备了海外市场发行所积累的宝贵经验和先发优势，为其全球化发行布局做好了准备。但是，目前中清龙图必须摆脱的是单个游戏的品牌效应，就《刀塔传奇》而言，在 2014 年第 2 季度就创造了月流水近两亿的业绩，在中清龙图发行的众多游戏中一枝独秀，这无疑与其整体化策略背弃。另外，虽然现在手机游戏行业巨头已经初现，但仍不排除有新进者或竞争对手类似中清龙图凭借“刀塔传奇”一战成名的可能性，如何应对行业内异军突起的情况也应得到考虑。

一、基础信息

1.1　基本信息

1.1.1　公司全称：北京中清龙图网络技术有限公司

1.1.2　成立时间：2008 年

1.1.3　总部地点：北京

1.1.4　上市时间：未上市

1.1.5　企业性质：民营 股份制

1.1.6　联系方式

网址：http：//www.longtugame.com/

邮箱：xuxing@longtugame.com

地址：北京市朝阳区北苑路甲 13 号院 1 号楼 北辰泰岳大厦

电话：4006506760

1.2　组织信息

1.2.1　管理层

杨圣辉　首席执行官

二、业务信息

2.1 主要产品与服务信息

手机游戏：

刀塔传奇 – 以 DOTA 故事背景为题材的卡牌类手机网游

守护之光 –3D 即时动作类卡牌手机游戏

媚三国 –3D 即时战略类卡牌手机网游

网页游戏：

九仙 – 即时战斗的角色扮演网页游戏

天龙诀 – 武侠题材的网页游戏

神枪手 –3D 第一人称射击的网页游戏

武状元 – 以“射雕”为主要题材的武侠类网页游戏

足球风暴 – 以足球为题材的休闲竞技类网页游戏

2.2 覆盖范围

2.2.1 行业：手机游戏、页游

2.2.2 主要客户：智能手机用户及电脑用户

2.2.3 业务区域：全国

三、综合信息

3.1 发展定位：集研发、运营、发行于一身的综合性游戏领军企业

3.2 重要合作伙伴及供应商信息：腾讯游戏、facebook、Google、17173 游戏门户、新浪游戏、多玩游戏、256G 游戏门户、07073 游戏网、网易游戏、游久网、9u8u 游戏门户

乐逗

乐逗成立 3 年多以来，通过引进发行全球知名精品游戏，在国内游戏市场制造了不可忽视的影响力。作为海外游戏开发商最为信赖的手机游戏发行公司之一，乐逗代理发行了 Halfbrick、Imangi 等众多国际知名开发商的产品，《水果忍者》系列和《神庙逃亡》系列更掀起了“全民切水果”和“全民跑酷”的狂潮。同时，乐逗还致力于为游戏开发商打造“一站式”服务体系，包括游戏的二次设计、端口接入、持续优化、市场营销、发行、货币化、支付支持及用户相关的服务。在发行渠道方面，乐逗拥有自己的“乐逗游戏中心”，同时在其他娱乐游戏平台进行推广，并且与中国移动、中国联通、中国电信三大运营商建立了深度合作关系，结合其便利的支付手段，为用户提供了安全快捷的增值游戏服务。2011 年，乐逗先后获得“年度中国十大手机游戏平台”奖和“游戏互联十佳优秀开发者”奖，并于同年与 360、百度、腾讯等建立长期战略合作伙伴关系。2014 年 8 月 7 日，乐逗游戏母公司深圳创梦天地成功登陆纳斯达克，成为在美国上市的中国手机游戏行业先锋企业之一。根据易观智库季度监测数据，2014 年第 3 季度，乐逗游戏总营收为 2.945 亿元人民币，较去年同期增长 276.2%；而净利润达到 3740 万元人民币，同比增长 235.1%，占据中国移动游戏全平台发行市场 15.6% 的份额，位居第三，其依靠自身流量发展的规模效应已初见成效。

易观分析——

作为海外游戏开发商最为信赖的国内手机游戏发行公司之一，乐逗游戏代理了众多国际知名开发商的明星产品，其中就包括《水果忍者》和《神庙逃亡》，这使乐逗游戏成为手机游戏市场不容忽视的中坚力量。公司拥有完善的产品线，发行了多种类型的多款游戏，也拥有丰富的储备资源。此外，乐逗游戏拥有其所有发行游戏产品的源代码，并能根据国内市场的特点，在原产品基础上进行机型适配、计费点优化、第三方支付等二次开发，从而降低开发商与渠道商的不对等程度，并降低发行的失败率。在发行渠道方面，乐逗与三大运营商及腾讯等企业存在合作关系，同时拥有自己的“乐逗游戏中心”和用户社区，具备广阔的推广渠道，可以通过这些渠道为用户提供便利支付、电信增值等服务来加强用户忠诚度和互动性。相对于单纯代理，乐逗也开始进军产业链上游，涉足游戏开发，如控股深圳翼特和深圳卓游开发《极品飞车》，抑或一次性买断第三方开发的游戏。尽管距离组建自己的研发团队还有一段距离，但是乐逗也开始慢慢完成从发行商到开发、发行、营运全方面的转变。2014年8月7日，乐逗游戏成功在美国纳斯达克上市，也意味着乐逗将进一步强化其资本实力，获得更多代理、营运的机会，从而产生规模效应；此外，也有利于其实施全球化品牌战略。

尽管乐逗游戏2014年毛利率提高至41.8%，但研发、渠道和运营成本仍压缩了大部分利润空间，要想获得更大的利润，必然需要在这三者上再下功夫。同时，如何加强游戏的黏性，如何延长游戏的寿命从而增加游戏的生命力因素也是值得考虑的。此外，国内各大平台都在力争代理海外经典游戏，代理费用将被一再推高，乐逗能否持续性代理海外优质游戏还不得而知。

一、基础信息

1.1　基本信息

1.1.1　公司全称：深圳市创梦天地科技有限公司

1.1.2　成立时间：2011年

1.1.3　总部地点：深圳

1.1.4　上市时间：2014年8月7日 美国纳斯达克上市

1.1.5　企业性质：民营

1.1.6　联系方式

网址：http：//www.idreamsky.com/

邮箱：business@idreamsky.com

地址：深圳市南山区科苑北路科兴科学园A3单元16层

电话：0755-86110235

1.2　组织信息

1.2.1　管理层

陈湘宇　首席执行官

二、业务信息

2.1　主要产品与服务信息

主要产品：

烈焰遮天 –3D 角色扮演类动作网游

神魔 – 角色扮演类动作冒险网游

妖姬 OL– 集合策略塔防的角色扮演类网游

天降 – 及时对战的卡牌类网游

封神热 – 集合角色扮演和元素消除的休闲网游

剑仙传 – 以修仙为题材的角色扮演类网游

封神劫 – 集合策略、养成融合、角色扮演的网游

斗神决 – 角色扮演类战斗过关网游

名将决 – 策略塔防类网游

龙印 OL– 角色扮演类武侠网游

时空猎人 – 即时魔幻格斗类游戏

风云天下 OL– 以《三国演义》为题材的战争策略类网游

枭雄三国 – 战争策略类网游

跑跑西游 – 战斗模式的跑酷游戏

霹雳台球 – 台球类休闲游戏

水果忍者系列 – 经典“切水果”休闲益智游戏

极速飞车 – 集合竞速和射击的赛车游戏

果宝三国 – 以《果宝特攻》为原型的机甲风角色扮演类动作游戏

涂鸦跳跃 – 技巧跳跃性休闲游戏

索尼克冲刺 –3D 跑酷类游戏

地铁跑酷 –3D 跑酷类游戏

勇者联盟 – 像素风格的休闲游戏

中国娃娃餐厅 – 中国娃娃主题的餐厅经营养成类游戏

小鸟爆破狂热 – 元素消除类游戏

神庙逃亡系列 – 经典跑酷游戏

口袋德州扑克 – 棋牌类益智休闲游戏

疯狂喷气机 – 跑酷类游戏

2.2　覆盖范围

2.2.1　行业：手机游戏

2.2.2　主要客户：智能手机用户

2.2.3　业务区域：全国

2.3　收入结构：2014 年第 3 季度，乐逗游戏总营收约 2.935 亿元人民币，其中休闲游戏收入约占 85%；中重度网游的营收约为 15%。

三、综合信息

3.1　发展定位：致力于打造国际一流的手机游戏公司，为用户带来高品质的游戏体验

3.2　重要合作伙伴及供应商信息：Halfbrick 游戏公司、Imangi Studios 工作室、Kiloo Game 游戏公司、Gameloft 游戏公司、Enfeel 游戏公司、迪士尼、Rovio 娱乐、世嘉游戏、乐动卓越、Joycity 公司、中国移动通信、中国电信、中国联通、360 手机助手、腾讯、九游游戏门户、新浪游戏、电玩巴士平台等

飞流

飞流作为行业领先的移动游戏发行和运营商，致力于向客户提供精品游戏，在成立 5 年时间内推出了《攻城掠地》及多款三国题材游戏，获取了不少市场份额。同时，飞流也将搭建以兴趣为基础的移动娱乐社区作为用户交流平台，并通过此平台进行游戏推广与用户信息采集。另外，飞流独有的开发者选项为个人开发商提供了扶持及推广平台，为企业开发商提供了深入商务合作的机会。截至 2013 年 12 月 31 日，飞流累计注册的用户账号数达 1.069 亿，月度活跃用户账号数达 2040 万。在游戏市场方面，根据易观智库季度监测数据，2014 年上半年中飞流成为发行精品数量最多的移动游戏开发商，共有 11 款游戏进入 iOS 畅销榜 Top100；与此同时，飞流在 2014 年第 3 季度中国移动游戏全平台发行商竞争格局中也占据了 7.8% 的份额，在激烈的市场竞争中占得先机。

易观分析——

飞流作为 2012 年被网秦收购的子公司，在资金方面有强大后盾支撑。同时，也通过自身业务的发展为网秦带来了可观的收入。其在游戏的发行数量方面有巨大优势，奉行“以多取胜”的战略，凭借 6700 万大基数的智能用户群和覆盖 iOS、Android、WP 和 Symbian 主流移动智能系统的网状平台，也使其发行的众多游戏中精品迭出。飞流拥有国内－海外的双向渠道，不仅能够将海外优质游戏引入中国市场，也能帮助中国手机游戏开发者开拓海外市场。然而，作为游戏发行商，飞流没有自己研发的游戏产品，与其说是移动游戏发行商和运营商，不如说是定位服务于开发商和内容提供商，飞流在整个产业链的环节中仅仅充当的是数据采集，并将意见反馈的角色。除此而外，尽管飞流具备强大的学习能力和重视用户导向的意识，但在游戏开发方面没有任何经验，在越来越多开发商选择自主发行的市场争夺中必将处于劣势。

一、基础信息

1.1　基本信息

1.1.1　公司全称：北京飞流九天科技有限公司

1.1.2　成立时间：2009 年

1.1.3　总部地点：北京

1.1.4　上市时间：尚未上市

1.1.5　企业性质：民营

1.1.6　联系方式

网址：http：//www.feiliu.com/

地址：北京市东城区和平里东街 11 号雍和航星科技园 2 号楼

电话：(8610) 84229729

1.2 组织信息

1.2.1 管理层

倪县乐 首席执行官

二、业务信息

2.1 主要产品与服务信息

主要产品：

啪啪三国 – 三国题材的 3D 策略类卡牌游戏

攻城掠地 – 国战题材的战争策略类游戏

全民斗三国 – 三国题材的即时对战游戏

三国战神 – 以三国为背景写实的策略类角色扮演游戏

战地坦克 – 坦克主题的战斗游戏

三国艳义 – 三国背景下的策略卡牌养成游戏

我去西游 – 西游记主题的角色扮演类卡牌游戏

战魂西游 – 西游记题材的角色扮演类格斗游戏

火力全开 – 经典军事战略类游戏

2.2 覆盖范围

2.2.1 行业：手机游戏

2.2.2 主要客户：智能手机用户

2.2.3 业务区域：全国

2.3 发展情况：2014 年上半年，飞流发行的精品游戏进入 iOS 畅销榜共有 11 款，居行业首位。同时，飞流在中国移动游戏 iOS 发行市场，以 12.8% 的市场份额位居第二；在 Andriod 榜中以 4.6% 的份额位居第六。

三、综合信息

3.1 发展定位：通过游戏平台向用户提供应用、服务、社区交流以及移动游戏

3.2 重要合作伙伴及供应商信息：腾讯、完美世界、天津象形科技、世纪鹤图、北京锐德无限、中国移动、中兴集团等

中国网络游戏行业中的其他企业名录节选如下表：

表 16 中国网络游戏行业企业名录节选

领域	厂商	备注
综合	腾讯游戏	简要分析见前述　数据分析及详细分析见易观智库企业库
综合	网易游戏	简要分析见前述　数据分析及详细分析见易观智库企业库
综合	盛大游戏	简要分析见前述　数据分析及详细分析见易观智库企业库
综合	完美世界	简要分析见前述　数据分析及详细分析见易观智库企业库

续表

领域	厂商	备注
网页游戏	第七大道	简要分析见前述　数据分析及详细分析见易观智库企业
网页游戏	墨麟	简要分析见前述　数据分析及详细分析见易观智库企业
网页游戏	37 游戏	简要分析见前述　数据分析及详细分析见易观智库企业
网页游戏	YY 游戏	简要分析见前述　数据分析及详细分析见易观智库企业
网页游戏	游族网络	简要分析见前述　数据分析及详细分析见易观智库企业
手机游戏开发商	触控科技	简要分析见前述　数据分析及详细分析见易观智库企业
手机游戏开发商	蓝港在线	简要分析见前述　数据分析及详细分析见易观智库企业
手机游戏开发商	中清龙图	简要分析见前述　数据分析及详细分析见易观智库企业
手机游戏开发商	乐逗	简要分析见前述　数据分析及详细分析见易观智库企业
手机游戏开发商	飞流	简要分析见前述　数据分析及详细分析见易观智库企业
综合	搜狐畅游	简要分析见前述　数据分析及详细分析见易观智库企业
开发商	人人游戏	简要分析见前述　数据分析及详细分析见易观智库企业
开发商	掌趣科技 – 动网先锋	简要分析见前述　数据分析及详细分析见易观智库企业
开发商	Forgame	数据分析及详细分析见易观智库企业库
开发商	骏梦游戏	数据分析及详细分析见易观智库企业库
开发商	昆仑在线	数据分析及详细分析见易观智库企业库
客户端游戏	光宇在线	数据分析及详细分析见易观智库企业库
客户端游戏	金山游戏	数据分析及详细分析见易观智库企业库
客户端游戏	九城	数据分析及详细分析见易观智库企业库
客户端游戏	久游网	数据分析及详细分析见易观智库企业库
客户端游戏	巨人网络	数据分析及详细分析见易观智库企业库
客户端游戏	空中网	数据分析及详细分析见易观智库企业库
客户端游戏	联众	数据分析及详细分析见易观智库企业库
客户端游戏	麒麟游戏	数据分析及详细分析见易观智库企业库
客户端游戏	世纪天成	数据分析及详细分析见易观智库企业库
客户端游戏	网龙	数据分析及详细分析见易观智库企业库
客户端游戏	游戏蜗牛	数据分析及详细分析见易观智库企业库
客户端游戏	中华网	数据分析及详细分析见易观智库企业库
网页游戏	360 游戏	数据分析及详细分析见易观智库企业库
网页游戏	51wan	数据分析及详细分析见易观智库企业库
网页游戏	7k7k	数据分析及详细分析见易观智库企业库
网页游戏	91wan	数据分析及详细分析见易观智库企业库
网页游戏	PPS 网页游戏	数据分析及详细分析见易观智库企业库
网页游戏	起点游戏	数据分析及详细分析见易观智库企业库

续表

领域	厂商	备注
网页游戏	趣游	数据分析及详细分析见易观智库企业库
网页游戏	迅雷游戏	数据分析及详细分析见易观智库企业库
网页游戏	百度游戏	数据分析及详细分析见易观智库企业库
网页游戏	风行游戏	数据分析及详细分析见易观智库企业库
网页游戏	烽火战国	数据分析及详细分析见易观智库企业库
网页游戏	九娱网络	数据分析及详细分析见易观智库企业库
网页游戏	恺英网络	数据分析及详细分析见易观智库企业库
网页游戏	锐战网络	数据分析及详细分析见易观智库企业库
网页游戏	上海江游	数据分析及详细分析见易观智库企业库
网页游戏	淘米	数据分析及详细分析见易观智库企业库
网页游戏	天神互动	数据分析及详细分析见易观智库企业库
网页游戏	心动游戏	数据分析及详细分析见易观智库企业库
网页游戏	要玩娱乐	数据分析及详细分析见易观智库企业库
网页游戏	游戏谷	数据分析及详细分析见易观智库企业库
开发商	互爱科技	详细分析见易观智库企业库
开发商	淘米	详细分析见易观智库企业库
开发商	游戏谷	详细分析见易观智库企业库
开发商	掌趣科技	详细分析见易观智库企业库
客户端游戏	中青宝	详细分析见易观智库企业库
网页游戏	百度游戏	详细分析见易观智库企业库
网页游戏	风行网页游戏	详细分析见易观智库企业库
手机游戏开发商	艾格拉斯	详细分析见易观智库企业库
手机游戏开发商	博雅互动	详细分析见易观智库企业库
手机游戏开发商	呈天游	详细分析见易观智库企业库
手机游戏开发商	广州谷得	详细分析见易观智库企业库
手机游戏开发商	互爱科技	详细分析见易观智库企业库
手机游戏开发商	辉悦天成	详细分析见易观智库企业库
手机游戏开发商	拉阔游戏	详细分析见易观智库企业库
手机游戏开发商	美峰数码	详细分析见易观智库企业库
手机游戏开发商	美通无线	详细分析见易观智库企业库
手机游戏开发商	摩卡世界	详细分析见易观智库企业库
手机游戏开发商	慕和网络	详细分析见易观智库企业库
手机游戏开发商	品志文化	详细分析见易观智库企业库
手机游戏开发商	神奇时代	详细分析见易观智库企业库

续表

领域	厂商	备注
手机游戏开发商	随手互动	详细分析见易观智库企业库
手机游戏开发商	顽石互动	详细分析见易观智库企业库
手机游戏开发商	象形科技	详细分析见易观智库企业库
手机游戏开发商	华谊兄弟 – 银汉科技	详细分析见易观智库企业库
手机游戏开发商	掌趣科技	详细分析见易观智库企业库
手机游戏开发商	掌上明珠	详细分析见易观智库企业库
手机游戏开发商	掌上世界	详细分析见易观智库企业库
手机游戏开发商	掌中酷袖	详细分析见易观智库企业库
手机游戏开发商	中国手机游戏娱乐集团	详细分析见易观智库企业库
手机游戏发行商	掌趣科技	详细分析见易观智库企业库
手机游戏平台商	爱游戏	详细分析见易观智库企业库
手机游戏平台商	当乐	详细分析见易观智库企业库
手机游戏平台商	多酷	详细分析见易观智库企业库
手机游戏平台商	机锋	详细分析见易观智库企业库
手机游戏平台商	九游	详细分析见易观智库企业库
手机游戏平台商	斯凯	详细分析见易观智库企业库
手机游戏平台商	小米	详细分析见易观智库企业库
手机游戏平台商	中国移动	详细分析见易观智库企业库
手机游戏平台商	中国电信	详细分析见易观智库企业库
手机游戏平台商	中国联通	详细分析见易观智库企业库

基础应用与服务

搜索

百度搜索

百度是全球最大的中文搜索引擎、最大的中文网站，在综合搜索、无线搜索等领域均占据显著优势。从创立之初，百度便将“让人们最平等、便捷地获取信息，找到所求”作为自己的使命，成立以来，公司秉承“以用户为导向”的理念，不断坚持技术创新，致力于为用户提供“简单，可依赖”的互联网搜索产品及服务，在以搜索为核心服务的基础上，开展了搜索服务、导航服务、社区服务、游戏娱乐、软件工具、硬件工具、移动服务等多方面，几乎覆盖了互联网服务领域的各个方面。近年来，百度加大了国际化力度，2007 年至 2008 年，相继推出日语版本的网页搜索、图片搜索、视频搜索与博客搜索。2014 年 7 月 17 日，百度葡萄牙语版搜索在巴西正式上线提供服务，成为中巴两国加强技术创新领域合作的重要标志。

据百度 2014 年 10 月 30 日发布的截至 9 月 30 日发布的 2014 财年第 3 季度未经审计财报披露，2014 年百度总营收为人民币 490.52 亿元（约合 79.06 亿美元），比 2013 年增长 53.6%。百度第 3 季度总营收为人民币 135.20 亿元，同比增长 52%；第 3 季度净利润为人民币 38.76 亿元，同比增长 27.2%。其中网络营销营收为人民币 484.95 亿元（约合 78.16 亿美元），比 2013 年增长 52.5%。而这营销营收中，主要由搜索服务贡献。

2014 年，百度继续加强移动领域产业链和生态圈的建设，在移动端产品和服务的各个层面显示出了绝对优势。据易观智库监测数据，截至 2014 年第 2 季度，百度搜索访问次数占整体搜索访问总量的市场份额为 70.90%；2014 年第 4 季度，在未含渠道收入的中国搜索引擎运营商市场收入份额中，百度占到 79.48%，移动营收在百度总营收中占比 36%。

易观分析——

据百度 2014 年第 4 季度财报，百度在该季度对技术研发投入 21.36 亿元人民币（约合 3.442 亿美元），比去年同期增长 69.0%，将利用持续增长的研发投入夯实自身的技术实力，扩大在互联网市场中的竞争力；

百度移动端产品布局较为完善，面对用户搜索需求的提升，在"搜索框 + 关键词"的传统服务模式下，对搜索结果体验方面做了大幅度改进，陆续推出基于语义搜索、知心搜索与知识图谱的相关产品；

随着互联网由 PC 端向移动端的转移，互联网市场产生很多不确定性因素，对互联网公司的挑战也将进一步加大。目前，百度 PC 端优势不能完全迁徙到移动端，应用内搜索创新形式需要进一步挖掘探索；

阿里巴巴集团的上市以及对搜索服务的布局，奇虎 360 在搜索引擎渠道入口地位的日益巩固，以及来自腾讯、搜狗等竞争对手的强劲挑战，百度将面临各大互联网巨头以及专注于移动互联网的企业的强烈竞争。

一、基础信息

1.1 基本信息

1.1.1 公司全称：百度在线网络技术有限公司

1.1.2 成立时间：2000 年 1 月

1.1.3 总部地点：北京市

1.1.4 上市时间：2005 年（美国纳斯达克）

1.1.5 企业性质：股份有限公司

1.1.6 资本信息：注册资本 4520 万美元

1.1.7 联系方式

网址：http：//www.baidu.com/

地址：北京市海淀区上地十街 10 号百度大厦

电话：010-59928888

1.2 组织信息

1.2.1 人员规模：员工人数超过 17000 人

1.2.2 管理层

李彦宏 董事长、首席执行官

二、业务信息

2.1 主要产品与服务信息

百度：

搜索服务：百度网页搜索、百度视频、百度音乐、百度地图、百度新闻、百度图片、百度词典、百度常用搜索，以及百度盲道、百度老年搜索、百度专利搜索、百度教育网站搜索

除搜索服务外，百度构建了更为丰富的服务 / 产品生态，包括：

导航服务：hao123、百度网站、百度团购

社区服务：百度文库、百度空间、百度百科、百度贴吧、百度知道、百度搜藏、百度经验、百度阅读、百度身边、百度旅游、百度新知、百度相册、百度校园、百度选车、百度 MP3 音乐掌门人

游戏娱乐：百度游戏、百度应用、百度音乐、百度娱乐

站长服务：百度开放平台、百度站长平台、百度统计、百度联盟、百度推广、百度广告管家、百度数据研究中心、百度搜索风云榜、百度指数、百度分享、百度移动统计

软件工具：百度浏览器、百度影音、百度 hi、百度工具栏、百度阅读器、百度输入法、千千静听、百度杀毒、百度卫士、百度浏览伴侣、百度软件、百度钱包、百度电脑管家

硬件工具：小度路由、小度 TV、小度 Wi-Fi、百度影棒

其他服务：百度翻译、百度寻入、百度公益、百度公益、百度文档、知道买什么、dulife

新上线：百度认证、百度壁纸、百度桌面、百度魔图、百度一键 Root

移动类产品：百度移动搜索、百度移动应用、百度地图、百度手机浏览器、百度手机输入法、百度桌面、掌上百度、百度云智能终端平台、百度视频、hao123、百度新闻、百度壁纸、百度身边、百度云、百度魔图、百度通讯录、百度贴吧（移动）、百度知道（移动）、百度百科（移动）、百度旅游（移动）、百度文库（移动）、百度音乐（移动）、小说搜索、百度云 ROM、轻应用

百度旗下：爱奇艺 PPS、有啊、百付宝、百度乐居、下空下载、百伯、天空游戏网、91 助手

2.2 覆盖范围

2.2.1 行业：搜索引擎为核心的网络信息服务

2.2.2 主要客户：全网用户与组织机构

2.2.3 业务区域：全国

2.3 收入结构：百度营收以营销为主，2014 年营销营收占整体营收的 98.86%

三、综合信息

3.1 发展定位：以“让人们最平等、便捷地获取信息，找到所求”为使命，致力于为用户提供“简单，可依赖”的互联网搜索产品及服务。

3.2 重要合作伙伴及供应商信息：新浪微博、搜房、CBSi 集团、盛拓传媒、天极传媒、凤凰新媒体、盛大、CNTV、新东方在线、百合网、去哪儿、拉手网等

360 综合搜索（好搜）

360 综合搜索是奇虎 360 科技有限公司于 2012 年推出的搜索服务，并于 2015 年 1 月正式更名为“好搜”。360 综合搜索（好搜）是奇虎“三级火箭”中的第三级，肩负着前端变现的使命，自 2012 年宣布搜索商业化以来，不断取得可观的成绩。360 综合搜索（好搜）也一直坚守着自己的发展目标，在综合搜索领域，向着流量份额三年每年提升 10 个百分点的目标努力。2014 年 5 月 360 综合搜索（好搜）正式展开移动搜索业务布局，并在 2015 年宣布启用全新品牌名称“好搜”的同时，推出独立应用产品。

搜索业务的营收则主要由广告收入构成。根据奇虎 360 发布的截至 9 月 30 日的 2014 财年第 3 季度未经审核的财报，奇虎 360 第 3 季度总营收 3.764 亿美元，同比增长 100.3%；净利润 5770 万美元，同比增长 29.7%。其中在线广告营收为 2.019 亿美元，比去年同期增长 67.2%，比上一季度增长 17.9%。

易观分析——

安全产品与桌面产品为奇虎 360 打下了雄厚的后台用户基础，作为搜索广告的后入者，在广告市场给予广告主搅动市场的议价能力。

2014 年奇虎 360 的 PC 端搜索业务获取的流量份额持续上升，搜索变现能力稳步提升，但其技术积累和投入相对百度尚浅，短期赶上百度还有很大难度，需加大研发投资力度，优化搜索体验。在移动端，其移动搜索产品起步略晚，同时除奇虎 360 手机安全外，还不具备更具竞争力的移动互联网产品，因此移动端搜索业务较 PC 端尚未找到合适的突破口。其在移动端的发展战略还需进一步规划，急待新的突破口，早日开展流量争夺。

一、基础信息

1.1 基本信息

1.1.1 公司全称：奇虎 360 科技有限公司

1.1.2 成立时间：2005 年 9 月

1.1.3 总部地点：北京市

1.1.4 上市时间：2011 年 3 月 30 日（美国纽约证券交易所）

1.1.5 企业性质：民营企业

1.1.6 资本信息：总市值 85.11 亿

1.1.7 联系方式

网址：http：//www.so.com/

地址：北京市朝阳区酒仙桥路 6 号院电子城国际电子总部 100015

电话：86-10-5878-1000

1.2 组织信息

1.2.1 人员规模：员工 1300 多名

1.2.2 管理层

周鸿祎 董事长、首席执行官

二、业务信息

2.1 主要产品与服务信息

360 搜索服务主要为 360 综合搜索（好搜）：提供的直接搜索服务内容包括：新闻、网页、问答、视频、图片、音乐、地图、良医、百科、购物、软件、指数、学术

移动端应用产品：好搜

除搜索服务外，奇虎 360 构建了更为丰富的服务 / 产品生态，主要产品包括：

360 电脑软件：360 安全卫士、360 杀毒、360 安全浏览器、360 极速浏览器、网游加速器、驱动大师、360 系统急救箱、360 云盘、儿童安全桌面、360 游戏保险箱、360 免费 Wi-Fi、360 游戏大厅、360 企业版、360 压缩、鲁大师、360 急救盘、安全桌面、私有云安全、网购先赔、XP 遁甲、系统重装大师

360 手机软件：360 手机卫士、360 手机助手、360 手机 /pad 浏览器、360 手机桌面、360 卫士极客版、360 清理大师、360 安全换机、360 安全通讯录、360 影视大全、360 云盘手机版、360 天气、360 省电王、360 流量卫士、360 超级 ROOT、360 锁屏、文件管理器、一键 ROOT、平板卫视、手机专家

智能硬件：360 随身 Wi-Fi、360 安全路由、360 防丢卫士、360 家庭卫士、360 儿童卫士、360 特供机、360 智键、奇酷网

主要服务包括：

理赔举报：理赔中心、安全监测、举报平台、申诉专区

个人服务：360 导航、360 影视、360 购物搜索、360 儿童、雷电手机搜索、360 电脑专家、360 同城帮、软件宝库、手机应用中心等、游戏（网页游戏、手机游戏、小游戏）

企业服务：360 点睛营销平台、360 奇胜效果联盟、360 卫士企业版、360 私有云安全、360 网站卫士、360 软件安全监测、360 网站安全监测、360 研究报告、360 开放平台大全、360 移动开放平台

2.2 覆盖范围

2.2.1 行业：搜索

2.2.2 主要客户：全网用户

2.2.3 业务区域：全球（以中国为主）

2.3 收入结构：360 综合搜索（好搜）主要以广告收入为主。除此以外，其背后运营商奇虎 360 主要依靠在线广告、游戏及互联网、增值业务创收。根据奇虎 360 发布的截至 9 月 30 日的 2014 财年第 3 季度未经审核的财报，奇虎 360 第 3 季度总营收 3.764 亿美元，同比增长 100.3%；净利润 5770 万美元，同比增长 29.7%。其中在线广告营收为 2.019 亿美元，比去年同期增长 67.2%，比上一季度增长 17.9%。

三、综合信息

3.1 发展定位：致力于为用户提供更精准、更快捷、更安全的搜索服务

3.2 重要合作伙伴及供应商信息：中国移动、Microsoft、中国电信、Google、英特尔、域名行业发展联盟、中国国家漏洞库等

搜狗搜索

搜狗搜索是搜狐公司于 2004 年 8 月 3 日推出的第三代互动式中文搜索引擎，致力于中文互联网信息的深度挖掘。搜狗主要经营搜狐公司的搜索业务，同时还推出搜狗输入法、免费邮箱、企业邮箱、新闻、音乐等业务。2010 年 8 月 9 日搜狐与阿里巴巴宣布将分拆搜狗成立独立公司，引入战略投资，2013 年 9 月 16 日，腾讯向搜狗注资 4.48 亿美元，并将旗下的腾讯搜搜业务和其他相关资产并入搜狗。2014 年 5 月 8 日，搜狗搜索宣布启用全新 LOGO，是搜狗搜索第一次拥有自己独立标识，同时，搜狗搜索还正式发布移动搜索 APP，开始为用户带来跨终端的搜索服务，新的 LOGO 也将应用在移动搜索中。获得腾讯强有力资源支撑的搜狗在 2014 年正不断布局移动搜索，2014 年 6 月 9 日正式上线“微信公众平台搜索”，进入移动搜索的正面战场。

搜狗 2014 年第 4 季度营业收入为 1.19 亿美元，同比增长 70%，净利润为 1800 万美元。2014 年全年，搜狗营业收入达 3.86 亿美元，同比增长 79%，净利润达 3300 万美元。以上数据预示着搜狗迎来历史上最好时期，将会是搜索领域一个不容忽视的力量。

易观分析——

搜狗拥有几乎完备的全线互联网搜索服务产品，能够针对用户在上网获取信息时的需求，在多个环节提供相关的功能服务，让用户更高效的使用互联网服务；

2014 年搜狗进一步实现规模性盈利扩张，预示着搜狗正式步入规模性盈利通道；

与腾讯展开合作以来，搜狗与腾讯的融合一直处于良好态势，搜狗 PC 搜索和移动搜索已全面入驻腾讯版图，为腾讯网、QQ 浏览器、腾讯导航站的海量用户提供全面搜索服务，扩大了搜狗搜索的用户覆盖；

搜狗与腾讯联合推出的微信公众平台搜索，帮助搜狗成为唯一具备微信搜索功能的搜索引擎，扩大了搜狗与竞争对手的差异，竞争力增强。

一、基础信息

1.1 基本信息

1.1.1 公司全称：北京搜狗网络技术有限公司

1.1.2 成立时间：2004 年 8 月 3 日

1.1.3 总部地点：北京

1.1.4 上市时间：未上市

1.1.5 企业性质：有限责任公司（台港澳法人独资）

1.1.6 资本信息：注册资本 10 万美元

1.1.7 联系方式

网址：http：//www.sogou.com/

地址：北京市海淀区中关村东路 1 号院 9 号楼威新国际大厦　100080

电话：010-62728080

1.2 组织信息

1.2.1 管理层

王小川 首席执行官

二、业务信息

2.1 主要产品与服务信息

搜狗的产品线主要包括网页应用和桌面应用两大部分：

网页应用：微信搜索、网页搜索、网址导航、搜狗金榜、其他搜索（音乐搜索、图片搜索、新闻搜索、地图搜索、博客搜索、视频搜索、问问、搜狗百科）

桌面工具：简介、搜狗拼音输入法、搜狗五笔输入法、搜狗手机输入法、搜狗高速浏览器、搜狗壁纸

手机软件：搜狗搜索、搜狗手机输入法、搜狗手机助手、搜狗号码通、搜狗手机地图、搜狗语音助手、搜狗手机浏览器、搜狗公交、搜狗路况导航、搜狗游戏盒子

其他产品：搜狗实验室、搜狗指数、商机搜索

2.2 覆盖范围

2.2.1 行业：互联网搜索引擎、互联网应用工具

2.2.2 主要客户：全网用户

2.2.3 业务区域：全国

2.3 收入结构：搜狗营收主要来源于在线广告、流量分发、增值服务。具体收入结构不详

三、综合信息

3.1 发展定位：搜狗以搜索技术为核心，致力于中文互联网信息的深度挖掘，帮助中国上亿网民加快信息获取速度，为用户创造价值。

3.2 重要合作伙伴及供应商信息：搜狐、腾讯、中网等

神马搜索

神马搜索是由移动浏览器服务平台 UC 优视于 2014 年 4 月 28 日推出的移动搜索引擎新品牌，该搜索品牌由 UC 优视与阿里巴巴合作发布，整合了阿里巴巴集团的“一搜”团队和全网搜索业务，主要专注移动互联网的搜索引擎，致力于为用户创造方便、快捷、开放的移动搜索新体验。神马搜索除已具特色的 APP 搜索、购物搜索和小说搜索外，最独特的体验在于提供淘宝的购物入口。2014 年 5 月 5 日，UC 董事长兼 CEO 俞永福宣布，神马移动搜索月活跃用户已突破 1 亿，在国内移动搜索市场用户渗透率突破 20%。神马搜索未来将会在用户搜索输入方式，用户搜索结果呈现以及个性化搜索三条线的延展上进行创新，做更具创意的移动搜索引擎产品。

作为神马搜索的载体，目前，UC 浏览器的全球用户数已经突破 5 亿，根据易观智库监测数据显示，2014 年第 4 季度，其在国内第三方移动浏览器活跃用户覆盖率为 35.2%，位居第二。依托于 UC 浏览器和来自阿里巴巴的庞大资源，神马将对已有移动搜索业务造成冲击，并推动国内移动搜索市场变局。

易观分析——

神马搜索以手机为中心进行设计，颠覆了市场上现有移动搜索仅仅是将“PC 搜索无线化”的设计思维，更能满足用户在向移动端迁移过程中产生的各种新需求，符合移动用户的真实需求和习惯；

神马搜索背后有阿里云搜索数年的技术积累，又经过了 UC 浏览器超过 5 亿用户的测试，UC 浏览器是神马搜索很好的起步支撑，神马搜索一开始已经具备一定的竞争力；

神马搜索已开发出的 APP 搜索、购物搜索、小说搜索等具备各自的产品特色，建立了不错的用户口碑，目前神马搜索设计团队正在加紧推动语音搜索、图片搜索等功能的创新，将为神马搜索在移动搜索领域带来进一步的发展；

神马搜索是由全球用户量最大的移动浏览器 UC 优视与中国互联网行业领军企业阿里巴巴共同发起组建的创业团队，由来自微软、谷歌、百度、360 等国内 IT 公司的资深员工组成，具有巨大的技术创新与开发潜力。

一、基础信息

1.1 基本信息

1.1.1 公司全称：UC 优视科技有限公司

1.1.2 成立时间：2004

1.1.3 总部地点：广东省广州市

1.1.4 上市时间：未上市

1.1.5 企业性质：UC 优视为阿里巴巴旗下全资子公司（2014 年 6 月 11 日）

神马移动为合资公司（UC 占股 70%、阿里占股 30%）

1.1.6 资本信息：不详

1.1.7 联系方式

网址：http：//m.sm.cn/（神马搜索）

http：//www.uc.cn/（UC 优视）

客服微信：ucwebkf

地址：北京市海淀区成府路 28 号优盛大厦 A 座 12 层 10083

电话：020-66826682（UC24 小时客服热线）

010-59610022（北京公司）

1.2 组织信息

1.2.1 人员规模：UC 优视员工数已超过 2500 人

1.2.2 管理层

俞永福 阿里 UC 移动事业群总裁

二、业务信息

2.1 主要产品与服务信息

在产品上，神马搜索已经开发出了 APP 搜索、购物搜索、小说搜索三个针对移动搜索刚需的特色功能，正在加紧推动语音搜索、图片搜索等功能的创新。

其背后 UC 优视集团的主要产品：UC 浏览器、神马搜索、UC 九游、PP 助手、U3 内核、UC 乐园、UC 桌面、来电通、UC 影音、UC 迅雷、UC 保险箱、UC 快拍

2.2 覆盖范围

2.2.1 行业：互联网移动搜索（神马搜索）

2.2.2 主要客户：全网用户

2.2.3 业务区域：全球

三、综合信息

3.1 发展定位：神马搜索将自身定位为“全球移动搜索的创新者”，旨在“打造中文移动搜索第一品牌”。

3.2 重要合作伙伴及供应商信息：阿里巴巴、中网、晨兴投资、联创策源、诺基亚成长伙伴等

中国搜索服务行业中的其他企业名录节选如下表：

表 17 中国搜索服务行业企业名录节选

领域	厂商	备注
搜索	百度	简要分析见前述　数据分析及详细分析见易观智库企业
搜索	奇虎 360	简要分析见前述　数据分析及详细分析见易观智库企业
搜索	搜狗	简要分析见前述　数据分析及详细分析见易观智库企业
搜索	神马搜索	简要分析见前述　数据分析及详细分析见易观智库企业
搜索	Google	简要分析见前述　数据分析及详细分析见易观智库企业
搜索	有道搜索	数据分析及详细分析见易观智库企业库
搜索	搜搜	数据分析及详细分析见易观智库企业库
搜索	中搜	详细分析见易观智库企业库
搜索	易查搜索	详细分析见易观智库企业库
搜索	盘古搜索	详细分析见易观智库企业库
搜索	必应	详细分析见易观智库企业库
搜索	儒豹搜索	详细分析见易观智库企业库
搜索	宜搜	详细分析见易观智库企业库
搜索	新浪爱问	详细分析见易观智库企业库
搜索比价	一淘网	详细分析见易观智库企业库
搜索比价	网易惠惠	详细分析见易观智库企业库

即时通讯

腾讯 -QQ

QQ 是腾讯旗下即时通讯软件，经过多年发展积累了大量用户。截至到 2014 年 9 月 30 日，QQ 在中国即时通讯市场月活跃账户数达 8.2 亿，同比增长 1%。手机 QQ 基于 PC 端即时通讯资源迅速积累了大量用户，截至到 2014 年 9 月 30 日，手机 QQ 月活跃账户数达 5.42 亿，同比增长 36%。随着产品的迭代，手机 QQ 功能日益丰富，日趋生活化。为适应移动互联网时代下用户的移动即时通讯需求，手机 QQ 开始陆续变革应用功能，从重新设计应用架构到头像取消在线显示，均为更加适应移动互联网新特性。在产品形态、功能方面，手机 QQ 在 2014 年着重强调用户服务体验，增加了文件面对面零流量传输、多人视频、收藏管理及生活服务提醒等增值服务。随着 QQ 从 PC 端向移动终端的延展，腾讯移动互联网生态体系逐渐建立、业务线日趋饱满，手机 QQ 成为承载腾讯未来发展的重要元素。然而，在微信等同类即时通讯工具竞相竞争市场的情况下，走差异化发展之路是手机 QQ 未来主要面临的问题。当然，手机 QQ 是 QQ 品牌和服务体系中的一部分，其使命在于移动场景，如何与 PC 端完美对接，如何完成巨大客户群的转移都是企业所必须考虑的。

易观分析——

QQ 在即时通讯行业有着无法比拟的先入优势，在消费者市场拥有巨大的用户基数和品牌认可度，并且具有强大的用户黏性。手机 QQ 的定位在 PC 与移动的打通，在帮助用户架构关系网络，提供更丰富的社交功能，形成更大的全平台社交。手机 QQ5.0 版中，加入了兴趣部落，结合位置服务，可以看出手机 QQ 未来将在 O2O 的兴趣社交上加大力度。但是，其通讯社交功能与腾讯旗下微信、腾讯微博等其他产品相互重叠，品牌内自我斗争形势严重。同时，外部市场也具备相当实力者如易信、飞信等准备挑战 QQ 的领导地位。因此，未来手机 QQ 清晰的差异化定位将是重点。

一、基础信息

1.1 基本信息

1.1.1 公司名称：腾讯控股有限公司 – 社交网络事业群 SNG

1.1.2 成立时间：1998 年成立 2012 年调整为社交网络事业群

1.1.3 总部地点：深圳

1.1.4 上市时间：2004 年 6 月 16 日 港股

1.1.5 企业性质：上市公司

1.1.6 资本信息：注册资金 8000 万元人民币

1.1.7 联系方式

网址：http：//im.qq.com/

邮箱：cosec@tencent.com

地址：深圳市南山区高新科技园中区一路腾讯大厦

电话：(86-755)86013388 转 88668

1.2 组织信息

1.2.1 管理层

马化腾 首席执行官

二、业务信息

2.1 产品及服务信息

2.1.1 产品信息

PC 版、手机 QQ、iPad 版、企业 QQ

QQ 作为腾讯核心级用户产品与入口级应用，集成了多种服务，如 QQ 群、QQ 空间、朋友网、QQ 邮箱、腾讯游戏、腾讯文学、腾讯微博、应用宝、QQ 音乐、腾讯视频、QQ 浏览器、电脑管家、腾讯电商、生活优惠信息等多项服务，是各类服务的主要入口之一。

2.2 覆盖范围

2.2.1 行业：互联网 / 即时通讯

2.2.2 主要客户：企业和个人

2.2.3 业务区域：影响力遍及中国大陆、中国香港、中国台湾、东南亚、海外华人聚集地和少数西方人。

2.3 收入结构：营收主要凭借增值服务，如 QQ 会员体系中的各种增值服务等，具体结构不详。

三、综合信息

3.1 发展定位：通过互联网服务提升人类生活品质，成为最受尊敬的互联网企业。

3.2 重要合作伙伴及供应商：开放账号体系第三方接入合作

腾讯 - 微信

微信是腾讯布局移动互联网的明星产品，于 2011 年推出，经过快速迭代迅速积累用户。截至到 2014 年 9 月 30 日，微信在中国即时通讯市场月活跃账户数达 4.68 亿，同比增长 39%。微信 2011 年 11 月的用户数是 5000 万，2012 年 3 月突破 1 亿，2012 年 9 月突破 2 亿，2013 年 7 月微信的国内用户突破 4 亿。腾讯 2014 年上半年财报的数据表明，微信月活跃账户数成同比、环比增长态势，说明微信在即时通讯市场仍具有广阔的发展前景。此外，微信每一次版本更新都带来功能性的突破，1.0 版本是语音、2.0 是群聊、3.0 是陌生人交友、4.0 是开放平台、4.3 是公共账号平台、5.0 是游戏大厅及微信支付功能。微信自 2011 年 1 月 21 日发布 1.0 测试版开始，进行了近 10 版的更新迭代，逐渐完成了从即时通讯工具到平台的初步进阶，以及从 TO C 到 TO B 的进阶，商业化的价值逐步凸显，经过持续迭代，微信的生态体系逐渐完善。2014 年微信的发展策略除了功能性的创新外，还有在移动互联网环境下对其商业化的探索，并逐渐向增值服务、移动游戏、O2O 等方向发力。目前，通过品牌的树立与再创造，微信聚集了 QQ 等其他品牌无法触及的高端、商务用户群；同时，第三方与微信平台尝试合作挖掘企业价值，微信的企业级应用如营销、CRM、O2O、远程智能等将会是未来微信的发展方向之一。

易观分析——

基于腾讯庞大的用户基数，微信在短短几年内获取了广大的用户资源和品牌认知度。经过持续的迭代更新，微信的生态系统已经逐渐完整。在应用方面，微信集成了腾讯网、微博及邮箱等服务，满足了用户多元化的需求。同时开发了订阅号和公众号，为企业布局移动互联网业务提供了平台。随着移动互联网创新应用和新型智能终端的大量涌现，微信的多方面协同功能突出的优势也日渐凸显。然而，微信开创性的服务已经对运营商的传统业务产生了冲击，胜负已分，即使再战，预计会有其他的方式。从微信的发展上看，微信在前端定位于强社会关系链下的用户沟通，后端定位于服务平台，向企业用户提供用户管理服务。一个以微信为核心，连接企业和用户的生态平台已初露端倪。

一、基础信息

1.1 基本信息

1.1.1 公司名称：腾讯控股有限公司－微信事业群

1.1.2 成立时间：2011 年 1 月 21 日

1.1.3 总部地点：深圳

1.1.4 上市时间：2004 年 6 月 16 日 香港

1.1.5 企业性质：上市公司

1.1.6 资本信息：注册资本 8000 万元人民币

1.1.7 联系方式

网址：http：//weixin.qq.com/

邮箱：cosec@tencent.com

地址：深圳市南山区高新科技园中区一路腾讯大厦

电话：(86–755)86013388 转 88668

1.2 组织信息

1.2.1 管理层

马化腾 首席执行官

张小龙 微信事业群总裁，高级执行副总裁

二、业务信息

2.1 产品及服务信息

微信移动端：

为智能终端提供即时通讯服务的免费应用程序，支持跨通信运营商、跨操作系统平台，通过网络快速发送语音短信、视频、图片和文字，同时，也可以使用共享的资料和基于位置的社交插件，如“摇一摇”、“漂流瓶”、“朋友圈”、“公众平台”、“语音记事本”等服务插件。

微信公众平台：

分为订阅号与服务号。开放了部分高级接口和开放者问答系统。此次微信开放的高级接口权限包括：语音识别、客服接口、OAuth2.0 网页授权、生成带参数二维码、获取用户地理位置、获取用户基本信息、获取关注者列表、用户分组接口、上传下载多媒体文件接口共 9 项。

微信开放平台：

为第三方移动程序提供接口，使用户可将第三方程序的内容发布给好友或分享至朋友圈，第三方内容借助微信平台获得更广泛的传播。

微信网页版：

通过手机微信（4.2 版本以上）的二维码识别功在网页上登陆微信，能实现和好友聊天、传输文件等功能，但不支持查看附近的人以及摇一摇等功能。

2.2 覆盖范围

2.2.1 行业：互联网 / 即时通讯

2.2.2 主要客户：企业和个人

2.2.3 业务区域：影响力遍及中国大陆、中国香港、中国台湾、东南亚，海外华人聚集地和少数西方人

2.3 收入结构：手机游戏，增值服务等。具体结构不详

三、综合信息

3.1 发展定位：通过互联网服务提升人类生活品质，成为最受尊敬的互联网企业。

3.2 重要合作伙伴及供应商：公众平台、财付通、KFC 等

中国移动 - 飞信

飞信是中国移动提供的移动综合通信服务，是移动与互联网的互通平台。自 2007 年正式商用以来，飞信就肩负着运营商踏进互联网领域的历史使命。建设和维护基础通信网，向用户提供语音、短信等基础服务，然后从用户身上收取费用，是运营商传统商业模式的简单描述。但这一模式在移动互联网时代正遭遇巨大冲击，短信和语音服务在一定程度上被其他服务替代，随着更多即时通讯移动应用的快速崛起，飞信存在着巨大的竞争压力。智能终端的发展和 4G 商用为飞信带来了发展契机，从飞信的系列改进中，可以看出中国移动此举旨在把握 4G 商用带来的市场机遇，打造差异化的融合通信入口，沉淀和整合社交关系，将飞信打造为“通信 + 社交 + 商业”的互联网平台。但是，与敏捷反应、快速迭代的移动互联网公司相比，新版飞信最大的难题或许是如何打造良好的用户体验，更快速扩大用户规模，以在硝烟四起的移动即时通讯市场占据一席之地。

易观分析——

飞信是中国移动自主开发的即时通讯软件，相对其他竞争对手拥有无法匹敌的运营商优势，打破了互联网与手机通讯之间的网络限制，在终端离线的情况下，也可以通过短信方式接收信息。同时，基于中国移动客户的发展基础，飞信拥有庞大并且相对稳定的用户资源。当然，“免费短信”功能也是飞信成功吸引客户的重要手段。然而，飞信在完成即时通讯平台布局时并不完善，其开发团队缺乏产品研发和商业模式的创新意识，在平台的增值服务方面同质化严重。此外，由于是中国移动开发，飞信难以摆脱被定制的困境，其市场定位并不十分明确，核心功能也并不突出，造成了用户群难以再拓展的情况。

一、基础信息

1.1 基本信息

1.1.1 公司名称：中国移动集团 – 飞信团队

1.1.2 成立时间：2007 年 5 月

1.1.3 总部地点：北京

1.1.4 上市时间：1997 年 10 月 23 日中国香港、纽约

1.1.5 企业性质：国有

1.1.6 联系方式

网址：http：//feixin.10086.cn/

地址：北京市西城区金融大街 29 号

邮编：100032

电话：10086

1.2 组织信息

1.2.1 管理层

奚国华 董事长、党组书记

二、业务信息

2.1 产品及服务信息

PC 飞信（PC2013 版，Mac2.4 版）、无线飞信（Android V5.4.2，iPhone V3.5.0，Windows Phone V3.2.0，Symbian V4.0）、网页飞信、飞信交友（Android、iOS）、公众平台、会员增值服务

2.2 覆盖范围

2.2.1 行业：即时通讯

2.2.2 主要客户：互联网用户

2.2.3 业务区域：全国

2.3 收入结构：短信费、手机语音通话服务费用、GPRS 流量费及捆绑的飞信会员、积分等增值服务费用等

三、综合信息

3.1 发展定位：中国移动的综合通讯服务和无障碍沟通工具

3.2 重要合作伙伴及供应商：沃达丰、凤凰、浦发银行、苹果、华为、中兴、爱立信、联想等

陌陌

作为北京陌陌科技有限公司推出的社交产品，陌陌立足于地理位置为用户提供即时通讯服务。自 2011 年 8 月上线以来，陌陌凭借更为精确的位置服务和完整的社交服务体系迅速打开了即时通讯市场。截至 2014 年 9 月，陌陌总注册用户突破 1.8 亿，月度活跃用户超过 6020 万。除了位置服务的优势外，陌陌与所有 PC 端社交产品的不同就是来源于更加完整和丰富的用户信息。基于通讯录、微博账号等内容的关联，让用户信息更为完善，同时也增强了用户间的信任，从而有效的引导用户完成从线上到线下的转化。作为即时通讯软件，陌陌与腾讯

QQ、微信、移动飞信等市场定位有所差异。陌陌主打陌生人交友，提出了“总有新奇在身边”的口号，也因此吸引了更多年轻人的目光。除此而外，陌陌拥有活跃的附近群组和吧群，用户能通过加入这些群组或吧群获得更为丰富的社交活动。未来要想继续走可持续化发展的道路，平台化无疑是最好的发展模式。2013 年 6 月，在优化基本功能的情况下，新增了表情商城及会员服务；2014 年 1 月，陌陌正式对外发布为其用户定制研发的游戏《陌陌争霸》，并进行后续游戏系列的开发；2014 年 8 月，陌陌开启全新服务“到店通”，为线下商家提供线上广告平台，初步进行商业 O2O 试水。至此，从娱乐平台到商业合作的综合性平台已初见规模。然而，由于陌生人交友的流动性使得陌陌并未树立十分良好的大众形象，要想摆脱社会舆论的印象是需要大量时间和大量动作的；同时，与微信超过 4 亿的用户相比，如何让客户保持新鲜感及客户的留存度也是陌陌开发团队需要考虑的。

易观分析——

陌陌相对于其他即时通讯软件最大不同就是基于位置服务的陌生人交友，并且通过这种服务模式，完成了其他软件所不具备的从线上交流到线下交互的转化。此外，与通讯录、微博账号等内容的关联，使得用户资料立体化，增加了可识别性，也因此累积了不少用户资源。同时，由于“总有新奇在身边”的策略和其市场定位，使得陌陌的用户群年轻化、高端化。

然而，面对迅速成长的用户群，以及陌生人交友的基因，使得用户之间关系链并不稳定，这在某种程度上影响到用户黏性，因此，如何留住用户，是陌陌的运营团队需要解决的问题。在盈利模式方面，陌陌也没找到适合的发展道路，主要收入为会员费，另有少量游戏收入和广告费入账，如果未来陌陌能够基于位置服务，结合 O2O 元素，则会有很大的提升空间。移动互联网时代用户为王，陌陌作为一家有海量用户的公司，一旦找到商业模式，可能就是爆发式增长。

一、基础信息

1.1 基本信息

1.1.1 公司名称：北京陌陌科技有限公司

1.1.2 成立时间：2011 年 8 月 4 日

1.1.3 总部地点：北京

1.1.4 上市时间：2014 年 12 月 12 日美国纳斯达克上市

1.1.5 企业性质：股份制

1.1.6 联系方式

网址：http：//www.immomo.com/

邮箱：bd@immomo.com

地址：北京朝阳区望京阜通东大街 1 号望京 SOHO 塔 2，B 座 20 层

邮编：100020

电话：010-57310567；010-57310678

1.2 组织信息

1.2.1 管理层

唐　岩　董事长、首席执行官

二、业务信息

2.1 产品及服务信息

陌陌：基于地理位置的移动社交工具。使用者可以通过陌陌认识附近的人，免费发送文字消息、语音、照片以及精准的地理位置和身边的人更好地交流；可以使用陌陌创建和加入附近的兴趣小组、留言及附近活动和陌陌吧，丰富自己的社交圈。

陌陌游戏：为用户提供增值游戏服务的娱乐平台。

2.2 覆盖范围

2.2.1 行业：即时通讯、社交

2.2.2 主要客户：互联网移动社交用户

2.2.3 业务区域：全国

2.3 收入结构：会员服务费用、手机游戏、表情收费和少量商业广告

三、综合信息

3.1 发展定位：由“陌生人的社交”转向“基于地点的社区”

3.2 重要合作伙伴及供应商：阿里巴巴、腾讯微博、龙图游戏、久游等

中国即时通讯行业中的其他企业名录节选如下表：

表 18 中国即时通讯行业企业名录节选

领域	厂商	备注
即时通讯	腾讯	详细分析见易观智库企业库
即时通讯	中国移动	详细分析见易观智库企业库
即时通讯	陌陌	详细分析见易观智库企业库
即时通讯	阿里巴巴	详细分析见易观智库企业库
即时通讯	小米	详细分析见易观智库企业库
即时通讯	雅虎	详细分析见易观智库企业库
即时通讯	网易	详细分析见易观智库企业库
即时通讯	咔咕	详细分析见易观智库企业库
即时通讯	NHN 公司	详细分析见易观智库企业库
即时通讯	Google	详细分析见易观智库企业库
即时通讯	苹果	详细分析见易观智库企业库
即时通讯	盛大网络	详细分析见易观智库企业库
即时通讯	奇虎 360	详细分析见易观智库企业库
即时通讯	微软	详细分析见易观智库企业库
即时通讯	友加游网络科技有限公司	详细分析见易观智库企业库
即时通讯	中国电信集团公司	详细分析见易观智库企业库
即时通讯	中国联合网络通信集团有限公司	详细分析见易观智库企业库

续表

领域	厂商	备注
即时通讯	三星电子	详细分析见易观智库企业库
即时通讯	Kakao Talk	详细分析见易观智库企业库
即时通讯	广州多玩信息技术有限公司	详细分析见易观智库企业库
即时通讯	爱聊公司	详细分析见易观智库企业库
即时通讯	百度网络技术有限公司	详细分析见易观智库企业库

社交网络

微博

新浪微博是一个由新浪网推出，提供微型博客服务的类 Twitter 网站。新浪微博于 2009 年 8 月 14 日开始内测，并于 2012 年正式启动商业化。用户可以通过网页、WAP 页面、手机客户端、手机短信、彩信发布消息或上传图片。2014 年 3 月 15 日，新浪微博正式向美国证券交易委员会提交了上市申请文件，计划融资 5 亿美元，迈出了上市的重要一步。招股书显示，新浪微博的机构股东中，新浪集团持 1.4 亿股，占比 77.6%；阿里巴巴持 3489 万股，占比 19.3%。招股书中，新浪微博名称为“Weibo Corporation”，LOGO 上的文字也仅有“weibo”字样。2014 年 3 月 17 日晚 9 点半，新浪微博正式登陆纳斯达克，新浪 CEO、新浪微博董事长曹国伟等敲响纳斯达克开市钟。据新浪微博官方发布的财务报告，2014 年第 3 季度净营收 8410 万美元，较去年同期增长 58%。2014 年第 3 季度广告和营销营收 6540 万美元，较去年同期增长 50%；2014 年第 3 季度微博增值服务营收为 1880 万美元，上年同期为 970 万美元。2014 年第 3 季度的成本和开支总计 9180 万美元，上年同期为 5910 万美元。2014 年第 3 季度非美国通用会计准则成本和开支为 8780 万美元，上年同期为 5830 万美元。非美国通用会计准则成本和开支的增长源自营收增长带来的增值税成本增加，营销费用和人力相关成本的增加，以及流量增长带来的带宽成本的增加。截至 2014 年 9 月 30 日的月活跃用户数 (MAU) 为 1.67 亿，较上年同期增长 36%。2014 年 9 月的日活跃用户数 (DAU) 为 7660 万，较上年同期增长 30%。

易观分析——

新浪微博的先入优势和日趋成熟的运营经验，为其赢得了庞大的用户资源和广告主资源，较高的品牌认可度。据 CNNIC《2014 年中国社交类应用用户行为研究报告》显示，2014 年上半年，43.6% 的网民使用过微博，其中使用过新浪微博的网民比例最高，为 28.4%，其中 21.7% 的网民经常访问新浪微博，可以看出新浪微博依然具有较高的用户忠诚度。

伴随用户发布的信息而来的大量数据，已经成为研究者们的热点，从数据中挖掘用户行为特征，从而更好地为用户和广告主提供产品和服务将是新浪微博未来发展的重点。但是随着微博用户的增多而出现的虚假信息，无效信息和大量广告使得商业化与用户体验的平衡成为微博发展必须考虑的问题。另一方面，微信等社交应用的移动布局快速，对微博有一定冲击，微博需要探索更多商业与盈利模式，留住现有客户资源。

一、基础信息

1.1 基本信息

1.1.1 公司全称：新浪微博

1.1.2 成立时间：2009 年 8 月

1.1.3 总部地点：北京

1.1.4 上市时间：2014 年 4 月 17 日 美国纳斯达克上市

1.1.5 企业性质：股份制

1.1.6 联系方式

网址：http：//www.weibo.com/

邮箱：sinamedia@vip.sina.com

地址：北京市北四环西路 58 号理想国际大厦 20 层

电话：(+86) 10–5898 3336

1.2 组织信息

1.2.1 管理层

曹国伟 董事长、首席执行官

二、业务信息

2.1 产品及服务信息

(1) 新浪微博客户端

(2) 新浪微博企业版：提供品牌形象展示、数据评估功能以及应用扩展服务。

(3) 新浪微博广告中心 – 微博“粉丝通”：基于微博海量用户，把企业信息广泛传递给粉丝和潜在粉丝的营销产品。它会根据用户属性和社交关系将信息精准投放给目标人群，同时微博粉丝通也具有普通微博的全部功能，如转发、评论、收藏、赞等。

(4) 新浪微博开放平台

新浪微博 API，覆盖了新浪微博的全部功能，可以通过 API 发微博，传照片，加关注，甚至搜索等全部功能。

2.2 覆盖范围

2.2.1 行业：互联网 / 社会化平台

2.2.2 主要客户：互联网用户

2.2.3 业务区域：全国

2.3 收入结构：据新浪微博官方数据显示，2014 年第 3 季度业绩净营收 8410 万美元，较上年同期增长 58%。广告和营销营收 6540 万美元，较上年同期增长 50%。微博增值服务 (微博 VAS) 营收 1880 万美元，较上年同期增长 93%。

三、综合信息

3.1　发展定位：开放性互动媒体

3.2　重要合作伙伴及供应商：

媒体合作伙伴：人民网、生活周刊、时尚、中国计算机报、京报网、体坛网、CCTV1、FT、金和时报

无线互联合作伙伴：科健、KONKA、LG、NEC、TCL、摩托罗拉、诺基亚、三星、中国电信、中国联通、中国移动通信

腾讯 -QQ 空间

腾讯是中国社会化领域无可争辩的领导者，优势巨大。QQ 空间，即 Qzone，是腾讯公司于 2005 年开发出来的多媒体空间博客。QQ 空间分为主页、说说、日志、音乐盒、相册、个人档案、个人中心、分享、好友秀、好友来访、投票、城市达人、秀世界、视频、游戏等。依托腾讯 QQ 庞大的用户基础，根据 CNNIC《2014 年中国社交类应用用户行为研究报告》显示，2014 年上半年使用过 QQ 空间的用户比例为 57.3%，稳居移动社交网络平台的第一位。坐拥庞大的用户规模，QQ 空间在移动端着重强化了移动这一特性，并完善了基于移动化社交化的一系列社区内容。目前商业模式方面，QQ 空间拥有用户产品和营销产品两种付费产品。用户产品部分，以消费增值服务为主，包括游戏等，并针对移动端做创新优化；营销产品部分，腾讯旗下“广点通”推广力度的加大，持续吸引更多广告主增加广告预算，广点通移动端布局也已上线，QQ 空间打造跨终端多屏整合以及基于大数据的精准营销随之展开。据腾讯 2014 年第 3 季度财报，QQ 空间月活跃账户数达到 6.29 亿，比去年同期增长 1%。智能终端月活跃账户数达到 5.06 亿，比去年同期增长 26%。2014 年第 3 季度，社交网络业务进一步扩大。QQ 空间订购服务实现相应的收入增长，同时超级会员的收入贡献持续提升。

易观分析——

2014 年第 3 季度，QQ 空间的手机用户群继续增长，用户的参与度持续提升。腾讯通过 QQ 手机版兴趣部落等新功能提高社区用户活跃度，并优化用户图片分享体验。尽管传统社交网站近年来活跃度呈现下降趋势，但由于腾讯集团的用户及流量支撑，QQ 空间转型成一般意义上的社交网站，整体来看覆盖率仍较为广阔。近年来移动互联网发展快速，移动市场发展较为稳定，广告主对社会化营销的认知逐渐加强，数据挖掘等技术的发展促进广告的精准。随着社交类产品的市场竞争越发激烈，同质化产品数量繁多，基于社交这个互联网应用的基本元素，与其他应用相融合，已经成为一种常态。网络购物、网上支付、网络游戏、网络视频、搜索等服务纷纷引入社交元素，通过借助社交关系对用户行为的牵引促进应用本身的发展。

一、基础信息

1.1　基本信息

1.1.1　公司全称：腾讯控股有限公司

1.1.2　成立时间：腾讯公司成立于 1998 年 11 月　腾讯空间（Qzone）发行于 2005 年 4 月

1.1.3　总部地点：深圳

1.1.4 上市时间：2004 年 6 月 16 日

1.1.5 企业性质：股份制

1.1.6 联系方式

网址：http：//qzone.qq.com/

地址：中国广东省深圳市南山区深南大道 10000 号腾讯大厦

电话：0755-83768988

1.2 组织信息

1.2.1 管理层

马化腾 首席执行官

二、业务信息

2.1 产品及服务信息

QQ 空间网页端

QQ 空间移动客户端

QQ 空间分为主页、说说、日志、音乐盒、相册、个人档案、个人中心、分享、好友秀、好友来访、投票、城市达人、秀世界、视频、游戏等。

2.2 覆盖范围

2.2.1 行业：互联网、社会化平台

2.2.2 主要客户：互联网用户

2.2.3 业务区域：全球

2.3 收入结构：增值服务、广告、游戏。量化结构不详

三、综合信息

3.1 发展定位：中国最大的互联网综合服务提供商，把为用户提供"一站式在线生活服务"作为战略目标。

3.2 重要合作伙伴及供应商：万科、小米科技等

百度 - 贴吧

百度贴吧是百度在社会化领域的核心用户产品，是百度旗下独立品牌，成立于 2003 年。传统的论坛模式为百度贴吧赢得稳定的用户基础，百度贴吧数据显示，截至 2014 年，贴吧已突跃 10 亿注册用户，810 多万个兴趣贴吧，日均话题总量近亿，浏览量超过 21 亿次。在移动端，百度贴吧移动社交依然以兴趣和帖子为核心的向用户提供开放交流平台，2014 年更注重于移动端的发展，贴吧客户端优先享用快速优质的工具（一键签到等），同时体验更潮流的移动互联网功能、结合位置服务技术（贴吧群聊等）增加趣味性，相比网页版，节省 70% 的流量。2014 年 1 月 T 豆商城正式上线，新功能涵盖独特的 T 秀勋章、个性铭牌、酷炫装扮、趣味发贴、魔法道具、转转秀等。百度贴吧产品投放资源较少，核心内容形式单一，急需要探索更多元的商业模式并增强用户基于百度贴吧的社交关系和使用黏性。

易观分析——

百度集团的品牌影响力较大，贴吧拥有大量的客户资源，百度集团在技术、流量和用户等资源的优势带动使得贴吧的发展有强大的支持。2014 年 1 月 T 豆商城正式上线，贴吧 T 豆商城突出人性化、个性化、多样化，让用户有更绚丽的贴吧更优质的体验，凭借百度的技术优势，贴吧在功能创新和用户体验上是一大亮点。但是其商业模式单一，用户黏性还需提升，需加强对独立品牌的树立，才可在日益丰富的社交产品中树立行业地位，降低替换风险。

一、基础信息

1.1　基本信息

1.1.1　公司全称：百度

1.1.2　成立时间：2000 年 1 月　百度贴吧成立于 2003 年

1.1.3　总部地点：北京市海淀区上地十街 10 号

1.1.4　上市时间：2005 年上市

1.1.5　企业性质：股份制

1.1.6　资本信息：注册资本：4520 万美元

1.1.7　联系方式

网址：http：//tieba.baidu.com/

地址：北京市海淀区上地十街 10 号百度大厦

电话：总机 (+86 10)5992-8888

1.2　组织信息

1.2.1　人员规模　员工人数超过 17000 人

1.2.2　管理层

李彦宏　董事长、首席执行官

二、业务信息

2.1　产品及服务信息

2.1.1　产品信息

手贴吧客户端：支持智能手机中 iOS、Android、WindowsPhone 平台机客户端

贴吧手机智能版：专为 iPhone 和安卓用户打造的移动贴吧网站，致力于提供最完美的移动贴吧体验。

贴吧产品及服务：我的贴吧、贴吧群聊、T 豆商城、图片贴吧、明星贴吧、贴吧等级、吧刊

2.2　覆盖范围

2.2.1　行业：互联网

2.2.2　主要客户：互联网用户

2.2.3　业务区域：全国

2.3 收入结构： 据百度公开财务报告，百度 2014 年第 3 季度总营收为人民币 135.20 亿元（约合 22.03 亿美元），同比增长 52.0%。网络营销营收为人民币 134.27 亿元（约合 21.88 亿美元），同比增长 51.8%。百度第 3 季度来自每家网络营销客户的平均营收约为人民币 2.59 万元（约合 4220 美元），比去年同期增长 35.6%，比上一季度增长 7.0%。

贴吧收入来源为广告、其他收入。量化结构不详

三、综合信息

3.1 发展定位：贴吧的使命是让志同道合的人相聚，做全球最大中文社区

3.2 重要合作伙伴及供应商：新浪微博、搜房、CBSi 集团、盛拓传媒、天极传媒、凤凰新媒体、盛大、CNTV、新东方在线、百合网、去哪儿、拉手网等

人人网

人人网，原名校内网，创办于 2005 年 12 月，2009 年 8 月改称人人网。人人网是以学生为主要用户群，也正是因人群定位限制，即使经历的品牌更换的战略调整，在其营销价值和后期的服务扩张方面未能实现良好的表现，人人网的整体用户规模和盈利能力都出现大幅下滑。另一方面，人人网在移动端发展起步也相对较晚，用户规模远低于微信、微博等竞品。人人网在移动社交方面仍着重强调“学生群体”以在移动社交环境下保持其发展空间，然而人人的移动社交成长空间有限，用户潜力挖掘能力相对局限。2014 年 9 月，月度独立登陆用户人数从 2013 年 9 月的约 5000 万人减少至约 4400 万人。人人的业务也处于收缩的态势。截至 9 月 30 日的 2014 财年第 3 季度财务报告显示，人人公司第 3 季度总净营收为 2160 万美元，比去年同期下滑 47.4%；净亏损为 3810 万美元，相比之下去年同期净亏损为 2460 万美元。

易观分析——

人人网作为国内早期的社交网站，曾经在覆盖人数、使用时长上都居各互联网应用的前列，近两年在社交应用竞争日益激烈的环境下，遭受微博和其他社交特征明显的互联网商业模式的攻击，面临较大冲击，用户之间的更新少、互动少、原创内容少，据 CNNIC《2014 年中国社交类应用用户行为研究报告》显示，2014 年上半年使用过人人网的用户比例仅为 16.4%，再加之人人网一直以来将自己的用户定位于学生人群，用户状态改变后，就容易脱离原来的关系链，导致社交网站用户流失。为了扭转用户量和用户黏性危机，人人网在最近几年大胆实行了若干举措：如社交游戏，团购等，尽管人人网频频出击，力图拓宽稳固业务线，但是收效甚微。不过社交网络作为还在不断发展完善过程中的互联网模式，人人网还可以借鉴和学习 Facebook 的成功经验，从模式创新和内容创新上寻找突破口。

一、基础信息

1.1 基本信息

1.1.1 公司全称：北京人人网有限公司

1.1.2 成立时间：校内网创办于 2005 年 12 月，创办人是来自清华大学和天津大学的王兴、王慧文、赖斌强和唐阳等几位大学生。2006 年 10 月被千橡互动集团收购。同年底，千橡公司的 5Q 校园网与校内网

合并完成。2009 年 8 月 4 日，校内网改称人人网。

1.1.3 总部地点：北京

1.1.4 上市时间：2011 年

1.1.5 企业性质：股份制

1.1.6 联系方式

网址：http：//www.renren.com/

地址：北京市朝阳区北三环东路 8 号静安中心 23 层

电话：（86-10）84481818（北京总部）

传真：（86-10）51085666（北京总部）

1.2 组织信息

1.2.1 管理层

陈一舟 董事长、首席执行官

二、业务信息

2.1 产品及服务信息

人人网：PC 端和移动端。前身为校内网，成立于 2005 年，是中国领先的实名制社交网络平台。通过每个人真实的人际关系，满足各类用户对社交、资讯、娱乐等多方面的沟通需求。

人人游戏：是全国领先的网络游戏平台，也是中国最大的手机游戏及跨平台游戏研发运营商之一。核心产品：乱世天下、名将传奇、商战创世纪等。

2.2 覆盖范围

2.2.1 行业：IT/ 互联网

2.2.2 业务区域：全国

2.3 收入结构：广告收入、游戏收入、其他收入

截至 9 月 30 日的 2014 财年第 3 季度财务报告显示，在人人公司的第 3 季度净营收中，在线广告营收为 880 万美元，比去年同期下滑 40.3%，主要由于竞争压力加大，以及公司仍旧处在移动流量商业化的早期阶段。人人公司第 3 季度互联网增值服务 (IVAS) 营收为 470 万美元，比去年同期下滑 19.6%。人人公司第 3 季度游戏净营收为 810 万美元，比去年同期下滑 60.5%。人人公司游戏净营收的下滑，主要由于此前发布的游戏达到了成熟阶段，以及由于公司自 2013 年底以来进行的游戏业务重组措施尚未带来成功的新游戏发布。

三、综合信息

3.1 发展定位：中国领先的实名制社交网络

3.2 重要合作伙伴及供应商信息：奇虎 360、中国电信、优酷土豆等

天涯社区

天涯社区创办于 1999 年 3 月，老牌社区，在中国老牌网民以及高等教育人群中有着颇为巨大影响力，伴随着一代互联网用户的成长。长期以来，天涯论坛都是“高手在民间”这一论断的有力支撑，人数众多，

在微博诞生之前，是“意见领袖”的重要聚集场所。经过 15 年的发展，依靠用户创造内容带来巨大的访问量，目前，天涯社区注册用户超过 9500 万，月覆盖用户超过 2 亿，在中国网络论坛市场中拥有较高的影响力。天涯的用户相对较为活跃，但商业模式较为单一。同时，天涯在移动端的业务表现方面发展较慢，面对竞争对手的庞大用户量，天涯需加强服务及产品的优化，提升竞争力。面对移动互联网时代，公司基于天涯社区无线客户端推出了“微论”产品，通过持续的创新打造全球移动兴趣社交平台。近期，天涯社区还大力布局旅游电子商务平台业务，推出了“天涯客”旅游电子商务平台，并成立了天涯客智慧旅游技术研发中心，致力于“智慧旅游”的产品和技术研发。

易观分析——

中国网络论坛中较早成立者，天涯论坛拥有了丰富的用户资源，虽然没有开展专门的网络文学服务，但其作为开放的分享空间，已逐渐成为用户创作或阅读网络文学的重要平台。但其商业模式单一，品牌印象对其营销价值产生负面影响；作为以网络文学为特色的网络平台，移动端表现欠佳，但如今移动互联网发展快速，天涯的发展离不开移动市场的扩展。另一方面，网络舆论监管力度不断强化，天涯社区的发展面临政策风险。

一、基础信息

1.1 基本信息

1.1.1 公司全称：海南天涯社区网络科技股份有限公司

1.1.2 成立时间：1999 年 3 月

1.1.3 总部地点：海南

1.1.4 上市时间：未上市

1.1.5 企业性质：股份制

1.1.6 资本信息：注册资本 9000 万

1.1.7 联系方式

网址：http：//www.tianya.cn/

客服邮箱：service@tianya.cn

地址：海南省海口市滨海大道珠江广场帝都大厦 8 层

邮编：570125

传真：0898-66660185

1.2 组织信息

1.2.1 管理层

邢 明 董事长、首席执行官

二、业务信息

2.1 产品及服务信息

天涯微博、天涯聚焦 、天涯论坛、天涯博客 、天涯部落 、天涯问答、分类信息、分社区、天涯民生、天涯文学、天涯财经、天涯汽车、天涯娱乐、天涯体育、天涯图片、天涯游戏、天涯时尚、天涯视频、天涯情感、天涯 IT 数码、天涯旅游

2.2 覆盖范围

2.2.1 行业：网络社交

2.2.2 主要客户：互联网用户

2.2.3 业务区域：全国

2.3 收入结构：广告收入

三、综合信息

3.1 发展定位：华语圈首屈一指的网络事件与网络名人聚焦平台，最具影响力的全球华人网上家园

3.2 重要合作伙伴及供应商：山西卫视、广州电视台、南方电视台、海南交通广播、第一财经、湖南卫视、世界新闻报、世界经理人、世界博览、ELLE、华尔街中文报、南都周刊等

19 楼

19 楼是一个地方性互联网社区网站，是杭州日报报业集团和都市快报新媒体战略的重要组成部分。公司以“有城市就有活跃的 19 楼”为创业愿景，始终坚持用户第一，成立以来主营业务发展迅速。除杭州外，十九楼通过战略合作、并购重组等方式，相继在台州、嘉兴、宁波、苏州、重庆、福州、金华、绍兴等近 30 座城市成功复制“19 楼”，创建了具有当地属性的城市社区。是杭州都快网络媒体有限公司旗下的一个专注于提供本地生活消费（柴米油盐、吃喝玩乐、衣食住行、生老病死）和情感问题自由交流的平台。专注于为网友提供本地生活交流服务，是中国 OTO 业务模式领先的实践者之一。目前已在全国各地 43 个城市建立分公司及分布论坛，成为全国覆盖最广、渗透最深的城市社区网站。在为用户提供恋爱、结婚、育儿、装修等领域个性化服务的同时，19 楼致力于为商家提供线上线下无缝融合的互动营销解决方案，建立了独特的社会化营销商业模式。19 楼爱情幸运号、结婚采购大会、亲子嘉年华、家博会等 O2O 服务，为用户和客户所钟爱。

易观分析——

杭州 19 楼成立以来发展十分迅速，由杭州日报报业集团和都市快报新媒体战略重要组成部分，拥有一定的资源优势。政府集团的支撑使得资金充足，具有强大的产品和技术团队，产品定位精准，紧跟 O2O 大趋势潮流，主打本地化、社交化，重视用户细分，19 楼能根据细分的人群提供个性化的服务。一个将社交、本地及移动等功能紧密融合，由 19 楼自主研发的社会化信息服务平台也日趋成熟，成为 19 楼快速发展的引擎。目前 19 楼的盈利模式过于单一，其收入绝大部分来自互动广告，销售分成和平台授权收入占比还非常小，且没有触及商务交易的环节，尚未建立起社区电子商务，需要对其运营模式有进一步提升。在本地生活服务领域，面对团购网站、点评类网站的竞争，19 楼尚未建立起自己的壁垒。地域扩张具有差异化，使得 19 楼面临扩张挑战，同时也面临着不同社区论坛的整合难度大的问题。

一、基础信息

1.1 基本信息

1.1.1 公司全称：十九楼网络股份有限公司

1.1.2 成立时间：2006 年 10 月

1.1.3 总部地点：浙江省杭州市

1.1.4 上市时间：未上市

1.1.5 企业性质：股份制

1.1.6 资本信息：合资

1.1.7 联系方式

网址：http：//www.19lou.com/

邮箱：kefu@19lou.com

地址：浙江省杭州市文三路 90 号东部软件园创新大厦 B 座 2 楼

电话：0571-85211919

1.2 组织信息

1.2.1 管理层

林 煜 首席执行官

二、业务信息

2.1 产品及服务信息

论坛、我的空间、好点、大婚日、我的宝宝、跳蚤市场、19 楼客户端、搜索、19 楼诊所、其他产品、爱情幸运号、战略合作、19 楼故事等

2.2 覆盖范围

2.2.1 行业：互联网 / 论坛门户

2.2.2 主要客户：核心用户群是 18 到 45 岁间的城市女性

2.2.3 业务区域：全国

2.3 收入结构：广告收入、其他收入（具体量化结构不详）

三、综合信息

3.1 发展定位：致力于为各地用户提供便捷的生活交流空间和体贴的本地生活服务

3.2 重要合作伙伴及供应商：华数数字电视、商业资讯、虾米网、新文化网、华声论坛、阿里生意经、烟台论坛、baby169、亲子论坛、上虞论坛等

中国社交网络（社会化网络）行业中的其他企业名录节选如下表：

表 19 中国社交网络（社会化网络）行业企业名录节选

领域	厂商	备注
社交网站	腾讯	详细分析见易观智库企业库
社交网站	人人	详细分析见易观智库企业库
社交网站	豆瓣网	详细分析见易观智库企业库
社交网站	开心网	详细分析见易观智库企业库
社交网站	朋友网	详细分析见易观智库企业库
社交网站	赛我网	详细分析见易观智库企业库
微博	新浪	详细分析见易观智库企业库
微博	搜狐	详细分析见易观智库企业库
微博	腾讯	详细分析见易观智库企业库
微博	网易	详细分析见易观智库企业库
博客	blogbus	详细分析见易观智库企业库
博客	搜狐	详细分析见易观智库企业库
博客	网易	详细分析见易观智库企业库
博客	新浪	详细分析见易观智库企业库
企业社交	腾讯	详细分析见易观智库企业库
企业社交	北京慧聪国际资讯有限公司	详细分析见易观智库企业库
企业社交	上海万企明道软件有限公司	详细分析见易观智库企业库
企业社交	金蝶	详细分析见易观智库企业库
轻博客	点点	详细分析见易观智库企业库
轻博客	人人	详细分析见易观智库企业库
轻博客	网易	详细分析见易观智库企业库
轻博客	搜狐	详细分析见易观智库企业库
轻博客	新浪	详细分析见易观智库企业库
商务社交	LinkedIn	详细分析见易观智库企业库
商务社交	经纬网	详细分析见易观智库企业库
商务社交	若邻网	详细分析见易观智库企业库
商务社交	天际网	详细分析见易观智库企业库
商务社交	优士网	详细分析见易观智库企业库
社会化分享	bshare	详细分析见易观智库企业库
社会化分享	jia this	详细分析见易观智库企业库
社会化内容聚合	zaker	详细分析见易观智库企业库
社会化内容聚合	腾讯	详细分析见易观智库企业库
社会化内容聚合	网易	详细分析见易观智库企业库
社会化内容聚合	鲜果	详细分析见易观智库企业库

续表

领域	厂商	备注
社会化阅读	Gozap	详细分析见易观智库企业库
社会化阅读	九点网	详细分析见易观智库企业库
社会化阅读	抓虾网	详细分析见易观智库企业库
社会化书签	腾讯	详细分析见易观智库企业库
社会化书签	百度	详细分析见易观智库企业库
社会化问答	知乎	详细分析见易观智库企业库
社会化问答	百度	详细分析见易观智库企业库
社会化问答	新浪	详细分析见易观智库企业库
社会化问答	天涯社区	详细分析见易观智库企业库
社会化营销服务	1024 互动营销	详细分析见易观智库企业库
社会化营销服务	Netconcepts	详细分析见易观智库企业库
社会化营销服务	Social Touch	详细分析见易观智库企业库
社会化营销服务	上海秉钧网络科技有限公司	详细分析见易观智库企业库
社会化营销服务	博邦尚林	详细分析见易观智库企业库
社会化营销服务	传驰网络	详细分析见易观智库企业库
社会化营销服务	口碑互动	详细分析见易观智库企业库
社会化营销服务	千里目标	详细分析见易观智库企业库
社会化营销服务	北京瑞意恒动科技有限公司	详细分析见易观智库企业库
社会化营销服务	上海瀚宣文化传播	详细分析见易观智库企业库
社会化营销服务	随视传媒	详细分析见易观智库企业库
社会化营销服务	北京天下秀科技有限公司	详细分析见易观智库企业库
社会化营销服务	腾讯	详细分析见易观智库企业库
社会化营销服务	西美互动	详细分析见易观智库企业库
社会化营销服务	映盛中国	详细分析见易观智库企业库
社会化营销服务	中海互动	详细分析见易观智库企业库
社会化营销服务	河南众品食业股份有限公司	详细分析见易观智库企业库
社区软件	康盛创想（北京）科技有限公司	详细分析见易观智库企业库
社区软件	iweb 社交网络	详细分析见易观智库企业库
社区软件	天乙软件	详细分析见易观智库企业库
视频交友	浙江天格信息技术有限公司	详细分析见易观智库企业库
视频交友	56 网	详细分析见易观智库企业库
视频交友	上海聚力传媒技术有限公司公司	详细分析见易观智库企业库
视频交友	六间房秀场	详细分析见易观智库企业库
图片分享	嘀咕网	详细分析见易观智库企业库

续表

领域	厂商	备注
图片分享	堆糖网	详细分析见易观智库企业库
图片分享	翻东西	详细分析见易观智库企业库
图片分享	花瓣网	详细分析见易观智库企业库
图片分享	厦门美图网科技有限公司	详细分析见易观智库企业库
图片分享	拼范网	详细分析见易观智库企业库
图片分享	优美图片网	详细分析见易观智库企业库
位置签到服务	街旁网	详细分析见易观智库企业库
位置签到服务	苏州贝多科技有限公司	详细分析见易观智库企业库
位置签到服务	切客	详细分析见易观智库企业库
文档分享	百度	详细分析见易观智库企业库
文档分享	豆丁网	详细分析见易观智库企业库
消费评论	爱帮网	详细分析见易观智库企业库
消费评论	大众点评	详细分析见易观智库企业库
消费评论	饭统网	详细分析见易观智库企业库
消费评论	口碑网	详细分析见易观智库企业库
在线百科	MBAlib	详细分析见易观智库企业库
在线百科	百度	详细分析见易观智库企业库
在线百科	互动在线（北京）科技有限公司	详细分析见易观智库企业库
在线百科	腾讯	详细分析见易观智库企业库
综合论坛	百度	详细分析见易观智库企业库
综合论坛	19 楼	详细分析见易观智库企业库
综合论坛	搜狐	详细分析见易观智库企业库
综合论坛	白社区	详细分析见易观智库企业库
综合论坛	大旗网	详细分析见易观智库企业库
综合论坛	华声论坛	详细分析见易观智库企业库
综合论坛	凯迪社区	详细分析见易观智库企业库
综合论坛	猫扑网	详细分析见易观智库企业库
综合论坛	天涯社区	详细分析见易观智库企业库
综合论坛	西祠胡同	详细分析见易观智库企业库

浏览器

腾讯 -QQ 浏览器

QQ 浏览器是腾讯公司推出的浏览器，有 PC 和移动版本。QQ 浏览器在 2010 年才开始进入手机浏览器市场，但是凭借产品和技术创新、细分市场的营销落地及社交体系的资源优势转换，QQ 浏览器已在第三方手机浏览器市场占据重要地位。根据易观智库产业数据库最新发布的《中国第三方手机浏览器市场季度监测报告 2014 年第 4 季度》数据显示，QQ 浏览器在第三方浏览器市场的累计账户份额、使用时长等方面都稳居第一位。QQ 浏览器通过与腾讯旗下其他移动产品（腾讯新闻、微信、QQ 空间等）的有效整合，让用户通过 QQ 浏览器浏览的内容能够简便的分享到社交圈子。通过 QQ 一号通的登陆方式，QQ 浏览器打通了腾讯旗下各产品间的接口，跨屏穿越、微收藏等多平台、多应用的互通不仅为用户带来了实用的功能，更通过腾讯 APP 群的力量加强了用户黏性。同时手机 QQ 浏览器定位年轻化，产品对于自身品牌、功能、用户群体的准确定位，加之品牌形象代言人等对于市场的推广力度，使得个体产品所聚集的用户影响到了整个 APP 群。腾讯旗下有众多超级 APP，而产品间的相互共存共进体系，使得手机 QQ 浏览器保持了如今的领先地位。QQ 浏览器已经发布全系统的手机浏览器产品，并聚焦于视频、阅读等功能，重视轻应用的发展，在新版本中推轻应用，满足用户长尾需求；QQ 浏览器通过账号互通跨终端，实现浏览内容同步到多设备，提升了交互体验。易观智库监测数据显示，2014 年第 4 季度 QQ 浏览器以 40.6% 比例占据中国第三方手机浏览器市场活跃用户覆盖率第一名。

易观分析——

QQ 浏览器有腾讯社交体系的高粘度庞大用户量，用户基础极具优势；拥有丰富的渠道资源，凭借腾讯旗下众多产品（视频、新闻、阅读、购物）为其平台化建设提供了丰富的系统资源；产品创新能力较强，重视技术和产品对产业发展的核心驱动价值。但 QQ 浏览器承载过多功能，繁琐累赘；在加载速度和页面表现方面仍旧需要继续提升。

移动互联网的飞速发展，用户群体日益增长，浏览器作为移动端入口级别应用受到重视。随着 HTML5 技术的逐渐成熟，WEB APP 的发展有助于提升手机浏览器的入口地位。而与豌豆荚合作，能帮助 QQ 浏览器简化升级程序，有助于提高用户更新软件的意愿；QQ 浏览器将覆盖多终端，受众群体将进一步扩大，提升了多屏合一交互体验。

易观智库分析认为，浏览器在 PC 时代的统治地位一去不复返，大量竞争者进入该领域，蓝海迅速变红海。百度和 360 浏览器市场份额稳步上升，对于用户需求的深入挖掘将对 QQ 浏览器在产品创新方面的领先优势产生一定的冲击。阿里入股 UC，UC 未来的市场发展对腾讯的领先地位也产生一定的威胁。目前独立及超级 APP 的逐渐增多，对手机浏览器的互联网入口地位具有较大的威胁。

一、基础信息

1.1　基本信息

1.1.1　公司全称：腾讯控股有限公司

1.1.2　成立时间：2000 年 2 月

1.1.3　总部地点：深圳

1.1.4 上市时间：2004 年在香港上市

1.1.5 企业性质：股份有限公司

1.1.6 资本信息：注册资金 8000 万元人民币

1.1.7 联系方式

网址：http：//browser.qq.com/

邮箱：10000@qq.com

地址：中国广东省深圳市高新科技园北区深圳腾讯大厦

电话：0755-86013666

1.2 组织信息

1.2.1 管理层

马化腾 首席执行官

二、业务信息

2.1 产品及服务信息

iOS，Android，windows 版手机浏览器产品

2.2 覆盖范围

2.2.1 行业：互联网

2.2.2 主要客户：移动互联网用户

2.2.3 业务区域：全球

2.3 收入结构：流量分发、广告，具体比例不详

三、综合信息

3.1 发展定位：借助腾讯的口碑与影响力，集合优势资源，打造内容聚合平台。

3.2 重要合作伙伴及供应商：豌豆荚、起点网、17K、大众点评等

优视

UC 浏览器原名 UCWEB，是中国第三方手机浏览器市场的重要应用。在 2G 时代，带宽低资费高，智能手机系统以塞班为主，终端性能较低，UC 浏览器以节省流量、运行速度为核心竞争力，短时间内积累了大量用户，迅速成为市场的霸主。经过多年的发展，UC 优视已经成为国内最大的手机应用技术研发团队，亦是中国第一家在移动浏览器领域拥有核心技术及完整知识产权的公司。随着互联网企业进入手机浏览器市场并快速发展，UC 浏览器作为独立的手机浏览器厂商，缺少平台资源，一家独大的局面被打破，市场份额处于下降趋势，受到了 QQ 浏览器和百度浏览器的双重威胁。2013 年，UC 优视获得阿里集团注资，2014 年 6 月并入阿里 UC 事业群，这为 UC 浏览器的发展提供了广阔的空间。面对激烈的竞争环境，UC 浏览器推出了优化视频、阅读等功能，并整合应用下载、网页应用、网址导航、UC 网盘等功能，着力构建“UC+”开放平台，包括网页应用中心、插件平台以及应用书签平台三部分，将流量开放给更多合作伙伴。UC 优视提出多屏战略，将推出 PC 版和 TV 版浏览器，构建多屏生态，将辐射更多硬件、场景和服务，使浏览器成

为连接多屏的互联网入口，并看重云服务能力对手机浏览器发展的促进作用；同时，启动海外轻应用战略，将围绕浏览器以“SuperApp+Light App”模式打造新的移动互联网产业生态。在国际化方面，UC 浏览器先后发布了英文、俄文等多个国际语言版本，其海外用户超过 1 亿，并在亚洲、非洲、俄罗斯等多个地区取得了市场领先地位，其中在印度市场份额超过 34%，成为印度市场第一大手机浏览器。易观智库监测数据显示，2014 年第 4 季度，UC 浏览器以 35.2% 的比例占据中国第三方手机浏览器市场活跃用户覆盖率第二名的位置。

易观分析——

UC 手机浏览器拥有较好用户基础和口碑，是国内首家拥有自主内核技术的移动浏览器，具有一定的技术积累和云服务优势；阿里与 UC 有紧密的投资合作关系，能够帮助其发展，并与大量网站及应用开发商合作，其网页应用数量占优势。但是 UC 手机浏览器产品创新乏力，先发优势逐渐被 QQ 和百度浏览器等竞争对手蚕食；作为独立的手机浏览器厂商，多屏战略相对滞后；与百度和 QQ 浏览器有生态劣势。

UC 并入阿里集团后，整合 UCWeb 和支付宝，并促成了 UC 与阿里集团下多款产品的合作。UC 联合 Camera360、迅雷等厂商强化自身插件系统、完善下载技术，在娱乐影音方面有望凸显差异化优势。随着 HTML5 技术的逐渐成熟，UC 的 WEB APP 平台能够吸引并整合更多优质 WEB APP 资源，巩固其在浏览器市场的地位。

易观智库分析认为，QQ 浏览器市场已超越 UC，百度手机浏览器用户增长迅速，UC 需要尽快加强自身的综合创新能力。同时超级 APP 的对手机浏览器作为移动互联网入口威胁也是 UC 要面对的问题。

一、基础信息

1.1 基本信息

1.1.1 公司全称：优视科技有限公司

1.1.2 成立时间：2004

1.1.3 总部地点：广东

1.1.4 企业性质：股份有限公司

1.1.5 联系方式

网址：http：//www.uc.cn/

地址：广东省广州市中山大道西天河科技园建中路 36 号裕桥商务大厦 5 楼

1.2 组织信息

1.2.1 人员规模

公司员工总数已经超过 2500 人，产品研发人员比例超过 80%

1.2.2 管理层

俞永福 阿里 UC 移动事业群总裁

二、业务信息

2.1 产品及服务信息

iOS，Android，windows 版手机浏览器产品

2.2 覆盖范围

2.2.1 行业：移动互联网

2.2.2 主要客户：移动互联网大众用户

2.2.3 业务区域：全球

2.3 收入结构：优视科技主要营收来源是广告，其中游戏、广告收入占比 75%。

三、综合信息

3.1 发展定位：UC 浏览器定位于做移动互联网浏览入口平台

3.2 重要合作伙伴及供应商：阿里巴巴、小米、HTC、联想等

360 浏览器

360 浏览器是奇虎 360 于 2011 年推出的新一代手机浏览器，与 360 浏览器 HD、360 安全通讯录、360 手机卫士等软件产品同为 360 移动终端系列产品。浏览器属于奇虎“三级火箭”系统的第二级，是 360 进军移动领域的入口级产品。由于 360 进入手机浏览器领域较晚，在手机浏览器上投入资源不足，其市场份额并没有巨大的提升。随着 360 逐渐占据移动互联网的强势入口，如 360 手机助手和 360 手机卫士等，带动了其手机浏览器的用户下载，使用户规模保持快速增长。2014 年 5 月 7 日 360 手机浏览器安卓版用户总数已经突破 1.5 亿，成为 360 公司继手机卫士、手机助手、安全桌面等之后的又一重磅级移动端产品，同时带动 360 移动搜索每日请求量迅猛增长。在激烈的第三方手机浏览器市场竞争中，360 充分发挥其在安全领域的积累，为手机浏览器用户提供安全检测、网址云安全、下载云安全、网购先赔、欺诈全赔等安全防护功能，形成了其差别化竞争优势。目前 360 浏览器仍处于第三方手机浏览器市场的第二梯队，并积极追赶第一梯队。易观智库监测数据显示，2014 年第 4 季度，360 浏览器位居第三方手机浏览器活跃用户覆盖率第四名，但与 QQ 浏览器、UC 浏览器、百度浏览器差距较大。

易观分析——

360 浏览器有 360 产品在 PC 端和移动端的资源优势，有助于手机浏览器的用户数量的提升。其界面简洁、少跳转，用户体验良好，并且是国内首家支持 WebP 技术的浏览器，提升了整体下载速度，网速大幅提升。但是其在更新速率上偏慢，用户体验仍与其他浏览器存在差距，并且由于 360 系列手机软件争议较大，其口碑两极分化严重。

360 浏览器的线上线下结合营销策略为其赢得了社会关注度，如《爱 ta 浏小蜜》办公室情景剧和广泛征集形象代言人；看重手机浏览器搜索功能，帮助奇虎 360 夯实互联网入口地位。随着 HTML5 逐渐成熟，未来 WEB APP 将成为市场主流，作为 WEB APP 载体的手机浏览器将重回移动互联网强势入口地位，将迎来新一轮的高速增长期。

易观智库分析认为，UC、QQ 和百度手机浏览器纷纷加大对浏览器市场的投入，其市场领先地位较难撼动；另外，猎豹浏览器、海豚浏览器对 360 步步紧逼，海豹浏览器转战国内市场，在丰富社交、个人定制化方面有所加强，凭借其在海外市场的成功经验，成为威胁 360 发展又一竞争对手。360 发布独立搜索 APP，手机浏览器的发展或存变数。

一、基础信息

1.1 基本信息

1.1.1 公司全称：奇虎 360 科技有限公司

1.1.2 成立时间：2005 年

1.1.3 总部地点：北京

1.1.4 上市时间：2011 年 3 月 30 日

1.1.5 企业性质：股份有限公司

1.1.6 联系方式

网址：http：//se.360.cn/

地址：北京朝阳区中关村电子城国际电子总部

电话：86-10-5878-1000

1.2 组织信息

1.2.1 管理层

周鸿祎 董事长、首席执行官

二、业务信息

2.1 产品及服务信息：Android，iOS，windows 版手机浏览器产品

2.2 覆盖范围

2.2.1 行业：移动互联网

2.2.2 主要客户：移动互联网大众用户

2.2.3 业务区域：以中国为主的中文使用者

2.3 收入结构：广告，搜索，增值服务，具体比例不详

三、综合信息

3.1 发展定位：打造最具安全感的手机浏览器，成为移动互联网用户的首选浏览器。

3.2 重要合作伙伴及供应商：中国移动、微软、中国电信、谷歌、英特尔、人人网、域名行业发展联盟、中国国家漏洞库

中国浏览器行业中的其他企业名录节选如下表：

表 20 中国浏览器行业企业名录节选

领域	厂商	备注
第三方浏览器	腾讯	简要分析见前述 数据分析及详细分析见易观智库企业库
第三方浏览器	优视	简要分析见前述 数据分析及详细分析见易观智库企业库
第三方浏览器	奇虎 360	简要分析见前述 数据分析及详细分析见易观智库企业库
第三方浏览器	百度	数据分析及详细分析见易观智库企业库
第三方浏览器	网易有道	数据分析及详细分析见易观智库企业库

续表

领域	厂商	备注
第三方浏览器	搜狗	数据分析及详细分析见易观智库企业库
第三方浏览器	百纳信息技术有限公司	详细分析见易观智库企业库
第三方浏览器	金山网络	详细分析见易观智库企业库
第三方浏览器	Opera	详细分析见易观智库企业库
第三方浏览器	华为技术有限公司	详细分析见易观智库企业库
第三方浏览器	点指科技	详细分析见易观智库企业库
第三方浏览器	Mozilla Firefox	详细分析见易观智库企业库
第三方浏览器	网际傲游（北京）科技有限公司	详细分析见易观智库企业库
第三方浏览器	上海 2345 网络科技有限公司	详细分析见易观智库企业库
第三方浏览器	Google	详细分析见易观智库企业库
手机浏览器	GO 浏览器	详细分析见易观智库企业库
手机浏览器	天天浏览器	详细分析见易观智库企业库
手机浏览器	移联浏览器	详细分析见易观智库企业库

位置服务

百度地图

2012 年 10 月，百度宣布分拆地图业务，成立了位置服务事业部。百度地图从部门到事业部的升级是百度在组织架构层面的重大调整与升级，直接将位置服务事业部提升到与移动云事业部同等的地位，形成云 + 端的移动战略布局。2013 年，百度收购 91 助手和糯米网，增强其移动分发渠道和本地生活服务商户资源。2014 年，百度推出百度钱包并内置到百度地图中，补足其支付体系的短板，形成闭环。同时推广活动也大幅增加，比如年终福利大放送、“随手拍”，以及与麦当劳合作的跑酷等，大大增加了用户活跃性，为其 O2O 业务打下了较好的基础。百度地图已不再只是出行工具，而正发展成为综合的生活服务平台。

根据易观智库中国数字消费用户雷达最新数据显示，2014 年第 2 季度百度地图以 55.58% 比例成为中国手机地图 APP 覆盖用户数比例第一名，手机地图 APP 总启动次数中，百度地图占比也高达 54.17%，手机地图 APP 使用时长更是达到了 70.21%。但百度在易观智库产业数据库发布的《中国本地版手机导航客户端市场季度监测报告 2014 年第 3 季度》中所占份额为 8.3%，不敌高德和凯立德，位居第三。

易观分析——

借助长期以来积累的品牌形象、庞大稳定的流量导向，良好的运营平台，较强的技术实力，长期的经验积累及丰富的合作伙伴资源，为百度地图在未来的发展奠定了良好的基础。

在产品及服务方面，基于地图的 O2O 业务仍处于探索期，盈利模式有待于深化。

随着移动互联网的深层次发展，手机地图融合生活服务的趋势将更加明显，这使其未来功能的商业发展空间还将继续扩大，用户需求和用户认可度也将随之增长。而地图应用作为关键节点，使软件开发商、线下厂商、手机厂商以及互联网企业之间的联系也将进一步深化。在大数据时代，空间信息至关重要，地图成为大数据发展的底层应用。但是目前地图服务累积的大数据应用模式还不明显，百度迁徙只是试水项目，未来还需进一步将大数据这个泛概念变成一个个接地气的产品或者项目。

地图应用的想象空间巨大，各个厂商纷纷发力掀起了对地图这一移动互联重要入口的争夺，腾讯、阿里等巨头纷纷发力布局移动端位置服务应用，百度地图在市场中将面对更多挑战，需要尽快明确自身的未来发展方向和特征。

一、基础信息

1.1 基本信息

1.1.1 公司全称：百度位置服务事业部（百度在线网络技术有限公司下属事业部）

1.1.2 成立时间：2012 年

1.1.3 总部地点：北京

1.1.4 上市时间：2005 年

1.1.5 企业性质：私营

1.1.6 联系方式

网址：http：//map.baidu.com/

地址：北京市海淀区中关村软件园 12 号

电话：（+86 10）5992 8888

1.2 组织信息

1.2.1 管理层

刘 骏 百度位置服务事业部副总裁、糯米网首席执行官

二、业务信息

2.1 产品及服务信息

手机地图：百度地图

位置服务开放平台

本地版手机导航：百度导航

2.2 覆盖范围

2.2.1 行业：位置服务

2.2.2 主要客户：互联网用户

2.2.3 业务区域：全国

2.3 收入结构：百度 2014 年第 4 季度总营收达到 140.50 亿元人民币（约合 22.64 亿美元），同比增长 47.5%；归属于百度的净利润达到 32.29 亿元人民币（约合 5.204 亿美元），同比增长 16.0%。位置服务收入结构具体不详。

三、综合信息

3.1 发展定位：移动生活服务平台

3.2 重要合作伙伴及供应商：去哪儿、携程、艺龙、同程、订餐小秘书、万达电影、网票网、大麦网、格瓦拉、滴滴打车、快的打车

高德控股

公司于 2002 年成立，2010 年登陆美国纳斯达克全球精选市场，2011 年转型移动互联网，并且于 2013 年获阿里巴巴集团 2.94 亿美元投资，2014 年成为阿里的全资子公司。目前高德已将核心导航功能面向开发者开放 SDK，以期打造完整生态圈，另一方面丰富其导航产品的内容和服务，继推出代驾、违章查询等功能之后，第 2 季度与神州租车展开合作，接入其租车预定页面。根据易观智库中国数字消费用户雷达最新数据显示，2014 年第 2 季度高德地图以 23.64% 比例成为中国手机地图 APP 覆盖用户数比例第二名，手机地图 APP 总启动次数中，高德地图占比达 20.32%，手机地图 APP 使用时长达到 15.09%。但 2014 年第 2 季度高德地图 / 导航累计账户市场为 33.4%，位列第一。另外，据易观智库产业数据库最新发布的《中国本地版手机导航客户端市场季度监测报告 2014 年第 3 季度》显示，高德导航以 43.9% 的市场份额占据中国本地版手机导航客户端市场第一位。

高德拥有导航电子地图甲级测绘资质、测绘航空摄影甲级资质和互联网地图服务甲级测绘资质“三甲”资质，电子地图数据库成为公司的核心竞争力。高德业务覆盖三大领域，包括车载（车联网）服务、互联网和移动互联网服务、政企行业应用。高德业务能力覆盖移动地图和导航全产业链，成型的业务架构是较难被复制的核心能力之一。

易观分析——

高德被阿里巴巴收购前，长期塑造良好的品牌形象，并且具有较高的市场占有率和影响力，良好的渠道关系网络；依托于阿里平台，商业化前景广阔，高德与新浪微博、陌陌、美团、聚划算任何一个产品，或者几个产品之间均存在具备想象力的整合空间。

高德软件营收结构过于单一，调整定价策略以后营收有所下降。对前装车载导航收入的依赖使得企业缺乏足够能力抵御汽车市场波动带来的风险，未来通过积极的移动互联网战略有望改善此项问题。

一、基础信息

1.1 基本信息

1.1.1 公司全称：高德软件有限公司

1.1.2 成立时间：2002

1.1.3 总部地点：北京

1.1.4 上市时间：2010 年登陆美国纳斯达克全球精选市场

1.1.5 企业性质：有限公司

1.1.6 联系方式

网址：http：//www.autonavi.com/

邮箱：amap01@autonavi.com

地址：北京市朝阳区望京阜通东大街方恒国际中心 A 座 16 层

电话：010 － 8410-7000

传真：010 － 8410-7777

邮编：100102

1.2 组织信息

1.2.1 人员规模：1000 人以上

1.2.2 管理层

陆兆禧 首席执行官

二、业务信息

2.1 产品及服务信息

汽车导航

政府和企业应用

互联网及移动互联网位置服务

2.2 覆盖范围

2.2.1 行业：位置服务

2.2.2 主要客户：互联网移动互联网用户

2.2.3 业务区域：全国

2.3 收入结构：高德软件第 1 季度总营收 2310 万美元，去年同期为 3430 万美元；净亏损 4600 万美元，去年同期净利润 570 万美元。

其中来自汽车导航业务的净营收为 1450 万美元，低于 2013 年同期的 1550 万美元，以及 2013 年第 4 季度的 1860 万美元。

来自移动和互联网位置解决方案业务的净营收为 650 万美元，低于 2013 年同期的 1390 万美元，以及 2013 年第 4 季度的 890 万美元。

三、综合信息

3.1 发展定位：中国领先的数字地图内容、导航和位置服务解决方案提供商

3.2 重要合作伙伴及供应商：

车载导航应用合作伙伴：宝马、奔驰、大众、奥迪、丰田、广汽、上海通用、尼桑、长安标致雪铁龙、别克、雪佛兰、沃尔沃、斯巴鲁、斯柯达、路虎、凯迪拉克、荣威、雷诺、讴歌、捷豹、兰博基尼、中国一汽、上汽集团、北汽集团、广汽集团、长安汽车、比亚迪、吉利、观致汽车、AW、阿尔派、德尔福、哈曼、博世、安吉星、东软

车联网合作伙伴：奥迪、宝马、奔驰、大众、上海通用汽车、上汽集团、福特、讴歌、斯巴鲁、长安标致雪铁龙、北汽集团、continental、富士康、95190、inkaNet、安吉星、e 路享

互联网及移动互联网位置服务合作伙伴：苹果、三星、摩托罗拉、联想、LG、HTC、飞利浦、OPPO、华为、中兴、戴尔、步步高、纽曼、华硕、索尼、万事通、智器、海尔

政府和企业应用合作伙伴：谷歌、新浪网、微软、阿里巴巴、京东、腾讯、苏宁易购、石化盈科、国家电网、北京交通大学、中国移动通信、中国电信、中国联通、中国烟草、中国工商银行、中国银行、中国民生银行、中国农业银行、交通银行、中信银行、顺丰速运、快易通、韵达快运、圆通速递

凯立德

凯立德是电子地图、导航系统和动态位置服务提供商，为汽车制造厂商、汽车电子厂商、便携导航设备厂商、手机厂商、电信运营商、互联网及移动互联网企业提供互联网地图、导航电子地图、导航软件、移动位置服务平台等各类产品及服务。凯立德利用其品牌的优势，推出包括 PND、行车记录仪、胎压监测仪等硬件设备，通过这些设备收集汽车相关数据，以切入后装车联网市场，手机导航则成为车主与车机交互的关键。2014 年 10 月，小米 8400 万投资凯立德。

根据易观智库产业数据库最新发布的《中国本地版手机导航客户端市场季度监测报告 2014 年第 3 季度》显示，凯立德导航 2014 年第 3 季度手机导航累计账户市场份额为 25.5%。

易观分析——

凯立德除了拥有基本的“全国甲级互联网地图服务测绘资质”外，还拥有为数不多的“导航电子地图资质”，借助长期以来积累的品牌形象，凯立德渗透后装车载导航及 PND 导航市场拥有了垄断性的市场份额和业界影响力。小米投资以后，借助小米的知名度可以进一步提高曝光率。

无论是后装车载导航、PND 导航还是手机导航产品，凯立德业务线始终围绕导航类应用展开，缺乏横向拓展业务的能力，这一问题将会在未来和小米的合作中得到改善，小米 7000 万的用户基数以及小米在智能终端的研发、营销和销售能力，对于凯立德的后装车载导航产品以及其他车载智能产品的衍生都有帮助。

一、基础信息

1.1 基本信息

1.1.1 公司全称：深圳市凯立德科技股份有限公司

1.1.2 成立时间：1997 年 12 月 22 日

1.1.3 总部地点：深圳

1.1.4 上市时间：2014 年 1 月在新三板挂牌

1.1.5 企业性质：股份公司

1.1.6 联系方式

网址：http：//www.careland.com.cn/

邮箱：kefu@careland.com.cn

地址：深圳市深南大道 6023 号创建大厦 26 楼（邮编：518042）

电话：+86-755-82882889

1.2 组织信息

1.2.1 人员规模 677 人

1.2.2 管理层

张文星 总裁

二、业务信息

2.1 产品及服务信息

卫星导航软件系统

便携式智能终端产品，包括 PND、行车记录仪、预警仪及各类配件

车联网和移动互联网服务

基于海量用户的大数据及云服务

行业应用的技术开发及服务

2.2 覆盖范围

2.2.1 行业：位置服务

2.2.2 主要客户：汽车制造厂商、汽车电子厂商、便携导航设备厂商、手机厂商、电信运营商、互联网及移动互联网企业提供互联网地图、导航电子地图、导航软件、移动位置服务平台、车主

2.2.3 业务区域：全国

2.3 收入结构：

卫星导航软件产品及服务授权使用费

PND 等硬件智能终端销售收入

2014 年上半年，凯立德实现营业收入 9317 万元人民币，同比增长了 20%；实现净利润 2509 万元人民币，较上年同期增长 34%。

三、综合信息

3.1 发展定位：公司是以车载导航为核心的汽车消费电子软硬件产品及服务的提供商，具有自主品牌、并进行自主研发和销售

3.2 重要合作伙伴及供应商：E 道航、万禾、任 e 游、易行者、互联移动、智能现代导航、北斗 E 陆航、现代 E 陆航、京华数码、征服者、昂达、Intel、微软、中国电信、中国移动、苹果、诺基亚、摩托罗拉、中国联通、华为、联想、路畅科技、路特仕、图音、飞歌、征路者

四维图新

北京四维图新科技股份有限公司成立于 2002 年，是数字地图内容提供商、动态交通信息服务提供商、车联网服务提供商，具有国家甲级导航电子地图测绘资质。四维图新通过多个子公司承担不同地域渠道销售、产品研发和产业合作的方式降低了企业运营的风险。有助于和汽车制造商、电信运营商等行业关键厂商合作服务于国内市场，对海外相关公司如 Mapscape B.V. 的收购实现了四维图新对国际市场的顺利进军。5 月 5 日晚，四维图新发布公告称，已接受来自腾讯方面 11.7 亿元人民币的战略投资。9 月 24 日推出车载互联网解决方案“趣驾 WeDrive”，成为双方在车联网领域的合作第一次真正落地，也是行业内首次具备全方位优质互联网服务和云端跨屏同步能力的整体车载解决方案。

易观分析——

借助长期以来积累的品牌形象，四维图新渗透市场拥有了较为领先的市场份额和业界影响力。四维图新良好的政企关系、与研究机构的合作对未来产品和商业模式具有明显推动作用。作为中航科技集团旗下企业，四维图新采取的多个（合资、控股、独立）子公司策略对其在不同细分市场的商业拓展、产业链式的技术开发提供支持。四维图新作为上市公司，透明的财务监管对企业融资能力也起到一定程度的提升。

四维图新营收结构较为单一，过于集中在 B2B 的订单销售对企业抗压能力建设而言依然是不利因素。另一方面，由于缺少自有品牌拓展终端应用市场，四维图新距最终用户始终有一段距离，不利于及时响应市场反馈进行产品更新和研发，在与腾讯合作后这一问题将得到改善。

物联网同样是未来发展的重心，车联网作为其概念落地的先锋市场，潜力较为广阔。位置服务随着智能终端在移动互联网用户群中进一步普及，已经成为一类必需品，实时交通信息服务的需求也随之被挖掘出来，预计将成为四维图新业务的新增长点。腾讯数以亿计的用户基数和生态圈将为四维图新带来更多的发展潜力。

一、基础信息

1.1 基本信息

1.1.1 公司全称：北京四维图新科技股份有限公司

1.1.2 成立时间：2002 年

1.1.3 总部地点：北京

1.1.4 上市时间：2010 年 5 月 18 日

1.1.5 企业性质：国有

1.1.6 资本信息：注册资本 69160 万元人民币

1.1.7 联系方式

网址：http：//www.navinfo.com/

邮箱：info@navinfo.com

地址：北京市朝阳区曙光西里甲 5 号北京凤凰置地广场 A 座写字楼 16-17 层
北京市朝阳区望京利泽东园 308 号博泰嘉华大厦 1-3 层

电话：+86-10-82306399　400-810-0880

1.2　组织信息

1.2.1　人员规模：2474 人

1.2.2　管理层

吴劲风　董事长

二、业务信息

2.1　产品及服务信息

2.1.1　产品信息

数字地图产品

地图编译服务

动态交通信息服务

车联网服务（车载互联网解决方案“趣驾”）

互联网及移动互联网

政府及企业 GIS 业务

2.2　覆盖范围

2.2.1　行业：导航

2.2.2　主要客户：位置服务企业

2.2.3　业务区域：全球

2.3　收入结构：公司收入中接近 50% 来自于车载导航，剩余的超过 50% 来自于其他业务，包括位置信息、交通信息服务等。

三、综合信息

3.1　发展定位：数字地位内容提供商、动态交通信息服务提供商、车联网服务提供商

3.2　重要合作伙伴及供应商：宝马、大众、奔驰、通用、诺基亚、三星、中国联通、百度、谷歌、中国电信、中国移动、UPS 等

腾讯地图

腾讯地图，前称 SOSO 地图，2013 年 12 月更名。腾讯地图街景服务可使用卫星地图和由专业设备采集的腾讯街景地图用以查找更精确的位置和目标，观看街景地图服务覆盖城市的高清全景图像。还可以查看日景、夜景、历史街景等。2014 年 3 月，腾讯推出了智能驾驶服务 APP 腾讯路宝，5 月 5 日，在北京召开的“全球移动互联网大会”（GMIC）上腾讯地图推出首款车联网落地产品路宝盒子，帮助用户对用车进行

安全检查。7 月 9 日，腾讯地图更新“零流量地图” 功能，覆盖安卓和 iOS 两大移动平台。

易观分析——

腾讯拥有自己的庞大用户群和生态圈，地图服务内置于滴滴打车和微信，流量可以得到一定程度的保障。其街景服务和“零流量地图”算是两大特色，腾讯路宝 APP 和路宝盒子的联合推出，也是其在试水车联网的同时，寻求与百度、阿里等巨头的差异化战略。

腾讯推出软硬件结合的车联网解决方案，在一定程度上占有了先机。腾讯入股四维图新以后推出了“趣驾”，未来双方会有更多合作，产品也可能整合。

虽然 O2O 正处于探索阶段，但其他公司已纷纷有所动作，腾讯地图目前主要布局还偏向车联网，O2O 方面起步较晚，若不抓紧时间占领市场未来再想进入会更加困难。另一方面腾讯引以为豪的街景地图也受到来自百度的巨大威胁，百度虽然还没有海量收集街景数据，但百度在技术上的投入十分巨大，3D 化全景交互如果落地成功，腾讯辛苦收集来的街景数据都会显得苍白无力，3D 化全景交互商业变现能力数倍于单纯的街景数据。

一、基础信息

1.1　基本信息

1.1.1　公司全称：深圳市腾讯计算机系统有限公司

1.1.2　成立时间：1998 年 11 月 29 日

1.1.3　总部地点：深圳

1.1.4　上市时间：2004 年 6 月 16 日在香港联交所主板上市（股票代号 700）

1.1.5　企业性质：股份有限公司

1.1.6　资本信息：注册资本：100 万

1.1.7　联系方式

网址：http：//map.qq.com/

地址：深圳市福田区赛格科技园 2 栋东 403 号

电话：0755-86013666

1.2　组织信息

1.2.1　管理层：

马化腾　首席执行官

二、业务信息

2.1　产品及服务信息

产品信息：腾讯路宝、腾讯街景、路宝盒子

服务信息：汽车导航、互联网及移动互联网位置服务

2.2　覆盖范围

2.2.1　行业：位置服务

2.2.2 主要客户：互联网移动互联网用户

2.2.3 业务区域：全国

2.3 收入结构：腾讯 2014 年第 3 季度总收入为 198.08 亿元人民币，比去年同期增长 28%；净利润为 56.57 亿元人民币，比去年同期增长 46%。

位置服务具体收入不详。

三、综合信息

3.1 发展定位：提供定位、路线查询、实时路况更新等服务的位置服务服务平台

3.2 重要合作伙伴及供应商：四维图新、新浪、58 同城、携程、艺龙旅行网、滴滴打车、腾讯 QQ、QQ 邮箱、QQ 音乐、腾讯网、搜房网、财付通、微信

中国位置服务行业中的其他企业名录节选如下表：

表 21 中国位置服务行业企业名录节选

领域	厂商	备注	
平台商	百度	简要分析见前述	数据分析及详细分析见易观智库企业库
全产业	高德	简要分析见前述	数据分析及详细分析见易观智库企业库
全产业	凯立德	简要分析见前述	数据分析及详细分析见易观智库企业库
全产业	四维图新	简要分析见前述	数据分析及详细分析见易观智库企业库
服务提供商	腾讯	简要分析见前述	数据分析及详细分析见易观智库企业库
导航软件及解决方案提供商	灵图	简要分析见前述	数据分析及详细分析见易观智库企业库
导航软件及解决方案提供商	Ovi 地图	简要分析见前述	数据分析及详细分析见易观智库企业库
导航软件及解决方案提供商	阿里云地图	简要分析见前述	数据分析及详细分析见易观智库企业库
导航软件及解决方案提供商	老虎地图	简要分析见前述	数据分析及详细分析见易观智库企业库
导航软件及解决方案提供商	搜狗地图	简要分析见前述	数据分析及详细分析见易观智库企业库
导航软件及解决方案提供商	图吧地图	简要分析见前述	数据分析及详细分析见易观智库企业库
导航软件及解决方案提供商	图盟地图	简要分析见前述	数据分析及详细分析见易观智库企业库
导航软件及解决方案提供商	E 城市地图	数据分析及详细分析见易观智库企业库	
导航软件及解决方案提供商	导航犬	数据分析及详细分析见易观智库企业库	
导航软件及解决方案提供商	易图通	数据分析及详细分析见易观智库企业库	
服务提供商	城市吧	数据分析及详细分析见易观智库企业库	
服务提供商	天翼导航	数据分析及详细分析见易观智库企业库	
服务提供商	12580	数据分析及详细分析见易观智库企业库	
服务提供商	丁丁网	数据分析及详细分析见易观智库企业库	
服务提供商	大众点评网	数据分析及详细分析见易观智库企业库	
服务提供商	爱帮生活	数据分析及详细分析见易观智库企业库	
服务提供商	滴滴打车	数据分析及详细分析见易观智库企业库	

续表

领域	厂商	备注
服务提供商	快的打车	数据分析及详细分析见易观智库企业库
导航软件及解决方案提供商	好帮手	详细分析见易观智库企业库
导航软件及解决方案提供商	远峰科技	详细分析见易观智库企业库
终端设备提供商	北斗星通	详细分析见易观智库企业库
终端设备提供商	德赛	详细分析见易观智库企业库
终端设备提供商	国腾电子	详细分析见易观智库企业库
终端设备提供商	好帮手	详细分析见易观智库企业库
终端设备提供商	合众思壮	详细分析见易观智库企业库
终端设备提供商	华力创通	详细分析见易观智库企业库
终端设备提供商	路畅	详细分析见易观智库企业库
终端设备提供商	苹果	详细分析见易观智库企业库
终端设备提供商	三星	详细分析见易观智库企业库
终端设备提供商	中海达	详细分析见易观智库企业库
终端设备提供商	瑞图万方	详细分析见易观智库企业库
终端设备提供商	城际通	详细分析见易观智库企业库
数据提供商	世纪高通	详细分析见易观智库企业库
服务提供商	街旁网	详细分析见易观智库企业库

应用分发

百度

2013 年 7 月百度在收购 91 无线之后，已形成百度手机助手、91 无线以及安卓市场三大核心分发平台，移动搜索＋应用商店的双核模式，使其成为全渠道、跨终端的应用分发平台，整体应用分发能力市场领先。目前，百度还正在从开发、推广、运营、变现四个维度打造一站式生态服务闭环，并重点在运营和变现环节加强对开发者的扶持。百度系分发平台将用户获取应用的方式从接受应用商店推荐的单一被动模式，升级为“移动搜索＋应用商店”双核模式。一方面，百度在应用商店中推出“本地榜单”、“酷应用榜”等多维度新鲜榜单共用户选择，并设置“达人推荐”来根据用户的喜好、身份定制化地推荐 APP，升级应用商店功能；另一方面，百度结合独有的搜索优势，拓展 APP 搜索功能，让用户能够根据自己的需求主动搜索下载 APP。根据易观智库监测数据显示，2014 年第 4 季度百度系在国内全渠道移动应用分发市场中继续保持领先，份额达到 42.0%，稳居市场首位。

易观分析——

依靠在搜索领域具有绝对优势，百度的大数据能力、高效的生态系统以及应用分发渠道多样化（APP、搜索引擎、手机浏览器等）为应用分发提供了大量的流量资源。

以流量资源为核心，百度致力于打造完整生态。目前，百度已推出支付工具“百度钱包”，对第三方应用开放。未来百度应用分发生态里面的开发者很可能会接入百度钱包。而这些应用所产生的应用内交易，也将分杯羹给百度钱包以及百度应用分发渠道。这将是产生收入的一个机会，开发者也获得了支付工具支持。

一、基础信息

1.1 基本信息

1.1.1 公司全称：百度在线网络技术有限公司

1.1.2 成立时间：2000 年 1 月

1.1.3 总部地点：北京市海淀区上地十街 10 号

1.1.4 上市时间：2005 年上市

1.1.5 企业性质：股份制

1.1.6 资本信息：注册资本 4520 万美元

1.1.7 联系方式

网址：http：//www.baidu.com/

邮箱：百度无线 mbaidu@baidu.com

地址：百度大厦北京市海淀区上地十街 10 号

1.2 组织信息

1.2.1 人员规模：员工人数超过 17000 人

1.2.2 管理层

李彦宏 董事长、首席执行官

二、业务信息

2.1 产品及服务信息

百度搜索、百度手机助手、91 助手、安卓市场、百度手机卫士、百度手机浏览器

2.2 覆盖范围

2.2.1 行业：互联网应用分发

2.2.2 主要客户：全网用户

2.2.3 业务区域：辐射全国

2.3 收入结构：据百度 2014 第 4 季度财报显示，总营收为人民币 140.50 亿元，同比增长 47.5%；其中移动营收在总营收中所占比例首次达到了 42%。移动收入分为三部分：移动搜索、爱奇艺和 91 无线的营收。

三、综合信息

3.1 发展定位：最大的应用分发平台

3.2 重要合作伙伴及供应商：新浪微博、搜房、盛拓传媒、天极传媒、凤凰新媒体、盛大、CNTV、新东方在线、百合网、去哪儿、拉手网等

奇虎 360

360 在移动互联网领域布局较早，其最开始借助 360 安全卫士迅速占领移动互联网入口，由此促使其 360 手机助手能够迅速渗透，早年成为国内市场中 Android 平台最大的第三方应用商店 APP。同时 360 也通过手机安全、手机浏览器、搜索引擎等途径为用户提供下载，在应用分发市场中有极强的市场竞争力。为了抢占更多的市场份额，360 通过加强 IP 战略布局、为游戏产品提供更多优惠扶持政策，得到了数量较多的高质量移动游戏产品，并借此转化了大量用户。今年 CJ 期间，“360IP 年战略合作项目”正式启动，360 已经和上影、掌上纵横、世纪华创等知名版权方达成战略合作。根据易观智库监测数据显示，2014 年第 4 季度中奇虎 360 系全渠道分发量并没有继续上涨，市场份额达到 22.3%，较上一季度下降 0.4 个百分点，但位居第二。

易观分析——

奇虎 360 在移动互联网布局较早，对移动互联网入口有较强的把控能力；应用商店 APP 用户规模市场领先，应用分发能力极强。360 平台的手机游戏团队表现优异，用户覆盖率高，控制着大量安卓手机游戏分发资源。

360 手机助手与 360 手机卫士的捆绑推广模式正是这种高速扩展战略的代表，在新的市场环境下，这一模式已初触及天花板，无法带来新的增长。

奇虎 360 拥有庞大的用户基础和较高的游戏用户转化率。在安全方面，国内首推了“手机游戏恶意扣费先行赔付”的功能，中国银联也参与到这一服务中，与 360 手机助手共同推出“中国银联&360 电信诈骗先行赔付通道”。

一、基础信息

1.1 基本信息

1.1.1 公司全称：奇虎 360 科技有限公司

1.1.2 成立时间：2005 年

1.1.3 总部地点：北京

1.1.4 上市时间：2011 年 3 月 30 日

1.1.5 企业性质：上市公司

1.1.6 资本信息：股本 1.23 亿

1.1.7 联系方式

网址：http：//www.360.cn/

地址：北京市朝阳区酒仙桥路 6 号院（电子城 • 国际电子总部）2 号楼

电话：86-10-5878-1000

1.2 组织信息

1.2.1 管理层

周鸿祎 董事长、首席执行官

二、业务信息

2.1 产品及服务信息

个人与企业泛安全、搜索、桌面工具应用、移动应用工具、游戏平台、智能硬件等

在应用分发领域有 360 手机助手、360 宝盒、360 手机浏览器等产品

2.2 覆盖范围

2.2.1 行业：移动互联网分发平台

2.2.2 主要客户：全网用户

2.2.3 业务区域：全网，以中国为主

2.3 收入结构：据财报显示，2014 年第 3 季度奇虎 360 的收入和净利润分别达到 3.764 亿美元和 5770 万美元，营收同比增长 100.3%，搜索和移动业务货币化共同推动了本季度实现营收高速增长。从营收结构来看，第 3 季度网络广告收入 2.019 亿美元，同比增长 67.2%，互联网增值业务收入 1.728 亿美元，同比增长 157.7%，二者在营收占比分别为 53.64% 和 45.91%，互联网增值业务占比进一步加强，同比的增长主要受益于 PC 和手机游戏收入的增长推动。

三、综合信息

3.1 发展定位：互联网安全

3.2 重要合作伙伴及供应商：中国移动、微软、中国电信、谷歌、英特尔、域名行业发展联盟、中国国家漏洞库、空中网、创投网、上方网等

豌豆荚

豌豆荚最初定位于应用搜索，为用户提供 PC 版以及手机版的应用商店，是“创新工场”首批孵化的项目，2011 年走出创新工场。其在移动应用分发领域入手较早，在市场中一直保持领先的市场地位。2014 年 1 月获得了 1.2 亿美元的 B 轮融资，由此增强了其综合市场竞争力。豌豆荚的产品不断创新，其目前重点研发和推广应用内搜索功能，搜索内容包括视频、应用、游戏、视频、电子书、壁纸等，在行业内独树一帜。在不断创新中，豌豆荚虽然没有背靠大树，但依然占据市场前列。如今，豌豆荚正从应用商店转型移动娱乐内容搜索平台，过去的应用商店品牌正在弱化，不再跻身分发巨头之列。2014 年 3 月，豌豆荚发布了垂直应用搜索的“应用内搜索”技术协议。初步提供了对应用内搜索的检索、收录和调起标准。同一时间，豌豆荚同步上线了“应用内搜索”接入申请入口。作为一家应用平台，着力打造应用内搜索，除了能从侧面提高被调起应用的下载量，有利于增强豌豆荚分发优势外，还可以打破各家内容的瓶颈，将视频、电子书等内容在搜索内进行聚合，探索移动搜索的同时去发现渠道市场的新形式。根据易观智库监测数据显示，2014 年第 3 季度豌豆荚市场份额达到 6.9%，较上一季度下降了 0.4 个百分点，位居第四。

易观分析——

进入市场时间较早，用户数量积累深厚，创新能力以及技术开发能力较强。

伴随百度、腾讯、360 发力角逐应用分发市场，豌豆荚苦于缺少巨头的强力后盾。

豌豆荚计划转型为一个手机上的综合的内容搜索，把手机娱乐场景下的所有内容全面建立起来。

一、基础信息

1.1 基本信息

1.1.1 公司全称：北京卓易讯畅科技有限公司

1.1.2 成立时间：2009 年 12 月

1.1.3 总部地点：北京

1.1.4 上市时间：未上市

1.1.5 企业性质：民营

1.1.6 资本信息：不详

1.1.7 联系方式

网址：http：//www.wandoujia.com/

地址： 北京市西城区新街口外大街 28 号

电话：400-652-8707

1.2 组织信息

1.2.1 管理层

王俊煜 首席执行官

二、业务信息

2.1 产品及服务信息

豌豆荚云备份、云相册、豌豆荚 Android 版、应用安装器 Mac 版、迷你豌豆荚 International：SnAppea、Alfred 2 Workflow

2.2 覆盖范围

2.2.1 行业：应用搜索与应用分发

2.2.2 主要客户：全网用户

2.2.3 业务区域：全国及部分国外

2.3 收入结构：具体信息不详

三、综合信息

3.1 发展定位：手机娱乐中心

3.2 重要合作伙伴及供应商：魅族、LINE、91 无线、华硕、搜狗等

腾讯

腾讯目前其主要依靠应用宝、微信、手机 QQ、手机浏览器进行游戏和应用的分发。作为用户获取应用第一渠道的应用分发毫无疑问是移动互联网具有入口级地位的核心领域，也是腾讯、百度、360 等行业巨头移动互联网战略的核心。而应用宝在腾讯内更是地位超然，也是腾讯内部唯一一个横跨两大事业群的产品，即移动互联网事业群（MIG）和社交网络事业群（SNG）。在今年 1 月起应用宝发布品牌及产品升级后，半年的发展堪称突飞猛进腾讯应用宝显然是今年触手波及最广的厂商，不仅斥资 5 亿力推“扫红码”活动，更相继推出夺宝奇兵及挑战应用题校园活动，欲借助商圈及校园场景开启应用分发 O2O。腾讯希望借助“扫红码”活动将应用宝品牌及“红色二维码”形成认知绑定，而在品牌营销的同时，“扫红码”也成为应用分发拓展线下场景的排头兵。根据易观智库监测数据显示，分发量份额从去年同期的 10.4%，迅速增长至今年第 4 季度的 21.8%，增幅达 11.4 个百分点，在 360 份额下滑的同时，腾讯系市场份额与 360 的差距不断缩小，且增幅明显，呈现逼近 360 之势。

易观分析——

腾讯系背后的微信、手 Q 等后盾则发挥了强有力的支撑作用。腾讯从去年开始在分发上重点发力，便整合微信、手 Q 等强势产品的分发功能，实现了用户、流量等资源的共享。

和布局较早的百度、360 等公司相比，腾讯在应用分发市场的份额还有相当大的差距。

腾讯又宣布微信公众平台新增 APP 下载广告功能，如推行顺利，有可能再次带动腾讯分发能力提升，对 360 系造成新的冲击。

腾讯目前想要打造围绕微信的闭环生态，在其战略之中，微信红码作为专属于微信的二维码希望独吃线下市场，微信的社交关系链立足线上推广。不过由于腾讯的开发者基因相对其社交基因还存在不小的差距，开发者对于红码的认可度还相对较低，应用宝与微信之间的互惠互利目前也仅限于微信向应用宝导用户这样简单的联动，应用宝在微信体系中只是分发渠道之一，生态尚不够健全。

一、基础信息

1.1　基本信息

1.1.1　公司全称：腾讯控股有限公司

1.1.2　成立时间：1998 年 11 月

1.1.3　总部地点：深圳

1.1.4　上市时间：2004 年 6 月 16 日上市

1.1.5　企业性质：集团控股

1.1.6　资本信息：8000 万元人民币

1.1.7　联系方式

网址：http：//www.qq.com/

地址：中国广东省深圳市高新科技园北区深圳腾讯大厦

电话：（86-755）86013388

1.2　组织信息

1.2.1 管理层

马化腾 首席执行官

二、业务信息

2.1 产品及服务信息

腾讯系涉及应用分发的产品与服务包括，iPhone 及 Android 版的腾讯应用宝、QQ 浏览器、腾讯手机管家

2.2 覆盖范围

2.2.1 行业：移动互联网

2.2.2 主要客户：全网用户

2.2.3 业务区域：全球

2.3 收入结构：财报显示，2014 年第 3 季度，腾讯总收入为人民币 198.08 亿元（32.20 亿美元），比去年同期增长 28%。增值服务业务收入为人民币 160.47 亿元，同比增长 38%。电子商务交易业务收入为人民币 4.59 亿元，较去年同期减少 81%。网络广告收入为人民币 24.40 亿元，较去年同期增加 76%。QQ 手机版与微信上智能手机游戏的总收入于 2014 年第 2 季度相应增长至约人民币 47.23 亿元，反映付费用户数、ARPU（受中度游戏所推动）及游戏内推广增加。

三、综合信息

3.1 发展定位：发力占据应用分发下载量更大的份额

3.2 重要合作伙伴及供应商：同腾讯控股有限公司、百度、京东、万达、英唐智控、灯鹭、丰塘物联、CCF、康佳、招商银行、大众点评、王府井、永城保险、中石化易捷等等

中国应用分发行业中的其他企业名录节选如下表：

表 22 中国应用分发行业企业名录节选

厂商	备注
百度	简要分析见前述　数据分析及详细分析见易观智库企业库
奇虎 360	简要分析见前述　数据分析及详细分析见易观智库企业库
豌豆荚	简要分析见前述　数据分析及详细分析见易观智库企业库
腾讯	简要分析见前述　数据分析及详细分析见易观智库企业库
Google	详细分析见易观智库企业库
苹果	详细分析见易观智库企业库
诺基亚	详细分析见易观智库企业库
微软	详细分析见易观智库企业库
三星电子	详细分析见易观智库企业库
北京力天无限网络技术有限公司	详细分析见易观智库企业库
爱施德股份有限公司	详细分析见易观智库企业库
中国电信	详细分析见易观智库企业库

续表

厂商	备注
中国移动	详细分析见易观智库企业库
中国联通	详细分析见易观智库企业库
威锋网	详细分析见易观智库企业库
小米科技	详细分析见易观智库企业库
搜狗	详细分析见易观智库企业库
北京掌汇天下科技有限公司	详细分析见易观智库企业库
UC 优视	详细分析见易观智库企业库
联想集团	详细分析见易观智库企业库
华为技术有限公司	详细分析见易观智库企业库
深圳市奥软网络科技有限公司	详细分析见易观智库企业库
北京易天新动网络科技有限公司	详细分析见易观智库企业库
苏宁电器	详细分析见易观智库企业库

网络安全

奇虎 360

奇虎 360 主营业务是以 360 杀毒为代表的免费网络安全平台，同时拥有问答等独立业务。360 在手机安全应用、应用商店、手机浏览器、手机终端等领域都有布局，并涉足游戏和视频领域。同时，由于 360 手机卫士重点强化其在手机防骚扰、防盗、隐私保护方面的功能特性，获得了英国西海岸实验室首个防骚扰国际权威认证。2011 年 3 月 30 日奇虎 360 公司正式在纽约证券交易所挂牌交易。奇虎 360 公司利用手机安全卫士产品布局移动互联网，其在手机安全领域入手较早，在市场中占据领先地位，在手机安全市场的份额超过五成左右，随着 360 用户基数的不断扩大和产品渗透率的不断提高，移动端增长渐渐放缓，PC 端全线产品接近饱和。360 在搜索上投入了巨大的精力和财力之后，在安全领域被百度卫士、腾讯管家、猎豹移动（金山）抢夺去了不少机会，尤其是在移动端和国际市场拓展上受到极大的威胁，甚至几近处于劣势，直接阻碍了 360 的成长。在互联网三巨头 BTA 已涉足的移动教育、医疗健康、互联网金融、手机制造等领域缺乏较大竞争优势，未来发展须固守安全领域，同时分析市场趋势，拓展安全新业务。

易观分析——

360 的技术优势得到了国际权威评测机构的普遍认可，并有较为丰富的产品推广体系，品牌及用户规模庞大。360 进入移动互联网较早，以安全产品为核心，占据移动互联网入口优势。移动互联网发展迅猛，安全问题日益凸显，政府对安全问题日益关注，作为互联网安全巨头，可拓展政府业务项目。此外，大数据时代下的安全问题备受关注，可从中开拓新市场。

360 致力于在非安全领域上的拓展，但与传统互联网巨头的整体体量存在较大差距，在资金运营和收购合作上处于劣势。树敌较多，受百度、腾讯和金山的夹攻，发展被动。另外，国内传统互联网三大巨头 BTA 均已全面布局安全领域，360 在该市场中受到挑战。

一、基础信息

1.1 基本信息

1.1.1 公司全称：奇虎 360 科技有限公司

1.1.2 成立时间：2005 年

1.1.3 总部地点：北京

1.1.4 上市时间：2011 年 3 月 30 日

1.1.5 企业性质：上市公司

1.1.6 联系方式

网址：http：//www.360.cn/

地址：北京市朝阳区酒仙桥路 6 号院电子城国际电子总部

电话：86-10-5878-1000

1.2 组织信息

1.2.1 管理层

周鸿祎 董事长、首席执行官

二、业务信息

2.1 产品及服务信息

iOS，Android，windows 版手机安全产品

产品：360 手机卫士，360 杀毒，360 浏览器，360 手机桌面，360 手机助手、360 系统急救箱、360 游戏保险箱、360 极速浏览器、360 省电王、鲁大师、360 随身 Wi-Fi、360 同城帮等众多产品

服务：互联网安全与软件、传媒、搜索

2.2 覆盖范围

2.2.1 行业：互联网泛安全、电脑软件、手机软件、智能硬件

2.2.2 主要客户：大众电脑和手机使用者

2.2.3 业务区域：以中国为主的中文使用者

2.3 收入结构：公司主要依靠在线广告、游戏及互联网、增值业务创收

三、综合信息

3.1 发展定位：全球最受网民尊敬的互联网安全服务公司

3.2 重要合作伙伴及供应商：中国移动、微软、中国电信、谷歌、英特尔、域名行业发展联盟、中国国家漏洞库

腾讯手机管家

腾讯手机管家是腾讯旗下一款永久免费的安全和管理软件。依托腾讯巨大的用户规模和产品优势，腾讯手机管家的市场份额迅速提升，2014 年用户数量已突破 4 亿。腾讯手机管家的安全策略是构建“安全的移

动互联网生态系统”，产品创新和产业链合作两手抓。在产业链合作方面，腾讯手机管家与产业链上的芯片厂商、手机厂商、电子市场等联合构建了移动互联网安全联盟，为用户提供手机购买、使用过程中的安全防护。在与360、百度的移动大战中，腾讯采取建立移动安全产业链联盟的策略，以开放的心态赢得更多的关注，吸引硬件厂商合作，让手机管家的安全模块从系统底层为用户提供各类安全服务。

易观分析——

依托于腾讯公司的产品和品牌优势，品牌影响力及用户群庞大；产品研发能力较强，并建立了移动安全实验室；围绕手机健康管理理念，进行产品创新，获得用户和众多机构认可；产业链合作者资源优势。但用户体验及资源优化方面有待提升。

利用自身的移动安全实验室进行市场安全问题研究，可有助于腾讯手机管家产品的升级和优化；依托腾讯旗下微信 QQ 等产品优势，进行资源整合和功能拓展；建立移动安全产业联盟，与硬件产商合作，从系统底层开发安全服务。

BTA 目前均已涉足手机安全市场，而金山 360 等老牌安全公司也将持续发力，未来竞争将日趋激烈。

一、基础信息

1.1 基本信息

1.1.1 公司全称：腾讯控股有限公司

1.1.2 成立时间：1998 年 11 月 29 日

1.1.3 总部地点：深圳

1.1.4 上市时间：2004 年 6 月 16 日上市

1.1.5 企业性质：股份制

1.1.6 资本信息：注册资本 8000 万元人民币

1.1.7 联系方式

网址：http：//m.qq.com/

地址：中国广东省深圳市高新科技园北区深圳腾讯大厦

1.2 组织信息

1.2.1 管理层

马化腾 首席执行官

二、业务信息

2.1 产品及服务信息

腾讯旗下拥有腾讯电脑管家和腾讯手机管家等众多围绕软件、游戏的产品和服务。

电脑管家主要功能：云查杀引擎、“鹰眼”反病毒引擎、管家反病毒引擎、管家云库、云智能预警系统、QQ 账号全景防卫、电脑诊所、开机加速、管家实时防护、广告过滤、管家装机助手、软件管理、右键菜单管理、电脑管家软件开放平台等。

手机管家主要功能：功能包括病毒查杀、骚扰拦截、软件权限管理、手机防盗及安全防护，用户流量监控、空间清理、体检加速、软件管理等高端智能化功能。

2.2 覆盖范围

2.2.1 行业：互联网

2.2.2 主要客户：大众

2.2.3 业务区域：全球

2.3 收入结构：腾讯的安全产品线，以免费服务为主。具体收入结构不详

三、综合信息

3.1 发展定位：成为“手机安全管理软件先锋”

3.2 重要合作伙伴及供应商：腾讯手机管家和电脑管家参与安全开放平台及产业联盟，通过与深圳网警、微信支付、浦发银行等机构及合作伙伴共出“移动支付安全联合守护计划”，为移动支付产业发展保航。

百度安全管家

百度安全管家创建于 2013 年 4 月 17 日，由原先的“安卓优化大师”升级而来，采用国际领先的杀毒引擎，能够有效防止木马入侵、账号盗取、恶意扣费、偷跑流量等问题的发生，保护用户的信息、资费安全。百度手机卫士率先向业界开放其安全能力，打造开放移动安全平台，让产业链的各方能够接入进来，享受百度的移动安全能力，获得百度的保护。百度卫士产品以“轻巧、快速、智能、纯净”为切入点，在的产品体验上永久免费、不骚扰用户、不胁迫用户、不偷窥用户隐私。而杀毒产品同样强调永久免费，简洁轻巧，不卡机。正好抓住了老牌厂商产品的被用户诟病的痛点。百度移动安全开放平台主要输出“支付安全保护、骚扰拦截、病毒查杀及漏洞检测”三大核心技术。

易观分析——

百度安全管家依托百度本身的资本和产品优势，在产品开发和技术团队拥有优势；以“轻巧、快速、智能、纯净”为切入点，主打支付安全，直戳老牌安全软件的诟病，迎合用户需求。

可是进军安全市场较晚，推广渠道有待加强；对市场的把握及研究能力有待提高；由于自身产品定位，产品功能在丰富性方面稍有不足。

360、金山等老牌手机安全产品将对新竞争者持续发力；各大互联网巨头相继涉水手机安全市场，行业竞争持续升温。腾讯手机管家、360 手机卫士、金山等手机安全产品的迅速发展严重挤压了百度的市场空间。

一、基础信息

1.1 基本信息

.1.1.1 公司全称：百度

1.1.2 成立时间：公司成立于 2000 年 1 月

1.1.3 总部地点：北京

1.1.4 上市时间：2005 年 8 月 5 日

1.1.5 企业性质：合资

1.1.6 资本信息：不详

1.1.7 联系方式

网址：http：//safe.baidu.com/

邮箱：bd@ijinshan.com

地址：北京市朝阳区朝阳北路 237 号复星国际中心

电话：010-62927779

1.2 组织信息

1.2.1 管理层

李彦宏 董事长、首席执行官

二、业务信息

2.1 产品及服务信息

产品功能包括手机体检、手机加速、病毒扫描、流量监控、骚扰拦截、隐私保护、手机备份、广告扫描、安全浏览，产品覆盖微软 windows、苹果 iOS 和安卓三大平台。

2.2 覆盖范围

2.2.1 行业：网络安全

2.2.2 主要客户：大众

2.2.3 业务区域：全球

2.3 收入结构：游戏、流量分发、软件销售、云服务

三、综合信息

3.1 发展定位：专注于互联网安全管理

3.2 重要合作伙伴及供应商：迅雷、苹果、微软、Google、腾讯、百度、淘宝、搜搜、小米手机、中国移动、中国联通、中国电信、康佳集团、惠普等

猎豹移动

猎豹移动公司，原名金山网络，由香港上市公司金山软件分拆而来。公司主要从事信息安全软件、网页浏览器、关键任务移动应用程序的研究开发及运营，由金山软件持有约 54.09% 已发行股份。2014 年猎豹移动在美国上市，腾讯随即宣布入股猎豹。猎豹移动在招股中显示，其上市之后发力点在两个方面：一是保持用户数量的高速增长，特别是海外用户数量的增长；二是关键产品的推广，特别是以清理大师为代表的移动产品。而猎豹移动的最新定位是“移动工具软件提供商”。海外市场和移动互联网布局将是猎豹移动未来重点发展的两个方向。

易观分析——

传统杀毒软件厂商，具有长期在该领域的技术积累，团队合作及业务协同能力及创新能力较强。

核心产品在市场上有较多替代品，腾讯手机管家、360 手机卫士等手机安全产品的迅速发展严重挤压了金山的市场空间，相对市场份额不高，市场增长率不高；营收增长依赖与互联网三大巨头的合作，在移动互联网端布局较晚，与对手的体量规模相差较大；由于自身产品定位，产品功能在丰富性方面稍有不足。

在海内外均拥有海量用户，加之上市势头正猛，拥有较强的资本和用户资源；积极拓展海外市场，同时拓展产品丰富性；移动互联网发展迅猛，安全问题日益凸显，为手机安全产品提供了良好的市场空间。

一、基础信息

1.1 基本信息

1.1.1 公司全称：猎豹移动公司

1.1.2 成立时间：公司成立于 2010 年 11 月

1.1.3 总部地点：北京

1.1.4 上市时间：2014 年 5 月 8 日

1.1.5 企业性质：股份制

1.1.6 资本信息：金山软件持有约 6.63 亿股猎豹股票，持股比例为 54.1%；TCH Copper（腾讯附属公司）持有约 2.20 亿股股票，持股比例为 18.0%；FaX Vision 持有 1.65 亿股股票，持股比例为 13.5%；Core Pacific-Yamachi International (H.K.) Nominees 持有 1 亿股股票，持股比例为 8.2%；Matrix Partners Fund 持有约 7720 万股股票，持股比例为 6.3%

1.1.7 联系方式

邮箱：bd@ijinshan.com

地址：北京市朝阳区朝阳北路 237 号复星国际中心 12 层

电话：010-62927779

1.2 组织信息

1.2.1 管理层

雷 军 董事长

二、业务信息

2.1 产品及服务信息

猎豹清理大师（CleanMaster）、金山电池医生、猎豹浏览器手机版、CMBrowser、PhotoGrid、CMSecurity、金山毒霸、猎豹浏览器，产品覆盖微软 windows、苹果 iOS 和安卓三大平台。

2.2 覆盖范围

2.2.1 行业：网络安全

2.2.2 主要客户：大众

2.2.3 业务区域：全球

2.3 收入结构：游戏、流量分发、软件销售、云服务

三、综合信息

3.1 发展定位：专注于互联网安全管理

3.2 重要合作伙伴及供应商：苹果、微软、Google、腾讯、百度、淘宝、搜搜、小米手机、中国移动、中国联通、中国电信、康佳集团、惠普等

中国网络安全行业中的其他企业名录节选如下表：

表23 中国网络安全行业企业名录节选

领域	厂商	备注
信息安全	奇虎360	简要分析见前述　　数据分析及详细分析见易观智库企业库
信息安全	腾讯	简要分析见前述　　数据分析及详细分析见易观智库企业库
信息安全	百度	简要分析见前述　　数据分析及详细分析见易观智库企业库
信息安全	猎豹	简要分析见前述　　数据分析及详细分析见易观智库企业库
信息安全	北京网秦天下科技有限公司	简要分析见前述　　数据分析及详细分析见易观智库企业库
信息安全	LBE安全大师	简要分析见前述　　数据分析及详细分析见易观智库企业库
信息安全	北京安管佳科技有限公司	数据分析及详细分析见易观智库企业库
信息安全	卡巴斯基实验室/卡巴斯基	数据分析及详细分析见易观智库企业库
信息安全	联想集团	数据分析及详细分析见易观智库企业库
信息安全	北京瑞星信息技术有限公司	数据分析及详细分析见易观智库企业库
信息安全	联信摩贝	数据分析及详细分析见易观智库企业库
信息安全	谷歌	详细分析见易观智库企业库
信息安全	赛门铁克公司	详细分析见易观智库企业库
信息安全	北京北信源软件股份有限公司	详细分析见易观智库企业库
信息安全	东软集团股份有限公司	详细分析见易观智库企业库
信息安全	杭州华三通信技术有限公司	详细分析见易观智库企业库
信息安全	华为技术有限公司	详细分析见易观智库企业库
信息安全	北京江民新科技术有限公司	详细分析见易观智库企业库
信息安全	绿盟城市探险队	详细分析见易观智库企业库
信息安全	启明星辰信息技术有限公司	详细分析见易观智库企业库
信息安全	趋势科技公司	详细分析见易观智库企业库
信息安全	山石网科通信技术有限公司	详细分析见易观智库企业库
信息安全	深信服科技有限公司	详细分析见易观智库企业库
信息安全	天融信	详细分析见易观智库企业库

续表

领域	厂商	备注
信用认证	安徽省电子认证管理中心有限责任公司	详细分析见易观智库企业库
信用认证	北京国富安电子商务安全认证有限公司	详细分析见易观智库企业库
信用认证	北京数字认证股份有限公司	详细分析见易观智库企业库
信用认证	北京天威诚信电子商务服务有限公司	详细分析见易观智库企业库
信用认证	北京中认环宇信息安全技术有限公司	详细分析见易观智库企业库
信用认证	东方新诚信数字认证中心有限公司	详细分析见易观智库企业库
信用认证	东方中讯数字证书认证有限公司	详细分析见易观智库企业库
信用认证	福建省数字安全证书管理有限公司	详细分析见易观智库企业库
信用认证	广东省电子商务认证有限公司	详细分析见易观智库企业库
信用认证	广东数字证书认证中心有限公司	详细分析见易观智库企业库
信用认证	国投安信数字证书认证有限公司	详细分析见易观智库企业库
信用认证	河北省电子认证有限公司	详细分析见易观智库企业库
信用认证	河南省数字证书有限责任公司	详细分析见易观智库企业库
信用认证	河南省信息化发展有限公司	详细分析见易观智库企业库
信用认证	湖北省数字证书认证管理中心有限公司	详细分析见易观智库企业库
信用认证	湖南省数字认证服务中心有限公司	详细分析见易观智库企业库
信用认证	江苏省电子商务服务中心有限责任公司	详细分析见易观智库企业库
信用认证	江西省数字证书有限公司	详细分析见易观智库企业库
信用认证	辽宁数字证书认证管理有限公司	详细分析见易观智库企业库
信用认证	山东省数字证书认证管理有限公司	详细分析见易观智库企业库
信用认证	山西省数字证书认证中心（有限公司）	详细分析见易观智库企业库
信用认证	陕西省数字证书认证中心有限责任公司	详细分析见易观智库企业库
信用认证	上海市数字证书认证中心有限公司	详细分析见易观智库企业库
信用认证	深圳市电子商务安全证书管理有限公司	详细分析见易观智库企业库
信用认证	西部安全认证中心有限责任公司	详细分析见易观智库企业库
信用认证	新疆数字证书认证中心（有限公司）	详细分析见易观智库企业库
信用认证	颐信科技有限公司	详细分析见易观智库企业库
信用认证	浙江省数字安全证书管理有限公司	详细分析见易观智库企业库
信用认证	中金金融认证中心有限公司	详细分析见易观智库企业库
信用认证	中铁信弘远（北京）软件科技有限责任公司	详细分析见易观智库企业库
信用认证	中网威信电子安全服务有限公司	详细分析见易观智库企业库
信用认证	卓望数码技术（深圳）有限公司	详细分析见易观智库企业库

智能终端

移动终端

三星电子

三星电子是韩国最大的电子工业企业，是三星集团旗下最大的子公司。三星电子于 2010 年接管数码形象事业部业务，组成由图像显示器、IT 解决方案、生活家电、无线、网络、半导体及 LCD 事业部在内的共八大事业部体系，其产品开发战略经历了“拷版战略”、“模仿战略”、“紧跟技术领先者战略”和“技术领先战略”四个阶段，开发出一系列占据世界领先地位的高技术电子产品。三星电子位居 2014 年世界 500 强第 13 位。

据 2015 年 1 月 29 日三星发布的 2014 年第 4 季度财报显示，三星该季度营收 52.7 万亿韩元（约 480 亿美元）；净利润 5.3 万亿韩元（约 48.8 亿美元），同比下降 36%，但同比展现上升趋势，是三星连续第 4 个季度出现营收下滑后首次回升的情况。尽管如此，三星智能手机的全球市场份额也面临着被廉价智能手机及苹果等宿敌的蚕食，只占据 25% 左右。三星未来的发展或面临较为严峻的挑战。

易观分析——

三星的品牌认知度高，用户口碑较好。在供应链中，把控产业链上游配件生产环节，在产业中有强大的话语权。产品线丰富，产品受众覆盖广泛。销售渠道布局合理，与国内三家运营商合作紧密，有很强的市场下探能力。

三星电子目前大部分利润来自手机业务，企业营收基本取决于其智能手机销售。然而，三星不仅面临来自苹果、LG 等全球性手机企业在国内的巨大挑战，随着华为、小米等中国厂商的快速成长，本土手机厂商也逐渐威胁到三星的地位。三星手机的市场份额，利润率等面临被拉平的挑战。面对当前严峻的态势，三星不能忽视其他新领域的开拓，需加强自身创新能力，完善多领域产品线布局。

一、基础信息

1.1 基本信息

1.1.1 公司全称：三星电子

1.1.2 成立时间：1938 年 3 月

1.1.3 总部地点：韩国

1.1.4 上市时间：1989 年

1.1.5 企业性质：上市公司、跨国企业

1.1.6 资本信息：资产 2028.76 亿美元（2014 年）

1.1.7 联系方式

网址：http：//www.samsung.com.cn/

地址：韩国京畿道城南市盆唐区书岘洞 263 号三星广场大厦

北京朝阳区建国路 118 号招商局大厦（中国总部）

电话：400-810-5858

1.2 组织信息

1.2.1 人员规模：286000 人

1.2.2 管理层

李健熙 会长、董事长

二、业务信息

2.1 主要产品与服务信息

主要产品：

手机产品：智能手机、Samsung GALAXY Note、智能佩戴设备、双卡 / 双待、智能平板、Samsung GALAXY Camera、手机配件；

电视 / 影视设备：电视产品、Blu-ray 播放器、音响产品、电视配件；

电脑 / 办公：个人电脑、个人电脑配件、显示器、存储卡、SSD、光存储、硬盘；

数码影像：NX 系列智能微型单电、Samsung GALAXY Camera、智能便携相机、NX 镜头、相机配件、数码摄像机；

生活家电：冰箱、洗衣机、空调、等离子空气净化器、智能吸尘器。

在中国经营的产品：CDMA 手机、CDMA 系统、激光打印机、TFT-LCD 显示器等同 U 型本及办公产品；半导体（IC，TR）、34 英寸纯平显像管等核心零部件；背投大屏幕电视、DVD、家庭影院等 AV 产品；数码相机等光电子产品；大型双开门冰箱、中央空调及瑰石空调等白色家电产品。

主要业务领域：

消费类电子：视觉显示业务、数字家电业务、打印解决方案业务、健康与医疗设备业务；

IT& 移动业务：移动通信业务、网络业务；数码影像业务；

设备解决方案：存储器业务、System LSI 业务、LED 业务。

2.2 覆盖范围

2.2.1 行业：电子工业为主的多元化集团

2.2.2 主要客户：个人及团体消费者

2.2.3 业务区域：全球

2.3 收入结构：三星电子营收按照部门划分可分为电子部门营收、IT 和移动通信部门营收和设备解决方案部门营收，其中，设备解决方案营收又包括半导体营收、芯片业务营收和显示面板营收。

三、综合信息

3.1 发展定位：三星一直秉承最基本也最简单的经营理念，即以人才和技术为基础，创造出高品质的产品和服务，为人类社会发展做贡献。其中，“以人为本，追求卓越”是核心管理因素；“创新产品，优化服务”是公司远景和内在目标；“贡献社会，服务人类”是公司远景。

3.2 重要合作伙伴及供应商信息：十家韩国银行

苹果

苹果公司创立于 1976 年 4 月 1 日，2007 年由美国苹果电脑公司更名为苹果公司，是全球第一大手机生产商、全球最大的 PC 厂商，是市值最高的公共交易公司，到 2014 年 6 月大约拥有市值 446 亿美元。苹果公司的核心业务是电子科技产品，在高科技企业中以创新而闻名，其知名的产品包括 iPad、iPhone、iPod、Macbook、Apple II、Macintosh 电脑、iTunes 商店等。截至 2014 年 6 月，苹果公司拥有 14 个国家的 425 间零售商店，还有线上苹果商店、iTunes 商店，其中 iTunes 商店是世界最大音乐零售商。2014 年 9 月 10 日，苹果发布了一种基于 NFC 的手机支付功能 -Apple Pay，目前该应用已经可以再超过 22 万家线下商家中适用，商家类型覆盖连锁药店、快餐、百货中心等。当地时间 2014 年 10 月 20 日，Apple Pay 服务正式在美国上线，适用于 iPhone6、iPhone6 Plus、Apple Watch、iPhone5s，该支付目前仅限于美国境内使用。

据 2014 年 10 月 21 日苹果发布的 2014 财年第 4 季财报数据显示，苹果公司第 4 财季营收为 421.23 亿美元，同期增长 12%；净利润 84.67 亿美元，同期增长 13%。2014 年 6 月 2 日，《财富》发布 2014 年世界 500 强排行榜，苹果位居第五，成为排名最高的科技公司。2014 年 10 月，苹果连续第二年超越 Google，再度问鼎世界最具价值品牌。

易观分析——

苹果是智能手机潮流的引领者，其产品定位高端，使用自主开发的 iOS 智能操作系统，其用户体验获得良好的市场口碑，拥有庞大的“粉丝”群体；

具有完整独立的生态体系，包括多屏终端、操作系统、应用平台等，促使其在市场中依然具有较强的竞争力；

苹果产品在用户层面已经形成的高期望值，在其他厂商创新能力增强，以生态模式来提高性价比的情况下，对苹果公司的持续创新能力提出了更高的要求。

一、基础信息

1.1 基本信息

1.1.1 公司全称：苹果公司

1.1.2 成立时间：1976 年 4 月 1 日

1.1.3 总部地点：美国加利福利亚库比蒂诺

1.1.4 上市时间：1980 年

1.1.5 企业性质：上市公司、跨国企业

1.1.6 资本信息：资产 2070 亿美元（2014 年）；市值 6122 亿美元（2014 年 8 月），全球第一

1.1.7 联系方式

网址：http：//www.apple.com.cn/

邮箱：ccaballero@Apple.com

地址：1 Infinite Loop, Cupertino, CA 95014, United States（美国总部）

北京朝阳区建国门外大街 1 号　100004（中国总部）

电话：+1-408-996-1010（美国总部）

客服服务 / 采购热线：400-666-8800（北京）

技术支持：400-627-2273

传真：+1-408-996-0275

1.2 组织信息

1.2.1 人员规模：84400（2014 年）

1.2.2 管理层

蒂姆·库克（Timothy D. Cook）首席执行官

二、业务信息

2.1 主要产品与服务信息

主要硬件产品：

个人数位音乐播放器：iPod classic、iPod、iPod nano、iPod shuffle、iPod mini、iPod Hi-Fi、iPod touch

笔记型电脑：PowerBook、iBook、MacBook、MacBook Pro、MacBook Air

桌上型电脑：Mac Pro、iMac

小型桌面电脑：Mac mini

显示器：Apple Cinema Display（27 英寸）、Apple Thunderbolt Display（27 英寸）

服务器：Mac Pro server、Mac mini server

电脑视讯配件：iSight（webcam）

网络连接设备：AirPrort Extreme（54Mbps 802.11g base station）

智能手机：iPhone

平板电脑：iPad、iPad mini

家庭视听网络连结器：Apple TV

新产品：iWatch

主要软件产品：

操作系统：OS X、iOS、iLife、iWork

其他软件：Final Cut Studio、Logic Pro、Aperture

2.2 覆盖范围

2.2.1 行业：电子产品（计算机、办公设备）

2.2.2 主要客户：个人及团体消费者

2.2.3 业务区域：全球

2.3 收入结构：主要依靠电子设备销售获取收益，具体收入结构不详。

三、综合信息

3.1 发展定位：高端电子产品市场，打造高端电子产品。

3.2 重要合作伙伴及供应商信息：富士康、中国电信、中国移动、中国联通、Facebook、Twitter 等

联想集团

联想集团是一家在信息产业内多元化发展的大型企业集团，负有创新性的国家化的科技公司，从 1996 年开始，联想电脑销量一直位居中国国内市场首位，2013 年升居世界第一。联想集团从事开发、制造并销售可靠的、安全易用的技术产品及优质专业服务，主要生产台式电脑、服务器、笔记本电脑、打印机、掌上电脑、主板、手机、一体机电脑等商品。2014 年 4 月 1 日起，联想成立了四个新的、相对独立的业务集团，分别是 PC 业务集团、移动业务集团、企业级业务集团、云服务业务集团。联想集团希望从传统 PC 厂商转型为综合性 IT 厂商，继续稳步执行“PC+”战略，其移动设备（包括智能手机和平板电脑）的出货量已超过 PC，移动互联和数字家庭（MIDH）业务的强势增长，联想智能手机凭借在中国市场的精准定位，发展势头强劲，其产品定位逐渐从中低端向高端转化，产品线也逐渐丰富。2014 年 7 月 24 日，联想集团推出联想互联网创业平台 NBD，再度强化其转型互联网业务的理念。

据联想集团发布的 2014-2015 财年第 3 财季显示，在截至 2014 年 12 月 31 日的三个月内，联想集团季度营收 141 亿美元，同比增长 31%；净利润 2.53 亿美元，同比下跌 5%。联想本季度移动业务的总销售收入同比上升 109% 至 33.9 亿美元，占集团收入约 24%。其中，智能手机总销量创新高达 2470 万部，同比上升 78%，占全球市场份额 6.6%，居第三名。此外，联想集团在各地区、产品和客户细分市场份额均有所增长，并在欧洲 / 中东 / 非洲区及美洲区、全球笔记本个人电脑市场、商用及消费个人电脑市场均取得历史新高的市场份额。目前，联想集团在个人电脑市场、智能手机市场等各项业务领域建立了稳固基础，处于有利位置，发展前景看好。

易观分析——

2014 年 1 月 9 日，联想消费及中小企业服务总经理吕再峰发表“重构 3C 服务的 O2O 模式”的主题演讲，表示联想服务将开发满足用户需求的多品牌 3C 产品服务，并将积极布局 O2O，构建线上线下一体化的 O2O 模式，打造中国消费市场 3C 服务首选品牌，为联想集团未来发展明确了目标，构建了美好的蓝图；

自联想集团 2009 年宣布向移动互联网转型以来，大举进军智能手机和平板电脑市场，但始终偏向于终端层面，其研发、营销等仍主要为传统模式，联想需要实施全面的转型布局才能最终实现其向移动互联网转型的目的；

2014 年 10 月 15 日，联想宣布成立一家全新的子公司，完全基于互联网平台打造中国领先的互联网模式的智能终端服务业务，这个举措欲将帮助联想快速抢占中国智能终端市场，标志着联想向互联网转型又迈进一步；

中国智能终端市场发展迅猛，苹果、三星的强大竞争力，小米、华为、魅族等的日渐做大，联想的外部竞争环境激烈，所面临的挑战也不容小觑。

一、基础信息

1.1 基本信息

1.1.1 公司全称：联想集团有限公司

1.1.2 成立时间：1984 年

1.1.3 总部地点：北京市

1.1.4 上市时间：1994 年（香港联合交易所）

1.1.5 企业性质：上市公司

1.1.6 资本信息：资产 183.57 亿

1.1.7 联系方式

联想中国：http：//www.lenovo.com.cn/

行政总部：1009 Think Place Morrisville, NC 27560 USA

电话：+1 866-45-THINK（+1 866-458-4465）

主要运营中心：

Raleigh

地址：1009 Think Place Morrisville, NC 27560 USA

电话：+1 866-45-THINK（+1 866-458-4465）

北京

地址：中国北京海淀区上地创业路 6 号（100085）

电话：（86）10 5886-8888

新加坡

地址：151 LorongChuan, #02-01, New Tech Park, Singapore 556741

电话：+65 6827 1000

1.2 组织信息

1.2.1 人员规模：24000 人

1.2.2 管理层

杨元庆 首席执行官

二、业务信息

2.1 主要产品与服务信息

联想产品系列包括 Think 品牌商用个人电脑、Idea 品牌的消费个人电脑、服务器、工作站以及包括平板电脑和智能手机在内的家庭移动互联网终端。具体产品如下：

个人及家用产品

手机产品：VIBE 系列、K 系列、S 系列、P 系列、A 系列、功能手机（MS 系列、TD 系列）、手机配件

平板电脑：YOGA 平板 2 系列、YOGA 平板系列、亲情平板系列、S 系列、A 系列、ThinkPad、Tablet 系列

笔记本电脑：Yoga 系列、Miix 系列、Flex 系列、Y 系列、U 系列、S 系列、Lenovo G 系列、小新、Erazer 异能者（Erazer Z、Erazer N、Erazer Y）、ThinkPad（T 系列、X 系列、W 系列、S 系列、F 系列）

分体台式机：H5 系列、H4 系列、G5 系列、圆梦 F5、Erazer 异能者（X 系列、T 系列、D 系列）、ThinkCentre（E 系列）

一体台式电脑：A7 系列、A5 系列、B7 系列、B5 系列、B4 系列、B3 系列、C5 系列、C4 系列、C3 系列、

C2 系列、ThinkCentre（E 系列）

智能桌面：HORIZON 系列、Flex 系列、N 系列

智能电视：K 系列、S 系列、A 系列、智能电视选件、智能升级卡、游戏手柄

数码选件：路由器、移动电源、鼠标、闪存盘、移动硬盘、音箱、耳机耳麦、键盘及套装、智能家居、Think 选件、零售显示器、家用打印机

商用产品

笔记本电脑：昭阳（K 系列、E 系列、加固系列）、扬天（V 系列、M 系列、B 系列、Miix 系列）、ThinkPad（T 系列、X 系列、W 系列、E 系列、X1 系列、L 系列）

分体台式电脑：ThinkCentre（M 系列）、启天（M 系列、B 系列）、扬天（A 系列、M 系列、T 系列、R 系列、通用税务专用、防伪税控专用）、ThinkCentre（E 系列）

一体台式电脑：ThinkCentre（M 系列）、启天（A 系列）、扬天（S 系列）、ThinkCentre（E 系列）

平板电脑：V 系列、ThinkPad、Tablet 系列

工作站：ThinkStation（D 系列、S 系列、E 系列、C 系列、P300）

服务器与存储：塔式服务器、机架式服务器、高密度服务器、服务器选件、存储产品、方案产品、企业网盘、联想云

显示器：数字标牌、商用显示器、超便携显示器、ThinkVision、显示器

打印机及耗材：黑白 A4 激光打印机、光墨打印机、数码多功能一体机、黑白激光多功能一体机、黑白 A3 激光打印机、彩色激光打印机、彩色多功能一体机、票据打印机、耗材

应用软件

乐疯跑、VIBE UI、巨会玩、乐安全、茄子快传、友约、乐云记事、乐助手、乐商店、乐玩家

专业服务与支持

Lenovo 服务、Think 服务、手机服务、平板服务、智能电视服务、企业级服务器

2.2 覆盖范围

2.2.1 行业：以个人科技产品为主的多元化集团

2.2.2 主要客户：个人及团体消费者

2.2.3 业务区域：全球

2.3 收入结构：联想集团的收入主要来源于电子产品的销售，按产品分包括笔记本电脑业务、台式电脑业务、移动设备业务（包括智能手机及平板电脑）。

三、综合信息

3.1 发展定位：联想从事开发、制造及销售最可靠的、安全易用的技术产品，不懈地帮助客户提高生产力，提升生活品质。

3.2 重要合作伙伴及供应商信息：迈凯轮、赛门铁克、NEC、中国联通、中国移动、中关村软件园发展有限公司、京东方、中国邮政等

小米科技

小米公司是一家专注于智能产品自主研发的移动互联网公司，“为发烧而生”是小米的产品理念。小米公司首创了用互联网模式开发手机操作系统、发烧友参与开发改进的模式，将小米手机打造成全球首个互联网手机品牌，并通过互联网开发、营销和销售小米的产品。同时，小米公司也在积极打造小米生态链，力争全行业、全产业链都能达到共赢。截至目前，2014 年小米共发布了红米手机 1s、红米 Note、小米路由器 mini、小米盒子增强版、小米平板、小米 4 等新产品及最新的 MIUI6 系统，并于 2014 年 7 月和 2014 年 8 月，分别向印度市场和印尼市场进军，不断地扩大自身的产品链和市场范围。

据小米 CEO 雷军公布的小米公司成立以来小米产品的所有销量数据，小米 1 系列 790 万台，小米 2 系列 1740 万台，小米 3 手机 1050 万台，红米 1800 万台，新发布的红米 Note356 万台，累计销量 5736 万台。而据中国电子商务研究中心监测数据显示，小米手机 2014 年第 2 季度出货量约 1600 万台，第 3 季度手机出货量较上季度增长 20%，约 1800 万部。小米自成立以来，以黑马的姿态突入中国智能手机市场。

小米于 2014 年 7 月 22 日发布的小米手机 4，拥有智能家居操控功能，目前可以支持格力空调的操控，表明小米对智能家居中控技术的研发以及通讯协议的统一已经出现了新的进展，为小米在智能家居领域的发展奠定了良好的基础。

易观分析——

以高性价比吸引用户，有较强的品牌认知度以及用户口碑，拥有规模庞大的忠实“粉丝”；以互联网思维运作产品，高效低成本的扩大市场影响力以及产品市场占有率；

小米“以绝对低廉的价格获得绝对多的用户”的战略支撑小米不断发展，小米正以火箭般的速度迅速成为国产手机中的领军级别企业；

线下渠道能力较弱，主要依靠运营商渠道；售后服务能力有待提高；

面对目前激烈的竞争市场，小米要真正地对标苹果、三星等大牌企业，需要展开全球化布局，这是小米的红利，同样也是巨大的挑战；

2014 年 3 月 27 日，小米科技与金山软件联合宣布，在北京市海淀区投资建设科技产业园，共同构建移动互联网生态体系，打造全新的移动互联网企业协作配套链条，进一步向移动互联网行业发展。

一、基础信息

1.1　基本信息

1.1.1　公司全称：北京小米科技有限责任公司

1.1.2　成立时间：2010 年 4 月

1.1.3　总部地点：北京

1.1.4　上市时间：未上市

1.1.5　企业性质：股份有限公司

1.1.6　资本信息：不详

1.1.7　联系方式

网址：http：//www.mi.com/

邮箱：xiaomiservice@xiaomi.com

地址：北京市海淀区清河中街 68 号华润五彩城写字楼（100085）

电话：400-100-5678

传真：01060606666-1101

1.2 组织信息

1.2.1 人员规模：

1.2.2 管理层

雷 军 董事长、首席执行官

二、业务信息

2.1 主要产品与服务信息

小米手机、MIUI、米聊、小米网、小米盒子、小米电视和小米路由器是小米公司旗下七大核心业务。

主要电子产品：小米手机系列、红米手机 1S、红米 Note、小米电视、小米平板、小米盒子、小米路由器、智能家庭、随身 Wi-Fi

软件产品：米聊、MIUI（米柚）、迷人浏览器、小米读书、小米分享、小米便签、小米社区、小米桌面、小米小说、多看阅读、小米手机助手

服务：小米云服务（云端备份、手机防盗、账号同步）、小米安全中心（安全扫描、防骚扰、防病毒、垃圾清理、一键省电）、小米 VIP 认证、小米移动电源鉴别宝典、小米活塞耳机鉴别宝典

2.2 覆盖范围

2.2.1 行业：移动通信设备

2.2.2 主要客户：全网用户

2.2.3 业务区域：全国

2.3 收入结构：主要依靠电子产品销售获得收益，具体收入结构不详。

三、综合信息

3.1 发展定位：专注于高端智能手机、互联网电视自主研发的创新型科技企业

3.2 重要合作伙伴及供应商信息：金山软件、北京银行等

华为

华为是一家从事信息与通信解决方案的供应商，业务范围涉及电信网络、企业网络、消费者和云计算，其中电信网络产品主要包括通信网络中的交换网络、传输网络、无线及有线固定介入网络和数据通信网络及无线终端产品。经过 10 多年的发展，华为已经初步成长为一个全球化公司，在海外设立了 20 多个地区部，100 多个分支机构，在中国、美国、印度、瑞典、俄罗斯等地设立了 17 个研究所，并在全球设立了 36 个培训中心，大力施行全球化战略，国际市场已成为华为销售的主要来源。

为适应信息行业正在发生的变化，华为做出面向客户的战略调整，从电信运营商网络向企业业务、消费者领域延伸，协同发展“云 – 管 – 端”业务，积极提供大容量和智能化的信息管道、丰富多彩的智能终端以及新一代业务平台和应用。据华为发布的 2014 年上半年经营业绩显示，今年上半年，华为实现销售收入 1358 亿元

人民币，同比增长 19%；营业利润率为 18.3%。在 2014 年《财富》世界 500 强中，华为排行全球第 285 位；Interbrand 于 2014 年 10 月 9 日在纽约发布的“最佳全球品牌”排行榜中，华为在中国民营企业中位居 94 位；在 2014 年中国民营 500 强企业中，华为以 2390.25 亿元人民币的营收位列第四。无论是在消费电子领域还是企业解决方案上，华为都在不断地展示自己的创新与实力，其影响正在不断扩大，发展前景被看好。

易观分析——

华为以消费者为中心，坚持“开放、合作与创新”的理念，致力于为电信运营商、企业和消费者提供优质的产品与服务，构建了健康完整的终端生态系统；

华为注重创新，实施全球异步研发战略，坚持每年将不少于 10% 的销售收入用于研发投入（其中 10% 用于预研），不断研究和跟踪新技术和新领域，提升华为在移动终端领域的竞争力；

华为以“农村包围城市”的思想推行“自主品牌、高科技出口”的海外战略，以亚非拉第三世界国家为起点，逐渐深入欧美市场，为华为赢得了广阔的海外市场；

华为已有的世界影响力为其进军智能市场提供了巨大的动力，但在智能终端市场起步较晚，产品研发能力较弱，市场竞争力不强；

2014 年 9 月 30 日，华为计划在法国投资 15 亿欧元来开发智能手机，有望提高华为的全球创新水准，提升其向智能终端市场进发的力度。

一、基础信息

1.1　基本信息

1.1.1　公司全称：华为技术有限公司

1.1.2　成立时间：1987 年 9 月

1.1.3　总部地点：广东省深圳市

1.1.4　上市时间：未上市

1.1.5　企业性质：民营企业

1.1.6　资本信息：注册资本 2.1 万元人民币

1.1.7　联系方式

网址：http：//www.huawei.com.cn/

地址：中国广东省深圳市龙岗区坂田华为基地（518129）

电话：（0755）28780808

1.2　组织信息

1.2.1　人员规模：15 万人（2013 年）

1.2.2　管理层

孙亚芳　董事长

二、业务信息

2.1　主要产品与服务信息

华为主要产品和服务包括以下十个方面：

无线接入：包括 GSM、UMTS、LTE 等基站设备

固定接入：包括传统固网介入（MSAN、DLSAM）、光纤宽带接入（FTTx）、ODN、配线（ODN、MDF）

核心网

传送网：WDM/OTN、MSTP/Hybirid MSTP、微波系统等

数据通信：路由器、交换机等

网络能源

业务与软件

OSS 服务器：电信网络和运维转型中的网规网设、IP 运维、资源管理、业务发放与激活、线路诊断、系统架构及端到端的专业服务等

存储与网络安全

终端：手机、上网卡、网关、调制解调器、机顶盒等

2.2 覆盖范围

2.2.1 行业：无线电、微电子、通信

2.2.2 主要客户：全体消费者

2.2.3 业务区域：全球

2.3 收入结构：华为主要产品的收入来源于电信运营业务，国际市场是华为销售的主要来源。具体收入结构不详。

三、综合信息

3.1 发展定位：华为以“聚焦客户关注的挑战和压力，提供有竞争力的通信解决方案和服务，持续为客户创造最大价值”为使命，以“提供业界领先的终端产品，通过关键技术创新、工业设计创新和云服务创新，全方位提升用户体验”为发展目标。

3.2 重要合作伙伴及供应商信息：中国移动、中国联通、中国电信、工信部电信研究院、高通、爱立信、3Com、西门子、中国电子科技集团第十五研究所、国家信息中心、IBM、Microsoft 等

中国移动终端行业中的其他企业名录节选如下表：

表 24 中国移动终端行业企业名录节选

厂商	备注
三星电子	简要分析见前述　数据分析及详细分析见易观智库企业库
苹果	简要分析见前述　数据分析及详细分析见易观智库企业库
联想集团	简要分析见前述　数据分析及详细分析见易观智库企业库
小米科技	简要分析见前述　数据分析及详细分析见易观智库企业库
华为	简要分析见前述　数据分析及详细分析见易观智库企业库
HTC	数据分析及详细分析见易观智库企业库

续表

厂商	备注
OPPO	数据分析及详细分析见易观智库企业库
黑莓	数据分析及详细分析见易观智库企业库
宏碁	数据分析及详细分析见易观智库企业库
华硕	数据分析及详细分析见易观智库企业库
金立	数据分析及详细分析见易观智库企业库
康佳	数据分析及详细分析见易观智库企业库
酷比	数据分析及详细分析见易观智库企业库
摩托罗拉	数据分析及详细分析见易观智库企业库
诺基亚	数据分析及详细分析见易观智库企业库
天语	数据分析及详细分析见易观智库企业库
微软	数据分析及详细分析见易观智库企业库
壹人壹本	数据分析及详细分析见易观智库企业库
中兴	数据分析及详细分析见易观智库企业库
紫光	数据分析及详细分析见易观智库企业库
索尼	数据分析及详细分析见易观智库企业库
LG	数据分析及详细分析见易观智库企业库
纽曼	数据分析及详细分析见易观智库企业库
昂达	数据分析及详细分析见易观智库企业库
戴尔	数据分析及详细分析见易观智库企业库
爱国者	数据分析及详细分析见易观智库企业库
微软	数据分析及详细分析见易观智库企业库
艾利和 Story	数据分析及详细分析见易观智库企业库
方正电子书	数据分析及详细分析见易观智库企业库
国美 FlyTouch	数据分析及详细分析见易观智库企业库
汉王 TouchPad	数据分析及详细分析见易观智库企业库
汉王电纸书	数据分析及详细分析见易观智库企业库
津科翰林	数据分析及详细分析见易观智库企业库
蓝魔音悦汇	数据分析及详细分析见易观智库企业库
皮尔卡丹平板电脑	数据分析及详细分析见易观智库企业库
七喜 Winpad	数据分析及详细分析见易观智库企业库
盛大 bambook	数据分析及详细分析见易观智库企业库
台电电子书	数据分析及详细分析见易观智库企业库
台电平板电脑	数据分析及详细分析见易观智库企业库
天宇朗通	数据分析及详细分析见易观智库企业库

续表

厂商	备注
万利达 Zpad	数据分析及详细分析见易观智库企业库
万物青毕升	数据分析及详细分析见易观智库企业库
欣博阅电子阅读器	数据分析及详细分析见易观智库企业库
亦墨电子书	数据分析及详细分析见易观智库企业库
易博士	数据分析及详细分析见易观智库企业库
易万卷 Mos	数据分析及详细分析见易观智库企业库
宇龙酷派	数据分析及详细分析见易观智库企业库
原道平板电脑	数据分析及详细分析见易观智库企业库
努比亚	详细分析见易观智库企业库
原道	详细分析见易观智库企业库
台电	详细分析见易观智库企业库
酷派	详细分析见易观智库企业库
魅族	详细分析见易观智库企业库
点心	详细分析见易观智库企业库
OMS	详细分析见易观智库企业库
大显	详细分析见易观智库企业库
金圣达	详细分析见易观智库企业库
TCL	详细分析见易观智库企业库
三盟	详细分析见易观智库企业库
垦鑫达	详细分析见易观智库企业库
飞利浦	详细分析见易观智库企业库
亿城	详细分析见易观智库企业库
Vivo	详细分析见易观智库企业库
乐丰	详细分析见易观智库企业库
嘉源	详细分析见易观智库企业库
欧奇	详细分析见易观智库企业库
乐目	详细分析见易观智库企业库
海信	详细分析见易观智库企业库
新中桥	详细分析见易观智库企业库
传奇	详细分析见易观智库企业库
夏新	详细分析见易观智库企业库
夏朗	详细分析见易观智库企业库
贝尔丰	详细分析见易观智库企业库
BIHEE	详细分析见易观智库企业库

续表

厂商	备注
凯利通	详细分析见易观智库企业库
天时达	详细分析见易观智库企业库
为美	详细分析见易观智库企业库
中诺	详细分析见易观智库企业库
长虹	详细分析见易观智库企业库
爱意通	详细分析见易观智库企业库
Forme	详细分析见易观智库企业库
微诺	详细分析见易观智库企业库
葳朗	详细分析见易观智库企业库
小辣椒	详细分析见易观智库企业库
宸通	详细分析见易观智库企业库
SOSMART	详细分析见易观智库企业库
21 克	详细分析见易观智库企业库
科铭	详细分析见易观智库企业库
锋达通	详细分析见易观智库企业库
英特奇	详细分析见易观智库企业库
优思	详细分析见易观智库企业库
波导	详细分析见易观智库企业库
创维	详细分析见易观智库企业库
奥克斯	详细分析见易观智库企业库
奥乐	详细分析见易观智库企业库
Unistar	详细分析见易观智库企业库
七喜	详细分析见易观智库企业库
朗界	详细分析见易观智库企业库
康佳	详细分析见易观智库企业库
百分百	详细分析见易观智库企业库
信得乐	详细分析见易观智库企业库
爱贝多	详细分析见易观智库企业库
宝方	详细分析见易观智库企业库
lovme	详细分析见易观智库企业库
乐派	详细分析见易观智库企业库
YAS	详细分析见易观智库企业库
荣事达	详细分析见易观智库企业库
易百年	详细分析见易观智库企业库

续表

厂商	备注
东信	详细分析见易观智库企业库
西维	详细分析见易观智库企业库
三普	详细分析见易观智库企业库
德赛	详细分析见易观智库企业库
朵唯	详细分析见易观智库企业库
SUGAR	详细分析见易观智库企业库
世纪天元	详细分析见易观智库企业库
职业者	详细分析见易观智库企业库
斐讯	详细分析见易观智库企业库
中维恒泰	详细分析见易观智库企业库
COOBE	详细分析见易观智库企业库
广信	详细分析见易观智库企业库
海尔	详细分析见易观智库企业库
普莱达	详细分析见易观智库企业库
奥洛斯	详细分析见易观智库企业库
三巨网	详细分析见易观智库企业库
大可乐	详细分析见易观智库企业库
大显启辰	详细分析见易观智库企业库
大 Q	详细分析见易观智库企业库
阿尔卡特	详细分析见易观智库企业库
美图	详细分析见易观智库企业库
EXUN	详细分析见易观智库企业库
卓比	详细分析见易观智库企业库
果冻	详细分析见易观智库企业库
优购	详细分析见易观智库企业库
MANN	详细分析见易观智库企业库
联合时代	详细分析见易观智库企业库
NUU	详细分析见易观智库企业库
酷美	详细分析见易观智库企业库
威铂	详细分析见易观智库企业库
易丰	详细分析见易观智库企业库
瑞恒	详细分析见易观智库企业库
天迈	详细分析见易观智库企业库
派信	详细分析见易观智库企业库

续表

厂商	备注
现代	详细分析见易观智库企业库
里奥	详细分析见易观智库企业库
朗格	详细分析见易观智库企业库
恒宇丰	详细分析见易观智库企业库
唐为	详细分析见易观智库企业库
欧蓓	详细分析见易观智库企业库
青橙	详细分析见易观智库企业库
HIKE	详细分析见易观智库企业库
基伍	详细分析见易观智库企业库
newcall	详细分析见易观智库企业库
语音王	详细分析见易观智库企业库
首信	详细分析见易观智库企业库
ATET	详细分析见易观智库企业库
铂乐	详细分析见易观智库企业库
酷道	详细分析见易观智库企业库
酷显	详细分析见易观智库企业库
万利达	详细分析见易观智库企业库
福中福	详细分析见易观智库企业库
博沃	详细分析见易观智库企业库
迪士尼	详细分析见易观智库企业库
UU	详细分析见易观智库企业库
华唐时代	详细分析见易观智库企业库
摩奇	详细分析见易观智库企业库
原点	详细分析见易观智库企业库
尼凯恩	详细分析见易观智库企业库
关爱行	详细分析见易观智库企业库
美菱	详细分析见易观智库企业库
亿和源	详细分析见易观智库企业库
圣柏	详细分析见易观智库企业库
影驰	详细分析见易观智库企业库
E 派	详细分析见易观智库企业库
欧恩	详细分析见易观智库企业库
卓普	详细分析见易观智库企业库
devov	详细分析见易观智库企业库

续表

厂商	备注
芭比	详细分析见易观智库企业库
VOTO	详细分析见易观智库企业库
华纳威秀	详细分析见易观智库企业库
中国联通	详细分析见易观智库企业库
中国移动	详细分析见易观智库企业库
美翼	详细分析见易观智库企业库
coolgen	详细分析见易观智库企业库
mjxy	详细分析见易观智库企业库
迪美	详细分析见易观智库企业库
innos	详细分析见易观智库企业库
蓝魔	详细分析见易观智库企业库
酷比魔方	详细分析见易观智库企业库
七彩虹	详细分析见易观智库企业库
普奈尔	详细分析见易观智库企业库
惠普	详细分析见易观智库企业库
南都派	详细分析见易观智库企业库
半岛铁盒	详细分析见易观智库企业库
清华同方	详细分析见易观智库企业库
五元素	详细分析见易观智库企业库
读书郎	详细分析见易观智库企业库
海尔	详细分析见易观智库企业库
富士通	详细分析见易观智库企业库
明基	详细分析见易观智库企业库
汉王	详细分析见易观智库企业库
小霸王	详细分析见易观智库企业库
AOC	详细分析见易观智库企业库
微星	详细分析见易观智库企业库
乐彩	详细分析见易观智库企业库
三浦	详细分析见易观智库企业库
小菜	详细分析见易观智库企业库
麦格菲斯	详细分析见易观智库企业库
瀚斯宝丽	详细分析见易观智库企业库
和冠	详细分析见易观智库企业库
龙酷	详细分析见易观智库企业库

智能电视

海信集团

海信集团是特大型电子信息产业集团公司，成立于 1969 年，以“技术立企、稳健经营”为发展战略，旗下已拥有 20 多个子公司。2014 年，投资新建研发园区，形成全球十一大研发中心布局。海信在国际化方面步伐稳健，以高端战略和自主品牌为重心，从 2011 年至 2014 年 9 月，海信产品在欧洲区域的销售额增幅高达 712%，在德国区域增长超过 10 倍。数据显示，由于互联网电视的入侵，海信在国内电视市场的占有率由 2014 年 1 月的 16.7% 降至 9 月的 14.2%。但海信无惧挑战，在 2014 年发布了 VIDAA2TV，主打“聚合”、“社交”功能，开启智能电视 2.0 时代。海信早在 2012 年便打造了中国智能电视第一个标准化软件应用平台－“海安”操作系统。

易观分析——

海信对硬件的研发有良好的科技创新能力，在超高清领域海信智能电视处于行业领先位置。良好的社会认知度使得海信在市场份额的扩展中处于优势地位。凭借自身在传统行业中的优势，海信可以借助互联网渠道在消费者群体中实现快速渗透，扩大自身的影响力，进一步抢占市场份额。

然而，当硬件驱动时代转变至内容驱动时代，海信在内容创新的乏力成为海信快速发展的短板。进入移动互联网时代后，消费者主权的时代已经来临，海信必须要强化用户意识，通过内容提升用户体验。

传统电视厂商现在纷纷触网进行合作，不但丰富了自身产品的科技含量，还能同时借助互联网企业优势增加自身的市场影响力。海信对此应该采取适当的应对方案以免在智能电视发展成熟之时被市场边缘化。

一、基础信息

1.1　基本信息

1.1.1　公司全称：海信集团有限公司

1.1.2　成立时间：1969 年

1.1.3　总部地点：山东

1.1.4　上市时间：1997 年 4 月 22 日

1.1.5　企业性质：股份制

1.1.6　联系方式

网址：http：//www.hisense.com/

邮箱：service@hisense.com

地址：青岛市东海西路 17 号

电话：（+86 532）83878888

1.2 组织信息

1.2.1 管理层

于淑珉 总裁、海信电器董事长

二、业务信息

2.1 主要产品及服务信息

主要产品：

个人消费品

电视、I'TV、I'BOX、冰箱冷柜、空调、洗衣机、手机、环境电器、厨电

商用产品

商用显示、酒店电视、家用中央空调、商用中央空调、机顶盒、智能商用设备、电子设备、医疗设备

商用解决方案

交互电视系统解决方案、移动终端产品解决方案、光通信技术产品解决方案、智能交通解决方案、模具解决方案、工业设计解决方案

服务信息：

相关下载、产品注册、在线报修、手机服务商、服务状态查询、服务政策 & 收费标准

2.2 覆盖范围

2.2.1 行业：家电行业

2.2.2 主要客户：电视消费者

2.2.3 业务区域：全球

2.3 收入结构：电视机收入 120.40 亿元人民币，同比下降 2.76%；其他收入 2.29 亿元人民币，同比下降 37.06%。

三、综合信息

3.1 发展定位：以数字多媒体技术、现代通信技术、智能信息系统技术、制冷技术为支撑，涵盖多媒体、家电、通信、智能信息系统和现代地产的产业格局

3.2 重要合作伙伴及供应商：谷歌、高通、联合国环境署

创维集团

创维集团有限公司是以生产彩电、数字电视机顶盒、手机为主导，跨粤港的大型高科技企业，是中国三大彩电龙头企业之一，位列中国电子百强企业 15 位，共有员工两万多名。

2014 年 8 月 20 日，创维在北京隆重推出了新一代“GLED”系列 4K 超高清电视，一上市就站稳高端市场，同年 10 月 13 日，创维酷开与华为荣耀联合召开新品发布会，公布了全行业第一款无遥控器、无接口设计的 55 英寸创新智能新品 – 酷开荣耀 A55，全面刷新互联网娱乐体验。

易观分析——

创维电视在业界有良好的口碑支撑，产能充足，创新力趋前。2013年开始相继与阿里巴巴、爱奇艺、微信等互联网厂商深度合作，打造了众多智能电视产品，大幅度提升了创维产品的竞争力。优秀的资源整合能力和管理制度化建设为创维打造了一支世界一流的国际化团队。

从创维的市场动作来看，创维是寄希望于联合互联网企业去快速布局智能电视市场，培养消费者的认知。但是创维首先合作的均是以生活服务类为主的互联网企业，日后创维如何在内容上做得更加出色目前仍然没有显著优势。

2014年创维与互联网的合作愈加紧密，推出了新一代“GLED”系列4K超高清电视。且阿里巴巴在背后作为创维强大的品牌推广渠道更有利于创维提升市场渗透率，2014年电商渠道在创维彩电销售额中的占比明显提升。同时，创维并购了厦华南非公司，就近解决供应链以加大海外市场开拓力度。

电视操作系统或将成为创维短板。创维推出的酷开电视操作系统是以Linux平台为主，相比Android的开放平台操作系统，Linux普及度较低，在用户体验层面上仍需时间验证。一旦用户体验不被消费者买账，那么创维将需要重新定位自己的商业模式，或者在操作系统层面进行深度变革。

一、基础信息

1.1 基本信息

1.1.1 公司全称：创维集团有限公司

1.1.2 成立时间：1988年

1.1.3 总部地点：深圳市南山高新科技园区

1.1.4 上市时间：2000年

1.1.5 企业性质：民营企业

1.1.6 联系方式

网址：http：//www.coocaa.com/

地址：深圳市南山区高新南一道创维大厦A座13–16层

1.2 组织信息

1.2.1 管理层

杨东文 行政总裁

二、业务信息

2.1 产品及服务信息

产品：彩电、创维电器、数字技术、群欣安防、光电科技、创维无线、精密科技（模具）、创维照明

服务：售后服务、在线预约、多媒体播放、下载中心、电子说明书

直营店：手机购物、门店优势、直营店认证、直营店招商

2.2 覆盖范围

2.2.1 行业：电视机与家电设备/数字电视设备

2.2.2 主要客户：电视消费者

2.2.3 业务区域：全球

2.3 收入结构：电视产品销售收入占比 76.97%，数字机顶盒收入占比 10.79%，白电销售收入占比 5.6%

三、综合信息

3.1 发展定位：自主研发的、行业领先的互联网电视硬件、以酷开智能平台为基础提供多媒体内容集成和运营服务

3.2 重要合作伙伴及供应商：广州恒大、国美电器、汇通百货、中国航天事业等

TCL 集团

根据 TCL2014 年前 3 季度业绩预告和 9 月销售公告显示，报告期内预计集团实现净利润 30.0 亿元人民币 –30.8 亿元人民币，同比增长 72%–77%。其中，智能网络电视销量同比增长 24.1%，占比持续提升。TCL 最早的批量生产智能电视型号是 TCLV6200，于 2010 年 11 月发售。由于介入智能电视领域早，且一直追求国际化发展，2013 年下半年 TCL 与互联网企业爱奇艺合作打造的新型智能电视得到了国际范围内的认可。凭借 TCL 自身在电视领域良好的用户口碑，以及爱奇艺在视频行业庞大的用户基础，使得这款新型智能电视 TV+ 得以迅速推广。同时爱奇艺还推出了精简版智能电视来抵抗同行业低价冲击。2014 年 4 月，TCL 多媒体收购三洋墨西哥彩电工厂的相关资产，再次尝试曲线进军美洲市场，深化其国际化发展。在中国解除电子游戏机禁令后随即涉足电玩主机市场。

易观分析——

TCL 的用户基础和爱奇艺的用户基础都是有效推广 TCL 智能电视的先决条件。在产业链上的合作让 TCL 的产品也同样具备了一定的性价比，足以达到快速抢滩智能电视领域的目的。

TCL 与互联网企业的合作并未继续深化，同时 TV+ 这款产品的型号相对较少，无法满足更多消费者的选择。TCL 需要使自己的产品线多样化发展，打造出更多能满足消费者需求的产品。

传统企业批量触网已成趋势。TCL 的 TV+ 产品选择在京东首发，一是起到了有效的网络渠道推广，而是有京东的专业团队配送可以保证产品按时交付到用户手中，是一种很好的推广模式。

TCL 面对的最大威胁就是来自于各大传统企业的竞争，特别是以创维的竞争最为明显。创维与 TCL 采用类似的合作模式，但是创维的合作伙伴更多，且均为互联网巨头企业。面对直接竞争带来的市场份额，TCL 需要更多的考虑日后如何进一步抢占市场而带来的问题。

一、基础信息

1.1 基本信息

1.1.1 公司全称：TCL 集团股份有限公司

1.1.2 成立时间：1981 年

1.1.3 总部地点：广州市

1.1.4 上市时间：2004 年 1 月 30 日

1.1.5 企业性质：股份制

1.1.6 资本信息：注册资金 850001.68 万元人民币

1.1.7 联系方式

网址：http：//www.tcl.com/

地址：惠州市惠城区鹅岭南路 6 号 TCL 大厦

电话：400-812-3456

1.2 组织信息

1.2.1 人员规模 68935 人

1.2.2 管理层

李东生 董事长、CEO

二、业务信息

2.1 产品及服务信息

产品：

电视、手机、空调、冰箱、洗衣机、小家电、数码、电玩游戏、附件

服务信息：

应用服务：欢网、教育、金融

用户服务：服务预约、进度查询、相关下载、常见问题、服务政策、服务门店、自助服务

2.2 覆盖范围

2.2.1 行业：电视生产商

2.2.2 主要客户：电视、手机用户等

2.2.3 业务区域：全球

2.3 收入结构：

2014 年第 3 季度 TCL 集团主要产业的收入如下：多媒体电子产业，收入 187.1 亿元人民币，占比 27.68%；移动通讯产业，收入 159.8 亿元人民币，占比 23.64%；华星光电，收入 129.4 亿元人民币，占比 19.14%；家电产业，收入 80.6 亿元人民币，占比 11.92%；通力电子，收入 31.4 亿元人民币，占比 4.65%；其他收入 87.6 亿元人民币，占比 12.96%。

三、综合信息

3.1 发展定位：中国最大的、全球性规模经营的消费类电子企业集团之一

3.2 重要合作伙伴及供应商：爱奇艺、中国移动、PointGrab 等

乐视致新

乐视生产的超级电视是典型的互联网企业进驻传统行业的案例。其最低配置的 40 英寸超级电视打破了传统行业电视的价格底线，直接与 40 寸以下的产品相竞争。乐视以其自身的操作系统，联合自身的优势资源，

独自囊括了智能电视产业链中多个环节。乐视售卖电视同时捆绑乐视网的会员销售，之后乐视的盈利更是定位在内容服务上，自身的应用商店很好地支撑了乐视 TV 的应用扩展。数据显示，乐视超级电视的市场份额从 2014 年 1 月份的 1.83% 飙升到了 9 月份的 6.12%，仅 9 月乐视 TV 月销量就突破 20 万台，实现逆势增长。但是互联网企业进驻传统家电行业，不足之处就在于产能和用户覆盖面。

易观分析——

由于乐视能够把控近乎整条智能电视产业链，靠影视内容而不是销售硬件的电视赚钱，所以在生产成本上可以进行更好的把控，比其他品牌拥有更高的性价比。这样可以很好做到迅速占领消费市场，弥补自身铺货差的缺点。

乐视电视在生产过程中由于自身并不具备优秀的生产能力，所以产品上线需要代工厂来完成装配工作产能不足极大的制约了乐视与传统厂商竞争的能力。

现在传统企业批量触网，将产品放到线上销售谋求快速出货。乐视作为互联网企业本身在这方面就已具备足够优势。产品上线前利用互联网造势，产品上市后乐视再利用互联网进行品牌宣传与用户渗透，为自身产品制造商机。

乐视最大的威胁就是来自于传统企业的迅猛攻势。因为其制造的高性价比已经出现，众多传统厂商也纷纷作出对策，来应对低价冲击。所以乐视并不能够很好地规避掉传统企业的影响。在线下铺货上乐视同样有所不足，想渗透到三、四线城市并不是一件容易事。

一、基础信息

1.1 基本信息

1.1.1 公司全称：乐视致新电子科技（天津）有限公司

1.1.2 成立时间：2012 年

1.1.3 总部地点：北京市

1.1.4 上市时间：未上市

1.1.5 企业性质：股份制

1.1.6 联系方式

网址：http：//www.tcl.com/

邮箱：kefu@letv.com

地址：北京市朝阳区姚家园路 105 号宏城鑫泰大厦 7 层

电话：400-900-9000

1.2 组织信息

1.2.1 管理层

贾跃亭　董事长、总经理

二、业务信息

2.1 产品及服务信息：

LeTV 超级电视，乐视盒子，LeUI

2.2 覆盖范围

2.2.1 行业：信息科技

2.2.2 主要客户：电视用户

2.2.3 业务区域：全国范围

2.3 收入结构：收入来源为终端产品销售，增值服务；具体量化结构不详

三、综合信息

3.1 发展定位：全球最大的网络视频服务商，不断努力为人们带来最为极致的视听体验。

3.2 重要合作伙伴及供应商：富士康、贝塔斯曼、CNTV、华数、CIBN

中国智能电视行业中的其他企业名录节选如下表：

表 25 中国智能电视行业企业名录节选

领域	厂商	备注
电视机	海信集团	简要分析见前述　数据分析及详细分析见易观智库企业库
电视机	创维集团	简要分析见前述　数据分析及详细分析见易观智库企业库
电视机	TCL 集团	简要分析见前述　数据分析及详细分析见易观智库企业库
电视机	乐视致新	简要分析见前述　数据分析及详细分析见易观智库企业库
电视棒	索尼	数据分析及详细分析见易观智库企业库
电视机	海尔	数据分析及详细分析见易观智库企业库
电视机	三洋	数据分析及详细分析见易观智库企业库
电视机	夏普	数据分析及详细分析见易观智库企业库
电视机	长虹	数据分析及详细分析见易观智库企业库
电视机	康佳	数据分析及详细分析见易观智库企业库
支持 CMMB 电视	三星	数据分析及详细分析见易观智库企业库
电视棒	爱国者	详细分析见易观智库企业库
电视棒	百度	详细分析见易观智库企业库
电视棒	贝赛莱	详细分析见易观智库企业库
电视棒	创维酷开	详细分析见易观智库企业库
电视棒	谷歌	详细分析见易观智库企业库
电视棒	佳德美	详细分析见易观智库企业库
电视棒	牛视 TV	详细分析见易观智库企业库
电视棒	山业	详细分析见易观智库企业库
电视棒	微杰	详细分析见易观智库企业库
电视棒	圆刚	详细分析见易观智库企业库
智能电视机顶盒	小米	详细分析见易观智库企业库

续表

领域	厂商	备注
智能电视机顶盒	乐视	详细分析见易观智库企业库
智能电视机顶盒	PPTV	详细分析见易观智库企业库
智能电视机顶盒	RCA	详细分析见易观智库企业库
智能电视机顶盒	阿里巴巴	详细分析见易观智库企业库
智能电视机顶盒	百事通	详细分析见易观智库企业库
智能电视机顶盒	锋哲	详细分析见易观智库企业库
智能电视机顶盒	天敏	详细分析见易观智库企业库
智能电视机顶盒	冠捷	详细分析见易观智库企业库
智能电视机顶盒	杰科	详细分析见易观智库企业库
智能电视机顶盒	精伦	详细分析见易观智库企业库
智能电视机顶盒	开博尔	详细分析见易观智库企业库
智能电视机顶盒	快播小方	详细分析见易观智库企业库
智能电视机顶盒	迈乐	详细分析见易观智库企业库
智能电视机顶盒	美如画	详细分析见易观智库企业库
智能电视机顶盒	清华同方	详细分析见易观智库企业库
智能电视机顶盒	同洲非看	详细分析见易观智库企业库
智能电视机顶盒	网迅	详细分析见易观智库企业库
智能电视机顶盒	夏普	详细分析见易观智库企业库
智能电视机顶盒	星影院	详细分析见易观智库企业库
智能电视机顶盒	秀可视	详细分析见易观智库企业库
智能电视机顶盒	亿格瑞	详细分析见易观智库企业库
电视机	东芝	详细分析见易观智库企业库
牌照	华数传媒	详细分析见易观智库企业库
支持 CMMB 电视	HTC	详细分析见易观智库企业库
支持 CMMB 电视	酷派	详细分析见易观智库企业库
支持 CMMB 电视	联想	详细分析见易观智库企业库
支持 CMMB 电视	中兴	详细分析见易观智库企业库

新一代智能设备

极路由

极路由成立于2013年3月，是一家集家用无线产品研发设计、制造、销售、服务为一体的互联网科技公司。极路由是中国路由器市场第一个提出智能路由器概念的企业，2013 年 7 月发布第一代产品 – 极壹。极壹是全球首款智能无线路由器，针对中国复杂的网络环境做出特殊优化，为用户提供了去广告、加速、提供远程服务器支持等功能。2013 年 11 月 6 日发布新一代产品极贰，提升了设备传输速率和升级了无线类型，硬件配置得到提高。此外，极路由还推出了与智能路由器配套的无线信号扩展设备 – 极卫星以及 HiWiFi OS 的智能路由器系统，产品进一步丰富。自极路由第一款路由器发布以来，至今已有 3 代产品问世，在智能路由器市场已经获得了用户的认可，其品牌知名度逐渐提高。2013 年 10 月，极路由获得 GGV（纪源资本）、创新工场的投资，为其快速扩张提供了条件，抢占了智能路由器市场的先机。目前，极路由已经成为中国智能路由器市场的领跑者。根据易观智库最新发布的《中国家用智能路由器市场季度监测报告 2014 年第 3 季度》显示，2014 年第 3 季度中国家用智能路由器市场总销量为 586796 台。其中极路由以 60.6% 的份额位列榜首。

易观分析——

极路由是较早进入智能路由器市场的厂商，拥有市场的先发趋势。其产品的研发升级比较快，充分满足用户需求，争夺传统路由器市场份额。极路由拥有丰富的智能路由器研发经验，在产品的推广营销上也表现不俗。极路由对传统路由器的创新得到了市场的认可，积累了一定的口碑基础，品牌知名度较高。但是，极路由的产品升级创新方向较窄，产品升级主要局限于设备的传输速率和无线类型，以及内存和闪存的容量的提升，插件开发不尽如人意。

随着用户对智能路由器的接受程度提高，智能路由器市场将会迎来高速增长，这为极路由的发展提供了巨大空间。

易观智库分析认为，极路由虽然进入智能路由器市场早，并且在市场上已经取得一定的优势，但是仍面临着巨大的竞争压力。众多互联网企业都宣称要开发智能路由器，小米、魔豆路由、迅雷等知名企业已经推出公测产品或开始售卖，这些企业的进入强化了智能路由器的概念，使得极路由被推到一个市场高点。智能路由市场处于初期发展阶段，整体用户规模不足，若想以互联网思维发展则必须拥有最重要的用户资源。小型企业品牌影响力不足、产能不足等问题都是影响企业抢夺用户的短板。作为创业公司，极路由还在发展初期，应该同时借助电商渠道和运营商渠道来铺货，电商渠道的优势在于传播快、范围广，而运营商渠道可以快速让产品渗透到三、四线城市，通过运营商的品牌为极路由塑造产品形象。

一、基础信息

1.1 基本信息

1.1.1 公司全称：北京极科极客科技有限公司

1.1.2 成立时间：2013 年 3 月

1.1.3 总部地点：北京

1.1.4 上市时间：未上市

1.1.5 企业性质：有限责任公司

1.1.6 资本信息：注册资金 300 万元人民币

1.1.7 联系方式

网址：http：//www.hiwifi.com/

邮箱：service@hiwifi.tw

地址：北京市海淀区海淀大街 3 号鼎好 A 座 1219

电话：4006024680

1.2 组织信息

1.2.1 管理层

王楚云 首席执行官

二、业务信息

2.1 产品及服务信息

极路由 – 智能路由器设备

极卫星 – 无线信号扩展设备

HiWiFi OS– 智能路由器系统

2.2 覆盖范围

2.2.1 行业：智能硬件

2.2.2 主要客户：智能设备爱好者

2.2.3 业务区域：全国

2.3 收入结构：终端销售收入

三、综合信息

3.1 发展定位：致力于创造全新的互联网硬件时代，为用户打造更安全、更稳定的无线网络，成为行业领跑者。

3.2 重要合作伙伴及供应商：京东商城、MTK 等

小米

小米公司成立于 2010 年 4 月，是一家专注于高端智能手机、互联网电视自主研发的创新型科技企业。小米手机、MIUI、米聊、小米网、小米盒子、小米电视和小米路由器是小米公司旗下七大核心业务。小米公司用互联网模式开发手机操作系统的模式，将小米手机打造成全球首个互联网手机品牌，并通过互联网开发、营销和销售小米的产品。同时，小米公司也在积极打造小米生态链体系，力争全行业、全产业链都能达到共赢。小米积极布局新一代智能设备市场，先后推出了小米路由器、小米手环等产品。2014 年 4 月 23 日，小米路由器正式发布，除了具备市场上智能路由器的功能外，它可以将海量信息存储于路由器上的硬盘，成为家庭间的数据交互和存储平台。此外，小米路由器中还内置智能家居中控芯片，打造出了未来家庭物联网控制终端的雏形。2014 年 7 月 22 日，小米手环正式发布，它延续了小米产品一贯的高性价比，但在设计上较目前的智能手环没有太大的突破。小米手环的发布搅动了智能手环市场，它的出现或将打破目前智能手环的定价机制。小米这两款智能设备发布后受到市场的关注，并取得了不错的销售成绩。根据易观智库发布的《中国家用智能路由器市场季度监测报告 2014 年第 3 季度》显示，第 3 季度中国家用智能路由器市场总销量为 586796 台，其中小米以 15.9% 的份额位列 2 位。

易观分析——

小米在通过互联网开发、营销和销售产品方面积累了丰富的经验，能够快速提高其新一代智能设备的市场份额。小米在移动智能终端领域积累了大量的用户基础以及高性价比的口碑。在智能设备的设计上，小米也表现出了其出色的设计能力。小米在国内拥有较高的的品牌知名度。但是，小米发布的新一代智能设备产能不足，影响了其市场份额，并且产品创新点较少，此外小米手环的适配性不尽人意。

小米两款新一代智能设备出色的外观设计更容易获得年轻人的青睐，小米手环的超高性价比受到了智能穿戴爱好者的热捧。目前，智能穿戴设备和智能路由的用户接受程度有了很大的提升，这将为智能设备的提供广阔的市场空间。

易观智库分析认为，在智能设备领域，互联网厂商都在抢占市场，竞争将会日趋激烈，小米虽然有较高的知名度，但是仍需要提升自己的创新能力，以完善其产品生态圈。小米路由器中内置智能家居中控芯片，打造出了未来家庭物联网控制终端的雏形。但让厂商内置芯片，统一通讯标准存在非常大的难度。小米应该充分利用互联网浪潮和其现成的技术去为家电厂商带来便利，节约研发成本，以便家电企业能够迅速进入到这个市场。

一、基础信息

1.1 基本信息

1.1.1 公司全称：小米科技有限责任公司

1.1.2 成立时间：2010 年 4 月

1.1.3 总部地点：北京

1.1.4 上市时间：未上市

1.1.5 企业性质：有限责任公司

1.1.6 资本信息：注册资金 5000 万元人民币

1.1.7 联系方式

网址：http：//www.mi.com/

邮箱：xiaomiservice@xiaomi.com

地址：北京市海淀区清河中街 68 号华润五彩城写字楼

电话：010-60606666

1.2 组织信息

1.2.1 管理层

雷　军　董事长、首席执行官

二、业务信息

2.1 产品及服务信息

小米手机 – 移动智能终端产品

小米路由器 – 智能路由器

小米手环 – 智能穿戴设备

小米电视 – 智能电视

小米平板 – 平板电脑

小米盒子 – 智能电视机顶盒

MIUI– 小米生态系统

2.2 覆盖范围

2.2.1 行业：计算机、互联网、智能设备

2.2.2 主要客户：移动智能设备用户

2.2.3 业务区域：全球

2.3 收入结构：收入来源为终端销售、配件销售、基于 MIUI 的服务（包括游戏、阅读、应用、主题等），具体比例不详。

三、综合信息

3.1 发展定位：专注于高端智能手机、互联网电视自主研发，积极打造小米生态链体系，力争全行业、全产业链都能达到共赢。

3.2 重要合作伙伴及供应商：阿里、百度、触宝、多玩、高德、LBE、搜狗、腾讯、讯飞、迅雷等

魔豆

魔豆是上海魔锤网络科技有限公司旗下品牌。魔锤科技创立于 2013 年，是一家以科技改变生活为理念，以研发和制造创新智能硬件产品为目标的科技公司。目前公司团队三十人，成员主要来自于新浪、优酷土豆、华为、微软等公司。魔豆系列产品主要为路由器相关产品，包括魔豆路由器、魔豆按钮、魔豆路由宝。魔豆路由器原名果壳路由，是魔豆系列的智能路由硬件设备，于 2014 年 6 月 5 日发布。魔豆路由器创新性地配备了触控屏，并应用了独创的极客模式，保证了路由的安全性。用户可以通过魔豆路由宝，用手机远程控制路由器，快捷查看、轻松设置。而魔豆按钮可以通过连接魔豆路由器，将小家电变成一个智能体系。2014 年 10 月，魔豆路由器正式版登陆京东众筹。作为路由器市场初创品牌，魔豆路由器凭借其优秀的产品设计、出色的硬件产品获得了市场的好评。魔豆社区是魔豆研发者与用户的交互平台，为其提供了产品改进和营销的渠道。根据易观智库最新发布的《中国家用智能路由器市场季度监测报告 2014 年第 3 季度》显示，第 3 季度中国家用智能路由器市场总销量为 586796 台。其中魔豆路由以 11.0% 的份额位列第 3 位。

易观分析——

魔豆是由果壳电子独立出来的一个新品牌，拥有果壳电子为其提供的丰富资源。魔豆路由采用 Linux 做操作系统，系统升级更新及时。魔豆路由配备的触控屏提高了交互性，同时魔豆路由宝的推出为用户带来了更极致的用户体验。魔豆与用户之间具有良好的交流关系，把用户纳入到产品设计之中，保证其产品的完善。但是，魔豆路由器的市场接受率较低，缺少品牌影响力。

物联网的发展将会为魔豆的发展提供广阔的发展空间。传统路由器的发展面临瓶颈，而智能路由

器在近两年不断涌现，并开始被用户接受，这将是魔豆成长的一个契机。

易观智库分析认为，目前国内智能家居生态仍不成熟，用户的使用习惯和需求仍待培养，智能路由器难以快速扩张。国内通讯运营商正在布局光纤猫，智能路由器的发展还将面临着政策的考验。智能路由器作为家庭互联网最底层的入口级设备，具有成为平台级产品的能力，市场竞争将会越来越激烈，魔豆所面临的压力将是巨大的。能否保持魔豆产品的创新性将成为其在未来市场中维持领先地位的关键。

一、基础信息

1.1 基本信息

1.1.1 公司全称：上海魔锤网络科技有限公司

1.1.2 成立时间：2013 年 12 月 16 日

1.1.3 总部地点：上海

1.1.4 上市时间：未上市

1.1.5 企业性质：有限责任公司

1.1.6 资本信息：注册资金 100 万元人民币

1.1.7 联系方式

网址：http：//modouwifi.com/

邮箱：cs@mochui.net

地址：上海市浦东新区泥城镇新城路 2 号 24 幢 N2112 室

电话：4009902106

1.2 组织信息

1.2.1 管理层

黄　冬　首席执行官

二、业务信息

2.1 产品及服务信息

魔豆路由器 – 智能路由器硬件设备

魔豆按键 – 智能路由器配件

悦 Pod– 智能流媒体播放器

小智超级音箱 – 支持语音操控的智能音箱

魔豆路由宝 – 魔豆路由器配套移动应用

2.2 覆盖范围

2.2.1 行业： 互联网、智能硬件

2.2.2 主要客户：智能设备爱好者

2.2.3 业务区域：国内

2.3 收入结构：收入来源为终端设备销售与增值服务。具体量化结构不详

三、综合信息

3.1 发展定位：以研发和制造创新智能硬件产品为目标，成为智能家居入口的领先厂商。

3.2 重要合作伙伴及供应商：京东商城、小智超级音箱等

果壳

果壳电子是掌门科技旗下公司，成立于2009年，专注于智能穿戴设备的研发。果壳电子产品包括智能手机、智能手表、智能戒指、智能路由等，整体形成了以智能手机为核心的终端配套设备布局。果壳整体的互联网战略布局为其赢得了良好的发展空间。2013 年 6 月，果壳在可穿戴设备大热之际推出了旗下新品牌 GEAK（极客），以互联网时代的极客精神作为今后产品的研发指导，并在后续发布了数款可穿戴设备智能终端。2014 年 10 月 29 日，果壳“智能圆表”GEAK Watch Ⅱ发布，性能和设计都有了极大的提升，得到了消费者的肯定。 基于对前沿技术的勇于尝试，极客品牌将快速捕捉市场热点，快速推出了超前的硬件和软件应用。果壳把时尚的产品与智能手机应用相结合，并利用互联网渠道进行推广，成功将品牌渗透到消费者当中，为未来自家品牌在可穿戴智能设备领域营造了无限商机。截至 2013 年 10 月，其 GEAK Watch 销量已经突破十万。作为新型的创新型硬件公司，果壳电子汇集了来自谷歌、摩托罗拉、苹果等国际型企业的高端人才。目前，果壳电子拥有技术精英上百人，拥有扎实的人才基础和卓越的研发能力。根据报告显示，果壳智能手表已经占据 7.4% 的市场份额，是唯一入榜的国产智能手表品牌。

易观分析——

果壳电子依托盛大网络的优势资源，有很好的研发能力可以促使产品创新。果壳现阶段所推出的产品具有很强的科技感，产品与产品之间相互依托联系紧密，形成了很好的产品生态链。果壳拥有基于安卓系统研发的 GEAK OS，并通过开发者中心与开发者共同构建果壳生态系统。但是，果壳的可穿戴设备在真正实用性和用户体验上还有待提高。

果壳电子搭可穿戴设备的顺风车来到消费者面前，其云终端设备科技感强，很容易获得年轻消费者的青睐。新一代 GEAK Watch 有非常大的功能提升，并改进了外观设计和交互方式等，获得了市场好评。随着智能手机市场的逐渐饱和，独立智能穿戴设备市场或将成为下一个红海。

易观智库分析认为，目前国内著名厂商都在发力智能穿戴设备市场，果壳要面对的竞争日趋激烈。果壳产品由于目前集中于手机配套设备，缺少消费者更加关注的健康领域可穿戴设备，果壳的可穿戴设备在未来市场很有可能被自己的产品所制约而发挥不出本来的实力。果壳手机系列产品市场反响不大，或影响其新一代智能设备的布局。

一、基础信息

1.1 基本信息

1.1.1 公司全称：上海果壳电子有限公司

1.1.2 成立时间：2009 年 12 月 08 日

1.1.3 总部地点：上海

1.1.4 上市时间：未上市

1.1.5 企业性质：有限责任公司

1.1.6 联系方式

网址：http：//www.igeak.com/

地址：上海市浦东新区张衡路 666 弄 1 号 7 楼南面

电话：021-60588688

1.2 组织信息

1.2.1 管理层

顾晓斌 首席执行官

二、业务信息

2.1 产品及服务信息

主要产品：

果壳 GEAK Eye 手机 – 主打“微单级”拍照手机

果壳 GEAK Mars 手机 – 主打高性能极致体验手机

智能设备 GEAK 魔戒 – 佩戴式电子产品，提供个人身份识别与便携交互功能

智能手表 GEAK Watch– 独立智能手表

2.2 覆盖范围

2.2.1 行业：电商、计算机硬件

2.2.2 主要客户：智能设备发烧友

2.2.3 业务区域：全球

2.3 收入结构：收入来源为终端设备销售与增值服务，具体量化结构不详。

三、综合信息

3.1 发展定位：果壳电子是以研发、制造未来电子产品、创新硬件为目标的云终端公司

3.2 重要合作伙伴及供应商：夏普龟山工厂、北京君正集成电路股份有限公司

咕咚

成都乐动是一家基于互联网技术个人电子产品研发、生产、销售并提供对应网络社区服务和娱乐产品的科技企业，咕咚是其旗下穿戴设备品牌。咕咚是国内较早的智能穿戴设备品牌，其产品包括有智能手环 S、智能手环 2、咕咚笑 PRO、咕咚糖果、智能蓝牙秤、智能心率带，并有运动分享社区咕咚网。2013 年第 2 季度推出的咕咚手环是首款基于百度云开发的便携式可穿戴设备，主打“运动状况提醒”、“睡眠监测”、“智能无声唤醒”三大功能。咕咚系列产品以运动监测为主，并将物联网、云健康、社交等当今社会热点要素引入产品，配合相应的移动终端 APP 来记录人体生理数据。目前咕咚已经推出了多样化终端设备，如智能运动配件咕咚笑和咕咚糖果和健康监测产品蓝牙称等。未来咕咚产品线将更加丰富，在产品用户体验上也会加入更多创新元素。咕咚在可穿戴设备领域有着较好的市场认知度，产品更新速度比较快，2013 年第 2 季度推出咕咚手环后，第 4 季度又推出了第二代咕咚手环，引领了科技界的时尚潮流。咕咚具有很好的创新能

力，2014 年 7 月推出了支持微信控制的智能手环 2，2014 年 8 月，咕咚又宣布将推出手环第三方系统咕咚 ROM，这一 ROM 已被中兴手环采用。作为可穿戴设备的制造商，咕咚也在完善自己的后端服务，寻求差异化。

易观分析——

咕咚手环基于百度云而开发，是百度云的早期可穿戴设备代表，具有良好的品牌认知度。 咕咚网是国内比较著名的运动健康社区，咕咚系列产品提供了较多的支持。咕咚致力于智能健康设备的研发，产品日益丰富。其不仅有较好的研发基础，有具备一定的创新能力。但是咕咚的产品主要集中在运动手环类产品，缺少其他与健康生活概念项符合的产品，覆盖面略窄，并且其产品在外观上设计上缺少创新。

随着可穿戴设备逐渐成为现今科技厂商的聚焦热点，咕咚未来的商业机遇将会更加突出，后续产品设计有望迎合现代社会健康生活的发展趋势。

易观智库分析认为，目前众多硬件厂商开始进入智能穿戴设备领域，同行业的竞争以及大型互联网企业的市场挤压给咕咚的发展带来了巨大的压力。小米手环推出后，或将成为智能手环领域搅局者，在一定程度上会影响咕咚的营收。百度旗下的 Dulife 已经着手在做可穿戴设备，能否竞争过大型互联网企业推出的产品将会是咕咚未来将要面对的重点问题。咕咚现在的产品几乎全是智能设备配件，没有布局独立智能穿戴设备，或将影响其抢占市场先机。

一、基础信息

1.1 基本信息

1.1.1 公司全称：成都乐动信息技术有限公司

1.1.2 成立时间：2009 年 10 月 23 日

1.1.3 总部地点：四川成都

1.1.4 上市时间：未上市

1.1.5 企业性质：有限责任公司

1.1.6 注册资金：1000 万元人民币

1.1.7 联系方式

网址：http：//www.codoon.com/

邮箱：support@codoon.com

地址：成都高新区天府大道天府软件园 B 区 B7 座 307 室

电话：400-0606-090

1.2 组织信息

1.2.1 管理层

申 波 首席执行官

二、业务信息

2.1 产品及服务信息

主要产品：
咕咚智能手环 S– 智能可穿戴设备，具备运动检测、睡眠分析、健康提醒功能
咕咚智能手环 2– 智能可穿戴设备，提供运动检测、睡眠分析、健康提醒功能
咕咚笑 PRO– 智能运动配饰
咕咚糖果 – 智能运动配饰
智能蓝牙秤 – 蓝牙 4.0 智能秤
智能心率带 – 蓝牙 4.0 心率实时监测设备
咕咚网 API– 开放开发工具
2.2 覆盖范围
2.2.1 行业：计算机、互联网、智能设备
2.2.2 主要客户：智能设备发烧友、健康追求者
2.2.3 业务区域：全国
2.3 收入结构：收入来源为终端设备销售与增值服务，具体量化结构不详。

三、综合信息

3.1 发展定位：最具影响力的互联网运动健康服务平台
3.2 重要合作伙伴及供应商：Sleep114 网站、历趣掌上娱乐、卓乐网、雷锋网、我开始、网易跑步等

中国新一代智能设备行业中的其他企业名录节选如下表：

表 26 中国新一代智能设备行业企业名录节选

厂商	备注
极路由	简要分析见前述　数据分析及详细分析见易观智库企业库
小米	简要分析见前述　数据分析及详细分析见易观智库企业库
魔豆	简要分析见前述　数据分析及详细分析见易观智库企业库
果壳	简要分析见前述　数据分析及详细分析见易观智库企业库
咕咚	简要分析见前述　数据分析及详细分析见易观智库企业库
百度	详细分析见易观智库企业库
Fitbit	详细分析见易观智库企业库
Google	详细分析见易观智库企业库
Jawbone	详细分析见易观智库企业库
Nike	详细分析见易观智库企业库
大麦科技	详细分析见易观智库企业库
电子新我	详细分析见易观智库企业库
麦开网	详细分析见易观智库企业库
闪点	详细分析见易观智库企业库
神念科技	详细分析见易观智库企业库

续表

厂商	备注
滕海视阳	详细分析见易观智库企业库
腾讯	详细分析见易观智库企业库
海信	详细分析见易观智库企业库
海尔	详细分析见易观智库企业库
华阅数码科技有限公司	详细分析见易观智库企业库
奇虎 360	详细分析见易观智库企业库
缤刻普锐（北京）科技有限责任公司	详细分析见易观智库企业库
新浪	详细分析见易观智库企业库
三星	详细分析见易观智库企业库

互联网金融

互联网理财

余额宝

2013 年 6 月 13 日，支付宝推出账户余额增值服务“余额宝”，通过余额宝，用户不仅能够得到较高的收益，还能随时消费支付和转出，无任何手续费。余额宝上线 18 天用户突破 250 万，支付宝钱包也内置了上线余额宝服务。目前已推出余额宝购车，0 元购机，购买彩票，分期购物等服务。2014 年 6 月，余额宝一周年之际推出了宝粉网，定位于新型社交和金融服务。

根据天弘基金余额宝 3 季报，余额宝用户数增至 1.49 亿人，3 季末余额宝规模 5349 亿元人民币，基金规模较 2 季度小幅下降 6.8%，主要原因是一些理财属性较强的高净值客户降低了其投资额。3 季度用户用余额宝消费的热情提高，单季度消费金额达 2068 亿元人民币，消费笔数 4.28 亿笔，消费金额比相较于 2 季度增加 53.16%，提现金额相较于 2 季度减少 2.68%。根据易观智库监测显示，余额宝收益排名跌至倒数第三位。

易观分析——

余额宝作为阿里生态圈里重要环节“支付”的子环节，有着天生巨大的用户优势，一经推出迅速成为了规模最大的互联网理财产品。其快捷、便利以及高收益的特性也吸引了部分新用户，依托背后支付宝强大的支付能力，余额宝的支付能力一直稳居榜首。

然而余额宝并没有提醒用户货币基金的投资风险，一旦余额宝用户因收益发生争执，法律纠纷很难避免，由此引发的影响很难估计。随着余额宝规模加大，资金流动性管理难度也会加大。但是借助于大数据分析，余额宝相对于一般货币基金，对流动性把握更为准确。利用其自有的生态圈与其他运营商合作，未来可以通过导入更多支付和消费场景来留存现有用户。

互联网理财产品中，货基产品的收益率依然呈现持续走低的态势，随着银行资金面得到缓解，余额宝的大额协议存款议价能力也会下降，收益率很有可能持续走低。而货币基金收益回归理性，银行和监管机构对支付额度的限制，以及银行理财产品收益的不断走高，都将引导用户的投资渠道发生新的变化，想要留住用户还需不断创新。

一、基础信息

1.1 基本信息

1.1.1 公司全称：支付宝（中国）网络技术有限公司

1.1.2 成立时间：2004 年

1.1.3 总部地点：杭州

1.1.4 上市时间：未上市

1.1.5 企业性质：民营企业

1.1.6 联系方式

网址：http：//www.alipay.com/

地址：杭州市万塘路 18 号黄龙时代广场 B 座

邮编：310099

总机：0571-26888888

传真：0571-88157868

1.2 组织信息

1.2.1 管理层

彭 蕾 支付宝首席执行官

邵晓锋 支付宝总裁

二、业务信息

2.1 产品及服务信息

余额宝购车、0 元购机、购买彩票、分期购物等

2.2 覆盖范围

2.2.1 行业：互联网理财

2.2.2 主要客户：互联网用户

2.2.3 业务区域：全国

2.3 收入结构：余额宝 2014 年上半年共为宝粉盈利 125 亿元人民币，3 季度再为宝粉盈利 57 亿元人民币。截至 2014 年 9 月 30 日，余额宝上线以来累计为宝粉创收 200 亿元人民币。

三、综合信息

3.1 发展定位：简单、安全、快速的国内领先第三方支付平台

3.2 重要合作伙伴及供应商：全球速卖通、淘宝网、天猫、聚划算、一淘、阿里妈妈、阿里云计算、云

OS、万网、来往、天弘基金、工商银行、建设银行、中国银行、中国农业银行、交通银行、光大银行、浦发银行、邮政储蓄、广发银行、深发银行、兴业银行、中信银行、民生银行、上海银行、杭州银行、宁波银行、温州银行、平安银行、北京银行

挖财

“挖财”诞生于 2009 年 6 月，是国内最早的个人记账理财平台，专注于帮用户实现个人资产管理的便利化、个人记账理财的移动化、个人财务数据管理的云端化。可以一键导入支付宝网购数据，多平台多人记账，数据同步到云端等便捷操作。2013 年 6 月，挖财并购了零售金融业咨询分析公司信策数据，将其专业的金融技术背景与自身的互联网思维融合，开始尝试线上理财产品销售。现已推出工银货币、南方现金增利货币 A、博时现金收益货币等理财产品。每月 18 日还会推出挖财宝。2014 年 6 月，挖财获得“2014 十大金融极客产品奖”和最佳互联网金融奖。截至 2014 年 7 月，挖财用户数突破 8000 万人，交易规模达 100 亿。其挖财社区有会员 236 万，帖子数达 615 万。

易观分析——

挖财以个人记账理财为切入点，与其他互联网理财产品形成差异化，也借此积累了大量用户。用户口碑不错，因此推出理财产品后得到不少用户的支持。

虽然挖财系列 APP 用户达 8000 万，但其理财产品除挖财宝以外的总共购买用户不过 200 万，规模还远远不能和其他理财产品相比。而其收益最高的挖财宝只在每月 18 号开放，且有起购金额 1000 元，不如其他产品灵活。规则的限制会进一步导致规模的限制。另外挖财的知名度还不算高，应积极提高产品知名度。

余额宝近来推出定位于社交金融的宝粉网，而挖财社区已有一定的用户和资源积累，在此方面占有先机。未来结合社区信息服务和金融服务可进一步发掘盈利点，同时推出更多新型产品，如通过为理财师、理财机构以及生活服务机构提供相关商业解决方案等。

由于挖财不只是一个理财 APP，更多的还有记账功能，用户的资产情况、资金流动、消费习惯等都有可能泄露，资料安全性是很大的挑战，一旦发生泄密事件，会使其失去大批用户。而互联网理财市场的用户正在趋于理性，各类理财产品收益率持续走低，如何保证高收益率留住用户还值得研究。

一、基础信息

1.1 基本信息

1.1.1 公司全称：杭州财米科技有限公司

1.1.2 成立时间：2009 年 12 月

1.1.3 总部地点：杭州

1.1.4 上市时间：未上市

1.1.5 企业性质：有限责任公司

1.1.6 联系方式

网址：http：//www.wacai.com/

地址：中国杭州西溪路 628 号福地创业园 A 幢 3F

邮箱：wacai@wacai.com

电话：400-876-8718

邮编：310012

客服邮箱：kf@wacai.com

客服 QQ：800027619

1.2 组织信息

1.2.1 公司规模

员工 200 余人，公司核心团队成员来自虹软、恒生、淘宝、阿里巴巴、斯凯、用友、道富等企业

1.2.2 管理层

李治国 董事长、CEO

二、业务信息

2.1 产品及服务信息

APP：挖财记账理财、挖财信用卡管家、挖财钱管家、挖财论坛

版本：苹果版、android 版、Windows Phone 版、黑莓版、Java 版、塞班版

理财产品：工银货币、国泰货币、南方现金增利货币 A、博时现金收益货币、诺安天天宝货币 C、理财宝、挖财宝

2.2 覆盖范围

2.2.1 行业：互联网理财

2.2.2 主要客户：所有用户

2.2.3 业务区域：全国

2.3 收入结构：挖财自 2011 年以来获得了来自启明创投、鼎晖资本、IDG、天使投资等投资，具体盈利模式及收入信息不详。

三、综合信息

3.1 发展定位：全平台免费记账理财服务 APP

3.2 重要合作伙伴及供应商：中国农业银行、交通银行、中国工商银行、招商银行、中国银行、中国建设银行、中国民生银行、中国银联、南方基金、万家基金、中信银行、华夏基金

京东小金库

2013 年 7 月，京东金融事业部独立，形成网银在线、供应链金融、消费金融和平台业务四大板块，随后推出了京保贝、京东白条和京东众筹等互联网金融产品。2014 年 3 月 28 日，京东互联网理财产品 - 小金库上线。这是基于京东账户体系的承载体一网银钱包推出的，目的在于整合京东用户的购物付款、资金管理、消费信贷和投资理财需求，也是京东进一步深入涉足互联网金融的布局。8 月 18 日，京东小金库企业版正式上线。该项业务将首先向京东商城 POP 商户开放，解决短期闲置资金高效利用的问题。根据易观智库监

测显示，京东小金库自推出以来 7 日年化收益率排名几乎都保持在前五位。

易观分析——

京东用户过亿，用户基础良好，小金库里的资金可以直接在京东商城消费，具有一定的便利性。目前是为数不多收益还保持在较高水平的理财产品，对新用户有一定的吸引力；

小金库和余额宝类似，收益并不固定，且晚于余额宝大半年推出，抢占市场变得相当困难。虽然和京东商城绑定，但适用平台单一，支付能力显弱；

作为京东账户体系的承载体，“小金库”的上线，是京东在支付环节的整合。未来，京东用户的购物付款、资金管理、消费信贷、投资理财都将整合在“小金库”里，从电商到金融，京东个人账户体系可由此形成完整闭环；

互联网理财产品的收益率依然呈现持续走低的态势，随着银行资金面得到缓解，收益率很有可能持续走低。货币基金收益回归理性，银行和监管机构对支付额度的限制，以及银行理财产品收益的不断走高，都将引导用户的投资渠道发生新的变化，想要留住用户还需不断创新。

一、基础信息

1.1 基本信息

1.1.1 公司全称：北京京东世纪贸易有限公司

1.1.2 成立时间：1998 年 6 月 18 日

1.1.3 总部地点：北京

1.1.4 上市时间：2014 年 5 月 22 日在纳斯达克证券市场正式挂牌上市

1.1.5 企业性质：股份有限公司

1.1.6 联系方式

网址：http：//jr.jd.com/

地址：北京市朝阳区北辰西路 8 号北辰世纪中心 A 座（邮编：100101）

电话：400-622-7186

1.2 组织信息

1.2.1 管理层

刘强东 董事会主席、首席执行官

陈生强 金融集团首席执行官

二、业务信息

2.1 产品及服务信息

嘉实活钱包、鹏华增值宝

2.2 覆盖范围

2.2.1 行业：互联网金融

2.2.2 主要客户：互联网用户

2.2.3 业务区域：全国

2.3 收入结构：京东 2014 年第 3 季度净营收为人民币 290 亿元，同比增长 61%；净亏损为人民币 1.644 亿元，相比上一季度的净亏损人民币 5.825 亿元有所收缩。京东金融具体收入不

三、综合信息

3.1 发展定位：成为国内最值得信赖的互联网投融资平台

3.2 重要合作伙伴及供应商：嘉实基金、鹏华基金、易方达基金、国泰基金、建信基金、招商基金、海富通基金、珠江人寿、南方基金、工银瑞信

互联网融资

积木盒子

上线于 2013 年 8 月的积木盒子，深耕于互联网金融领域，将有富余理财资金的投资人与有融资需求的借款人相互配对，目的在于搭建安全、风险收益平稳的融资平台。积木盒子拥有多种期限、多个地域、多种行业、多种形式的投资项目，扩大了投资人融资的选择空间。同时，在风险方面，积木盒子采用了本息担保、项目审核、法律合规和信息披露四项安全保障制度来确保投资人的利益得到保障。截至 2013 年 12 月，积木盒子投资回报率达到 7%-12.5%，相比银行一年定期利率平均高出 6 个百分点，相比余额宝 6% 左右的收益率也要高得多。积木盒子上线以来已经累计完成超过 24 亿的融资贷款，预期将为投资人带来超过 1.47 亿的收益。虽然积木盒子拥有超出市场水平的高收益率，但其客户数量和品牌知名度却并未能跟上脚步，如何树立自我的品牌形象和拓展用户群是积木盒子必须解决的问题。

易观分析——

积木盒子作为新兴互联网融资平台，拥有多种期限、多种地域、多种行业、多种形式的投资项目可供投资人选择，同时提供超过 7% 以上较平稳的投资收益率。公司通过“资金流转不经过平台”，“资金的所有流转使用信息在投资后可查”，“所有尽职调查信息在平台公开”三种政策来增加融资项目透明度，也树立了良好的企业品牌形象。虽然积木盒子仅仅作为搭建借款方与投资方的中介枢纽，不参与资金交易，但通过线下考察和线上数据分析及风险控制评估模型保证了项目的可行性及风险合理性。此外，积木盒子拥有多层次的保证金制度、风险互助金制度和法律援助基金保障，还与国内优秀的担保公司进行合作，在很大程度上为投资人提供了安全保障。同时，管理团队均是拥有多年金融、风险管理经验的行业精英，具备十分优秀的执行力和敏锐的行业嗅觉，在瞬息万变的投资市场中能及时把握机会或规避风险。随着平台的延伸，有限的标的难以满足众多投资人的投资需求，出现了抢标难、抢不到标的情况。另外，大多数人对互联网融资的认知度不高，大规模直接融资尚未得到认可。如何增强人们对互联网融资的认识，及如何获取更多融资资源是积木盒子长远发展所必须解决的问题。

一、基础信息

1.1 基本信息

1.1.1 公司全称：北京乐融多源信息技术公司－积木盒子平台

1.1.2 成立时间：2013 年 8 月

1.1.3 总部地点：北京

1.1.4 上市时间：尚未上市

1.1.5 企业性质：合资

1.1.6 联系方式

网址：http：//www.jimubox.com/

邮箱：info@jimubox.com

地址：北京市朝阳区西大望路 1 号温特莱中心 A 座 16 层

电话：400-068-1176

传真：010-58658823

1.2 组织信息

1.2.1 管理层

董骏 首席执行官

二、业务信息

2.1 主要产品与服务信息

主要产品

企业经营贷：提供给企业正常生产经营周转所需资金的融资产品

核心商圈贷：以核心企业为中心，根据供应链中企业的交易关系和行业特点，对核心企业相关的上游或下游配套企业提供贷款的融资模式

房产抵押贷：个人将自有房产抵押作为担保物来获取短期资金周转需求的融资产品

房产周转贷：用于个人房产抵押借款取得借款前短期周转资金需求的融资产品

个人经营贷：提供给个体工商户经营者、企业主所经营的主体正常生产经营周转所需资金的融资产品

服务信息

积木盒子移动客户端：积木盒子手机门户，便捷操作并提供最新融资信息的推送功能

收益计算器：根据投资额、年化收率和投资期数来模拟计算收入的服务

积木坛子：官方信息发布和行业热点讨论的开放性平台

2.2 覆盖范围

2.2.1 行业：互联网融资

2.2.2 主要客户：有资金贷款需求的企业和个人

2.2.3 业务区域：全国

2.3 收入结构：主要来自于借款方所付的平台使用费

三、综合信息

3.1 发展定位：做极致、真诚、透明的互联网金融平台

3.2 重要合作伙伴及供应商信息：Ventech 投资、小米公司、银泰资本、祥峰投资、经纬中国、云南中铭、伟嘉安捷、圣鑫融金、中升德亿、河北融投、寺库商贸、云南金控、同展担保、百拓商旅、华曦牧业、快乐时代、趣玩网、山东再担保、泰安担保、安家世行、同岳租赁、凯盛经略、建元装饰、中保信合

网信金融

网信金融是由多家知名金融企业与专业投资机构共同创办，旨在为用户提供一站式互联网综合服务，旗下囊括了网信理财、众筹网、原始会和网信征信四个业务板块，并为客户提供理财、投资咨询、众筹、征信、第三方支付等功能。

易观分析——

网信金融管理团队具备多年从事金融行业的经验和背景，眼光精准，能对金融格局快速反应。旗下四个板块分工明确，网信理财针对微小企业提供专业化咨询服务；众筹网为项目发起者提供募资、投资、孵化、运营等一站式综合服务；原始会目的在于匹配投资人与借款人；网信征信致力于为客户提供征信服务以降低投资风险。

针对风险机制，网信金融会对筹资项目采取严格的审核机制，确保信息的真实性；此外，还引入第三方来担保业务，很大程度提高了项目的安全性。同时，网信金融搭建了 P2P、众筹、支付等多种金融支点，覆盖了中小企业融资的各个环节，可以为企业提供全方位服务。网信金融在 2014 年初建立了美国分站，并由此开始美国市场的拓展。与其他互联网融资不同的是，网信金融的盈利模式并不只是单纯的收取中间服务费，而是从中看到潜在盈利的点并加以探索开发。然而，目前互联网融资市场鱼龙混杂，优劣企业难以区分，国家尚未出台明确的监管政策，这对网信金融的发展存在一定限制作用。此外，如何在行业竞争中明确自己的核心竞争力，树立领先优势也是网信金融需要思考的问题。

一、基础信息

1.1 基本信息

1.1.1 公司全称：网信金融集团

1.1.2 成立时间：2011 年

1.1.3 总部地点：北京市朝阳区酒仙桥中路 24 号院 4 号楼

1.1.4 上市时间：未上市

1.1.5 企业性质：股份制

1.1.6 联系方式

网址：http：//www.ncfgroup.com/

1.2 组织信息

1.2.1 管理层

盛 佳 首席执行官

二、业务信息

2.1 主要产品与服务信息

主要产品

网信理财：P2P 的借贷、理财平台

众筹网：为项目发起者提供募资、投资、孵化、运营一站式综合众筹服务

第三方支付：提供第三方支付结算服务

原始会：帮助企业通过股权融资快速募集资金，匹配创业者与投资人

网信征信：为企业和个人投融资提供权威、客观、公正的信用评价服务以降低融资风险

2.2 覆盖范围

2.2.1 行业：互联网融资

2.2.2 主要客户：主要为个人用户，有少量企业客户

2.2.3 业务区域：全国

2.3 收入结构：众筹交易手续费，征信业务收入

三、综合信息

3.1 发展定位：一站式互联网金融综合服务平台

3.2 重要合作伙伴及供应商信息：网信理财、众筹网等

互联网支付

支付宝

支付宝支付服务于 2003 年 10 月在淘宝网推出。2004 年支付宝从淘宝网分拆独立，逐渐向更多的合作方提供支付服务，目前旗下有“支付宝”与“支付宝钱包”两个独立品牌。2014 年第 2 季度开始成为当前全球最大的移动支付厂商。

2010 年网上零售市场发展迅速，团购网站爆发性的增长以及电子商务平台多轮的大规模促销，为支付宝这一国内最大的第三方支付平台带来了更大的交易规模和用户数量。除此之外，支付宝在航空、游戏、公共事业缴费、生活服务等细分领域拓展力度的提高，也为其保持高市场份额做出了重大贡献。2011 年，支付宝获得央行颁布的首批支付牌照。根据易观智库数据显示，2014 年第 2 季度，支付宝旗下品牌“支付宝钱包”占中国移动互联网支付交易份额 79.55%，稳居第一。2014 年 12 月移动 APP 排行榜中支付宝钱包排名第 17 位，12 月活跃用户数为 6592.3 万，与上月基本持平。支付宝实名认证用户数已超过 3 亿。支付宝已成为用户使用最为广泛的第三方支付平台。

2013 年支付宝与阿里金融体系首次被打通，随着阿里集团用户体系、信用体系、支付结算体系数据的进一步融合，支付宝成为阿里金融的基础层产品。2013 年 6 月支付宝与天弘基金合作，推出余额宝业务。这一创新互联网金融产品一经推出便引发巨大社会反响并带动支付公司相继推出货币基金理财产品，同时也强化了商业银行“以客户为中心”的经营理念，一些商业银行也相继推出类似产品，重视客户体验。如民生

银行推出直销银行，并与阿里进行战略合作，将民生的直销银行账户和支付宝完全打通，使得支付宝的平台效应进一步对外拓展。2014 年 3 月，央行下发了关于暂停支付宝、腾讯公司虚拟信用卡和二维码支付等业务意见的函，随后也对包括支付宝在内的第三方支付的转账、消费金额等进行了限制。随着国家监管的加强，第三方支付市付平台也迎来了更多的机遇和挑战。

易观分析——

未来支付宝仍然会保持较高的业务创新能力，在互联网金融方面将有更广泛的涉猎，平台化趋势和渠道优势将更加明显，从而带动支付宝盈利模式的创新。

2014 年 4 月，支付宝钱包 8.1 版支持 NFC 功能。易观智库分析认为，2014 年至 2015 年将是 NFC 支付的产业链协同发展和产品创新的探索期。运营商和银联将大力跑马圈地力度，与产业链各方积极建立合作关系，为 2016 年之后的快速增长奠定基础和格局。

一、基础信息

1.1 基本信息

1.1.1 公司全称：支付宝（中国）网络技术有限公司

1.1.2 成立时间：2004 年 12 月 8 日

1.1.3 总部地点：杭州

1.1.4 上市时间：未上市

1.1.5 企业性质：有限责任公司（内资法人独资）

1.1.6 联系方式

官方网站：http：//www.alipay.com/

新浪微博：http：//e.weibo.com/alipay/

地址：杭州市万塘路 18 号黄龙时代广场 B 座

电话：0571-26888888

传真：0571-88157868

1.2 组织信息

1.2.1 管理层

彭　蕾　支付宝首席执行官

邵晓锋　支付宝总裁

二、业务信息

2.1 产品及服务信息

个人服务产品

付款收款：

转账付款、转账到银行卡、信用卡还款、找人代付、交房租、AA 收款

生活助手：

水电煤缴费、手机充值、固话宽带、有线电视缴费、还贷款、教育缴费、NFC 支付

网购导航：

返利商家、优惠券、促销活动、海淘、一淘比价

会员账户管理：

账户管理、交易记录、支付方式管理、账户通、集分宝、只能存款

保险理财业务：

余额宝、淘宝理财、淘宝保险

商家收款产品：

1. 基础收款产品

担保交易收款：收货后再付款，交易有保障，买家更易下单。

即时到账收款：买家付款直接到账，帮助我快速回笼资金。

双功能收款：同时提供担保、即时两种支付方式供买家选择。

2. 其他收款产品（可作为辅助支付手段的收款方案）

国际卡支付

网银支付：让买家可通过网银完成支付，增加支付途径。

COD 货到付款平台：为客户建立货到付款配送体系。

3. 无线产品

快捷支付（无线）

手机网站支付

4. 商家付款产品（应用于商家间结算货款，支付交易费用的付款方案）

支付宝站内大额收付款：淘宝卖家，或已签约支付宝即时到账、担保交易、双功能中任意一款方可签约

批量付款到支付宝账户：淘宝卖家，或已签约支付宝即时到账、担保交易、双功能中任意一款方可签约，实现一次打款多个帐户，并且资金即时到账。

5. 增值服务（为商家提供便利、增加销量的各类服务）

数据罗盘：支付宝首款数据产品，为您指引电商之路。

集分宝批量自助发：支付宝独家促销工具，发放方式灵活自助。

快捷登陆：用支付宝会员账号轻松登陆。

6. 平台商产品（专为交易平台所提供的收款方案）

平台商即时到账收款：为交易平台准备的即时到账收款方案。

平台商双功能收款：为交易平台准备的双功能收款方案。

2.2　覆盖范围

2.2.1　行业：第三方支付 – 在线 / 移动支付、银行卡收单、预付费卡

2.2.2　主要客户：互联网用户

2.2.3　业务区域：全国

2.3　收入结构：收入来源为淘宝给支付宝的技术服务费，非淘宝商家的支付接入技术服务费，以及用户在淘宝中的沉淀资金；量化结构不详

三、综合信息

3.1 发展定位：为中国电子商务提供“简单、安全、快速”的在线支付解决方案

3.2 重要合作伙伴及供应商：中国工商银行、中国农业银行、中国建设银行、中国邮政储蓄银行、交通银行、中国银行、招商银行、浦东发展银行、民生银行等

拉卡拉

拉卡拉集团是联想控股成员企业，是目前中国最大的线下支付公司。2011 年第一批获得中国人民银行颁发的《支付业务许可证》。2007 年拉卡拉自主开发出中国第一个电子账单服务平台，第一个实现了远程多商户刷卡支付。同年，拉卡拉开始在全国便利店投放拉卡拉终端，让便利店成为银行营业厅的延伸，为社区提供便民金融服务。拉卡拉已经与中国银联以及工、农、中、建、交五大行在内的上百家金融机构建立了战略合作伙伴关系。凭借其立体布局，拉卡拉交易规模呈现出稳步增长的态势。根据易观智库数据显示，2014 年第 3 季度，拉卡拉在中国移动互联网支付交易额份额中占 7.49%，成功上升为第二，表现抢眼。2014 年初，拉卡拉开始发力线下移动收单业务，推出拉卡拉手机收款宝，满足小微企业的收单需求，产品上市后一个多月的销售量便达到 50 万台。凭借其近期重点布局的社区电商，线上线下的完美融合，搭载其畅通的渠道和完整的业务线，假以时日，或将成为拉卡拉移动支付交易量的重要组成部分。

易观分析——

细观在移动支付市场稳步增长的拉卡拉，表现不俗。近年来的数据显示，拉卡拉移动支付交易规模稳步上升，未出现大起大落，得益于其长期稳定的转账、还款、缴费等日常业务，以及依靠大数据发展出的新业务，叠加发力，为拉卡拉移动支付交易额注入了新的血液。随着移动支付市场需寻求新突破 ，社区电商或成长为新增长点。拉卡拉近期重点布局社区电商，打通线上线下渠道，开展社区电商业务，主攻社区流量入口，这在线上电商近乎饱和的竞争态势，且二维码开启日期尚不明朗的情况下，不失为明智之举。

易观智库分析认为，移动支付市场需要健康稳健的持续发展，寻求突破是第三方支付机构面临的问题。移动支付市场目前交易场景还比较单调，未来移动支付的重心会更加放在构建创新支付场景上。

一、基础信息

1.1 基本信息

1.1.1 公司全称：拉卡拉集团

1.1.2 成立时间：2005 年

1.1.3 总部地点：北京

1.1.4 上市时间：未上市

1.1.5 企业性质：私营企业

1.1.6 联系方式

官方网站：http：//www.lakala.com/

人力资源部邮箱：recruiting@lakala.com

邮编：100080
总部地址：北京市海淀区丹棱街 6 号中关村金融大厦 7 层、8 层
电话：010-56710999
传真：010-56710550

1.2 组织信息

1.2.1 管理层

孙陶然 董事长、总裁

二、业务信息

2.1 产品及服务信息

产品

商用型：

1. 收款宝

拉卡拉收款宝是一款专门面向全国大量中小、微型商户的专属智能多用途收款终端。它整合了商户的收款需求和便利支付业务需求，重点解决商户收款难、申请难、结算难、服务难问题，同时摆脱了传统收款终端功能单一的缺陷，创新性地融入信用卡还款、手机充值、网购付款、游戏点卡、水电煤缴费等拉卡拉专有的便利支付业务，实现收款、付款、缴费、充值 4 合 1。

2. 开店宝

拉卡拉开店宝是集合支付、生活、金融、电商多功能于一体的金融及电子商务服务终端。不仅为个人用户提供便民银行、便民生活、便利缴费等便民业务；还可以解决商户承载千百种热销的品牌厂商和知名电商的商品，同时帮助商户打通进货渠道，提供收单收款的服务。

3. 手机收款宝

拉卡拉手机收款宝是一款面向小微商户的全新移动收款终端。相对于传统 POS 机，拉卡拉手机收款宝开通便捷、操作简单、价格低廉。包括手机收款宝硬件和手机收款宝客户端软件两部分。手机收款宝功能：收款、撤销交易、信用卡还款、手机充值、转账汇款、余额查询、交易查询，及其他附加功能如计算器。

自用型：

1. 拉卡拉手机刷卡器

拉卡拉手机刷卡器是拉卡拉推出的自主知识产权的个人刷卡终端，拉卡拉手机刷卡器是一款通过音频进行数据传输的刷卡外设终端，支持 iPhone、HTC、小米等各类主流手机以及 Pad 产品。主要提供信用卡还款、转账汇款、在线支付等便民生活便利支付的金融服务。

2. 拉卡拉 MINI 家用型刷卡机

2010 年，拉卡拉自主研发并生产了针对家庭用户的拉卡拉 MINI 家用型刷卡机，已经进入到了数十万户家庭中。拉卡拉 MINI 家用型刷卡机一经推出就受到了用户的广泛欢迎，它安装简单、开通方便，只需一根电话线，便可足不出户办理还款、缴费、转账、充值等多种业务。拉卡拉 MINI 家用型刷卡机使金融业务办理不再受时间、空间限制，真正实现了便利支付从“百步之内”跨越到“弹指之间”。拉卡拉 MINI 家用型刷卡机还常被用在商务往来、馈赠亲友、客情礼品、员工福利上。

3. 拉卡拉充电宝

拉卡拉充电宝（QT168）是集刷卡功能、移动电源为一体的二合一产品。

服务

便民金融服务：

个人金融：信用卡还款、转账汇款、银行卡余额查询

生活缴费：水电煤缴费、固话、宽带缴费

充值购卡：手机充值游戏点卡、账户直充、支付宝充值码、财付通账户充值

消费付款：账单号付款

商旅出行：机票旅游酒店

演绎票务：电影票演出票

娱乐阅读：鲜花礼品 / 彩票生活 / 期刊订阅

其他服务：公益捐款

POS 收单服务：

拉卡拉创新了针对小、中、大商户的多种 POS 产品和服务，尤其是针对小微商户的“收款宝”、“生意通”等产品，极大满足了商务的需求。

在线购买：

拉卡拉公司为了满足用户在线购买需求，更好地服务广大用户，满足拉卡拉正品网购的需要，成功开设了官网商城和天猫旗舰店。

2.2 覆盖范围

2.2.1 行业：第三方支付

2.2.2 主要客户：电子商务消费人群

2.2.3 业务区域：全国

2.3 收入结构：服务费、增值服务收入等。量化结构不详

三、综合信息

3.1 发展定位：为个人和企业提供日常生活所必须的金融服务及生活、网购、信贷等增值服务

3.2 重要合作伙伴及供应商：中国工商银行、中国农业银行、中国建设银行、中国邮政储蓄银行、交通银行、中国银行、招商银行、浦东发展银行、民生银行、中国移动、中国联通、中国电信等

财付通

财付通于 2005 年 10 月推出，其核心业务是帮助在互联网上进行交易的双方完成支付和收款。作为在线支付工具，财付通在 B2C、C2C 在线交易中，起到了信用中介的作用，同时为 CP、SP 提供在线支付通道以及统一的计费平台。财付通为腾讯旗下第三方支付平台。根据易观智库数据显示，2014 年第 3 季度，中国移动互联网支付交易份额中财付通占 7.37%。

依靠腾讯自身业务的交易规模和部分外部商户的交易量，财付通拥有较高的市场份额，2010 年里财付通在航空、大额付款、信用卡还款、公共缴费等重点应用在成立专门团队运营推广后，交易额大幅提升。此外，

财付通于 2013 年推出的生活应用开放平台，通过产业链资源的整合，为财付通的发展增加了强劲的动力。2013 年腾讯推出微信支付，微信支付成为财付通的前端产品，财付通借助微信的海量用户平台，实现移动支付市场的布局。本年度财付通借助于手机QQ庞大的用户基础和活跃度，推出手机QQ支付。微信支付将“我的银行”卡升级成“我的钱包”，并推出钱包和好友转账功能，开始从银行卡转入转出的形式转向小额账户支付。

易观分析——

微信支付理财通交易规模的下降，使得财付通在移动支付市场份额的排名降到了第三位。拉卡拉的强势增长使得财付通需要面对更加严峻的竞争考验。在线上电商近乎饱和的竞争态势下，第三方支付机构纷纷把目光转下线下。支付宝、财付通纷纷布局二维码支付，而本年度二维码支付的暂停对支付宝、财付通等移动支付机构的业务拓展影响较大。移动支付市场目前交易场景还比较单调，未来移动支付的重心会放在构建创新支付场景上。而未来移动支付市场的格局将如何变化，考验的似乎并不再是单项的业务交易，立体式布局和多业务发展，将是第三方支付机构业务延展的重点。

一、基础信息

1.1 基本信息

1.1.1 公司全称：深圳市财付通科技有限公司

1.1.2 成立时间：2005 年

1.1.3 总部地点：深圳

1.1.4 上市时间：未上市

1.1.5 企业性质：民营

1.1.6 资本信息：隶属腾讯

1.1.7 联系方式

网址：http：//www.tenpay.com/

地址：深圳市南山区科技园科技中一路腾讯大厦 9 楼

电话业务合作：0755-86013388-65391（华南、西南区）、010-62671209（华北区）、021-54569595-21150（华东区） B2C 网站与移动支付合作：010-82173445

公关媒体合作：0755-86013388-64397

1.2 组织信息

1.2.1 人员规模

1.2.2 管理层

赖智明 财付通总经理

二、业务信息

2.1 产品及服务信息

财付通提供了快捷支付、财付通余额支付、分期支付、委托代扣、epos 支付、微支付等多种支付产品。不仅为个人用户创造 200 多种便民服务和应用场景，还为 40 多万大中型企业提供专业的资金结算解决方案。

2.2 覆盖范围

2.2.1 行业：覆盖的行业包括游戏、航旅、电商、保险、电信、物流、钢铁、基金等

2.2.2 主要客户：个人用户已超过 2 亿，服务的企业客户也超过 40 万，主要客户为个人用户

2.2.3 业务区域：全国

2.3 收入结构：收入来源为服务收费、手续费。量化结构不详

三、综合信息

3.1 发展定位：一直致力于为互联网用户和企业提供安全、便捷、专业的在线支付服务

3.2 重要合作伙伴及供应商：工商银行、招商银行、建设银行、中国银行、邮储银行、易迅网、QQ 网购、中国南方航空等

其他互联网金融企业

彩票 365

彩票 365，直属于民政部中国社工协会，是由第一视频集团合作方自行研发并运营的移动互联网购彩通道。其下拥有多类别、多方向的购彩模式，同时提供比分直播、开奖预测及彩民互动等增值功能，为用户提供了及时的信息资源服务和良好的客户体验。根据易观智库监测数据，彩票 365 在 2014 年第 3 季度国内移动互联网客户端彩票销售市场中以 18.5% 的份额保持领先。此外，彩票 365 与众多互联网应用市场和手机终端厂商建立了合作关系，增大了软件的推广效率；还与移动、联通、电信三大运营商开展了业务合作，提供了手机用户直接以电话费余额购彩的新模式。

易观分析——

作为上市国企旗下的移动互联网购彩网站，彩票 365 具备雄厚背景的品牌价值和大众认可度。彩票 365 融合了即时资讯、彩票分析、比分直播等功能和彩民互动平台，为用户提供有用的信息服务和舒适的用户体验，从而极大地提高了用户黏性和忠诚度。在安全性方面，彩票 365 与众多银行建立了合作关系，打造了安全的支付通道；同时，其所有的出票凭证均可查询。与三大运营商及其他应用市场建立的联系，也帮助彩票 365 树立起正面形象和获取到更广阔的市场推广空间。然而，互联网彩票才刚刚起步，彩民数量还远不及线下投注站，如何引导彩民进行线下到线上的转化是互联网彩票行业所共同面临的问题。另外，行业内鱼目混珠，一个企业的失误就可能影响整个行业，这是彩票 365 所要面临的威胁。此外，想要进一步拓展市场，盈利模式的单一势必会被打破，彩票 365 已明确表示进军资本市场是其未来的主要战略方向之一。

一、基础信息

1.1 基本信息

1.1.1 公司全称：溢彩阳光（北京）科技有限公司

1.1.2 成立时间：2012 年 6 月

1.1.3 总部地点：北京

1.1.4 上市时间：未上市

1.1.5 企业性质： 国有股份制

1.1.6 联系方式

网址：http：//www.caipiao365.com/

邮箱：caipiao365@v1.cn

地址：北京市朝阳区望京东路 8 号锐创国际中心 1 号楼

电话：400-813-0001

1.2 组织信息

1.2.1 管理层

彭锡涛 首席执行官

二、业务信息

2.1 主要产品与服务信息

主要产品

彩票 365 网站：彩票 365 的门户网站，综合类的购彩通道

彩票 365 客户端：彩票 365 的手机门户，提供便捷购彩通道

服务信息

购彩通道：多形式、多类别的彩种可供选择

合买大厅：提供多人合资购彩的选择

开奖公告：近期的彩票彩果公布

比分直播：提供体育彩票的即时比分信息

2.2 覆盖范围

2.2.1 行业：互联网彩票

2.2.2 主要客户：互联网彩民

2.2.3 业务区域：全国

2.3 收入结构：彩票发行费用及广告收入

三、综合信息

3.1 发展定位：做最专业的彩票数据服务平台

3.2 重要合作伙伴及供应商信息：安卓市场、安智市场、91 助手、天翼空间、华为、小米、百度、91 无线、UC 浏览器、金山网络、PPTV、迪信通等

91 金融

成立于 2011 年 9 月 1 日的 91 金融，在近两年获得经纬创投、宽带资本及海通证券的投资后，迎来了良好的发展契机。致力于搭建互联网综合金融平台，91 金融通过互联网方式不断创新及多类别金融产品的融合，为消费者提供安全、便捷的贷款、保险和理财等金融服务。此外，随着与其他金融机构合作关系的加深，91 金融建立了丰富的产品及用户数据库，并开始从前段的金融产品导购、销售，转向后端的金融交易及产品联合开发。目前，91 金融在北京、上海及深圳都设有运营中心，业务遍及全国 87 个重点城市。同时，2014 年 9 月 22 日，91 金融首家线下体验店正式开业，标志着 91 金融在其金融生态服务圈线上线下全布局的正式开始。

易观分析——

91 金融在定位上十分明确，即利用互联网完成对金融消费者和金融机构两端的服务。在面向消费者方面，91 金融旨在消除信息、服务不对称，为其提供安全、及时、专业的金融信息服务；在金融机构方面，91 金融不断帮助企业完成业务延伸及服务体验的升级。从用户需求到信息交互，91 金融建立了完整的互联网金融服务链条。除此而外，91 金融在完成初级信息服务的同时，也在向深层次发展，先后与银行合作开发金融产品及为企业提供定制化服务等。在安全体系和风险控制方面，91 金融有基于大数据的安全评级体系和线上线下的征信、风控模型，能有效确保客户财产的安全性。然而，尽管 91 金融已经不满足于“渠道”的定位，也在往理财服务及资本市场发展，但其盈利模式尚未有明显转变。同时，相对于传统金融，互联网只是工具，更多的是与银行及金融机构合作，难以从根本上获得创新性突破。另外，政策因素对金融行业影响十分巨大，甚至可以决定企业的发展，如何灵活应对政策因素的影响也是 91 金融需要思考的问题。

一、基础信息

1.1 基本信息

1.1.1 公司全称：91 金融超市集团

1.1.2 成立时间：2011 年 9 月

1.1.3 总部地点：北京

1.1.4 上市时间：未上市

1.1.5 企业性质： 民营股份制

1.1.6 联系方式

网址：http：//www.91jinrong.com/

邮箱：service@91jinrong.com

地址：北京市西城区新街口外大街 28 号普天德胜园区 B 座

电话：010-52404272

传真：010-82055825

1.2 组织信息

1.2.1 管理层

许泽玮 首席执行官

二、业务信息

2.1 主要产品与服务信息

主要产品：

91 金融超市 – 提供金融产品购买服务、小微企业及个人贷款、保险产品购买服务等

91 旺财 – 连接出资人与借款人的互联网 P2P 直接理财平台

91 贷款网 – 专业提供权威、准确、及时、全面地贷款咨询和供求信息

91 车险网 – 满足中国车险消费者的多维度需求

91 增值宝 – 针对企业提供的高收益理财产品

91 金融圈 – 为金融机构从业人员提供专业服务和业务信息

金融助手 APP– 覆盖了理财、贷款、车险、保险等全套服务的金融计算工具

2.2 覆盖范围

2.2.1 行业：互联网金融

2.2.2 主要客户：企业、个人互联网理财用户

2.2.3 业务区域：全国

2.3 收入结构：主要来源于平台产生的信息费，同时有部分成交佣金和广告收入

三、综合信息

3.1 发展定位：通过互联网创新，改善人与金融、货币的关系，让所有人都能享受到最好的金融服务。

3.2 重要合作伙伴及供应商信息：中国工商银行、中国农业银行、中国邮政储蓄银行、南京银行、宁波银行、渣打银行、中国建设银行、招商银行、浦发银行、兴业银行、华夏银行、广发银行、中国银行、花旗银行、人人网、腾讯微博、天涯社区、新浪微博、百度、搜狐网、腾讯网、网易、新浪、友盟、万普世纪、多盟、木蚂蚁应用市场、豌豆荚、力美广告、中关村科技园、中国普天

中国互联网金融行业中的其他企业名录节选如下表：

表 27 中国互联网金融行业企业名录节选

领域	厂商	备注
互联网理财	余额宝	简要分析见前述数据分析及详细分析见易观智库企业库
互联网理财	挖财	简要分析见前述数据分析及详细分析见易观智库企业库
互联网理财	京东小金库	简要分析见前述数据分析及详细分析见易观智库企业库
互联网融资	积木盒子	简要分析见前述数据分析及详细分析见易观智库企业库
互联网融资	网信金融	简要分析见前述数据分析及详细分析见易观智库企业库
互联网支付	支付宝	简要分析见前述数据分析及详细分析见易观智库企业库
互联网支付	拉卡拉	简要分析见前述数据分析及详细分析见易观智库企业库
互联网支付	财付通	简要分析见前述数据分析及详细分析见易观智库企业库
其他互联网金融	彩票 365	简要分析见前述数据分析及详细分析见易观智库企业库
其他互联网金融	91 金融	简要分析见前述数据分析及详细分析见易观智库企业库

续表

领域	厂商	备注
互联网融资	人人贷	数据分析及详细分析见易观智库企业库
互联网支付	环迅支付	数据分析及详细分析见易观智库企业库
互联网支付	汇付天下	数据分析及详细分析见易观智库企业库
互联网支付	快钱	数据分析及详细分析见易观智库企业库
互联网支付	联动优势	数据分析及详细分析见易观智库企业库
互联网支付	盛付通	数据分析及详细分析见易观智库企业库
互联网支付	首信易支付	数据分析及详细分析见易观智库企业库
互联网支付	网银在线	数据分析及详细分析见易观智库企业库
互联网支付	易宝支付	数据分析及详细分析见易观智库企业库
互联网支付	银联在线支付	数据分析及详细分析见易观智库企业库
网上银行	中国建设银行	数据分析及详细分析见易观智库企业库
网上银行	中国招商银行	数据分析及详细分析见易观智库企业库
互联网融资	阿里小贷	详细分析见易观智库企业库
互联网融资	敦煌网	详细分析见易观智库企业库
互联网融资	金银岛	详细分析见易观智库企业库
互联网融资	京东	详细分析见易观智库企业库
互联网融资	苏宁易购	详细分析见易观智库企业库
互联网融资	网盛生意宝	详细分析见易观智库企业库
互联网融资	全球网	详细分析见易观智库企业库
互联网融资	365 易贷	详细分析见易观智库企业库
互联网融资	808 信贷	详细分析见易观智库企业库
互联网融资	贷帮	详细分析见易观智库企业库
互联网融资	冠群	详细分析见易观智库企业库
互联网融资	红岭创投	详细分析见易观智库企业库
互联网融资	陆金所	详细分析见易观智库企业库
互联网融资	你我贷	详细分析见易观智库企业库
互联网融资	拍拍贷	详细分析见易观智库企业库
互联网融资	人人聚财	详细分析见易观智库企业库
互联网融资	盛荣在线	详细分析见易观智库企业库
互联网融资	温州贷	详细分析见易观智库企业库
互联网融资	信用宝	详细分析见易观智库企业库
互联网融资	宜信	详细分析见易观智库企业库
互联网融资	友信	详细分析见易观智库企业库
互联网融资	有利网	详细分析见易观智库企业库

续表

领域	厂商	备注
互联网融资	点名时间	详细分析见易观智库企业库
互联网融资	追梦网	详细分析见易观智库企业库
互联网金融垂直搜索	存折网	详细分析见易观智库企业库
互联网金融垂直搜索	大家保	详细分析见易观智库企业库
互联网金融垂直搜索	富脑袋	详细分析见易观智库企业库
互联网金融垂直搜索	融 360	详细分析见易观智库企业库
网上银行	华夏银行	详细分析见易观智库企业库
网上银行	交通银行	详细分析见易观智库企业库
网上银行	民生银行	详细分析见易观智库企业库
网上银行	中国工商银行	详细分析见易观智库企业库
网上银行	中国农业银行	详细分析见易观智库企业库
网上银行	中国银行	详细分析见易观智库企业库
网上银行	中信银行	详细分析见易观智库企业库
网上银行	福建兴业银行	详细分析见易观智库企业库
在线基金	北京展恒投资管理有限公司	详细分析见易观智库企业库
在线基金	博时基金	详细分析见易观智库企业库
在线基金	富国基金	详细分析见易观智库企业库
在线基金	工银瑞信基金	详细分析见易观智库企业库
在线基金	广发基金	详细分析见易观智库企业库
在线基金	杭州数米基金销售有限公司	详细分析见易观智库企业库
在线基金	好买基金交易网	详细分析见易观智库企业库
在线基金	华夏基金	详细分析见易观智库企业库
在线基金	嘉实基金	详细分析见易观智库企业库
在线基金	金融界	详细分析见易观智库企业库
在线基金	南方基金	详细分析见易观智库企业库
在线基金	诺亚正行	详细分析见易观智库企业库
在线基金	上海好买基金销售有限公司	详细分析见易观智库企业库
在线基金	上海基德金融信息技术服务有限公司	详细分析见易观智库企业库
在线基金	上海天天基金销售有限公司	详细分析见易观智库企业库
在线基金	上海长量基金销售投资顾问有限公司	详细分析见易观智库企业库
在线基金	上投摩根基金	详细分析见易观智库企业库
在线基金	深圳众禄基金销售有限公司	详细分析见易观智库企业库
在线基金	腾讯基金	详细分析见易观智库企业库
在线基金	天天基金网	详细分析见易观智库企业库

续表

领域	厂商	备注
在线基金	网易基金	详细分析见易观智库企业库
在线基金	新浪基金	详细分析见易观智库企业库
在线基金	易方达基金	详细分析见易观智库企业库
在线基金	银华基金	详细分析见易观智库企业库
在线基金	盈利宝	详细分析见易观智库企业库
在线基金	浙江同花顺基金销售有限公司	详细分析见易观智库企业库
在线保险	保众网	详细分析见易观智库企业库
在线保险	财付通保险	详细分析见易观智库企业库
在线保险	大地保险	详细分析见易观智库企业库
在线保险	大童网	详细分析见易观智库企业库
在线保险	东方财富网	详细分析见易观智库企业库
在线保险	泛华保网	详细分析见易观智库企业库
在线保险	放心保	详细分析见易观智库企业库
在线保险	和讯保险	详细分析见易观智库企业库
在线保险	华谊保险网	详细分析见易观智库企业库
在线保险	慧保网	详细分析见易观智库企业库
在线保险	慧择网	详细分析见易观智库企业库
在线保险	京东保险	详细分析见易观智库企业库
在线保险	立刻保	详细分析见易观智库企业库
在线保险	瑞齐网	详细分析见易观智库企业库
在线保险	太平洋保险	详细分析见易观智库企业库
在线保险	泰康保险	详细分析见易观智库企业库
在线保险	淘宝保险	详细分析见易观智库企业库
在线保险	新华保险	详细分析见易观智库企业库
在线保险	新浪保险	详细分析见易观智库企业库
在线保险	新一站保险网	详细分析见易观智库企业库
在线保险	阳光保险	详细分析见易观智库企业库
在线保险	一保无忧	详细分析见易观智库企业库
在线保险	壹保网	详细分析见易观智库企业库
在线保险	意时网	详细分析见易观智库企业库
在线保险	友邦保险	详细分析见易观智库企业库
在线保险	中国货运保险网	详细分析见易观智库企业库
在线保险	中国平安	详细分析见易观智库企业库
在线保险	中国人保	详细分析见易观智库企业库

续表

领域	厂商	备注
在线保险	中国人寿	详细分析见易观智库企业库
在线保险	中国太平	详细分析见易观智库企业库
在线保险	中民保险网	详细分析见易观智库企业库
在线保险	众安财险在线	详细分析见易观智库企业库

网络营销

线上媒体

腾讯网

腾讯网是腾讯公司推出的集新闻信息、互动社区、娱乐产品和基础服务为一体的大型综合门户网站。腾讯网服务于全球华人用户，致力于成为最具传播力和互动性，权威、主流、时尚的互联网媒体平台。通过强大的实时新闻和全面深入的信息资讯服务，为中国的互联网用户提供丰富的信息资讯。腾讯网背后的腾讯（控股）有限公司，是现阶段中国互联网市场的新三强，常说的 BAT 之一，是当今中国互联网产业中的龙头力量，产业布局非常广泛，在社会化、互动娱乐等领域具有绝对优势。在腾讯庞大且完善的生态布局下，即时通讯、游戏、浏览器、输入法、安全等产品，均成为腾讯网的引流渠道，保证了腾讯网的流量，商业化也借此表现良好。根据易观智库季度监测数据，2014 年第 4 季度中国互联网广告运营商市场份额中，腾讯占到 5.7%，占据市场前三位置。广告收入的持续增长，除了由社会化营销和视频广告的收入带动外，也是由门户的广告收入增长拉动。2014 年巴西世界杯也为腾讯带来了良好的营销业绩，腾讯沿袭历来顶级赛事的招商优势，在广告主数量上，位居四大门户之首。腾讯在重大赛事上突出的营销表现已经逐渐为其奠定了良好的品牌地位，并有助于加强广告主的长久品牌忠诚度。

易观分析——

在 QQ 体系的支持下，腾讯网具有社交平台优势，聚集了大量活跃用户，通过社交平台的联通，可以为用户、广告主、应用开发者等多方面建立联系，挖掘广告需求。

尤其是腾讯通过整合旗下社交优势资源深挖社交网络营销价值，腾讯视频与腾讯游戏深度挖掘年轻人的娱乐需求，腾讯门户构建了独有的信息资源和流量渠道。并通过与地方门户合作，积极开拓地方市场。

但同时，腾讯集团一直给人以年轻用户为主的品牌印象，早期其营销收入的规模化进程收到了负面影响，而现阶段，垂直媒体发展迅速，尤其是视频、房产、汽车等成为主流垂直媒体，参与者的众多，使腾讯网面临更加激烈的竞争。

一、基础信息

1.1 基本信息

1.1.1 公司全称：腾讯科技（深圳）有限公司

1.1.2 成立时间：1998 年 11 月

1.1.3 总部地点：深圳

1.1.4 上市时间：2004 年在香港上市

1.1.5 企业性质：股份制

1.1.6 联系方式

网址：http：//www.qq.com/

邮箱：10000@qq.com

地址：北京市海淀区知春路 49 号希格玛大厦

1.2 组织信息

1.2.1 管理层

马化腾 首席执行官

二、业务信息

2.1 产品及服务信息

主要产品：

（1）腾讯网（www.qq.com）是中国最大的中文门户网站，是腾讯公司推出的集新闻信息、互动社区、娱乐产品和基础服务为一体的大型综合门户网站。

、（2）手机腾讯网是腾讯公司的手机门户网站，为广大用户提供各种移动互联网服务，是目前国内访问量最大的手机门户网站。

（3）腾讯新闻客户端

主要业务：

综合门户 / 互联网广告业务

腾讯智慧：高效在线品牌解决方案。

2.2 覆盖范围

2.2.1 行业：互联网广告

2.2.2 主要客户：全网用户

2.2.3 业务区域：全国

2.3 收入结构：根据易观智库季度监测数据，2014 年第 3 季度中国互联网广告运营商市场份额中，腾讯占到 5.6%，占据市场前三位置。据腾讯财报显示，2014 年第 3 季度总收入为人民币 198.08 亿元 (32.20 亿美元），比去年同期增长 28%。经营盈利为人民币 75.15 亿元（12.21 亿美元），比去年同期增长 56%。

三、综合信息

3.1 发展定位：最受尊敬的互联网企业

3.2 重要合作伙伴及供应商：上海（腾讯大申网）、广东（腾讯大粤网）、四川（腾讯大成网）、重庆

（腾讯大渝网）、陕西（腾讯大秦网）、湖南（腾讯大湘网）、湖北（腾讯大楚网）、福建（腾讯大闽网）、河南（腾讯大豫网）、浙江（腾讯大浙网）、辽宁（腾讯大辽网）、江苏（腾讯大苏网）

搜狐网

搜狐网是搜狐公司于 1998 年推出的综合门户网站，搜狐公司作为中国互联网发端的老三强，仍是中国互联网产业中具有影响力的力量。搜狐网致力于成为一个具有影响力与公信力的新闻中心、联动娱乐市场，跨界经营的娱乐中心、深受体育迷欢迎的体育中心、引领潮流的时尚文化中心。搜狐网依托于搜狐公司的媒体矩阵战略，得以实现在流量和收入多方面的良好表现，搜狐媒体除门户外，同时包括视频、搜索、浏览器、输入法等。搜狐财报数据显示，2014 年搜狐公司品牌广告营收为 5.41 亿美元，较 2013 年增长 26%。其中，搜狐媒体平台营收为 1.98 亿美元，较 2013 年同期增长 9%。搜狐视频营收为 1.76 亿美元，较 2013 年同期增长 61%。在移动互联网的发展态势下，未来搜狐网将持续加大在移动端的业务布局，易观智库监测数据显示，2015 年 1 月，搜狐新闻客户端活跃用户数达到 7102.4 万，位列新闻资讯类应用的第 2 位。

易观分析——

作为中国互联网发端的老三强，搜狐公司在中国互联网占据举足轻重的位置，尤其是作为中国老牌门户网站，搜狐网在品牌认知、流量、广告收入等方面都保持良好发展。

同时，在以搜狐网、搜狗搜索、搜狗输入法、搜狗浏览器为核心的搜狐媒体矩阵的协同作用下，仍然具有很强的媒体竞争力。

但另一方面，随着用户信息获取渠道的多样化，以及垂直媒体、其他门户的快速发展，搜狐网将面临更多的挑战。尤其是移动端的商业化方面，也将是搜狐网自身，乃至整个行业面临的巨大挑战。

一、基础信息

1.1 基本信息

1.1.1 公司全称：搜狐公司

1.1.2 成立时间：搜狐网成立于 1998 年

1.1.3 总部地点：北京市海淀区科学院南路 2 号院 3 号楼搜狐媒体大厦

1.1.4 上市时间：2000 年 7 月 12 日在美国纳斯达克上市

1.1.5 企业性质：股份制

1.1.6 联系方式

网址：http：//www.sohu.com/

邮箱：Webmaster@contact.sohu.com

地址：北京市海淀区科学院南路 2 号院 3 号楼搜狐媒体大厦

电话：(8610) 62726666

1.2 组织信息

1.2.1 管理层

张朝阳 董事局主席、首席执行官

二、业务信息

2.1 产品与服务信息

搜狐网 – 搜狐门户网站，综合型门户网站。

搜狐新闻客户端 – 移动端搜狐门户

除搜狐网外，搜狐媒体服务还包括：

搜狐焦点 – 搜狐门户矩阵重要成员，房地产家居门户。

搜狐视频 – 搜狐公司旗下的综合视频网站

17173– 搜狐旗下网游门户，服务于游戏玩家和游戏企业的领先在线媒体及增值资讯服务商

广告业务：

品牌广告：即通过搜狐矩阵的网络在线品牌广告和搜索产品，广告主能够最大化其市场份额。其中在线品牌广告包括在网站上的横幅广告、文字链广告、按钮广告、视频广告、多类型的富媒体广告以及网站上特定的赞助广告等多种形式。

2.2 覆盖范围

2.2.1 行业：综合门户 / 互联网广告

2.2.2 业务区域：全国

2.3 收入结构：作为门户，营收来源主要是在线广告收入。搜狐公司财报数据显示，2014 年品牌广告营收为 5.41 亿美元，较 2013 年增长 26%。其中，搜狐媒体平台营收为 1.98 亿美元，较 2013 年同期增长 9%。搜狐视频营收为 1.76 亿美元，较 2013 年同期增长 61%

三、综合信息

3.1 发展定位： 中国第一大门户网站，中国网民获取资讯的首选网络平台

3.2 重要合作伙伴及供应商信息：搜狐视频、搜狐微博、搜狗、搜狐畅游、上海文广东方宽频、湖南电视台、福建东南卫视、江苏省广播电视总台、云南电视台、黑龙江电视台、辽宁数字电视传媒有限公司、天津卫视、重庆广播电视集团、广西电视台、内蒙古电视台、陕西电视台、山东电视台等

新浪网

新浪网是新浪集团旗下门户网站，新浪集团是中国互联网产业的老三强之一，目前综合实力虽不具备三强实力，但仍是中国互联网产业中极具影响力的公司。在门户领域，新浪仍具备广泛的用户覆盖和活跃度，是中国互联网广告公司 TOP10 的企业之一。根据易观智库季度监测数据，2014 年，中国互联网广告运营商市场中新浪的市场份额为 2.7%，名列第七。从 2014 年起，新浪开始加大移动端的投资力度，易观智库监测数据显示，2015 年 1 月，新浪新闻客户端的活跃用户数 966.7 万，位列中国移动 APP TOP100 之列。新浪新闻尽管在移动端稍显落后，但新浪门户 + 微博也形成了传统新闻 + 社交媒体的双拳组合，仅微博的市值就超过 30 亿美元，而且也是热点新闻频发的场所。因此，如何借力新浪微博的新闻传递优势，以及内容敏感度，将是新浪网可借力的内容资源优势。此外移动端的提升也是新浪自身长远持续性发展的关键所在。

易观分析——

新浪网作为老牌综合门户网站，在重大事件报道方面最有发言权，不仅在内容方面有多年的积累，新浪旗下有诸多产品资源和平台资源。强大的内容原创能力、在移动端的丰富体验和基于微博的社交热潮，使新浪的营销价值大大提升。

2014 年，新浪开始加大门户转型和投入。但是，仍不可避免地面临着以微信代表的移动端分流，微博代表的社交媒体的盛行以及虎嗅等甚至百度百家等行业站点的兴起，门户网站不再是网民的唯一选择，新浪网将面临更加严峻的发展挑战。

一、基础信息

1.1 基本信息

1.1.1 公司全称：新浪

1.1.2 成立时间：1998 年 12 月

1.1.3 总部地点：北京

1.1.4 上市时间：2000 年 4 月 13 日

1.1.5 企业性质：股份制

1.1.6 联系方式

网址：http：//www.sina.com.cn/

邮箱：sinamedia@vip.sina.com

地址：北京市北四环西路 58 号理想国际大厦 20 层

电话：(86–10)82628888

1.2 组织信息

1.2.1 人员规模：新浪有 6400 人

1.2.2 管理层

曹国伟 董事长、首席执行官

二、业务信息

2.1 产品及服务信息

新浪网：通过旗下多家地区性网站提供针对当地用户的特色专业内容，并提供一系列增值服务。手机新浪网为手机用户提供来自新浪门户的定制信息和娱乐内容。新浪网的门户网站由四个用户服务于全球华人社群的网站组成：中国大陆（www.sina.com.cn）、中国台湾（www.sina.com.tw）、中国香港（www.sina.com.hk）和服务北美华人的新浪北美（www.sina.com）每个网站均包含分频道的中文新闻和内容，丰富的社区和社交服务等。

2.2 覆盖范围

2.2.1 行业：综合门户 / 互联网广告

2.2.2 主要客户：全网用户

2.2.3 业务区域：全球

2.3 收入结构：据财报，2014 年第 3 季度新浪的网络广告营收为 1.668 亿美元，较去年同期增长 10%。2014 年第 3 季度毛利率为 63%，低于去年同期 64% 一个百分点。广告业务毛利率为 62%，也略低于去年的 64%。

三、综合信息

3.1 发展定位：服务于中国及全球华人社群的网络媒体公司

3.2 重要合作伙伴及供应商：

媒体合作伙伴：人民网 、生活周刊、时尚、中国计算机报、京报网、体坛网、CCTV1 、FT 金和时报等

无线互联合作伙伴：科健、KONKA、LG、NEC、TCL、摩托罗拉、诺基亚、三星、中国电信、中国联通、中国移动等

网易

网易网站是中国的四大门户之一，为互联网用户提供了以内容、社区和电子商务服务为核心的中文在线服务。近年来，网易的用户业务线除门户外，还包括网络游戏、电子邮件、新闻、博客、搜索引擎、论坛、虚拟社区等服务几大板块。自 1997 年 6 月创立以来，凭借先进的技术和优质的服务，网易深受广大网民的欢迎。2011 年 3 月，网易的手机新闻客户端上线。它是四大门户网站中第一家做出成型的新闻客户端的。2014 年，网易门户继续提升传统互联网和移动互联网的服务、内容及产品建设差异化，其网易新闻客户端形成几十个热点栏目，装机量突破 2.4 亿，热门栏目每期跟贴达到过万的超高量级，为网易在移动端、手机上的广告带来显著的增长优势。网易跨平台、跨终端 "有态度" 平台形成，不仅推动网易媒体独特的品牌效应，更带来了大批忠诚用户的认同。根据易观智库季度监测数据，2014 年，中国互联网广告运营商市场中网易排名第十，占 0.9% 的市场份额。

易观分析——

在互联网应用、服务及其他技术方面，保持业界领先地位。同时网易用户流量庞大，内容优质，但综合对比来看，网易销售团队较弱，对营销品牌体系缺乏认识。但在 2014 年，借助热点事件的关注热潮，以独有的媒体态度和智慧，利用互联网多媒体展现形式带来具有冲击力的品牌影响力和全方位的营销整合服务。尤其是其移动端商业化进程效果良好。在其多处运营、营销亮点潜力的推动下，网易广告收入有望在未来进入新增长期。

一、基础信息

1.1 基本信息

1.1.1 公司全称：网易公司

1.1.2 成立时间：1997 年 6 月

1.1.3 总部地点：广东省广州市

1.1.4 上市时间：2000 年 6 月 30 日

1.1.5 企业性质：股份制

1.1.6 联系方式

网址：http：//www.163.com/

邮箱：gzsales@service.netease.com marcom@service.netease.com

地址：广州市天河区科韵路 16 号广州信息港 E 栋网易大厦

电话：(+8620)-85105163 (+8620)-85106628

1.2 组织信息

1.2.1 人员规模：7098 名员工

1.2.2 管理层

丁 磊 首席执行官

二、业务信息

2.1 产品及服务信息

网易网站：为互联网用户提供以内容、社区和电子商务服务为核心的中文在线服务。包括网易内容频道、社区服务等服务。网易内容频道为中国用户提供新闻信息和在线娱乐服务。网易网站提供一系列免费和收费社区服务。

网易新闻客户端

2.2 覆盖范围

2.2.1 行业：综合门户 / 互联网广告

2.2.2 主要客户：全网用户

2.2.3 业务区域：全国

2.3 收入结构：网易网站以广告收入为主。财报数据显示，网易公司 2014 年第 4 季度收入为 36.84 亿元人民币（5.94 亿美元），2014 年全年总收入为 124.80 亿元人民币 (20.11 亿美元)。其中，2014 年第 4 季度广告收入为 4.40 亿元人民币（7084 万美元），2014 年全年广告服务总收入为 15.52 亿元人民币 (2.50 亿美元)

三、综合信息

3.1 发展定位：利用先进的互联网技术，加强人与人之间信息的交流和共享，实现“网聚人的力量”。

3.2 重要合作伙伴及供应商：上海证券交易所、诺基亚、PayPal 梅花网、特步、习酒公司、奇虎 360、中国青少年发展基金会、中国红十字基金会、中国扶贫基金会等

汽车之家

汽车之家成立于 2005 年 6 月，2012 年 8 月底，“汽车之家”与盛拓传媒正式拆分，原盛拓传媒将汽车和 IT 两条业务线进行拆分，变身两家独立公司。“汽车之家”、“二手车之家”组建为一个公司，用“汽车之家”命名。根据易观智库监测数据显示，2014 年，汽车之家占据国内互联网广告运营商市场 0.8% 的份额。汽车之家为汽车消费者提供贯穿选车、买车、用车、置换所有环节的全面、准确、快捷的一站式服务，致力于以传媒和互联网的力量，整合汽车行业全产业链的内容与服务。在所有汽车垂直网站、社区、门户汽车频

道中，汽车之家是唯一能够提供“资讯 + 社区口碑 + 商城 + 经销商”的一站式服务平台，在汽车领域广泛、精准地覆盖所有目标群体，有效用户数量最多、用户人群层次最丰富。2014 年，汽车之家完成了两个重要的举措，即成为百度 PC 端阿拉丁独家汽车内容提供商，以及在线购车平台“车商城 mall.autohome.com.cn”的上线（“车商城”同时入驻京东），特别是后者反映了汽车之家在向交易平台的转型中迈出了重要的一步。根据汽车之家公布的数据，“车商城”运营首月，共完成了超过 3000 辆汽车的交易，包括了 36 个品牌的 137 款车型，这一成绩说明汽车之家已经初步具备了汽车电商的属性，其交易平台的价值开始显现。

易观分析——

和门户网站、搜索引擎形成有力的互补，牢牢把握“搜索与互动”这两个新媒体平台最突出的特色。是汽车垂直门户网站的佼佼者。

综合门户网站有着丰富的合作伙伴资源构成后台支持，而对于垂直网站来说，如何加大纵深，最终整合产业链是关键。汽车之家在线购车平台“车商城 mall.autohome.com.cn”的上线且同时入驻京东，汽车之家开始初步具有汽车电商平台的性质。同时，公司在三、四线城市的业务快速拓展。

一、基础信息

1.1 基本信息

1.1.1 公司全称：北京车之家信息技术有限公司

1.1.2 成立时间：2005 年 6 月

1.1.3 总部地点：北京

1.1.4 上市时间：2013 年 12 月 11 日

1.1.5 企业性质：股份制

1.1.6 联系方式

网址：http：//www.autohome.com.cn/

传真：8610-59857382

地址：北京市海淀区北四环丹棱街 3 号中国电子大厦 B 座 10 层

电话：010-59857000

1.2 组织信息

1.2.1 人员规模：1200 余人

1.2.2 管理层

陈永正 董事会主席

秦 致 首席执行官

二、业务信息

2.1 产品及服务信息

资讯平台：新闻、行情、技术、文化、导购、改装 / 赛事、试驾、说客、用车、视频

数据平台：产品库

互动中心

经销商平台

汽车之家服务区（http：//y.autohome.com.cn/）

二手车之家

汽车之家 WP 版 V1.1.0

2.2 覆盖范围

2.2.1 行业：汽车垂直门户网站

2.2.2 主要客户：全网用户

2.2.3 业务区域：全国

2.3 收入结构：2014 年第 3 季度的财务报告，汽车之家 2014 年第 3 季度净营业收入为人民币 5.451 亿元（约合 8910 万美元），相比去年同期增长 64.6%，净利润为人民币 1.709 亿元（约合 2780 万美元），相比去年同期增长 25.5%。

三、综合信息

3.1 发展定位：中国第一汽车互动传媒，做全球最有影响力的汽车互联网企业。

3.2 重要合作伙伴及供应商：福特、吉利、广汽宏达、莲花汽车、捷豹、马自达、宝马、别克、奔驰、比亚迪、一汽大众、本田、宝骏汽车、大众、东风标致等

搜房网

搜房网是中国领先的房地产家居网络平台之一，一直引领新房、二手房、家居、房地产研究等领域的互联网创新。搜房控股旗下拥有四大集团：搜房新房集团、搜房二手房集团、搜房家居集团、搜房研究集团，业务覆盖房地产家居所有行业：新房、二手房、租房、别墅、写字楼、商铺、工业厂房、家居、装修装饰等。2014年搜房网财报数据显示，2014年第4季度搜房网营收为2.23亿美元，同比增长2.7%，全年总营收为7.029亿美元，同比增长 10.3%，增幅较此前有大幅的下滑，增速严重放缓。自 2013 年始，搜房网营收的增长主要是受到电子商务服务和挂牌服务的收入增长所拉动，而自 2014 年第 2 季度，搜房网的电子商务服务和挂牌服务的增长明显大幅减缓。易观智库分析认为，在电子商务服务部分，一方面是受到房产市场成交大环境影响，另一方面是房产商开始采用优惠直接面向消费者的形式，而搜房网电商服务的主要服务形式 - 搜房卡在此营销趋势下优势不再，致使服务的表现欠佳；在挂牌服务部分，搜房网的营收增长主要受服务费的提升拉动，但在服务价格受到质疑的情况下，受到服务价格下调的影响，收入减缓。面对整体业务的停滞，搜房网进行了大规模的战略调整，通过对两家新房代理公司世联行和合富辉煌的战略入股，意欲投建 O2M 大数据平台。并通过应用的细分以保证移动用户的轻量化使用习惯，由此开发了搜房客户端、搜房帮、新房帮、租房帮、搜房家居等 10 余款 APP，另一方面，搜房网意向产业链上游延伸，达到去媒体化，实现平台化的战略布局，即实现线上信息查询和线下看房体验和交易的融合，形成一个商业闭环。

易观分析——

搜房网应用的覆盖人数位居房产类应用新闻的首位，搜房网在经纪人服务方面的负面新闻不断，搜房网由此采取的是“降价 + 赠送”服务的形式，这直接对其收入产生莫大影响，营收增速严重放缓，因此，搜房入股两家新房代理公司，意欲投建 O2M 大数据平台；

但是，搜房面临移动互联网渗透率较低的问题，“M”端的用户基数有很大的提升空间；

作为搜房网最大的竞争对手，尽管乐居在第 2 季度的整体收入不如搜房网，但房产电商作为房产垂直网站的新业务，乐居收入达到 6830 万美元，高于搜房网整体电商收入，而伴随着搜狐焦点等众多竞争对手的发力，房产电商的竞争将更加激烈。

一、基础信息

1.1 基本信息

1.1.1 公司全称：北京搜房科技发展有限公司

1.1.2 成立时间：1999 年 6 月

1.1.3 总部地点：北京

1.1.4 上市时间：2010 年 9 月 17 日 美国纽约证券交易所上市 (股票代码：SFUN)

1.1.5 企业性质：私营企业

1.1.6 联系方式

网址：http：//www.fang.com/

地址：北京市丰台区丰台科技园汉威国际广场 5 号楼

电话：(8610) 56318000

传真：(8610) 56318810

1.2 组织信息

1.2.1 管理层

莫天全 董事会执行主席

二、业务信息

2.1 主要产品与服务信息

主要产品：

搜房新房集团 – 全球最大的房地产网络媒体搜房网

搜房二手房集团 – 搜房二手房网和搜房租房网

搜房家居集团 – 搜房家居网及中国指数研究院家居中心

搜房研究集团 – 中国房地产指数系统、中国房地产 Top10 研究、中国装饰装修指数系统、中国房地产数据中心

服务信息：

品牌广告：广告主要来自于房地产开发商以及房屋中介的投入。

搜房卡：搜房卡涵盖所有与家相关的服务。持卡会员可享受购房、装修、购买生活配套等全面的会员独家优惠服务，并能免费参与搜房网举办的各种看房、团购、集采活动，并可得到搜房网提供的高倍积分返还，积分可兑换各种等值消费和心动礼品。

2.2 覆盖范围

2.2.1 行业：互联网行业

2.2.2 主要客户：互联网用户

2.2.3 业务区域：全国

2.3 收入结构：搜房网主要收入来自于互联网广告，随着业务的发展，广告收入也会拓展到其他行业，如家居装饰、社区服务等。搜房网财报数据显示，2014 年总营收为 7.029 亿美元，同比增长 10.3%。

三、综合信息

3.1 发展定位：全球最大的房地产网络平台

3.2 重要合作伙伴及供应商信息：腾讯、百度、平安银行、世联行等

中国互联网线上媒体行业中的其他企业名录节选如下表：

表 28 中国互联网线上媒体行业企业名录节选

领域	厂商	备注
综合门户	腾讯网	简要分析见前述　　数据分析及详细分析见易观智库企业库
综合门户	搜狐网	简要分析见前述　　数据分析及详细分析见易观智库企业库
综合门户	新浪网	简要分析见前述　　数据分析及详细分析见易观智库企业库
综合门户	网易	简要分析见前述　　数据分析及详细分析见易观智库企业库
汽车	汽车之家	简要分析见前述　　数据分析及详细分析见易观智库企业库
房产	搜房网	简要分析见前述　　数据分析及详细分析见易观智库企业库
综合门户	凤凰传媒	详细分析见易观智库企业库
新闻媒体	电视猫	详细分析见易观智库企业库
新闻媒体	凤凰资讯	详细分析见易观智库企业库
新闻媒体	环球网	详细分析见易观智库企业库
新闻媒体	金鹰网	详细分析见易观智库企业库
新闻媒体	齐鲁网	详细分析见易观智库企业库
新闻媒体	人民网	详细分析见易观智库企业库
新闻媒体	搜视网	详细分析见易观智库企业库
新闻媒体	新华网	详细分析见易观智库企业库
新闻媒体	央视网	详细分析见易观智库企业库
新闻媒体	直播吧	详细分析见易观智库企业库
新闻媒体	中国广播网	详细分析见易观智库企业库

续表

领域	厂商	备注
新闻媒体	中国网	详细分析见易观智库企业库
新闻媒体	中国新闻网	详细分析见易观智库企业库
地方媒体	我爱购物网	详细分析见易观智库企业库
地方媒体	大河论坛	详细分析见易观智库企业库
地方媒体	杭州 19 楼	详细分析见易观智库企业库
地方媒体	常州化龙文化传媒有限公司	详细分析见易观智库企业库
地方媒体	宁波新北仓	详细分析见易观智库企业库
地方媒体	青青岛社区	详细分析见易观智库企业库
地方媒体	厦门小鱼网	详细分析见易观智库企业库
IT 数码	36kr	详细分析见易观智库企业库
IT 数码	cnBeta	详细分析见易观智库企业库
IT 数码	DoNews	详细分析见易观智库企业库
IT 数码	IT168	详细分析见易观智库企业库
IT 数码	PingWest	详细分析见易观智库企业库
IT 数码	TECH2IPO	详细分析见易观智库企业库
IT 数码	TechWeb	详细分析见易观智库企业库
IT 数码	ZOL	详细分析见易观智库企业库
IT 数码	爱范儿	详细分析见易观智库企业库
IT 数码	电脑之家	详细分析见易观智库企业库
IT 数码	硅谷动力	详细分析见易观智库企业库
IT 数码	华军软件园	详细分析见易观智库企业库
IT 数码	雷锋网	详细分析见易观智库企业库
IT 数码	泡泡网	详细分析见易观智库企业库
IT 数码	驱动之家	详细分析见易观智库企业库
IT 数码	手机之家	详细分析见易观智库企业库
IT 数码	太平洋电脑网	详细分析见易观智库企业库
IT 数码	太平洋手机网	详细分析见易观智库企业库
IT 数码	太平洋数码	详细分析见易观智库企业库
IT 数码	钛媒体	详细分析见易观智库企业库
IT 数码	天极网	详细分析见易观智库企业库
IT 数码	天空下载站	详细分析见易观智库企业库
IT 数码	小熊在线	详细分析见易观智库企业库

续表

领域	厂商	备注
IT 数码	瘾科技	详细分析见易观智库企业库
IT 数码	中关村数码	详细分析见易观智库企业库
IT 数码	中关村在线	详细分析见易观智库企业库
财经	21 世纪经济报道	详细分析见易观智库企业库
财经	2258 财经网	详细分析见易观智库企业库
财经	FT 中文网	详细分析见易观智库企业库
财经	i 美股	详细分析见易观智库企业库
财经	财经网	详细分析见易观智库企业库
财经	财新网	详细分析见易观智库企业库
财经	500wan 彩票网	详细分析见易观智库企业库
财经	彩客网	详细分析见易观智库企业库
财经	彩票直通车	详细分析见易观智库企业库
财经	大智慧	详细分析见易观智库企业库
财经	第一财经	详细分析见易观智库企业库
财经	东方财富网	详细分析见易观智库企业库
财经	和讯网	详细分析见易观智库企业库
财经	华尔街日报	详细分析见易观智库企业库
财经	金融界	详细分析见易观智库企业库
财经	经济观察网	详细分析见易观智库企业库
财经	巨潮资讯网	详细分析见易观智库企业库
财经	乐彩彩票	详细分析见易观智库企业库
财经	每日经济新闻	详细分析见易观智库企业库
财经	全景网	详细分析见易观智库企业库
财经	天天基金网	详细分析见易观智库企业库
财经	同花顺	详细分析见易观智库企业库
财经	证券之星	详细分析见易观智库企业库
财经	中财网	详细分析见易观智库企业库
财经	中彩网	详细分析见易观智库企业库
财经	中国体彩网	详细分析见易观智库企业库
财经	中国证券网	详细分析见易观智库企业库
财经	中金在线	详细分析见易观智库企业库
宠物	爱狗网	详细分析见易观智库企业库

续表

领域	厂商	备注
宠物	宠物之家	详细分析见易观智库企业库
宠物	宠物中国	详细分析见易观智库企业库
宠物	狗民网	详细分析见易观智库企业库
宠物	青鸟论坛	详细分析见易观智库企业库
宠物	淘狗网	详细分析见易观智库企业库
房产	安居客	详细分析见易观智库企业库
房产	焦点网	详细分析见易观智库企业库
房产	乐居	详细分析见易观智库企业库
房产	太平洋家居网	详细分析见易观智库企业库
军事	参考啊	详细分析见易观智库企业库
军事	东方军事网	详细分析见易观智库企业库
军事	军情观察室	详细分析见易观智库企业库
军事	雷霆军事网	详细分析见易观智库企业库
军事	米尔军情网	详细分析见易观智库企业库
军事	北京铁血科技有限责任公司	详细分析见易观智库企业库
军事	西陆军事	详细分析见易观智库企业库
美食	贝太厨房	详细分析见易观智库企业库
美食	大众点评	详细分析见易观智库企业库
美食	上海邦助信息技术有限公司	详细分析见易观智库企业库
美食	豆果	详细分析见易观智库企业库
美食	饭统网	详细分析见易观智库企业库
美食	美食杰网站	详细分析见易观智库企业库
美食	美食中国	详细分析见易观智库企业库
美食	天天美食	详细分析见易观智库企业库
美食	下厨房	详细分析见易观智库企业库
美食	心食谱	详细分析见易观智库企业库
美食	中国吃网	详细分析见易观智库企业库
美食	中华美食网	详细分析见易观智库企业库
女性	onlylady	详细分析见易观智库企业库
女性	YOKA 时尚网	详细分析见易观智库企业库
女性	爱美网	详细分析见易观智库企业库
女性	爱孕网	详细分析见易观智库企业库

续表

领域	厂商	备注
女性	薄荷瘦身网	详细分析见易观智库企业库
女性	宝宝树	详细分析见易观智库企业库
女性	播种网	详细分析见易观智库企业库
女性	闺蜜网	详细分析见易观智库企业库
女性	妈妈说	详细分析见易观智库企业库
女性	美丽说	详细分析见易观智库企业库
女性	蘑菇街	详细分析见易观智库企业库
女性	亲宝网	详细分析见易观智库企业库
女性	亲贝网	详细分析见易观智库企业库
女性	亲亲宝贝	详细分析见易观智库企业库
女性	瑞丽网	详细分析见易观智库企业库
女性	太平洋女性网	详细分析见易观智库企业库
女性	太平洋亲子网	详细分析见易观智库企业库
女性	育儿网	详细分析见易观智库企业库
汽车	273 二手车交易	详细分析见易观智库企业库
汽车	51 二手车	详细分析见易观智库企业库
汽车	爱卡汽车网	详细分析见易观智库企业库
汽车	车天下	详细分析见易观智库企业库
汽车	大搜车	详细分析见易观智库企业库
汽车	二手车之家	详细分析见易观智库企业库
汽车	汽车点评网	详细分析见易观智库企业库
汽车	汽车之友	详细分析见易观智库企业库
汽车	太平洋汽车网	详细分析见易观智库企业库
汽车	淘车网	详细分析见易观智库企业库
汽车	万车网	详细分析见易观智库企业库
汽车	易车网	详细分析见易观智库企业库
汽车	中国汽车网	详细分析见易观智库企业库
摄影	Flickr	详细分析见易观智库企业库
摄影	POCO 摄影网	详细分析见易观智库企业库
摄影	poco 相册	详细分析见易观智库企业库
摄影	爱冲印	详细分析见易观智库企业库
摄影	百度	详细分析见易观智库企业库

续表

领域	厂商	备注
摄影	喀嚓鱼	详细分析见易观智库企业库
摄影	美图秀秀	详细分析见易观智库企业库
摄影	全景图库	详细分析见易观智库企业库
摄影	橡树摄影	详细分析见易观智库企业库
摄影	新摄影	详细分析见易观智库企业库
摄影	中国摄影在线	详细分析见易观智库企业库
体育	ESPN STAR Sports	详细分析见易观智库企业库
体育	TOM 集团有限公司	详细分析见易观智库企业库
体育	NBA 中国官方站	详细分析见易观智库企业库
体育	体坛周报	详细分析见易观智库企业库
体育	直播吧	详细分析见易观智库企业库
体育	爆棚足球	详细分析见易观智库企业库
医疗健康	39 健康网	详细分析见易观智库企业库
医疗健康	宝宝树育儿网	详细分析见易观智库企业库
医疗健康	好大夫在线	详细分析见易观智库企业库
医疗健康	家庭医生在线	详细分析见易观智库企业库
医疗健康	寻医问药网	详细分析见易观智库企业库
医疗健康	有问必答网	详细分析见易观智库企业库
影视资讯 / 社区	国家广播电影电视总局	详细分析见易观智库企业库
影视资讯 / 社区	中国穿帮网	详细分析见易观智库企业库
游戏媒体	上海光雨网络科技有限公司	详细分析见易观智库企业库
游戏媒体	四三九九网络股份有限公司	详细分析见易观智库企业库
游戏媒体	5173	详细分析见易观智库企业库
游戏媒体	7073	详细分析见易观智库企业库
游戏媒体	17173	详细分析见易观智库企业库
游戏媒体	265G	详细分析见易观智库企业库
游戏媒体	百度	详细分析见易观智库企业库
游戏媒体	多玩游戏	详细分析见易观智库企业库
游戏媒体	口袋巴士	详细分析见易观智库企业库
游戏媒体	游民星空	详细分析见易观智库企业库
游戏媒体	游侠网	详细分析见易观智库企业库

广告公司

亿玛在线

亿玛在线成立于 2004 年，致力于通过整合、挖掘、提升各类互联网媒体和通路的流量与广告价值，为以泛电商为代表的新兴主流广告主群提供整合营销服务。亿玛依托亿起发、易博和易积分，发展包括网络广告交易、移动营销等多方面业务，形成了覆盖整个互联网广告产业链的规模布局。此外，亿玛还面向网购消费者提供比价返现服务的导购平台 – 易购网。

易观分析——

亿玛在线拥有互联网广告市场先入优势，产品线丰富，产品定位清晰。通过建立网络广告交易平台及移动营销平台，亿玛完成了整个互联网广告产业链的全布局。由于目前互联网广告市场的成熟度及亿玛“发展现有的产品架构”的战略，致使其差异化并不明显，产品、服务发展空间有限。而专注服务电商广告主的单一化产业背景，也使得亿玛对市场的发展依赖性增强。特别是在互联网媒体巨头服务链延伸及新技术服务商参与竞争的情况下，缺乏创新意识的亿玛将面临着巨大挑战。

一、基础信息

1.1 基本信息

1.1.1 公司全称：北京亿玛在线科技有限公司

1.1.2 成立时间：2004 年

1.1.3 总部地点：北京市

1.1.4 上市时间：未上市

1.1.5 企业性质：民营

1.1.6 资本信息：注册资本 120 万元人民币

1.1.7 联系方式

网址：http：//www.emar.com.cn/

邮箱：yangyong@emar.com.cn

地址：北京市朝阳区三间房东柳巷甲一号院意菲克大厦 A 座

电话：+86-10-53553118

1.2 组织信息

1.2.1 管理层

柯细兴 总裁

二、业务信息

2.1 产品及服务信息

亿起发

亿起发成立于 2004 年，是中国最大的效果营销广告联盟，拥有 70% 以上的联盟市场份额。亿起发为众多客户提供网络效果营销推广服务，为网站主提供了一个长期、诚信、安全的网赚平台。

购物客

购物客是亿起发创新型产品之一，为众多 B2C 商家的迅速推广提供了优质便捷的通道。是国内第一家将购物搜索与网站联盟融合的购物搜索平台，推广方式灵活多样，更有智能广告帮助商家实现目标受众精准定位、提升推广效率。

亿告

亿告是由亿玛公司打造的广告投放平台，其以高曝光率、智能化的系统匹配投放和广告效果优化为目标，率先在业内提出和实现了广告商品“价值可控和最优化”的概念和方法。

特点：精准广告定向技术、系统智能匹配投放

核心：垂直分类媒体为核心

服务：集广告创意、投放策略、广告执行、效果监控的整体网络营销

业务：直投广告、定向竞价广告、定位竞价广告平台渠道代理，优质资源共享。

微告广告平台

1. 微告定义：隶属于亿告下的微博广告交易平台，是亿告大平台下研发的专门针对微博广告的垂直化新平台。

微告主要基于新浪微博、腾讯微博等，通过其开放的标准 API 做对接，帮助广告主购买微博主的内容广告，并通过平台自动发布、监控。通过亿告大平台下的数据分析系统能为广告主的微博广告投放做一系列的后续效果评估。

业务模式

广告主可根据市场推广目标，挑选已加盟微告的微博，设定指定的投放时间将微博内容广告发布到微博上。

广告主需预付广告费，微告系统将根据广告投放情况自预付款中扣费。

易博

EmarBox 是北京亿玛在线科技有限公司自主研发的，旨在帮助广告主实现在线网络广告的数据测量、效果分析、投放优化为一体的一站式营销优化平台。

EmarBox 数据监测覆盖目前主流的广告媒体，并将媒体流量数据与访客站内行为数据、效果数据相融合，通过分布式并行计算、人工智能、机器学习、数据仓库等高科技手段，全面、有效、真实、精准的评估广告效果，优化投资回报率，提升广告价值。

EmarBox 目前包括两款产品：SEMWinner（SEM 智能优化系统）与 AdWiser（营销监测分析系统）。

1. SEMWinner 是 EmarBox 平台的 SEM（搜索引擎营销）智能竞价优化系统。

SEMWinner 无缝集成百度、谷歌等搜索引擎数据，用户可以跨媒体操作多个搜索引擎账户；通过消费数据、效果数据、流量数据三个方面的数十种分析指标来跟踪和评估营销效果，有效提升工作效率和效果；基于人工智能的机器学习引擎和数据挖掘算法研发的自动竞价策略，深层次发掘优化规律，做到无人工干预下的自动竞价，大幅提升转化率和 ROI 。

2. AdWiser 是易博平台的营销监测和分析系统。

首度将分布式实时处理与数据挖掘技术应用到在线营销领域，实现在线广告的全渠道监测和实时统计分析。提供可定制的数十种关键绩效指标（KPI），快速了解在线营销的效果。任意维度的钻入式细化分析，直接找出问题与瓶颈。自动生成并下载图形化报告，节省大量报告制作时间。支持多达 10 个维度的数据组合分析，最大潜力发掘营销与网站价值。

易购

易购网（www.egou.com）为网民提供比较购物、购物返现、导购资讯、网购社区等服务，汇聚了众多成熟、活跃、忠诚、有影响力的网购用户，是一家购物返现网站。

易购服务：

比较购物：易购拥有强大的比价搜索，能找到同类产品中价格最低的卖家；

购物返现：通过易购网到各大 B2C 网站购物，可以获得最高 50% 的返现；

导购资讯：易购汇集了当前各大购物网站的返现信息，提供现金抵用券下载；

网购社区：易购有人气活跃的购物论坛，可以在这里交流购物技巧、促销信息等；

服务：效果整合营销

以各类网络媒体平台与工具（组合门户、垂直媒体、SEM、联盟）为依托，在深入研究互联网各媒体资源的定位、用户行为和投入成本等基础上，根据企业的实际情况为企业提供最具性价比的一种或多种个性化网络营销解决方案。

亿玛效果整合营销全网覆盖能力：

A 亿告 垂直网站、微博主

B 易博 一站式营销优化平台

C 亿起发 中小网站

服务： KA 全程营销

KA 全称 Key Account，中文意为“重要客户或重点客户”，全程指的是用户忠诚化的过程。KA 全程营销服务，就是针对重点客户需求量身定制的全方位营销服务；提供专向、专业的团队，多投放渠道、一站式、统一接口、高速有效的服务。

KA 全程营销核心要点

一个中心：用户会员化；

两面关注：营销投入有效性，营销投入有效性，用户终身价值最大化；

三项工作：用户获取、用户转化、用户留存；

四类用户：访问用户、购买用户、复购用户、忠诚会员；

五大指标：新客成本、全程 ROI、转化率、复购率、忠诚率。

2.2 覆盖范围

2.2.1 行业：电子商务、网络游戏、网络服务（如社交网络 \ 软件 \ 招聘）、教育培训、服装 \ 鞋 \ 包、食品饮料

2.2.2 主要客户：中粮我买网、京东商城、聚美优品、当当网、1 号店、拉手网、高鹏、满座、武林英雄、热血三国、商品、走秀网、聚尚网、库巴、麦包包、苏宁易购、百丽、爱慕、凡客、哄孩子、携程网、太平鸟、

派代、西街网、飞虎乐购、乐蜂网、名鞋库

2.2.3 业务区域：全国

2.3 收入结构：80% 来自电子商务（80%），传统企业的电子商务广告（20%）

三、综合信息

3.1 发展定位：提供“以更有效果为追求目标”的效果整合营销服务，做中国网络营销行业内独树一帜的大数据营销平台领导者。

3.2 重要合作伙伴及供应商：不详

易传媒

易传媒聚焦在多屏整合数字广告平台，面向广告投入方提供在线广告、数据解决方案、受众管理系统等技术服务。易传媒建立并运营三大广告平台：需求方平台 DSP、供应方平台 SSP、数据管理平台 DMP，是中国数字广告技术的重要推动者之一。凭借自主研发的创新性网络广告系统、效果监测评估系统、广告位托管交易系统、精准投放广告系统以及自建化网络广告平台，易传媒形成了独特的自我品牌标识。

易观分析——

易传媒拥有广阔的媒体资源，其中优质媒体占据了很大部分，因此能吸引更多品牌广告主。此外，易传媒在线下与电视媒体建立了合作关系，有助于拓展视频广告网络。随着互联网普及率的提高和网民网络行为的碎片化，易传媒等覆盖全面的广告网络更能满足品牌广告主的营销需求。目前，随着大型媒体自建广告系统的意识加强，易传媒在媒体资源聚合方面的优势将面临一定的挑战，但另一方面，广告主对程序化购买、精准营销认知及需求的增强，对广告平台的技术要求将会更高，因此，易传媒在技术方面的优势将助力其市场的拓张。

一、基础信息

1.1 基本信息

1.1.1 公司全称：上海新易传媒广告有限公司

1.1.2 成立时间：2007 年 4 月

1.1.3 总部地点：上海市

1.1.4 上市时间：未上市

1.1.5 企业性质：民营

1.1.6 资本信息：注册资本 1000 万元人民币

1.1.7 联系方式

官网：http：//www.adchina.com/

邮箱：sales@adchina.com

地址：上海市徐家汇路 610 号日月光中心 19-20 层

电话：+(86-21)62675588

1.2 组织信息

1.2.1 管理层

闫方军 首席执行官

二、业务信息

2.1 产品及服务信息

2.1.1 产品信息

(一) 广告平台 –AdChina DSP

AdChina DSP(Demand side Platform) 是中国最大的多屏整合需求方平台之一，将分散在各个媒体平台的广告资源整合，为广告主实现以“人”为本的精准广告投放。

① 展示广告需求方平台 –Display DSP

易传媒展示广告需求方平台，搭建了中国覆盖最大的展示类广告平台。 整合来自中国 500 多家领先网站的优质广告资源、1000 多家 SSP 和广告交易平台的广告资源，每日产生 82 亿 PV。19 大类媒体频道涵盖时尚、新闻、娱乐、生活方式、汽车、数码、财经等，优质门户、垂直、视频、社交类媒体一站整合。以“人”为本，基于大数据，利用各种先进定向技术锁定目标受众，投放精准的广告，机器自学习优化模式全面提升广告效果。10 余种丰富广告形式，第一时间带来视觉冲击，与目标受众进行互动，既能有效提升品牌认知度、促进品牌好感度，唤起购买欲望。

② 移动广告需求方平台 – Mobile DSP

易传媒移动广告需求方平台，作为中国最大的移动 DSP 之一，整合 8 万多 APP 媒体资源和 200 多家领先移动网站，每日产生 10 亿 PV。15 大媒体内容频道包含新闻、财经、汽车、生活、娱乐、游戏等，支持分类广告投放，有效覆盖相关用户。13 种酷炫广告创意形式，满足广告主不同推广需求。

③ 视频广告需求方平台 – Video DSP

易传媒视频广告需求方平台，致力打造互联网视频网站的卫视台。覆盖全中国 30 多家主流视频网站，覆盖面超越任何单一视频网站。资源种类涵盖视频分享网站、客户端、长视频，每日产生 25 亿 PV。全视频贴片流量，通过强大的优化技术投放，除基本定向、频次控制以外，投放过程随时更新优化，以最合理的价格展现最适合的广告创意。

(二) 经销商版自助 DSP – Mega Platform

大麦(Mega Platform)是中国最大的区域经销商版自助 DSP 之一，专注服务区域经销商，提供计划、下单、购买到报告的一站式自助媒介购买体验。

(三) 数据管理平台 – AdChina DMP

AdChina DMP(Data Management Platform) 是中国最大的多屏数据管理平台之一。通过多方位数据整合、分析，转变为可以直接购买的人群，释放数据的正真价值，提升广告投放 ROI。

(四) 供应方平台 – AdChina SSP

AdChina SSP(Supply Side Platform) 是中国最大的供应方平台之一。适合中国互联网媒体使用的革命性广告管理系统，从广告运营到收入优化一站式服务。

2.2 覆盖范围

2.2.1 行业：在线广告

2.2.2 主要客户：

奔驰、奥迪、东风日产、中国银行、招商银行、广发银行、中信银行、太平洋保险、富国基金、海康人寿、交通银行、因特尔、惠普、佳能、宏碁、联想、诺亚舟、康佳、LVMH、麦当劳、银鹭、蒙牛、中粮、箭牌、统一、百事可乐、安利、强生、ZA、妮维雅、欧莱雅、艾格、耐克、阿迪达斯、中华、黑人牙膏、护舒宝、安利、李宁、美特斯邦威、海尔、TCL、中国移动、中国联通、聚友、乐蜂网

2.2.3 业务区：中国、美国

2.3 收入结构：服务费收入（60%），广告主收入（40%）

三、综合信息

3.1 发展定位：为客户提供整合数字营销解决方案

3.2 重要合作伙伴及供应商：媒体合作伙伴：新浪、风尚、时尚网、妆点网、闺蜜网、腾讯、金鹰网、msn、人人网、数字英才网、中金在线、和讯、中国网络电视台、网易、中国汽车网、华尔街日报、凤凰网等

秒针信息咨询

秒针系统是中国领先的第三方广告技术公司之一，全称北京秒针信息咨询有限公司，是中国第一家以目标受众为核心的数字广告效果评估企业，也是国家级高新技术企业和“双软”认证企业。致力于为客户提供优质的广告产品和行业解决方案，秒针通过云计算、云存储和大数据技术来优化企业的数据应用，并开发了数据挖掘、跨屏数据打通等技术及自建数据库。目前，秒针日均处理数据超过 3TB，拥有日均处理 1000 亿广告请求的数据处理能力，累计存储、处理数据超过 3PB。

易观分析——

秒针信息拥有第三方广告市场突出的技术能力和数据处理能力，凭借云存储、云计算、大数据三项核心技术开发了丰富的产品类别，为公司赢得了广阔的客户资源。随着互联网用户量的日益剧增和大数据时代的迫近，在大数据方面已有建树的秒针信息势必将构筑起行业壁垒，树立领先优势。当然，如何开发差异性强的产品来杜绝行业仿效，以及如何在大数据时代保证个人信息隐私安全问题是秒针需要考虑的问题。

一、基础信息

1.1 基本信息

1.1.1 公司全称：北京秒针信息咨询有限公司

1.1.2 成立时间：2006 年

1.1.3 总部地点：北京市朝阳区阜通东大街 1 号院 望京 SOHO T3 B 座 10 层

1.1.4 上市时间：未上市

1.1.5 企业性质：私营企业

1.1.6 资本信息：注册资本：100 万

1.1.7 联系方式

网址：http：//www.miaozhen.com/

邮箱：wangxinyu@miaozhen.com

地址：北京市昌平区东小口镇中东路 398 号中煤建设集团大厦 1 号楼 4 层

电话：86-10-64303888

1.2 组织信息

1.2.1 管理层

祝 伟 首席执行官

二、业务信息

2.1 产品及服务信息

AdMonitor

中国第一个以目标受众为核心的在线广告评估系统。通过对在线广告活动的追踪，AdMonitor 提供到达人群及后续行为的受众分析，同时可精确测量互联网广告对目标受众的到达率、到达频次和 iGRP (internet gross rating points，即互联网毛评点) 数据，并能描绘出目标受众特征，从而为在线广告活动提供更有效的 ROI 分析和优化建议。

MobileMonitor

移动营销监测系统。通过发布中国首个第三方移动广告监测 SDK，MobileMonitor 能精准统计移动广告覆盖 UV 状况，实现移动端跨媒体跨频道消费者行为的追踪和分析，为广告主提供真实可靠的移动营销第三方监测数据。同时提供 APP 使用行为监测，以帮助广告主充分了解从前端广告接触到消费者到达广告主 APP 后的一系列相关行为。

MixReach

跨媒体预算分配工具。用于电视和互联网视频媒体预算分配，以帮助用户获得更高的投资回报率。

VOptimizer

视频媒体优化组合工具。依托秒针系统 AdMonitor 为超过 70% 的全球百强品牌积累超过 5 年的互联网广告历史监测数据，为视频广告营销提供准确预估，有效节省每到达成本，对目标消费者达成最好的广告传播效果。

SiteMonitor

全实时网站监测和分析工具。通过对网站流量的分析和对访客行为的追踪，为网站运营和优化提供翔实有力的数据支持。

SiteDNA

网站广告价值评估系统。作为独立的第三方评估系统，SiteDNA 为网站提供真实可靠的监测数据和评估成果，帮助网站发现广告价值并实现优化。

Miaozhen AdServing

集投放管理和效果评估于一体的第三方全流程广告管理系统。该系统通过打通从广告投放到投放中优化再到投放后评估的各个环节，可以实现对不同形式广告跨互联网媒体投放的频次控制、时间定向、地域定向、创意轮播和创意优化等功能。同时，通过 Post-Buy 报表和反作弊技术对广告投放效果进行分析，帮助广告主进一步了解投放效果，指导后续广告投放活动，提升互联网媒体投放的 ROI。

2.2 覆盖范围

2.2.1 行业：在线广告

2.2.2 主要客户：京东、阿迪达斯、安利、交通银行、碧生源、国泰航空公司、福特、黑人牙膏、强生、LG、米其林轮胎、宝洁、微软、可口可乐、大众、欧莱雅、肯德基、中粮、一汽大众、养生堂、王老吉、上海大众等

2.2.3 业务区域：全国

2.3 收入结构：量化结构不详

三、综合信息

3.1 发展定位：秒针为媒介投资者和行业提供中立、公正、科学、可靠的数据和有效的技术应用方案，推动广告行业的创新与发展。

3.2 重要合作伙伴及供应商：Millward Brown、歌华有线

多盟

多盟（简称 domob），是中国领先的智能手机行业广告平台之一。通过整合智能手机领域优质的应用及广告资源，多盟搭建了广告主和应用开发者之间的广告技术服务平台。借助大规模数据处理的平台优势以及贴近应用开发者的服务模式，多盟为应用开发者和广告主提供高效的产品推广服务和收益，致力于打造成熟化的智能手机广告平台。

易观分析——

多盟瞄准了快速发展的互联网移动终端市场，并开创了广告贴合内容的营销模式，以此完善消费者体验过程。而在移动互联网广告行业的技术优势和优质媒体资源，也为多盟拓展移动营销领域建立了优势。通过大数据分析和定向智能推送，多盟帮助广告主实现了精准营销，降低成本，提高效率。多盟加大了对开发者的扶持力度，甚至通过自身利润来补贴开发者，有利于树立长远的资源发展优势和完善产业链布局，但同时也为目前经营状况带来压力。随着互联网巨头触及移动营销领域，多盟想在竞争中有所突破，还需要巩固资源基础并加强创新开发。

一、基础信息

1.1 基本信息

1.1.1 公司全称：多盟智胜网络技术（北京）有限公司

1.1.2 成立时间：2010 年 9 月

1.1.3 总部地点：海淀区万泉庄路 15 号 6 层（万泉商务花园西侧写字楼）

1.1.4 上市时间：未上市

1.1.5 企业性质：内资企业

1.1.6 资本信息：不详

1.1.7 联系方式

网址：http：//www.domob.cn/

邮箱：jianglili@miaozhen.com

电话：86-10-82176684

1.2 组织信息

1.2.1 管理层

齐玉杰 首席执行官

二、业务信息

2.1 产品及服务信息

稳定的广告 / 应用管理平台：

多盟为广告主提供操作简单、专业高效的广告投放平台。多盟提供各种定向的手段，直达目标受众。丰富多样的广告形式，提升广告传播效果。多种计费方式选择，适应广告主的不同推广目的和需求。多盟为开发者提供嵌入广告的方式和稳定的应用管理平台。开发者可以随时提交应用，查看相应数据，管理应用程序。

智能的广告优化平台：

多盟设置了各种广告优化的机制，后台自动运行，在更适合的媒体上展现更吸引用户的广告。帮助广告主优化创意展现和媒体组合，实现更有效的投放，提高投资回报率。帮助开发者获得更多广告盈利，同时带来更好的用户体验。

翔实的数据统计分析平台：

多盟为广告主和开发者提供的可信赖的数据统计，精准记录每一分投入与产出。帮助广告主了解广告的投放效果，从而更好地调整广告策略，提升广告投放的投入产出比。帮助开发者更好地了解用户的使用习惯，做好应用的优化和开发，获取更多收入。

安全的财务管理系统：

多盟为广告主和开发者提供有效管理支出和收入的财务系统。广告主通过多盟的财务管理可以清晰地查询消费记录，及时充值以保证持续有效的广告投放。多盟为开发者提供安全可靠的结算提现服务，只要收入达到一定金额，开发者就可以随时提现。

2.2 覆盖范围

2.2.1 行业：在线广告

2.2.2 主要客户：肯德基、东风标致、宝马、中国银行

2.2.3 业务区域：全国

2.3 收入结构：多盟超过一半的营收均来自品牌广告，包括肯德基、东风标致、宝马、中国银行等等国内外知名企业。此外多盟通过在技术上的不断创新研发出多款广告模式，如插屏、开屏、积分墙、HTML5 富媒体等，旨在为品牌广告提供更多更好的服务，帮助广告主进行最大的 ROI 回报的投放。量化结构不详。

三、综合信息

3.1 发展定位：在智能手机平台推广产品、品牌的广告主提供高效的服务

3.2 重要合作伙伴及供应商：多盟移动广告平台覆盖率超过了 26%，其中包括墨迹天气、美图秀秀、保卫萝卜等多款明星应用。

品友互动

北京品友互动信息技术有限公司（简称品友互动），创立于 2008 年，是国内领先的实时竞价广告（DSP）平台之一，致力于打造人群定向、智慧传播中国数字广告第一平台。采用先进的人群定向技术及互联网人群数据，品友互动搭建了多个云计算平台，并引入大数据研究方法，自主开发了基于海量数据的广告智能优化平台。凭借该平台，品友可以实现在 PC 端、视频端和移动端进行 DSP 广告投放，形成了完整的产业线。

易观分析——

作为行为定向广告市场的先入者，品友在获取广告主资源方面存在较大优势，而已经建立起来的媒体合作关系也能为其带来收益并拓宽市场。由于行为定向广告的投资回报率较高，将会进一步吸引大量广告主进入市场，品友也将迎来更大的发展契机。然而，目前品友的投入成本较高，主营业务贡献的利润难以支持其业务拓展，发展承受着一定的压力。在市场方面，广告主对新技术的接受尚需时日，大量竞争者的进入也将威胁品友的发展。

一、基础信息

1.1 基本信息

1.1.1 公司全称：北京品友互动信息技术有限公司

1.1.2 成立时间：2008 年

1.1.3 总部地点：北京市朝阳区东三环中路乐成中心 A 座

1.1.4 上市时间：未上市

1.1.5 企业性质：外商独资

1.1.6 资本信息：2013 年完成 B 轮融资，融资金额为 2000 万美金

1.1.7 联系方式

网址：http：//www.ipinyou.com/

邮箱：business@ipinyou.com

地址：北京市朝阳区东三环中路乐成中心 A 座

电话：010-85865673

1.2 组织信息

1.2.1 管理层

黄晓南 首席执行官

二、业务信息

2.1 产品及服务信息

需求方平台 (DSP)

品友互动，作为中国 RTB 市场的引领者，2012 年 3 月首家推出中国真正意义上的需求方平台 -Demand-Side Platform，DSP。作为中国最大的 DSP，品友互动 DSP 已率先成功对接了国内全部上线运行的广告交易平台（AD Exchange），可以为广告主及其代理公司提供实时竞价（RTB）采购目标人群曝光的服务，并已经广泛服务了快消、金融、IT、电商、汽车、旅游等行业的客户。

视频需求方平台 (VDSP)

品友互动 VDSP（Video Demand-Side Platform， VDSP）视频需求方平台，作为品友互动在视频网站领域进行 RTB 投放的主要产品，针对网络视频用户多样化的挑战，为广告主提供不绑定媒体，不绑定热播剧，绑定“目标人群”的投放模式，可以为广告主“零预算”搭建庞大视频媒体组合，对接每天 5 亿的视频媒体 PV 流量，实现低成本、海量目标人群的高效曝光。品友 VDSP 可以通过对目标人群投放，进一步锁定有效受众，同时利用跨网络的曝光频次控制技术，有效降低 CPRP（Cost Per Rating Point），为广告主电视曝光进行有效补点。

品友大算盘 (SDSP)

品友大算盘 (Self-Service Demand-Side Platform， S-DSP），是专为中小企业量身定制的实时竞价自助广告投放工具。广告主依托该工具全球领先的实时竞价技术（RTB）、多项专利保护的智能设置，和强大的实时数据分析功能，直接对接互联网每天 30 亿优质的广告曝光资源，优化预算消耗，轻松实现海量目标人群的广告投放，以低成本提升品牌知名度、美誉度和忠诚度。

富媒体人群网络 (RAN)

品友互动富媒体人群网络（Rich-media Audience Network）是品友互动于 2012 年 3 月正式推出的国内第一个真正意义上按照“人群”售卖的网络广告投放产品。品友互动富媒体人群网络克服了媒体碎片化时代的局限性，广泛覆盖门户媒体圈、类门户媒体圈、视频媒体圈等高端网站，可以进行浮起广告、扩展广告、交互广告、橱窗广告等多种创意表现形式的网络广告投放，并综合使用人群定向、创意轮播、地域定向等优化技术用同样的预算，帮助品牌广告主迅速扩大目标人群的覆盖，提升品牌知名度和美誉度，加强品牌（产品）与目标人群的深度互动。

供应方平台 (SSP)

品友互动供应方平台（Sell-Side Platform，SSP）产品，是一个依托于品友 Optimus 优驰 TM 智能广告投放系统的媒体服务平台，该平台通过人群定向技术，智能的管理媒体广告位库存、优化广告的投放，助网络媒体实现其广告资源优化，提高其广告资源价值，达到帮助媒体提高收益的目的。

2.2 覆盖范围

2.2.1 行业：在线广告

2.2.2 主要客户：汽车行业、金融行业、IT 行业、快消行业、电子商务及旅游行业

2.2.3 业务区域：全国

2.3 收入结构：主要收入来自于广告主支付的广告投放费用

三、综合信息

3.1 发展定位：致力于打造人群定向、智慧传播中国数字广告第一平台

3.2 重要合作伙伴及供应商：包括腾讯在内的 PPTV、迅雷、乐视等 14 家主要视频网站

中国互联网广告行业中的其他企业名录节选如下表：

表 29 中国互联网广告行业企业名录节选

领域	厂商	备注
广告综合	亿玛在线	简要分析见前述　　数据分析及详细分析见易观智库企业库
广告网络	易传媒	简要分析见前述　　数据分析及详细分析见易观智库企业库
媒介分析	秒针信息咨询	简要分析见前述　　数据分析及详细分析见易观智库企业库
移动广告联盟	多盟	简要分析见前述　　数据分析及详细分析见易观智库企业库
供应方平台	品友互动	简要分析见前述　　数据分析及详细分析见易观智库企业库
Ad Exchange	谷歌	简要分析见前述数据分析及详细分析见易观智库企业库
Ad Exchange	阿里巴巴	数据分析及详细分析见易观智库企业库
Ad Exchange	百度	数据分析及详细分析见易观智库企业库
Ad Exchange	腾讯	数据分析及详细分析见易观智库企业库
社交网络舆情监测	腾讯	数据分析及详细分析见易观智库企业库
官网监测	谷歌	数据分析及详细分析见易观智库企业库
官网监测	百度	数据分析及详细分析见易观智库企业库
官网监测	阿里巴巴	数据分析及详细分析见易观智库企业库
广告网络	阿里巴巴	数据分析及详细分析见易观智库企业库
广告网络	百度	数据分析及详细分析见易观智库企业库
广告网络	谷歌	数据分析及详细分析见易观智库企业库
效果营销	腾讯	数据分析及详细分析见易观智库企业库
需求方平台	阿里巴巴	数据分析及详细分析见易观智库企业库
移动广告监测 SDK	百度	数据分析及详细分析见易观智库企业库
移动广告监测 SDK	谷歌	数据分析及详细分析见易观智库企业库
移动广告交易平台	谷歌	数据分析及详细分析见易观智库企业库
移动广告联盟	腾讯	数据分析及详细分析见易观智库企业库
移动广告联盟	百度	数据分析及详细分析见易观智库企业库
移动广告网络	百度	数据分析及详细分析见易观智库企业库
移动广告网络	谷歌	数据分析及详细分析见易观智库企业库
移动广告网络	搜狐	数据分析及详细分析见易观智库企业库
移动广告网络	腾讯	数据分析及详细分析见易观智库企业库
移动广告网络	网易	数据分析及详细分析见易观智库企业库

续表

领域	厂商	备注
移动广告网络	新浪	数据分析及详细分析见易观智库企业库
Ad Exchange	传漾科技	详细分析见易观智库企业库
Ad Exchange	盟博受众平台	详细分析见易观智库企业库
Ad Exchange	盛大广告传媒有限公司	详细分析见易观智库企业库
社交网络舆情监测	中华联合财产保险股份有限公司	详细分析见易观智库企业库
社交网络舆情监测	EUCIT	详细分析见易观智库企业库
社交网络舆情监测	北京一飞科达软件有限公司	详细分析见易观智库企业库
社交网络舆情监测	精硕科技公司	详细分析见易观智库企业库
社交网络舆情监测	北大方正集团有限公司	详细分析见易观智库企业库
社交网络舆情监测	北京本果信息技术有限公司	详细分析见易观智库企业库
社交网络舆情监测	优力互动（U-tracking）	详细分析见易观智库企业库
Trading Desk	cadreon	详细分析见易观智库企业库
Trading Desk	Interpublic Group of Companies	详细分析见易观智库企业库
Trading Desk	WPP 集团	详细分析见易观智库企业库
Trading Desk	安吉斯媒体集团	详细分析见易观智库企业库
Trading Desk	宏盟媒体集团	详细分析见易观智库企业库
Trading Desk	群邑中国邑策（Xaxis)	详细分析见易观智库企业库
Trading Desk	阳狮广告	详细分析见易观智库企业库
标签管理	Google Tag Manager	详细分析见易观智库企业库
标签管理	Tag.Man	详细分析见易观智库企业库
标签管理	tagcommander	详细分析见易观智库企业库
标签管理	zamptag	详细分析见易观智库企业库
电子邮件营销	Comm100	详细分析见易观智库企业库
电子邮件营销	威勃庞尔	详细分析见易观智库企业库
电子邮件营销	艾司隆	详细分析见易观智库企业库
电子邮件营销	深圳市汉启网络科技有限公司	详细分析见易观智库企业库
电子邮件营销	华思邮件营销	详细分析见易观智库企业库
电子邮件营销	北京脉展软件技术有限公司	详细分析见易观智库企业库
电子邮件营销	思齐软件有限公司	详细分析见易观智库企业库
电子邮件营销	星邮	详细分析见易观智库企业库
电子邮件营销	亿邻商邮	详细分析见易观智库企业库
电子邮件营销	上海亿业网络科技发展有限公司	详细分析见易观智库企业库
富媒体	Eyeblaster	详细分析见易观智库企业库
富媒体	互动通	详细分析见易观智库企业库

续表

领域	厂商	备注
富媒体	美易互通	详细分析见易观智库企业库
富媒体	随视传媒	详细分析见易观智库企业库
富媒体	悠易互通	详细分析见易观智库企业库
供应方平台	Google Admeld	详细分析见易观智库企业库
供应方平台	阿里妈妈	详细分析见易观智库企业库
供应方平台	艾德思奇 PubSage	详细分析见易观智库企业库
供应方平台	传漾科技（dolphin）	详细分析见易观智库企业库
供应方平台	好耶	详细分析见易观智库企业库
供应方平台	盛大在线	详细分析见易观智库企业库
官网监测	99click	详细分析见易观智库企业库
官网监测	CNZZ 公司	详细分析见易观智库企业库
官网监测	Omniture	详细分析见易观智库企业库
官网监测	WebTrends	详细分析见易观智库企业库
官网监测	站长工具	详细分析见易观智库企业库
广告网络	Hdtmedia 互动通	详细分析见易观智库企业库
广告网络	LINKTECH	详细分析见易观智库企业库
广告网络	博圣云峰	详细分析见易观智库企业库
广告网络	成果网	详细分析见易观智库企业库
广告网络	点睛	详细分析见易观智库企业库
广告网络	分享传媒	详细分析见易观智库企业库
广告网络	分众传媒	详细分析见易观智库企业库
广告网络	蜂潮网	详细分析见易观智库企业库
广告网络	互动通控股集团	详细分析见易观智库企业库
广告网络	华扬联众数字技术股份有限公司	详细分析见易观智库企业库
广告网络	聚合广告平台	详细分析见易观智库企业库
广告网络	浪淘金（北京）科技有限责任公司	详细分析见易观智库企业库
广告网络	麒润网络广告网	详细分析见易观智库企业库
广告网络	淘宝网	详细分析见易观智库企业库
互动广告代理	古美互动	详细分析见易观智库企业库
互动广告代理	好耶	详细分析见易观智库企业库
互动广告代理	新意互动	详细分析见易观智库企业库
互动广告代理	华扬联众数字技术股份有限公司	详细分析见易观智库企业库
互动广告代理	美通互动	详细分析见易观智库企业库
互动广告代理	实力传播集团	详细分析见易观智库企业库

续表

领域	厂商	备注
互动广告代理	阳狮广告	详细分析见易观智库企业库
企业 APP 开发	道有道（北京）科技有限公司	详细分析见易观智库企业库
企业 APP 开发	飞拓无限公司	详细分析见易观智库企业库
企业 APP 开发	巨流无线	详细分析见易观智库企业库
企业 APP 开发	米创	详细分析见易观智库企业库
数据库营销	Lecast	详细分析见易观智库企业库
数据库营销	Topen	详细分析见易观智库企业库
数据库营销	第六媒体（中国）有限公司	详细分析见易观智库企业库
数据库营销	多歌	详细分析见易观智库企业库
数据库营销	上海慧渔文化交流咨询有限公司	详细分析见易观智库企业库
数据库营销	赛诺贝斯整合营销机构	详细分析见易观智库企业库
数据库营销	松林和创	详细分析见易观智库企业库
数据库营销	突码营销	详细分析见易观智库企业库
数据库营销	微码邓白氏	详细分析见易观智库企业库
数据库营销	新华信国际信息咨询（北京）有限公司	详细分析见易观智库企业库
数据库营销	智邮营销策划有限公司	详细分析见易观智库企业库
数字发行服务	网尚文化传播有限公司	详细分析见易观智库企业库
效果监测	dentsu 电通	详细分析见易观智库企业库
效果监测	digitas 狄杰斯	详细分析见易观智库企业库
效果监测	安瑞索思	详细分析见易观智库企业库
效果监测	OgilvyOne 奥美互动	详细分析见易观智库企业库
效果监测	鹏泰互动	详细分析见易观智库企业库
效果监测	wwwin 知世营销	详细分析见易观智库企业库
效果监测	博圣云峰	详细分析见易观智库企业库
效果监测	点墨思维	详细分析见易观智库企业库
效果监测	飞拓无限	详细分析见易观智库企业库
效果监测	巨流无线	详细分析见易观智库企业库
效果监测	龙拓互动	详细分析见易观智库企业库
效果监测	麦肯光明	详细分析见易观智库企业库
效果监测	米创	详细分析见易观智库企业库
效果监测	上海网帆	详细分析见易观智库企业库
效果监测	智威汤逊	详细分析见易观智库企业库
效果营销	成果网	详细分析见易观智库企业库
效果营销	多麦 cps 广告联盟	详细分析见易观智库企业库

续表

领域	厂商	备注
效果营销	杭州九赢互联广告技术有限公司	详细分析见易观智库企业库
效果营销	淘宝网	详细分析见易观智库企业库
效果营销	宣传易传媒	详细分析见易观智库企业库
效果营销	亿起发	详细分析见易观智库企业库
效果营销	奕天广告联盟	详细分析见易观智库企业库
效果营销	中国极限广告联盟	详细分析见易观智库企业库
需求方平台	聚胜万合	详细分析见易观智库企业库
需求方平台	新数网络	详细分析见易观智库企业库
需求方平台	随视传媒	详细分析见易观智库企业库
需求方平台	艾德思奇	详细分析见易观智库企业库
需求方平台	iClick（爱点击）	详细分析见易观智库企业库
需求方平台	传漾科技	详细分析见易观智库企业库
需求方平台	盟博受众平台	详细分析见易观智库企业库
需求方平台	北京品友互动信息技术有限公司	详细分析见易观智库企业库
需求方平台	悠易互通	详细分析见易观智库企业库
移动广告监测 SDK	艾德思奇	详细分析见易观智库企业库
移动广告监测 SDK	北京亿起联科技 – 点入	详细分析见易观智库企业库
移动广告监测 SDK	哇棒（北京）国际传媒有限公司	详细分析见易观智库企业库
移动广告监测 SDK	亿动广告公司	详细分析见易观智库企业库
移动广告监测 SDK	赢告	详细分析见易观智库企业库
移动广告监测 SDK	有米广告	详细分析见易观智库企业库
移动广告交易平台	艾德思奇	详细分析见易观智库企业库
移动广告交易平台	架势无线	详细分析见易观智库企业库
移动广告交易平台	芒果传媒有限公司	详细分析见易观智库企业库
移动广告聚合平台	AdView	详细分析见易观智库企业库
移动广告聚合平台	果合移动广告	详细分析见易观智库企业库
移动广告聚合平台	芒果传媒有限公司	详细分析见易观智库企业库
移动广告联盟	AdMob	详细分析见易观智库企业库
移动广告联盟	珠海麒润网络科技有限公司	详细分析见易观智库企业库
移动广告联盟	AdTouch	详细分析见易观智库企业库
移动广告联盟	米田科技有限公司	详细分析见易观智库企业库
移动广告联盟	APPMedia	详细分析见易观智库企业库
移动广告联盟	惠普	详细分析见易观智库企业库
移动广告联盟	InMobi	详细分析见易观智库企业库

续表

领域	厂商	备注
移动广告联盟	Lsense	详细分析见易观智库企业库
移动广告联盟	adSage	详细分析见易观智库企业库
移动广告联盟	佛山市曼邦(VPON)电气实业有限公司	详细分析见易观智库企业库
移动广告联盟	安沃传媒	详细分析见易观智库企业库
移动广告联盟	多米	详细分析见易观智库企业库
移动广告联盟	飞云广告	详细分析见易观智库企业库
移动广告联盟	架势无线	详细分析见易观智库企业库
移动广告联盟	北京力美广告有限公司	详细分析见易观智库企业库
移动广告联盟	哇棒（北京）国际传媒有限公司	详细分析见易观智库企业库
移动广告联盟	帷千动媒	详细分析见易观智库企业库
移动广告联盟	亿动智道	详细分析见易观智库企业库
移动广告联盟	赢告	详细分析见易观智库企业库
移动广告联盟	有米广告	详细分析见易观智库企业库
移动广告联盟	掌握无限	详细分析见易观智库企业库
移动广告联盟	指点传媒	详细分析见易观智库企业库
移动广告网络	广州多玩信息技术有限公司	详细分析见易观智库企业库
移动广告网络	大众点评	详细分析见易观智库企业库
移动广告网络	儒豹	详细分析见易观智库企业库
移动广告网络	深圳市宜搜科技发展有限公司	详细分析见易观智库企业库
移动广告网络	易查搜索	详细分析见易观智库企业库
移动广告网络	易积分电子科技（上海）有限公司	详细分析见易观智库企业库
移动广告网络	有米广告	详细分析见易观智库企业库

户外新媒体

分众传媒

分众传媒是户外媒体领域的巨头，于 2005 年 7 月登陆美国纳市，凭借其楼宇广告规模优势在行业内一直处于霸主地位。截至到 2013 年第 4 季度，整体收入规模达 118443 万元人民币。分众自主研发的框架海报通过 FPS 系统通过对不同参数的选择为广告主找到更加精准的最具投资回报率的投放区域。分众尝试的“垃圾分析法”以更精准的分析居民的身份地位和消费习惯，继续广告内容化、娱乐化、互动化等方面的创新尝试，拉进和消费者之间的关系。分众从 2012 年开始进行战略性调整，并于 2013 年 5 月 24 日完成私有化。2013 年，分众传媒保持向三、四线下沉的战略，未来分众传媒将通过与智能手机相结合的产品研发和布局以及相关技术的运用，如通过手机做免费 Wi-Fi 的广告，做 O2O 等，提高广告的精准性以实现广告主的价值。

易观分析——

分众传媒拥有中国最大规模的楼宇广告及互动屏覆盖面，中高端受众数量大，也积累了众多客户市场、品牌基础等核心媒体资源，在行业中极具竞争优势。在上市的 7 年里，分众传媒吸纳了充沛的资金，也获得了品牌影响力和行业主导地位。尽管在 2013 年从纳斯达克退市，但这并不影响分众传媒自身的发展，相反其领导层认为这样更有利保障股东权益，破除投资者信任危机。同时，在互联网浪潮的推动下，分众传媒也在积极索求 LCD 互联网化、信息媒体互动化等模式创新。通过 LCD 终端联网，或将户外媒体与互联网进行捆绑式整合营销，将进一步增强其营收能力。分众传媒在 LCD 广告业务的技术创新上尚处于较低水平，而广告主对待创新业务的谨慎态度也使其难以推广开，但在行业模式转型的市场导向下，企业势必会加大这一部分的投入以完成模式变革。随着移动互联网的来临，分众传媒也率先进行 O2O 模式的开发，并加大游戏业务的线下分发，拓展业务结构。此外，由于一线城市的市场逐渐饱和，向三、四线城市拓展也将会是分众传媒巩固其传统业务的策略之一。

一、基础信息

1.1 基本信息

1.1.1 公司全称：分众传媒控股有限公司

1.1.2 成立时间：2003 年 5 月

1.1.3 总部地点：上海

1.1.4 上市时间：2005 年 7 月 13 日在美国纳斯达克上市，2012 年 8 月 12 日宣布企业私有化，2013 年 5 月 24 日成功退市。

1.1.5 企业性质：合资

1.1.6 联系方式

网址：http：//www.focusmedia.cn/

分众传媒控股有限公司大陆总部

地址：上海市江苏路 369 号兆丰世贸大厦 28-30 楼

邮编：200050

电话：86-21-32124661

传真：86-21-52400228

1.2 组织信息

1.2.1 管理层

江南春 董事局主席、首席执行官

二、业务信息

2.1 主要产品与服务信息

主要产品：

商务楼宇联播网：电梯内或电梯等候厅屏幕每天滚动播放媒体

卖场终端联播网：超市卖场全程覆盖消费者购物过程的电视广告

公寓电梯联播网：中高档写字楼悬挂于电梯内及等候区的平面框架媒体

城市彩屏联播网：覆盖于繁华商圈、时尚区域、地标性地段的城市户外 LED 媒体

银幕巨阵影院广告：覆盖于全国高档影院的银幕广告。

2.2 覆盖范围

2.2.1 行业：户外传媒行业

2.2.2 主要客户：互联网用户

2.2.3 业务区域：全国

2.3 收入结构：2012 年，主要包括电影院广告网络收入、卖场终端联播网收入以及框架广告网络收入等。2013 年退市后，收入情况不详

三、综合信息

3.1 发展定位：传媒公司

3.2 重要合作伙伴及供应商信息：

合作伙伴：新浪、12580、东方财富网、抢鲜网、第一视频、招商银行、日本电通、南京合旺科技发展有限公司等

华视传媒

华视传媒是中国户外移动电视广告媒体巨头之一，拥有公交地铁全覆盖的联播网络。华视传媒财报数据显示，2014 年第 3 季度总收入达到 2970 万美元，而 2013 年第 3 季度总收入为 2850 万美元，同比增长 4.0%。华视传媒通过重点布局内容革新，优化媒体组合，正逐渐完成向媒体营运平台的转型。华视通过“传统广告 + 内容营销”的广告组合，灵活的实现多种形态的媒体产品包装，为更多不同诉求需求的客户提供传播支持。2014 年第 1 季度，华视借力移动互联网完成公共交通电视和 Wi-Fi 网络的基本布局，并与同年 7 月与华为达成合作以深化公交 Wi-Fi 战略。2014 年第 2 季度，华视在第 1 季度受益于游戏带动业务增长的情况下，加大了与游戏厂商的合作深度，并保持了游戏业务的持续增长。华视传媒的业务现在正受到智能终端和移动互联网的挑战，但是机会与威胁是并存的，通过对成本支出的结构优化，以及媒体融合等最新策略的展开，公司目前业务将会继续保持平稳发展，未来也将会在业务上实现新的突破。

易观分析——

近年来，由于城市规模的扩大及城市轨道交通的快速发展，华视传媒逐步在一线城市建立起了集团优势，拥有丰富的媒体资源、全面的地铁公交覆盖率及高额比例的大广告主数。作为一家上市公司，华视传媒在获取资金支持及媒体资源上较为容易；同时，采用地面数字电视传输技术以实现实时播放也为其争取到了不少市场客户。随着一线城市的广告媒体饱和及广告主全国性战略的需求，华视传媒快速进入三、四线城市，抢占市场。此外，华视已经开始加速商业模式转型，并且已经完成移动游戏和公交 Wi-Fi 的基本布局。虽然拥有大规模的广告主数，但合作形式相对单一，广告主的内在价值需求还有待进行深度挖掘，盈利结构还有待丰富。另外，在移动互联网的冲击之下，随着用户注意力的转移，通过向移动互联网转型，加强与用户的深度互动，将是下一步重点耕耘的方向。

一、基础信息

1.1 基本信息

1.1.1 公司全称：华视传媒集团有限公司 / 华视数字移动电视有限公司

1.1.2 成立时间：2005 年 4 月 /2006 年 3 月

1.1.3 总部地点：深圳

1.1.4 上市时间：2007 年 12 月 6 日在美国纳斯达克上市

1.1.5 企业性质：外资

1.1.6 联系方式

网址：http：//www.visionchina.tv/

地址：深圳市福田区农园路香榭里花园 6#、7# 首层

邮编：518040

服务热线：400 886 9008

电话：(+86) 755 82932222

传真：(+86) 755 82981111

1.2 组织信息

1.2.1 管理层

李利民 董事局主席、首席执行官

二、业务信息

2.1 主要产品与服务信息

主要产品：

地面数字电视：电视根据传输的方式分为三类：有线、无线、卫星。根据传输信号有无数字化又可分为数字电视和模拟电视。地面数字电视就是通过无线传输的数字电视；

数字移动电视：地面数字电视在移动接收应用上的称谓，可看作是一个应用子集，可支持时速超过 140 公里的移动接收；

户外数字电视：针对传统户内电视所推广的新概念。指采用地面数字电视技术，针对日间群体，在巴士、地铁、出租车、楼宇、广场可以收看的电视；

公交移动电视：以公共交通工具为平台安装的户外数字电视。

2.2 覆盖范围

2.2.1 行业：户外传媒行业

2.2.2 主要客户：海尔、IBM、可口可乐、百事可乐、必胜客、中信银行、苏宁商店、麦当劳、德芙、黑人牙膏、阿迪达斯、中国联通、中国移动、三星、中华、美的等

2.2.3 业务区域：全国

2.3 收入结构：华视传媒 2014 年第 3 季度的总收入为 2970 万美元，同比增长 4.0%。主要来源于广告收入

三、综合信息

3.1 发展定位：户外数字电视媒体运营企业

3.2 重要合作伙伴及供应商信息：

合作伙伴：中超联赛、中央电视台、爱情送、北京地铁、上海地铁、广州地铁、深圳地铁、南京地铁、沈阳地铁、西安地铁、重庆地铁、天津地铁、佛山地铁等

航美传媒

航美传媒是中国户外领域航空媒体运营商，拥有最大份额的航空数码媒体市场及机场传统媒体资源，拥有中石化加油站户外媒体的特许经营权，有着机场媒体领域的绝对优势，已逐步完成了对于航空媒体的全面覆盖。截至到 2014 年 9 月 30 日，航美传媒第 3 季度总营收达 6290 万美元。航美传媒致力于优化媒体资源结构，开始追求更为健康、理性的发展方式。航美经过战略调整，在 2014 年第 1 季度机场数码框架继续扩大营收，其中 LED 大屏幕业务的贡献为主要来源。由于 LED 大屏幕广告具有播放形式丰富、信息容量大、广告制作周期短、更换难度小、形象高端的聚合优势，其未来增长的潜力巨大，而航美也将从此收益。2014 年第 2 季度航美继续收缩传统领域，终止了部分特定非盈利或低盈利的合约；同时加大了机场互动项目的布局，在上海等机场增加了互动屏的投放，从而吸引高端品牌及移动互联网等广告主的投放。此外，航美已着手开辟广告媒体业务新布局，在高铁、航班进行了 Wi-Fi 的开发和投入应用，结合 2013 年接入网络航企的举措，其移动互联网模式转型已日趋明朗。

易观分析——

航美传媒拥有包括机场媒体系统及机载媒体系统在内的最完备的航空媒体网络，与 12 家航空公司、50 多家机场建立了密切的合作关系，构建了坚固的行业壁垒，在航空媒体市场占据着不可替代的地位。得益于航空交通方式的特殊性，隔绝了移动智能端等潜在竞争者，使得受众覆盖率远高于其他形式的户外媒体。然而，近年来机场及机载媒体的成本投入日益增加，航美在资源获取方面面临着较大的挑战。此外，航美拥有的广告主结构相对单一，由于广告主对互联网的新媒体的投入增加，减少线下航空媒体的投放，传统航空媒体的绝大多数产品线势必都会受到影响。尽管航美试图通过缩减传统媒体领域及布局航空和高铁 Wi-Fi 等互联网平台以逐步完成收入模式转型，但其目前主要盈利仍然来自于传统航空线下媒体，新商业模式变现尚有待时日。在缩减传统业务的情况下，一旦新商业模式遇到阻碍，在竞争激烈的户外媒体行业，航美可能会陷入较为艰难的处境。

一、基础信息

1.1 基本信息

1.1.1 公司全称：航美传媒集团有限公司

1.1.2 成立时间：2005 年 4 月 /2006 年 3 月

1.1.3 总部地点：深圳

1.1.4 上市时间：2007 年 11 月 7 日在美国纳斯达克上市

1.1.5 企业性质：外资

1.1.6 联系方式

网址：http：//www.airmedia.net.cn/

地址：北京市东城区东直门外大街 46 号天恒大厦 17 层

邮编：100027

电话：010-84386868

传真：010-84608658

1.2 组织信息

1.2.1 管理层

郭　曼 董事会主席、首席执行官

1.2.2 组织架构：

子公司：北京维美联合广告有限公司、航美金石传媒、北京航美影视文化有限公司等

二、业务信息

2.1 主要产品与服务信息

航空电子媒体

LED 媒体：全国机场安检口面积最大电子媒体，超大 LED 屏幕，LED 媒体受众关注度极高、广告画面清晰、视觉冲击力强、发布形式灵活，安检口为所有旅客必经之地，受众到达率 100%。

独立式数码刷屏：用 42-108 英寸高清晰 LCD 显示屏为播放载体，播放："零制作费"的数码图片广告，支持静中有动的 Flash 动态效果，形成覆盖全国 29 家机场的媒体网络，1100 余台媒体制造高清画面的震撼效果。

108 英寸独立式数码刷屏：采用全球第一款超大液晶媒体夏普 108 英寸显示器，可流畅播放各种 Falsh 创意广告，北京、广州两大机场率先使用。

连屏媒体：采用横式 2-5 台高清晰液晶显示屏相连接，支持高品质图片及静中有动的 flash。

机场电视：机场内唯一以节目与广告搭载播出的视频媒体，全国 50 余家机场，2200 多台电视汇成庞大的独一无二的机场电视网络，机场电视联播网、安检口电视、行李区电视等庞大的网络体系，平均 2 小时机场超长停留时间创造极佳收视传播机会。

机载电视：机舱内唯一影音媒体，覆盖 100% 准乘客的整个旅程，封闭空间，无可回避，高达 94.6% 的收视率，世界航空娱乐协会会员，汇聚多国电视台精品栏目，8 家航空公司，2200 多条航线编织成庞大的空中电视网络。

航空传统媒体

机场传统媒体：主要分布于候机大厅和行李提取等大客流量区域，媒体形式以墙体灯箱、看板、包柱贴膜为主，能达到近乎 100% 的覆盖率。

加油站媒体

加油站媒体：主要为加油站出入口 LED 屏幕、墙体灯箱、立柱、计价器、墙体看板、大六面翻灯箱等，覆盖全面，媒体数量多，媒体到达率高。

电子网络业务

电子网络业务：包括机上智能终端媒体、高铁智能终端媒体和机上网络互联网平台，通过与高铁或个人终端对接，实现精准营销，具有即时互动性。

影视业务

影视业务：致力于影视内容制作、影视项目投资和咨询、影视版权运营、电影宣传、电影发行、娱乐营销等影视产业全相关业务，由其下属北京航美影视文化有限公司负责。

2.2 覆盖范围

2.2.1 行业：户外传媒行业

2.2.2 主要客户：奥迪、中国移动、中国联通、东风雪铁龙、海尔、日立、联想、雷克萨斯、LG、蒙牛、诺基亚、三星、上海大众、中国邮政、鹏发集团、中国人寿、中国人保、中国平安、太平洋保险、太平人寿、贵州茅台、长城葡萄酒、法国卡斯特、轩尼诗、龙徽葡萄酒、八喜、蒙牛、金媒、青岛啤酒、红七匹狼、梦都、红双喜、可口可乐等

2.2.3 业务区域：全国

2.3 收入结构：2014 年第 3 季度总营收为 6290 万美元，较去年同期下降 8.9%。其中来自于机场数字电视屏幕的营收为 390 万美元，占总营收的 6.2%；来自于机上数字电视屏幕的营收为 460 万美元，占 7.3%；来自于机场数字框架的营收为 3400 万美元，占 54.1%；来自于机场传统媒体的营收为 1390 万美元，占 22.1%；来自于加油站媒体网络的营收为 260 万美元，占 4.1%；其他媒体的营收为 240 万美元，占 3.8%。

三、综合信息

3.1 发展定位：户外媒体运营商

3.2 重要合作伙伴及供应商信息：

合作伙伴：CCTV、国家气象局、FTV、JUST FOR LAUGHS、WORLD WIDE、STAR TV、福克斯、央视市场研究股份有限公司、中国网络电视台、中国石化、国航、东航、南航、联合国开发计划署、世界自然基金会、中国红十字会、上海文广集团等

巴士在线

巴士在线于 2003 年在江西南昌创办，注册资金为 1 亿元人民币；现有 22 家分公司，分别在南昌、上海、北京建立了三个营运总部，拥有员工千余人，主要从事在全国公交、地铁开展公共交通智能系统及建立移动视听传播网络业务。截至到 2013 年第 4 季度，巴士在线整体收入规模达 9080 万元人民币，同时累计广告主数也持续增长至 1530 个。2007 年 9 月，经国家广电总局批准，巴士在线和中央电视台签署战略合作计划，在移动媒体领域开展全国范围内的合作，开办以车载电视为接收终端的移动媒体业务，以“CCTV 移动传媒”作为播出呼号，向全国移动人群提供数字内容及增值资讯服务。并于 12 月 8 日，央视国际和巴士在线合资成立央视国际移动传媒有限公司，CCTV 移动传媒正式开播，所建移动电视网络覆盖北京、上海、广州、深圳等 22 个主流城市。巴士在线集团拥有中国最大的公交移动 Wi-Fi 和公交移动电视网络，并且在移动互联网市场浪潮下继续深化对车载 Wi-Fi 的布局。另外，通过与中国手机游戏等企业建立合作关系，涉足游戏开发市场，巴士在线未来将会形成以媒体广告为主营业务、移动游戏及娱乐社交等增值服务于一体的综合新平台。

易观分析——

巴士在线拥有中国最大的公交移动 Wi-Fi 和公交移动电视网络，人群覆盖面广，覆盖频率高，并且与 CCTV 存在合作关系，由 CCTV 品牌价值带来的市场资源也相当可观。此外，巴士在线已经取得了虚拟运营牌照，并且已经开发了“中麦通信”等系列品牌产品，这将使得巴士在线更好地开展跨屏运营，在加大了企业创新可能性的同时，也丰富了企业的业务结构和收入模式。尽管巴士在线拥有包括公交 Wi-Fi、虚拟通信、移动游戏及社交服务等多项业务，但其在户外电子屏领域的市场受到主要运营商的挤压，总体份额并不高，广告的实际用户到达率也仍有提升空间；同时，新业务想要在竞争激烈的移动互联网市场中打开缺口并进行推广也面临着较大的挑战。随着巴士在线规模的扩大及投入成本的增加，在运营方面也需要更大的广告主规模与业务营收来填补，对市场广告的运营提出了更高的要求。在其未来的发展中，如何将现有资源进行整合，发挥协同效应最大化，也是决定其可持续发展的关键挑战。

一、基础信息

1.1 基本信息

1.1.1 公司全称：江西巴士在线控股有限公司

1.1.2 成立时间：2003 年 4 月

1.1.3 总部地点：创建于江西省南昌 目前设北京、上海、南昌三个总部

1.1.4 上市时间：未上市

1.1.5 企业性质：民营

1.1.6 联系方式

官方网址：http：//www.busap.com/

地址：上海市中山南路 268 号新源广场 1 号楼 22 层

北京市朝阳区建国门外大街 12 号 16 层

电话：上海 021-63322666

北京 010-65686888

传真：上海 021-51171610

北京 010-65668158

1.2 组织信息

1.2.1 管理层

王献蜀 董事长、首席执行官

二、业务信息

2.1 主要产品与服务信息

移动电视

常规产品：传统公交液晶电视投放方式，实现客户广告资源的移动领域的传播延伸，根据客户传播要求，结合栏目内容为客户定制多种形式和内容。主要包括平播硬广、平播专题、主题广告、栏目冠名、浮动广告。

特殊产品：内容转型后推出的一系列最新产品，更好的发挥内容营销的优势，以多种灵活的传播方式配合客户宣传需求。主要包括自制栏目、频道产品、栏目定制、事件产品、活动营销产品。

中麦通信

中麦通信是隶属于巴士在线旗下的移动通信转售业务品牌，致力于向用户提供好玩、好用、自由灵活的通信业务，推出了灵活自费的通信包及专属“清新卡”等产品。

麦客

麦客是一款垂直领域移动通信软件，为特定用户提供移动社交、统一通信入口服务。

即时聊天：支持语音、文字、图片、地理位置、名片的传输。

麦圈系统：分享身边的新鲜事，也可以将语音录制成微博来分享心情。

语音视频通话：实时语音视频通话。

表情商店：提供数 10 套表情下载。

交通应用

公交视频监控系统：为全国城市公交车辆运营量身打造的一个具有安全、远程、实时、科学的管理系统。系统可实现：查看车内、路面的实时状况；智能化管理，事故取证；结合调度，一键式查看车内动态；防止司机违规驾驶、任意改变线路、沿途随意上下客；解决了公交安全监管碰到的盗窃、抢劫、服务纠纷、司乘人员贪污票款等问题，同时遏制了针对公交车辆恐怖袭击事件的发生。

公交智能调度系统：以 GIS 电子地图、GPS 卫星定位、GPRS/3G 移动通讯等技术为基础，通过实时采集公交运营车辆的位置、行车状态等信息，结合公交企业车辆运营计划的自动编排与执行，实现车辆运行状态的实时可视监控和运营线路车辆的实时调度指挥。

2.2 覆盖范围

2.2.1 行业：户外媒体行业、通信、食品、化妆品、就业、互联网、医疗保健

2.2.2 主要客户：凡客、德芙、超级盛典、善存、欧莱雅、中国移动、广州亚运会、三得利、58 同城、盘云龙海等

2.2.3 业务区域：全国大部分城市

2.3 收入结构：主要来自于广告收入

三、综合信息

3.1 发展定位：中国最大的公交移动 Wi-Fi 和公交移动电视网络；中国领先的新媒体及移动互联网公司。

3.2 重要合作伙伴及供应商信息：

合作伙伴：CCTV 移动传媒、韩国 S.M 公司、亚神音乐、中国电信等

郁金香传媒

成立于 2001 年的郁金香传媒，在近年来成长迅速，专注于从事户外 LED 大屏幕的媒体资源开发和广告发布业务，占据了国内 LED 大屏幕媒体市场的主要市场份额，是国内领先的户外 LED 大屏幕媒体运营商。截至 2013 年第 4 季度，郁金香传媒整体收入规模达 15710 万元人民币，广告主数量累计达到 560 个。随着户外媒体项目持续走热，吸引了大量外部资本进入行业市场，也带给郁金香传媒很大的发展空间。通过资

本介入，郁金香传媒迅速建立了以上海为中心的业务圈，并迅速在北京、广州等一线城市抢占优质点位，形成了领头壁垒。此外，凭借着 LED 户外电子屏市场的先入优势，尽管发展中遭遇阻碍，但郁金香传媒成功的建立起终端网络，打开市场，并树立了良好的企业形象。2014 年度，郁金香传媒实现了将 LED 屏幕同移动终端等平台有机结合，推送品牌专场活动，吸引线上消费者进入实体店铺体验，在品牌、商家之间形成 O2O 闭环式的商业模式。另外，郁金香传媒除了作为广告媒体为客户提供商业营销业务外，还积极参与商业活动，先后参与举办了欧莱雅情人节活动、梅赛德斯 – 奔驰游玩活动、一汽丰田派对等，在实现创意营销的同时，也与消费者有效的进行了信息的双向传递。

易观分析——

郁金香传媒在户外媒体市场拥有先入优势，并且长期处于市场领先地位。自 2001 年进入市场以来，郁金香传媒迅速在一线城市抢占优质点位，形成了规模性的终端优势。同时，由于城市活动的频繁增加使得这些站点发展成为商业中心，进一步提升了其品牌知名度及广告主认知度，并形成了有效的行业壁垒。随着户外媒体市场的逐渐饱和，郁金香传媒积极谋求商业模式转型，在升级 LED 屏幕媒体网络的同时也进军商场 Wi-Fi 市场及移动终端，并以此进行消息推送，有效地完成了从线上到线下的客户资源转化。在广告主方面，郁金香传媒并不局限于为其提供广告媒体服务，而是更积极地参与到商业活动中完成信息的双向交互，并提供增值服务及辅助销售。虽然郁金香传媒拥有超过 10 年的丰富行业销售经验，但由于户外广告市场热度的下降，赴美上市未成，于 2014 年被新文化收购。未来将与新文化的影视资源联合， 实现“内容 + 渠道 + 客户”的产业链延展布局。

一、基础信息

1.1 基本信息

1.1.1 公司全称：郁金香广告传播（上海）股份有限公司

1.1.2 成立时间：2001 年 1 月

1.1.3 总部地点：上海

1.1.4 上市时间：未上市

1.1.5 企业性质：民营

1.1.6 联系方式

网址：http：//www.tulipmegamedia.com/

地址：上海市延安西路 1088 号长峰中心 27 楼

邮编：200052

电话：86-21-62523000

传真：86-21-62512773

1.2 组织信息

1.2.1 管理层

王 敏 董事长、总裁

二、业务信息

2.1 主要产品与服务信息

LED 大屏幕媒体服务：主要在商场、地标建筑等人流量集中的区域通过 LED 大屏幕达到媒体传播的作用。覆盖全国近 90 个城市，运营媒体数量超过 200 块。

移动终端媒体服务：通过微信、微博等新兴客户端平台的推送，达到良好的广告传播作用。

2.2 覆盖范围

2.2.1 行业：户外传媒行业

2.2.2 主要客户：奥迪、梅赛德斯－奔驰、沃尔沃、东风日产、贵州茅台、水井坊、剑南春、泸州老窖、可口可乐、肯德基、蒙牛、光明乳业、Omega、浪琴表、Tissot、Rado、宝洁、Sisley、巴黎欧莱雅、迪奥、索尼、西门子、飞利浦、三星、渣打银行、汇丰银行、中国银行、招商银行、保利博纳、新画面影业、华谊兄弟、星美国际等

2.2.3 业务区域：全国

2.3 收入结构：主要来自于广告收入

三、综合信息

3.1 发展定位：户外媒体运营商

3.2 重要合作伙伴及供应商信息：

合作伙伴：中国南方航空、中国国际航空公司、瑞士航空公司、德国汉莎航空、中国移动通信、中国电信、腾讯、淘宝等

中国户外电子屏行业中的其他企业名录节选如下表：

表 30 中国户外电子屏行业企业名录节选

领域	厂商	备注
楼宇电视	分众传媒	简要分析见前述 数据分析及详细分析见易观智库企业库
移动电视	华视传媒	
航空新媒体	航美传媒	
移动电视	巴士在线	
LED 大屏	郁金香传媒	
LED 大屏	DMG	数据分析及详细分析见易观智库企业库
LED 大屏	凤凰都市传媒	数据分析及详细分析见易观智库企业库
LED 大屏	香榭丽传媒公司	数据分析及详细分析见易观智库企业库
移动电视	鼎程传媒	数据分析及详细分析见易观智库企业库
移动电视	东方明珠移动	数据分析及详细分析见易观智库企业库
移动电视	世通华纳传媒控股有限公司	数据分析及详细分析见易观智库企业库
移动电视	北京市世纪炎黄文化传媒有限公司	数据分析及详细分析见易观智库企业库
移动电视	兆讯传媒广告股份有限公司	数据分析及详细分析见易观智库企业库

续表

领域	厂商	备注
航空新媒体	迪岸传媒	数据分析及详细分析见易观智库企业库
移动电视	中央电视台移动传媒	详细分析见易观智库企业库
移动电视	浙江广源网络传媒有限公司	详细分析见易观智库企业库
移动电视	活跃传媒	详细分析见易观智库企业库
移动电视	天骏文化传媒（北京）有限公司	详细分析见易观智库企业库
移动电视	玺诚传媒	详细分析见易观智库企业库

新一代信息技术

大数据

东方国信

北京东方国信科技股份有限公司是经国家发改委、工信部、财政部、商务部、国家税务总局联合审核评定的国家规划局内重点软件企业，被认证为国家高级新技术企业、北京市高新技术企业。东方国信现旗下拥有 7 个全资子公司，在全国 31 个省市设有办事处、研发基地和现场服务队伍，其商业智能、大数据、云计算、移动及互联网金融等产品已应用于多个行业，目前已形成电信、金融、政府、工业、能源和新闻媒体六大板块业务体系，其中，电信为东方国信的传统优势领域，在电信市场占有优势地位，在未来的一段时间，东方国信将继续把公司业务发展重点放在电信和金融领域，采取“内生 + 外延”的模式加大对金融领域的投入。

东方国信在 2014 年积极落实年度经营计划和项目标和任务，密切跟踪大数据重点项目进展，在电信行业大数据项目进展顺利，新增广东电信等客户，市场份额稳步提高；在非电信行业的经营规模不断扩大，新增上海银行、日照银行等客户，金融、工业、环保、电力、政府等领域项目逐步落实，非电信行业对公司的认知度逐步提升。据东方国信发布的未经审计的 2014 年第 3 季度报告显示，东方国信 2014 年第 3 季度实现总营收 10521.94 万元人民币，较上年同期增长 0.21%；截至 2014 年 9 月，实现营收 32287.20 万元人民币，较上年同期增长 7.08%。

易观分析——

东方国信一直坚持自主研发的路线，拥有分布式数据库、大数据集成与治理、数据挖掘、数据可视化等一系列核心技术，并且在业务理解、专业团队和项目实践等方面具备优势。三大电信运营商已经把大数据作为未来发展的主要战略，东方国信的客户主要集中在电信行业，广阔的行业发展空间，庞大的客户数据体系与巨大的商机，将有利于东方国信在电信行业的业务推进。由于其营业收入主要来自中国联通、中国电信和中国移动，对主要客户的依赖度较强，未来电信行业宏观环境的变化，或者电信运营商对信息化建设投资力度的调整，都将会对公司的盈利能力产生巨大的影响。伴随着市场机会增加，也将面临竞争企业数量增加的境况，东方国信将面临市场竞争加剧的风险。未来，东方国信需要在产品研发、技术创新、客户服务等方面进一步增强实力，而扩展客户资源也是东方国信的当务之急。

一、基础信息

1.1 基本信息

1.1.1 公司全称：北京东方国信科技股份有限公司

1.1.2 成立时间：1997 年 7 月 28 日

1.1.3 总部地点：北京市

1.1.4 上市时间：2011 年（深圳证券交易所）

1.1.5 企业性质：股份有限公司

1.1.6 资本信息：注册资本 50 万元人民币；截至 2014 年第 3 季度末，公司总资产约 12.65 亿元人民币

1.1.7 联系方式（总公司）

网址：http：//www.bonc.com.cn/

邮箱：investor@bonc.com.cn

地址：中国北京朝阳区望京北路 9 号叶青大厦 D 座 7 层 100102

电话：+86-10-6439 8920

传真：+86-10-6439 8978

1.2 组织信息

1.2.1 人员规模：目前具有近 3000 名员工

1.2.2 管理层

管连平 董事长、总经理

二、业务信息

2.1 主要产品与服务信息

东方国信主营业务是为企业信息化建设提供商业智能、大数据、云计算等领域的软件产品，提供电信、金融等行业解决方案，以及 IT 咨询规划、软件定制、系统集成、现场技术支持等专业服务。

解决方案

电信行业：企业数据平台解决方案、分析客户关系管理解决方案、经营管控解决方案、业务分析解决方案、移动互联网解决方案

金融行业：大数据解决方案、移动解决方案、银行业务解决方案、银行管理解决方案

政企：新闻平台解决方案、环境能源解决方案、安全生产解决方案

制造业：管理解决方案、应用解决方案

大数据产品线

移动应用 – 掌上商务智能（Flip Flow）：以移动终端为基础的新一代 BI 产品应用

大数据展现 – 个性化定制工具：针对商业智能应用领域、面向行业最终用户开发的可视化快速构建平台

大数据分析 – 数据服务：以元数据中的数据模型为基础，集成数据仓库、数据集成输出、其他数据资源中的各类数据，提供一致的访问方式

大数据管控 – 数据监控产品：对企业全数据流程进行端到端的实时监控、管理、审计的解决方案

大数据存储及计算 – 东方国信 Hadoop 发行版

大数据处理专用设备 – 大数据处理分析一体机：ARM 高通量低功耗数据服务器 H1104、Tilera 低功耗

高通量存储 H1102

大数据采集设备：一款基于 CAVIUM 多核平台为用户提供的一体化的标准化探针产品

2.2 覆盖范围

2.2.1 行业：电信、金融、工业、政府、能源、新闻媒体

2.2.2 主要客户：政府机关部门、企业

2.2.3 业务区域：全国

2.3 收入结构：具体信息不详

三、综合信息

3.1 发展定位：提供最优产品和最佳服务，打造民族软件品牌，成为中国大数据领域的领导者。

3.2 重要合作伙伴及供应商信息：中国电信、中国移动、中国联通、中国铁通、中国工商银行、交通银行、中国建设银行、新余仁邦翰威投资管理有限公司、新余仁邦时代投资有限公司等

拓尔思

北京拓尔思（TRS）信息技术股份有限公司是国家规划布局内重点软件企业，拥有 5 家全资或控股子公司，并在全国设立了 20 多个分支机构。TRS 是非结构化信息处理技术领域的领导企业，也是中国领先的大数据技术和服务提供商，在信息检索、大数据管理和挖掘等方面具有国内外领先的自主核心技术和尖端产品；在内容管理、知识管理、互联网舆情分析等领域具有先进成熟的软件产品线；在新一代电子政务、信息安全、新媒体、智慧城市、企业互联网创新、金融电信等垂直行业提供了具有独特价值的解决方案。目前，TRS 已经在国内外拥有众多用户，其系列产品产品和服务已被国内外包括部委、省市信息中心、报业集团和媒体单位、大学院校以及大型企业等在内的 4000 多家企业级机构用户广泛使用。TRS 是中文全文检索的创始者，其信息检索产品占有 70% 的国内市场，并在中国非结构化中文信息智能应用软件市场的占有率位居第一。据托尔思发布的未经审计的 2014 年第 3 季度报告显示，截至 2014 年 9 月，托尔思实现营收 14440 万元人民币，同期增长 20.57%；净利润 3526 万元人民币，同比下降 3.52%。

托尔思将行业应用市场拓展作为未来经营重点策略之一。2014 年 10 月 30 日，托尔思与粤传媒旗下的广州日报新媒体有限公司独立研发的项目哇喔 WOW 签署战略合作协议。

易观分析——

TRS 将公司定位于数据技术提供商和服务商市场，凭借其在信息检索、文本挖掘、搜索引擎和内容管理等领域具有的长期研发积累和丰富成果，不断巩固和提升市场地位，扩大收入规模，获得一定的市场领先优势和竞争优势。未来大数据市场具有的广阔发展空间，一方面为托尔思的发展提供了良好的契机；另一方面，大量的跨国厂商和国内厂商，将会通过创新产品或者服务等方式挑起新的竞争，力求改变当前市场格局，托尔思所面临的市场竞争有所加剧。但是，根据托尔思主要目标行业客户加强信息化建设的趋势，在十二五期间乃至 2020 年，托尔思所面对的市场总体将呈稳步增长态势，其当前专注的海量非结构化信息智能处理细分领域在大数据和云计算等新一代信息技术应用拉动下，将形成新的增长点并达成更快的加速度，使托尔思获得更多良好发展机遇和更广阔发展空间。

一、基础信息

1.1 基本信息

1.1.1 公司全称：北京托尔思信息技术股份有限公司

1.1.2 成立时间：1993 年

1.1.3 总部地点：北京市

1.1.4 上市时间：2011 年 6 月（深圳证券交易所）

1.1.5 企业性质：股份有限公司、民企

1.1.6 资本信息：注册资本 2.04 亿，现有资产超过 10 亿

1.1.7 联系方式（总部）

网址：http：//www.trs.com.cn/

邮箱：trs@trs.com.cn

地址：北京市朝阳区大屯路风林西奥中心 B 座 16 层 100101

电话：010-64848899

传真：010-64879084

1.2 组织信息

1.2.1 人员规模：超过 600 人

1.2.2 管理层

李渝勤 董事长

二、业务信息

2.1 主要产品与服务信息

核心业务：

软件产品：大数据管理、内容管理、知识管理、身份管理、信息安全

行业应用系统：电子政务和智慧城市、智慧企业和企业互联网创新、金融、电信、媒体、公安

云和数据服务：舆情分析、用户行为分析、智能搜索、数据交易、精准营销

主要产品：

大数据产品系列：

TRS 大数据管理系统：为满足数据处理需求的一款具有革命性架构设计的平台级产品

TRS 机器数据挖掘引擎：日志挖掘和用户行为分析系统

TRS 社会媒体分析云服务：建立在 TRS 数据中心基础上的大型在线服务平台

托尔思 – 华为信息采集一体机：一款软件与硬件集成并优化整合的产品

托尔思 – 华为信息检索一体机：一款经深度优化和技术融合的高性能检索服务器

移动应用产品：

TRS 焦点快报：一款大众化客户端产品

平台级产品：

TRS 内容协作平台：涵盖网站建设、内容服务、内容传递等内容价值链的各个方面，具有元数据管理、

自主建站、大规模网站群应用、场景式服务、多媒体管理等功能

TRS 文本挖掘软件：一种数据挖掘技术，能够实现对文本内容的智能分析

TRS 身份服务器系统：实现各种应用系统间跨域的单点登陆和统一的身份管理功能

应用级产品：

TRS 网络信息雷达系统：通过聚焦定制采集源，进行实时监控，把最新网页采集到本地，并通过文本智能技术进行内容处理

TRS 互联网舆情管理系统：通过互联网信息采集和文本挖掘技术，帮助各级政府快速发现和收集所需的社会网络舆情信息

2.2 覆盖范围

2.2.1 行业：涉及政府、金融、电信、媒体等多个重点行业

2.2.2 主要客户：部委、省市信息中心、报业集团和媒体单位、大学院校、大型企业

2.2.3 业务区域：全球

2.3 收入结构：具体信息不详

三、综合信息

3.1 发展定位：定位于大数据技术及服务提供商，聚焦大数据时代客户的需求和挑战，提供自主研发的一流软件和服务，持续为客户创造最大价值。

3.2 重要合作伙伴及供应商信息：中共中央办公厅、国务院办公厅、中共中央组织部、中共中央统战部、公安部、国土资源部、商务部、最高人民法院、外交部、国家统计局、中国科学院、中国国家图书馆、北京大学、清华大学、香港大学、人民教育出版社、上海图书馆、湖南图书馆、中国银行、中国建设银行、招商银行、中国人保财险、长城证券、中国电信、中国联通、中国网通、中国移动、中国石化、中国南方电网、中国石油、国家电网、中兴、海尔、宝马、佳能、华为、人民日报、CCTV、新华网、人民网、南方日报等4000 家客户

用友软件

用友公司成立于 1988 年，是亚太本土领先的企业管理软件和企业移动应用、企业云服务提供商，是中国最大的 ERP、CRM、人力资源管理、商业分析、内审、小微企业管理软件和财政、汽车、烟草等行业应用解决方案提供商，并在金融、医疗卫生等行业应用以及企业支付 / 互联网金融、企业通信、管理咨询、培训教育等领域快速发展。中国及亚太地区超过 200 万家企业与公共组织使用用友软件和云服务，中国 500 强企业中超过 60% 是用友的客户。

用友软件已形成 NC、U8、“通”三条产品和业务线，分别面向大、中、小型企业提供软件和服务，用友软件的产品已全面覆盖企业从创业、成长到成熟的完整生命周期，能够为各类企业提供适用的信息化解决方案，满足不同规模企业在不同发展阶段的管理需求，并可实现平滑升级。用友拥有丰富的企业应用软件产品线，覆盖了企业 ERP（企业资源计划）、SCM（供应链管理）、CRM（客户关系管理）、HR（人力资源管理）、EAM（企业资产管理）、OA（办公自动化）等业务领域，可以为客户提供完整的企业应用软件产品和解决方案。用友软件同时开展企业信息化及管理培训教育服务、在线应用服务。用友公司的软件产品已经成为推动中国企

业信息化的主流应用软件和实际标准，为中国企业信息化建设和 ERP 普及提供了强有力的工具。

2014 年用友采取“改进经营、深化转型、提高效益”以及“积极开展云服务及金融、电信服务等新型业务”的经营策略，积极部署和推进各项业务工作，并取得了一定成效。据用友发布的未经审计的 2014 年第 3 季度报告显示，该季度用友总营收约为 24.05 亿元人民币，同期增长 1.5%。2014 年下半年，用友将围绕“全面进军企业互联网”、“互联网金融创新”的战略和“提升软件业务的经营效益”的策略，积极开展各项工作。

易观分析——

用友软件经过多年的发展和积累，在产业、研发等方面具有显著优势。产业方面，用友在企业及政府信息化方面，公司长期累积的产品基础优势显著；在财政、汽车、金融、烟草、医疗、教育等行业和审计、商业智能分析领域的产品与解决方案也一直保持着较高的水准。

目前，用友面临的挑战主要有两个：一是来自创新转型方面的挑战，面对企业和政府信息系统向云计算的转型，用友也从原来的软件服务提供商转型为企业云服务提供商，在这个过程中，产品技术、人才结构及业务模式的转型，都将为用友带来新的挑战；另一个是来自人才竞争方面的挑战，随着用友的转型，对核心人才的要求越来越高，用友将于同类企业、网络企业和通信企业共同争夺高素质核心人才。

据用友发布的新三年业务策略，用友未来将实施“平台化发展，产业链共赢”策略，推进软件包、解决方案向平台化模式转型、升级；加快 UAP、CSP、下一代企业与政府应用、移动应用、数据技术产品发展；加快建立强大的产业生态链，应对愈发激烈的行业挑战，为实现世界级管理软件与云服务提供商的愿景夯实基础。

一、基础信息

1.1 基本信息

1.1.1 公司全称：用友软件股份有限公司

1.1.2 成立时间：1988 年 12 月 6 日

1.1.3 总部地点：北京市

1.1.4 上市时间：2001 年 5 月 18 日上海证券交易所

1.1.5 企业性质：股份有限公司、民企

1.1.6 资本信息：注册资本 95924.6 万元人民币；截至 2014 年 6 月，公司总资产 74.41 亿元人民币

1.1.7 联系方式

网址：http：//www.yonyou.com/

地址：北京市海淀区北清路 68 号用友软件园（100094）

电话：010-62434888

1.2 组织信息

1.2.1 人员规模：11252 人（截至 2014 年 6 月）

1.2.2 管理层

王文京 董事长、总裁

二、业务信息

2.1 主要产品与服务信息

用友 NC6：大型企业管理与电子商务平台

用友 HCM：中国人力资源管理软件第一品牌

用友 BQ：企业级、全功能、最佳分析决策平台

用友 UAP：大型企业与组织计算平台

用友 U8+：成长型企业管理与电子商务平台

用友 U9：离散制造企业首选应用平台

用友 PLM：企业研发创新管理平台

用友 CRM：为企业提供客户关系管理全面解决方案

用友 ECM：企业协同管理系统

用友 CSP：中小企业公有云平台

用友 T+：小微企业软件与公有云服务

用友电子商务：以核心的制造和流通企业为主，打通企业内部 ERP 系统与外部合作伙伴的协作流程，整合上游供应商和下游经销商和最终客户，实现网上交易、在线电子支付以及各种商务活动

用友移动应用

用友私有云运营服务：以私有云运营平台 PCOS（Private Cloud Operation System）为基础，配合专业的应用运维团队和完整的运营体系，为企业提供安全、稳定、高可用的应用系统服务

用友 iSM 智能服务管理器：企业级 IT 服务管理产品

产品支持与运维服务产品

2.2 覆盖范围

2.2.1 行业：信息技术业

2.2.2 主要客户：企业

2.2.3 业务区域：全球

2.3 收入结构：用友软件收入按业务分类，包括软件产品收入，技术服务及培训收入和其他收入；按产品分类，包括高端客户软件服务收入，终端客户软件服务收入，低端客户软件服务收入和其他（商品）收入。

三、综合信息

3.1 发展定位：公司定位为中国、亚洲并开始扩展到全球企业及政府、社团组织的管理与经营的信息化应用软件与服务提供商，发展目标是成为世界级管理软件与互联网服务提供商

3.2 重要合作伙伴及供应商信息：英特尔、IBM、微软、中国工商银行、富士通、HP、SUN、甲骨文、中国人寿保险公司、中国银行、中国光大银行股份有限公司、招商银行股份有限公司、上海优富信息咨询有限公司等

云计算

东软集团

东软集团，创立于中国东北大学，目前在中国建立了 6 个软件研发基地，8 个区域总部，在 40 多个城市建立营销与服务网络，在大连、成都和沈阳分别建立 3 所东软信息学院和 1 所生物医学与信息工程学院；在美国、日本、欧洲、中东设有子公司。东软以软件技术为核心，通过软件与服务的结合，技术与行业管理能力的结合，提供行业解决方案和产品工程解决方案以及相关软件产品、平台及服务。2014 年，东软集团全面加强核心业务专业化，以基于互联网的多元化商业模式创新和知识资产驱动业务增长，同时持续推进卓越运营改善计划。根据易观智库监测数据，东软集团在 2014 年第 3 季度主营收入 16.81 亿元人民币，联合前两个季度整体保持稳定，前三季度实现主营收入 49.26 亿元人民币，比上年同期增长 1.03%；实现净利润 2.14 亿元人民币，比上年同期下降 24.09%。在 2014 年 3 月东软集团被授予计算机信息系统集成特一级企业资质证书，位列中国软件业务收入前百家企业之一。

易观分析——

作为中国最大的 IT 解决方案与服务供应商，东软集团的行业解决方案涵盖领域广阔，包括：电信、能源、金融、政府（社会保障、财政、税务、公共安全、国土资源、海洋、质量监督检验检疫、工商、知识产权等）、制造业与商贸流通业、医疗卫生、教育、交通等行业。公司曾入选《财富》中国 500 强榜单、成为新认定方法下首批“国家火炬计划重点高新技术企业”，跻身“全球软件提供商 100 强”榜单并荣获“中国软件提供商 100 强”榜首等称号，具备雄厚的实力和品牌价值。在聚焦核心业务，加强对于“安全可靠系统”的投入力度的同时，东软在云计算领域，也持续优化云服务架构，加强面向云应用模式下的业务规划。同时积极发展战略伙伴关系，与阿里云签署战略合作协议，共同推进在政府与公共事业、企业、IT 运营等领域的云服务业务发展。在国际业务方面，2014 年，由于国际 IT 需求下滑以及重点客户调整等综合因素，收入规模有所下降。为此，东软积极应对，持续加大日本、欧洲和美国市场开拓力度，深化并规模化发展战略客户与合作伙伴，不断提升多系统平台，多产品形态的研发能力，为未来业务的持续发展奠定基础。

一、基础信息

1.1 基本信息

1.1.1 公司全称：东软集团股份有限公司

1.1.2 成立时间：1991 年 6 月

1.1.3 总部地点：辽宁省沈阳市

1.1.4 上市时间：1996 年 6 月

1.1.5 企业性质：股份有限公司

1.1.6 联系方式

公司网址：http：//www.neusoft.com/

公司邮箱：investor@neusoft.com

公司地址：辽宁省沈阳市浑南新区新秀街 2 号东软软件园

公司电话：024-83662115

公司传真：024-23783375

1.2 组织信息

1.2.1 人员规模：20000 余人

1.2.1 管理层：

刘积仁 董事长、首席执行官

王勇峰 总裁

二、业务信息

2.1 主要产品与服务信息

主要产品

TalentBase 人力资源管理系统

SkillBase 在线学习管理系统

MPC 集团财务管理与控制系统

客户关系管理系统

企业资产管理系统

SEAS 综合档案管理系统

BPCM 业务过程内容管理平台

UniOffice 通用办公软件

PACS/RIS

BW 影像浏览工作站系统

NetEye 安全运维平台

NetPatrol 网络应用监控

SaCa 云应用平台

UniEAP 业务基础平台

OpenBASE 数据库管理系统

细分行业 ICDC Accelerators

网络化数字媒体播放系统

后方驾驶辅助系统

服务信息

工程服务：应用开发和维护、ERP 实施与咨询服务、IT 基础设施服务、软件全球化与本地化和专业测试与性能工程服务。

按需服务：SaaS 服务、东软远程医疗系统、熙康、汽车信息服务和易测云。

BPO：客户联络中心、Helpdesk、远程监控、人力资源外包、财务与会计外包和中小企业信息化服务平台。

IT 教育与培训：东软信息学院、东软睿道和东软培训。

2.2 覆盖范围

2.2.1 行业：电信、能源、金融、政府（社会保障、财政、税务、公共安全、国土资源、海洋、质量监督检验检疫、工商、知识产权等）、制造业以及商贸流通业、医疗卫生、教育、交通等行业。

2.2.2 主要客户：中国联通、中国移动、中国电信、国家广电总局、中国海洋大学、上海血液中心、海尔集团、中国人民银行、国家安全中心等。

2.2.3 业务区域：全球

2.3 收入结构：主营业务收入 2014 年前三季度为 49.26 亿元人民币，同比增长 1.03%。其中软件及系统集成占 78.59%，医疗系统占 20.34%，剩下的为物业服务、租金及广告收入。

三、综合信息

3.1 发展定位：全球优秀的 IT 解决方案和服务供应商

3.2 重要合作伙伴及供应商信息：SAP、甲骨文、赛门铁克、IBM、EMC、微软、诺基亚、惠普、PHILIPS、TOSHIBA、阿尔派株式会社、索尼等

浪潮

浪潮集团，作为中国领先的云计算整体解决方案供应商和云服务商，已经形成涵盖 IaaS、PaaS、SaaS 三个层面的整体解决方案服务能力。多年来，浪潮始终以超前的技术和独特的软硬件综合能力，在中国 IT 品牌中独树一帜，并在中国信息产业发展的关键阶段，引领中国信息产业的发展。如今，浪潮集团拥有浪潮信息、浪潮软件、浪潮国际三家上市公司，业务涵盖系统技术、软件与服务、半导体三大产业群组，先后获得“云计算长信典范企业奖”、“云计算客户示范应用奖”以及“信息产业云计算突出贡献奖”等。根据易观智库监测数据，浪潮信息的主营收入在 2014 年第 1 季度到 2014 年第 3 季度稳步上涨，在第 3 季度达到 20.66 亿元人民币。此外，2014 浪潮创新数据中心全国巡展济南站，浪潮首度公布“IBM to Inspur”的市场计划，“I2I”计划是浪潮针对 IBM 市场、营销体系展开全面渗透、切入、接管的一项市场推进计划，涉及通用服务器、云计算大数据等多项细分计划。

易观分析——

同时作为中国最大的服务器制造商和解决方案提供商，亚太区最大的服务器生产基地，浪潮服务器连续 16 年蝉联国有品牌销量第一，集团四大业务群组涵盖范围广泛，雄厚的软硬件综合实力，使得其具备强大的品牌能力和市场信任。同时，浪潮是科技部首批认定的创新型企业，也是业内唯一拥有国家级四大研发平台的企业，包括 IT 领域唯一设在企业的国家重点实验室，并且一直保持着创新的理念，以技术创新为本走在 IT 的征途中。在信息产业迅速发展的时代，软件与 IT 服务的重要性日益提高，逐步向 IT 服务转型也是浪潮发展的策略之一。2014 年上半年，浪潮公布“I2I”计划并且新推出国内首款面向金融行业的大数据定制机—浪潮云海金融大数据一体机，展示了业界领先的解决方案及创新的产品技术理念。

一、基础信息

1.1 基本信息

1.1.1 公司全称：浪潮集团有限公司

1.1.2 成立时间：1983 年

1.1.3 企业性质：有限责任公司

1.1.4 资本信息：注册资本 41060.93 万元人民币

1.1.5 联系方式

网址：http：//www.inspur.com/

电话：010-62988886

邮箱：webmaster@inspur.com

地址：山东省济南市浪潮路 1036 号

1.2 组织信息

1.2.1 人员规模：20000 余人

1.2.1 管理层

孙丕恕 首席执行官

二、业务信息

2.1 产品及服务信息

硬件产品：关键应用主机、服务器、存储产品、税控产品、信息安全产品、数字媒体、加固产品、自助设备、MAS 服务器、物联网产品、照明产品、LED 外延片和芯片。

软件产品：浪潮 GS、浪潮 PS、浪潮 BI、浪潮 eHR、浪潮 CRM、浪潮 GSP 和楼上开发平台。

云计算：关键应用主机、服务器、存储、高性能集群产品、云操作系统、大数据一体机、主机安全产品、特种计算机、数据中心基础设施。

渠道服务：服务器渠道和营销网络。

系统服务：IT 专业服务、IT 运维服务、IT 基础架构维保服务和 IT 集成服务。

云服务：云服务器、云托管、云容灾。

2.2 覆盖范围

2.2.1 行业：军工、建筑、储备、煤炭、医药、快消品、化工、船舶、教育、政府、国资监管、烟草、通信、金融、税务、交通、医疗、水利、食品安全、广电和公安行业

2.2.2 主要客户：奥迪、中国移动、中国联通、东风雪铁龙、海尔、日立、联想、雷克萨斯、LG、蒙牛、诺基亚、三星、上海大众、中国邮政、鹏发集团、中国人寿、中国人保、中国平安、太平洋保险、太平人寿、贵州茅台、长城葡萄酒、法国卡斯特、轩尼诗、龙徽葡萄酒、八喜、蒙牛、金媒、青岛啤酒、红七匹狼、梦都、红双喜、可口可乐等

2.2.3 业务区域：全球

2.3 收入结构：2014 年服务器及微型计算机占比 99.54%；服务器及部件占比 92.19%；IT 终端及散件占比 7.35%。

三、综合信息

3.1 发展定位：成为先进的信息科技产品和领先的解决方案服务商

3.2 重要合作伙伴及供应商：IBM、微软、LG、英特尔、甲骨文、红帽、锐捷网络、东软、中软、太极、中科软、华胜天成、美光、QLogic、南天信息等

网宿科技

网宿科技，是国内领先的互联网业务平台提供商，主要向客户提供内容分发与加速、服务器托管于租用等互联网业务平台解决方案，现有员工 1000 多名，研发以及技术人员占总人数的 60% 左右，超过同行业中研发人员的总和；客户群覆盖各类互联网门户网站、音频类网站、网络游戏公司、电子商务网站、政府网站、企业网站以及运营商等，服务的客户近 3000 家，是市场同类公司中拥有客户数量最多，行业覆盖范围最广的公司；在互联网基础资源方面，通过与国内外各大基础电信运营商合作，形成了跨运营商的全球互联网业务平台，IDC\CDN 节点 450 余个。根据易观智库监测数据，网宿科技在 2014 年第 1 季度主营收入 4.22 亿元人民币，第 2 季度 4.53 亿元人民币，第 3 季度 4.93 亿元人民币，稳步增长；2014 年上半年营业总收入比上年同期大幅增加 74.69%；截至 2014 年 9 月 30 日，网宿科技 A 股股东相比上一季度升幅为 80.27%。总体来说，2014 年网宿科技紧跟移动互联网、三网融合、云计算、网络安全等行业趋势，加快技术研发，提前进行产品分局，进一步巩固和提升公司的产品优势，提高市场竞争力，并取得了显著的成效。

易观分析——

作为中国最大的 CDN 及 IDC 综合服务提供商，网宿科技是知识和技术密集型的高新技术企业，自主研发了速通 VPN 企业互联平台系统、网宿 CDN 平台软件 V2.0、网宿 CDN 平台软件 V3.0 等专有技术，并取得了计算机软件著作权。其中速通 VPN 企业互联平台系统被认定为上海市高新技术成果转化项目；网宿 CDN 平台软件 V2.0 被中华人民共和国科学技术部认定为国家火炬计划项目、被中华人民共和国科学技术部联合中华人民共和国环境保护部、商务部、国家质量监督检验检疫总局认定为国家重点新产品并且拥有多个行业第一，处于上升期。2014 年，网宿科技继续保持较快发展的良好态势，继续持续创新，不断提高产品的竞争能力，并且积极推进企业应用加速平台、安全云服务系统、移动互联网加速平台等技术的研发、升级，优化 CDN 云探测及智能分析平台等技术。基于网宿 CDN 云分发平台，推出了移动应用加速解决方案 – MAA(Mobile Application Accelerator) 实现了无限传输优化技术上的突破，提升移动互联网访问体验。

一、基础信息

1.1 基本信息

1.1.1 公司全称：网宿科技股份有限公司

1.1.2 成立时间：2000 年 1 月

1.1.3 总部地点：上海市徐汇区斜土路 2899 号光启文化广场 A 幢 5 楼

1.1.4 上市时间：2009 年 10 月

1.1.5 企业性质：民营

1.1.6 联系方式

网址：http：//www.chinanetcenter.com/

地址：上海市徐汇区斜土路 2899 号光启文化广场 A 幢 5 楼

邮编：200030

电话：021-24261717

传真：021-24261718, 24261760

1.2 组织信息

1.2.1 公司规模：1000 余人

1.2.2 管理层

刘成彦 董事长、总裁

二、业务信息

2.1 产品及服务信息

云计算服务：云分发平台、弹性计算服务、云备份、CDN 自助服务平台；

CDN 网络加速服务：网页加速、下载加速、流媒体加速、WSA 全站加速解决方案、CDN 资源分布、增值服务；

IDC 数据中信服务；

网络安全服务：SAS 安全加速解决方案、WSS 网站安全防护服务；

CATM 内容与流量管理。

2.2 覆盖范围

2.2.1 行业：门户类网站、游戏类网站、企业类网站、资讯类网站、视频音频类网站、新闻媒体类网站、政府类网站、移动类网站、电子商务类网站、金融证券类网站。

2.2.2 主要客户：腾讯、土豆网、迅雷、神龙汽车、52PK 游戏网、北青网、罗莱家纺、苏宁、盛大文学和完美时空等

2.2.3 业务区域：全球

2.3 收入结构：2014 年上半年 CDN 服务销售收入占比 86.30%；IDC 服务销售收入占比 13.26%；商品销售收入占比 0.44%。

三、综合信息

3.1 发展定位：中国领先的 CDN 及 IDC 综合服务提供商

3.2 重要合作伙伴及供应商：覆盖中国各大 IPS，与三大运营商（移动、电信、联通），以及两大专有网络（中国教育和科研计算机网、中国科技网）、DELL、IBM、联想、微软、华为、JUNIPER、赛尔网络、中科汇联、CISCO、AMD 等合作。

车联网

启明信息

启明公司是国内唯一一家专门从事汽车业管理软件与汽车电子产品研发、制造及服务的高科技企业，公司的主营业务包括两大领域：一方面面向汽车整车企业及其上游零部件配套企业、下游汽车经销商及服务商，开展以汽车业管理软件为核心的软件开发、系统集成及技术服务业务；另一方面则面向汽车整车制造商、汽车运输企业和汽车驾驶者，提供汽车电子产品研发制造、系统集成及增值服务业务。易观智库研究发现启明信息过去 EPS 增长率为 15.82%，在所有上市公司排名（733/1710），在其所在的应用软件行业排名为 9/16，公司成长性合理。启明信息过去 EPS 稳定性在所有上市公司排名（1/1710），在其所在的应用软件行业排名为 1/16 。

易观分析——

具有自主知识产权的汽车管理软件和汽车电子产品是启明信息的核心业务，目前启明的汽车业管理软件解决方案已经基本涵盖汽车产业链。启明作为国家规划布局内重点软件企业、国家火炬计划重点高新技术企业、中国十大创新软件企业，在市场竞争中保持一定的政策和战略优势。面对激烈的市场竞争，启明信息将重点放在汽车产品的数字化和汽车企业的信息化，提供数字化汽车和数字化企业的解决方案，积极介入新一代车载信息系统技术创新以及面向云端的新一代车联网解决方案，汽车业大数据管理与应用等车载信息领域的研发。

其中，启明信息推出 D_Partner（意为驾驶者伙伴）信息平台，通过各种 TSP（Telematics Service Provider 汽车远程服务提供商）服务把车与人、车与车、车与外部环境联系起来，布局车联网。

一、基础信息

1.1 基本信息

1.1.1 公司全称：启明信息技术股份有限公司

1.1.2 成立时间：2000 年 10 月 25 日

1.1.3 总部地点：吉林省长春市

1.1.4 上市时间：上市

1.1.5 企业性质： 民营股份制

1.1.6 联系方式

网址：http：//www.qm.cn/

邮箱：service_qm@faw.com.cn

地址：中国吉林省长春市净月经济开发区百合街启明软件园

电话：0431-85861717

1.2 组织信息

1.2.1 管理层

徐宪平 董事长

二、业务信息

2.1 主要产品与服务信息

主要产品

ERP(企业资源计划系统)：建立在信息技术基础上，以系统化的管理思想，为企业决策层及员工提供决策运行手段的管理平台。

CPDM(协同产品开发管理系统)：支持跨企业的协同工作环境，支持异构应用系统和异构数据的透明互操作，并具有开放式可扩展体系结构，提供多企业协作发展的完善的产品生命周期管理。

FFM(集团财务管理系统)

DS(全面营销管理系统)

HRM(人力资源管理系统)

OA(办公信息管理系统)

MES(制造执行系统)

帅通系列车载信息系统

帅风系列汽车电子控制系统

车联网 DP 运营平台

2.2 覆盖范围

2.2.1 行业：汽车业管理软件与汽车电子产品研发、制造及服务

2.2.2 主要客户：汽车经销商及服务商、汽车整车制造商、汽车运输企业和汽车驾驶者

2.2.3 业务区域：全国

2.3 收入结构：开展以汽车业管理软件为核心的软件开发、系统集成及技术服务业务、汽车电子产品研发制造、系统集成及增值服务业务。

三、综合信息

3.1 发展定位：汽车业企业信息化整体解决方案提供商

3.2 重要合作伙伴及供应商信息：一汽、微软创新中心、科大讯飞等

天泽信息

天泽信息是一家提供车辆远程管理信息服务及配套软硬件设备的高新技术企业，主营业务涵盖商用车、农用机械、公共运输等方面。公司针对公路汽车运输的特点，通过 GPS、GIS、云计算、信息安全、数据挖掘等领先技术，对车辆、随车人员及货物的状态信息进行采集、传输、存储、分析和展现，帮助用户实现安全保障、成本控制及实施管控。根据天泽信息财报，2014 年第 3 季度天泽信息实现营业收入近 1.16 亿元人民币，同比增长 5.68%；净利润达 687 万元人民币，同比增长 42.99%。

易观分析——

天泽信息对车联网业务拥有十分细致的市场划分，并且针对每个细分市场提供专门的解决方案和产品服务。除了工程机械、公路运输和行政执法车辆三个主要业务范围，天泽信息还持有农用机械、数据中心等服务，形成了多种盈利模式及潜在发展可能性。随着中国汽车保有量的激增和网络技术的发展，车联网迎来了前所未有的需求。

与行业内大多数企业一样，虽然目前天泽信息具备相当的盈利条件，但主要来自于硬件设施，对真正的后续服务这个利润增长点并未加以重视。而政府尚未出台明确的行业政策与制度，产业链各环节各自为政，无明确分工，无法形成完整的产业通路。如何在尚不成熟的车联网市场中树立自己的品牌特色并拓展市场，是天泽信息需要思考的问题。

一、基础信息

1.1 基本信息

1.1.1 公司全称：天泽信息产业股份有限公司

1.1.2 成立时间：2000 年

1.1.3 总部地点：南京

1.1.4 上市时间：2011 年 4 月 26 日深圳证券交易所所上市

1.1.5 企业性质： 股份制

1.1.6 联系方式

网址：http：//www.itrackstar.com/

邮箱：tianze@tiza.com.cn

地址：南京市建邺区云龙山路 80 号

邮编：210019

电话：025-965180

传真：025-84781688

1.2 组织信息

1.2.1 管理层：

陈 进 董事长

二、业务信息

2.1 主要产品与服务信息

主要产品：

TIM- 面向工程机械和商用车领域，连接生产、销售、服务与决策管理，目的在于提高决策效率的车联网管理方案

BI- 针对工程机械、商用车等产业价值链开发的具有宏观行情分析、单机运营分析，目标对比、报表统计、风险预警、智能通知等功能的商务支撑系统

售后通 – 通过智能手持终端采集数据并发送到后台，以此实施售后工作的监管

云图通 – 针对公路物流作业运输，整合 GPS、GIS、无线通信及无线传感技术，实时获取车辆位置、工作状态等信息

智慧仓库 – 针对传统仓储管理的问题，采用条码 &RFID 等信息化技术，对仓库物资管理实现自动化识别、库存精准定位、实时报表输出等自动化操作

智慧农机 – 面向农业领域，以移动位置管理为核心，为农业机械制造商提供整体管理解决方案，帮助企业实现可持续销售

iTaxi – 以 GPS/GIS 为基础，为出租车系统运营提供综合性管理

iSite – 利用 GPS/GIS 等信息技术，对混凝土搅拌车状态进行采集、分析等监控管理

云电梯 – 利用物联网平台、无线覆盖技术对城市的所有电梯进行网络连接，以保障电梯的安全性

数据中心建设 – 通过高效模块化 UPS、智能精密配电柜、视频监控、门禁管理等高新技术，打造绿色节能、安全、智能的机房

数据中心租赁 – 专门为车联网打造，根据客户需求提供云主机租赁、机柜租赁、VIP 机房空间租赁、主机租赁等多种服务

2.2 覆盖范围

2.2.1 行业：通信服务

2.2.2 主要客户：工程机械、商用车、行政执法及其他专业应用需求客户

2.2.3 业务区域：全国

2.3 收入结构：主要来自于软件、运营服务、车载信息终端及配件销售、车载信息终端租赁收入、物联网工程等

三、综合信息

3.1 发展定位：车联网 IT 服务运营蓝海市场龙头企业

3.2 重要合作伙伴及供应商信息：无锡中住集团、农业银行、中国银行、建设银行等

太极股份

太极股份是国家电子政策和相关标准制定的倡导者与积极参与者，有着国有化背景。经过多年的发展，太极股份已经完成了从小型机研制生产向行业信息技术应用与服务提供的转型，具备行业领导的 IT 咨询能力、工程实施能力和科技创新能力。通过向客户提供终端硬件服务和软件内容扩充，太极股份建立了属于自己的车联网客户群。2013 年，太极股份承建了北京打车 APP 统一平台，与此前完成承建的北京、广州购车摇号系统，使得其车联网业务已初现轮廓。根据太极股份财报，2014 年第 3 季度，太极股份总营收达 28.26 亿元人民币，同比增长 29.06%；其中包括车联网在内的 IT 产品增值服务收入达 5.06 亿，占据总营收 25.18% 的份额。

易观分析——

前身作为民族企业的太极股份，积累了多年的 IT 发展经验和技术支撑，在行业内树立了成熟的项目实施和管理方法体系。公司通过不断创新，开发了数百项行业解决方案和自主软件产品，涵盖了解决方案、终端硬件及应用软件等方面。与行业内其他公司不同的是，太极股份摒弃了细分市场的业务，选择与政府进行合作，通过建立汽车终端互联网化平台实现统一规范化管理，从政策源头拓展市场。然而，目前中国的车联网市场尚处于发展当中，其业务功能并不完善，大众的认知度仅限于在线地图等服务软件，未曾有深入了解，“政府路线”对公众推广的作用并不明显有效。此外，车联网市场目前的盈利模式基本是通过硬件设施来实现，深层次挖掘还不够，或许与汽车生产企业进行合作，进军汽车装配市场是不错的选择。

一、基础信息

1.1 基本信息

1.1.1 公司全称：太极计算机股份有限公司

1.1.2 成立时间：1987 年

1.1.3 总部地点：北京

1.1.4 上市时间：2010 年 3 月 12 日深圳证券交易所所上市

1.1.5 企业性质：国有控股

1.1.6 联系方式

网址：http：//www.taiji.com.cn/

邮箱：taiji@mail.taiji.com.cn

地址：北京市海淀区北四环中路 211 号

电话：010-89056888

传真：010-89056889

1.2 组织信息

1.2.1 管理层

李建明 董事长

二、业务信息

2.1 主要产品与服务信息

解决方案：

行业解决方案 – 针对不同行业不同问题提供管理解决方案，包括政府、电力、金融、制造、交通、石化、煤炭、公共安全等方面

智慧城市解决方案 – 针对城市需求，根据现有资源实现城市智慧化

基础设施解决方案 – 针对基础设施提供的管理解决方案，包括智能建筑和数据中心方面

软件产品

提供面向政府、公用事业、公共安全、金融、能源、制造等行业丰富的应用软件产品以及信息安全、平台工具、基础设施类软件产品，涵盖行业应用、管理软件、平台工具、信息安全、基础设施方面。

专业服务

提供各领域各行业的专业化服务，包括咨询、信息安全、运营运维及增值服务。

2.2 覆盖范围

2.2.1 行业：软件与信息服务

2.2.2 主要客户：行业及政府客户

2.2.3 业务区域：全国

2.3 收入结构：主要来自于行业解决方案，有其余软件产品和咨询、增值服务营收

三、综合信息

3.1 发展定位：行业信息化的领先者、智慧城市的领导者、IT 服务创新的引领者

3.2 重要合作伙伴及供应商信息：IBM、微软、思科、Aruba Networks、Siemon、华为、惠普、Oracle、易安信、三星、中兴等

物联网

航天信息

航天信息股份有限公司是由中国航天科工集团公司控股、以信息安全为核心技术的 IT 行业高新技术国有上市公司，是一家集技、工、贸于一体的具有现代化企业管理机制的高新技术企业，依托航天的技术优势、人才优势和组织大型工程的丰富经验，重点聚焦 IT 民用领域，业务领域涉及政府及行业信息化，重点发展税务、政务、公安、交通、金融、广电、教育等行业的信息化市场，并积极拓展企业的信息化市场。航天信息已建立了覆盖全国的销售渠道和服务体系，在全国 31 个省、市、自治区和 5 个计划单列市建立了近 40 家省级服务单位、200 余家地市级服务单位、400 余家基层服务网点。航天信息拥有自己的核心技术和创新团队，设立了信息安全、智能商务和 RFID 等博士后工作站。航天信息通过了 ISO9000 质量管理体系认证、ISO14000 环境体系认证、CMMI 三级评估等，具备计算机系统集成一级资质、安全技术防范一级资质、专项工程设计甲级资质以及国家密码产品开发生产许可资质等，承担了“金税工程”、“金盾工程”、“金卡工程”等国家重点工程，是国家大型信息化工程和电子政务领域的主力军。航天信息作为税务会计软件开创者，始终关注并深挖企业各个发展阶段的需求核心。由航天信息首创的 Aisino“懂税的 ERP”系列管理软件及解决方案，涵盖财务、税务、供应链、生产、协同、商业智能 6 大领域、包含 40 多个功能模块、300 多张管理分析报表，全面覆盖中小企业日常的业务运作和管理需求。从成立以来，航天信息荣获了多种荣誉，2014 年 7 月 10 日，航天信息以第 8 位的成绩再次荣登“中国方案商百强”榜单，这是航天信息连续第 12 年登上该榜。

易观分析——

国家逐渐重视物联网的发展，市场需求不断扩大，物联网行业发展极具空间，发展速度较快，给航天信息的发展提供了有利的外部环境，其主业、基业和新业务都面临机遇。虽然物联网市场属于蓝海市场，但是，物联网行业普遍存在市场培育期长，投入成本较高的问题，航天信息也面临着新竞争者的挑战。航天信息拥有着雄厚的技术实力、丰富的人才储备、庞大的服务网络以及资本市场的金融支持，研发创新优势明显。2014 年航天信息董事会公告向香港子公司和美国子公司提供合计 5 亿元人们币内保外贷，其海外市场开拓也即将取得实质进展。未来航天信息需要以传统增值税控业务为核心，加快向外扩展的速度，抢占市场。

一、基础信息

1.1 基本信息

1.1.1 公司全称：航天信息股份有限公司

1.1.2 成立时间：2000 年 11 月 1 日

1.1.3 总部地点：广东省深圳市

1.1.4 上市时间：2003 年 7 月 11 日（上海证券交易所）

1.1.5 企业性质：股份有限公司、上市公司

1.1.6 资本信息

注册资本 5000 万元人民币；目前公司总股本 92340 万股，总市值 140 亿元人民币。

1.1.7 联系方式

网址：http：//www.aisino.com/

邮箱：mster@aisino.com

地址：北京市海淀区杏石路甲 18 号（100195）

电话：（+8610）88896666

传真：（+8610）88896888

1.2 组织信息

1.2.1 人员规模：从业人员近 1.4 万人

1.2.2 管理层

时 旸 董事长

二、业务信息

2.1 主要产品与服务信息

主要产品

企业管理软件：Asino A3、Aisino ERP. A6、Aisino ERP. A8、AOS 开发平台、企业税务会计软件、财税实验室

电脑设备：打印机、票据通软件、税控计算机、“票的宝”便携开票系统

智能识别及终端产品：智能卡与电子标签、卡及标签配套设备、智能终端（指纹采集、社会信息采集终端、证件扫描设备、旅行人口信息采集、手持智能终端）、多媒体终端、终端读写机具

税务信息化：防伪税控核心产品、防伪税控延伸产品、国税集成产品、手机开票和 DTU、车购税自助终端、台式信息终端

服务器：通用服务器、刀片服务器、双 / 四子星服务器、加解密服务器

存储 / 安全：安全硬件产品、PKI 系列产品、安全技术、存储、安全监控

解决方案

政府及公共事业：税务信息化、公安信息化、粮食流通管理信息化、食品药品监管、城市管理、应急管理、政府信息化

行业：海关、交通运输、图书管理、跨行业（仓储物资信息化管理系统、小精灵智慧监控系统、车辆智能管理系统）、云计算、智能物流

企业：风险管理、IT 咨询、智能节电、打印解决方案（出纳支票及往来票据打印方案）、管理软件方案产品

2.2 覆盖范围

2.2.1 行业：物联网行业（重点聚焦 IT 民用领域，业务领域涉及政府及行业信息化）

2.2.2 主要客户：政府机关部门与企业

2.2.3 业务区域：全国

2.3 收入结构：2014 年第 3 季度主营收 81.14 亿元人民币，按产品分，增值税防伪税控系统及相关设备营收约 14.49 亿元人民币，占比 17.92%；IC 卡营收约 1.73 亿元人民币，占比 2.14%；税控收款机营收约 0.47 亿元人民币，占比 0.58%；网络、软件与系统集成营收约 22.08 亿元人民币，占比 27.31%；渠道销售营收约 39.31 亿元人民币，占比 48.61%；其他营收约 2.79 亿元人民币，占比 3.45%。

三、综合信息

3.1 发展定位：以"用能人，建新制，科技创新，多种经营"为发展思路，努力打造具有国际竞争力的航天"Aisino"品牌。

3.2 重要合作伙伴及供应商信息：中国航天科工集团公司、中国航天海鹰机电技术研究院、北京航天爱威电子技术有限公司、申银万国证券股份有限公司、安诺股票证券投资基金、中国长城工业集团有限公司、广发证券股份有限公司、天安人寿保险股份有限公司、北京机电工程总体设计部、北京市公安局、北京地税、大连人民政府、上海国地税、北京国地税、辽宁国地税等

大唐电信

大唐电信为国务院国资委管理的大型高科技中央企业，拥有无线移动通信、集成电路设计与制造、特种通信、战略性新兴产业和产业金融五大产业板块。通过成功推动自主创新的 TD 产业化，大唐电信集团探索了一条"技术专利化、专利标准化、标准产业化、产业市场化、市场国际化"的自主创新发展之路，实践了全新的"中国创造"发展模式。大唐电信目前已形成集成电路设计、软件与应用、终端设计、移动互联网四大产业板块。2014 年 4 月 25 日，大唐电信科技股份有限公司于荷兰恩智浦半导体

有限公司宣布，合资建立中国首个汽车半导体设计公司 - 大唐恩智浦设计有限公司，标志大唐电信正式进军汽车电子领域。

目前，大唐电信在北京、上海、南京、成都、西安、天津等地建立了产业基地，并设立了遍布全国的市场网络和售后服务中心，面向国内客户提供涉及整个网络生命周期的服务以及 7 x24 小时快速响应。为适应新的市场形势，大唐电信进一步明确了“以国内领先的集成电路设计、软件与应用、终端设计为核心竞争力，积极拓展移动互联网等新兴产业业务，使公司成为细分行业综合领先的解决方案和服务提供商”的发展定位，建立了面向移动互联网、物联网等新兴产业的业务体系，以及面向市场以客户为核心的运营模式。

易观分析——

属于国内具有自主知识产权的信息产业骨干企业，拥有深厚的技术积淀，在信息安全与服务、行业信息化、智慧城市等电信行业市场具有丰富经验和竞争优势；

2014 年上半年，大唐电信围绕集成电路设计、软件与应用、终端设计、移动互联网持续进行产业优化与创新，进一步整合资源与能力，不断地提升其核心竞争力；

国家对物联网行业的大力支持，物联网行业发展空间巨大，发展速度快，为大唐电信的进一步发展提供了良好的外部环境；

大唐电信目前的业务范围主要集中国内市场，海外市场存在不足，需进一步扩大海外市场占有率；

4G 业务的兴起，移动互联网的迅速发展，对大唐电信传统的电信业务产生冲击，大唐电信需要加大在移动终端与移动互联网行业领域的发展力度。

一、基础信息

1.1 基本信息

1.1.1 公司全称：大唐电信科技股份有限公司

1.1.2 成立时间：1998 年 9 月 21 日

1.1.3 总部地点：北京市

1.1.4 上市时间：1998 年 10 月（上海证券交易所）

1.1.5 企业性质：股份有限公司、上市公司

1.1.6 资本信息：注册资本 43898.64 万元人民币

1.1.7 联系方式

网址：http：//www.datang.com/

邮箱：datang@datang.com

地址：北京市海淀区永嘉北路 6 号 100094

电话：（010）58919000

传真：（010）58919131

1.2 组织信息

1.2.1 人员规模：7 万人

1.2.2 管理层

曹 斌 法人、董事长

二、业务信息

2.1 主要产品与服务信息

产品与服务

集成电路设计：以智能安全芯片、TD 终端芯片为核心；

软件与应用板块：以运营商、城市管理、行业应用、专业应用、智能卡等为核心，提供通信设备、物联网及行业应用、电信运营支持系统、智能卡产品解决方案、数字医疗、软硬件代理等产品与服务；

终端设计：以智能终端设计、PCBA 加工为核心，提供手机终端、行业终端、数据终端；

移动互联网：以移动传媒、增值业务和车载应用为核心，在业务应用、支撑平台、车载应用、运营服务、终端设计方向尽心立体布局，实现“应用整合能力 + 大规模应用部署支撑能力 + 只能终端系统能力 + 平台架构技术能力”的综合发展。

解决方案

物联网解决方案：U-City 综合解决方案、核电行业信息化、智能商务中心（SBC）方案等共计 14 个；

移动互联网解决方案：亲情通服务平台技术方案、移动警务系统建设方案、保险行业移动信息化解决方案；

三网融合解决方案：三网融合有限接入解决方案、三网融合业务和数据解决方案、三网融合 WLAN 无线接入解决方案、大唐电信三网融合接入整体解决方案。

注：详细产品信息参见大唐电信官网：http：//www.datang.com/list.php?catid=107

2.2 覆盖范围

2.2.1 行业：移动互联网、物联网

2.2.2 主要客户：政府、企业、个人

2.2.3 业务区域：全国

2.3 收入结构：据大唐电信发布的 2014 年第 3 季度财报，大唐电信该季度总营收约 13.36 亿元人民币。按行业分，集成电路设计营收约 7.96 亿元人民币，软件与应用营收约 12.33 亿元人民币，终端设计营收约 8.60 亿元人民币，移动互联网营收约 0.99 亿元人民币；按地区分，北部地区营收约 15.45 亿元人民币，南部地区营收约 11.85 亿元人民币，其他地区营收约 2.59 亿元人民币。

三、综合信息

3.1 发展定位：大唐电信将公司定位为以市场需求和业务发展为先导，以关键核心技术为支撑，以提供整体解决方案为主营业务的信息产品和服务提供商，致力于成为细分行业综合领先的解决方案和服务提供商。

3.2 重要合作伙伴及供应商信息：中国移动、中国电信、中国联通、Oracle、施耐德电气信息技术（中国）有限公司、国家电网公司、神华集团、中国石油天然气管道局、中国光大银行、中国农业科学院、中国地质环境监测院、中国人民财产保险股份有限公司、恩智浦有限公司等

中兴通讯

中兴通讯股份有限公司是中国大陆研发生产通讯设备和终端的公司，是全球领先的综合通信解决方案提供商。公司成立于 1985 年，在香港和深圳两地上市，是中国最大的通信设备上市公司。中兴通讯是中国重点高新技术企业、技术创新试点企业和国家 863 高技术成果转化基地，承担了近 30 项国家“863”重大课题，是通信设备领域承担国家 863 课题最多的企业之一。长期以来，中兴通讯坚持以市场为驱动的研发模式进行自主创新，通过独立自主的开发主体，层次分明、科学规范的创新体系、持续的研发投入，在技术开发领域取得了一系列重大科技成果。中兴通讯 2012-2014 年 PCT 专利申请量连续三年居全球前二。

中兴通讯以满足客户需求为目标，拥有通信业界最完整的、端到端的产品线和融合解决方案，凭借有线产品、无线产品、业务产品、终端产品等四大产品领域的卓越实力，已全面服务于全球主流运营商及企业网客户，为全球 160 多个国家和地区的电信运营商和企业网客户提供优质的、高性价比的产品与服务，并被誉为“智慧城市的标杆企业”。

2014 年，中兴通讯积极布局移动互联网市场，相继推出 Grand S2、V5、“星星一号”4G 手机；开发名为“微品汇”的 B2C2C 移动销售 APP；提出针对民用航班的“地空宽带”移动宽带数据解决方案。此外，中兴通讯国内 4G 建设全面启动，在国内三大运营商市场均获得领先份额，成为 LTE 第一大供货商。据中兴通讯发布的 2014 年第 3 季度财报显示，中兴通讯第 3 季度实现营收 211.03 亿元人民币，同比增长 24%，其中手机终端收入第 3 季单季实现 40% 以上增长。

未来，中兴通讯将继续致力于引领全球通信产业的发展，应对全球通信领域更日新月异的挑战。

易观分析——

拥有完整的产品和服务体系，不断增强的创新能力，突出的灵活定制能力，以及日趋完善的交付能力，具有较高的行业认可度；

中兴每年投入占销售收入法人 10% 左右的科研经费，在美国、法国、瑞典、印度、中国等地共设有 18 个全球研发机构，近 3 万名国内外研发人员专注于行业技术创新，具有很强的技术创新能力和产品研发力；

中兴通讯长期致力于海外市场的开拓，在海外投资发展，追求海外市场份额，持续突破发达国家的高端市场，赢得海外客户的信任与合作，但其国内市场较为薄弱，国内市场开发力度有待进一步加强；

国家大力支持物联网发展，物联网行业发展态势良好，竞争激烈，中兴通讯将面临来自原有老牌企业的压力以及新进入者的威胁。

一、基础信息

1.1 基本信息

1.1.1 公司全称：中兴通讯股份有限公司

1.1.2 成立时间：1985 年

1.1.3 总部地点：广东省深圳市

1.1.4 上市时间：1997 年（深圳证券交易所）、2004 年 12 月（香港证券交易所）

1.1.5 企业性质：股份有限公司、上市公司

1.1.6 资本信息：注册资本 5000 万元人民币

1.1.7 联系方式

网址：http：//www.zte.com.cn/

地址：广东省深圳市科技南路 55 号（518057）

电话：0755-26770000

1.2 组织信息

1.2.1 人员规模：8 万余人

1.2.2 管理层

侯为贵 董事长

二、业务信息

2.1 主要产品与服务信息

中兴通讯的产品涵盖无线、核心网、介入承载、业务、终端产品等五大产品领域。

终端产品：智能手机、PAD、功能手机、数据卡、融合类终端、模块与芯片；

无线产品：UMTS/GSM、CDMA2000、TD-SCDMA、WMAX、微波、Wi-Fi、RFID；

接入产品：MSAN、xPON、DSL、CPE；

核心网产品：移动核心网、固网核心网、IMS；

承载产品：WDM/OTM、NG-SDH/MSTP、PTN、路由器、BRAS、Ethernet Switch；

云计算及 IT：增值业务、云计算设备及服务、服务器、存储、IPTV、应用商店与融合业务、OSS/BSS；

服务：维护保障服务、管理服务、技术服务、IT 集成服务、知识服务；

能源及基础设施：电源、基建。

2.2 覆盖范围

2.2.1 行业：物联网行业

2.2.2 主要客户：全球主流运营商及企业网客户

2.2.3 业务区域：全国

2.3 收入结构：具体信息不详

三、综合信息

3.1 发展定位：希望延续中兴通讯在通信设备业的领先地位，做成整个物联网标杆企业。

3.2 重要合作伙伴及供应商信息：和记电讯、法国电信、英国电信、沃达丰、西班牙电信、加拿大 Telus、中国移动、中国联通、中国邮政、东风雪铁龙、海尔、日立、联想、雷克萨斯、LG、诺基亚、三星、上海大众等

中国车联网和物联网行业中的其他企业名录节选如下表：

表31 中国车联网和物联网行业企业名录节选

领域	厂商	备注
物联网	航天信息	简要分析见前述 数据分析及详细分析见 易观智库企业库
物联网	大唐电信	
物联网	中兴通讯	
车联网	启明信息	
车联网	天泽信息	
车联网	太极股份	
基础通信网络及服务	中国电信集团公司	详细分析见易观智库企业库
基础通信网络及服务	中国联合网络通信集团有限公司	详细分析见易观智库企业库
基础通信网络及服务	中国移动通信集团公司	详细分析见易观智库企业库
4G 设备	大富科技	详细分析见易观智库企业库
4G 设备	烽火通信	详细分析见易观智库企业库
4G 设备	富春通信	详细分析见易观智库企业库
4G 设备	中国普天信息产业股份有限公司	详细分析见易观智库企业库
4G 设备	三维通信	详细分析见易观智库企业库
4G 设备	三元达	详细分析见易观智库企业库
4G 设备	世纪鼎利	详细分析见易观智库企业库
4G 设备	硕贝德	详细分析见易观智库企业库
4G 设备	武汉凡谷	详细分析见易观智库企业库
4G 设备	信维通信	详细分析见易观智库企业库
通信光缆	江苏法尔胜股份有限公司	详细分析见易观智库企业库
通信光缆	宏图高科技术开发公司	详细分析见易观智库企业库
通信光缆	汇源集团	详细分析见易观智库企业库
通信光缆	深圳日海通讯技术股份有限公司	详细分析见易观智库企业库
通信光缆	深圳市特发信息股份有限公司	详细分析见易观智库企业库
通信光缆	鑫茂科技（深圳）有限公司	详细分析见易观智库企业库
通信光缆	江苏永鼎股份有限公司	详细分析见易观智库企业库
通信光缆	长江通信	详细分析见易观智库企业库
无线路由器	北京普联世纪信息技术有限公司	详细分析见易观智库企业库
无线路由器	锐捷网络	详细分析见易观智库企业库
无线路由器	深圳市吉祥腾达科技有限公司	详细分析见易观智库企业库
网络接入服务	广东盈信信息投资有限公司	详细分析见易观智库企业库
网络接入服务	北京电信通电信工程有限公司	详细分析见易观智库企业库
网络接入服务	北京歌华有线电视网络股份有限公司	详细分析见易观智库企业库

续表

领域	厂商	备注
网络接入服务	北京畅捷科技有限公司	详细分析见易观智库企业库
网络接入服务	北京创新威克智能科技有限公司	详细分析见易观智库企业库
网络接入服务	东南网	详细分析见易观智库企业库
网络接入服务	方正宽带网络服务股份有限公司	详细分析见易观智库企业库
网络接入服务	广东有线视讯宽带	详细分析见易观智库企业库
网络接入服务	广西视虎宽带	详细分析见易观智库企业库
网络接入服务	天津海泰宽带	详细分析见易观智库企业库
网络接入服务	湖南中信宽带	详细分析见易观智库企业库
网络接入服务	郑州蓝海网络有限公司	详细分析见易观智库企业库
网络接入服务	北京森华易腾通信技术有限公司	详细分析见易观智库企业库
网络接入服务	深圳联亚通信	详细分析见易观智库企业库
网络接入服务	深圳天威视讯有限公司	详细分析见易观智库企业库
网络接入服务	四川艾普宽带	详细分析见易观智库企业库
网络接入服务	益家宽带	详细分析见易观智库企业库
网络接入服务	长城宽带网络服务有限公司	详细分析见易观智库企业库
网络接入服务	中国电信集团公司	详细分析见易观智库企业库
网络接入服务	中国联合网络通信集团有限公司	详细分析见易观智库企业库
网络接入服务	中国移动通信集团公司	详细分析见易观智库企业库
网络接入服务	中海宽带	详细分析见易观智库企业库
网络接入服务	广州珠江数码集团有限公司	详细分析见易观智库企业库
网络接入服务	深圳鹏博士	详细分析见易观智库企业库
CDN	北京蓝汛通信技术有限责任公司	详细分析见易观智库企业库
IDC	北京数立通科技有限公司	详细分析见易观智库企业库
IDC	北京东方网景信息科技有限公司	详细分析见易观智库企业库
IDC	飞创科技有限公司	详细分析见易观智库企业库
IDC	北京国研网络数据科技有限公司	详细分析见易观智库企业库
IDC	北京国音安全信息网络有限公司	详细分析见易观智库企业库
IDC	深圳市海洋动力科技有限公司	详细分析见易观智库企业库
IDC	和信数据	详细分析见易观智库企业库
IDC	互联互通科技有限公司	详细分析见易观智库企业库
IDC	北京华速科技有限公司	详细分析见易观智库企业库
IDC	北京捷信安华信息技术有限公司	详细分析见易观智库企业库
IDC	北京经纬互联科技有限公司	详细分析见易观智库企业库
IDC	北京九州未来科技有限公司	详细分析见易观智库企业库

续表

领域	厂商	备注
IDC	中国蓝色引力网	详细分析见易观智库企业库
IDC	杭州速联信息科技有限公司	详细分析见易观智库企业库
IDC	北京龙腾佳讯网络科技有限公司	详细分析见易观智库企业库
IDC	鹏博士电信传媒集团股份有限公司	详细分析见易观智库企业库
IDC	企商在线	详细分析见易观智库企业库
IDC	日升天信	详细分析见易观智库企业库
IDC	北京宏网神州科技发展有限公司	详细分析见易观智库企业库
IDC	时代宏远	详细分析见易观智库企业库
IDC	世纪互联数据中心有限公司	详细分析见易观智库企业库
IDC	北京首都在线科技股份有限公司	详细分析见易观智库企业库
IDC	首科电讯有限公司	详细分析见易观智库企业库
IDC	北京首信网创网络信息服务有限责任公司	详细分析见易观智库企业库
IDC	北京数据家科技有限公司	详细分析见易观智库企业库
IDC	北京天地通电信有限公司	详细分析见易观智库企业库
IDC	通管网联北京数据科技有限公司	详细分析见易观智库企业库
IDC	北京铜牛信息股份有限公司	详细分析见易观智库企业库
IDC	万国数据服务有限公司	详细分析见易观智库企业库
IDC	网宿科技股份有限公司	详细分析见易观智库企业库
IDC	台州迅捷网络工程有限公司	详细分析见易观智库企业库
IDC	中科鸿基生物科技有限公司	详细分析见易观智库企业库
IDC	北京中科新网网络科技有限公司	详细分析见易观智库企业库

企业应用

用友（软件）

用友软件股份有限公司成立于 1988 年，致力于把基于先进信息技术（包括通信技术）的最佳管理与业务实践普及到客户的管理与业务创新活动中，全面提供具有自主知识产权的企业管理 /ERP 软件、服务与解决方案，是中国最大的管理软件、ERP 软件、集团管理软件、人力资源管理软件、客户关系管理软件及小型企业管理软件提供商。

用友软件股份有限公司 2014 年半年度报告显示，受高中端业务分拆、中端业务分销比重加大等业务结构优化的影响以及近两年宏观经济环境影响，企业客户对信息化管理方面的投入有所下降，管理软件行业整体呈现发展平缓局面。2014 年第 3 季度，用友（软件）营业收入达 24.05 亿元人民币，同比增长 1.5%，市场发展较为平稳，但公司盈利能力大幅度回暖， 大大优于去年同期，扣除非经常性损益后的净亏损 5971 万元人民币，与去年同期亏损减少 4492 万元人民币。根据财报显示，在营业成本、销售费用、管理费用、财务费用等方面，用友严格控制内部经营管理性成本，增幅仅 2.8%。用友对内部精细化经营管理能力有了较大改善，经管能力提升，也为下一步市场经营奠定了良好的根基。

目前用友公司已经启动“全面进军企业互联网”战略，将应用移动互联网、云计算、大数据、社交网络等全球最新 IT 技术，突破传统软件业务商业模式，通过自主创新、投资并购与战略合作，快速行动，全面推进企业互联网业务；进一步加快云平台产品研发与业务推进工作，加强对公司产品的战略管控，集中规划和战略部署公司共性、关键、重大项目；成立战略投资部门，加大企业互联网产业投资并购力度。围绕企业互联网战略，用友软件公司日前与深圳力合金融控股等三家企业共同发起设立的深圳前海用友力合金融服务交易所有限公司（简称“友金所”）于深圳开业，正式上线对外运营，主打 P2P 业务。根据用友软件对“友金所”产出的初步规划，公司将在首年亏损后，在第二年和第三年大幅度盈利，成为除了 IT 软件以外另一个重要的增长点，公司因此由传统 IT 软件提供商转型包括金融服务在内的企业互联网提供商。

易观分析——

随着电子商务、社交网络、移动互联网的快速普及，众多企业纷纷踏上互联网化的征程，用友也是其中之一。用友依托企业互联网战略，旗下分子公司，用友政务、用友医疗、友金所等处于投入期的企业，伴随着电子政务信息管理、医疗行业信息化市场和互联网金融市场的发展，有望成为未来用友股份新的增长点。同时在国家推动使用国产化软件的政策的大环境下，未来用友等中国本土管理软件巨头可望成为市场受益者，高端市场也将成为用友新的发展引擎。

一、基础信息

1.1 基本信息

1.1.1 公司全称：用友软件股份有限公司

1.1.2 成立时间：1988 年

1.1.3 总部地点：北京

1.1.4 上市时间：2001 年

1.1.5 企业性质：股份有限责任公司

1.1.6 联系方式

网址：http：//www.yonyou.com/

地址：北京市海淀区北清路 68 号

电话：4006-600-588

1.2 组织信息

1.2.1 管理层

王文京 董事长、总裁

二、业务信息

2.1 产品及服务信息

用友 NC6

大型企业管理与电子商务平台，面向大型企业集团和成长中的集团企业的信息化需求，综合利用最新的互联网技术、云计算技术、移动应用技术等，通过构建大企业私有云来全面满足集团企业管理、全产业链管控和电子商务运营，为集团企业提供了一个全新的支持合规化应用需求和创新需求，以及个性化配置、集成、实施、运维、管理一体化的大型企业管理和电子商务平台，不断帮助集团企业创新管理模式，引领商业变革，实现长期发展目标。

用友 HCM

用友 HCM 是中国人力资源管理软件第一品牌。用友 HCM 在 1000 多家大型集团企业，3000 多家中型企业和 10000 多家小企业提供服务的基础上，将企业最佳实践与软件产品创新相结合，为企业提供涵盖人力资本管理价值链的整体解决方案。在帮助企业提高人力资源管理效率、实现业务协同的基础上，将人力资源管理与企业战略相匹配，构建高效、稳固的人力资源管理平台，以服务企业利润的增长、规模的扩张和运营效率的提升。同时向客户提供包含 HR 信息化咨询、实施服务、培训及管理咨询以及信息化落地解决方案、在内的整体解决方案，使企业得到全面而完善的“一站式”人力资源管理服务。

用友 BQ

用友 BQ 是企业级、全功能、最佳分析决策平台，共分为 4 层架构，分别是业务数据层、数据处理与分析数据层、分析服务层、分析展现层，其中数据处理与分析数据层基于数据处理平台 AE 构建。BQ 能够帮助企业将各类数据进行快速整合，并根据不同业务分析场景的需要，通过查询、报表、报告、多维分析、仪表板、嵌入式分析等丰富的展示分析手段提供所需信息，灵活快速地响应企业管理和业务变化，为企业搭建一套完善的辅助决策分析体系。

用友 UAP

用友 UAP 是用友公司从多年的应用软件研制过程中提炼出模型、模板、开发工具、应用框架、中间件、基础技术类库，以及软件方案、实施和运维管理工具等成果，以可视化的形式集成在一起，提供包括覆盖硬件、基础软件等 IT 基础设施的 IaaS 服务，覆盖软件开发、发布、集成、部署、测试、运维、管理等 PaaS 服务的大型企业与组织计算平台。平台产品涵盖了企业计算平台支撑软件应用的全生命周期和 IT 服务管理过程，为大型企业与组织构建信息化平台提供核心工具与服务，用于帮助客户构建数据驱动的企业。

用友 U8+

用友 U8+ 成长型企业管理与电子商务平台，融合移动、分析、物联、交易支付等新技术，以实时数据驱动企业实现精细管理，敏捷经营。用友 U8+ 基于强大的 UAP 平台，面向 10 大行业及 220 个细分行业提供多达 126 个功能模块产品及解决方案，向企业提供前后一体的管理与电子商务平台，支持多屏部署、跨屏互动与协作；支持各类企业全生命周期的经营与管理，拥有数十万家中国企业实施服务的成功经验及成熟方法论，将不同行业不同领域的最佳管理实践根植于产品当中，全面支持成长型企业不同管理阶段的管理诉求，以数据驱动企业深度价值创造，让管理更轻松、经营更敏捷、决策更智慧、协同更紧密、应用更时尚。

2.2 覆盖范围

2.2.1 行业：信息技术业

2.2.2 主要客户：企业及政府、社团组织

2.2.3 业务区域：全球

2.3 收入结构：软件服务业务收入等

三、综合信息

3.1 发展定位：成为世界级管理软件与云服务提供商

3.2 重要合作伙伴及供应商：北京奥博信达科技 、上海企通软件有限公司合作、深圳力合金融控股等

文思海辉

文思海辉技术有限公司是中国最大的IT服务外包企业，前身分别是文思信息技术有限公司和海辉软件（国际）集团公司。2012年8月文思信息与海辉软件宣布合并。2013年10月，文思海辉被黑石为首的财团以6.25亿美元收购。2014年3月文思海辉正式完成了与黑石私有化的过程，同时也完成了技术、团队、解决方案、区域市场层面的整合。文思海辉的私有化体现了股东和管理层对产业发展前景的洞察和信心，将推动文思海辉提升决策自由度，专注于长期战略的规划和执行。根据 IDC 数据显示，文思海辉一方面在中国离岸软件开发领域实现历史突破，位列中国 IT 服务商榜首，在欧美离岸软件开发市场排名中，凭借一贯优势，蝉联第一。另一方面文思海辉在银行业 IT 解决方案市场异军突起，成为该市场第三大、中国本土第二大的解决方案服务商。全球范围增长的业绩和文思海辉的战略转型、创新驱动升级等重大战略举措密切相关。文思海辉以 SMAC（社交、移动、数据分析、云计算）战略实现了自身价值链的提升，深入行业帮助传统行业客户创新转型；通过并购整合手段实现了欧美地区的交付能力的提升和覆盖区域的延伸。尤其是凭借突出的技术创新能力，文思海辉在增长最快的全球研发设计服务（R&D）细分市场优势明显，市场份额持续扩大。

易观分析——

目前中国一些重点行业的信息化系统已趋于完善，在云计算、大数据、移动互联网和社交化大潮来袭的背景下，建设和应用开始逐步转型“云化应用”。文思海辉在行业大环境的变动下，做出战略决策，定位为“云计算赋能者”，着眼于行业云，全面推动面向通用航空、金融等行业的行业云市场，推动云计算在多个行业的务实落地。

文思海辉通过不断的转型创新，使其具有更深入和灵活的客户服务能力，未来将在企业解决方案和高端咨询方面取得新发展。

一、基础信息

1.1 基本信息

1.1.1 公司全称：文思海辉技术有限公司

1.1.2 成立时间：2012 年

1.1.3 总部地点：北京

1.1.4 上市时间：未上市（于 2012 年合并上市，但 2013 年已退市）

1.1.5 企业性质： 欧美外资企业

1.1.6 联系方式

网址：http：//www.pactera.com/

地址：北京市海淀区西小口路 66 号东升科技园 C-4 楼

邮编：100192

电话：+ 86-10-5987 5000
传真：+ 86-10-5987 5050
业务咨询：sales@pactera.com

1.2 组织信息

1.2.1 管理层

卢哲群 首席执行官

二、业务信息

2.1 产品及服务信息

咨询领域：

业务和技术咨询服务

文思海辉的业务和技术咨询服务将管理能力与技术能力相结合，使业务策略与运营实际保持一致，专注于将战略转化为现实，作为这项工作的一部分，坚持与客户合作，共同创建从市场到业务策略、从系统到数据策略等不同层面上的可执行策略。

商业技能与分析

文思海辉拥有信息技术专家和行业专家，这些专家具有较强的业务领域知识，涵盖商业智能的各个方面。文思海辉的商业智能专家不仅帮助客户完成系统的构建和运行，而且指导客户选择和购买合适的工具和应用软件，并以最佳实践来帮助业务变革。通过这种方式，文思海辉能够帮助客户提升 IT 投资的有效性，并凭借数据整合和分析提高业务价值。通过将先进的信息技术应用到整个企业，企业不仅能够获得及时的信息，而且能够利用这些信息赢得竞争优势。我们帮助您打造一个业务分析平台，通过为企业做出正确决策提供信息来确保提高业务增长，最终实现业务价值的提升。

业务流程管理

文思海辉为客户提供一整套业务流程管理解决方案，包括流程评估与设计、调整与实施、以及流程所有权管理和可持续管理。通过采用综合全面的方法，帮助客户以经济高效的方式开展组织转型，从而帮助组织充分利用流程，辅以便利的业务系统，最大化提升客户产能与质量的双重效益。

认证培训

培训课程依托于文思海辉深厚的实践经验及行业领导力，并且严格遵循 ISO27001、ISO 9001：2000、CMM Level 5 和企业级六西格玛方法论等行业标准，致力于帮助快速发展的中国企业及在华跨国企业，早日实现符合国际标准的流程。

中国 / 亚太地区市场进入策略

文思海辉将总部战略性的设置于中国，并在亚洲各地建立了完善的服务中心和设施网络，可以帮助客户在大中华地区设立运营机构。除了十多年为领先的跨国公司建立和管理离岸交付中心（ODC）的经验之外，文思海辉的能力还包括帮助客户将 ODC 转化为本地研发或销售或支持中心，使顾客的西方管理方法与亚洲的商业和工作文化之间取得平衡。

解决方案领域：

航空解决方案

文思海辉为全球范围内的小型、中型和大型航空公司提供专门的解决方案，专注于航班运行控制、安全管理、配载平衡管理、航班数据分析以及客户服务系统。文思海辉为我们的航空公司客户提供独特的、面向旅游的电子商务解决方案，以及民航移动应用平台。

呼叫中心解决方案

文思海辉拥有基于 SaaS 架构的一套完整的 BPO（业务过程外包）呼叫中心解决方案，可与电信运营商的服务无缝集成，帮助中小租户快速部署按需可靠的 7×24 小时呼叫中心。基于 SaaS 的 BPO 呼叫中心解决方案提供一整套传统高端系统的功能，例如会议、转移、客户管理、产品管理、订单管理、知识管理、电信级安全和可靠性。

客户关系管理

CRM 解决方案能够帮助公司以更快的速度完成交易，提高交易价值，并改进客户服务。通过创新的客户关系管理流程和技术，文思海辉帮助客户保持领先的竞争优势。在由技术专家提供价值驱动的解决方案战略和实施的同时，跨职能团队还融入了变更管理和业务流程管理。

外包领域：

应用软件开发与服务

凭借 10 余年 IT 外包专业领域知识和专业技术经验，文思海辉一如既往地为客户提供按时的交付和有目共睹的成果。凭借在 CMMI 和 ISO9001 质量标准和流程认证基础上形成的系统化、成熟的方法论，文思海辉为全球客户提供端到端的战略咨询以及应用软件开发和维护（ADM）服务，以实现其全球业务目标。通过离岸模式和在岸模式的最佳平衡，可以实现成本的大量节约以及质量的明显提升。根据客户的特定 IT 需求，文思海辉定制出优化的解决方案和应用程序集成方案，最大化客户的 IT 投资回报，并协助客户保持竞争优势。

业务流程外包（BPO）

凭借文思海辉的高品质标准和流程、丰富的知识、工具和专业的资源管理，文思海辉为全球客户提供全方位的 BPO 解决方案，可将客户的企业从劳力密集型流程中解放出来，控制成本和赋予客户集中于自己的核心业务领域的能力。文思海辉的目标是推动实质性的长期合作，降低成本和改善表现，帮助企业更多地为它们的客户和股东服务。

外包策略咨询

文思海辉外包策略咨询服务专注于帮助客户寻求自身核心业务和外包策略的最佳实践，定制出适合客户的外包发展路线，以满足企业的长期发展目标。

2.2 覆盖范围

2.2.1 行业：软件外包服务

2.2.2 主要客户：企业、政府及社团组织等

2.2.3 业务区域：全球

2.3 收入结构：具体收入结构不详

三、综合信息

3.1 发展定位：打造一个“外包服务 + 行业解决方案 + 高端咨询业务”集于一体的公司

3.2 重要合作伙伴及供应商：微软、IBM、SAP、BMC 等

浪潮

浪潮是中国领先的云计算整体解决方案供应商，已经形成涵盖 IaaS、PaaS、SaaS 三个层面的整体解决方案服务能力，凭借浪潮高端服务器、海量存储、云操作系统、信息安全技术为客户打造领先的云计算基础架构平台，基于浪潮政务、企业、行业信息化软件、终端产品和解决方案，全面支撑智慧政府、企业云、垂直行业云建设。浪潮集团拥有浪潮信息、浪潮软件、浪潮国际三家上市公司，业务涵盖系统与技术、软件与服务、半导体三大产业群组，为全球三十多个国家和地区提供 IT 产品和服务，全方位满足政府与企业信息化需求。根据 Gartner 数据显示，浪潮服务器 2013 年销量同比增长 85%，取代 IBM，进入市场前三，成为第一家年度销量进入市场前三的本土企业，其四是服务器大幅增长，销量仅次于 HP，成为其业绩增长的主要动力。2014 年第 1 季度中，浪潮服务器出货量实现翻番，占据中国服务器整体市场的 30%，继续保持了政府市场的优势，并在最大的互联网市场，占有率超过了 40%。从目前的业绩增长情况看，浪潮服务器 2014 年销售额有望超过惠普和戴尔成为中国市场第一。

随着国家信息安全意识的增强和国产企业的不断强大，中国企业将成为国内服务器市场的主导者。为了更好地抓住国产化发展机遇，2014 年浪潮全面提高了对合作伙伴的支持力度，保证渠道政策全面优于国外厂商。为此，浪潮市场推广投入增长 300% 以上，还将进一步加大对合作伙伴的培训力度，计划在 2014 年为合作伙伴培训 2000 名专业销售，并完成 1000 名售前工程师的培训和认证。

易观分析——

针对云计算、大数据等新兴技术对 IT 行业带来的变革，浪潮集团提出了以云中心、云服务、云安全、云伙伴为四大方向的云海战略，从业务驱动走向数据驱动，实现由设备制造商向服务及方案解决商的转变。未来，浪潮集团将以数据为中心，依托国家对信息安全日益重视的背景，在云业务方面施展拳脚，实现集团的更好发展。

一、基础信息

1.1 基本信息

1.1.1 公司全称：浪潮集团有限公司

1.1.2 成立时间：1983 年

1.1.3 总部地点：山东

1.1.4 上市时间：整体浪潮集团未上市，旗下有三家上市公司，分别为浪潮信息（2000 年上市）、浪潮软件（1996 年上市）和浪潮国际（香港联交所上市）

1.1.5 企业性质：有限责任公司

1.1.6 联系方式

网址：http: //www.inspur.com/

地址：山东省济南市高新区浪潮路 1036 号

国内业务：0531-85106000

邮箱：webmaster@inspur.com

1.2 组织信息

1.2.1 管理层

孙丕恕 首席执行官

二、业务信息

2.1 产品及服务信息

浪潮云海大数据一体机

浪潮云海大数据一体机作为浪潮大数据战略的载体，是一体化数据处理的解决方案，采用新型技术体系架构，整合软硬件系统，涵盖数据存储、数据处理、数据展现等全环节。浪潮云海大数据一体机重点面向行业大数据应用，是金融、电信、公安、工商、交通、卫生、企业等各个行业用户的大数据解决方案理想之选。

浪潮天梭 TS860

浪潮天梭 TS860 为浪潮全新一代自主研发的高端八路服务器，采用业界领先的高速互联设计，具备五大关键特性，达到业内最高规格，拥有 60 余项 RAS 特性，可靠性达 99.999%。浪潮天梭 TS860 性能强劲，稳定可靠，是信息化战略重要装备和云计算服务的理想平台，致力于金融、电信、政府、能源、交通等关键行业的核心应用。

浪潮 EXPRESS 管理软件

浪潮 EXPRESS 管理软件处理适应于各行业企业的业务处理，可满足中小型企业深化内部管理的需要，完成复杂的财务核算及管理功能。主要包括初始建账、凭证处理、出纳管理、账表查询、正式账簿、月末处理功能。可以完成数量核算和多币种核算。帐表中包括部门核算、单位往来、个人往来、台账。一个科目可以同时对应部门核算、单位往来、台账。可完成数据一次录入，多向分流，能够从不同角度对数据进行查询分析。

浪潮 GS 企业管理软件

浪潮 GS 企业管理软件是浪潮基于多年服务于大型集团企业信息化建设的经验，并充分吸取国内外著名管理软件的设计思想，专为集团型客户度身定做的一套数据集中、管理集中、决策集中的全面解决方案。GS 关键业务应用包括：集团财务管理、集团资金管理、集团全面预算、销售与分销管理软件、集团资产管理、商务智能管理、企业信息门户、内控与风险管理解决方案、养老金解决方案、集团绩效管理、eHR 人力资源管理和供应链管理软件等。

浪潮商务智能（BI）

浪潮商务智能解决方案主要面向管理者和业务分析员，对企业关键数据信息进行整合、对比和分析，以直观、简洁的图表形式展现，从而达到支持决策的目的。针对企业不断变化的分析需求，快速生成与之相关的查询、报表、报告、驾驶舱，及时反映企业的真实情况，为企业决策提供数据支撑。更进一步，根据企业历史数据，预测业务发展趋势，预警企业存在的风险，帮助企业在多变的商业环境中及时了解情况，规避风险，提升竞争力。

浪潮税务行业软件

浪潮建安业、房地产业税源控管系统是以“信息管税”理念为导向，以建安业、房地产业项目管理为核心，通过互联网，应用信息化手段采集纳税人开发、经营等的项目基本信息以及项目发票、项目申报、项目经营情况等信息，并采集第三方信息，以“建安房地产项目”为中心建立信息库，进而对项目的各类信息进行分析比 对，开展项目纳税评估，实现“关联登记、信息共享、全程控管、一体化管理”的目标，最终实现对建筑业、房地产业的科学化、专业化、精细化管理。

浪潮电子政务行业软件

浪潮政务审批平台 ECGAP 基于对行政审批信息化的深刻理解和把握，在平台化理念指导下，浪潮着力研发出了政务审批平台（ECGAP），从政务公开、办事过程、收费管理、投诉举报等方面进行事前、事中、事后全过程监控，满足政府行政审批的需要，用来解决政府 G2G、G2B、G2C、G2E 等各种应用的综合解决方案。它满足政府行政审批的各种应用模式和管理模式。

浪潮金融行业软件

浪潮排队机产品主要由取号机、呼叫器、显示终端及语音合成系统组成。其中取号机为触摸立式，显示部分有窗口或柜台显示终端及综合显示终端，LED 点阵显示。排队机产品的控制模块为基于 WINDOWS 架构的控制系统，具有丰富的业务功能。浪潮自助设备监控管理系统 PowerView 是浪潮集团最新开发的面向银行的综合监控管理系统，实现对各类设备的管理和监控以及对交易的实时监控，并提供丰富的查询统计功能，生成定制内容的报表。浪潮自助服务系统软件现已开发出基于 B/S 模式的自助服务系统软件浏览器版本（简称 BCM.web）。

浪潮信息安全软件

浪潮 SSR 服务器安全加固系统是基于先进的 ROST 技术理论，从系统层对操作系统进行加固的安全产品，通过对文件、目录、进程、注册表和服务的强制访问控制，有效地制约和分散了原有系统管理员的权限，能够把普通的操作系统从体系上升级，使其符合国家信息安全等级保护服务器操作系统安全的三级标准。

2.2　覆盖范围

2.2.1　行业：IT 业

2.2.2　主要客户：企业、政府及社团组织等

2.2.3　业务区域：全球

2.3　收入结构：具体收入结构不详

三、综合信息

3.1　发展定位：中国云计算产品及方案供应商

3.2　重要合作伙伴及供应商：华胜天成、中科软、南天信息、大唐电信、方正国际等

中国大数据、云计算及企业应用行业中的其他企业名录节选如下表：

表 32　中国大数据、云计算及企业应用行业企业名录节选

领域	厂商	备注
大数据	东方国信	简要分析见前述 数据分析及详细分析见易观智库企业库
大数据	拓尔思	
大数据	用友软件	
云计算	东软集团	
云计算	浪潮	

续表

领域	厂商	备注
云计算	网宿科技	简要分析见前述 数据分析及详细分析见易观智库企业库
企业移动应用	文思海辉	
云计算	安徽斯百德信息科技有限公司	详细分析见易观智库企业库
云计算	安心网智能科技（深圳）有限公司	详细分析见易观智库企业库
云计算	百度在线网络技术（北京）有限公司	详细分析见易观智库企业库
云计算	北京北龙超级云计算有限责任公司	详细分析见易观智库企业库
云计算	北京东方智嵌科技有限责任公司	详细分析见易观智库企业库
云计算	北京东升博展云计算科技有限公司	详细分析见易观智库企业库
云计算	北京含弘天工科技有限公司	详细分析见易观智库企业库
云计算	北京红山世纪科技有限公司	详细分析见易观智库企业库
云计算	北京华胜天成科技股份有限公司	详细分析见易观智库企业库
云计算	北京华云网际科技有限公司	详细分析见易观智库企业库
云计算	北京基调网络系统有限公司	详细分析见易观智库企业库
云计算	北京金山云网络技术有限公司	详细分析见易观智库企业库
云计算	北京久久相悦科技有限公司	详细分析见易观智库企业库
云计算	北京开普互联科技有限公司	详细分析见易观智库企业库
云计算	北京全景赛斯科技发展有限公司	详细分析见易观智库企业库
云计算	北京锐步科技发展有限责任公司	详细分析见易观智库企业库
云计算	北京视博云科技有限公司	详细分析见易观智库企业库
云计算	北京天地祥云科技有限公司	详细分析见易观智库企业库
云计算	北京天地云箱科技有限公司	详细分析见易观智库企业库
云计算	北京天云趋势科技有限公司	详细分析见易观智库企业库
云计算	北京天云融创软件技术有限公司	详细分析见易观智库企业库
云计算	北京亿企通信息技术有限公司	详细分析见易观智库企业库
云计算	北京友友天宇系统技术有限公司	详细分析见易观智库企业库
云计算	北京云端时代科技有限公司	详细分析见易观智库企业库
云计算	北京云华时代智能科技有限公司	详细分析见易观智库企业库
云计算	北京云科信息技术有限公司	详细分析见易观智库企业库
云计算	北京云思维科技有限公司	详细分析见易观智库企业库
云计算	恩信云计算	详细分析见易观智库企业库
云计算	华工智云	详细分析见易观智库企业库
数据中心	AMD	详细分析见易观智库企业库
数据中心	杭州迪普科技有限公司	详细分析见易观智库企业库
数据中心	方正国际软件有限公司	详细分析见易观智库企业库

续表

领域	厂商	备注
数据中心	北京航天联志科技有限公司	详细分析见易观智库企业库
数据中心	联想集团	详细分析见易观智库企业库
数据中心	北京强氧科技发展有限公司	详细分析见易观智库企业库
数据中心	曙光控股集团有限公司	详细分析见易观智库企业库
数据中心	同方股份有限公司	详细分析见易观智库企业库
数据中心	长城宽带网络服务有限公司	详细分析见易观智库企业库
数据中心	中创软件	详细分析见易观智库企业库
数据中心	紫光股份有限公司	详细分析见易观智库企业库
BI	惠普	详细分析见易观智库企业库
BI	IBM	详细分析见易观智库企业库
BI	Information Builders	详细分析见易观智库企业库
BI	奥威软件工作室	详细分析见易观智库企业库
BI	北京奥威智动科技有限公司	详细分析见易观智库企业库
BI	北京富基旋风科技有限公司	详细分析见易观智库企业库
BI	北京汉端科技有限公司	详细分析见易观智库企业库
BI	北京灵蜂纵横软件有限公司	详细分析见易观智库企业库
BI	北京迈思奇科技有限公司	详细分析见易观智库企业库
BI	北京清华同方软件股份有限公司	详细分析见易观智库企业库
BI	北京亿信华辰软件有限责任公司	详细分析见易观智库企业库
BI	北京博易智软技术有限公司	详细分析见易观智库企业库
BI	金蝶国际软件集团有限公司	详细分析见易观智库企业库
BI	广州从兴电子开发有限公司	详细分析见易观智库企业库
BI	杭州杰创软件有限公司	详细分析见易观智库企业库
BI	和勤商业智能（Hinge BI）	详细分析见易观智库企业库
BI	宏信软件有限责任公司	详细分析见易观智库企业库
BI	吉贝克信息技术有限公司	详细分析见易观智库企业库
BI	润乾公司	详细分析见易观智库企业库
BI	上海博科资讯股份有限公司	详细分析见易观智库企业库
BI	上海炎鼎软件有限公司	详细分析见易观智库企业库
BI	深圳思乐 OLAP	详细分析见易观智库企业库
BI	探智科技软件（上海）有限公司	详细分析见易观智库企业库
BI	微软	详细分析见易观智库企业库
BI	卓越动力软件（北京）有限公司	详细分析见易观智库企业库
CRM	北京立友信科技有限责任公司	详细分析见易观智库企业库

续表

领域	厂商	备注
CRM	xtools	详细分析见易观智库企业库
CRM	八百客	详细分析见易观智库企业库
CRM	博士德软件科技开发有限公司	详细分析见易观智库企业库
CRM	北京易动纷享科技有限责任公司	详细分析见易观智库企业库
CRM	成都任我行软件股份有限公司	详细分析见易观智库企业库
CRM	国康	详细分析见易观智库企业库
CRM	客 e 通	详细分析见易观智库企业库
CRM	领动在线	详细分析见易观智库企业库
CRM	北京麦凯思汀科技发展有限公司	详细分析见易观智库企业库
CRM	美萍	详细分析见易观智库企业库
CRM	清风	详细分析见易观智库企业库
CRM	瑞丰投资管理有限公司	详细分析见易观智库企业库
CRM	北京神州云动科技有限公司	详细分析见易观智库企业库
CRM	伊凯特	详细分析见易观智库企业库
ERP	上海博科资讯股份有限公司	详细分析见易观智库企业库
ERP	广西艾特广告有限公司	详细分析见易观智库企业库
ERP	安慧保健品公司	详细分析见易观智库企业库
ERP	北京安易世纪贸易有限责任公司	详细分析见易观智库企业库
ERP	深圳市奥科伟业科技发展有限公司	详细分析见易观智库企业库
ERP	北京百鹿鸣高新技术有限公司	详细分析见易观智库企业库
ERP	百胜餐饮集团	详细分析见易观智库企业库
ERP	百威（啤酒）	详细分析见易观智库企业库
ERP	北京保利安集团有限公司	详细分析见易观智库企业库
ERP	广州市奔翔电子有限公司	详细分析见易观智库企业库
ERP	北京并捷信息技术有限公司	详细分析见易观智库企业库
ERP	博胜	详细分析见易观智库企业库
ERP	南京长鹏光电科技有限公司	详细分析见易观智库企业库
SCM	Infor	详细分析见易观智库企业库
SCM	甲骨文股份有限公司	详细分析见易观智库企业库
SCM	美国参数技术公司	详细分析见易观智库企业库
SCM	SAP 公司	详细分析见易观智库企业库
SCM	UGS	详细分析见易观智库企业库
SCM	博科通讯系统（中国）有限公司	详细分析见易观智库企业库
SCM	金蝶国际软件集团	详细分析见易观智库企业库

续表

领域	厂商	备注
SCM	新中大软件股份有限公司	详细分析见易观智库企业库
安全	奇虎 360 科技有限公司	详细分析见易观智库企业库
安全	北京北信源软件股份有限公司	详细分析见易观智库企业库
安全	杭州华三通信技术有限公司	详细分析见易观智库企业库
安全	华为技术有限公司	详细分析见易观智库企业库
安全	北京江民新科技术有限公司	详细分析见易观智库企业库
安全	金山软件股份有限公司	详细分析见易观智库企业库
安全	卡巴斯基	详细分析见易观智库企业库
安全	绿盟城市探险队	详细分析见易观智库企业库
安全	启明星辰信息技术有限公司	详细分析见易观智库企业库
安全	趋势科技公司	详细分析见易观智库企业库
安全	瑞星集团有限公司	详细分析见易观智库企业库
安全	赛门铁克（Symantec）公司	详细分析见易观智库企业库
安全	山石网科通信技术有限公司	详细分析见易观智库企业库
安全	深信服科技有限公司	详细分析见易观智库企业库
安全	天融信	详细分析见易观智库企业库
行业终端	E 人 E 本	详细分析见易观智库企业库
行业终端	HTC	详细分析见易观智库企业库
行业终端	爱国者	详细分析见易观智库企业库
行业终端	步步高	详细分析见易观智库企业库
行业终端	汉王	详细分析见易观智库企业库
行业终端	快易典	详细分析见易观智库企业库
行业终端	蓝魔	详细分析见易观智库企业库
行业终端	纽曼	详细分析见易观智库企业库
行业终端	盛大	详细分析见易观智库企业库
行业终端	中兴	详细分析见易观智库企业库
监测	凯迈乐商标转让网	详细分析见易观智库企业库
智能技术	北京君正	详细分析见易观智库企业库
智能技术	华平股份	详细分析见易观智库企业库
智能技术	华为海思	详细分析见易观智库企业库
智能技术	捷通华声	详细分析见易观智库企业库
智能技术	莱宝高科	详细分析见易观智库企业库
智能技术	联发科	详细分析见易观智库企业库
智能技术	全志	详细分析见易观智库企业库

续表

领域	厂商	备注
智能技术	瑞芯微	详细分析见易观智库企业库
智能技术	尚科语音	详细分析见易观智库企业库
智能技术	天马	详细分析见易观智库企业库
智能技术	同洲电子	详细分析见易观智库企业库
智能技术	威盛	详细分析见易观智库企业库
智能技术	新岸线	详细分析见易观智库企业库
智能技术	云知声	详细分析见易观智库企业库
智能技术	长信科技	详细分析见易观智库企业库
IT 解决方案	埃森哲公司	详细分析见易观智库企业库
IT 解决方案	甲骨文股份有限公司	详细分析见易观智库企业库
IT 解决方案	SAP 公司	详细分析见易观智库企业库
IT 解决方案	国电南瑞	详细分析见易观智库企业库
IT 解决方案	海顿新科	详细分析见易观智库企业库
IT 解决方案	朗新科技（中国）有限公司	详细分析见易观智库企业库
IT 解决方案	胜利软件	详细分析见易观智库企业库
IT 解决方案	石化盈科信息技术有限责任公司	详细分析见易观智库企业库
IT 解决方案	北京同方电子科技有限公司	详细分析见易观智库企业库
IT 解决方案	远光软件股份有限公司	详细分析见易观智库企业库
IT 解决方案	中软国际有限公司	详细分析见易观智库企业库
IT 解决方案	中睿信息技术有限公司	详细分析见易观智库企业库
企业移动应用	AirWatch	详细分析见易观智库企业库
企业移动应用	IBM（Worklight）	详细分析见易观智库企业库
企业移动应用	McAfee	详细分析见易观智库企业库
企业移动应用	MobileIron	详细分析见易观智库企业库
企业移动应用	SAP	详细分析见易观智库企业库
企业移动应用	SAP（Afaria）	详细分析见易观智库企业库
企业移动应用	SAP（SUP）	详细分析见易观智库企业库
企业移动应用	Symantec	详细分析见易观智库企业库
企业移动应用	大唐云动力	详细分析见易观智库企业库
企业移动应用	烽火星空	详细分析见易观智库企业库
企业移动应用	华为技术有限公司	详细分析见易观智库企业库
企业移动应用	慧点科技	详细分析见易观智库企业库
企业移动应用	金蝶	详细分析见易观智库企业库
企业移动应用	联想集团	详细分析见易观智库企业库

续表

领域	厂商	备注
企业移动应用	摩托罗拉	详细分析见易观智库企业库
企业移动应用	融易通	详细分析见易观智库企业库
企业移动应用	三星集团	详细分析见易观智库企业库
企业移动应用	神州数码控股有限公司	详细分析见易观智库企业库
企业移动应用	石化盈科信息技术有限责任公司	详细分析见易观智库企业库
企业移动应用	数字天堂	详细分析见易观智库企业库
企业移动应用	太极	详细分析见易观智库企业库
企业移动应用	意贝斯特	详细分析见易观智库企业库
企业移动应用	用友	详细分析见易观智库企业库
企业移动应用	正益无线	详细分析见易观智库企业库
企业移动应用	中国电信集团公司	详细分析见易观智库企业库
企业移动应用	中国联合网络通信集团有限公司	详细分析见易观智库企业库
企业移动应用	中国移动通信集团公司	详细分析见易观智库企业库

工业及产业园区

产业园区

天津滨海高新技术产业开发区

天津滨海高新技术产业开发区 1988 年经天津市委、市政府批准建立，1991 年被国务院批准为首批国家级高新技术产业开发区，总体规划面积 97.96 平方公里。天津滨海高新技术产业开发区包括华苑科技园、滨海科技园、南开科技园、武清科技园、北辰科技园、塘沽科技园六部分。其核心区域华苑科技园、滨海科技园位于天津市西南和东部，是天津经济发展的双子星座。

天津滨海高新技术产业开发区已经形成了绿色能源、软件及高端信息制造、生物技术与现代医药、先进制造业和现代服务业 5 个具有较强竞争力的优势主导产业，初步形成了参与产业高端分工、创新浪潮持续涌现、骨干企业规模带动、配套企业链条不断延伸的产业创新集群。天津滨海高新技术产业开发区已具备了建设高水平自主创新基地和高新技术产业化示范基地的基础和条件。

天津滨海高新技术产业开发区依托政府支持和优惠税收政策，给入驻企业良好的发展机会，但园区在融资政策、人才政策和创新支持方面仍需加强。

一、基础信息

1.1 基本信息

1.1.1 园区全称：天津滨海高新技术产业开发区

1.1.2 成立时间：1988 年

1.1.3 地点：天津

1.1.4 占地面积：97.96 平方公里

1.1.5 创办方：天津市委、市政府

1.1.6 联系方式

网址：http：//www.thip.gov.cn/

地址：天津市华苑产业园区梅苑路 6 号

电话：022–83726666

二、园区服务信息

2.1 主要服务

通过全球性创新要素的高度聚集和国际性创新环境、创新网络的建立和完善，促进创新成果的不断涌现和辐射扩散，成为创造和引领高新技术产业发展潮流的自主创新基地，领航滨海新区，支撑滨海新区的发展。

2.2 主导产业和招商热点：

现代服务业

生物技术和现代医药

先进制造业

文化创意产业

新能源产业

软件及高端信息制造业

2.3 交通物流

天津滨海国际机场、滨海东方通用直升机场、津滨轻轨地铁 9 号线、海滨高速、天津港

2.4 功能园区

国际创业中心、华苑软件园、华科孵化器、鑫茂孵化器、海泰孵化器、普天孵化器、生机生物孵化器、智慧山孵化器、华鼎孵化器

2.5 招商引资优惠政策

天津高新区加快发展百、十亿企业的政策措施（津高新区管发【2013】39 号）

2.6 财税优惠政策

天津高新区加快发展百、十亿企业的政策措施（津高新区管发【2013】39 号）

2.7 其他优惠政策

天津高新区华苑科技园企业通过 ISO14001 环境管理体系认证资助办法（津园区建环【2005】13 号）

天津高新区科技型企业股权激励先行先试工作暂行办法（津高新区管发【2011】3 号）

天津高新区支持科技型中小企业发展的鼓励政策（津高新区管发【2011】13 号）

天津高新区鼓励企业实施商标战略的奖励办法（津高新区管发【2010】36 号）

三、综合信息

3.1 发展定位：通过全球性创新要素的高度聚集和国际性创新环境、创新网络的建立和完善，促进创新成果的不断涌现和辐射扩散，成为创造和引领高新技术产业发展潮流的自主创新基地，领航滨海新区，支撑滨海新区的发展。

3.2 园区已入驻企业：美国思科公司、华信实业集团、卡梅隆—佩斯集团中国总部、载人空间站等超大型航天器总装测试中心、中国机械工业集团有限公司、完美世界等

成都天府新区

天府新区成立于2010年，人口预测600万人，以成都高新技术开发区南区、成都经济技术开发区、双流经济开发区、彭山经济开发区、仁寿视高经济开发区以及龙泉湖、三岔湖和龙泉山为主体，涉及成都市高新区南区、双流县、龙泉驿区、新津县，资阳市简阳市，眉山市彭山县、仁寿县，规划面积1578平方公里，其中成都规划范围为1293平方公里，约占整个天府新区规划面积的81%。2014年10月2日，天府新区获批成为国家级新区，成为云贵川渝地区的第3个国家级新区。

以成都和重庆为核心的成渝城市群是引领中国西部发展的重要增长极，被称作“国家发展第四极”。而天府新区则将在再造一个产业成都的基础上，为四川经济乃至西部内陆经济的发展注入新的活力。天府新区将与成都的中心城区共同构成成渝经济区的成都发展核。不同的是，中心城区为优化开发区，将重点提升传统服务功能，以文化、商贸金融等功能为主；而天府新区为重点开发区，主要集聚新型城市功能，包括科技、商务、文化行政、现代制造业基地和高新技术产业基地等。

天府新区将形成“一带两翼”的产业空间布局，规划布局八大产业，将着力发展产业高端和高端产业，重点发展现代制造业、高端服务业和新技术、新材料等。其中，空港经济开发区以新能源产业为主导，重点发展光伏、风电与核电装备；双流信息产业区以电子信息与科技研发为主导，重点发展集成电路、软件服务于物联网；新川创新科技园以科技研发为主导，大力发展信息服务、服务外包和总部办公；成眉战略新兴产业区主要从事新材料、生物医药、节能环保产业及科技研发；成都经济技术开发区以汽车研发与制造、航空航天装备、工程机械制造为主导；东山科技产业区以科技研发为主导，创新发展信息服务、中试孵化、总部办公等；南部现代农业产业区以农副产品深加工、现代农业科技研发、生物技术为主导；视高经济开发区以农副产品深加工、机械、电子制造为主导。

在天府新区发展的近期和中期，制造业的发展非常重要；而在远期，产业方向将从制造逐步向研发和服务转变。

“绿色”是天府新区的主打色。在新区里，建设用地只占40%，生态用地占据了60%。而且，天府新区将打破传统“摊大饼”的发展模式，形成多中心、组团式布局，形成“一城六区”的组团城市，形成城市与自然有机融合的崭新的城市形态。

园区规划到2030年，国际机构与总部数量要达到300个，航空旅客吞吐量将达到1亿人次/年，科技对经济增长的贡献率要达到75%，高端产业的工业增加值要达到5500亿元人民币，城市人均住房面积达到35平方米，人均公共绿地面积15平方米，城乡居民收入比为2：1。

成都天府新区地理优势和资源优势明显，且在承接东部产业链转型升级和发展新一代信息技术都具有先天优势。但园区在投融资政策和人才吸引方面仍显不足。

一、基础信息

1.1　基本信息

1.1.1　园区全称：成都天府新区

1.1.2　成立时间：2010

1.1.3　地点：成都

1.1.4　占地面积：1578 平方千米

1.1.5　创办方：四川省成都天府新区规划建设委员会

1.1.6　联系方式

网址：http：//tfxq.mh28.com/

邮箱：p2cp@163.com

地址：中国成都市高新孵化园

电话：13981923227

二、园区服务信息

2.1　主要服务

以电子信息为龙头产业，做大做强新能源装备制造、新材料、生物技术等高技术产业；后者以汽车研发制造为重点，发展航空航天、工程机械以及节能环保设备等高端制造产业。

2.2　主导产业和招商热点

“天府新区”的建设可吸引先进制造业和高端服务业，如 IT 产业、新材料、航天航空、物流、金融、商贸等。

2.3　交通物流

铁路货运外绕线、绕城高速、第二绕城高速、跳蹬河以及沿成昆铁路

2.4　功能园区

天府新区以成都高新技术开发区南区、成都经济技术开发区、双流经济开发区、彭山经济开发区、仁寿视高经济开发区以及龙泉湖、三岔湖和龙泉山（简称“两湖一山”）为主体，主要包括成都市高新区南区、双流县、龙泉驿区、新津县，资阳市的简阳市，眉山市的彭山县、仁寿县，共涉及 3 市 7 县（市、区）37 个乡镇和街道办事处。

三、综合信息

3.1　发展定位：以现代制造业为主、高端服务业集聚、宜业宜商宜居的国际现代新城区。核心功能概括为“一门户两基地两中心”。

3.2　园区已入驻企业：包括总投资 106 亿元人民币的沃尔沃成都基地，总投资 20 亿元人民币的上海瑞华纯电动汽车成都基地项目，总投资 3.25 亿元人民币的神钢大吨位起重机生产基地，总投资 8.8 亿元人民币的德国博世底盘项目，总投资 61.7 亿元人民币的一汽大众核心配套项目，总投资 10 亿元人民币的经开区汽车产业科技孵化园项目，总投资 5 亿元人民币的城兴汽车配套科技产业园项目、总投资 8.8 亿元人民币的成都一汽铸造汽配项目。

杭州东方电子商务产业园

杭州东方电子商务园位于杭州江干科技经济园内，正式成立于 2009 年 9 月，产业园区东至九盛路、南至九和路、西至规划河道、北至德胜快速干道，是杭州江干科技经济园区的“园中园”，是杭城东部的新门户，占地面积 129.62 亩，目前已聚集了 300 多家特色电商企业，园区入驻率达 95%。管理运营东方电子商务园的东业电商园运营公司是国内较早的专业园区运营企业之一，集成软件、物流和第三方服务机构。从 2013 年下半年开始，园区撇开了社区管理模式和商业地产的架构模式，整合产业链资源，形成了以人力资源、第三方服务等为主的 CLUB 管理模式，提供全方位服务。

产业园区以电子商务为发展主线，重点构建以、B2C 为核心的电子商务交易技术平台，重点引进电子商务、信息软件、设计研发等新兴产业，重点依托“电子商务”产业链，将产业园区发展成为特色鲜明、实力雄厚、环境优美、集产业发展和旅游观光于一体的专业园区。目前园区以四季青服装研发中心为发展电子商务的主要基地（建筑面积 17 万平方米），同时依托浙江省大学科技园、江干区科创中心创业平台，努力将“东方电子商务园”打造成为“电子商务区、信息软件区、科研总部区、研发孵化区、新产品展示及配套服务区”五区合一的功能集中、区位独立、布局科学的新兴电子商务集聚的特色产业区。2014 年 10 月，杭州东方电子商务产业园与其他九家电子商务产业园发起成立“中国电子商务产业园联盟”。这一联盟的出现，有利于整合各产业园区的资源，加强相互间信息的交流与共享，助力电商行业新发展。

一、基础信息

1.1　基本信息

1.1.1　园区全称：杭州东方电子商务产业园区

1.1.2　成立时：2009 年 9 月

1.1.3　地点：杭州市江干区九盛路 9 号（德胜路 – 九盛路交叉口）

1.1.4　占地面积：129.62 亩

1.1.5　创办方：杭州市政府

1.1.6　联系方式

网址：http：//www.jgkjy.com/

地址：杭州市江干区九盛路 9 号（德胜路 – 九盛路交叉口）

电话：4008696599

二、园区服务信息

2.1　主要服务：项目申报、云服务、教育培训、文娱活动、人才招聘

2.2　主导产业和招商热点

东方电子商务园是以电子商务为发展主线，重点构建以、B2C 为核心的电子商务交易技术平台，重点引进电子商务、信息软件、设计研发等新兴产业，重点依托“电子商务”产业链，将产业园区发展成为特色鲜明、实力雄厚、环境优美、集产业发展和旅游观光于一体的专业园区。目前园区以四季青服装研发中心为发展电子商务的主要基地（建筑面积 17 万平方米），同时依托浙江省大学科技园、江干区科创中心创业平台，努力将“东方电子商务园”打造成为“电子商务区、信息软件区、科研总部区、研发孵化区、新产品展示及配套

服务区”五区合一的功能集中、区位独立、布局科学的新兴电子商务集聚的特色产业区。

2.3 交通物流

园区离地铁 1 号线九堡站入口仅 300 米，紧邻沪杭甬高速和杭州绕城公路，距萧山国际机场半小时车程，距上海、宁波等港口城市仅 1.5 小时车程，坐拥得天独厚的地理优势。周边产业氛围浓厚、公共配套设施齐全，辅以一站式的企业服务体系，为入驻企业构筑了一流的软、硬件创业环境。

2.4 功能园区

园区以引进、培育人才多、技术新、潜力大的电子商务、信息软件、研发创意等新兴产业为导向。并针对性地搭建了六大平台：淘宝“杭州网商园”、“MR.I 互联网创新基地”、“东方电子商务园 BPO 呼叫基地”、“IDC 数据托管中心”、“云计算数据服务中心”、“现代服务业运营中心”，为企业提供人力、融资、技术、管理等交互一体的全方位服务支持。

三、综合信息

3.1 发展定位：不详

3.2 发展目标：杭州文化创意产业园

三年内引进电子商务类（信息软件类）企业不少于 30 家；

三年内新引进电子商务类（信息软件类）企业税收不低于 3000 万元人民币；

三年内园区原有产业电子商务平台普及率达到 50% 以上；

三年内新引进大专以上信息软件人才不低于 1000 人。

3.3 园区已入驻企业：杭州卓青电子商务有限公司、杭州力健电子商务有限公司、杭州阿思拓信息科技有限公司、杭州徐娜拉电子商务有限公司、杭州中奥科技有限公司、杭州芭啦电子商务有限公司等

中国政府机构及产业园区中的其他名录节选如下表：

表 33 中国政府机构及产业园区名录节选

领域	厂商	备注
高科技园区	天津滨海高新技术产业开发区	简要分析见前述 数据分析及详细分析见易观智库企业库
高科技园区	成都天府新区	
高科技园区	杭州东方电子商务产业园	
国家部委	中华人民共和国财政部	政府网站
国家部委	中华人民共和国公安部	政府网站
国家部委	中华人民共和国国防部	政府网站
国家部委	国防科学技术工业委员会	政府网站
国家部委	中华人民共和国国家安全部	政府网站
国家部委	国家安全生产监督管理总局	政府网站
国家部委	中华人民共和国国家保密局	政府网站
国家部委	中华人民共和国国家测绘局	政府网站
国家部委	中华人民共和国国家档案局	政府网站

续表

领域	厂商	备注
国家部委	国家电力监管委员会	政府网站
国家部委	国家发展和改革委员会	政府网站
国家部委	国家工商行政管理总局	政府网站
国家部委	国家广播电影电视总局	政府网站
国家部委	中华人民共和国国家海洋局	政府网站
国家部委	国家行政学院	政府网站
国家部委	国家行政学院	政府网站
国家部委	中华人民共和国国家环境保护总局	政府网站
国家部委	中华人民共和国国家粮食局	政府网站
国家部委	中华人民共和国国家林业局	政府网站
国家部委	中华人民共和国国家旅游局	政府网站
国家部委	中华人民共和国国家民族事务委员会	政府网站
国家部委	中华人民共和国国家人口与计划生育委员会	政府网站
国家部委	中华人民共和国国家食品药品监督管理局	政府网站
国家部委	中华人民共和国国家税务总局	政府网站
国家部委	中华人民共和国国家体育总局	政府网站
国家部委	中华人民共和国国家统计局	政府网站
国家部委	中华人民共和国国家外国专家局	政府网站
国家部委	中华人民共和国国家外汇管理局	政府网站
国家部委	中华人民共和国国家文物局	政府网站
国家部委	中华人民共和国国家新闻出版总署	政府网站
国家部委	中华人民共和国国家信访局	政府网站
国家部委	中华人民共和国国家烟草专卖局	政府网站
国家部委	中华人民共和国国家邮政局	政府网站
国家部委	中华人民共和国国家知识产权局	政府网站
国家部委	中华人民共和国国家质量监督检验检疫总局	政府网站
国家部委	中华人民共和国国家中医药管理局	政府网站
国家部委	中华人民共和国国家自然科学基金委员会	政府网站
国家部委	中华人民共和国国家宗教事务局	政府网站
国家部委	中华人民共和国国土资源部	政府网站
国家部委	国务院参事室	政府网站
国家部委	国务院发展研究中心	政府网站
国家部委	国务院法制办公室	政府网站
国家部委	国务院港澳事务办公室	政府网站

续表

领域	厂商	备注
国家部委	国务院国有资产监督管理委员会	政府网站
国家部委	国务院机关事务管理局	政府网站
国家部委	国务院侨务办公室	政府网站
国家部委	国务院台湾事务办公室	政府网站
国家部委	国务院新闻办公室	政府网站
国家部委	国务院研究室	政府网站
国家部委	中华人民共和国海关总署	政府网站
国家部委	中华人民共和国监察部	政府网站
国家部委	中华人民共和国建设部	政府网站
国家部委	中华人民共和国交通运输部	政府网站
国家部委	中华人民共和国教育部	政府网站
国家部委	中华人民共和国科学技术部	政府网站
国家部委	中华人民共和国劳动和社会保障部	政府网站
国家部委	中华人民共和国民政部	政府网站
国家部委	中华人民共和国农业部	政府网站
国家部委	全国社会保障基金	政府网站
国家部委	全国社会保障基金理事会	政府网站
国家部委	中华人民共和国人事部	政府网站
国家部委	中华人民共和国商务部	政府网站
国家部委	中华人民共和国水利部	政府网站
国家部委	中华人民共和国司法部	政府网站
国家部委	中国铁路总公司	政府网站
国家部委	中华人民共和国外交部	政府网站
国家部委	中华人民共和国卫生部	政府网站
国家部委	中华人民共和国文化部	政府网站
国家部委	新华通讯社	政府网站
国家部委	中华人民共和国工业与信息化部	政府网站
国家部委	中国保险监督管理委员会	政府网站
国家部委	中国地震局	政府网站
国家部委	中国工程院	政府网站
国家部委	中国科学院	政府网站
国家部委	中国民用航空总局	政府网站
国家部委	中国气象局	政府网站
国家部委	中国人民银行	政府网站

续表

领域	厂商	备注
国家部委	中国社会科学院	政府网站
国家部委	中国银行业监督管理委员会	政府网站
国家部委	中国证券监督管理委员会	政府网站
地方政府	安徽省省委	政府网站
地方政府	澳门特别行政区政府	政府网站
地方政府	北京市市委	政府网站
地方政府	福建省省委	政府网站
地方政府	甘肃省省委	政府网站
地方政府	广东省省委	政府网站
地方政府	广西壮族自治区政府	政府网站
地方政府	贵州省省委	政府网站
地方政府	海南省省委	政府网站
地方政府	河北省省委	政府网站
地方政府	河南省省委	政府网站
地方政府	黑龙江省省委	政府网站
地方政府	湖北省省委	政府网站
地方政府	湖南省省委	政府网站
地方政府	吉林省省委	政府网站
地方政府	江苏省省委	政府网站
地方政府	江西省省委	政府网站
地方政府	辽宁省省委	政府网站
地方政府	内蒙古自治区区政府	政府网站
地方政府	宁夏回族自治区政府	政府网站
地方政府	青海省省委	政府网站
地方政府	山东省省委	政府网站
地方政府	山西省省委	政府网站
地方政府	陕西省省委	政府网站
地方政府	上海市市委	政府网站
地方政府	四川省省委	政府网站
地方政府	天津市市委	政府网站
地方政府	西藏自治区政府	政府网站
地方政府	香港特别行政区政府	政府网站
地方政府	新疆维吾尔自治区政府	政府网站
地方政府	云南省省委	政府网站

续表

领域	厂商	备注
地方政府	浙江省省委	政府网站
地方政府	重庆市市委	政府网站
地方政府	台湾省	政府网站
高科技园区	杭州星火电子商务产业园	详细分析见易观智库企业库
高科技园区	沈阳浑南电子商务产业园	详细分析见易观智库企业库
高科技园区	天津宝坻电子商务产业基地	详细分析见易观智库企业库
高科技园区	北京平谷区峪口电子商务创新产业园区	详细分析见易观智库企业库
高科技园区	北京市西城区电子商务产业园	详细分析见易观智库企业库
高科技园区	北京通州商务园	详细分析见易观智库企业库
高科技园区	常州西太湖电子商务产业园	详细分析见易观智库企业库
高科技园区	大连高新技术产业园区	详细分析见易观智库企业库
高科技园区	东莞松山湖淘宝创业园	详细分析见易观智库企业库
高科技园区	福州海峡电子商务产业基地	详细分析见易观智库企业库
高科技园区	广州番禺电子商务创意产业园淘商城	详细分析见易观智库企业库
高科技园区	广州岭南电子商务产业园	详细分析见易观智库企业库
高科技园区	广州市电子商务（天河）产业园	详细分析见易观智库企业库
高科技园区	贵阳经济技术开发区	详细分析见易观智库企业库
高科技园区	杭州东方电子商务产业园	详细分析见易观智库企业库
高科技园区	合肥（蜀山）国际电子商务产业园	详细分析见易观智库企业库
高科技园区	嘉兴市名都电子商务园	详细分析见易观智库企业库
高科技园区	江苏南通崇川科技园	详细分析见易观智库企业库
高科技园区	金华市区电子商务产业基地	详细分析见易观智库企业库
高科技园区	昆明国家高新技术产业开发区	详细分析见易观智库企业库
高科技园区	内蒙古赤峰电子商务产业基地	详细分析见易观智库企业库
高科技园区	青岛天宇电子商务产业园	详细分析见易观智库企业库
高科技园区	泉州电子商务产业基地	详细分析见易观智库企业库
高科技园区	山西侯马经济技术开发区	详细分析见易观智库企业库
高科技园区	上海电子商务创业园	详细分析见易观智库企业库
高科技园区	上海浦东唐镇电子商务产业园	详细分析见易观智库企业库
高科技园区	深圳市宝安区民治电子商务园	详细分析见易观智库企业库
高科技园区	深圳市福田电子商务产业基地	详细分析见易观智库企业库
高科技园区	深圳市互联网产业园	详细分析见易观智库企业库
高科技园区	苏州金枫电子商务产业园	详细分析见易观智库企业库
高科技园区	潍坊市高新技术产业开发区	详细分析见易观智库企业库

续表

领域	厂商	备注
高科技园区	乌鲁木齐高新技术产业开发区	详细分析见易观智库企业库
高科技园区	无锡惠山（国家）电子商务产业园	详细分析见易观智库企业库
高科技园区	武汉市汉正街都市工业区	详细分析见易观智库企业库
高科技园区	西安高新技术产业开发区	详细分析见易观智库企业库
高科技园区	西安软件新城	详细分析见易观智库企业库
高科技园区	西宁（国家级）经济技术开发区	详细分析见易观智库企业库
高科技园区	银川经济技术开发区宁夏软件园	详细分析见易观智库企业库
高科技园区	长春净月国家高新技术产业开发区	详细分析见易观智库企业库
高科技园区	郑州河南省电子商务产业园	详细分析见易观智库企业库
高科技园区	郑州市郑东新区电子商务基地	详细分析见易观智库企业库
高科技园区	重庆市网商产业园	详细分析见易观智库企业库

行业互联网化

银行业互联网化

招商银行

作为国内领先的商业银行，招商银行在国内银行改革史上可谓是渠道开创的领先者。早在上世纪 90 年代，招商银行就已经预见到了互联网变革将会对传统银行业造成巨大冲击，并率先开始零售行业。而近年来，随着新一轮互联网革命的到来，招商银行已准备好模式转型，通过网上银行、手机银行及在线服务搭建起互联网基础服务平台，并由此延伸出“小企业 e 家”、“投资银行”等互联网融资业务及“出行易”自营商旅生活服务，其互联网综合平台搭建已逐渐趋于完善。

易观分析——

招商银行具备中国银行业互联网化的先入优势，拥有良好的电子银行品牌形象，并以此积极开展新业务，树立了科技创新的行业标杆。尽管营业网点较主要国有银行少，但招行拥有 90% 的网络替代率，可以有效地弥补其销售、运营渠道，同时可以完成线上平台与线下业务的信息交互。在行业快速发展的情况下，商业银行之间的竞争已经不再局限于传统业务，而更转向于保险、信托、融资等中间业务，而将零售业务作为主要市场的招商银行无疑占得了先机。在零售中间业务中，招商银行吸引了大量存贷业务外的客户，丰富了收入模式，扩大了市场份额，有效地推动了招商银行的长远稳定发展。

一、基础信息

1.1 基本信息

1.1.1 公司全称：招商银行股份有限公司

1.1.2 成立时间：1987 年 4 月

1.1.3 总部地点：深圳

1.1.4 上市时间：2002 年 4 月 9 日，A 于上证所上市；2006 年 9 月 8 日，H 股于港交所上市

1.1.5 企业性质：股份制

1.1.6 联系方式

网址：http：//www.cmbchina.com/

地址：深圳市福田区深南大道 7088 号招商银行大厦

邮编：518040

电话：95555

1.2 组织信息

1.2.1 管理层

李建红 董事长、非执行董事

二、业务信息

2.1 主要产品与服务信息

主要产品

个人网银：针对个人客户提供互联网账户查询、转账、缴费、支付等功能的理财系统

企业网银：通过网络终端，实现企业客户与银行系统的对联以提供查询、结算、在线支付等服务

手机银行：通过手机移动终端为客户提供查询、转账、缴费、支付等服务

电话银行：通过电话服务为客户提供查询、转账、缴费、业务咨询等服务

手机钱包：通过内置 TOUCH 卡到手机，实现“刷手机”快速付款的服务

在线服务：提供即时的网上查询、结算、业务办理及实时的金融信息行情

小企业 e 家：向客户提供较低风险、较高收益的互联网融资产品

投资银行：为企业提供短期融资券承销、中期票据承销、财务顾问、并购重组等多元化服务

商旅预订：招商银行自主运营的出行平台，提供机票查询、酒店预订等生活服务

2.2 覆盖范围

2.2.1 行业：互联网融资、银行

2.2.2 主要客户：个人或企业贷款、投资及理财客户

2.2.3 业务区域：全国

2.3 收入结构：贷款利息收入、手续费及佣金、代理保险、基金等业务收入

三、综合信息

3.1 发展定位：中国领先的零售银行

3.2 重要合作伙伴及供应商信息：香港中央结算、招商局轮船股份、安邦财产保险、中国远洋运输集团、生命人寿保险、深圳市晏清投资、广州海运集团、深圳市楚源投资、中国交通建设、上海汽车集团等

民生银行

民生银行具备敏锐的行业洞察力，面对滚滚而来的移动互联网新浪潮，把互联网式金融创新定位为新的发展方向。在推出了网上银行和手机银行后，民生银行将眼光转向了银行互联网化的模式创新，并在 2014 年 2 月份正式上线直销银行。直销银行无营业网点，全程互联网化，客户可以通过电脑、手机等渠道来获取银行服务，相较普通业务具有快速开户、定期提前支取等优先功能，并提供“如意宝”、“定活宝”、“随心存”等直销银行专属产品。此外，在加强平台建设与产品创新的同时，民生银行积极探索 O2O 特色营销模式，通过打通以网上银行、直销银行为主的线上渠道与以银行网点和社区银行为主线下渠道来全面满足用户金融需求。

易观分析——

作为中国银行业较为年轻的成员，民生银行的组织结构、服务模式都更为贴近用户，也为企业战略转型互联网带来了便利。与其他银行单纯地布局网上银行、手机银行不同的是，民生银行采取了“重网络，轻门店”的策略，甚至推出了自主创新的直销银行，实行全程互联网化。通过远程互联网渠道，客户可以获取快速便捷的产品和服务，打破了时间、地域和网点的限制，帮助银行提高了运营效率，降低了服务成本。同时，直销银行还提供金融增值服务及融资业务，拓宽了产业市场，也丰富了互联网模式化下的运营结构。民生银行服务的目标群体更多地集中在中小企业，这一部分群体是市场中最活跃的组成部分，也为民生银行带来了不错的经济效益和社会效应。然而，随着互联网其他融资平台的开放，产生的同质替代品势必会对民生银行互联网业务造成一定程度的冲击。

一、基础信息

1.1 基本信息

1.1.1 公司全称：中国民生银行股份公司

1.1.2 成立时间：1996 年 1 月

1.1.3 总部地点：北京

1.1.4 上市时间：2000 年 12 月 19 日，A 股于上证所上市；2009 年 11 月 26 日，H 股于港交所上市

1.1.5 企业性质：股份制

1.1.6 联系方式

网址：http：//www.cmbc.com.cn/

地址：北京市西城区复兴门内大街 2 号

邮编：100032

电话：95568

1.2 组织信息

1.2.1 管理层

洪 崎 董事长

二、业务信息

2.1 主要产品与服务信息

主要产品

直销银行：无营业网点，客户通过电脑、手机、电话等远程渠道获取银行产品和服务，主要产品有“如意宝”、“定活宝”、“民生金”、“称心贷”、“随心存”、“轻松汇”

个人网银：为个人客户提供的网上银行服务

企业网银：根据企业集团的发展与普遍需求所提供的网上银行服务

手机银行：为手机移动终端客户量身定制的移动金融服务平台，提供丰富的移动金融服务、增值服务及生活服务

电话银行：为客户提供 24 小时不间断、一站式的金融服务，包括查询、转账、结算、缴费及其他生活服务

微信银行：通过腾讯微信企业公共账号，为微信用户打造的专属移动金融和移动生活服务平台

网上商城：民生银行自行运营的网上购物商城

2.2 覆盖范围

2.2.1 行业：互联网融资、银行

2.2.2 主要客户：个人或企业贷款、投资及理财客户

2.2.3 业务区域：全国

2.3 收入结构：贷款利息收入、手续费及佣金、代理保险、基金等业务收入

三、综合信息

3.1 发展定位：做民营企业的银行、小微企业的银行、高端客户的银行

3.2 重要合作伙伴及供应商信息：香港中央结算、新希望投资、中国人寿保险、上海健特生命科技、中国船东互保协会、东方集团、安邦财产保险、中国泛海、福信集团等

平安银行

在日前金融潮流互联网化的大趋势下，平安银行把业务结构调整和商业模式创新作为新的发展突破方向。在构建了网上银行、手机银行等基础服务功能的同时，运用互联网创新思维，打造了“橙 e 网”、“橙子银行”等面向其不同客户消费群的互联网融资产品，拓宽了其互联网模式化的多元程度。不同于普通融资项目，其主打产品“橙 e 网”和“橙子银行”以融资功能为基础，通过与多方市场合作，实现物流、商流、资金流和信息流的双向交互，目的在于打造一条完整互联网产业链。2014 上半年，平安银行“橙 e 网”累计客户超过 230 家，同业产品销售量达 2300 亿元人民币。

易观分析——

平安银行拥有敏锐的市场嗅觉，并具备督导的创新发展眼光，是互联网模式转型较为成功的企业之一。凭借母公司的海量零售客户潜力及品牌效应，可以有效地完成其客户批量化发展和平台转移。在营销观念上，平安银行实现了由“产品为中心”到“客户为中心”的转型，树立了良好的客户体验。在完成了网上银行、手机银行等多元化服务渠道建设后，平安银行积极开拓多元化服务类型，包括互联网融资、供应链金融等特殊互联网金融服务，并打算进军移动支付业务。通过建设综合性互联网服务平台，实现了线上线下信息双向交互，推动了市场上小企业的电商化、互联网化升级，同时也可以为核心企业整合供应链提供参考解决方案。

一、基础信息

1.1 基本信息

1.1.1 公司全称：中国平安保险（集团）股份有限公司—平安银行股份有限公司

1.1.2 成立时间：2006 年 11 月（前身深圳发展银行成立时间为 1987 年 12 月）

1.1.3 总部地点：深圳

1.1.4 上市时间：1991 年 4 月 3 日（原深圳发展银行）深交所上市

1.1.5 企业性质：股份制

1.1.6 联系方式

网址：http：//bank.pingan.com/

地址：中国广东省深圳市深南东路 5047 号

邮编：518001

电话：95511-3

1.2 组织信息

1.2.1 管理层

孙建一 董事长

邵 平 行长

二、业务信息

2.1 主要产品与服务信息

主要产品

一账通网银：创新式综合金融平台，仅需一个账号、一套密码、一次登陆可管理所有平安账户和 50 多个其他机构的网上账户，实现保险、银行、投资等多种理财需求

手机银行：为手机移动客户端提供借记卡、信用卡、理财、缴费、生活服务等业务

电话银行：通过电话可以为客户提供查询、转账、缴费、业务咨询等服务

短信银行：以短信的方式通知账户变动情况

微信银行：面向微信客户的查询、提款、还款及生活服务平台

橙子银行、橙 e 网：通过互联网方式提供低风险、高收益的理财产品

线上供应链金融：与核心企业及监管方合作，通过线上融资平台和供应链金融系统进行协同，为线下供应链提供全流程的产品或服务

2.2 覆盖范围

2.2.1 行业：互联网融资、银行

2.2.2 主要客户：个人或企业贷款、投资及理财客户

2.2.3 业务区域：全国

2.3 收入结构：贷款利息收入、手续费及佣金、代理保险、基金等业务收入

三、综合信息

3.1 发展定位：为客户提供一个客户、一个账户、多个产品、一站式服务的全方位综合金融服务体验

3.2 重要合作伙伴及供应商信息：中国平安人寿、深圳中电投资、东方证券、南方东英资产、民生银行等

工商银行

尽管在上世纪 90 年代错过了中国银行业互联网化兴起的第一批热潮，但在 2000 年工商银行正式确定了其“以企业客户为重点，以在线支付为突破口，带动个人业务和整个网上银行的发展”的互联网发展策略，并以此搭建网上银行及手机银行的基础服务平台。近年来，随着客户对互联网的依赖日益加重，工商银行在互联网化表现得十分活跃，除了升级传统业务外，也开拓了第三方支付、小微企业融资、金融产品网上销售及自建清算系统等创新性服务。未来，工商银行将投入更多资源，利用科技优势与金融实力来构建更完备的线上平台与线下业务互联的金融服务体系。

易观分析——

在互联网金融模式的潮流下，作为中国最大的商业银行，工商银行也在加快自身业务模式转型。凭借其本身强大的分销网络，工商银行在互联网平台建设中积累了显著的优势，其电子业务交易量已经超过全部业务的五成以上。通过布局网上银行、手机银行、互联网融资等业务，工商银行为客户搭建了包括业务办理、理财、结算及在线支付等多元化的金融平台，完善了整体的互联网模式布局。然而，作为国有企业，工商银行受政策管控较为直接，创新能力也容易受到限制，同时庞大的机构规模也给其商业模式转型带来不小的压力。此外，随着经济政策的逐渐开放，大量外资银行涌入、互联网企业开办民营银行均对其带来了诸多冲击和挑战，工商银行要想在竞争激烈的行业内长久发展，必须强化自主创新意识以顺应市场发展。

一、基础信息

1.1 基本信息

1.1.1 公司全称：中国工商银行股份有限公司

1.1.2 成立时间：1984 年 1 月

1.1.3 总部地点：北京

1.1.4 上市时间：2006 年 10 月 27 日，A 股与 H 股分别于上证所与港交所同步上市

1.1.5 企业性质：国有独资

1.1.6 联系方式

网址：http：//www.icbc.com.cn/

地址：中国北京市西城区复兴门内大街 55 号

邮编：100031

电话：95588

1.2 组织信息

1.2.1 管理层

姜建清 执行董事

易会满 行长

二、业务信息

2.1 主要产品与服务信息

主要产品

个人网银：通过互联网，为工行个人客户提供查询、转账、理财、缴费等服务

企业网银：通过互联网或专线网络，为企业客户提供查询、结算、在线支付等金融服务

手机银行：通过手机移动终端，为客户提供查询、转账、缴费、消费支付等服务

电话银行：通过电话服务，为客户提供查询、转账、缴费、理财、业务咨询等服务

微信银行：通过微信平台，为客户提供信息查询、产品资讯、业务咨询等服务

网络融资：包括易融通、网贷通、网上商品交易市场融资、电子供应链四项融资产品与贷款体检一项工具，通过互联网为企业提供贷款融资服务

2.2 覆盖范围

2.2.1 行业：互联网融资、银行

2.2.2 主要客户：个人或企业贷款、投资及理财客户

2.2.3 业务区域：全国

2.3 收入结构：贷款利息收入、手续费及佣金、代理保险、基金等业务收入

三、综合信息

3.1 发展定位：建设最盈利、最优秀、最受尊重的国际一流现代金融企业

3.2 重要合作伙伴及供应商信息： 中华人民共和国财政部、中央汇金投资、香港中央结算、中国平安人寿保险、工银瑞信基金、中国证券金融、安邦保险集团、中国人寿保险、南方东英资产等

家电业互联网化

海尔

海尔集团创立于1984年，开始从单一生产冰箱起步，拓展到家电、通讯、IT数码产品、家居、物流、金融、房地产、生物制药等多个领域，成为全球领先的美好生活解决方案提供商。2013年，海尔全球营业额1803亿元人民币，利润总额108亿元人民币，继续保持利润增长2倍于收入增长。据海尔2014年第3季度财报数据，该季度公司实现收入234.87亿元人民币，稍有下降。

易观分析——

海尔具有国有背景，受政策扶持，国际市场已经开拓，品牌形象成熟。虽然集团公司实力雄厚，但各个新型领域的成绩并不理想，绝大多数都处于投入而非产出阶段，盈利能力显著下降。与此同时，相对成熟的家电产业已不复往昔带来强劲的大量利润，市场竞争激烈。面对挑战，海尔充分利用国家背景、顺应政策，发展新型产业，领域涉足多元化，科学地进行产业结构配置，以抵御某一行业的冲击带来无法挽回的损失。在战略发展过程中，海尔的核心产品多而不精，市场可替代产品众多，无法紧跟消费者的消费偏好，缺乏市场敏感度，以至于众多小型企业的商品都能带来威胁。在新拓展的领域上，海尔还缺乏相关人才，处于大量投入的阶段，尚难撼动原驻企业的地位。

一、基础信息

1.1 基本信息

1.1.1 公司全称：海尔集团

1.1.2 成立时间：1984 年

1.1.3 总部地点：中国山东青岛

1.1.4 上市时间：青岛海尔（上证：600690）1993 年 10 月

海尔电器（HK：01169）1997 年 12 月

1.1.5 企业性质：集体企业

1.1.6 联系方式

网址：http：//www.haier.net/cn/

邮箱：9999@haier.com

地址：中国青岛海尔路 1 号海尔工业园内， 266101

电话：0086-4006-999-999

1.2 组织信息

1.2.1 管理层

张瑞敏 首席执行官

二、业务信息

2.1 主要产品与服务信息

主要产品

白电产品、数字及个人产品、地产、整体厨房、生活家电

服务信息

提供采购、安装、售后的厨房用具一条龙服务

2.2 覆盖范围

2.2.1 行业：家电业、地产业、生物制药、电子 IT

2.2.2 主要客户：全球家电消费者

2.2.3 业务区域：全球

2.3 收入结构：家电销售收入、地产收入

三、综合信息

3.1 发展定位：海尔的愿景和使命是致力于成为行业主导，用户首选的第一竞争力的美好住居生活解决方案服务商

3.2 重要合作伙伴及供应商信息：国美、苏宁、天猫

方太

1996 年 1 月 18 日，宁波方太厨具有限公司成立，并斥资 2000 万建立第一条吸油烟机生产线，年产 30 万台。行业内最多国家专利得主，获得授权专利近 500 项，其中发明专利近 70 项，远多于其后 9 家企业的总和；2013 年 3 月 25 日，方太全新一代风魔方抽油烟机产品上市发布会在北京竞园艺术中心隆重举行，全新产品所带来的前所未见的吸油烟效果和脱胎换骨的外观设计受到了在场嘉宾的广泛赞许。近年来，方太非常重视线上销售渠道，易观智库监测，2014 年全年方太烟机 / 灶具 B2C 线上销售 11.1 亿元人民币。2014 年“双十一”当天天猫旗舰店线上销售近一个亿。

易观分析——

作为国内首屈一指的高端厨电品牌，方太的高端品牌战略走得十分成功，受到消费者的普遍认可。品牌定位和品牌宣传清晰明朗，专注于厨电、灶具，给消费者一个明确的“品质 + 高端”的信号。并且，在专业领域获得近 500 个国家专利。产品过于单一，由于家电市场品牌众多，产品量大，作为企业容易受到来自不同厂商不同程度上的冲击。定位高端的方太可以结合更多的服务来捆绑产品。除了良好的迅捷的售后，可以大力发展售前服务和配套的厨房设计整改服务，由于厨电产品的使用性质，清洁和维护也可以成为业务发展方向，例如：前期免费和高价位的产品共同出售，后期收费，同时推荐新产品提供以旧换新。简而言之，可以尝试用户体验为准的服务，以服务带动产品销售。价格高昂的品牌用具始终逃不过受众窄的弊端。不过，对苦心经营起来的品牌说“降价”未必是明智的决策，因此需要变弊为利另辟一条高端定制的产品线，收取高额佣金。

一、基础信息

1.1 基本信息

1.1.1 公司全称：宁波方太厨具有限公司

1.1.2 成立时间：1996 年 1 月 18 日

1.1.3 总部地点：浙江省宁波

1.1.4 上市时间：未上市

1.1.5 企业性质：私营企业

1.1.6 联系方式

网址：http：//www.fotile.com/

邮箱：service@fotile.com

地址：浙江省宁波杭州湾新区滨海二路 218 号

电话：0574-23456666

1.2 组织信息

1.2.1 管理层

茅忠群 方太集团首席执行官

二、业务信息

2.1 主要产品与服务信息

主要产品

抽油烟机、烤箱、消毒柜、灶具

服务信息

提供采购、安装、售后的厨房用具一条龙服务

2.2 覆盖范围

2.2.1 行业：家电业

2.2.2 主要客户：全国厨房家电用户

2.2.3 业务区域：全国

2.3 收入结构：家电销售收入

三、综合信息

3.1 发展定位：做专业的高端厨房电器品牌

3.2 重要合作伙伴及供应商信息：天猫、苏宁易购、京东商城

九阳

九阳股份有限公司成立于 1994 年，2008 年 5 月 28 日在深圳证券交易所成功上市。是一家专注于健康厨房电器的研发、生产和销售的现代化企业。2007 年，九阳豆浆机获中国名牌产品，电磁炉获国家免检产品称号；2006 年，九阳商标获中国驰名商标，同年九阳豆浆机、榨汁机、料理机产品被国家质量监督检验检疫总局评为质量免检产品。2013 年九阳实现营业总收入 532812.16 万元人民币，较上年同期增长 7.82%。易观智库监测，2014 年全年九阳 B2C 线上销售额超过 16 亿元人民币。

易观分析——

九阳公司的员工和管理层结构十分年轻，因此了解青年一代的消费习惯和兴趣点，了解年轻人群选择性消费的偏好，小家电形象和品牌树立良好。九阳作为一家规模较小的年轻公司已经上市融资，说明有能力把握机遇，并且被投资者普遍看好，成长性佳。小型家电花费不多，且不属于生活必需品，但随着消费群体的年龄、喜好的转变，越来越多的人会对小型家电产生兴趣，从市场反应看来，在花费不多的情况下，大多数人会对“有意思、方便”的生活非必需品埋单，九阳在豆浆机上取得的成功可以看出九阳是一家在小型家电上有明确定位和目标的企业，无论从人员结构还是年龄组成，相比于大型的集团企业更有品牌优势和创意环境。但是九阳面临来自大型企业的业务打压，市场宣传上易被抄袭复刻，从而在市场打开之前被替代，资金链的断裂，新产品的开发、生产需要大量投入，如何筹措资金需要领导层考虑。

一、基础信息

1.1 基本信息

1.1.1 公司全称：九阳股份有限公司

1.1.2 成立时间：2002 年 7 月

1.1.3 总部地点：山东省济南

1.1.4 上市时间：2008 年 5 月 28 日

1.1.5 企业性质：股份有限公司

1.1.6 联系方式

网址：www.joyoung.com.cn/

邮箱：投资者电子邮箱 jgy@jiuyang.com.cn

地址：山东省济南市经十路 28038 号

电话：0531-85607901

1.2 组织信息

1.2.1 管理层

王旭宁 董事长、总裁

二、业务信息

2.1 主要产品与服务信息

主要产品：

豆浆机、压力煲、榨汁机

服务信息：

提供线上线下产品销售，线下售后维修服务

2.2 覆盖范围

2.2.1 行业：家电业

2.2.2 主要客户：全国烹饪小家电用户

2.2.3 业务区域：全国

2.3 收入结构：家电销售收入

三、综合信息

3.1 发展定位：打造中国健康厨房电器第一品牌，做百年九阳。

3.2 重要合作伙伴及供应商信息：天猫、苏宁易购、京东商城、国美电器、苏宁电器

美的

美的集团（SZ.000333）是一家以家电制造业为主的大型综合性企业集团，于 2013 年 9 月 18 日在深交所上市，旗下拥有小天鹅（SZ000418）、威灵控股（HK00382）两家子上市公司。1968 年，美的创业，1980 年，美的正式进入家电业，1981 年注册美的品牌。目前，美的集团用工总数 13 万人，旗下拥有美的、小天鹅、威灵、华凌、安得、美芝等十余个品牌。

2013 年，美的集团整体实现销售收入达 1210 亿元人民币，其中外销销售收入达 74 亿美元。2013 年“中国最有价值品牌”评价中，美的品牌价值达到 653.36 亿元人民币，名列全国最有价值品牌第 5 位。截至 2013 年，美的集团为社会公益事业累计捐赠超过 6 亿元人民币。2014 年上半年，收入 773 亿元人民币、同比增长 17.3%，大家电和小家电盈利能力均有明显的提升；内销增长快于外销，但外销盈利能力提升更快。2014 年上半年电商销售额 39.3 亿元人民币、同比增长 160%，其中大家电销售额 19.3 亿元人民币、同比增长 245%。

易观分析——

美的的优势在于是大型的集团企业，旗下拥有众多子公司，其中包括小天鹅和威灵控股两家上市子公司。收入来源广，盈利稳定，资金充裕，且一直以来是国家大力扶持的大型高科技节能环保企业。集团的业务量和业务范围非常大，且成立时间长，经历市场和历史变革发展至今生产能力稳健。而其劣势也在于此，一个稳定的大规模的集团企业绝大多数成员都希望稳中求胜，保持既有的收益和利润，可是市场变化迅速、消费热度忽高忽低，很难敏感把控市场方向，预判下一个消费热点。当然，不需要大规模转型，且受国家政策扶持的集团公司，是有能力进行大规模的生产和科研的，把“需求转变为产品”的模式提高到“产品带来需求”，以此来避免被市场淘汰。同时，家电产业十分成熟，竞争者众多，一个好的产品被抄袭和替代的概率十分大，要做好市场规划和风险管控。

一、基础信息

1.1 基本信息

1.1.1 公司全称：美的集团股份有限公司

1.1.2 成立时间：1968 年

1.1.3 总部地点：广东省佛山市

1.1.4 上市时间：2013 年 9 月 18 日

1.1.5 企业性质：股份有限公司

1.1.6 联系方式

网址：http：//www.midea.com/

地址：广东省佛山市顺德区北滘镇美的大道 6 号美的新总部大楼

电话：0757-26338888)

1.2 组织信息

1.2.1 管理层

方洪波 董事局主席、总裁

二、业务信息

2.1 主要产品与服务信息

主要产品

空调、冰箱、洗衣机、热水器、厨房家电

服务信息

提供采购、安装、售后的电器一条龙服务

2.2 覆盖范围

2.2.1 行业：家电业

2.2.2 主要客户：全国电器用户

2.2.3 业务区域：全国

2.3 收入结构：家电销售收入

三、综合信息

3.1 发展定位：做专业的高端厨房电器品牌

3.2 重要合作伙伴及供应商信息：天猫、苏宁易购、京东商城

教育业互联网化

学大教育

学大教育倡导个性化教育，根据每个学生的需求和喜好量身定制个性化辅导方案，同时匹配全职的专业辅导小组进行一对一的辅导，是全国规模最大的个性化教育机构。2010 年 11 月，学大教育集团以“XUE”为股票代码，在纽约股票交易所（NYSE）上市交易。当年全年总营收为 1.541 亿美元，同比增长 99.7%。2014 年 3 月，学大教育正式发布线上与线下相结合的 O2O 战略，将“个性化教育”全面升级到“个性化智能教育”，并同步推出个性化智能辅导平台“e 学大”，包括线上 ASPG（Assessment 评测、Self study 自学、Pinpoint 定位、Guiding 辅导）辅导平台与线下辅导体系。根据易观智库季度监测数据，2014 年第 3 季度学大教育净营收为 7260 万美元，同比下滑 8.6%。

易观分析——

学大教育专注个性化教育市场，具备优良的师资力量、丰富的教学经验和先进的信息技术，品牌优势强；另外，上市为学大教育提供更多资金和资源的保障，同时为打开国际市场提供便捷。但是个性化教育的特质使得学大教育在优质教育资源上的成本趋高；相较于其他教育机构，业务范围上较显单薄。

互联网 / 移动互联网在未成年人当中广泛普及，为 K12 互联网教育提供技术及硬件保障；校内课程培训属刚需。

现今互联网三大巨头 BAT 均已涉猎线上教育，甚至京东等电商都开始布局在线教育领域，同时不断有创业公司加入，K12 互联网教育市场竞争激烈；素质教育及减负政策的出台，对 K12 教育培训产生一定程度的抑制作用；K12 互联网教育对线下学校的优秀教师资源具有严重的依赖性。

一、基础信息

1.1 基本信息

1.1.1 公司全称：学大教育科技（北京）有限公司

1.1.2 成立时间：2001 年 9 月

1.1.3 总部地点：北京

1.1.4 上市时间：2010 年 11 月 2 日

1.1.5 企业性质：上市公司

1.1.6 联系方式

网址：http：//www.xueda.com/

地址：北京市朝阳区西坝河北里甲 4 号

电话：86+(10)+64278899

1.2 组织信息

1.2.1 管理层

李如彬 董事会主席、联席总裁

金 鑫 首席执行官、总裁

二、业务信息

2.1 产品及服务信息

采用个性化辅导模式，根据每一个孩子不同的个性特征、学习因素等，为其量身定制出一套最适合学生自身的个性化辅导方案，从而进行有针对性的一对一辅导。

线下提供心理专家、个性化专家、教育咨询师、学科教师、学习管理师、陪读教师等服务，线上通过推出 e 学大来涉足互联网教育，定位为专业个性化学习测评网站，服务模式为家长、学生和教师提供开放的互动学习平台：及时获得更多测评、资源、校考信息，升学政策；交流课程难点、学科问题，分享育儿经验、学习点滴、生活感悟。

2.2 覆盖范围

2.2.1 行业：教育培训行业、电子商务

2.2.2 主要客户：小初高学生群体

2.2.3 业务区域：中国学生

2.3 收入结构：课程业务收入、在线广告、增值业务创收

三、综合信息

3.1 发展定位：成为引领教育行业创新发展、推动中国教育改革进步、改变世界的重要力量

3.2 重要合作伙伴及供应商：各大媒体网站、教育网站

新东方

新东方，全名北京新东方教育科技（集团）有限公司，总部位于北京市海淀区中关村，是目前中国大陆规模最大的综合性教育集团，同时也是全球最大的教育培训集团。新东方教育科技集团于 2006 年 9 月 7 日在美国纽约证券交易所成功上市，成为中国第一家海外上市的教育机构。作为新东方的在线教育网站，新东方在线经过十余年的发展，已经成为中国最强大的网络教育服务平台和最领先的网络教育品牌。在新东方近期的战略布局中，已宣布全面布局互联网，在发展线下教育的前提下，构建线上线下结合的教育生态圈。

易观分析——

依托于新东方的产品和品牌优势，新东方品牌影响力及用户群庞大；拥有丰富的产品种类和广泛的业务范围。

此外，互联网教育因其优势，如门槛和成本的降低，时间的高效利用化等受到业界广泛推崇。留学热潮高涨，为新东方的发展提供了机遇。各大网站均已涉猎在线教育行业，新东方作为教育互联网化的核心，受各大在线教育网站围剿，师资争夺激烈；市场竞争趋于白热化。

一、基础信息

1.1 基本信息

1.1.1 公司全称：新东方教育科技集团

1.1.2 成立时间：1993 年 11 月 16 日

1.1.3 总部地点：北京

1.1.4 上市时间：2006 年 9 月 7 日

1.1.5 企业性质：私立学校

1.1.6 资本信息：上市公司

1.1.7 联系方式

网址：http：//www.xdf.cn/

地址：北京市海淀区海淀中街 6 号

电话：010-60908000

1.2 组织信息

1.2.1 管理层

俞敏洪 董事会主席、首席执行官

二、业务信息

2.1 产品及服务信息

公司业务包括外语培训、中小学基础教育、学前教育、职业教育、出国咨询、图书出版等各个领域。除新东方外，旗下还有优能中学教育、泡泡少儿教育、前途出国咨询、大愚文化出版、满天星亲子教育、同文高考复读等子品牌。

通过新东方在线和批改网涉足外语互联网教育。新东方在线的网络课程服务横跨留学考试、学历考试、职业教育、英语充电、多种语言、中学教育等 6 大类，共计 2000 多门课程，为各类用户提供全面的在线教育服务。批改网则以批改学生作文和口语为核心，解决学生备考时无专业人员批改作文及口语的烦恼，并以最终帮助考生提高作文与口语分数为目的。

2.2 覆盖范围

2.2.1 行业：教育培训

2.2.2 主要客户：大众

2.2.3 业务区域：全球

2.3 收入结构：课程业务收入、在线广告、增值业务创收

三、综合信息

3.1 发展定位：成为中国优秀的、令人尊敬的、有文化价值的教学机构。

3.2 重要合作伙伴及供应商：全球各大英语考试机构、政府文化教育相关部门、各大教育网站、联想、中国移动、可口可乐、中国建设银行等世界五百强企业、招聘网站

达内科技

达内科技集团有限公司，是中国高端 IT 培训的领先品牌，致力于培养面向电信和金融领域的中高端软件人才。线下教育的成功开展离不开优秀的教学团队，而在中国这部分教育资源往往较为短缺。为了将短缺的教育资源最大化利用，达内科技在创业早期就开始利用互联网平台，采用 O2O 的教学体系，通过远程视频同步教学、实体学习中心现场辅导、在线学习管理系统三大教学平台，为学员们提供实战培训。截至 2013 年底，中国职业教育培训市场规模达 675 亿元人民币，其中 IT 培训市场占到 11.4%(77 亿元人民币)，达内拥有其中 8.3% 的市场份额，稳居首位－而达内在美国纳斯达克成功上市后，未来将有更为广阔发展前景。

易观分析——

达内科技专注中高端 IT 教育市场，定位清晰准确；采用专家运营策略，保证教学质量；上市公司提供了资金和资源的保障；与招聘网站合作，开辟更加广阔的职业化专业人才渠道。

大数据时代的来临带来大量的高端 IT 人才需求，而达内的培训就是以就业为导向； IT 教育由于其教学内容的特点，非常适合通过线上学习、模拟和实践，成为近几年升温最快的细分领域之一。

各大巨头纷纷涉足线上教育市场，竞争激烈；中国 IT 教育的优秀教育资源较为稀缺；专注 IT 领域教学的创业公司不断增加，其中不乏质优价廉的产品和服务，直接冲击达内的中高端地位。

一、基础信息

1.1 基本信息

1.1.1 公司全称：达内时代科技集团有限公司

1.1.2 成立时间：公司成立于 2002 年 9 月

1.1.3 总部地点：北京

1.1.4 上市时间：2014 年 4 月 3 日

1.1.5 企业性质：上市公司

1.1.6 资本信息：注册资本为 1 亿元人民币

1.1.7 联系方式

网址：http：//tedu.cn/

地址：北京市海淀区北三环西路甲 18 号中鼎大厦 B 座 7 层

电话：400-6500-383

1.2 组织信息

1.2.1 管理层

韩少云 董事会主席、首席执行官

二、业务信息

2.1 产品及服务信息

面向电信和金融领域的 Java、C++、C#/.Net、3G/Android、3G/iOS、 PHP、嵌入式、软件测试、UI、网络营销等 11 大课程方向，培养人才全面服务于高端 IT 行业。

建立“远程视频教学 + 线下实体学习”O2O 教学体系：利用达内科技自主研发的远程教学和学习系统(TTS)，学员可以通过 TTS 系统和老师、助教进行提问和互动，重温老师的视频课程消化学习内容，进行不同模块的测验和考试，学员之间可以通过 TTS 系统进行交流，而授课老师和助教也可以通过学员在 TTS 系统上的反馈和记录了解其学习情况改善教学。

2.2 覆盖范围

2.2.1 行业：教育培训、IT 行业、电子商务

2.2.2 主要客户：大众

2.2.3 业务区域：全球

2.3 收入结构：课程收入、在线广告、增值业务创收

三、综合信息

3.1 发展定位：做高端课程，培养高端软件人才

3.2 重要合作伙伴及供应商：IBM、微软、摩托罗拉、华为、Yahoo、阿里巴巴、TOM、新浪、搜狐、百度、联想等知名 IT 企业、各大招聘网站、各大媒体网站

医疗健康业互联网化

春雨医生

春雨医生是国内最早涉足移动医疗行业的创业公司，其首款产品春雨掌上医生是一款专业的医患问答软件，当时开设了妇科和儿科两个专业科室，仅有“症状自查”与“咨询医生”两大主要功能。经过三年多的发展，春雨医生已由当时的两个科室增至包含妇产科、儿科、内科、皮肤科、内分泌科、营养科、骨科、男性泌尿科、外科、心血管科、妇科、整形美容科等在内的多个科室，推出了病患自查的智能搜索引擎，提供 24 小时随时待命的医生咨询服务，并推出具有革命性的“空中诊所”服务，以及多种健康工具和资讯模块。2014 年 1 月，春雨医生正式启动商业化，推出“会员制”，在客户端中加入付费会员增值服务。6 月，春雨宣布与“京东云”合作，发力深耕用户健康数据的分析与解读。9 月与好药师合作，开始布局移动购药信息服务业务，完善其产业链，实践医疗 O2O 模式。同期，携手老百姓网上药店打造“远程问诊＋移动购药”模式，将制定标准服务接口，给可穿戴设备和家用医疗器械厂商提供数据监测和解读服务。

易观分析——

春雨医生拥有来自权威医典的移动疾病数据库，拥有较大的患者用户规模，在中国移动医疗市场具有一定竞争优势。中国移动医疗市场正飞速发展，移动健康应用领域有着广阔的想象空间，为春雨医生提供了很多的商业机会和很大的成长空间。但是，商业模式是困扰移动健康应用发展的巨大难题，目前市场中移动医疗商业模式尚未成熟，仍在不断探索中。因而打造成熟的商业模式，是春雨医生扩大竞争力的必经之路。此外春雨在完成 5000 万美元的 C 轮融资后，将加速其不断扩大用户量和医生量，加大数据服务开发力度，将数据服务打造为春雨未来主要的战略方向和变现渠道，依靠数据资产，实现与企业端对接，为药厂、保险公司、基因检测公司等相关企业提供数据产品和服务。

一、基础信息

1.1　基本信息

1.1.1　公司全称：北京春雨天下软件有限公司

1.1.2　成立时间：2011 年

1.1.3　总部地点：北京市

1.1.4　上市时间：未上市

1.1.5　企业性质：股份有限公司

1.1.6　资本信息：注册资金 85 万元人民币

1.1.7　联系方式

网址：http：//www.chunyuyisheng.com/

邮箱：business@chunyu.me（商务合作）

地址：北京市海淀区学院路甲 5 号 768 创意园 B 座南区 1171

电话：400-001-8855

1.2 组织信息

1.2.1 人员规模：成立初 1-10 人

1.2.2 管理层

张锐 首席执行官

二、业务信息

2.1 主要产品与服务信息

春雨医生：移动健康软件

春雨心境：通过面部识别测量心率的应用

自由定价体系：医疗服务支付架构

春雨育儿医生：垂直电子商务应用

春雨手机诊所：专门针对医生的医生版客户端

春雨孕期医生

空中医院：提供快捷电话、制定专家特约提问及预约电话、私人医生签约、公立医院预约就诊、线下求助等功能

2.2 覆盖范围

2.2.1 行业：移动医疗

2.2.2 主要客户：医生、病患

2.2.3 业务区域：全网用户

2.3 收入结构：具体信息不详

三、综合信息

3.1 发展定位

春雨目前定位为轻问诊，共同理念是利用移动互联网改变生活，促进健康。

3.2 重要合作伙伴及供应商信息：好药师、温宝宝、京东、老百姓网上药店等

丁香园

丁香园成立于 2000 年 7 月 23 日，致力于医药及生命科学领域的互联网实践，是目前行业规模最大，并极具影响力的社会化媒体平台。丁香园拥有超过 400 万的用户，为用户提供多种形式的交流平台和工具，利用产品和服务帮助专业用户提高生产力。凭借着专业精神和深厚积累，专业交流不断深入和发展，丁香园已从最初每天只有数人查看的留言板逐步发展壮大成为汇聚超过 350 万医学、药学和生命科学的专业工作者，每月新增会员 3 万名的国内规模最大、最受专业人士喜爱的医药行业网络传媒平台。目前，丁香园正尝试将服务范围扩展到大健康领域以及布局移动端 APP 产品，利用优质的医疗资源，结合互联网，凸显移动医疗布局优势。

易观分析——

2014 年 9 月 2 日，丁香园获得腾讯 7000 万美元的战略投资，将开发依托于微信公众平台的相关产品、移动 APP 以及 WEB 产品，进一步为大众群体提供可信赖的医疗健康信息与相关服务，推动丁香园从服务医生和企业切入大众健康领域。此外，丁香园还计划实施“医生自由执业平台”战略，开展医疗健康的线上线下闭环服务尝试，将线上的大众信息服务与医生自由执业平台对接，实现信息和服务的 O2O 闭环。在大众健康领域，好大夫、春雨等健康医疗类互联网公司相继出现，并在患者服务领域显露出强劲的发展势头，丁香园在大众健康领域的发展面临巨大挑战。

一、基础信息

1.1　基本信息

1.1.1　公司全称：观澜网络（杭州）有限公司

1.1.2　成立时间：2000 年 7 月 23 日

1.1.3　总部地点：浙江杭州

1.1.4　上市时间：未上市

1.1.5　企业性质：外资（非欧美）

1.1.6　资本信息：不详

1.1.7　联系方式

网址：http：//www.dxy.cn/

邮箱：sales@dxyer.com

地址：杭州市滨江区秋溢路 428 号乐苏科技园 1 号楼 3 楼（310052）

电话：0571-26899600

传真：0571-28182627

1.2　组织信息

1.2.1　人员规模：不详

1.2.2　管理层

李天天　首席执行官

二、业务信息

2.1　主要产品与服务信息

目前丁香园拥有丁香人才网、丁香通、丁香客、用药助手、丁香医生、PubMed 中文网、调查派、丁香会议等产品。

提供的服务包括免费的论坛交流、免费产品发布、图文展示以及各种个性化定制服务和学术宣传。

2.2　覆盖范围

2.2.1　行业：医学互联网

2.2.2　主要客户：医生、医疗机构、医药从业者、生命科学领域人士

2.2.3 业务区域：全球

2.3 收入结构：不详

三、综合信息

3.1 发展定位

一个为医生提供更好服务的公益平台，服务于生物医药专业用户的科研交流、病例沟通、求职、招聘、实验室采购、企业品牌建设等需求。

3.2 重要合作伙伴及供应商信息：丁香园的合作伙伴主要是制药公司、医疗器械公司、生物技术公司和医院。具体合作伙伴及供应商信息不详

挂号网

挂号网于2010年创立，是国家卫生和计划生育委员会（原国家卫生部）批准的全国就医指导及健康咨询平台，以及国内预约挂号、就医指导、健康咨询、在线支付的医疗健康服务网站。挂号网通过为庞大的精准用户群在诊前提供健康管理、在诊中提供就医服务、在诊后提供健康消费，通过和移动医疗产业链上相关机构的深度合作，逐步创建了全新的商业模式和行业生态圈。截至2014年7月，挂号网已经与全国23个省份、900多家重点医院的信息系统实现连接，拥有超过3000万的实名注册用户、10多万名重点医院的专家。此外，挂号网还通过Guahao.com、微医、民康卡三个业务系列为中国的医院、医生和患者提供便捷就医服务。

易观分析——

挂号网通过号源托管、HIS直连、搜索链接三种方式聚合了全国3900余家重点医院，600家重点三级医院的预约挂号资源，拥有全国三级医院30万名医生的专长库，在互联网就医服务领域具有较强的竞争力和影响力。面对来自春雨医生、好大夫在线等企业的激烈竞争，以及用户对互联网医疗服务需求的增加，挂号网积极谋求自身转型。2014年10月13日，挂号网获得来自腾讯领投的总额超过1亿美金的融资，并在2014年中国健康大会上发布全新的移动医疗开放平台－微医平台，将与微信、QQ打通，为医院和医生提供接口，为挂号网、微信和QQ用户提供便捷的就医服务。与腾讯的合作将协助挂号网转型，为挂号网带来新的发展契机。

一、基础信息

1.1 基本信息

1.1.1 公司全称：杭州广发科技有限公司

1.1.2 成立时间：2010年3月

1.1.3 总部地点：浙江杭州

1.1.4 上市时间：未上市

1.1.5 企业性质：民营企业

1.1.6 资本信息：不详

1.1.7 联系方式

网址：http：//www.guahao.com/

邮箱：kefu@guahao.com

地址：浙江省杭州市西湖区西斗门路 3 号天堂软件园

1.2 组织信息

1.2.1 人员规模：不详

1.2.2 管理层

廖杰远 首席执行官

二、业务信息

2.1 主要产品与服务信息

挂号网通过网站、微医、民康卡三个业务系列为中国的医院、医生和患者提供包括“智能分诊”、“预约诊疗”、“医疗支付”、“院外候诊”、“报告查询”、“诊后随访”、“层级转诊”、“在线咨询”和“商保直付”为主要内容的便捷就医服务。

挂号预约：重点医院、热门专家、免费服务

专业咨询：就医指导、专家咨询

个性化信息：内容权威、贴合实用

交流平台：健康微博、分享经验、交流感受

多元化服务：配套服务逐步完善

2.2 覆盖范围

2.2.1 行业：互联网医疗

2.2.2 主要客户：医生、病患

2.2.3 业务区域：全国

三、综合信息

3.1 发展定位：实名医患交流的互联网媒体平台

3.2 重要合作伙伴及供应商信息：中国移动集团、中国电信集团医疗行业基地、中国银行、泰康保险、阿里巴巴、携程、腾讯、复星集团等

九安医疗

天津九安医疗电子股份有限公司成立于 1995 年，是集研发、生产、销售于一体的高新技术企业，是全球家用医疗健康电子产品提供商，致力于专业检测家庭化、个人化，专业理疗家庭化，让每个人都能简易、精准了解自己身体，为全球医生、医疗机构提供最先进便捷的血压诊断工具。自成立以来，九安医疗已成功推出包括电子血压计、电子体温计、远红外测温仪、血糖测量仪等生理参数测试仪器，以及低频治疗仪、多路低频治疗仪、远红外加热仪、手持按摩仪等保健器材，占据着全球 HHCE 相关医疗仪器重要份额。其中，电子血压计是九安医疗的主营产品，iHealth 移动互联血压计和 iPhone、微信实现了互联。九安医疗拥有广阔的国内外市场，在国际市场采取 OEM、ODM 的商业运作模式，产品出口包括德国、英国、法国、美国等在内的 100 多个国家

和地区，其仅仅在德国市场所占份额就达到了50%，打破了由日本及台湾厂商对电子血压计行业的垄断格局，在行业内能够与其抗衡的中国内地企业。九安医疗是目前以硬件切入互联网医疗行业的领军企业。

2014年9月，九安医疗和小米投资签订了战略合作和股权协议，实现了和小米的重度合作。九安医疗与小米合作，能借势于小米完整而流畅的生态体系，以及参与感极高的小米用户。两者共同成立的iHealth移动健康管理公司将成为小米公司移动健康领域的合作伙伴，小米公司将与iHealth在用户体验、小米电商和云服务方面开展深入合作，共同打造移动健康云平台。

易观分析——

九安医疗是A股市场已经实现移动健康医疗产品大规模销售的上市公司，在产品设计上追求极致，拥有iHealth自创品牌，积累了较多海外强势零售渠道。自2013年起，九安开始尝试开拓电商平台等互联网销售渠道，并取得了一定的突破。2014年9月，九安与小米签订战略合作和股权协议，实现和小米的重度合作，这一举措将推进九安在电商市场的开拓。目前，九安医疗建立的"硬件做入口、APP做链接、云端健康大数据应用"的商业模式已经初具雏形，其在战略布局方面符合未来移动互联网的大局势。在移动医疗发展迅猛的背景下，九安医疗将会迎来新的突破。

一、基础信息

1.1 基本信息

1.1.1 公司全称：天津九安医疗电子股份有限公司

1.1.2 成立时间：1995年/2007年12月27日改制成为股份制公司

1.1.3 总部地点：天津市

1.1.4 上市时间：2010年6月10日（深证证券交易所中小企业版）

1.1.5 企业性质：股份有限公司

1.1.6 资本信息：注册资本37200万元人民币

1.1.7 联系方式

网址：http：//www.jiuan.com/

邮箱：customer@jiuan.com

地址：天津市南开区南开工业园雅安道金平路3号　300190

联系电话：022-60526161

传真：022-60526162

1.2 组织信息

1.2.1 人员规模：1455人

1.2.2 管理层

刘　毅　董事长

二、业务信息

2.1 主要产品与服务信息

主要产品

电子血压计：andon 九安、MINI、iHealth、mHealth

血糖测试仪

健康理疗产品

2.2 覆盖范围

2.2.1 行业：医疗保健设备与服务

2.2.2 主要客户：医生、医疗机构及个人消费者

2.2.3 业务区域：全球

2.3 收入结构：九安医疗收入构成按产品分，包括低频治疗仪业务收入、血糖系列产品业务收入、电子血压计业务收入及其他产品业务收入。

三、综合信息

3.1 发展定位：全球家用医疗健康电子产品提供商

3.2 重要合作伙伴及供应商信息：美国国际数据集团、小米投资、苹果、科里纳、Intel-GE 医疗公司等

好药师

好药师网（北京好药师大药房连锁有限公司）是九州通医药集团的全资子公司，是一家全国性的医药零售连锁企业。2011 年，好药师 B2C 网上药店上线，并与京东建立战略合作关系，并保持在京东健康产品品类销售冠军。截至 2013 年底，好药师已经入驻了 1 号店、亚马逊、易讯网、当当网等国内主流电商平台，形成了好药师网以及各个第三方平台旗舰店的全方位互联网销售网络。2014 年 1 月，好药师微信商城正式上线，成为国内第一家微信医药健康产品商城，今后将不断在移动购药、医药 O2O 领域持续发力，力求为用户提供更安全、便捷的在线购物体验，全面提升品牌的知名度、影响力和美誉度，打造成为网上药店标杆企业。截至 2014 年 11 月，好药师在全国注册用户已超过 300 万人；上游合作伙伴 4200 多家，丰富的资源保证最齐全医药品种，近 16000 多个销售品种；营销网络覆盖全国 70 个城市，300 多个业务办事处，80% 以上城市区域均有供货点。

易观分析——

目前，医药电商市场正处于市场启动阶段，有着较好发展势头和广阔前景，国家逐渐放开处方药的网交监管也大大地加速了医药电尚市场的爆发。好药师网上药店充分结合九州通行业优势，依托九州通医药集团强大的药品信息系统、高效的物流配送服务，低廉的药品价格优势，已经建立起了高效便捷地网上购药服务流程，成为极具影响力的中国医药零售电子商务企业之一。2014 年 3 月，好药师与腾讯达成合作，开通全国独家微信购药平台；9 月，好药师借助“微信小店”在微信上成功建立起“医药商城”，形成了一整套完善的医药销售服务系统，在交易成交数和交易金额上的收获超过预期，成为连锁药店领域微信 O2O 模式的典范。此外，好药师和医患交流平台春雨医生达成战略合作，谋求在医药 O2O 领域的创新。然而，由于好药师仍没有成熟的商业运营模式，未来发展还是将面临诸多未知因素，市场的不确定性将会为好药师带来一定的挑战。

一、基础信息

1.1 基本信息

1.1.1 公司全称：北京好药师大药房连锁有限公司

1.1.2 成立时间：2003 年

1.1.3 总部地点：北京市

1.1.4 上市时间：2010 年 11 月 九州通集团上市（上海证券交易所）

1.1.5 企业性质：民营企业

1.1.6 资本信息：不详

1.1.7 联系方式

网址：http：//www.ehaoyao.com/

地址：北京市大兴区大兴经济开发区广平大街 9 号　102600

电话：400-648-5566

1.2 组织信息

1.2.1 人员规模：具体信息不详

1.2.2 管理层

姚　丰　首席执行官

二、业务信息

2.1 主要产品与服务信息

目前产品涵盖药品、保健品、医疗器械、日用化妆、计生用品等，开通好药师微信购药平台、提供 24 小时快捷配送、紧急配送、用药咨询、健康医疗咨询、团队购买等各种特色服务。

2.2 覆盖范围

2.2.1 行业：医药互联网零售

2.2.2 主要客户：全网用户

2.2.3 业务区域：全国

2.3 收入结构：具体信息不详

三、综合信息

3.1 发展定位：打造中国第一在线医药平台

3.2 重要合作伙伴及供应商信息：云南白药、东阿阿胶、吉林敖东、千金药业等

汽车业互联网化

上汽集团

上海汽车集团股份有限公司是国内 A 股市场最大的汽车上市公司，截至 2013 年底，上汽集团总股本已达到 110 亿股。上汽集团所属主要整车企业包括乘用车公司、商用车公司、上海大众、上海通用、上汽通用五菱、南京依维柯、上汽依维柯红岩、上海申沃等。2013 年，上汽集团整车销量达到 510.6 万辆，同比增长 13.7%，继续保持国内汽车市场领先优势，并以 2014 年度 920 亿美元的合并销售收入，第 11 次入选《财富》杂志世界 500 强，排名第 85 位，比上一年上升了 28 位。

2014 年 3 月，上汽集团打造的国内首个汽车 O2O 平台“车享网”正式上线，该平台将依托上汽集团旗下各大品牌及数千家经销商，以用户为中心，通过线上线下无缝对接的电子商务模式，紧密围绕与汽车息息相关的业务，从用户选车到购车、用车、换车的全程使用周期，为客户提供一站式解决方案，提供车辆销售及售后服务。上汽集团加大电商的开拓。2014 年 7 月 23 日，上汽集团与阿里巴巴集团签署了“互联网汽车”战略合作协议。根据协议，双方将在互联网汽车和相关应用服务领域展开合作，共同打造“互联网汽车”及其生态圈。此外，上汽自主品牌率先在国内开启 inkaNet 车载信息服务，搭载于新荣威 550 的上汽 inkaNet 版，已由在线导航及信息娱乐服务向兼容车辆远程诊断和安防服务发展，实现三屏一云的车内外多屏互动，把电脑屏、手机屏和车机屏整合，实现信息云共享，并开始向车主的生活圈发展。

易观分析——

上汽集团作为国内最大的汽车公司，联合中国互联网企业翘楚阿里巴巴，两者强强联手，将上汽的技术支持和创新能力打通整合，以及阿里的互联网资源打通整合，从而进一步打通汽车全生命周期用车需求和互联网生活圈。此外，上汽集团旗下几大车企车型众多，车享网的发布，将会大幅降低营销成本，并会对现有网络形成有效的补充。

百度在 4 月发布了互联网车载产品“CarNet”，腾讯也在 6 月推出了车联网硬件产品路宝盒子。国际上苹果早在 2013 年就推出 CarPlay 车载操作系统，而谷歌更是前几年就在斥巨资研发无人驾驶系统。互联网汽车的战火早已拉开序幕，未来竞争必然非常激烈，率先抢占市场非常重要。

高德地图已成为阿里的全资子公司，阿里拥有的大数据资源越发丰富，通过阿里云计算，未来可在自动驾驶技术、导航、图像识别、路况数据以及语音识别等多方面突破。

互联网切入后，各个环节的技术更新变得非常快，可能几年之间，产品形态和服务模式就千差万别。这种互联网技术的快速迭代需求将抑制整车厂对互联网技术研发的控制能力。同时，当汽车连接到互联网，在汽车内部系统与外界交互的同时，也存在安全隐患，如果有黑客借这个交互通道侵入汽车，危害到的直接是车内人的安全问题。

一、基础信息

1.1 基本信息

1.1.1 公司全称：上海汽车集团股份有限公司

1.1.2 成立时间：1978 年

1.1.3 总部地点：上海

1.1.4 上市时间：2011 年，股票代码为 600104

1.1.5 企业性质：股份有限公司

1.1.6 联系方式

上汽集团

网址：http：//www.saicmotor.com/

地址：上海市威海路 489 号

邮编：200041

电话：86-021-22011888

传真：86-021-22011777

1.2 组织信息

1.2.1 管理层

陈　虹　董事长

二、业务信息

2.1 产品及服务信息

产品：整车（乘用车、商用车）、汽车零部件（发动机、变速箱、动力传动、底盘、内外饰、电子电器等）二手车等服务贸易、汽车金融

2.2 覆盖范围

2.2.1 行业：汽车业

2.2.2 主要客户：企业及个人

2.2.3 业务区域：全国

2.3 收入结构：据上汽集团第 3 季度财报披露，2014 年前三季度，上汽集团实现净利润 204.09 亿元人民币，同比增长 13.4%。其具体收入结构不详

三、综合信息

3.1 发展定位：品牌卓越，员工优秀，具有核心竞争能力和国际经营能力的汽车集团。

3.2 重要合作伙伴及供应商：上汽乘用车、上海大众、上海通用、上汽通用五菱、上汽商用车、南京依维柯、上海申沃、上汽依维柯红岩、阿里巴巴

长城汽车

长城汽车股份有限公司是中国最大的 SUV 和皮卡制造企业，截至 2013 年底总资产 526.05 亿元人民币。目前，旗下拥有哈弗、长城两个产品品类品牌，产品涵盖 SUV、轿车、皮卡三大品类，拥有四个整车生产基地，具备发动机、变速器等核心零部件的自主配套能力，下属控股子公司 30 余家，员工 6 万余人。

2014 年 7 月 11 日，长城汽车为用户打造的购车电商平台 – 哈弗商城正式上线。通过哈弗商城，顾客可进行线上选车、下单并追踪车辆生产情况，同时可对爱车搭配方案进行在线分享、评价。哈弗商城采用 C2B 和 O2O 电商模式，即客户可在线上对爱车的外观、内饰、装备进行 DIY 设计，线下订单执行。

易观分析——

长城汽车哈弗 SUV 在 2013 年百度搜索榜排名第四，有较好的知名度和用户关注度。拥有长城汽车技术中心、长城汽车工程院、精工汽车模具技术有限公司等自主研发基地，研发团队庞大，技术实力雄厚。长城汽车积极探索 O2O 模式进行汽车销售，并且用户可以根据自身需求定制产品，在汽车业个性化服务方面占有先机。

然而长城汽车的线上商城功能单一，很多细节还不够完善，车型目前只有一种，不够丰富。用户消费习惯难培养，如何引导并留住客户是未来发展的重点。

目前各大电商巨头纷纷试水 O2O 汽车电商，汽车业本身已经有丰富的线下资源，一旦将线上线下打通，将会提升一定的利润。未来和其他电商平台合作，更有进一步发展空间。

传统企业触电需要增加新的运营团队，团队合作需要一定的磨合期，可能使商城在初期表现不佳。而若不能成功引导用户，在其他电商平台的围攻下很有可能半路夭折。

一、基础信息

1.1 基本信息

1.1.1 公司全称：长城汽车股份有限公司

1.1.2 成立时间：1984 年

1.1.3 总部地点：河北

1.1.4 上市时间：2003 年 12 月 15 日长城汽车在香港上市，2011 年 9 月 28 日，长城汽车在 A 股上市

1.1.5 企业性质：股份有限公司

1.1.6 联系方式

网址：http：//www.gwm.com.cn/

地址：河北省保定市长城南大街 1568 号

邮箱：services@gwm.com.cn

邮编：071000

电话：400-666-1990

1.2 组织信息

1.2.1 公司规模：员工 6 万余人

1.2.2 管理层

魏建军 董事长

二、业务信息

2.1 产品及服务信息

品牌：哈弗、长城

品类：SUV、轿车、皮卡

2.2　覆盖范围

2.2.1　行业：汽车业

2.2.2　主要客户：所有用户

2.2.3　业务区域：全国

2.3　收入结构：截至 2014 年 9 月 30 日，长城汽车 2014 年第 3 季度主营业务收入 140.59 亿元人民币，其中销售汽车收入 27057.97 百万人民币，销售汽车零部件及其他收入 1082.05 百万人民币，模具及其他收入 225.37 百万人民币，提供劳务 53.55 百万人民币。

三、综合信息

3.1　发展定位：以“客户满意”和“市场领先”为主要目标，打造服务和品质最好的中国汽车。

3.2　重要合作伙伴及供应商：中国联通、德国博泽、中国石油、法雷奥集团、吉利、英利等

庞大集团

庞大汽贸集团股份有限公司是国内大型汽车经销商和中国 500 强企业，原隶属于唐山市冀东物贸集团有限责任公司，其前身“唐山市冀东机电设备有限公司”最早可追溯至 1988 年成立的滦县物资局机电设备公司。自成立以来，公司一直保持高速增长的发展态势。2011 年 4 月 28 日，庞大集团 A 股正式上市，发行价为 45 元 / 股，成为国内首家在 A 股 IPO 上市的经销商集团。2013 年 11 月 10 日，庞大集团自主开发的 O2O 网络平台 - 庞大汽车电子商城 www.pd-qiche.com 上线。2014 年 4 月 19 日，庞大集团与易车公司、优信拍在北京签署三方合作协议，共同注资 1 亿元人民币成立了“庞大智信认证二手车合资公司”。

截至 2014 年 6 月 30 日，在中国 28 个省、市、自治区及蒙古国建有 1248 家营销网点，其中包括汽车专卖店 1046 家（其中 4S 店 781 家、豪华车城市展厅 34 家）、各类汽车市场 202 家。可销售的汽车、工程机械品牌近百种。

易观分析——

庞大集团有着多年积累的丰富的汽车实体销售经验，线下渠道已非常成熟，拥有一定的用户基础。作为传统汽车业触电的领军人物，庞大汽车电子商城从上线以来就广受关注，知名度迅速扩张。其线上商城产品众多，服务丰富，功能完善，能给用户较好的体验。

相比于淘车网等较早做汽车电商的网站，庞大集团线下运营成熟，但线上优势并不明显，如何引导用户习惯改变以及打通线上线下资源仍是关键。

汽车电商相对于传统销售方式流通环节减少，开支相应减少，销售政策制定简单，沟通成本降低，且年轻的拥趸很多，容易赢得未来市场。与易车网、优信拍合作以后，可以整合三方的资源优势，未来可发展出更多的运营模式，也可挖掘出更多的盈利点。

做汽车电商需做好对用户的服务，让用户感受到相比于线下更便利的体验。如何通过集中的流水线式的理念和服务团队，提升在线营销能力，实现销售和服务一体化等问题都值得关注。

一、基础信息

1.1 基本信息

1.1.1 公司全称：庞大汽贸集团股份有限公司

1.1.2 成立时间：2007 年

1.1.3 总部地点：河北

1.1.4 上市时间：2011 年 4 月 28 日 A 股上市

1.1.5 企业性质：股份有限公司

1.1.6 注册资金：4.13 亿元人民币

1.1.7 联系方式

网址：http：//www.pdqmjt.com/

地址：河北省唐山市滦县立交桥南侧

邮编：063700

电话：0315-7181566 办公室

传真：0315-7181515

邮箱：pdgroup@pdqmjt.com

1.2 组织信息

1.2.1 管理层

庞庆华 董事长

二、业务信息

2.1 产品及服务信息

产品信息：全新整车、优品二手车、精品装饰、商用卡车

服务信息：庞大会员卡、庞大延保、汽车美容

2.2 覆盖范围

2.2.1 行业：汽车销售

2.2.2 主要客户：所有用户

2.2.3 业务区域：全国

2.3 收入结构：2014 年第 3 季度庞大集团主营收入 155 亿元人民币，净利润 50 亿元人民币。具体收入结构不详

三、综合信息

3.1 发展定位：创新型综合服务汽车销售商

3.2 重要合作伙伴及供应商：奥迪、奔驰、起亚、丰田、马自达、DS、五菱、路虎、斯巴鲁、雷克萨斯、宾利、本田、尼桑、大众、东风、宝马、奇瑞、福特、长安、Jeep、帝豪、长城、菲亚特、荣威、全球鹰等汽车品牌，中国银行、韩国双龙、富士重工业株式会社、易车公司

博泰悦臻

博泰悦臻主要从事车载智能终端和相关服务平台的研发和系统集成，以及产品与服务的销售。是一家致力于打造、整合车载、互联网、手机三个部分的以汽车生活服务为核心的跨平台体系。拥有包含优异的人机交互性用户体验设计、自主研发的操作系统和基于云计算的网络应用等 900 多项知识产权。2013 年，博泰开发出第一个基于 3G 的车载系统 inkaNet。2014 年 6 月 17 日，博泰昉达在北京保利剧院正式发布车联网创新型产品 – iVokaMINI X。2014 年 9 月 9 日上午在美国发布手机互联（LUI）模块 iVokaL，并与福特结成 SmartDeviceLink(以下称 SDL) 合作伙伴关系。

PATEO 关联公司有上海博泰悦臻网络技术服务有限公司和上海博泰悦臻电子设备制造有限公司。前者主要从事系统开发、车载端操作系统研发、应用研发、云服务应用开发以及服务平台开发、服务运营；后者主要从事硬件主板、结构件研发以及生产制造运营。

易观分析——

博泰悦臻是在国家高新技术产业发展“十一五”规划指导下应运而生的国家级高新技术企业、获得上海市高新成果转化认定，国家 863 计划、核高基项目、GENIVI 成员。公司研究团队超过 600 位员工，拥有很强的自主研发实力。其开发的各个车载智能系统与众多大牌汽车公司有合作，在车联网界声誉度高，创新能力也在业界前列。

博泰目前主要合作的硬件厂商有英特尔、高通等，主要提供的产品为软件，在硬件当年稍显不足。另一方面，博泰在国内处于技术领先的地位，但还面临着互联网企业的竞争，需不断创新，改善技术。

车联网和联网车是未来汽车行业的发展方向，瞄准车联网 2.0 时代和联网车 1.0 时代的博泰，将从转战 B2C，为用户提供更多个性化服务。联网车未来还有很大的发展空间，在车载应用，智能导航、无人驾驶等方面，博泰还有许多长远的计划正在实践。基于大数据和云计算的车联网也将提供更多便捷和智能的服务。

车联网虽然是大势所趋，但安全问题还并没有很好的完整方案。汽车连入互联网后会变得更开放，也给了黑客进入汽车的机会。博泰在提升系统智能化的同时也需要注意安全问题。

一、基础信息

1.1 基本信息

1.1.1 公司全称：上海博泰悦臻电子设备制造有限公司

1.1.2 成立时间：2009 年

1.1.3 总部地点：上海

1.1.4 上市时间：未上市

1.1.5 企业性质：有限公司

1.1.6 联系方式

PATEO 上海总部

网址：http: //www.alipay.com/

地址：上海市徐汇区天钥桥路 30 号美罗大厦 19 层、20 层、23 层

电话：021-34184880

传真：021-64400307

邮箱：vivipeng@pateo.com.cn

1.2 组织信息

1.2.1 企业规模

工程师团队 600 人

1.2.2 管理层

沈 晖 首席执行官、智能汽车事业部首席执行官

二、业务信息

2.1 产品及服务信息

子品牌：

智游（以导航为主的智能车载终端）

智脑（有智能分析和挖掘的数据库和神经系统）

智网（以提供各种内容和应用的智能网络服务平台）

智仆（以 CRM 与呼叫中心为主的后端的服务体系）

系统集成商：

产品概念设计、硬件开发、结构件开发、操作系统设计、UIUE 设计、汽车总线设计、应用程序开发、导航引擎开发、采购、组装生产、物流、营销支持、售后

服务运营商：

智能驾驶秘书、车友互动社区、经销商配套服务体系、海量资源支持、TSP 系统构建、开放式的应用扩展平台、系统部署、TSP 网站、TSP 客户端软件、其他网站 +PATEO、API、移动端设备

2.2 覆盖范围

2.2.1 行业：电子设备制造

2.2.2 主要客户：汽车制造公司

2.2.3 业务区域：全国

2.3 收入结构：到 2013 底，博泰的年营收 3 亿元人民币。

三、综合信息

3.1 发展定位：以创新、集成、智能为导向的前装车联网解决方案公司

3.2 重要合作伙伴及供应商：上汽荣威、福特、沃尔沃、长安标致、雪铁龙、DS、东风标致、东风雪铁龙、上汽、奇瑞、北汽等汽车公司，谷歌、英特尔、高通、腾讯、百度、PSA

旅游业互联网化

众信旅游

随着各大在线旅游网站的兴起，市场信息越来越趋于透明化，随着第三方支付环境的成熟和消费者习惯的改变，出境游的线上订单增加，线上布局已成为旅游公司的必然趋势。众信旅游网就是从中衍生的产物。作为中国较早一批建立的网站，众信旅游网是众信旅游公司的线上电子商务平台，是一家专业的旅行服务电子商务网站，为旅游者提供团队游、自由行、酒店预订、签证服务、会员服务等一站式全方位的旅游服务。众信旅游坚持“批发零售一体、线上线下结合”的发展战略，针对其核心业务 - 出境旅游，进行线上布局，除了自身官网和 APP 之外，还在淘宝、去哪儿、京东等开设旗舰店来进行广泛合作和流量均衡化。

易观分析——

众信旅游拥有多年的出境旅游发展经验，积累了丰富的上游资源和合作资源，较早进行线上布局，具备较强的旅游产品设计能力，和广泛的营销渠道。

众信旅游主要收入来源于出境游批发业务，近年来出境游市场增长迅速，极大促进了众信旅游出境游批发市场的发展。同时，线上旅游购买者日益增多，线上业务量剧增；旅游者需求日趋个性化，自由行群体市场前景扩大。各大电商纷纷试水旅游服务，传统旅游搜索引擎和实时预订网站逐步拓展自身业务和开发新产品，市场竞争激烈。众信旅游也在做强线下实体店的同时，加强线上零售渠道建设，在出境游市场具备较强的竞争实力。

一、基础信息

1.1 基本信息

1.1.1 公司全称：北京众信国际旅行社股份有限公司

1.1.2 成立时间：1992 年 8 月 11 日

1.1.3 总部地点：北京

1.1.4 上市时间：2014 年 1 月 23 日

1.1.5 企业性质：民营股份制企业

1.1.6 联系方式

网址：http：//www.utourworld.com/

地址：北京市朝阳区东土城路 12 号怡和阳光大厦 B 座 4F

电话：400-819-9898

1.2 组织信息

1.2.1 管理层

冯 滨 董事长、总经理

二、业务信息

2.1 产品及服务信息

主要经营出境游批发、零售、商务会奖旅游业务，产品涵盖欧洲、大洋洲、非洲、中东、美洲、亚洲等全球主要的目的地国家和地区，特别是在中国长线出境游市场上占有领先地位。

2.2 覆盖范围

2.2.1 行业：旅游业、服务业

2.2.2 主要客户：中国国内游客

2.2.3 业务区域：欧洲、大洋洲、非洲、中东、美洲、亚洲等全球主要的目的地国家和地区

2.3 收入结构：公司主要依靠在线广告、增值业务创收、旅行社零售收入

三、综合信息

3.1 发展定位：中国出境游市场上最值得信赖的公司

3.2 重要合作伙伴及供应商：亚欧各国旅游局、邮轮公司、航空公司、金融行业等

遨游网

遨游网是中青旅旗下专业度假网站，依托技术手段，立足标准化产品体系，建立在线预订、在线支付平台，致力成为“为用户提供长期服务”的 O2O 旅游电商平台。遨游网在市场定位上以出境旅游为主、国内旅游为重要补充，核心产品包括百变自由行和传统参团产品。在互联网时代下，面对传统电商的旅游产品和在线旅游企业的竞争，中青旅力推遨游网，强调自身的核心竞争力为品牌和产品体验。作为中青旅的专业度假网站，遨游网不仅是其旅游产品的在线销售渠道，也是公民旅游业务面向“新市场、新需求、新业态”的创新业务事业部。在 2014 年 8 月遨游网的手机 APP“遨游旅游 3.0”正式上线，意味着中青旅的移动互联布局又拓宽一步。

易观分析——

依托中青旅的品牌优势和行业积累，遨游网拥有较强的资源优势和资本优势，同时在市场竞争中有较强的信誉保障和品牌承诺。遨游网作为中青旅线上平台，可以通过与线下门店进行资源打通，打造覆盖大部分旅游线路的 O2O 业务体系。

目前遨游网业务体系和组织架构仍率属于中青旅，独立性略有欠缺，中青旅 2014 年 9 月宣布向遨游网增加 3 亿元人民币投资，未来遨游网发展将更加强调基于自身打造开放平台战略的独立性运营。

一、基础信息

1.1 基本信息

1.1.1 公司全称：遨游网

1.1.2 成立时间：2005 年 5 月 31 日

1.1.3 总部地点：北京

1.1.4 上市时间：母公司中青旅控股股份有限公司于 1997 年 12 月 3 日上市

1.1.5 企业性质：股份制

1.1.6 联系方式

网址：http：//www.aoyou.com/

地址：北京市文化创新工厂

电话：40088-40086

1.2 组织信息

1.2.1 管理层

骆海菁 首席执行官

二、业务信息

2.1 产品及服务信息

1. 遨游网为旅游者提供了由北京、上海、天津、南京、杭州、广州、西安等多个出发地的旅游线路产品；

2. 遨游网社区为旅游者搭建了一个分享游记、攻略、照片、旅游资讯的平台，便于旅游者互动寻找好友，分享旅游经验，搭建专业旅游群进行交流；

3. 微攻略是遨游网在业界首推的概念和系列微博互动活动，该产品摒弃以往旅游攻略的冗长繁琐，随手分享旅游者的旅途见闻和感受；

4. 遨游网的核心产品包括百变自由行和参团产品。

2.2 覆盖范围

2.2.1 行业：旅游业、电商业

2.2.2 主要客户：大众

2.2.3 业务区域：中国国内

2.3 收入结构：在线广告、增值业务创收、旅行社零售收入

三、综合信息

3.1 发展定位：以出境旅游为主、国内旅游为重要补充

3.2 重要合作伙伴及供应商：各大银行、各国旅游局、国内各省旅游局

百程旅行网

百程旅行网（原名佰程旅行网）是国内首家 O2O 出境旅行服务公司，是中国领先的出境旅行服务商，提供团队观光、自由行、邮轮度假、海岛度假、高尔夫、会议奖励等旅游服务，提供海外酒店预订、多国签证办理、香港驾照代办、国际机票订购等单项服务，可查询全球目的地资讯、出行指南。百程旅行网选择以签证服务作为突破口，借助该网站，用户通过手机和电脑就可以轻松搞定签证，此外还提供“拒签退全款”的服务保障。在开发出中国第一套全球签证服务系统、全球酒店预订系统的基础上，百程旅行网率先建立了强大的旅游数据库及分析系统，引领大数据时代新型发展模式。作为中国最大的在线签证服务提供商，百程旅行网出签率高达 99.9%，今年 3 月获得了由阿里巴巴领投的近 2000 万美元的 B 轮融资，主要用于互联网建设、品牌推广和服务体验的提升。

易观分析——

百程旅行网以其核心业务 – 签证服务吸引大量消费者，致力于优质出境服务；优先建立大型数据库和分析系统，关注基于大数据分析下的消费者需求。

虽然百程旅行网产品种类不够丰富，收入来源单薄，市场竞争力略显不足。但是由于获得互联网巨头资金投入，可进一步搭建数据系统，完善；以签证业务为竞争优势，延伸业务内容，逐步满足出境自由行用户的各种需求。

随着传统电商涉足“免费签证服务”，市场竞争激烈；在线旅游市场价格战竞争升级，抢夺市场份额力度加大。

一、基础信息

1.1 基本信息

1.1.1 公司全称：百程旅行网

1.1.2 成立时间：2000 年 8 月 8 日

1.1.3 总部地点：北京

1.1.4 上市时间：未上市

1.1.5 企业性质：民营合资

1.1.6 资本信息：注册资本 150 万元人民币

1.1.7 联系方式

邮箱：kehufuwu@baicheng.com

地址：北京市朝阳区通惠河畔文化创意产业园 1131 号君天大厦二层

电话：400-999-6666

1.2 组织信息

1.2.1 管理层

曾 松 首席执行官

二、业务信息

2.1 产品及服务信息

百程旅行网提供海外目的地的团队观光、休闲度假等服务，推出迄今为止国内唯一的涉及全球 4 万多个酒店的实时价格与房态查询系统，全球 110 个国家 500 多种签证类型的申请信息数据库，豪华邮轮度假及全球海岛度假村的 360 度网上体验数据库，并且接受欧洲铁路通票、全球青年旅社、全球机场、火车站等交通系统的预订服务。

百程旅行网通过八年的 IT 技术研究，已经实现广义数据库的建设及全球 3000 多个城市的旅行要素信息中文展示，目前已经初步建立了一套完整有效的电子商务解决方案，可根据消费者需求通过系统的自动比价，确定出最低价方案。

2.2 覆盖范围

2.2.1 行业：旅游业、电子商务

2.2.2 主要客户：大众

2.2.3 业务区域：全球

2.3 收入结构：在线广告、增值业务创收、旅行社零售收入

三、综合信息

3.1 发展定位：专注出境旅行服务

3.2 重要合作伙伴及供应商：各大旅行婚庆网站、国外旅游局、国内外航空公司、各大银行、各国大使馆

零售业互联网化

银泰百货

银泰百货，即银泰百货集团，是以百货零售业为主要业务的百货零售集团，隶属于银泰商业（集团）有限公司（简称“银泰商业”）。银泰百货自 1998 年开业以来，经过十余年的快速发展，取得了骄人的业绩。集团于 2007 年 3 月 20 日成功在香港联交所挂牌上市。2010 年银泰百货集团自营与管理门店总销售额近 120 亿元人民币，资产规模逾 120 亿元人民币，员工总数 6000 余人，经营业绩已进入全国百货连锁企业前列。多年来，银泰百货在营业面积、经营业绩、业务创新能力等方面均居中国零售业前茅，并于 2013 年被摩根士丹利评为全球正在引领零售革命的 16 家公司之一。2014 年截至前两个季度，银泰百货销售所得款项总额增至人民币 79.17 亿元人民币，较去年同期增长 1.7%。总收入增加至人民币 23.5 亿元人民币，较去年同期增加 3.3%。

易观分析——

作为银泰商业集团旗下的百货零售分支机构，银泰百货资金力量雄厚，自 1998 年创立以来，发展迅猛。尤其在近年来，中国经济及人均可支配收入稳步增长，银泰作为百货业的霸主之一（尤其在浙江省雄踞领先的市场地位），实现了持续性的销售额增长。从“传递新的生活美学”的品牌理念，到“以客为先”管理理念，银泰百货不断在市场的变化中探索创新和变革，实现了对自身商业模式的持续革新与完善，全面增强了对顾客消费购物体验的服务能力，提升了客户的消费价值和公司的经营业绩，也建立了良好的企业形象和口碑。但随着互联网的高速发展，普通民众消费方式的转变，传统零售业的整体衰退是大趋势。截至 2014 年 6 月，银泰百货虽取得了持续性的销售额增长，但增长速度同比明显减慢。在传统零售业整体呈现颓靡趋势的同时，中国网上零售市场却日趋成熟，销售额持续走高。面对挑战，银泰商业以“多业态、多品牌”为发展战略，全力推进百货零售、购物中心、电子商务的纵向发展和横向资源整合。旗下业态之一 – 银泰网，是专注于时尚精品百货的在线购物商城，能与银泰百货实体店紧密互动、互为补充。由此亦可看出银泰商业像 B2C 电子商务平台的倾斜。2014 年 3 月 20 日，银泰集团更是与阿里巴巴达成战略合作，双方签署认购协议。同时，还推出“银泰宝”会员服务（截至 2014 年 6 月 30 日吸纳用户逾 5 百万名），足可看出银泰集团向线上发展的决心。但银泰百货作为传统的零售百货店、银泰商业这一行业巨头的分支产业之一，如何与线上商城相辅相成，如何在电子商务不断发展的今天继续拓展行业版图，银泰百货还有很多问题需要解决。

一、基础信息

1.1 基本信息

1.1.1 公司全称：银泰百货（集团）有限公司

1.1.2 成立时间：1998 年 1 月 1 日

1.1.3 总部地点：北京

1.1.4 上市时间：2007 年 3 月 20 日 香港联交所上市（01833.HK）

1.1.5 企业性质：股份有限公司

1.1.6 联系方式

地址：北京市北京建国门外大街 2 号银泰中心 C 座 42 层

网址：http：//www.intime.com.cn/

1.2 管理层

沈国军 董事会主席

陈晓东 首席执行官、首席财务官、副总裁

二、业务信息

2.1 主要产品与服务信息

时尚百货店

2.2 覆盖范围

2.2.1 行业：零售百货

2.2.2 主要客户：年轻和新型家庭

2.2.3 业务区域：全国

2.3 收入结构：收入主要来源为百货实体店商品的销售即功能性单位的租金。

三、综合信息

3.1 发展定位：以传递“新的生活美学”为经营理念，以百货零售业为主营业务，以年轻及新型家庭为主要客户，以实现连锁经营、专业化、集约化为目标，实施品牌战略，形成具备银泰商业文化的大型零售企业品牌，树立年轻活力、时尚品位的百货形象，引领流行趋势，为顾客创造高附加值。

3.2 重要合作伙伴及供应商信息：各类中、高端品牌，涵盖种类包括服装、美妆、箱包、家居等

大连万达

大连万达集团旗下拥有四大支柱产业，包括地产、酒店、百货和旅游。集团于 2007 年 5 月 8 日成立万达百货有限公司。2011 年，万达百货开业 40 家店，2012 年开业了 57 家，2013 年开业了 75 家。万达百货和万达广场相辅相成。其内的酒店、娱乐、餐饮及其他品类的零售企业为消费者共同构筑了一个充满休闲乐趣和丰富购物体验的活力空间，加之万达广场现代化的建筑群落和极为便利的交通组织，一经落成，便成为当然的城市中心。万达百货身处其中，坐拥庞大客流，获得来自万达广场城市综合体的全面滋养。

2014 年万达百货完成收入 256 亿元人民币，同比增长 65.3%，在百货业普遍困难的情况下，万达百货的表现成为行业亮点。

易观分析——

万达百货企业形象良好，拥有充足的资金来源和技术力量。作为大连万达集团的四大支柱产业之一，万达百货一直被寄予厚望。而为了扶植万达百货，万达集团投入了大量资金和精力扶持百货零售业务。同时，为了应对电商行业的冲击，万达也积极寻求线上发展。2014 年 8 月，万达、百度、腾讯三巨头传出合作投资 50 亿元人民币成立新电商公司，在万达广场、影院、酒店等实体产业链条上布局 O2O。

尽管万达百货的事业版图一再扩大，发展势头却令人担忧。作为万达集团唯一持续亏损的板块，万达百货在 2013 年年度的亏损额还在加大。万达百货这些年发展欠佳，究其根本原因，还是与其成立的初衷有关。成立之初，万达百货的定位就是配合集团的商业地产的发展，路径是作为万达广场的主力店。万达百货的成立，是从开发商的角度，解决招商、运营链条的问题，而不是从百货运营的角度。此外，万达百货内部管理层的问题，也是导致其发展受困的重要原因。2012 年起，万达百货的领头人几经更迭，管理层的不稳定，直接影响员工的工作情绪和工作安全感。

未来万达将通过 O2O 化将百货、商业地产、旅游、酒店、影院业务有机结合，百货业务将成为万达集团 O2O 产业链上的重要组成，如何借助集团资源优势，将万达百货业务做大做强，是万达百货未来发展的重点。

一、基础信息

1.1 基本信息

1.1.1 公司全称：万达百货有限公司

1.1.2 成立时间：2007 年 5 月 8 日

1.1.3 总部地点：北京

1.1.4 上市时间：未上市

1.1.5 企业性质：股份有限公司

1.1.6 联系方式

地址：北京市朝阳区建国路 93 号万达广场 B 座 12 层

网址：http：//www.wdds.com.cn/

电话：010-85587400

1.2 管理层

王健林 董事长

二、业务信息

2.1 主要产品与服务信息

主要有高端奢华店、精致生活店、时尚流行店以及社区生活店四种店态形式，适应不同地区和客群的消费需求。

2.2 覆盖范围

2.2.1 行业：零售百货

2.2.2 主要客户：年轻、时尚女性和新兴家庭

2.2.3 业务区域：全国

2.3 收入结构：收入主要来源为百货实体店商品的销售及功能单位的租金

三、综合信息

3.1 发展定位：配合万达集团商业地产的发展，成为中国第一流连锁百货集团 。

3.2 重要合作伙伴及供应商信息：各类中、高端品牌，涵盖种类包括服装、美妆、箱包、家居等

王府井百货

北京王府井百货（集团）股份有限公司，简称“王府井百货”，是中国大陆专注于百货业态发展的最大零售集团；也是当代中国商业发展进程中，最具代表性的企业。王府井百货前身是享誉中外的“新中国第一店”–北京市百货大楼，创立于 1955 年，是新中国历史上第一座由国家投资、建设的大型百货商店；1990 年成立企业集团，在北京市国民经济和社会发展中实行计划单列；1993 年改组股份制，在上海证券交易所挂牌上市，先后入围“上证 30 指数”、“沪深 300 指数”、“上证 380 指数”；1996 年在中国大陆率先推进百货连锁战略，实现现代零售业转型；2000 年与北京东安集团实施战略重组，继续扩大在北京和全国其他区域零售市场占有率；2004 年入选中国商务部重点扶植的 20 家大型流通企业； 2010 年成功引入 3 家战略投资集团，进一步扩大在资本市场影响力；2012 年，IBM 宣布将帮助北京王府井百货（集团）股份有限公司（以下简称“王府井百货”）构建以 WebSphere Commerce 为核心的电子商务平台。通过该平台，王府井百货将能够扩大其在互联网和电子商务领域的影响力和品牌知名度，并为消费者带来更丰富的用户体验。2013 年，王府井百货控股股东–王府井国际，在香港联交所收购中国春天百货集团，使全国布局的百货连锁版图迅速扩张；2014 年，王府井百货发力“全渠道”模式，正在形成以资源整合与客户满足为基础能力，兼具实体商场与线上运营能力，在探索中走向通往未来的路上。

截至到 2014 年第 3 季度内公司实现营业收入 4,119,471,247.39 万元人民币，同比下降 8.5%。其中，女装类商品同比略有下降，金银珠宝类、食品类、男装类商品在报告期内降幅较大。北京、广州等发达地区的门店销售额降幅高于其他地区，太原王府井、兰州王府井、昆明王府井等成长性门店在报告期内仍然保持了一定的销售增幅，成为公司整体销售增长的主力。

易观分析——

王府井百货历史悠久，属北京市重点扶植企业，有着良好的企业形象和企业口碑。同时，企业文化卓越，“一团火”精神极大程度上加强了王府井凝聚力。在其他传统百货零售业巨头纷纷跨界投资其他领域时，王府井始终专注与自身业态发展。王府井的零售网络覆盖华南、西南、华中、西北、华北、东北、华东七大经济区域，在 28 个城市开设 47 家大型百货商店，形成了处于不同发展阶段的门店梯次。随着电商市场的蓬勃发展，传统零售业不断缩水，市场份额一再压缩。线上商城购物的快

速、方便和低价都给传统的零售百货市场带来了冲击。王府井积极寻求互联网化，从 2012 年成立电子商务公司，2013 年网上商城正式上线，到 2014 年，提出以创新为旗帜，开启“第三次创业”浪潮，足可看出王府井百货正在转型的路上不断探索。目前以整合线上线下资源的全渠道建设项目，以及加强商品资源控制力的深度联营项目正在全面推进，同时迅速发展满足消费者一站式消费的购物中心业态和高端消费的奥特莱斯业态。王府井网上商城作为全渠道战略的一部分，也有着诸多尝试，比如与腾讯微信购物合作，推广微信支付方式。

可惜的是，在积极拓展业务版图，增加门店数量的同时，王府井百货前两个季度的销售额却不增反降，尤以北上广等经济发达地区为甚。除了业内竞争、市场大环境颓靡等原因，更是因为 O2O 平台对于商企而言目前并无成功的商业模式可循，且短期很难形成业绩支撑。此外，电子商务对信息技术的要求较高，供货及销售模式复杂多样，如何有效整合线上线下资源，将已有的实体店优势转化到电子商务领域，提供更优质的服务和灵活的营销推广，提高客户忠诚度，这些都成为其探索电子商务亟待解决的问题。

一、基础信息

1.1 基本信息

1.1.1 公司全称：北京王府井百货（集团）股份有限公司

1.1.2 成立时间：1993 年

1.1.3 总部地点：北京

1.1.4 上市时间：1994 年 5 月 6 日 上海证券交易所

1.1.5 企业性质：股份有限公司

1.1.6 联系方式

网址：http：//www.wfj.com.cn/

地址：北京市王府井大街 255 号

电话：(010)5128-3636

1.2 组织信息

1.2.1 管理层

刘 冰 董事长

二、业务信息

2.1 主要产品与服务信息

实体百货商店

2.2 覆盖范围

2.2.1 行业：零售百货业

2.2.2 主要客户：中高消费群体

2.2.3 业务区域：全国

2.3 收入结构：实体百货商店的销售收入及功能性客户的租金

三、综合信息

3.1 发展定位：专注零售百货业态，兼具实体商城与线上运营能力

3.2 重要合作伙伴及供应商信息：各类中、高端品牌，涵盖种类包括服装、美妆、箱包、家居等

中国行业互联网化企业中的其他名录节选如下表：

表 34 中国行业互联网化企业名录节选

领域	厂商	备注
银行业	招商银行	简要分析见前述　　数据分析及详细分析见易观智库企业库
银行业	民生银行	简要分析见前述　　数据分析及详细分析见易观智库企业库
银行业	平安银行	简要分析见前述　　数据分析及详细分析见易观智库企业库
银行业	工商银行	简要分析见前述　　数据分析及详细分析见易观智库企业库
家电业	海尔	简要分析见前述　　数据分析及详细分析见易观智库企业库
家电业	方太	简要分析见前述　　数据分析及详细分析见易观智库企业库
家电业	九阳	简要分析见前述　　数据分析及详细分析见易观智库企业库
家电业	美的	简要分析见前述　　数据分析及详细分析见易观智库企业库
教育业	学大教育	简要分析见前述　　数据分析及详细分析见易观智库企业库
教育业	新东方	简要分析见前述　　数据分析及详细分析见易观智库企业库
教育业	达内科技	简要分析见前述　　数据分析及详细分析见易观智库企业库
医疗健康业	春雨医生	简要分析见前述　　数据分析及详细分析见易观智库企业库
医疗健康业	丁香园	简要分析见前述　　数据分析及详细分析见易观智库企业库
医疗健康业	挂号网	简要分析见前述　　数据分析及详细分析见易观智库企业库
医疗健康业	九安医疗	简要分析见前述　　数据分析及详细分析见易观智库企业库
医疗健康业	好药师	简要分析见前述　　数据分析及详细分析见易观智库企业库
汽车业	上汽集团	简要分析见前述　　数据分析及详细分析见易观智库企业库
汽车业	长城汽车	简要分析见前述　　数据分析及详细分析见易观智库企业库
汽车业	庞大集团	简要分析见前述　　数据分析及详细分析见易观智库企业库
汽车业	博泰悦臻	简要分析见前述　　数据分析及详细分析见易观智库企业库
旅游业	众信旅游	简要分析见前述　　数据分析及详细分析见易观智库企业库
旅游业	遨游网	简要分析见前述　　数据分析及详细分析见易观智库企业库
旅游业	百程旅行网	简要分析见前述　　数据分析及详细分析见易观智库企业库
零售业	银泰百货	简要分析见前述　　数据分析及详细分析见易观智库企业库
零售业	大连万达	简要分析见前述　　数据分析及详细分析见易观智库企业库
零售业	王府井百货	简要分析见前述　　数据分析及详细分析见易观智库企业库
银行业	农业银行	详细分析见易观智库企业库
银行业	建设银行	详细分析见易观智库企业库
银行业	浦发银行	详细分析见易观智库企业库

续表

领域	厂商	备注
家电业	长虹	详细分析见易观智库企业库
家电业	TCL	详细分析见易观智库企业库
家电业	LG	详细分析见易观智库企业库
家电业	康佳	详细分析见易观智库企业库
家电业	创维	详细分析见易观智库企业库
教育业	中国教育在线	详细分析见易观智库企业库
教育业	中国 MBA 网	详细分析见易观智库企业库
教育业	沪江网	详细分析见易观智库企业库
教育业	中国网络教育集团	详细分析见易观智库企业库
教育业	正保远程教育	详细分析见易观智库企业库
教育业	弘成教育	详细分析见易观智库企业库
教育业	双威教育	详细分析见易观智库企业库
教育业	决胜网	详细分析见易观智库企业库
教育业	51Talk	详细分析见易观智库企业库
教育业	精锐教育	详细分析见易观智库企业库
教育业	学而思	详细分析见易观智库企业库
医疗健康业	39 健康网	详细分析见易观智库企业库
医疗健康业	名医在线	详细分析见易观智库企业库
医疗健康业	医通无忧	详细分析见易观智库企业库
医疗健康业	好大夫在线	详细分析见易观智库企业库
医疗健康业	爱康网	详细分析见易观智库企业库
汽车业	奇瑞汽车	详细分析见易观智库企业库
汽车业	吉利集团	详细分析见易观智库企业库
汽车业	凯翼汽车	详细分析见易观智库企业库
旅游业	马蜂窝	详细分析见易观智库企业库
旅游业	乐途旅游	详细分析见易观智库企业库
旅游业	驴妈妈	详细分析见易观智库企业库
旅游业	穷游网	详细分析见易观智库企业库
旅游业	欣欣旅游网	详细分析见易观智库企业库
零售业	天虹商场	详细分析见易观智库企业库
零售业	广百股份	详细分析见易观智库企业库
零售业	欧亚集团	详细分析见易观智库企业库
零售业	广州友谊集团	详细分析见易观智库企业库
零售业	百联股份	详细分析见易观智库企业库

附录 1 大事记 2014

规律是由诸多事件本身所承载，互联网产业发展的规律，可以具象为一年又一年发生的事件。2014 年，互联网产业在上市、并购、创新方面表现活跃。在本部分，易观智库针对 2014 年互联网产业发生的事件，选择了一百余件对行业发展具有较大影响的、具有代表性的事件，作为行业发展的里程碑予以发展。

1 月

6 日 国务院出台正式文件 长达 14 年游戏主机禁令解除

事件：国务院正式下发了《国务院关于在中国（上海）自由贸易试验区内暂时调整有关行政法规和国务院文件规定的行政审批或者准入特别管理措施的决定》，该决定中共列举了 32 条关于上海自贸区的相关管理规定，其中第 32 条显示“允许外资企业从事游戏游艺设备的生产和销售，通过文化主管部门内容审查的游戏游艺设备可面向国内市场销售”，同时对早前发布的相关禁止条例做出暂时停止实施的决定。

8 日 阿里巴巴进军手机游戏挑战腾讯

事件：1 月 8 日，阿里巴巴数字娱乐事业群总裁刘春宁在移动游戏产业年度高峰会上首次阐述阿里集团的“手机游戏平台战略”：对于单机版游戏合作者，第一年阿里巴巴将完全免费为其提供服务，联合运营的游戏则采用 8:2 的分成模式，其中阿里巴巴仅拿 20% 以覆盖成本和用户激励，游戏开发者获得 70% 的收益，剩余 10% 将用于支持农村孩子教育发展。

15 日 微信上线理财通，腾讯杀入互联网理财市场

事件：15 日，腾讯微信理财通低调上线。用户打开微信，点开“我的银行卡”，即可看到理财通。据腾讯介绍，微信理财通是一款货币基金产品，合作伙伴包括华夏、易方达、广发和汇添富 4 家基金公司，7 日年化收益率为 6.4350%，相当于活期存款的 16 倍以上。微信理财通的收益是每天发放，支持资金随时存取、快速到账。至于账户安全方面，微信理财通首先会提醒用户的账户安全体系保护，并联合 PICC 提供赔付服务。

16 日 腾讯推出腾讯路宝

事件：腾讯推出导航产品腾讯路宝，目前官方页面已经开始提供这款软件的测试版下载。腾讯路宝在腾讯内部不仅仅定义成传统的导航产品，除了提供基础的导航服务外，腾讯路宝还加入了社交、UGC 等元素。

22 日 敦煌网获 Visa 资质认证可免去第三方合作

事件：外贸电商平台敦煌网通过了 Visa“第三方支付公司资质认证方案”(简称 QSP：Qualified Service Provider)，成为国内首家通过 Visa 资质认证方案的电子商务平台。此前，国内电商平台收取海外买家通过 Visa 支付的款项，必须通过第三方机构进行，未通过 QSP 资质认证的第三方支付机构则不能处理 Visa 交易收款。获得“QSP”认证意味着国内电商平台能够免去第三方合作机构，直接收取海外交易款项，并可以通过第三方支付服务提供商的身份开展 Visa 外卡收款业务。

23 日 阿里联手云锋基金认购中信 21 世纪 44.23 亿股股份

事件：中信 21 世纪有限公司发布公告称，阿里巴巴集团联手云锋基金，以约 13.27 亿港元认购中信 21 世纪配售的 44.23 亿股股份，联合实现控股。交易完成后，阿里巴巴集团和云锋基金将持有中信 21 世纪约 54.3% 的股份，其中阿里巴巴集团持股 38.1%，云锋基金持股 16.2%。现有大股东中信集团持股比例将降至 9.92%，包括董事局主席王军在内的 5 名现有执行董事将辞职，由阿里巴巴集团另行委任 5 名新董事。

23 日 阿里巴巴集团投资美国奢侈品电子商务网站 1stdibs

事件：阿里巴巴集团刚刚向美国奢侈品电子商务网站 1stdibs 投资 1500 万美元，后者可以将交易商与富裕的消费者联系起来。据悉，1stdibs 原本不准备开展 C 轮融资，但阿里巴巴却主动与该公司取得了联系，希望以战略投资者的身份入股，帮助其拓展亚洲业务。

24 日 百度全资收购人人所持的全部糯米网股份

事件：百度和人人公司今日宣布签署协议，根据协议百度将收购人人所持的全部糯米网股份，该交易于 2014 年第 1 季度完成，交易完成后百度将成为糯米网的单一全资大股东。双方没有披露更多交易细节。

30 日 联想 29 亿美元收购摩托罗拉移动

事件：1 月 30 日联想宣布，以 29 亿美元左右的价格购买谷歌的摩托罗拉移动智能手机业务，并将全面接管摩托罗拉移动的产品规划。联想期望以此进入竞争激烈的欧美市场。联想集团董事长兼 CEO 杨元庆表示，并购将帮助联想在移动领域把握快速增长的机会，让我们加速成长为全球性的移动设备厂商。联想希望通过这一协议的达成，增强其在智能手机领域的市场地位。不过，联想从宣布到完成收购仍需要一段审批时间。

2 月

10 日 阿里集团现金收购高德

事件：阿里巴巴集团披露，已向高德控股有限公司提出收购建议书 – 阿里巴巴拟以每股美国存托股票 21 美元的价格，对高德公司股票进行现金收购。阿里巴巴目前持有高德公司 28% 股份，交易完成后，高德将成为阿里巴巴 100% 子公司。此次交易将涉及总现金额约 11 亿美元。

14 日 唯品会收购乐蜂网

事件：已经在美上市的唯品会宣布，以 1.125 亿美元收购乐蜂网 75% 的股权。此前，乐蜂网的竞争对手聚美优品表示，公司已经启动赴美上市。对于此次股权变更，唯品会方面表示，主要是考虑到双方在模式、资源、平台及受众方面能有一个很好的互补作用。

19 日 腾讯战略合作入股大众点评

事件：腾讯控股和大众点评网宣布，腾讯以认购新股的方式，成为大众点评网占股约 20% 的股东，并保留未来认购大众点评网额外股份的权利。不过，此次交易的具体金额未被披露。交易双方同时宣布达成深度战略合作，力争打造中国最大的 O2O 生态圈。

24 日 阿里云与东软达成战略合作，共拓云服务市场

事件：东软集团股份有限公司与阿里云计算有限公司正式签署战略合作协议，双方将在全球范围内，就政府与公共事业、企业、IT 运营等领域展开产品与技术、解决方案与服务、市场联合营销与拓展等全方位的交流与合作。根据协议，双方将共同推进相关领域云服务业务的发展：东软旗下 SaCa、UniEAP 系列家族产品将支持基于阿里云平台的部署与运维，成为阿里云重点推荐的云应用支撑服务；与此同时，阿里云将成为东软面向云业务领域的重点合作伙伴，为客户提供更加灵活、自主可控的信息化系统。协议签署后，东软与阿里云将共同推进与合作领域相关的产品认证培训、生态系统建设、市场联合营销与拓展等工作。双方将共同推进相关领域云服务业务的发展，其技术和解决方案服务于国内外客户。

28 日 国内首家直销银行民生直销银行上线

事件：筹划多日的民生银行直销银行将于 2 月 28 日上线。这是继 2013 年 9 月，民生银行与阿里巴巴签署战略合作协议后在互联网金融领域的又一次重要布局，同时也是银行在余额宝们威胁下的又一次反击。本次上线的民生银行直销银行，主推三款产品："如意宝"、"随心存"、"轻松汇"。此后，直销银行还将推出贵金属、小额消费贷款、公共缴费等产品。

3 月

3 日苹果发布 CarPlay 服务

事件：苹果公司正式宣布，将与法拉利、奔驰及沃尔沃等合作推出 CarPlay 车载系统，iPhone 用户可以更直观、安全地接打电话、使用地图、听音乐与查看信息，配备 CarPlay 车载系统的车型将在日内瓦车展发布。

10 日 腾讯入股京东，达成战略合作

事件：腾讯与京东联合宣布，腾讯战略入股京东占股 15%，成为其一个重要股东。双方联姻后，京东将保持独立。公告显示，腾讯向京东购买 351,678,637 普通股，占后者上市前普通股的 15%。双方资产将进行整合，腾讯支付 2.14 亿美元现金，并将 QQ 网购，拍拍的电商和物流部门并入京东。易迅继续以独立品牌运营，京东会持易迅少数股权，同时持有其未来的独家全部认购权。

13 日 央行暂停二维码线下支付

事件：13 日下午，央行紧急发文，暂停支付宝和腾讯虚拟信用卡业务，与此同时，两家公司已在线下铺开的二维码支付业务也遭遇暂停。消息传出，腾讯以及相关支付概念股 3 月 14 日重挫，其中腾讯更是下跌 6%，为腾讯支付概念发力以来少有的重挫。暂停原因主要是基于安全和监管方面考虑。央行通知称，线下条码（二维码）支付突破了传统终端业务模式，其风险控制水平直接关系到客户的信息安全与资金安全。

27 日 上汽集团打造的首个汽车 O2O 电商“车享平台”上线

事件：上汽集团发布首个汽车电商 O2O 平台“车享”。上汽旗下 9 个自主、合资品牌汽车，全国 8 个城市 120 多家经销商加入这一平台。“车享平台”将通过线上线下无缝对接的电子商务模式，为用户提供一站式解决方案以及全方位品质保证的汽车生活服务。

31 日 阿里 53.7 亿元港币投资银泰，共建线上线下商业基础设施体系

事件：3 月 31 日，阿里宣布将斥资 53.7 亿元港币战略投资银泰商业集团，共同构造一套打通线上线下商业的基础设施体系，并对全社会开放，最终帮助所有百货企业、购物中心及其他零售业态，实现实体商业与互联网经济的双向融合。

4 月

1 日 中国虚拟运营商首批用户诞生

事件：苏宁互联 1 日开始了首批用户测试，中国虚拟运营商第一批用户已经诞生。这是国内虚拟运营商的首次放号，对国内移动通信转售业务发展具有重要意义。据了解，苏宁互联此次放号并非全面铺开，而是小范围的友好性放号，号码数量只有 120 个，放号对象主要是一直关心支持苏宁互联的各界人士，如前期招募的会员粉丝、苏宁内部员工、合作供应商、行业内权威人士、媒体记者等。

10 日 同程旅游与艺龙旅行网达成战略合作

事件：10 日，同程网络科技股份有限公司（同程旅游）宣布已与艺龙旅行网签署了战略合作协议。根据双方签署的协议，同程旅游将独家向艺龙提供景区门票库存，同时，艺龙将独家向同程旅游提供中国大陆的前台现付和团购酒店库存。

13 日 “扫黄打非 • 净网 2014”专项行动启动

事件：全国“扫黄打非”工作小组办公室、国家互联网信息办公室、工信部、公安部联合发布《关于开展打击网上淫秽色情信息专项行动的公告》，自 2014 年 4 月中旬至 11 月，在全国范围内统一开展打击网上淫秽色情信息“扫黄打非 • 净网 2014”专项行动。

15 日 猎聘网获 C 轮 7000 万美金融资

事件：猎聘网宣布完成 C 轮融资，本轮融资由华平领投，经纬中国跟投，总计融资金额为 7000 万美元。猎聘网此次融资，是国内网络招聘行业五年以来最大的一笔融资。猎聘网创始人兼 CEO 戴科彬先生表示，猎聘网将会把重点放在产品和技术的创新能力上，加大研发投入，用属于移动互联网时代的产品服务组合打造一个为全球华人经理人服务的职业发展平台。

17 日 银监会和央行联手下发 10 号文

事件：银监会和央行联合下发《中国银监会中国人民银行关于加强商业银行与第三方支付机构合作业务

管理的通知》（银监发 10 号，下简称 10 号文），试图规范商业银行和第三方支付机构的合作。10 号文延续了此前银监会的 86 号文和央行 5 号文的基调，从保护客户资金安全和信息安全出发，对有针对性的问题细化了规范，涉及客户身份认证、信息安全、交易限额、交易通知、赔付责任、第三方支付机构资质和行为、银行的相关风险管控等。

17 日 快播关闭 QVOD 服务器

事件：快播科技分别发布《公告》和《致快播用户书：我们涅槃在即》，表示快播已启动商业模式转型，将从技术转型原创内容，为此将清理低俗内容与涉盗版内容，关闭 QVOD 服务器，停止基于快播技术的视频点播和下载。

17 日 新浪微博纳斯达克上市

事件：新浪微博 17 日正式在美国纽约纳斯达克上市，适逢纽约股市连跌三周，导致新发售的股票规模大幅缩水，虽然“生”不逢时，但当日新浪微博逆市上涨 19%，每股价格为 20.24 美元，总市值达 41 亿美元。公开资料显示，新浪微博此次共发行 1680 万美国存托股，发行价在此前预估的每股 17 到 19 美元定价区的低端 17 美元，由于发售的股票规模有所缩减，共筹款 2.86 亿美元，远逊最初公布的 5 亿美元预期。

17 日 乐居网登陆纽交所

事件：房地产 O2O 整合服务平台乐居控股有限公司宣布其首次公开发行的 1000 万股美国存托凭证(ADS，每股存托股代表乐居的一股普通股），定价为每股 10.00 美元。这些存托股将从 2014 年 04 月 17 日起在纽约证券交易所开始交易，股票代码为“LEJU”。

21 日 面包旅行全资收购北京山水假日旅行社

事件：面包旅行 CEO 彭韬宣布全资收购在路上旅业旗下北京山水假日旅行社。山水假日成立于 2001 年距离今天已经有十三年的历史，原山水假日总经理麻永征将出任面包旅行总裁，协助彭韬在旅游市场中实现 O2O 的商业梦想。

21 日 百度首推车联网新品 CarNet

事件：百度在智能硬件峰会上推出车联网产品 CarNet，该款产品能实现移动语音搜索、地图位置搜索等相关功能。另外，马斯克在北京极客公园创新者峰会上表示，电动汽车行业需要颠覆，而车联网无疑是重要组成部分。汽车的智能化趋势，将加快车联网发展。据了解，北京国际车展上推出的百度 CarNet，作为一款平民化的车联网产品，能将用户的智能手机与车载系统无缝结合。只需一根 USB 线，就可以使用原有的导航仪屏幕，将手机丰富的功能在导航仪上使用，体验从小屏到大屏的联网冲浪乐趣，实现“人、车、手机”之间的互联互通。

21 日 世界邦旅行网宣布全资收购途客圈

事件：主打出境游自由行的在线旅游企业世界邦旅行网 21 日宣布全资收购途客圈，世界邦旅行网董事长张平合透露，全资收购社交旅游网站途客圈后，其会将途客圈的目的地内容快速整合到世界邦的社区中，同时途客圈在移动端的用户积累，也将加强世界邦旅行网在移动端的布局。

22 日 特斯拉正式进入中国

事件：第一批中国用户正式从特斯拉汽车公司 CEO 埃隆·马斯克手中接过属于自己的 Model S 车钥匙。特斯拉正式进入中国，向首批车主交付产品。北京交车仪式上，9 名企业高管成为特斯拉在中国的第一批用户，包括新浪 CEO 曹国伟、汽车之家总裁李想、力帆足球俱乐部董事长尹喜地、合一资本董事长许亮、著名央视电视制作人张涵、云游控股董事会主席兼 CEO 汪东风、时代集团总裁王小兰、UC 优视董事长兼 CEO 俞永福等。除此之外，雷军、曹国伟等 IT 科技界高管也成为特斯拉的首批粉丝。

25 日 在路上涉足交易环节，推出 APP“淘在路上”

事件：国内首款旅游记录与分享 App 的开发者在路上团队已悄然发布新款 App“淘在路上”，这是两年来该公司继“在路上”后发布的第二款 App。如果说“在路上”是 UGC 产品的代表，那么，“淘在路上”就是 UGC 商业化的代表，以海量用户及内容为依托，打造 O2O 商业闭环。

28 日 阿里联手 UC 推出神马搜索

事件：阿里巴巴携手手机浏览器厂商 UC 推出移动搜索品牌“神马”。据悉，神马搜索得到马云大力支持，未来会与阿里在产品、资源层面深度合作。此前，UC 移动搜索已在 UC 浏览器内部发展了 4 年，这次整合了阿里一搜及一支百度团队。易观智库分析认为，阿里和 UC 浏览器合作，也是为自身移动搜索流量引入打下坚实基础。

28 日 阿里云峰 12.2 亿美元入股优酷土豆，持股 16.5%

事件：优酷土豆集团 28 日宣布，阿里巴巴和云峰基金以 12.2 亿美元入股优酷土豆，阿里巴巴持股比例为 16.5%，云峰基金持股比例为 2%。阿里巴巴将委派其 CEO 陆兆禧加入优酷土豆董事会。优酷土豆表示，将与阿里巴巴集团建立战略投资与合作伙伴关系，共同打造线上线下融合的互联网文化娱乐生态系统。

28 日 携程以 2 亿美元的现金战略投资同程

事件：携程旅行网今天宣布战略投资同程网。此次交易以现金方式完成，涉及金额超过 2 亿美元。这也是继今年获腾讯、博裕、元禾三家机构五亿元人民币投资后，同程旅游获得的新一轮融资。通过此次投资，携程将成为仅次于同程管理层团队的第二大股东。携程宣布战略投资同程网后，吴志祥表示，“本轮投资后同程网将继续独立发展，并在两年内重启 IPO。携程拟把景点门票的现付业务接入同程，并向同程投资超过 2 亿美金，支持同程独立 IPO”。

29 日 携程以 1500 万美元价格入股途牛

事件：4 月 29 日下午，途牛旅游网的 SEC 显示，携程以 1500 万美元价格入股途牛，同时奇虎、红杉等也成为基石投资者，途牛 CEO 于敦德昨日发内部邮件时表示，此轮认购意味着大家看好途牛发展前景，途牛仍将保持独立运营。

5 月

5 日 腾讯 11.7 亿元人民币入股四维图新

事件：5 月 5 日晚，四维图新发布公告称，已接受来自腾讯方面 11.7 亿元人民币的战略投资，四维图新股东中国四维向腾讯转让 7800 万股无限售条件流通股，占总股本 11.28%，收购完成后，腾讯成为四维图新的第二大股东。

9 日 途牛旅游网挂牌纳斯达克

事件：途牛旅游网正式在纳斯达克挂牌上市，股票代码为“TOUR”。成为继携程、艺龙、去哪儿网之后，美股市场上的第 4 家中国在线旅游类上市公司。途牛将 IPO 发行价确定在发行价区间的下限，即每股美国存托股 9 美元，以此价格计算，途牛网 IPO 后市值约为 4.3 亿美元。

15 日 美团获 3 亿美元 C 轮融资，估值约 30 亿

事件：美团获得 3 亿美元 C 轮融资，领投机构为泛大西洋资本，B 轮为红杉资本领投和阿里巴巴跟投，美团 C 轮融资的估值达 30 亿美元。公开资料显示，泛大西洋资本为私募基金，主要参与成熟公司 Pre-IPO 阶段的投资，投资领域包括互联网、通信 / 无线、传媒 / 新媒体、医疗健康、软件 / 硬件 / 半导体等。在中国曾投资过神州数码、联想、阿里巴巴、搜房网、呷哺呷哺等。

16 日 猎豹移动纽交所 IPO

事件：猎豹移动在美国纽约证券交易所正式挂牌上市。其发行定价 14 美元，开盘 15.25 上涨 8.9%，最高涨至 16.43，但随后低走，收盘报 14.10，勉强保住发行价。猎豹移动上市首日市值 19.5 亿美元。

16 日 中央政府采购网发布《中央国家机关政府采购中心重要通知》

事件：16 日，中央政府采购网发布了《中央国家机关政府采购中心重要通知》。其中规定：“所有计算机类产品不允许安装 Windows 8 操作系统。微软 Windows 8 留有远程控制的“后门”，可以轻易搜集用户信息，这可能是被禁用于国家机关计算机的主要原因。尽管尚无法估量中央政府机关采购计算机的规模，但可以肯定的是，这将对微软在中国市场的营收造成重大影响。根据目前公开信息估算，微软可能因此损失上百亿元人民币。

17 日 聚美优品纽交所 IPO

事件：聚美优品于 2014 年 5 月 17 日正式挂牌上市。与众多电商网站不同的是，作为一家成立仅四年的化妆品垂直类电商，聚美优品上市前已经实现连续 7 个季度盈利。

17 日 亚马逊入股美味七七，进军生鲜电商市场

事件：亚马逊 17 日在上海宣布以 2000 万美元入股生鲜电商上海美味七七网络科技有限公司。这是亚马逊自 2004 年收购卓越成立亚马逊中国以来，在中国大陆的首笔投资。目前国内很多电商平台都推出了生鲜类服务，比如京东和天猫，同时也有很多像美味七七一样的垂直类生鲜电商，比如本来生活以及顺丰优选等。亚马逊的这次投资也体现出其对国内生鲜电商行业的重视。

21 日 触控科技暂缓上市

事件：5 月 21 日晚间，触控科技 CEO 陈昊芝向员工发布邮件称，公司已决定延缓赴美 IPO 计划，主要原因是触控科技的定位 –“创新移动娱乐平台”未获得资本市场的认可，给出的估值太低。陈昊芝在邮件中说道，触控科技有超过 6.7 亿美元市值的游戏业务，引擎业务 1 年前 Amazon 给开出的收购价是 6 亿美元，两部分相加有超过 13 亿美元的公司价值，但目前触控科技只能被认定为纯游戏公司，按 5.4 亿美元的定价上市。

21 日 UGC 模式电台喜马拉雅获 1150 万美元风投

事件：由上海证大喜马拉雅网络科技有限公司运营的 UGC 模式音频分享平台喜马拉雅 5 月 21 日宣布，该公司获得 1150 万美元的 A 轮风险投资，投资机构分别为 SIG（海纳亚洲）、KPCB（凯鹏华盈）、Sierra Ventures。

22 日 京东商城纳斯达克上市

事件：5 月 22 日，京东商城登陆纳斯达克，开盘价 21.75 美元，较 19 美元的发行价上涨 14.5%，报收于 20.90 美元，较发行价上涨 10%，本次京东市值达 286 亿美元。作为国内规模排名第二的电子商务企业，京东商城成立 10 年，但在上市时主营业务仍未实现盈利。

22 日 国家互联网信息办公室宣布推出《网络信息安全审查制度》

事件：国家互联网信息办公室 2014 年 05 月 22 日宣布，为维护国家网络安全、保障中国用户合法利益，中国即将推出网络安全审查制度，关系国家安全和公共利益的系统使用的、重要信息技术产品和服务，应通过网络安全审查。网络安全审查制度对进入中国市场的重要信息技术产品及提供者都将进行安全审查，重点是产品安全性和可控性，防止产品提供者借助提供产品之便，非法控制、干扰、中断用户系统，非法收集、存储、处理和利用用户有关信息。对于审查不合格的产品和服务，将不得在中国境内使用。

22 日 艺龙同程终止执行 2014 年 4 月 10 日签署的战略合作协议

事件：艺龙旅行网宣布结束与同程网之间的协议，同程方面则于 22 日当晚向艺龙支付了 3000 万元人民币违约金。

26 日 财路通携手中国人寿财险抢滩 P2P

事件：北京财路通网络科技有限公司与中国人寿财产保险股份有限公司北京分公司正式签署《业务合作协议》。协议约定双方本着平等、自愿、互惠的原则，启动在保证保险、信用保险和其他财产保险领域的全面合作。在担保模式问题日益集中凸显的背景下，这是 P2P 网贷平台提高安全保障的新尝试，或成未来发展一大方向。

28 日 支付宝宣布“未来医院”计划

事件：支付宝正式对外公布“未来医院”计划。根据这一计划，支付宝未来将对医疗机构开放自己的平台能力，包括账户体系、移动平台、支付及金融解决方案、云计算能力、大数据平台等。支付宝方面称，这一计划将改变中国大部分公立医院拥挤不堪的现状，帮助医院提高运转效率，更加优化医疗资源的配置。截至目前，支付宝方面透露，在北京、上海、广州等一线城市，支付宝已经与 10 家以上的三甲医院达成合作意向，其中有两家已经完成开发，正在进入测试阶段。

6 月

5 日 阿里巴巴 12 亿收购恒大足球俱乐部 50% 股权

事件：阿里巴巴与恒大达成协议，与恒大集团在恒大足球俱乐部层面展开合作。阿里巴巴将投资 12 亿元人民币获得恒大足球俱乐部 50% 的股权。阿里巴巴集团董事局主席马云表示，希望通过与恒大的平等合作，共同促进中国足球的发展。

5 日 顺丰优选旗下“嘿客”便利店上线，布局生鲜 O2O

事件：顺丰旗下网购服务社区店“嘿客”正式开业，首批上线 518 家，覆盖除青海、西藏以外的全国各省份。据了解，除顺丰快件自寄自取业务外，“嘿客”店还提供衣服干洗、飞机票预订、话费充值、缴水电费等多项便民服务。消费者还可到店体验实物商品，并通过二维码扫描、门店 PAD 等多种形式链接到顺丰优选或其他的电商网站在线下单。

11 日 阿里巴巴全资收购 UC，成立 UC 移动事业群

事件：阿里巴巴集团与 UC 优视联合宣布，UC 优视全资融入阿里巴巴集团，并组建阿里 UC 移动事业群。UC 优视董事长兼 CEO 俞永福将担任 UC 移动事业群总裁，进入阿里集团最高决策团队 – 阿里集团战略决策委员会。以 UC 优视为基础设立的阿里 UC 移动事业群，将是阿里巴巴在阿里电商事业群、云计算大数据事业群之后的新事业群。该事业群除了现有 UC 集团业务团队，未来还将整合阿里集团其他相关业务和团队，负责包括浏览器业务、搜索业务、位置服务业务、九游移动游戏平台业务、PP 移动应用分发业务、爱书旗移动阅读业务等在内的建设和发展。

12 日 智联招聘纽交所上市，市值达 7.25 亿美元

事件：智联招聘 12 日宣布其首次公开募股已定价，以每股 13.50 美元发行 5,610,000 股美国存托股票（简称“ADS”）。若承销商不行使其超额配售权，则本次募资总额将为 7570 万美元。每股 ADS 相当于公司两股 A 类普通股，12 日起将正式在纽约证券交易所挂牌交易，交易代码为“ZPIN”。

17 日 泰康人寿正式启用了云计算中心

事件：泰康人寿正式启用了云计算中心，基于云数据中心构建大数据平台，为包括寿险类、年金类、资产类以及养老社区等全业务领域提供技术支撑。大数据技术可以为险企在展业过程中实现用户需求偏好分析、保险方案定制化处理等提供有力支持。保险公司不缺乏数据，但缺乏合理利用数据的手段，基础系统建设与技术创新有望打破自身网销发展瓶颈。

19 日 七部门下发《关于支持电影发展若干经济政策的通知》

事件：财政部、国家发改委、国土资源部、住建部、中国人民银行、国家税务总局、新闻出版广电总局等七部门下发《关于支持电影发展若干经济政策的通知》(以下简称《通知》)，发布了支持电影发展的若干经济政策。具体来看，政策将从税收、资金、土地、金融政策四大方面扶持中国电影产业的发展。华谊兄弟、光线传媒等影视公司，以及目前拟上市的中影股份、上影股份、万达院线等院线公司都将有望从中获益。

23 日 微信新版上线"我的钱包" 可实现好友转账

事件：23 日微信新版本上线，升级"我的银行卡"为"我的钱包"，用户可将红包、AA 收款、彩票中的零钱存入零钱包中，可随时充值或提现，还可以向朋友转账。微信此举将钱包、转账、电商及生活服务应用整合其中，为用户打造出一个一站式资金管理平台。

23 日 广电总局发函关闭互联网电视盒子视频客户端

事件：国家新闻出版广电总局针对互联网电视牌照商，下发了《关于立即关闭互联网电视终端产品中违规视频软件下载通道》的函件。在函件中，总局要求两地互联网电视集成牌照的申请主体，对于华数和百视通进行整顿，立即关闭其所有互联网电视终端产品中各类商业视听网站客户端软件及各类视频聚合软件和互联网浏览器软件的下载通道，并对已经下载的软件立即予以技术处理，在未完成整顿之前，不得发行新的互联网电视终端产品，如网上有害节目通过其互联网电视集成平台的终端产品进入电视机的问题不能得到有效解决，要追究开办主体的责任。

24 日 迅雷纳斯达克上市

事件：迅雷成功登陆美国纳斯达克，股票代码为"XNET"，发行价为每股美国存托股 (ADS)12 美元，融资 8778 万美元。迅雷 CEO 邹胜龙、小米联合创始人林斌等均到场。迅雷今晚开盘价报 14.21 美元，较发行价上涨 18%，市值约为 9.86 亿美元。

24 日 国航票代佣金费率从 3% 降至 2%，代理商承压

事件：中国国际航空股份有限公司(Air China Limited，简称"国航")决定自 7 月 1 日(以出票日期为准)起，将中国销售国航国内客运票证代理手续费率从 3% 下调至 2%。

26 日 Google 发布 Android Auto，正式入侵"汽车互联网"

事件：Android Auto 谷歌汽车平台在谷歌 IO 大会上发布，而根据现场的演示，目前这个版本的

Android Auto 大概包含有导航、通信、音乐三大功能，由于车内应用十分强调安全性，因此 Android Auto 可全部通过语音操作。而令开发者感到兴奋的是，Android Auto SDK 也同期公布，这样就可以期待更多的第三方应用接入到 Android Auto 平台了。

26 日 敦煌网与印尼电商 ukmmarket 达成合作

事件：跨境电商平台敦煌网在敦煌网东莞公司揭牌仪式上，与印尼电商平台 ukmmarket 签署了战略合作协议。该项合作是敦煌网发起组织的跨境电子商务建设工作坊（CBET）期间的重要合作之一。敦煌网方面表示，双方将展开深入合作，共同推动两国跨境电商的合作和发展。

27 日 腾讯入股 58 同城

事件：腾讯和 58 同城联合宣布，腾讯将以 7.36 亿美元收购 58 同城约 19.9% 的股权。根据协议，腾讯将以每股普通股 20 美元的价格收购 58 同城 36805000 股 A 股普通股和 B 股普通股。58 同城表示，交易的部分收益将用于从 IPO 之前的当前股东手中回购 27603750 股普通股股票。

7 月

3 日 同程宣布其景点门票业务入驻手机 QQ“吃喝玩乐”平台

事件：同程旅游宣布其景点门票业务正式入驻手机 QQ“吃喝玩乐”平台，并成为后者景点门票预订服务的独家供应商，这是自成为微信“我的钱包”商城机票频道独家运营商后，同程旅游在移动端的最新动作。

7 日 微信与广点通共推微信广告，开放公测

事件：微信联合广点通共同推出的微信公众账号广告于 7 号正式对外公测。公测期间，微信公众账号运营者可以根据需要在公众平台申请开通流量主服务和广告主服务。此外，对于广告主而言，还可通过广点通投放端做自定义移动页面的广告投放，广告形式仍然为图文消息全文页面底部的文字链接。

9 日 天鸽互动港交所 IPO

事件：9158 视频社区的母公司 – 天鸽互动控股有限公司，今天在香港交易所上市。上市开盘价为 5.99 港币，相比定价上涨 13.44%，按照 1,217,067,000 的总股本来看，公司市值大约为 72.90 亿港元。股票代号为 1980.HK。联席全球协调人是瑞银集团（UBS）和中金香港证券（CICC）。

15 日 中国首个云服务权威认证体系建立

事件：由工业和信息化部指导，工信部电信研究院、中国通信标准化协会主办，数据中心联盟和云计算发展与政策论坛承办的“2014 可信云服务大会”在北京召开。大会上正式发布了第一批通过“可信云服务认证”的云服务名单并颁发证书，这不仅将为用户选择云服务提供切实可信的依据，同时也为建立可信的云计算生态系统奠定了基础。

18 日 芯片电商科通芯城港交所主板上市

事件：电子元器件垂直电商科通芯城今天正式在港交所挂牌交易，代码为“00400”，融资规模约为 14 亿港元。按照开盘价 4.00 港元计算，科通芯城市值约为 55 亿港元(约合 7.1 亿美元)。

23 日 百度推出“北京健康云”，与百度云无缝对接

事件：百度牵头与智能设备厂商和服务商联手推出“北京健康云”。目前北京健康云已有智能手环、血压计、心电仪、体重秤、体脂仪等八款设备，今年内还会陆续增加温度计、血糖仪、皮肤测试仪、酒精测试仪等三十多款智能健康设备。未来，百度健康云服务还将向全国推广。

25 日 联众游戏港交所 IPO

事件：北京联众互动网络股份有限公司在成立 16 年后，终于将以联众国际的名义在港交所完成上市夙愿。根据联众国际发布的招股文件，公司拟发行 1.96 亿新股，每股 3.7 港元 -4.8 港元，集资 7.3 亿港元 -9.4 亿港元。

25 日 腾讯牵头筹建前海微众银行获批

事件：25 日，银监会正式对外披露，已批准三家民营银行筹建申请，包括深圳前海微众银行(主发起人为腾讯、百业源、立业)、温州民商银行(主发起人为正泰、华峰)以及天津金城银行(主发起人为华北、麦购)。资料显示，今年 3 月，银监会已确定 5 个民营银行试点方案，进入首批试点名单的十家民营企业包括：阿里巴巴与万向、腾讯与百业源、均瑶与复星、商汇与华北、正泰与华峰。

31 日 腾邦国际拟 1200 万收购八千翼 60% 股权

事件：腾邦国际 31 日晚间公告，公司为进一步整合商旅市场，决定以自有资金 1200 万元人民币收购陈美周持有的成都八千翼网络科技有限公司 60% 股权。公告称，腾邦国际收购八千翼 60% 股权，除了进一步提高腾邦国际在机票细分领域的市场份额，最重要的是，能够向该平台注入腾邦国际“腾付通第三方支付”及“融易行小额贷款”金融元素进行全面协同和整合，向 6 万家行业客户提供金融服务，解决资金难题。

31 日 携程收购世纪明德，加注游学旅游大市场

事件：在携程结束的第 2 季度财报电话会议中，携程 COO 孙洁透露已于近期收购了北京世纪明德教育科技有限公司。据悉，携程旗下的上海科慧投资顾问有限公司已于 6 月完成了对世纪明德的战略入股，这是迄今为止中国游学服务行业最大的一笔战略交易。

8 月

6 日 蚂蜂窝与在路上旅业达成合作，发布“反向定制”产品

事件：旅游社交网站蚂蜂窝与航空服务商在路上旅业近日达成战略合作，双方联手国内外旅游局、航空公司，发布“反向定制”旅游产品，推动旅游行业个性化服务。双方发布了第一批反向定制产品，这些产品根据用户偏好数据定制及预售，此外，海南航空、Brand USA 美国国家旅游局马萨诸塞州旅游局参与开发的系列反向定制旅游产品不久也将上线。反向定制，通常是通过聚集数量庞大的用户，向商家集中采购的行为，例如团购。

7 日 乐逗游戏纳斯达克挂牌上市

事件：乐逗游戏母公司创梦天地 (iDreamSky Technology) 于 7 日正式在美国纳斯达克股票市场挂牌上市，首日收报于 15.94 美元，较发行价上涨 6.27%，当天股价最高上触 19.00 美元，最低止步于 15.68 美元。以收盘价计算，创梦天地目前市值达 6.54 亿美元。

7 日 携程获 Priceline 5 亿美元投资 双方将扩大合作

事件：Priceline 与携程宣布，双方将深化现有的商业合作以加强全球战略伙伴关系。Priceline 将通过可转债形式向携程投资 5 亿美元，携程同意 Priceline 在未来一年内通过公开市场购买其股票。计入可转债包含的股份，Priceline 将有望最多持有携程总流通股的 10%。在购入可转债的同时，Priceline 也获得了向携程董事会委派一名观察员的权利。

7 日 携程成立“爱玩”公司，进军主题游市场

事件：携程在上海宣布正式启动主题旅游平台，并成立创业公司爱玩信息科技（上海）有限公司来专门运作该项目。携程的目标是打造中国最大的主题旅游平台，为上亿“爱玩”的中产阶层提供一站式服务。

12 日 赶集网获得 2 亿美元融资

事件：分类信息门户网站赶集网今日宣布完成新一轮融资，融资总额超过 2 亿美金。投资方为老虎基金和凯雷投资集团。赶集网方面表示，本轮融资资金将用于产品研发，并侧重无线端，以整体推动行业创新；加大市场投放，进一步抢占市场份额；以及在 O2O 领域的探索和新业务的尝试。

20 日 拉勾网获 2500 万美元 B 轮融资

事件：在 4 月 1 日公布 A 轮 500 万美元融资仅四个月后，拉勾网再次宣布获得 2500 万美元 B 轮融资。这也是这家专注于互联网领域垂直招聘企业四个月内第二次公布融资消息。本轮融资由启明创投领投，贝塔斯曼亚洲投资基金跟投。

27 日 沪自贸区拟建大宗商品等八大国际交易平台

事件：上海市政府发布《上海国际贸易中心建设 2014-2015 年重点工作安排》。文件表示，上海将大力发展平台经济，将在自贸区建设石油天然气、铁矿石、棉花、液体化工品、白银、大宗商品、有色金属等 8 个国际交易平台。

27 日 美国亚马逊联合顺丰开展海外直邮业务

事件：美国亚马逊联合上海自贸区及顺丰速运，开展从美国到中国的直邮业务，在跨境电子商务高速发展的背景下，亚马逊和顺丰开展海外直邮业务，积极支持跨境电子商务和海淘业务。

28 日 中青旅计划斥资 3 亿元人民币升级遨游网

事件：中青旅计划向遨游网投入 3 亿元人民币，沿袭平台化、网络化、移动化的发展战略，支持遨游网打造方便快捷的 O2O 旅游电商平台。同时，遨游网新 LOGO 正式启用，移动端“遨游旅行”APP3.0 版同步发布，遨游网新版网站首页的正式上线。

29 日 万达携手腾讯、百度成立万达电商

事件：29 日，万达集团宣布与腾讯、百度联合成立万达电商，未来将借助互联网企业的技术和资源优势，打通万达地产及线下资源，并用三年时间找出成功的盈利模式和方向。

9 月

2 日 丁香园获腾讯 7000 万美元融资

事件：定位于医疗健康的互联网公司丁香园宣布；获得了腾讯 7000 万美元的 C 轮投资。这是国内移动医疗健康领域的最大一笔融资，腾讯也借此正式布局医疗健康领域。不过，双方均未透露腾讯此次投资的占股比例。

3 日 百度直达号上线

事件：“2014 百度世界大会”在京举行，百度在这次大会上推出了“直达号”，主要为传统服务行业向移动互联网转型提供解决方案。“直达号”于 9 月 3 日同步上线，初期资格将采取邀请制，将于年内全面开放申请。百度董事长李彦宏指出，移动时代消费者表达需求方式正在变化，从文字输入转向语音和图像，而未来 5 年，消费者使用语音和图像表达需求的比例将超过 50%，科技将更加回归自然、贴近人性。

3 日 携程成立邮轮控股公司 Skyseas，正式进军邮轮游市场

事件：携程与皇家加勒比邮轮公司签订建立合资公司管理邮轮日常船务运作的合作备忘录，携程通过下属 Exquisite 公司与皇家加勒比邮轮公司签约购入可承载 1814 名乘客的精致世纪号邮轮。Exquisite 公司为 Skyseas 的全资子公司，而 Skyseas 是由携程与其他投资者共同建立的控股公司。

18 日 腾讯领投我趣旅行网，布局出境游市场

事件：主打美国自助游市场的我趣旅行网已完成 2000 万美金 B 轮融资，由腾讯领投，晨兴资本跟投。据悉，B 轮融资之后，我趣旅行网将在移动端和多目的地自助游市场双向发力。特别是在借助美国自助游实现“单点突破”后，未来将很快把模式复制到澳大利亚、新西兰、欧洲等多国规模化出境游市场。

19 日 阿里巴巴纽交所 IPO

事件：阿里巴巴发行价格为每股 68 美元，将发售 123,076,931 股美国存托股票。与此前众多公司上市不同的是，阿里巴巴创始人马云及其高管并没有登台，而是由奥运冠军劳丽诗领衔 8 位阿里客户敲钟。马云等三位阿里巴巴高层与国内员工进行了视频通话。据悉，此次 IPO 交易至少筹集 217.6 亿美元，成为美股史上最大的 IPO。阿里巴巴 19 日股票开盘价为 92.2 美元，较发行价升涨 36.32%。

19 日 神州租车在香港上市

事件：神州租车有限公司正式在港挂牌，成为中国汽车租赁行业上市第一股，股票代码 699，发行价 8.5 港元，首日开盘价为 10 港元，上涨 17.6%，以开盘价计，公司市值近 230 亿港元。

23 日 携程宣布上线"中文游邮轮预订平台"

事件：携程宣布上线全球最大的"中文游邮轮预订平台"。据携程邮轮事业部 CEO 杨蕾介绍，平台将与各大邮轮公司进行系统对接，对接后携程将通过 PC 端和手机端同步提供全球覆盖超过几百个港口、航期跨越到几年以后的邮轮产品，消费者还可以通过平台进行在线选房。携程正在打造一个以邮轮为核心的产品体系，同时涵盖租车、保险、机票、签证、大巴、岸上游的各种邮轮周边产品。

25 日 顺丰发布"顺丰冷运"，剑指生鲜电商

事件：顺丰速运有限公司在上海发布"顺丰冷运"品牌，表示将为生鲜食品行业客户提供"一站式供应链解决方案"。顺丰冷运是在整合顺丰现有物流、电商、门店等资源的基础上，为生鲜食品行业客户提供冷运仓储、冷运干线、冷运宅配、生鲜食品销售、供应链金融等一站式解决方案。

26 日 科通芯城与英特尔达成战略合作

事件：国内电子制造业供应链电商平台科通芯城与英特尔达成战略合作协议，新增英特尔 NUC(Next Unit of Computing)SKU，此次，在与 Intel 原有合作上增加新产品线，意味着科通芯城以及旗下硬件平台作为中国硬件创新创业第一平台的价值正在显现，更预示着科通芯城与 Intel 的业务合作将从 31 亿元人民币的大企业客户向着近 100 亿元人民币的中小客户甚至是创客群体推进。

27 日 "P2P 监管最新十大原则"提出

事件：银监会创新监管部主任王岩岫明确提出"P2P 监管最新十大原则"，是监管思路的进一步细化。据了解，十大最新原则中，实名制和小额化两大原则为监管层首次公开提出。

28 日 阿里 28.1 亿元人民币入股石基信息，布局在线旅游市场

事件：阿里巴巴集团宣布以 28.1 亿人民币投资酒店信息服务商石基信息，在交易完成后将持有 15% 石基信息股份，并获得 1 个董事会席位。目前，国内 90% 的五星级酒店信息管理系统都来自石基信息。未来，石基信息的系统将与淘宝旅行全面打通，拓展阿里集团在线旅游市场的基础服务能力。

28 日 中意联合推出首家互联网电商交易平台

事件：中国与意大利在电子商务合作中联合推出的互联网交易平台将上线运作。该平台是由中国世纪国际集团与意大利电子商务企业联合创立的跨境 B2B 电子商务交易平台，这是中意两国间在电子商务合作中推出的首家互联网交易平台。

29 日 阿里获批筹建浙江网商银行

事件：29 日，阿里巴巴集团的民营银行获批筹建，定名为“浙江网商银行”。阿里的投资主体明确为集团旗下浙江蚂蚁小微金融服务集团有限公司，也就是原来筹建中的阿里小微金融服务集团，占股 30%。当天，银监会发布公告称，批复浙江网商银行和上海华瑞银行有限公司筹建。至此，全国首批 5 家获得民营银行牌照的银行都已获批筹建，此前获批的 3 家分别是天津金城银行、腾讯的前海微众银行以及温州民商银行。

30 日 微信更新 6.0 版本，进入小视屏时代

事件：微信正式更新 6.0 版本，主打更新有三个，分别为：一是新增的小视频功能，该功能与短视频产品类似，但没有滤镜和配乐效果，从实际效果看，更像是为微信增加了有声音的动态图片功能；二是卡包功能，此前搜狐 IT 曾独家报道过微信将增加卡包功能，该功能需要用户获取卡券后才能使用；三是微信游戏中心进行了改版，产品体验改善，游戏推送方式有所变化。

30 日 Priceline1.35 亿美元增持携程，持股比例达 5.84%

事件：携程提交给 SEC 的最新文件显示，9 月份 Priceline 在公开市场上斥资 1.35 亿美元购买携程股票，加上此前的投资，Priceline 对携程的投资总计达到 6.35 亿美元，持股比例增至 5.84%。

10 月

9 日 小米 8400 万元人民币入股凯立德

事件：凯立德日前发布消息，称公司将发行 700 万股，预计募集资金不超 8400 万元人民币。其中，小米全资子公司天津金星投资有限公司拟认购 4,666,667 股股份；天津金星投资有限公司的全资子公司天津顺米投资有限公司拟认购 2,333,333 股股份。资料显示，天津金星投资有限公司及天津顺米投资有限公司这两家公司的法人代表均是雷军。

10 日 慧聪网香港主板上市

事件：10 月 10 日上午，B2B 电商平台慧聪网正式从香港创业板转到联交所主板上市，股票代码变更为 02280，开盘价为 14.5 港元。慧聪网官方表示，此次之所以转主板上市主要是为了提升慧聪网整体形象，并提高股票流通量，对公司日后成长性、财务灵活性、业务发展等方面有诸多好处，并且转主板还将获得更多投资人士和机构认可。

13 日 腾讯 1 亿美元领投挂号网

事件：挂号网宣布获得新一轮融资，此次融资由腾讯领投。本轮总融资额超过 1 亿美元，成为该领域迄今为止最大规模的融资。挂号网方面表示，计划在本月下旬推出移动医疗开放平台微医平台，计划与微信和 QQ 打通，为医院和医生提供接口。

16 日 腾讯 4.46 亿入股华彩

事件：10 月 16 日，在港上市的华彩控股公告称，将向腾讯的附属公司 Hongze Lake Investment Limited 配售近 6 亿股新股份，约占扩大后资本的 7%。总交易额余约 4.46 亿港币。

20 日 彩票宝获 3000 万元人民币 A 轮投资

事件：彩票宝 20 日宣布获得爱施德公司 3000 万元人民币 A 轮融资，盛大网络跟投。注资后的爱施德将持有彩票宝 20% 股份，并保持未来或进一步追加投资的可能。

23 日 口袋购物完成 C 轮 3.5 亿美元融资

事件：10 月 23 日，口袋购物在微店大会上宣布完成 C 轮共 3.5 亿美元融资，投资方包括腾讯、H Capital、Vy Capital、老虎基金、Falcon Edge、DST，其中腾讯投资了 1.45 亿美金。

27 日 社交应用快看完成 2000 万美元 A 轮融资

事件：10 月 27 日，社交应用快看完成 2000 万美元 A 轮融资，参与此次投资的除了鲜少投资国内社交产品的腾讯，还包括红杉、HCapital、创新工场、真格基金。

29 日 亚马逊开通海外六国站点直邮中国服务 加速海淘模式规范落地

事件：10月29日，亚马逊中国宣布开通海外六大站点直邮中国的服务，消费者可享受到来自亚马逊美国、德国、西班牙、法国、英国和意大利在内的共计 8000 多万种国际选品，全面拉开“海淘”攻势，开启国际品牌战略。

11 月

5 日 移动支付 mo9 宣布获融资数千万美元

事件：11 月 5 日，支付服务提供商 mo9 今日宣布获银泰资本领投的数千万美元 C 轮融资，这是继红杉及贝塔斯曼亚洲投资基金两轮融资后，mo9 获得的新一轮融资。融资后的 mo9 将聚焦在虚拟数字产品领域，将业务扩展至社交平台、付费视频、在线彩票等新领域。

10 日 2014 年 APEC 峰会正式启动

事件：11 月 10 日，2014 年中国 APEC 峰会正式开幕，会议将围绕“共建面向未来的亚太伙伴关系”的主题，就“推动区域经济一体化”、“促进创新发展，推动经济改革和增长”、“加强全方位互联互通和基础设施建设”三个议题展开详细讨论。

11 日 “双十一”持续升温，天猫单日成交额达 571 亿

事件：2014 年 11 月 11 日，天猫“双十一”单日成交额达 571 亿，刷新全球网上零售纪录。“双十一”已经从电商节点转变成中国零售产业重要促销点，对中国零售产业变革产生剧烈的催化效应。

18 日 一嗨租车纽约上市

事件：11 月 18 日，一嗨租车于纽交所正式挂牌上市，发行价为每股 12 美元，成为国内第一家登陆美股的租车企业。

19 日 首届世界互联网大会举行

事件：11 月 19 日至 21 日，首届世界互联网大会于浙江乌镇举行，大会以“互联互通，共享共治”为主题，目的在于为中国与世界互通互联搭建国际平台，为世界互联网共享共治搭建中国平台，让互联网造福世界。

19 日 小米、顺为资本 18 亿元人民币投资爱奇艺，百度跟投

事件：19 日下午消息，小米和顺为资本联合宣布，将以 18 亿元人民币入股爱奇艺，百度也同时追加了对爱奇艺的投资。此轮投资完成后，爱奇艺将与战略股东百度和小米在内容、技术产品创新领域，尤其是移动互联网领域展开深度合作。

27 日 百度文学正式成立，打造完整互联网产业链

事件：11 月 27 日，百度在北京举行发布会，宣布百度文学正式成立，并发布了包括“纵横中文网”、“91 熊猫看书”、“百度书城”等子品牌在内的完整架构，同时表示百度文学是百度泛娱乐化战略中重要一环，未来将游戏、社交、视听和求知等多个领域环环相扣，形成完整互联网产业链。

27 日 易观智库发布免费数据产品“用户雷达”

事件：11 月 27 日，2014 互联网创新大会 – 易观智库大数据公开课在深圳举行。会上，易观智库推出免费用户数据监测产品“eUR 中国数字消费用户雷达大众版 1.0BETA”。该产品是中国首个对大众免费的用户数据监测产品，通过该产品，任何人都能轻松获取各个领域的应用排名，某个互联网、移动互联网应用的活跃人数（周月季）、启动次数、使用时长、人均单日启动次数等数据图表。

29 日 万达电影院线 IPO 获批 预计募资 20 亿元人民币

事件：11 月 28 日，据证监会网站显示，万达电影院线有限公司首发今日获批。万达院线将登陆深交所中小板，首次公开发行不超过 6000 万股股票。一旦此次 IPO 成功，万达院线将募集达到 20 亿元人民币资金，其中 4 亿元人民币用于补充流动资金，其他 16 亿元人民币将用于影院建设项目。

12 月

1 日 挖财完成 5000 万美元 B 轮融资，宽带资本、中金佳成领投

事件：1 日上午，个人金融管理软件服务商挖财宣布已完成 5000 万美元 B 轮融资，新的投资方为宽带资本和中金佳成，A 轮投资方 IDG、鼎晖、启明等进行了跟投。

2 日 赶集网 1 亿美元切入二手车交易

事件：12 月 2 日，赶集网宣布上线“赶集好车”，正式进入二手车 O2O 领域。与国内其他二手车公司 B2C 模式不同，赶集好车的模式是 C2C，因而可以打通所有的中间环节，降低交易成本，理想状况是零成本。

3 日 Misfit 融资 4000 万美元，小米、京东参投

事件：12 月 3 日，可穿戴设备制造商和健康及健身平台提供商 Misfit 完成了由 GGV Capital 领投的 4000 万美元 C 轮融资，小米、京东商城、顺为基金和既有股东参与了跟投。

4 日 华米科技融资 3500 万美元

事件：12 月 4 日，小米手环制造商华米科技宣布获得 3500 万美元的 B 轮融资，本轮融资由高榕资本领投，红杉资本、晨兴资本及上一轮投资方顺为资本跟投。据悉，华米科技是由华恒电子与雷军创立的顺为基金共同出资建立，这一融资将为小米在硬件产业跑马圈地提供支撑。

5 日 飞鱼科技港交所上市

事件：12 月 5 日上午，飞鱼科技正式在香港联交所挂牌上市，上市价厘定为 2.2 港元，估计将获得 5.7 亿港元的融资。飞鱼拟用全部融资的 40% 来扩展及改善游戏组合；20% 用于扩展营销及推广活动；15% 用于选定海外市场及扩展国际营运；其余则用来潜在收购，或作补充营运资金及一般企业用途。

8 日 商用 Wi-Fi 迈外迪融资 3 亿元人民币，腾讯大众点评共投

事件：12 月 8 日，商业 Wi-Fi 服务商迈外迪对外宣布完成 C 轮融资，融资金额为 3 亿元人民币，腾讯、大众点评共同进行此次投资。

9 日 中广互联、格兰研究、卫视传媒宣布合并

事件：12 月 9 日，在第七届中国广电趋势年会上，知名传媒及咨询机构中广互联、格兰研究和卫视传媒三家宣布正式合并，合并重组后的公司名称为北京中广格兰信息科技有限公司。合并后，三方业务品牌均保留，其中格兰研究作为独立公司存续，成为中广格兰的全资子公司。

9 日 滴滴打车再融资超 7 亿美元

事件：9 日，滴滴打车宣布，获得新一轮超过 7 亿美元的融资，由国际知名投资机构淡马锡、国际投资集团 DST、腾讯主导投资。新融资主要将用于新业务的拓展，包括同城物流、移动零售、智能公交等。

9 日 宝驾租车获 3000 万美元融资

事件：12 月 9 日消息，分时租车应用宝驾租车获得由中国平安、启明创投领投，58 同城跟投的 3000 万美元 A 轮融资。

10 日 中讯软件 2 亿收购 Heroic

事件：10 日消息，中讯软件宣布，以 2.6 亿港元（约 2 亿元人民币）向第三方收购游戏公司 Heroic Coronet。

10 日 苏宁 2.4 亿美元再度增持 PPTV，持股比例增至 64%

事件：12 月 10 日晚，苏宁发布公告宣布以 2.4 亿美元增持 PPTV 的股份，持股比例增至 64%。双方力求建立起更加顺畅的协同机制，在会员共享、数据打通、智能终端发展和大数据投放推广等领域进行深层次协同合作。

12 日 陌陌纳斯达克上市

事件：12 月 12 日凌晨，陌陌在纳斯达克正式挂牌上市。此次 IPO 共计发行 1600 万股，预计融资额将超过 2.16 亿美元，股票承销商有摩根史丹利、摩根大通、瑞士信贷、中国华兴资本。

12 日 触控获得今年第二笔战略投资，高通入局

事件：12 日晚，触控证实，公司获得今年的第二笔战略投资，由包括触控在内的三家公司分享来自高通总计 4000 万美元的风险投资基金。

12 日 联想旗下弘毅资本领投东软

事件：12 月 12 日，东软集团公告，弘毅投资、高盛、东软控股、加拿大养老资金投资公司、通和资本等将斥资 16 亿元人民币对东软医疗进行增资，并以 11.33 亿元人民币从东软集团购买其所持有的东软医疗一定比例的股权。此外，弘毅投资、高盛、东软控股及协同创新等投资者将共同对东软熙康进行 1.7 亿美元的增资。

14 日 小米 12.66 亿入股美的集团

事件：14 日晚，小米与美的集团同时发布公告，宣布小米旗下小米科技与美的集团达成战略合作，小米科技斥资 12.66 亿元人民币入股美的集团，占有 1.29% 的股份，美的集团将以每股 23.01 元的价格向小米科技定向增发 5500 万股。

15 日 蜜芽宝贝完成 6000 万美元 C 轮融资

事件：12 月 15 日，蜜芽宝贝宣布完成 6000 万美元的 C 轮融资。该轮融资由 H Capital 领投，上轮投资人红杉资本和真格基金继续跟投，将用于全球供应链的升级。

15 日 腾讯、百度、阿里首上世界品牌 500 强

事件：12 月 15 日，有世界品牌实验室编制的 2014 年度（第十一届）《世界品牌 500 强》排行榜在美国纽约揭晓。中国内地入选品牌达 29 个，其中腾讯、百度、阿里巴巴和中国华信今年首次上榜。

15 日 钻库网宣布获得深圳红十三资本 1000 万元人民币天使投资

事件：12 月 15 日消息，国内首家钻石供应链移动电商服务平台 – 钻库网宣布获得深圳红十三资本 1000 万元人民币的天使投资。

16 日 奇虎 360 投资 4 亿美元，与酷派组建合资公司

事件：12 月 16 日，奇虎 360 宣布与酷派结成战略联盟，向酷派投资 4.0905 亿美元现金成立一家合资公司，奇虎 360 将持有该合资公司 45% 的股权。该合资公司将侧重于以互联网为主要销售渠道的移动终端产品。

16 日 蓝色光标 11 亿收购加拿大传播巨头 Vision7

事件：12 月 16 日，蓝色光标宣布收购加拿大传播巨头 Vision7。公告宣布，公司董事会审核通过蓝色光标国际传播集团有限公司设立全资子公司蓝色维勒，同时，蓝色维勒设立加拿大全资子公司，由其收购加拿大 Vision7 公司的北美业务及拆分后的 Citizen Relations 在英国的业务股权。蓝标子公司预计将持有 Vision7 约 85% 的股权。

16 日 金斧子完成红杉资本融资，互联网股票配资超 10 亿

事件：12 月 16 日，互联网金融平台金斧子正式宣布红杉资本对其千万美元风投的 A 轮融资流程全部走完。

17 日 微众银行完成注册，董事会及监事会腾讯各占一席

事件：17 日消息，深圳前海微众银行已于 12 月 16 日完成注册，注册资本为 30 亿元人民币，三家主要股东为腾讯、百业源、立业集团，持股比例分别为 30%、20%、20%，腾讯在董事会和监事会各占一席。

17 日 百度宣布投资 Uber

事件：12 月 17 日，百度与美国硅谷新兴公司 Uber 在北京签署战略合作及投资协议，达成全球范围内合作，包含围绕技术创业、开拓国际化市场及扩展中国 020 服务等。Uber 的打车服务将接入百度地图、百度移动等 APP 之中。

18 日 图片社交应用 nice 获 3600 万美元 C 轮融资

事件：12 月 18 日下午消息，移动图片社交应用 nice 创始人及 CEO 周首证实，nice 获得 3600 万美元 C 轮融资，投资方为老虎环球基金和 VY Capital。

18 日 大众点评战略投资食为天信息，占股超 10%

事件：12 月 18 日，大众点评与食为天信息联合宣布，大众点评已战略入股食为天信息，投资后在后者的持股占比将超过 10%。

18 日 麦德龙中国与社区 001 跨界合作社区电商

事件：12 月 18 日，电商型 O2O 企业社区 001 与现购自运批发商场麦德龙中国宣布达成战略合作，双方计划就社区电商模式从北京、上海向全国范围推广。

19 日 蓝港互动获星美控股 1000 万美元认购

事件：12 月 19 日消息，国内手机游戏研发商和发行商蓝港互动已获得星美控股 1000 万美元认购，国际配售部分已获超额认购。

19 日 爱点击 iClick 获蓝色光标 6000 万美元投资

事件：12 月 19 日晚间，数字营销公司 iClick 爱点击宣布获得国内最大的公关媒体公司蓝色光标的 6000 万美元投资。

22 日 果壳网获 2000 万美元 C 轮融资，好未来领投

事件：12 月 22 日，果壳网正式对外宣布完成 C 轮融资，获得 2000 万美元资本。本轮融资由好未来领投 1500 万美元并购得果壳网少数股东权益，果壳网原有股东 IDG 等投资机构跟投 500 万美元。

22 日 面包旅行完成 5000 万美元 C 轮融资

事件：12 月 22 日，国内移动旅行社区面包旅行宣布，已完成 5000 万美元 C 轮融资。此轮融资由腾讯领投，富达亚洲风险投资和宽带资本跟投，将用于技术团队扩招及更多海外目的地拓展。

22 日 普惠金融宣布获 5000 万美元 A 轮融资

事件：12 月 22 日下午，爱前进母公司普惠金融信息服务有限公司正式对外宣布完成 A 轮融资，投资方为高榕资本，融资额达 5000 万美元。

22 日 环信获近千万美元 A+ 轮融资

事件：12 月 22 日，在“首届移动社交创新价值峰会”上，环信表示已获得近千万美元 A+ 轮融资，并宣布推出移动客服平台。

23 日 万达商业地产香港 H 股上市

事件：12 月 23 日上午，万达商业地产于港交所 H 股正式挂牌上市。此次 IPO 为港股三年来最大规模，发行价为每股 48 港元，总融资规模达 42.7 亿美元。

23 日 纷享销客 C 轮融资 5000 万美元，DCM 领投

事件：12 月 23 日，企业级互联网服务提供商纷享销客正式对外宣布完成 C 轮融资，融资额为 5000 万美元。该轮融资由 DCM 领投，IDG 资本、北极光创投跟投。

24 日 乐视高管第三次持股 7.93 万股

事件：12 月 24 日，乐视网发布公告称，公司董事邓伟、财务总监杨丽杰、副总经理贾跃民、副总经理振剑四位高管于 2014 年 12 月 24 日通过深交所证券交易系统在二级市场增持 79300 万股乐视股份。

24 日 云家政获蓝驰千万美元 A 轮融资

事件：12 月 24 日，家政服务预订平台云家政日前宣布完成数千万美元 A 轮融资，投资方为蓝驰创投。本轮融资完成后，云家政将在 2015 年覆盖国内主要城市。

24 日 土流网获得盛大资本 5000 万 A 轮投资

事件：12 月 24 日，在近日于北京人民大会堂举办的国内首届创新型土地流转服务体系推介会上，土流网公开宣布获得上海盛大资本 5000 万 A 轮投资。

25 日 川菜 O2O 平台“叫只鸡”获 1000 万天使投资

事件：12 月 25 日，立足于成都的餐饮 O2O 平台“叫只鸡”日前宣布已经获得 1000 万天使投资，投资方为四川本地投资公司和个人。

26 日 人人车完成 B 轮 2000 万美元融资

事件：12 月 26 日消息，二手车 C2C 交易平台“人人车”日前完成 B 轮融资，融资金额为 2000 万美元，策源创投、顺为资本共同领投，红点投资跟投。

附录 2 产业重点名词释义

PV（Page View）

页面浏览量。用户每 1 次对网站中的每个网页访问均被记录 1 次。用户对同一页面的多次访问，访问量累计。

UV（unique visitor）

独立访客。指不同的、通过互联网访问、浏览这个网页的自然人。

网络广告

广告主基于互联网（Internet）所投放的广告。包括展示类广告、搜索引擎广告、文字链广告、分类广告、其他形式广告等。

展示类广告

指通过图形、视频等直接展示型的广告，包括品牌图形广告、富媒体广告和视频贴片广告等形式。

品牌图文广告

通过在有影响力的网站上，按固定广告位展示网络广告，从而向广告主收费获得盈利的服务方式。

富媒体广告

以多媒体为表现形式的广告。主要包括插播式富媒体广告、扩播式富媒体广告和视频类富媒体广告等形式。

视频广告

指具有动画、声音、视频、交互性的信息传播方式，如视频弹窗、TVC 贴片等。

视频贴片广告

指在网络视频播放前、播放暂停或播放完后插播的图片、视频、Flash 等广告。

关键字广告

通过关键字匹配，将广告主投放的广告按展示在搜索引擎结果页面或者搜索引擎加盟网站的web页面上，从而获得广告效果的盈利的服务方式。

垂直搜索广告

在互联网用户使用相关垂直领域专门的搜索引擎搜索产生的结果中展现的广告。

文字链广告

以一排文字作为一个广告，点击进入相应的广告页面，主要投放文件格式为纯文字广告形式。

分类广告

指将各类短小的广告信息按照一定方法进行分门别类，以便用户快速检索，一般集合放置于页面的固定位置。

WAP 广告

指将广告主的促销或品牌信息投放到移动终端浏览器或网页的广告方式。

APP 广告

指将广告主的促销或品牌信息投放到移动终端应用程序上的广告方式。从其业务及运营模式来看，移动应用广告不包含在手机浏览器等功能型应用中投放的广告。

短彩信广告

指通过邮件形式向目标受众传达营销内容的广告方式。

户外电子屏广告

指商业楼宇、卖场超市、校园等渠道内，以液晶屏或 LED 屏形式的商业终端广告系统，主要以播出电视广告节目和其他节目为表现手段，包括 9 种主要渠道，分别是：商业楼宇、卖场超市、航空终端、医院药店、户外大型 LED、公交地铁、学校校园、列车车站、其他渠道等。

LED 大屏（Light Emitting Diode）

LED 显示屏分为图文显示屏和视频显示屏，均由 LED 矩阵块组成。户外超大 LED 显示屏主要指应用于商业中心、悬挂于楼宇上的大型商业终端广告系统，一般面积超过 100 平方米。

航空新媒体

在机场、机上安装的液晶屏商业终端广告系统，一般安装在机场室内或者机上，不包括机场 FRAME 框架广告系统。

商业楼宇

在城市写字楼、公寓楼安装的液晶屏商业终端广告系统，一般安装在电梯口，包括街道 LED 网络，但不包括高尔夫球场、电影院等其他渠道。

移动电视广告

指公交、地铁（包括站台）等交通工具上安装的液晶屏商业终端广告系统。

移动应用广告平台

指基于移动应用的平台化广告服务，该平台通过直接整合应用开发者和广告主，将广告信息嵌入到手机应用程序中，实现移动应用广告在各个智能手机操作系统的平台化管理及分发。

移动广告交易平台

特指在移动端的广告交易系统，其汇聚了各种媒体流量的大规模交易平台，是移动 DSP 实现受众精准购买的交易场所。

移动广告聚合平台

为 iOS、Android 移动终端开发者提供广告服务和盈利机会的第三方平台，通过集合多家广告平台的业务并结合自身的数据优化策略，开发者可以同时整合多家的广告资源并定义配比策略，帮助开发者实现广告收益的提升。

移动广告网络

移动互联网市场内，介于想出售广告空间的网站 / 应用与想在网站上 / 应用内刊登广告的广告主之间的平台。

移动广告监测 SDK

即基于 SDK 的移动互联网广告监测，通过采用技术加码的方式收集广告曝光等数据。

广告请求量

指移动应用向移动应用广告平台发出广告展示的请求数量。

广告填充率

指移动应用平台接到移动应用中的广告请求后，回复具体的广告展示内容的占比数。

广告转化率

指广告展示后广告受众的点击比例，或者用户点击后产生下载或购买等效果的比例。

广告网络（Ad Network）

买断、聚合了多种展示类广告网络媒体广告资源，包括大媒体资源和一些中小媒体资源，帮助广告主实现媒体精准、灵活的投放。

网络广告联盟

广告网络的一种，以搜索广告联盟、效果广告联盟为代表，联盟成员以中小网站为主，以效果类而非品牌类广告投放为主。集合中小网络媒体资源（联盟会员，如中小网站、个人网站、WAP 站点等）组成联盟，通过联盟平台帮助广告主实现广告投放，并进行广告投放数据监测统计，广告主则按照网络广告效果向联盟会员支付广告费用的网络广告组织投放形式。

重定向（ReTargeting）

与再营销“re-marketing”同义，是受众定位的一种分析技术。针对网站回访者显示之前曾看过的广告，根据用户的行为反馈不断优化投放，通过两次、三次、直至 N 次的重复优化投放，最终刺激用户点击广告。

互动广告代理

负责互动广告的代理商。

Ad Exchange

互联网广告交易平台，像股票交易平台一样，Ad Exchange 联系的是广告交易的买方和卖方，也就是广告主方和广告位拥有方，Ad Exchange 平台的竞价机制不是先到先得而是竞价获得，即 RTB 模式。

RTB（Real Time Bidding）

“实时竞价”，即在每个广告展示曝光的基础上进行实时竞价的新兴广告类型。广告平台售卖的不仅仅是传统意义上的广告位，而是访问这个广告位的具体用户，RTB 广告放大了网络广告的指向性和精准度，并将网络广告的作用发挥到一个崭新的水平，使需求方的效益最大化。

DSP（Demand-Side Platform）

即需求方平台，DSP 是一个系统，也是一种在线广告平台。它服务于广告主，帮助广告主在互联网或者移动互联网上进行广告投放，DSP 可以使广告主更简单便捷地遵循统一的竞价和反馈方式，对位于多家广告交易平台的在线广告，以合理的价格实时购买高质量的广告库存。DSP 让广告主可以通过一个统一的接口来管理一个或者多个 Ad Exchange 账号，甚至 DSP 可以帮助广告主来管理 Ad Exchange 的账号，提供全方位的服务。

DMP（Data Management Platform）

即数据管理平台，指通过将各种来源的数据进行规范化、标签化管理，为 DSP 等提供数据支持，能使 DSP 获得更好的投放效果。

SSP（Sell-Side Platform）

供应方平台，让广告位拥有者介入广告交易，从而使它们的库存广告可用。

Trading Desk

借用了金融业中交易专柜的概念，是广告代理商进行数字化广告投放的工具，功能类似于 DSP，通过对接多个 DSP 来进行广告的优化投放。

CPM（Cost Per Mille）

CPM（千人成本）指的是广告投放过程中，听到或者看到某广告的每一人平均分担到多少广告成本。传统互联网展示广告多采用这种计价方式。

CPC（Cost Per Click）

每点击成本，广告主仅为用户点击广告的行为付费，而不再为广告的显示次数付费。对广告主来说，避免了只浏览不点击的风险 ，是网络营销中比较成熟的常见收费方式之一。

移动视频广告

移动视频广告是通过采用数码及 HTML5 技术，融合视频、音频及动画，在移动设备操作移动应用过程中进行视频广告播放的模式。

搜索引擎

搜索引擎是指根据一定的策略、运用特定的计算机程序从互联网上搜集信息，在对信息进行组织和处理后，为用户提供检索服务，将用户检索相关的信息展示给用户的系统。搜索引擎包括全文索引、目录索引、元搜索引擎、垂直搜索引擎、集合式搜索引擎、门户搜索引擎与免费链接列表。百度和谷歌是搜索引擎的代表。

全文搜索引擎

即“全文索引”。全文搜索引擎是广泛应用的主流搜索引擎，国外代表有 google，国内则有百度、搜搜等。他们从互联网提取各个网站的信息（以网页文字为主）建立起数据库，并能检索与用户查询条件相匹配的记录，按一定的排列顺序返回结果。

分类搜索引擎

即“目录索引”。是因特网上最早提供资源查询服务，主要通过搜集和整理因特网的资源，根据搜索到网页的内容，将其网址分配到相关分类主题目录的不同层次的类目之下，形成像图书馆目录一样的分类树形结构索引，如网址导航。

元搜索引擎（META Search Engine）

指接受用户查询请求后，同时在多个搜索引擎上搜索，并将结果返回给用户，即进行搜索引擎聚合。

垂直搜索引擎

垂直搜索引擎为 2006 年后逐步兴起的一类搜索引擎。不同于通用的网页搜索引擎，垂直搜索专注于特定的搜索领域和搜索需求（例如：机票搜索、旅游搜索、生活搜索、小说搜索、视频搜索等），在其特定的搜索领域有更好的用户体验。相比通用搜索动辄数千台检索服务器，垂直搜索需要的硬件成本低、用户需求特定、查询的方式多样。

集合式搜索引擎

集合式搜索引擎类似元搜索引擎，区别在于它并非同时调用多个搜索引擎，而是由用户从提供的若干搜索引擎中选择。

搜索引擎广告联盟

指以搜索引擎应用为核心的广告联盟，联盟的组织者为搜索引擎服务商，搜索联盟是伴随 google、百度等搜索引擎网站的发展而成立的，具体的模式如在各加盟网站上放置搜索框，供用户使用搜索功能，既为网站自身带来了便利，也提高了搜索引擎的点击率，而且搜索引擎也会根据各家网站所贡献的搜索量支付给加盟网站一定的费用。

搜索引擎代理商

代理搜索引擎的销售商，也会做一些竞价排名等的服务工作。

不计算渠道所获得的分成收入。

综合搜索

根据用户的输入条件，提供任何类型、任何主题搜索信息的服务。

站内搜索

将信息搜索服务的范围限制在某一特定网站内。

应用搜索

不以内容信息而以应用工具为目标的搜索服务，尤其面向移动搜索行为。

综合门户网站

指以频道或板块模式，主要以提供新闻与资讯信息为主，也包括搜索引擎、免费邮箱、影音资讯、电商导购、网络社区等各类综合信息服务的网站。

垂直门户网站

垂直门户是相对新浪这样的传统门户网站而言，传统门户网站的内容广泛而全面，覆盖各行各业，“垂直门户”专注于某一行业领域如 IT、娱乐、体育、汽车等内容。

网络视频

网络视频是指内容格式以 WMV、RM、RMVB、FLV 以及 MOV 等流媒体类型为主，可以在线播放、观看的文件内容。这里的在线包括两种形式：直接通过浏览器在线播放或者通过终端软件在线播放。网络视频服务商是以互联网为传播媒介，以视频播出为主要形式并获得盈利的企业，为用户提供的各种服务，主要包括视频分享、P2P 直播（P2P 流媒体）、视频点播（在线影视）等。

P2P 直播（P2P 流媒体）

用户在线观看的视频有网站实时提供，观看同一视频的用户进度相同。同时，观看同一视频的各个用户之间可以通过 P2P 技术进行该视频资源的共享，每个用户为其他用户提供下载 / 上传服务。

视频分享

视频分享类网站一般同时提供分享与点播服务。用户可以自己上传视频内容到网站并被其他用户所观看，同时每个用户可以随时点播网站上网友上传的任意视频片段进行观看。

在线影视

在这种服务模式里，用户可以通过网页在线浏览影视作品。视频点播网站采用的播放技术与视频分享网站一样。与视频分享网站的内容一般由网友上传不同，视频点播网站的内容一般由网站提供。

视频内容提供商

即向网络视频运营平台提供电视节目或视频内容的制作方、版权方、用户等。

视频平台运营商

即网络视频企业，通过组织内容（从用户获取内容、从版权方购买内容或自己制作内容三种方式）、为用户提供使用节目和工具、与版权方合作、刊登广告来驱动产业链上的各个环节。

视频技术提供商

指为视频平台运营商提供技术支持的服务提供者，提供包括播放系统、服务器、流媒体技术等解决方案的企业。

版权分销商

即通过向著作权人购买独家作品版权后，又将该作品版权再分销给其他公司，然后从中赚取差价的公司。

Video View（VV）数

指视频被点击播放的总次数。

企业社交网络

将成熟的社交网络运用到企业组织中，让企业内部的员工能够通过类似社交网络的方式进行工作和自我管理，以实现企业内部员工间高效、透明、便捷的沟通与协作。

轻博客（freet）

介于博客与微博之间的一种网络服务，博客是倾向于表达的，微博则更倾向于社交和传播，轻博客吸收双方的优点，是用户提供生成内容、表达自己的平台，兼具博客的表达力、专业性与微博的社交传播力。是一种全新的网络媒体。

商务社交（BSNS）

为职业人士创造的一个在线社交平台。在此平台上用户可以通过不断拓展人际网络从容地寻找商务联系人、雇主、雇员、专家甚至投资者。商务社交网络与传统社交网络的另一区别是商务社交网络是为了结识新朋友，而传统社交网络的功能是和老朋友建立长期关系。

社会化分享

主要基于用户之间自发的信息分享功能，将信息网络化输入输出，加速组织传播。

社会化书签（Social Bookmark）

2004 年起 web 出现的一种新的内容标引方法。它可以将原来保存在本地机器上的电子书签，放在一个专门的网站上，人们把自己的书签统一放在这些网站上。

社会化问答

社会化问答网站是介于百科和传统问答（如百度知道）之间的问答类社交网络网站，是一个公共的知识平台，它的价值在于重建人与信息的关系。用户提出问题，其他用户来回答。通过三大功能（关注话题、关注问题、关注一个用户的所有问答）来浮现最佳问题答案和全面的相关知识，并通过信息类聚使人群建立社交关系。

社会化阅读

所谓社会化阅读是指以读者为核心，强调分享、互动、传播的全新阅读模式，它是相对传统以书为核心，强调内容本身的阅读模式提出来的，更加注重人、注重基于阅读的社交，倡导共同创造 UGC、共同传播和共同盈利，在多方位的互动基础上，实现阅读价值的无限放大。

社交网站（社交网络 – Social Networking Service）

社交网站是指个人之间的关系网络，专指帮助人们建立社会性网络的互联网应用服务。

移动定位社交服务（LBSNS）

一种基于位置地理信息的移动互联网和互联网无缝衔接的社交网络服务，可以帮助用户寻找朋友位置和关联信息，同时激励用户分享位置能信息内容。是一种可以提供整合位置服务、社交网络和游戏元素的平台服务，在此基础上可创建聚合用户、软件开发者以及广告主的产业链生态系统。

移动营销

通过移动设备（智能手机、平板电脑等）访问移动应用或移动网页时显示的广告，包括视频、文字、图片、插播广告、html5 等形式。

移动应用

即移动应用程序，是指基于特定软件设计规范开发出来的、在移动终端操作系统平台中运行的应用程序。目前各平台覆盖的移动终端为手机和平板电脑，其中以手机为主。

移动搜索

指以移动设备为终端，进行对普遍互联网的搜索，从而实现告诉、准确的获取信息资源，目前主要通过输入关键词、图片、二维码三种形式完成交互。

移动互联网

通过智能移动终端，采用无线通信方式获取业务和服务的新兴业态。

TMT 产业

（Technology，Media，Telecom）指 IT、媒体、通信三者相融合。TMT 产业是以互联网等媒体为基础将高科技公司和电信业等行业链接起来的新兴产业。TMT 行业的特点是信息交流和信息融合。

3G/4G

（3rd/4th Generation）第三 / 四代移动通信技术，移动互联网的基础性传输与承载网络，是移动互联网内容、应用等环节发展的基础设施。

WiFi

将各种移动终端以无线方式互相连接的技术，是设备接入通信网络的一种手段，也是目前用户接入移动互联网的主要手段。也是一个由 WiFi 联盟所持有的无线网络通信技术的品牌。

3G 商用牌照

3G 商用牌照即中国工业与信息化部对通信运营商围绕第三代移动通信技术开展商业运营的许可牌照。中国移动获发自主知识产权的 TD-SCDMA 牌照；中国联通获发 WCDMA 牌照；中国电信获发 CDMA2000 牌照。

3G 制式

TDSCDMA：时分同步的码分多址技术（Time Division-Synchronous Code Division Multiple Access），第一个由中国提出的，以中国知识产权为主的、被国际上广泛接受和认可的无线通信国际标准。CDMA2000（Code Division Multiple Access 2000）：是一个 3G 移动通讯标准，国际电信联盟 ITU 的 IMT-2000 标准认可的无线电接口，也是 2G cdmaOne 标准的延伸。 根本的信令标准是 IS-2000。

WCDMA （Wideband Code Division Multiple Access（宽带码分多址））：是一种第三代无线通讯技术。W-CDMAWideband CDMA 是一种由 3GPP 具体制定的，基于 GSM MAP 核心网，UTRAN（UMTS 陆地无线接入网）为无线接口的第三代移动通信系统。目前 WCDMA 有 Release 99、Release 4、Release 5、Release 6 等版本。

4G 制式

第四代移动电话行动通信标准，指的是第四代移动通信技术，外语缩写：4G。该技术包括 TD-LTE 和 FDD-LTE 两种制式（严格意义上来讲，LTE 只是 3.9G，尽管被宣传为 4G 无线标准，但它其实并未被 3GPP 认可为国际电信联盟所描述的下一代无线通讯标准 IMT-Advanced，因此在严格意义上其还未达到 4G 的标准。只有升级版的 LTE Advanced 才满足国际电信联盟对 4G 的要求）。4G 是集 3G 与 WLAN 于一体，并能够快速传输数据、高质量、音频、视频和图像等。4G 能够以 100Mbps 以上的速度下载，比目前的家用宽带 ADSL（4 兆）快 25 倍，并能够满足几乎所有用户对于无线服务的要求。

流量

在移动互联范畴，指单位时间内流经通信网络管道的字节量。

Web2.0

Web 是国际网站标准。Web2.0 的核心在于指导思想：以人为核心，注重交互，平台开放，多人参与读写，用户参与内容制造与分享。

Web3.0

Web3.0 核心的指导思想在于，Web2.0 产生了数据与信息的泛滥，Web3.0 致力于将互联网变成泛数据库，能够方便地根据个性化交互对数据与信息进行不同的结构化智能处理，使得用户便于重复使用结构化数据。

内容及应用服务商（CP、SP）

内容提供商（CP）指在互联网上提供各类信息内容的主体；服务提供商（SP）指在互联网上基于内容提供应用工具或服务的主体。

OTT（Over the top）

互联网企业越过网络运营商，发展基于开放互联网的各种视频及数据服务业务，强调服务与物理网络的无关性。

开放平台

开放与分享是互联网产业的天性。把网站的服务封装成一系列计算机易识别的数据接口开放出去，供第三方开发者使用，这种行为就叫做 Open API，提供开放 API 的平台本身就被称为开放平台。

API

（Application Programming Interface）应用程序编程接口，是一些预先定义的函数，提供应用程序与开发人员基于某软件或硬件的以访问一组例程的能力，而又无须访问源码或理解内部工作机制的细节。是接入开放平台的基础之一。

应用商店（App Store）

以移动互联网为最主要的通道，建立的应用软件市场，是一个面向第三方开发者与最终用户的开放式双边平台，商店中的软件一般分为免费与付费两类，用户下载付费软件后，应用商店所有者与第三方开发者进行收益分成。

原生应用（Native App）

基于智能手机本地操作系统如 iOS、Android、WindowsPhone 并使用原生程式编写运行的第三方应用程序，也叫本地 App，用户需要下载使用。

轻应用（Light App）

无须下载、即搜即用的全功能 App。

超级 App

指拥有庞大的用户数，成为用户重要的移动互联网入口的，手机“装机必备”的基础应用，往往都有开放平台，或者已经接入多样化的 APP 插件。

众包

一个公司或机构把过去由员工执行的工作任务，以自由自愿的形式外包给大众网络的做法。众包的任务通常是由个人来承担，但如果涉及需要多人协作完成的任务，也有可能以依靠开源的个体生产的形式出现。

移动阅读

利用手机、平板电脑、电子阅读器等移动终端，通过在线、下载等方式，浏览小说、动漫、报刊等内容的阅读行为。

数字版权

各类出版物、信息资料的网络出版权，可以通过新兴的数字媒体传播内容的权利。包括制作和发行各类电子书、电子杂志、手机出版物等的版权。

版权增值

将某种版权向不同内容表现形式，不同载体进行延伸，例如纸质向电子、动漫向游戏等。

简易信息聚合（RSS）

一般用于新闻频道，blog 和 wiki。网站提供 RSS 输出，有利于让用户获取网站内容的最新更新。用户可以在客户端借助于支持 RSS 订阅的软件，在不打开网站内容页面的情况下阅读支持 RSS 输出的网站内容。

移动音乐

用户利用手机等各种移动终端，以 SMS、MMS、WAP、IVR、WWW 等接入方式获取以音乐为主题的相关业务的总称。

音乐服务提供商

在与版权内容提供商合作的基础上，为用户提供音乐及相关服务，并与版权内容提供方按点击、下载或打包购买的方式进行利润分成。

音乐商店

直接在移动端销售数字音乐的方式。

版权曲库

服务提供商整合上游唱片公司的音乐或用户 UGC 的音乐，用以为用户提供普通、高品质的音乐内容，是服务实现的基础和关键。

音乐社交

除拥有曲库外，吸引明星、专业人士、发烧友、普通用户根据个性化的偏好与主题聚合自己喜爱的音乐，并向其他用户展示、分享、互动。

音乐服务提供商

在与版权内容提供商合作的基础上，为用户提供音乐及相关服务，并与版权内容提供方按点击、下载或打包购买的方式进行利润分成。

移动浏览器

一种用户在手机终端上通过无线通讯网络进行互联网内容浏览的移动互联网工具，需要具备网址输入功能。

网址导航

集合较多网址，并按照一定条件进行分类的一种网址站。

手机内置浏览器

手机出厂前手机浏览器作为手机终端的附加产品内置在手机终端内，此类服务提供商主要为手机终端和手机操作系统厂商。

第三方手机浏览器

手机用户通过互联网下载，自主安装到手机上的手机浏览器。

智能手机（Smart Phone）

指像PC一样，具有独立的操作系统，可以由用户自行安装软件、游戏、导航等第三方服务商提供的程序，通过此类程序来不断对手机的功能进行扩充，并可以通过移动通信网络来实现无线网络接入的这样一类手机的总称。

平板电脑（Tablet Personal Computer）

一种小型、方便携带的个人电脑，以触摸屏作为基本的输入设备。

智能电视（Smart TV）

智能电视，是具有全开放式平台，搭载了操作系统，顾客在欣赏普通电视内容的同时，可自行安装和卸载各类应用软件，持续对功能进行扩充和升级的新电视产品。

热点

把手机的接收GPRS或3G信号转化为wifi信号。

操作系统（Operating System）

管理计算机硬件资源，控制其他程序运行并为用户提供交互操作界面的系统软件的集合。

CPU频率

CPU频率，就是CPU的时钟频率，简单说是CPU运算时的工作的频率（1秒内发生的同步脉冲数）的简称。

CPU核心数

核心(core)又称为内核，是CPU最重要的组成部分，CPU所有的计算、接受/存储命令、处理数据都由核心执行。在采用相同核心的情况下，核心数越多CPU的处理能力就越强。

ROM（Read-Only Memory）

只读内存的简称，是一种只能读出事先所存数据的固态半导体存储器。

RAM（Random Access Memory）

随机存储器。存储单元的内容可按需随意取出或存入，且存取的速度与存储单元的位置无关的存储器。

这种存储器在断电时将丢失其存储内容，故主要用于存储短时间使用的程序。按照存储信息的不同，随机存储器又分为静态随机存储器（Static RAM，SRAM）和动态随机存储器（Dynamic RAM，DRAM）。

苹果视网膜显示（Retina Display）

视网膜屏幕是分辨率超过人眼识别极限的高分辨率屏幕，由苹果公司在 2010 年在 iPhone 4 发布会上首次推出。

智能语音交互

基语音录入，语义识别的智能终端人机交互应用技术。

智能电视外接配件

指让普通 LED/LCD 电视实现智能电视功能的外接设备（智能电视机顶盒、智能电视棒）。

APK（Android Package）

类似 Symbian Sis 或 Sisx 的文件格式。通过将 APK 文件直接传到 Android 模拟器或 Android 手机中执行即可安装。

智能电视激活

指购用户在购买智能电视后入网登陆系统注册使用。

智能电视激活率

指某品牌或某城市等细分维度购买智能电视的用户群体中激活智能电视的概率。

电子商务 B2B（Business to Business）

电子商务中企业与企业之间的营销关系，B2B 平台指所搭建的以服务于企业与企业之间营销关系的平台。

电子商务 B2B 业务

以电子商务 B2B 平台以及大数据为基础，通过整合产业链上下游资源完成企业与企业间营销关系的电子商务活动，包括信息与交易服务、商业搜索引擎服务、金融增值服务、云端服务等。

垂直市场 B2B

面向某个特定行业中产业链上下游企业之间的营销关系。可能是第三方平台或某一个产业链中的企业搭建的水平市场 B2B 平台。

水平市场 B2B

将各个行业中相似的交易环节集中在一个平台，服务于供求双方的营销关系。可能是第三方平台或某一个产业链中的企业搭建的水平市场 B2B 平台。

B2B 信息与交易服务

通过第三方电子商务平台进行信息发布或信息搜索完成交易撮合的服务；传统电子商务 B2B 主要以平台支撑为基础、以信息服务为核心，链接电子商务 B2B 上下游；B2B 商业搜索同样归属于 B2B 信息与交易服务。

商业搜索

借助互联网，对各种商业信息进行整理、筛选和归档后，通过站内搜索引擎或分类目录的形式展示给商业用户，为商业用户提供商业、产品、价格以及供求等方面的信息。商业搜索提供的多是结构化的信息，即根据商业信息的特征，将产品、价格和联系人等多种信息整合在搜索结果中。

B2B 应用服务

以电子商务 B2B 平台为基础，以数据为支撑的应用与系统集成服务，主要表现在提供应用软件、管理软件服务等，在云环境下，包括 SaaS、云存储、云计算等云端服务。

B2B 基础设施服务

在 B2B 电子商务产业链中，为企业提供的物流与配送、IT 基础设施供应、支付、信用认证、安全认证、技术平台、PaaS 等服务。

B2B 供应链协同服务

指基于 B2B 供应链的基础上实现企业协同，例如协同开发、供应链融资等。

企业协同 B2B 电子商务平台

由产业链中的核心企业为主建立 B2B 电子商务平台，以互联网作为信息交换的主要载体，构建紧密型的协同商务平台，使上下游企业都能通过安全可靠的统一网络操作平台方便快捷地融入基于产业链的产品研发、采购、生产、销售等协同业务合作中。

B2B 平台代运营

第三方以某个垂直行业或垂直行业中某个产业链核心企业为依托，为其提供垂直行业 B2B 建站、系统集成、平台与内容维护、推广等一系列运营服务。

电子商务产业园 / 带

以电子商务为发展主线，重点构建以 B2B、B2C 为核心的电子商务交易技术平台，重点引进电子商务、信息软件、设计研发等新兴产业企业，重点依托并持续优化电子商务产业链的专业园区。可以分为狭义与广义：广义的电子商务产业园不仅包括纯粹的电子商务企业，同时，还包括文化创意、教育服务、IT/ 软件开发、制造类产业。狭义的电子商务产业园主要包括电子商务企业及其相关企业，涵盖电商平台运营、代理运营、平台服务、软件系统开发、数据分析、营销广告、渠道推广、专业咨询、仓储物流、网店摄影、人才培训等电子商务直接或相关环节。

在线交易 B2B

利用电子支付或第三方支付工具，在线上直接发生货款支付的行为。是传统 B2B 平台信息服务的转型方向。

流量变现式 B2B

将网站流量通过某些手段实现现金收益的一种电子商务 B2B 模式。

数据搜集式 B2B

提供弹性计算平台、开放数据处理服务、ACE 平台、云应用平台、开放存储服务和 CDN、开放结构化数据服务等产品的 B2B 模式。

一站服务式 B2B

通过互联网向厂商订购所需的应用软件服务，用户不再购买软件，而是向提供商租用基于 Web 的软件，来管理企业经营活动的 B2B 模式。

在线广告式 B2B

使用网络为载体进行广告活动，包括平台展示、点击付费、P4P 以及在线软件等方式的 B2B 电子商务模式。

交易提成式 B2B

第三方平台基于信用机制、支付机制、产品标准化等基础条件，促成买卖双方在线上完成货款与商品的交易，同时收取提成的电子商务模式。

Freemium 模式

云服务背景下，用免费服务吸引用户，然后通过增值服务，将部分免费用户变成付费用户，实现盈利的模式。

P4P（Pay for Performance）

按效果付费的简称，互联网广告的发展方向，正逐渐成为主流形式。

B2B2C（Business to Business to Custom）

跨 B2B 与 B2C 平台的电商企业将 B2B 与 B2C 两个平台对接，依托大数据与资源整合，面向完善的供应商 – 生产商 – 最终用户全产业链提供服务的模式。

B2B+O2O（Business to Business + Online to Offline）

B2B 平台将供应商资源整理成采购项目，通过互联网的形式吸引采购商参与到采购项目中。B2B 平台承担审核供应商和采购商资质的责任，并且寻找平台合作企业，同时提供融资、物流、仓储管理等服务。

SMB（Small and Medium-sized Business）

SMB 有多种含义，但本书中所指的 SMB 指中小企业。

SKU（Stock Keeping Unit）

库存量单位。引申为产品统一编号的简称，每种产品均对应有唯一的SKU号。对一种商品而言，当其品牌、型号、配置、等级、花色、包装容量、单位、生产日期、保质期、用途、价格、产地等属性与其他商品存在不同时，可称为一个单品。

SCM（Supply Chain Management）

B2B 电子商务可视作互联网对供应链管理（SCM）进行优化与再造的关键变革。SCM 执行供应链中从供应商到最终用户的物流的计划和控制等职能。从单一的企业角度来看，是指企业通过改善上、下游供应链关系，整合和优化供应链中的信息流、物流、资金流，以获得企业的竞争优势。

ERP（Enterprise Resorce Plan）

企业资源计划，是一种供应链管理思想，由 Gartner 公司 1990 年提出，围绕这种思想有 ERP 系统。该系统是建立在信息技术基础上，主要面向制造行业的物质资源、资金资源和信息资源，以系统化的管理思想，为企业决策层及员工提供决策运行手段的管理平台。ERP 供应链管理思想面向全球市场，包罗了供应链上所有的主导和支持能力，协调企业各管理部门围绕市场导向，更加灵活或柔性地开展业务活动，实时地响应市场需求。

CRM（Customer Relationship Management）

客户关系管理。CRM 是企业的一项商业策略，它按照客户细分情况有效的组织企业资源，培养以客户为中心的经营行为以及实施以客户为中心的业务流程，并以此为手段来提高企业的获利能力、收入以及客户满意度。通常所指的 CRM，指用 IT 解决方案自动化分析销售、市场营销、客户服务以及应用等流程的软件系统。目标是缩减销售周期和销售成本、增加收入、寻找扩展业务所需的新的市场和渠道以及提高客户的价值、满意度、赢利性和忠实度。

BPO（Business Process Outsourcing）

商务流程外包。企业将一些重复性的非核心或核心业务流程外包给供应商，以降低成本，同时提高服务质量。

ITO（Information Technology Outsourcing）

信息技术外包。指服务外包发包商委托服务外包提供商向企业提供部分或全部信息技术服务功能，主要包括信息技术的系统、应用管理及技术支持的服务。可以包括产品支持与专业服务的组合，用于向客户提供 IT 基础设施，或企业应用服务，或同时提供这两方面的服务，从而确保客户在业务方面取得成功。从最低程度上看，外包将包括某些 IT 管理服务，ITO 则被进一步细分成数据中心、桌面、网络与企业应用外包。

网络零售（e-Retail）

指通过互联网或其他电子渠道，针对个人或者家庭的需求销售商品。网上零售 (B2C/C2C) 即交易双方以互联网为媒介的商品交易活动，即通过互联网进行的信息的组织和传递，实现了有形商品和无形商品所有权的转移或服务的消费。买卖双方通过电子商务（线上）应用实现交易信息查询（信息流）、交易（资金流）和交付（物流）行为。

B2C（Business to Customer）

企业对消费者的电子商务模式。这种形式的电子商务一般以网络零售业为主，主要借助于 Internet 开展在线销售活动。

C2C（Customer to Customer）

个人与个人之间的电子商务行为，即卖家和买家都是个人。

垂直类 B2C

注意力集中在某些特定的领域或某种特定的需求，提供有关这个领域或需求的全部深度信息和相关服务的网站，（虚拟化产品）比如联通营业厅专门提供话费充值的相关服务。

综合类 B2C

与垂直类电商相对，在多个领域，提供有关这个领域的需求的全部深度信息和相关电子商务服务的网站。

自营类电商

在多个领域提供有关这个领域的需求的全部深度信息和相关服务的网站，包括在产供销的价值链上，通过自己采购获取货源并销售的电商企业；自有品牌并由合作方贴牌生产后在线上自营销售的电商企业等等，仓储与配送等基础能力可以通过自建或合作加以实现。

平台类电商

在多个领域提供有关这个领域的需求的全部深度信息和相关服务的网站。同时，通过搭建电商渠道平台服务品牌企业。

O2O（Online to Offline）

将线下服务的机会与互联网结合在一起，使互联网成为线下交易的前台。消费者借助互联网工具在线上获取并分享信息，与线下商家互动，通过交易或各线下商家各自提供的条件，获取线下服务的权利，并在线下接受服务，完成闭环的模式。

3C 家电

所谓“3C 产品”，就是计算机（Computer）、通信（Communication）和消费类电子产品（Consumer Electronics）三者结合，亦称“信息家电”。由于 3C 产品的体积一般都不大，所以往往在中间加一个“小”字，故往往统称为“3C 小家电”。

P2P 网贷平台

指基于互联网，提供线上借贷的平台，P2P 网贷平台是 P2P 借贷与网络借贷相结合的金融服务网站。网络借贷指的是借贷过程中，资料与资金、合同、手续等全部通过网络实现，它是随着互联网的发展和民间借贷的兴起而发展起来的一种新的金融模式。

金融脱媒（Financial Disintermediation）

指在金融管制的情况下，资金供给绕开商业银行体系，直接输送给需求方和融资者，完成资金的体外循环。

众筹融资

通过互联网平台，项目融资人在平台上发布自己的项目、预设融资额、融资时长和回报，投资人为自己喜欢的项目进行各种层级的投资。

虚拟货币（Virtual Currency）

虚拟货币本指非真实的货币。在虚拟跟现实有连接的情况下，虚拟的货币有其现实价值。知名的虚拟货币如腾讯公司的 Q 币，比特币等。

自金融

借助互联网的用户聚合和高速传播特点，用户为自身直接进行融资服务的一种形态，成本收益更优、效益也更高。例如 P2P 机构上的借款方。

直销银行

直销银行是互联网时代应运而生的一种新型银行运作模式，这一经营模式下，银行没有营业网点，不发放实体银行卡，客户主要通过电脑、电子邮件、手机、电话等远程渠道获取银行产品和服务，因没有网点经营费用，直销银行可以为客户提供更有竞争力的存贷款价格及更低的手续费率。降低运营成本，回馈客户是直销银行的核心价值。

无卡取现

客户通过手机银行的无卡取现功能可实现通过手机银行进行取现预约，然后在 ATM 上可无卡取现。

手机钱包

中国银联联合各大商业银行与通信运营商共同推出的一项全新的个人移动金融业务。是将客户的手机号码与银行卡账号进行绑定，通过手机短信息、语音等操作方式，以绑定的银行卡为支付结算载体，实现查缴手机话费、银行卡余额查询、手机购买商品、公用事业缴费等，满足用户随时随地个性化理财支付交易的需求。

网络保险

指实现保险信息咨询、保险计划书设计、投保、缴费、核保、承保、保单信息查询、保权变更、续期缴费、理赔和给付等保险全过程的网络化。

银保

银行通过向保险公司收取手续费的模式介入保险领域，保险公司通过银行代售来完成保险销售业务。这种银行仅担当代理中介的合作方式，更确切地说是银行代理保险业务，与真正意义上的银行保险还有一定距离，无论是业务的组织形式还是产品品种都处于初级阶段。

余额宝

余额宝由第三方支付平台支付宝打造的一项余额增值服务。转入余额宝的资金在第二个工作日由基金公司进行份额确认，对已确认的份额会开始计算收益。

供应链金融

银行围绕核心企业，管理上下游中小企业的资金流和物流，变把握单个企业的不可控风险为供应链企业整体的可控风险，通过立体获取各类信息，将风险控制在最低的金融服务。获得金融业务牌照的电商也涉足此领域。

移动支付

移动支付也称为手机支付，就是允许用户使用其移动终端（通常是手机）对所消费的商品或服务进行账务支付的一种服务方式。

在线支付

在线支付是指卖方与买方通过互联网电子商务网站进行交易时，银行或第三方支付公司为其提供网上资金结算服务的一种业务。它为企业和个人提供了一个安全、快捷、方便的电子商务应用环境和网上资金结算工具。

数字电视支付

数字电视支付，是将电视和银行支付业务有机地结合起来，使电视用户能在电视机上完成缴费、订购节目包等业务，是一种更为安全、便捷的面向家庭用户的支付手段。

微信支付

由腾讯公司移动社交通讯软件微信及第三方支付平台财付通联合推出的移动支付创新产品，旨在为广大微信用户及商户提供更优质的支付服务，微信支付的支付和安全系统由腾讯财付通提供支持。

银行卡收单

指签约银行向商户提供的本外币资金结算服务。就是最终持卡人在银行签约商户那里刷卡消费，银行结算。收单银行结算的过程就是从商户那边得到交易单据和交易数据，扣除按费率计算出的费用后打款给商户。

预付卡

指以营利为目的发行的、在发行机构之外或发行机构购买商品或服务的预付价值，包括采取磁条、芯片等技术以卡片、密码等形式发行的预付卡。

用户行为分析

在获得网站访问量基本数据的情况下，对有关数据进行统计、分析，从中发现用户访问网站的规律，并将这些规律与网络营销策略等相结合，从而发现目前网络营销活动中可能存在的问题，并为进一步修正或重新制定网络营销策略提供依据。

转换率（Take Rates/Conversions Rates）

衡量网站内容对访问者的吸引程度以及网站的宣传效果。

回访者比率（Repeat Visitor Share）

衡量网站内容对访问者的吸引程度和网站的实用性，判定网站是否有令人感兴趣的内容使访问者再次回到相同网站。

重度访问者比率（Heavy User Share）

衡量有多少访问者是对网站的内容有高度兴趣，频繁登陆或登陆行为活跃。

忠实访问者比率（Committed Visitor Share）

只是使用停留的时间取代浏览页数，取决于网站的目标，可以使用两个中的一个或结合使用。

忠实访问者指数（Committed Visitor Index）

指的是每个长时间访问者的平均访问页数，这是一个重要的指标，它结合了页数和时间。

忠实访问者量（Committed Visitor Volume）

长时间的访问者所访问的页面占所有访问页面数的量。

访问者参与指数（Visitor Engagement Index）
这个指标是每个访问者的平均会话（session），代表着部分访问者的多次访问的趋势。

所有页面回弹率（Reject Rate / Bounce Rate）
代表着访问者看到的仅有的一页的比率。

首页回弹率（Reject Rate / Bounce Rate）
这个指标代表所有从首页开始的访问者中仅仅看了首页的访问者比率。

浏览用户比率（Scanning Visitor Share）
这个指标一定程度上衡量网页的吸引程度。

浏览用户指数（Scanning Visitor Index）
一分钟内的访问者平均访问页数。

浏览用户量（Scanning Visitor Volume）
在一分钟内完成的访问页面数的比率。

AOA（Average Order Amount）
平均订货额，用来衡量网站销售状况的好坏。

CR（Conversion Rate）
转化率，衡量网站的对每个访问者的销售情况。

SPV（Sales Per Visit）
每访问者销售额，衡量网站的市场效率。

CPO（Cost per Order）
单笔订单成本，衡量平均的订货成本。

ROR（Repeat Order Rate）
再订货率，用来衡量网站对客户的吸引力。

CPV（Cost Per Visit）

单个访问者成本，用来衡量网站的流量成本。

OAG（Order Acquisition Gap）

订单获取差额，衡量市场效率的指标，代表网站所带来的访问者和转化的访问者之间的差异。

CON（Contribution per Order）

每笔产出，每笔订单给你带来的现金增加净值。

位置服务

指在电子地图平台的支持下，向大众或行业用户提供的与位置相关的诸如定位、路径查询、地图查询的各种服务。目前较为普遍的面向大众的位置服务包括以下三类：自导航服务、移动位置服务、互联网地图服务。

街景

由专用街景车到全球各大城市拍摄后，把相关视频档案放置在网络上供使用者搜寻。

车载导航

利用车载 GPS（全球定位系统）配合电子地图来进行的导航。

车联网（IOV：Internet of Vehicle）

车与车、车与路、车与人、车与传感设备等交互，实现车辆与公众网络通信的动态移动通信系统。它可以通过车与车、车与人、车与路互联互通实现信息共享，收集车辆、道路和环境的信息，并在信息网络平台上对多源采集的信息进行加工、计算、共享和安全发布，根据不同功能需求对车辆进行有效的引导与监管，以及提供专业的多媒体与移动互联网应用服务。

在线式手机地图导航

在网络在线状态下通过手机地图进行导航应用。

本地版手机导航

又称离线版手机导航，无须网络在线状态即可通过手机地图进行导航应用。

前装车载导航

用户购买的新车上预装了整车厂原装的一体化车载导航仪。

后装车载导航

汽车出厂销售后按用户需求安装的车载导航仪。目前易观智库所统计的后装车载导航市场数据范畴是加载在其上的导航电子地图系统。

PND 导航

便携式自动导航系统，整合型的手持式设备，是手持及车载两用导航系统，是导航加丰富的附加功能的结合体。

GIS

地理信息系统，在计算机硬、软件系统支持下，对整个或部分地球表层（包括大气层）空间中的有关地理分布数据进行采集、储存、管理、运算、分析、显示和描述的技术系统。

GPS

全球定位系统。利用 GPS 定位卫星，在全球范围内实时进行定位、导航的系统。

AR

称为增强现实。利用计算机生成一种逼真的视、听、力、触和动等感觉的虚拟环境，通过各种传感设备使用户“沉浸”到该环境中，实现用户和环境直接进行自然交互。

室内定位

在室内环境中实现位置定位，主要采用无线通讯、基站定位、惯导定位等多种技术集成形成一套室内位置定位体系，从而实现人员、物体等在室内空间中的位置监控。

主机游戏

也叫电视游戏，是一种用来娱乐的交互式多媒体。通常是指使用电视屏幕为显示器，在“电视游乐器”上执行家用主机的游戏，与电脑游戏（PC Game）都属电子游戏的一种。

手机游戏

指在手机等各类手持硬件设备上运行的游戏类应用程序，其需要具备一定硬件环境和一定系统级程序作为运行基础。常见的智能手机系统：MTK（Nucleus OS）、Windows Phone、安卓、IOS、塞班系统等。

掌机游戏

便携式游戏机，又名掌上型游乐器、掌机游戏，是便携游掌机戏的一类，是指使用专门的小型游戏机运行，可以随时随地使用的视频游戏软件。

网页游戏（Web Game）

又称 Web 游戏，无端网游，简称页游。是基于 Web 浏览器的网络在线多人互动游戏，无须下载客户端，只需打开网页即可进入游戏。

客户端游戏 Client Game

简称端游。游戏客户端，是指与游戏服务器相对应，为客户提供本地服务的程式。一般安装在普通的用户电脑上，需要与游戏伺服端互相配合运行。

RPG（Role-Playing Game）

角色扮演游戏。

ACT（Action Game）

动作游戏。

FPS（First-Person Shooter）

第一人称射击游戏。

FTG（Fight Technology Game）

格斗游戏。

RTS（Real-Time Strategy Game）

即时战略游戏。

TBS（Turn-Based Strategy Game）

回合制策略游戏。

SLG（Simulation Game）

策略游戏。

AVG（Adventure Game）

冒险游戏。

RAC（Racing Game）

赛车游戏。

MMORPG（Massively Multiplayer Online Role-Playing Game）

大规模多账号网上角色扮演游戏。

RPG（Role-Playing Game）

角色扮演游戏。

ACU（Average Concurrent account）

运营游戏平均同时在线账号，24 小时内每小时同时在线账号 /24。

PCU（Peak concurrent account）

最高同时在线人数，24 小时内同时在线最高达到人数。

RU（Register Account）

注册账号。

AU（Active account）

活跃账号，指网络游戏每季度登陆超过一次的账号数。

PU（Paying Account）

付费账号，指网络游戏每季度付费超过一次的账号数。

APA（Active Paying Account）

活跃付费账号，指网络游戏每季度登陆且付费超过一次的账号数。

账号平均在线时长

每季度游戏账号平均在线时间。

AccRu（Accumulated Registered Account）

累积注册账号。

AccPu（Accumulated Paying Account）

累积付费账号。

账号流失率

当前活跃账号规模 / 历史注册总量。

付费账号流失率

流失用户 / 上季度活跃用户。

活跃率

登陆人次 / 平均在线人数。

账号每季度平均收入（ARPU）

每周期总收入 / 周期付费账号数。

注册账号付费率

RU/APA。

平均在线付费率

ACU/APA。

活跃账号付费率

UV/APA。

每个新用户获取成本

每个新用户获取成本（Cost Per Acquisition/Action）。若一个网站每次将一名用户引向广告商网站时，如果该用户做出指定行为，广告商就要向该网站支付一定费用，这就是在线广告的收费模式。所谓特定行为，包括填表或注册，但最普遍的是支付费用。

注册转付率

上季度注册用户在本季度付费的数量与比率。

客户端安装率

客户端安装量 / 客户端下载量。

即时通讯（IM）

基于互联网 / 移动互联网的即时交流消息的业务。

社交型即时通讯

以社交和娱乐为主要目的进行功能扩展，一般兼顾陌生人、半熟、熟人三类关系，实现一对一和个性化群组的即时消息沟通功能。

办公型即时通讯

办公型即时通讯，以协同办公为主要目的进行功能扩展，以企业内部关系为核心，实现企业内部即时消息沟通功能。

VOIP（Voice over Internet Protocol）

基于互联网 / 移动互联网的语音通话服务，原理是将模拟信号转化为数字信号。是以 IP 电话为主，并包括相应的增值业务的业务总称。

公众平台

功能化平台。供个人和企业通过申请，建立公众号，以一对多的形式，群发文字、图片、语音等三个类别的内容。

自媒体

个人或机构组织能够在任何时间、任何地点，以任何方式访问网络，通过现代数字科技与全球知识体系相联，提供并分享他们的真实看法、自身新闻的一种途径和即时传播方式。

社会化媒体

指允许人们撰写、分享、评价、讨论、相互沟通的网站和技术。社交媒体是人们彼此之间用来分享意见、见解、经验和观点的工具和平台，现阶段主要包括社交网站、微博、微信、博客、论坛、播客等。

云存储

云存储是在云计算概念上延伸和发展出来的一个新的概念，是指通过集群应用、网格技术或分布式文件系统等功能，将网络中大量各种不同类型的存储设备通过应用软件集合起来协同工作，共同对外提供数据存储和业务访问功能的一个系统。 当云计算系统运算和处理的核心是大量数据的存储和管理时，云计算系统中就需要配置大量的存储设备，那么云计算系统就转变成为一个云存储系统，所以云存储是一个以数据存储和管理为核心的云计算系统。

分布式文件系统（Distributed File System）

是指文件系统管理的物理存储资源不一定直接连接在本地节点上，而是通过计算机网络与节点相连。

云计算（Cloud Computing）

是一种基于互联网的计算方式，通过这种方式，共享的软硬件资源和信息可以按需求提供给计算机和其他设备，主要是基于互联网的相关服务的增加、使用和交付模式，通常涉及通过互联网来提供动态易扩展且经常是虚拟化的资源。

网格计算

分布式计算的一种，由一群松散耦合的计算机组成的一个超级虚拟计算机，常用来执行一些大型任务。

效用计算

IT 资源的一种打包和计费方式，比如按照计算、存储分别计量费用，像传统的电力等公共设施一样。

自主计算

具有自我管理功能的计算机系统。

大数据

规模巨大到无法通过目前主流软件工具，在需求时间内达到撷取、管理、处理、并整理成为更具价值和决策支撑意义的数据。大数据主要有 4 个特征：数据量巨大；数据类型多；数据流动快；数据潜在价值大。大数据可以有四种区分方式：结构和非结构数据，非结构数据如文本、视频、图片、音乐。企业内部和外部数据，内部数据一般在 CRM、ERP 等企业信息化产品中，外部数据如宏观数据、电商平台数据等。线上和线下数据，主要借助线上的大数据激活线下的数据。位置数据和实时数据，这两类数据在移动互联网时代显得尤其重要。

网络存储（NAS）

网络附着存储（Network Attached Storage）即将存储设备通过标准的网络拓扑结构（例如以太网）连接到一群计算机上。NAS 是部件级的存储方法，它的重点在于帮助解决迅速增加存储容量的需求。

物联网（The Internet of things）

即通过射频识别（RFID）、红外感应器、全球定位系统、激光扫描器、气体感应器等信息传感设备，按约定的协议，把任何物品与互联网连接起来，进行信息交换和通讯，以实现智能化识别、定位、跟踪、监控和管理的一种网络。

可穿戴设备（Wearable devices）

可穿戴设备即直接穿在身上，或是整合到用户的衣服或配件的一种便携式设备。可穿戴设备不仅仅是一种硬件设备，更是通过软件支持以及数据交互、云端交互来实现强大的功能，可穿戴设备将会对我们的生活、感知带来很大的转变。

附录 3 易观校园之星获奖作品

中国线上零售市场专题研究报告 2014

中国人民大学 陈辛圆 魏雪霏 付天

研究背景

根据易观智库发布的《中国线上零售市场专题研究报告 2013-2016》显示，中国线上零售市场交易规模将达 1.86 万亿，较 2012 年增长 44%，在社会消费品零售总额的占比将达 7.88%。中国线上零售市场告别了高增长阶段，进入理性爬坡阶段。从网购用户渗透率来看，中国网购渗透率尚不足 50%，中国线上零售市场仍存在较大的市场空间。

从市场份额看，中国线上零售市场 C2C 淘宝“一家独大”，B2C“一超多强”的格局十分明显。天猫势不可当，京东穷追不舍，苏宁易购、亚马逊中国、唯品会、当当网、1 号店等电商强者也在中国电商市场占有一席之地。

随着移动互联网的普及，各大电商平台对移动端市场的争夺也日趋白热化。当前的竞争已不再是线上零售发展初期单纯的价格战，如何提升用户体验，增强用户黏性，提高收入和利润的转化，是摆在所有线上零售平台面前的重要问题。

研究范畴

本报告主要从宏观、产业和企业三个层次进行解读，分析中国线上零售所处的政治、经济、社会、技术环境、产业内竞争和产业链环节，以及企业发展现状，对线上零售的热点领域进行展望。

本报告从第三方研究机构的角度对中国线上零售市场进行深入的分析，能够为希望全面了解中国线上零售市场的个人和机构提供全面而翔实的资料和客观且专业的分析。

本报告涉及的关键字为：线上零售、B2C、C2C。

本报告涉及的厂商包括：阿里巴巴、京东、当当、亚马逊中国、唯品会、1 号店、苏宁易购、国美在线、易迅网。

本报告研究的国家和区域主要包括：中国大陆，不包括港澳台地区。

研究方法

本报告主要通过运用定性和定量方法，研究市场的一手和二手信息得到相关结论。

报告中的一手数据和信息主要来源于易观智库中国数字消费者雷达获取相关的用户数据。

报告中的二手信息主要通过下述方式获得：行业公开信息、行业资深专家公开发表的观点、政府数据与信息、相关的经济数据、网络信息等。

易观智库在报告中的数据和信息都是经过反复的交叉检查获得的结果，易观智库相信报告中的数据和信息是精确且有意义的。

易观智库提供的产业分析，主要是在产业宏观数据、最终用户季度调研数据、厂商历史数据以及厂商季度业务监测信息等基础上，运用易观智库的产业分析模型，并结合市场研究、行业研究以及厂商研究方法得出的，主要反映了市场现状、趋势、拐点和规律，以及厂商的发展现状。

预测方法：

通过分析各个指标的数值、移动平均值和增长率看出各个指标的变动情况，并作出相应的预测－针对意义重大且数据完整的指标采取比较严格的计量回归方法，以相应的估计值作为预测值；其余指标则以增长趋势分析计算而得。

调整增长率：基于移动平均值，以上期为基准，而计算得到的增长率。移动平均值能代表指标的趋势，基于此的调整增长率更为客观，规避了环比增长率的季节性，比同比增长率更能刻画近期增长的情况。（同比是以上年同期为基准计算，时期为一年）

计量回归预测：采用时间序列分析方法，以一系列指标分别作为被解释变量，以关于时间的一些列变量作为解释变量，考查时间对被解释变量（季度数据）是否有显著性影响；选取拟合度最高，偏误波动最小的模型；以时间值对被解释变量进行估计。

最后报告的预测数据都是季度平均值，如：2015F 的线上零售总额，即为 2015 年全年线上零售总额的季度平均值；2015F 的线上零售总额调整增长率即为 2015 年线上零售总额的季度平均值相对于 2014 年数值增长的幅度。

易观智库相信通过上述产业研究方法得出的数据在行业公认可接受误差范围内，可以准确反映行业走势与变化规律。

通过专业研究方法得到的研究结果，旨在供决策参考。厂商的实际数据请查询厂商发布的财务报告。

研究发现和建议

研究发现：

随着电商、IT 领域扶持政策的出台和监管法规的落实，经济回稳重振消费者信心，移动互联网改变消费习惯和网络、终端、支付等技术的完善，线上零售行业迎来了新的机遇和挑战。

线上零售总额稳步上升，B2C 份额扩大，市场趋于成熟。预计 2015 年和 2016 年的网上零售总额季度平均值分别为 8252 亿元人民币和 10371 亿元人民币。

从用户结构来看，高频购物人群变多，用户年龄结构趋于均衡，进入到“全民网购”的时代。

从 2014 年 1–10 月线上零售人均访问次数和访问时长来看，用户对移动端的使用逐渐超过了 PC 端，唯品会和淘宝已经率先完成了用户从 PC 端到移动端的布局。移动端对于用户在电商平台的用户提升，主要体现于增加了用户的访问次数，而不是增加用户每次访问的逗留时间。

随着主要线上零售企业相继上市，行业逐渐走出价格战的粗放式竞争格局，开始重视流量向利润的转化。线上零售企业不再“烧钱换用户”，而是通过成本结构的优化来最大限度提升净利率。

线上零售企业在发展与转型的过程中不可避免要遭受挫折。当当网通过转型“综合电商”来提升销售额，同时也干扰了消费者心目中对当当“图书电商”的固有印象，如何重塑品牌形象，增强用户黏性成为当当亟待解决的问题。唯品会的限时特卖模式受到了越来越多竞争者的挑战，如何将高毛利转化为高净利，将用户的流量转化为实际流入企业的价值，则是唯品会必须迈过的坎。

线上零售市场值得关注的几个领域：如何抓住女性消费者的心理发展“她经济”；跨境电商的迅猛发展为用户拓展了购物的范围，也开辟了线上零售企业的新战场；线上时尚精品市场作为新兴的领域，争做“土豪”易，成就“高端”难，如何通过创意改变现实，技术成就梦想，将助时尚线上零售一臂之力；而万众瞩目的生鲜电商成为群雄逐鹿的热土，谁能率先在提供高质量产品和服务的同时降低成本，谁就能在生鲜电商大战中拔得头筹。

研究建议：

移动互联网的浪潮给线上零售行业带来了再次洗牌的可能性，线上零售市场逐步进入成熟期，“无底线竞价”、“流量为王”已成为历史。随着生活水平的提升，线上购物用户关注的不仅仅是“低价”，还有服务质量，乃至便利的高品质生活。如何洞察并满足不同用户个性化的需求，提升用户体验，调高客户黏性，是所有线上零售企业必须面对的问题。线上零售领域的产品创新、商业模式创新和产业链创新，本质上都是围绕着更好地满足用户的需求。不论是提升产品线的宽度（品类增加、跨境电商等）和深度（定制化产品、时尚精品、生鲜电商等），还是提高购物环节的便利性、支付环节的安全性、物流配送的快捷安全交付等，都是围绕着给用户更好的购物体验。线上零售企业应当结合自身优势进行再定位，在现有立足点上寻找突破口，寻求改善用户体验之道。

第 1 章 线上零售宏观环境分析

1.1 政治环境 – 政府重视并支持线上零售行业发展

1.1.1 在政策支持下，全国经济有望更上一层楼

国务院发布的《关于扶持小型微型企业健康发展的意见》提出，从十个方面扶持小型微型企业健康发展，因此被称为小微企业发展“新国十条”。《意见》主要从消减费税、补充资金、解决“用工难、缺人才”、解决场地困难等四个方面给予扶持。

下一轮工作重点将放在大力推动中小企业和小微企业的服务体系建设，特别是公共服务平台建设，它在解决小微企业的共性需求、畅通信息渠道、改善经营管理、提高发展质量等方面发挥着重要的支撑作用。在淘宝平台（各 B2C 开放的平台）上活跃这数以万计的小微商铺，帮助小微企业的同时，也就是在促进网络商品交易市场健康、持续发展，维护消费者、经营者双方的合法权益。

“义新欧”之路通车，让义乌的小商品直通欧洲市场，交易额增速有望有所突破。中国对外贸易的渠道越来越多，为中国经济增长又添一新动力。

1.1.2 对 IT、电商等行业进行扶植

2013 年 8 月 17 日，国务院正式发布《国务院关于印发“宽带中国”战略及实施方案的通知》，提出了 2020 年前两个阶段性的发展目标，还明确了加快宽带网络建设的技术路线、发展时间表、五项重点任务和七个方面的扶持措施。目标是到 2020 年，中国宽带网络基础设施发展水平与发达国家之间的差距将大幅缩小，发达城市部分家庭用户可达 1Gbps。为此，工信部将具体组织实施“城市宽带提速计划”、“农村宽带普及计划”、“农村校通宽带计划”、“应用创新推广计划”、“宽带体验提升计划”、“宽带产品研发计划”等六个行动计划。

《移动通信转售业务试点方案》已经实施，支持互联网企业以“虚拟运营商”身份与运营商合作，共同打造跨行业的开放平台和融合应用生态。同时，推动企业、政府封闭信息化系统的数据与能力开放，并通过开放平台进行数据的统一存储、管理、分析、共享与交换。

国务院总理李克强于 2014 年 9 月 29 日主持召开国务院常务会议，会议中提道“要搭建进口贸易平台，在公平竞争原则下，利用跨境电子商务等新模式增加进口。鼓励企业在海外建立采购网点和渠道。发展多双边贸易，拓展经济发展空间”。可见国家对于电子商务发展的重视。

《互联网食品药品经营监督管理办法》有望在 2015 元旦后正式出台，处方药网上销售将逐步放开，而对于医药流通企业而言，则意味着医药电商市场开启。该《办法》弥补了食品、药品、化妆品、保健食品、医疗器械等食药总局监管产品在网络上销售的空白地带。预计明年医药电商行业将迎来爆发性增长，“一心堂”在此方面已经进行布局。有业内人士预计，如果网售处方药开放，市场预期值达 1 万亿元人民币的处方药将有 30% 转投线上，市场规模或达 3000 亿。

1.1.3 法规政策监管逐步加强

为进一步形成监管合力，加强境内网络交易网站管理，有力打击境内网络交易网站违法经营行为，着力营造公平竞争的网络交易市场环境，切实维护消费者、经营者的合法权益，积极促进电子商务健康有序发展，依据《电信条例》、《互联网信息服务管理办法》、《网络交易管理办法》有关规定，工商总局、工业和信息化部就加强境内网络交易网站监管工作协作，积极促进电子商务发展提出意见。主要是要建立部门协调配合工作机制，加强信息共享与工作协作，强调处理各类违法网络交易网站的工作协作方式；强调合理监管并注重实地调查。

1.2 经济形势－整体经济稳增长，消费者信心提升

我们将从社会消费品零售总额、城镇居民可支配收入和消费者信心指数、满意指数为指标衡量全国经济发展情况。总体而言，各项经济指标呈现出稳定或增长态势，增速稳步下滑，说明整体经济环境良好，增速不足。所以，其对线上零售总额的推动作用仍很重要，但影响力会逐步下降。

社会消费品零售总额平稳上升：

全国社会消费品零售总额整体呈现季节性波动上涨的趋势。从 2011 年第 4 季度的 50415 亿元人民币，上涨至 2013 年第 4 季度的 65563 亿元人民币。2014 年第 3 季度为 64952 亿元人民币，同比上涨 12.4%，环比上涨 2.78%。社会消费品零售的季节调整值呈现稳步上涨的趋势，调整增长率呈现季节性波动下滑的趋势。2014 年第 3 季度的调整增长率为 2.78% 左右，较上年同期降低 0.34 个百分点。

基于以上分析可知，社会消费品零售总额稳步增长，增长速度趋缓。说明整体宏观经济环境稳定，但动力略显不足。

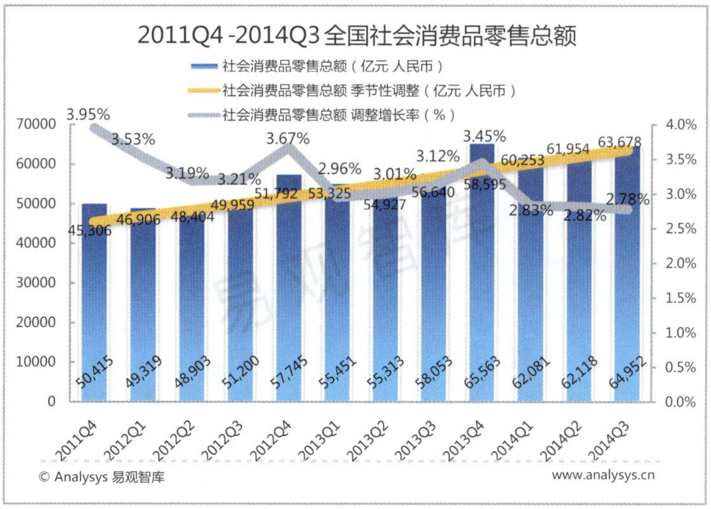

图 1-1　2011Q4-2014Q3 全国社会消费品零售总额

从 2011 年至今，全国城镇居民人均可支配收入也呈现季节性上涨的特征，同社会消费品零售总额相似。2014 年第 3 季度城镇居民人均可支配收入为 7208 元人民币，同比增长 9.6%。但是其调整增长率比社会消费品零售总额低，下降速度较快，且不具有季节性趋势特点。

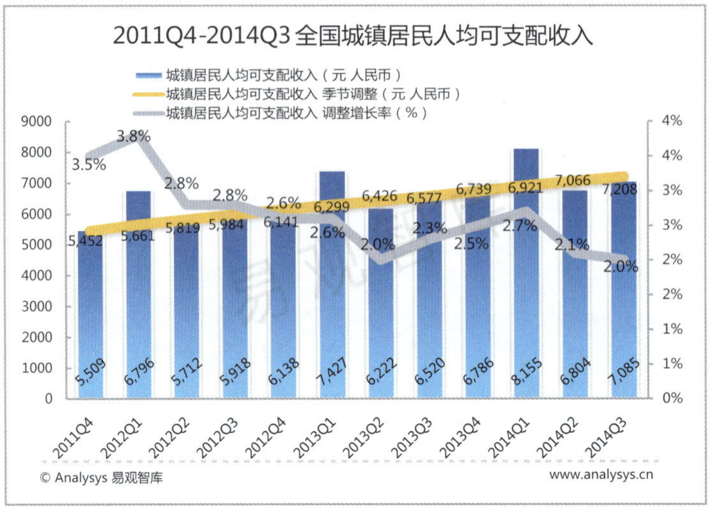

图 1-2　2011Q4-2014Q3 全国城镇居民人均可支配收入

全国消费者信心指数和消费者满意指数都在 2010 年出现极大提升，2011 年及之后的消费者信心指数和满意指数出现负增长。且相较于信心指数，满意指数的负增长率更高，水平更低，且两者差距逐渐拉开。可见，消费者对于市场的信心比对产品的满意度高，侧面反映了市场上不同产品的性价比可能相差较大，质量水平良莠不齐。

2010 年消费者信心指数和满意指数均在 105 左右，但到 2011 年末分别跌至 102 和 94 左右。不同 2011-2013 年的负增长，2014 年的消费者信心指数和满意指数有所提升 – 两者在 2014 年第 1 季度的数值分别为 104 和 98.5，同比增长率分别为 1.4% 和 3%。线上零售的提升幅度和速度同消费者对市场的信心和满意程度息息相关。随着 2014 年消费者的满意指数提升，消费者表现积极，整体市场活跃度相对提升。所以，我们对于 2014 年第 4 季度乃至今后的线上零售总额预测持比较积极的态度，至少不逊于 2014 年前三季度。

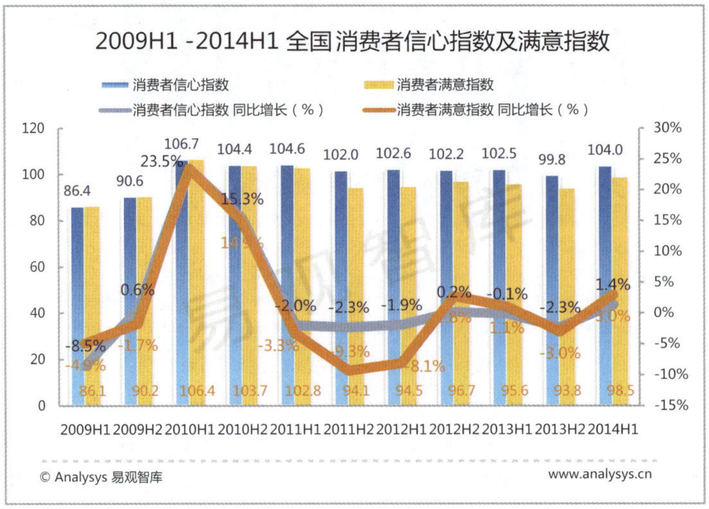

图 1-3　2009H1-2014H1 全国消费者信心指数及满意指数

1.3 社会背景 – 互联网普及率提高，居民消费习惯改变

从 2006 至 2013 年，全国网络普及率呈现增长趋势，且增长率急速下降。具体表现为网络普及率从 2006 年的 10.4% 上升至 2013 年的 45.4%，增长率从 2007 年的 52.5% 下降至 9%。可见网络普及工作开展顺利，在网络生活体验的时代，人们网购的倾向也会相应提升。而且，随着网络的普及，网民结构也会相应地改善，向女性、年长人群、中低收入水平人群、整体发展较为落后的地区普及。

另外，网络普及程度虽较 7 年前有较大的提升，但是动力越来越弱，需要继续下一波技术、经济或政治的刺激。

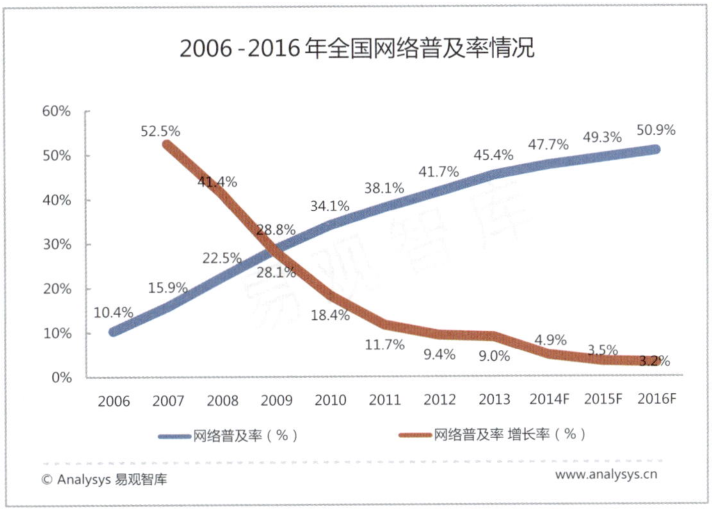

图 1–4　2006–2016 年全国网络普及率情况

线上零售总额在总社会消费品零售总额中的占比稳步增长，但增长率逐渐放缓。从 2008 年的 1.1% 上涨至 2013 年的 8.4%，增长率从 2009 年的 79.3% 下降为 35.8%。但是势头依然较大。预计 2014 年的线上零售占比将达到 10.2% 左右，2015 年为 11.9%，2016 年大约能达到 13.5% 以上。

此外，网购渗透率逐步提升。网购渗透率的增长率在 2011 年之前维持在 40% 以上，2011 年受全国经济增长率下行的影响，下降至 20% 左右，近两年的增长率维持在 25% 左右。由于市场有一定的饱和性，预计 2014 年至 2016 年网购渗透率增长率会有所下降，大致会在 25% –15% 范围，预计在 20% 左右。基于以上两点分析，中国居民生活习惯和消费习惯在不断改变，但全国更大范围的质变需要一定时间，预计在未来 3–5 年内会更进一步。因此，对于线上零售行业而言，网络的普及率和网购渗透的推动效果依旧十分重要。

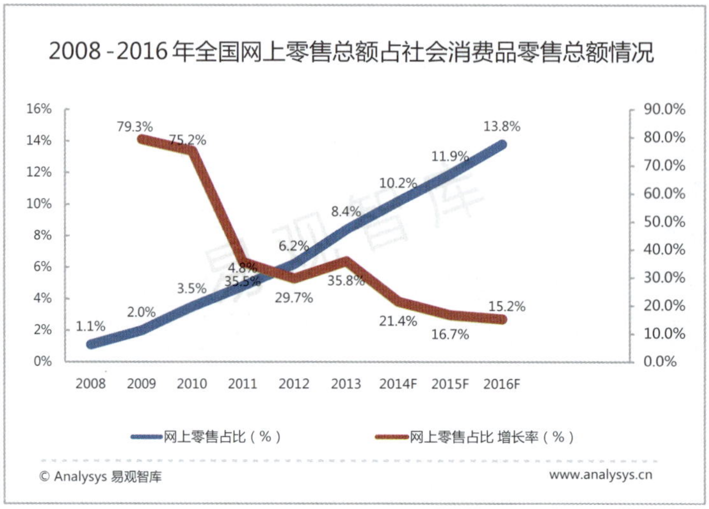

图 1-5　2008-2016 年全国线上零售总额占社会消费品零售总额情况

1.4 技术进步 – 国际技术水平更上一层楼，国内 IT 行业发展迅速

1.4.1 国际技术趋势

2014 年 10 月初，IT 行业权威的市场研究公司 Gartner 公布了 2015 年十大 IT 趋势预测，其中包括：无所不在的云计算、物联网 (IoT)、3D 打印、高级泛在和隐性分析、富于关联的系统、智能机器、云端 / 客户端架构、软件定义的应用和基础设施、Web 规模化的 IT、基于风险的安全和自我保护。这些科技趋势有可能会在未来 3 年对行业产生重大影响。

移动的概念已经从单纯的手机拓展到了可穿戴设备和各种屏幕。Gartner 预测下一步的焦点不是设备本身，而是移动用户针对不同场合的需求，强调关联性和使用环境。

1.4.2 宽带普及率提高

全国宽带接入用户达到 20039.9 万户，比上年同期上涨 1149 万户，涨幅为 5.7%，比上月净增长 63.2 户。

全国网民数量从 2006 年的 13702 万人，上涨至 2013 年 61800 万人，预计 2014 年能达到 65148 万人。由于市场饱和和网民基数的扩增，网民增长率在急速下降，从 2007 年的 53.3%，降低至 2012-2013 稳定在 9%-10% 左右。预计在 2015 年网民人数能达到 67764 万人和 70209 万人，增长率降低至 4% 左右。

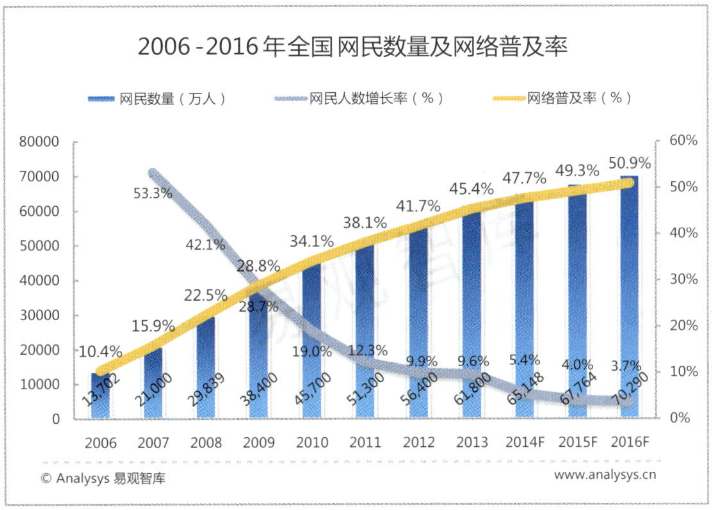

图 1-6　2006-2016 年全国网民数量及网络普及率

1.4.3　智能终端发展迅速

从 2010 年开始，智能终端发展的速度较大从 2010 年上半年的 27678 万人，从 2011 年下半年到 2013 年下半年，手机网民规模维持在 8% 以上的增速。但从 2014 年起手机网民规模增速下降，2014 上半年增速为 5.4%。由于市场饱和度，手机网民规模增速会逐渐放缓，且降速较快。预计 2014 年下半年环比增速会达到 6.5%，预计 2015 年会有所下降，平均每半年增速为 5%–4% 左右。

基于以上分析，预计 2015 年上半年和下半年的手机网民人数将达到 58798 和 60959 万人，手机网民将占总网民数量的 90% 左右，增长率分别为 4.8% 和 3.7%。越来越接近于网民增长率。

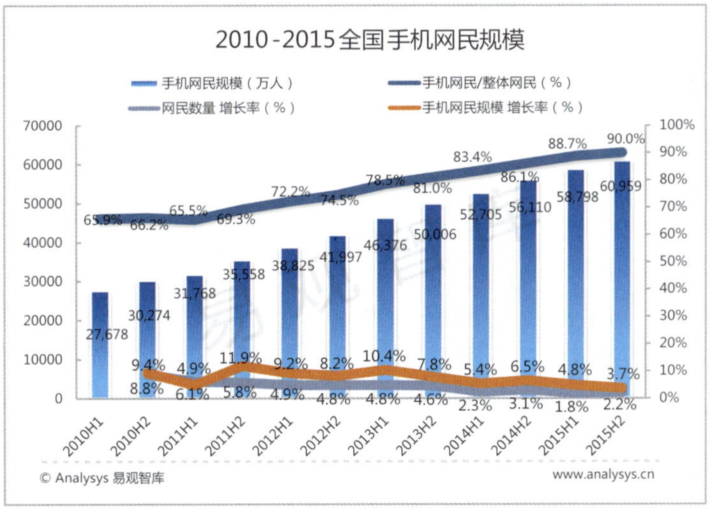

图 1-7　2010-2015 年全国手机网民规模

1.4.4 在线支付技术不断完善

支付的安全性、隐私问题让人担忧。但也因为有较大的改进空间，在支付技术不断完善的推动下，网购“便捷灵活”、“丰富多样”等优势越发凸显，其吸引力可定会相应加强。所以，我们估计为网购所依托的技术（如：支付技术等）提升能从根本上推动网购渗透率的普及，刺激线上零售总额提升。

而且，在移动支付笔数占比的排名中，西部垄断前四名，分别为：西藏、陕西、宁夏、内蒙古，占比分别达到 62.2%、59.6%、58.3% 和 57.6%。相比之下，北京、上海、广东在全国 34 个省级行政区划中，仅仅排名第 29、第 24 和第 27 位。进入移动互联网时代，智能手机成为生活必需品，普及速度快于 PC，移动支付转账的便利性让西部在新一轮信息化过程中追赶上来；而北上广等发达地区总体的网上支付基数巨大，拉低了移动支付的比例。移动互联网带来的新一轮信息化浪潮，正在缩小中国偏远地区和世界的距离。

第 2 章 线上零售整体行业分析

2.1 线上零售总额增长，占比提升增速平稳

从 2008 年至今，全国线上零售总额处于持续高速增长的态势，不仅线上零售总额稳步上升，而且在总零售额的占比也呈现急速增长的趋势。而其调整增长率在 2012 年下半年的达到顶峰，之后呈现出波动下降的趋势，且波动幅度减小，即趋于稳定。2014 年第 3 季度的线上零售总额达到 7195 亿元人民币，相比上期上涨近 700 亿元人民币，同比涨幅为 11.1%；占总零售额比从 10.48% 上涨至 11.08%；相应的调整增长率为 10.8%，创 2013 年第 4 季度以来的新高。

另一方面，从 2012 年开始线上零售总额开始呈现明显的季节性波动特征，每个周期内第 1 季度至第 4 季度逐步上升，不同于 2012 年以前持续增长（产业启动期、发展期）的特点。可见线上零售市场趋于成熟，同实体经济市场相一样具有季节性特征（但具体特征不一致）。

基于以上分析，预计 2015 年和 2016 年的线上零售总额季度平均值分别为 8252 亿元人民币和 10371 亿元人民币；年末占总零售额的比重将分别上涨至 11.94% 和 13.75% 左右；而且线上零售总额的上涨动力没有明显下降的趋势，相应的季度（平均）调整增长率会稳定在 10% 左右，增速略低于 2014 年，但相差无几。

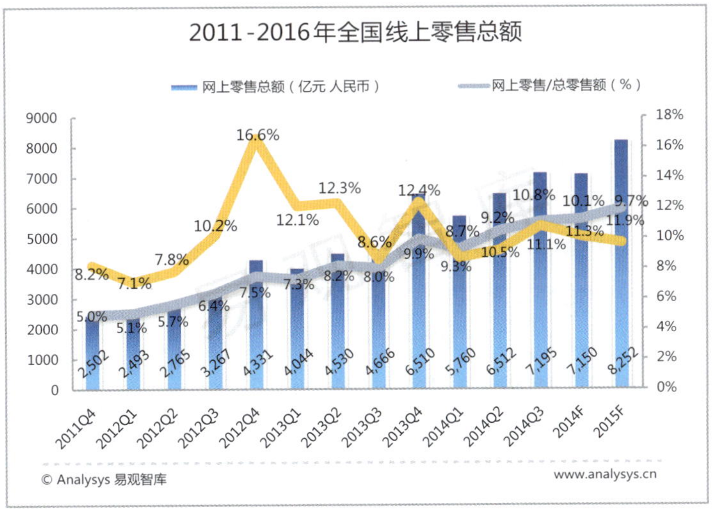

图 2-1 2011-2016 年全国线上零售总额

2.2 各电商模式交易情况 –B2C 增速较快，市场成熟大势所趋

从 2011 年至今，C2C 和 B2C 模式的零售总额都呈现季节性上涨的趋势，同线上零售总额的整体特点

相一致。不同的是 B2C 模式的零售总额增速远远高于 C2C 模式，2012 年第 4 季度之前 C2C 的调整增长率仅是 B2C 模式的 1/3 左右，2012 年第 4 季度至 2014 年上半年上涨至 1/2 左右。2014 年第 3 季度 C2C 模式和 B2C 模式的调整增长率比值为 0.63 左右，可见 C2C 模式和 B2C 模式的增长速度有趋同趋势。

2014 年第 3 季度的 C2C 模式和 B2C 模式零售总额分别为 3831 亿元人民币和 3364 亿元人民币，较上期分别上涨 524 亿元人民币和 159 亿元人民币，环比涨幅分别为 15.8% 和 5%，各自的调整增长率为 13.6% 和 8.5%。基于以上分析，未来两年的 C2C 和 B2C 的各自调整增长率分别在 6% 和 9% 左右；C2C 模式的平均季度交易额估计会上涨至 4022 亿元人民币和 4518 亿元人民币，B2C 则会在 4230 亿元人民币和 5853 亿元人民币左右。

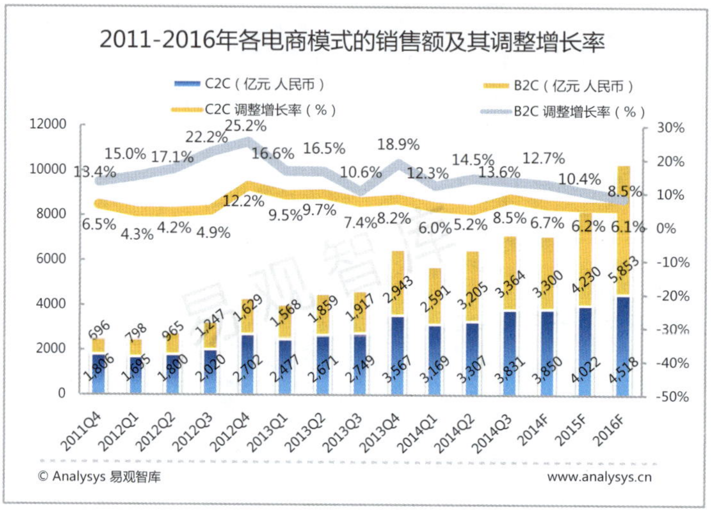

图 2-2 2011-2016 年各电商模式的销售额及其调整增长率

由于 B2C 近几年的增长势头过于明显，可以说是突飞猛进，我们将单独分析 B2C 模式占比趋势。可以发现 2012 年是 B2C 占比增速最高的年份，平均同比增速可以达到 38% 左右；2013 年和 2014 年呈现同比增长率逐步下降的态势，从 21% 下滑至 13.8%。自 2011 年第 4 季度至 2014 年第 3 季度（三年内），B2C 的占比从 27.8% 增长至 46.8%，涨幅达到 68%。

由此可见，B2C 模式的规模经济优势在逐步体现，从产业链效率、利润率及分配等方面，B2C 都会优于 C2B。B2C 模式的各环节间的合作深化程度大，是今后线上零售的一大增长点，也体现了线上零售在逐步成熟。基于以上分析，预计从 2014 年至 2016 年，B2C 的占的季度平均水平比将从 46.1% 逐步上涨至 56.4%，占比季度同比增速（平均值）将从 12.5% 下滑至 10% 左右。

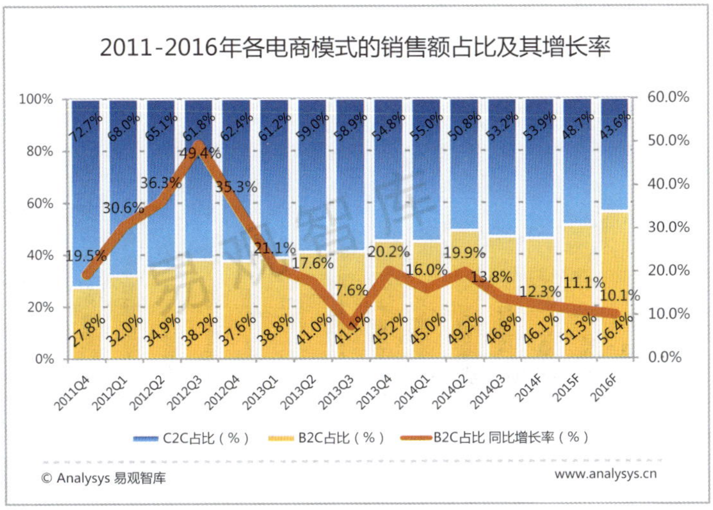

图 2-3　2011-2016 年各电商模式的销售额占比及其增长率

2.3 PC/ 移动端零售情况 –“移动购物”后劲足，主流 PC 终落后

近几年，移动端零售表现突出，增速惊人。从 2010 年智能终端购物开始普及，至 2013 年上半年，移动端购物占比才达到 10%。而近在 2014 年的前三季度，移动端成交额占比从 17.8%（2013 年第 4 季度）提升至 32.46%，近乎翻了一倍。

调整增长率在 2013 年维持在 40% 的平均水平；2014 调整增长率的平均水平维持在 35%。具备持续的高增长的特征，移动端购物市场呈现出极大的增长潜力。相较于移动端成交额的调整增长率，PC 端成交额的调整增长率较低，2014 年维持在 4% 左右。而且，相对于 B2C 模式的扩张，移动端零售占比的扩张速度更大，可能由于移动端发展起步晚等因素。移动端网购成交额的 2014 年具体数据是：总成交额为 2336 亿元人民币，较上期增长 655 亿元人民币，环比增幅为 39%，同比增长 276.1%，调整增长率为 35.5%。

由前文关于“技术”因素的分析可知，随着技术的发展，其对于移动端零售的发展具有持续的正向影响且重要性会有所提升。技术也成为各平台争相竞争的关键领域。几大巨头面对智能移动设备的便利性、普及广和技术提升等趋势，定会争先夺取客户，抢占先机，运用各种方式刺激网购渗透率的提升，乃至转变消费者个人消费习惯。

基于以上分析，预计在 2015 年 –2016 年，移动端成交额增长率将同 2014 年类似；如果未来两年的智能终端在技术上更上一层楼，或是网上平台的经营模式有所创新，可能引发新一轮移动端成交额的突增。考虑以上因素，预计 2015 年和 2016 年的季度平均增长率在 40% 左右，移动端网购占比将达到 38% 和 42%。

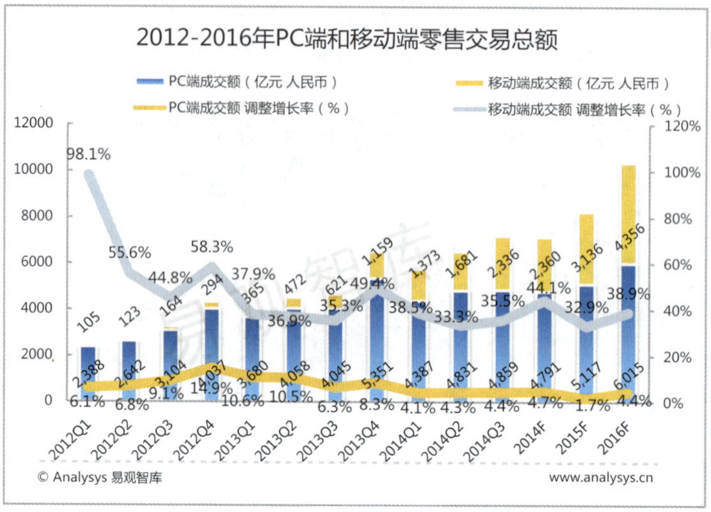

图 2-4　2012-2016 年 PC 端和移动端零售交易总额

经过分析 2014 年易观智库用户雷达的“网上购物”和“移动购物”领域的数据，我们发现用智能移动购物的用户人均单日访问时长从 1 月份的 5.98 分钟上升至 10 月的 14.48 分钟，整体趋势线（多次项）呈现增速之间放缓的上涨趋势；而 PC 端网上购物的人均单日访问时长则从 1 月份的 11.65 分钟下降至 10 月份的 10.13 分钟，整体趋势线（多次项）呈现减速放缓的下降趋势。由此可见，智能终端的用户在购物上人均花费的时间越来越长，且超过了 PC 端的网上购物人均耗时。说明智能终端的便捷性，能更好地利用了用户零碎的时间，它在维护顾客黏性等方面的优势将会更加凸显出来。

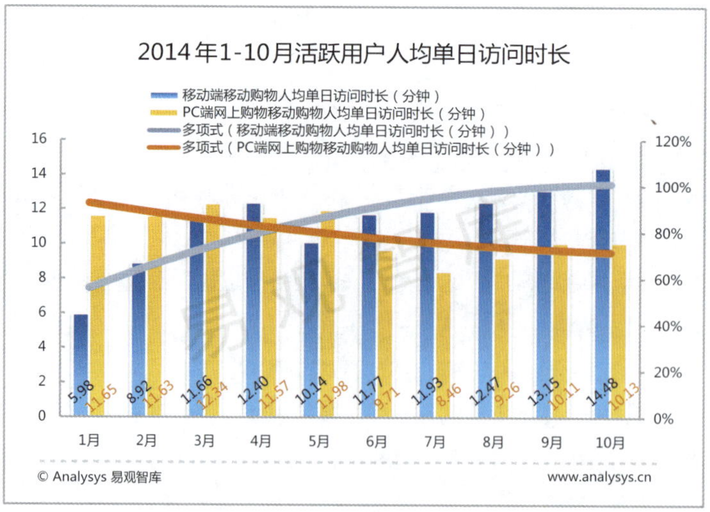

图 2-5　2014 年 1-10 月活跃用户人均单日访问时长

2.4 各类商品的线上零售交易额 – 服装落寞 3C 强，品类扩张空间大

3C 产品和服装两类商品相较于其他种类商品，在线上零售中所占的比例较高，而且增长趋势有较大的

个性特征，其中隐含了各自的产品特点和发展前景。鉴于其重要性和特殊性，我们将针对这两类商品的线上零售额进行分析。

服装线上零售总额在 2012 年出现较大的增幅，从 2011 第 1 季度的 616 亿元人民币，至 2013 年第 3 季度为 1730 亿元人民币，上涨近 200%；但从 2013 年第 4 季度就稳定在 2200 亿元人民币左右。3C 产品从 2011 第 4 季度至 2013 年第 3 季度经历了类似服装产品的增长，但是增长速度和绝对幅度不如服装产品；而从 2013 年第 4 季度，3C 产品的网络交易额出现前所未有的增长，环比增长 1000 亿元人民币，单季增幅达到 150% 左右，之后便稳定在 1700 亿元人民币的水平。

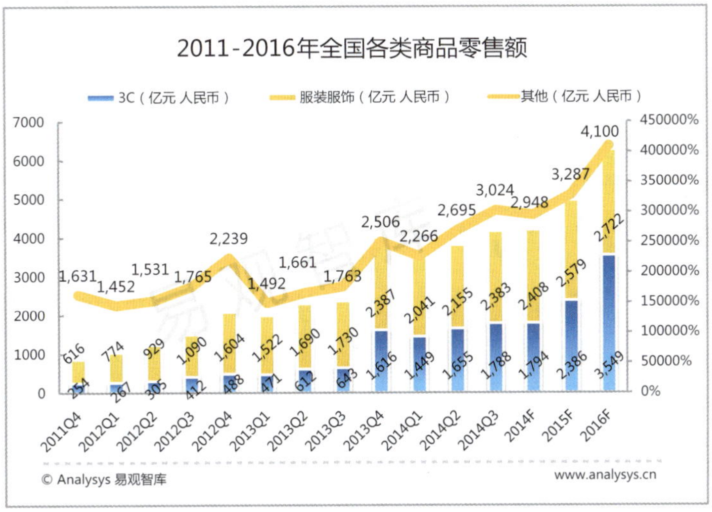

图 2-6　2011-2016 年全国各类商品零售额

销售额的季节性特征会造成环比增长率的骤增或骤减，模糊了销售额增长情况。为了更加直观、客观地展现销售额的变动情况，在增长率方面，我们采用调整增长率作为衡量标准。我们发现 2011 年至 2012 年是服装类产品线上零售的“春天”，调整增长率最高达到 137.6%，平均增长率达到 70% 左右。进入 2013 年，服装产品线上零售增长率趋于稳定，在 15% 左右，2014 年前三季度的调整增长率在 8% 以下。在 3C 产品方面，从 2011 年至 2013 年上半年，在这两年半期间，调整增长率在 20% 左右，但在 2013 年第 4 季度的调整增长率达到 50%，2014 年保持 25% 左右的水平。说明消费者对于 3C 产品的需求扩大，且在网上采购的倾向增加。

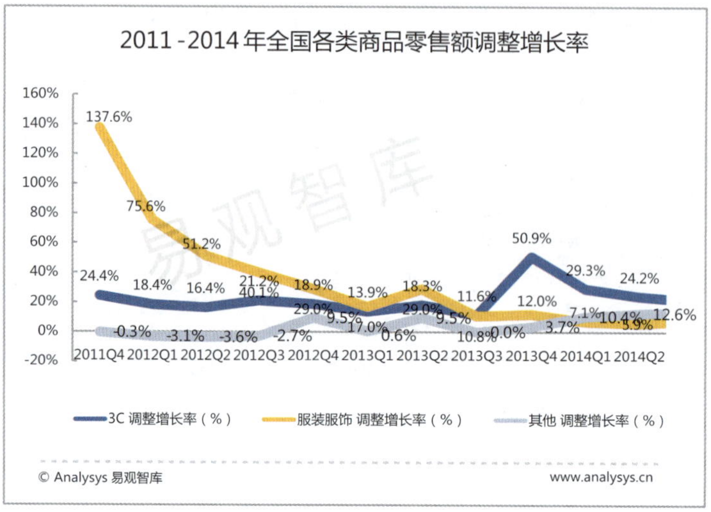

图 2-7　2011-2014 年全国各类商品零售额调整增长率

如产品占比图所示，可以发现国内消费者网上购物选择种类的偏好变动。2011 年之前，3C 产品和服装产品的线上零售额并不出众，占比较低。但从 2011 年开始，服装占比急速扩大，2012 年达到顶峰，2013 年至 2014 年第 3 季度呈现逐步降低的趋势。而 3C 产品也是在 2011 年出现占比大幅度提升，但 2012 年由于服装类商品成交额的突增，3C 产品的相应比重降低。在服装等其他产品成交额增长的压力下，从 2013 年开始 3C 产品的比重由走高的趋势。

从产品特质上分析，3C 产品的科技含量较高，而且高新科技行业及相关产业发展迅速，短期内产品平均价值水平不存在由于相对贬值的担忧。而服装类产品虽为刚需，但相对而言贬值压力较大；而且按照 2014 年前三季度的数据反映，其他商品的零售占比不断扩大（可能由于消费者的网上购物习惯在提升，且线上零售交易的产品种类不断增多），因此服装类产品的零售总额占比会稳步下降。要突破服装行业想要在线上零售中再有突破，必须从品质和理念上（时尚精品）着手。

基于以上对于服装、3C 产品的成交额、调整增长率及占比三方面的分析，预计在 2015 年和 2016 年的产品占比（线上零售额）具体如下：服装方面在 2015 年和 2016 年的相应占比分别是 31.3% 和 26.3%，呈现逐步下降的趋势；3C 方面的相应占比分别为 29% 和 34% 左右，呈现稳步上涨的趋势。

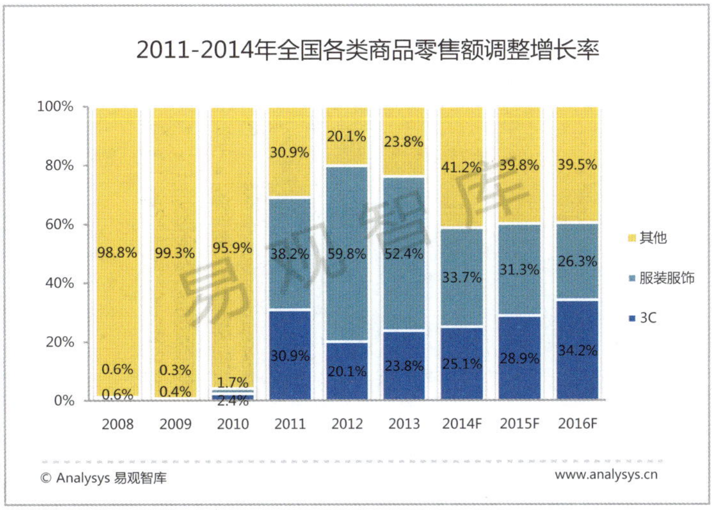

图 2-8　2011-2014 年全国各类商品零售额调整增长率

2.5 各 B2C 零售平台成交额 – “一超多强”占比增，格局稳定难突破

从 2011 年至 2014 年第 3 季度，在线上零售总额大规模上涨的大背景下，以成交额为衡量标准的市场划分格局有一定的变化。经过近 4 年的大浪淘沙后，几大平台优势凸显，九大平台总占比呈现稳步增长的趋势。九大平台中，居市场份额首位的是天猫，其次是京东，再次是苏宁易购、亚马逊中国，易迅、当当位于第四梯队，最后是 1 号店、唯品会和国美在线。

在趋势方面，除了亚马逊中国、当当两家，分别失去了 0.7% 和 0.4% 的市场份额，其他七家都呈现上涨的趋势。具体而言，四年内，市场份额扩大最多的是天猫，扩大了 24.3%；其次是京东扩张了 6%；再次是苏宁易购、唯品会、易迅，分别扩张了 2%、1.7% 和 1.2%；最后是 1 号店和国美在线，分别扩张 0.7% 和 0.6%。相对扩张速度方面，排首位的是国美在线，较自身 2011 年初市场份额扩大了 210%；其次是易迅和苏宁易购，相对扩张 160% 和 120%；1 号店、天猫和唯品会处于第三梯队，大致扩张自身 85% 左右的市场份额，最后是京东，扩张了 60%。而亚马逊中国和当当的市场份额相对缩减 30% 和 20%。

基于以上数据，可见天猫是最大赢家；京东顶住竞争压力维持稳定的市场份额，从 2012 年至 2014 第 3 季度一直保持 16%–17% 的市场份额；苏宁易购、易迅和唯品会表现也较为突出，在各自特色领域发挥着自身潜力。而 1 号店和国美在线略显逊色，有自己稳定的市场份额，但增长潜力较弱。亚马逊中国和当当目前是凭借自身早期的资本进行运营，正在走向衰退。其中，亚马逊中国在本土化战略上略显不足，与本土几大平台较量时明显不接地气，一直处于被动的状态，被整个市场趋势所牵制。而当当没有把握网购发展大潮流的时机进行企业转型，一直稳定于图书等产品的销售，品类较为局限，没有突出优势。此外，相较于过去三年，2014 年九大平台的占比也呈现趋稳的态势，要想进一步突破当前的格局困难较大，市场份额划分已基本成型。预计 2015 年和 2016 年的市场份额划分不会有较大的改变。

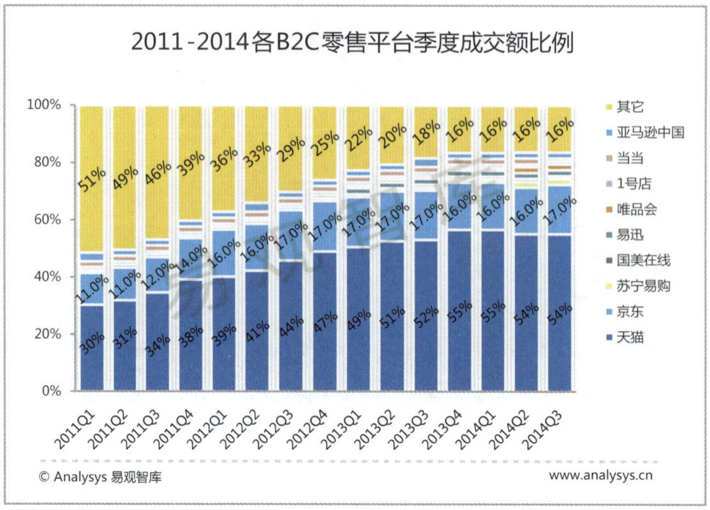

图 2–9 2011–2014 各 B2C 零售平台季度成交额比例

2.6 网购用户分析 – 增速稳定普及快，结构均衡势态好

据数据显示，2013 年网购网民数量为 30189 万人，年增长率为 24.7%，占网民总量的 48.8%。而且，网购用户数量的增长率是网民数量增长率的 2 倍以上，相对于 2012 年持平，增长速度较快，说明整个线上零售领域的增长依旧具有较大的动力和潜力。基于以上数据分析，保守预计 2014 年至 2016 年的网购用户数量增长率大约在 20% 的水平，数量将从 36189 万人上升至 51737 万人，直至 2016 年网购渗透率可达 70% 左右。

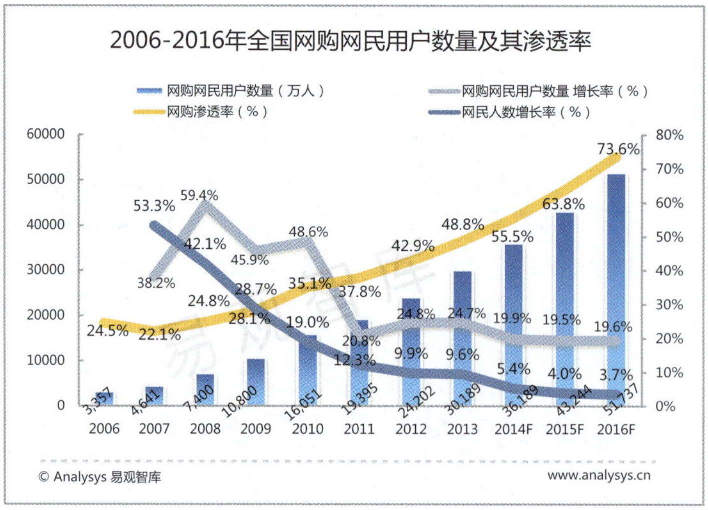

图 2–10 2006–2016 年全国网购网民用户数量及其渗透率

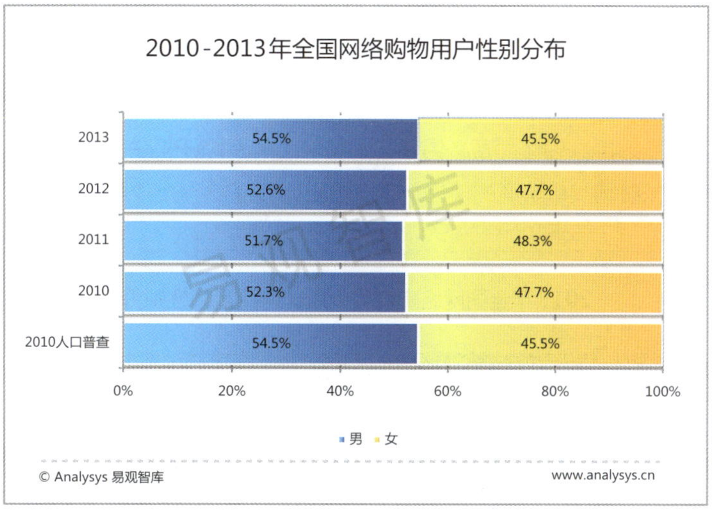

图 2-11　2010-2013 年全国网络购物用户性别分布

从 2010 年至 2012 年，全国网络购物用户中性别比例较为稳定，女性的占比较小，大致为 48% 左右；至 2013 年，女性比例有所下降，为 45.5%。相比于 2010 年人口普查的性别比例，网购用户中的女性占比更少，而且可能有微弱降低的趋势。

但这仅仅是在网购用户数量上考察男性和女性的消费行为差异，在网络购物频率和累计金额方面，女性表现更为突出，具体见下图。

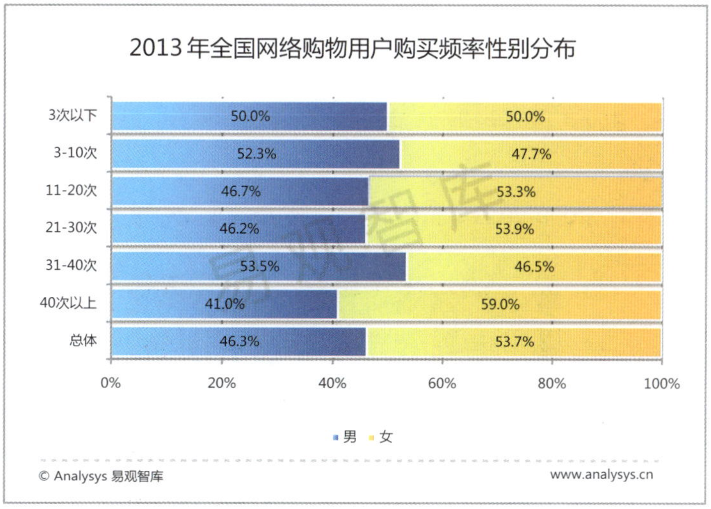

图 2-12　2013 年全国网络购物用户购买频率性别分布

由 2013 年的调查数据所反映，年均购物 40 次以上的用户中的女性比例较高；在其他低于 40 次的区间中，男性普遍占比较高，尤其在 3-10 次和 31-40 次两个区间。总体而言，女性的购买频率会高于男性，说明女性的网络购物更为频繁，是电商们需要重点关注的用户群体。

从网络购物的累计消费金额角度分析，女性网购用户群体中出现“两极分化”的情况，分别集中在“低消费区间”：100 元以下、501–1000 元和“高消费区间”：5000–10000 元、50000–100,000 元。在其他区间，男性占比较大：主要在 101–500 元和 1001–5000 元区间。由此可见，女性中有两大极端，综合了网上购物的高消费能力人群和低消费人群。相比而言，男性的平均网上消费比较集中。综上所述，在网络购物的高消费人群（网上购物频繁或主要购买单价高的精品）中女性占比较高。

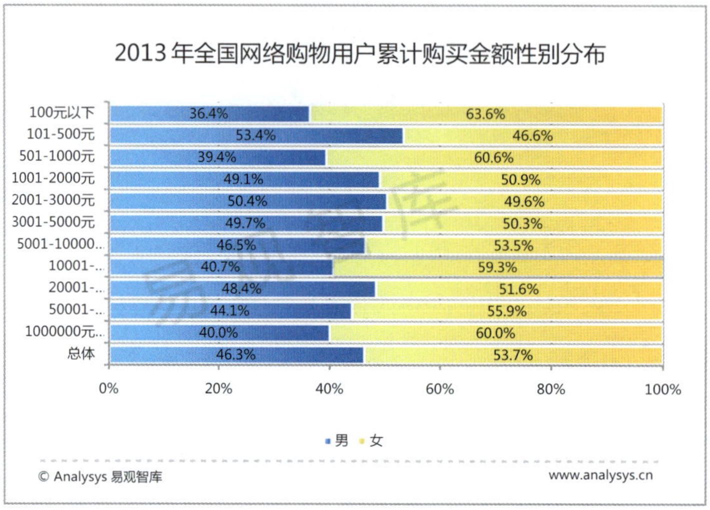

图 2–13　2013 年全国网络购物用户累计购买金额性别分布

纵向分析全国网购用户的购买频率，可知网购用户的平均购买次数有明显的提升 – 从 2009 年至 2013 年，40 次以上的用户占比显著提升， 从 13.5%上升至 33.9%；31–40 次的用户占比从 4.2% 上升至 8.6%；21–30 次的用户占比从 10.8%上升至 16.6%。而 11–20 次的用户占比在 20% 水平波动；10 次以下的用户占比从 50% 下降至 20.4%。由此可见，全国网购消费者的消费倾向提升，越来越依赖于网络购物。

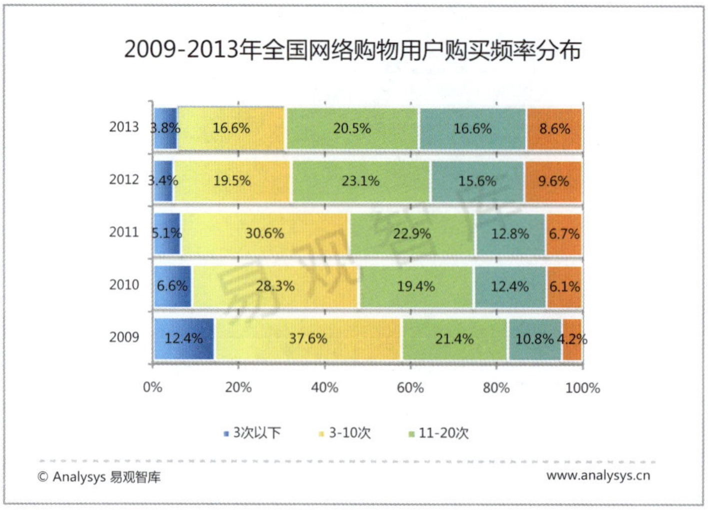

图 2–14　2009–2013 年全国网络购物用户购买频率分布

网购用户年龄从 2009 年至 2013 年发生较大的变化。具体情况如下：18 岁的未成年群体从 14.1% 的比例下降至 9.8%，36–40 岁用户比例从原先的 7.8% 上升至 12.7%，40 岁以上分用户的比例则是从 9.7% 上升至 12.3%。网络消费主力军主要分部的 19 岁至 35 岁年龄段，占比从 78.3% 下降至 65.2%。

总体而言，网购用户的年龄分布有均衡化的趋势，网购也不再是年轻人的专利。如今有越来越多的中年人，甚至老年人加入网络购物的行列。今后，电商可以将视野放在较年长的用户所需，不仅可以满足年轻人敬老的需求，也可以促进更多中老年用户的网络消费，提供更为便利的服务。这也将成为线上零售市场的趋势之一。

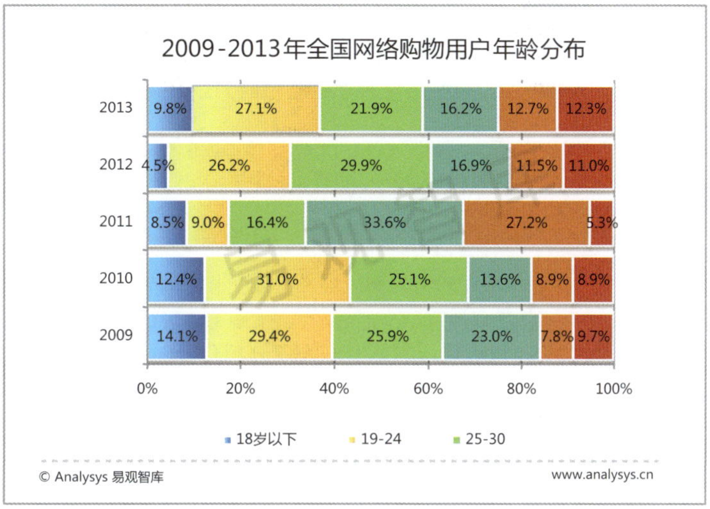

图 2–15　2009–2013 年全国网络购物用户年龄分布

下图展现了 2013 全国各地区网络购物用户的分布。华北地区的用户占比最高，其次是华东和华南地区，再次是华中和西南地区，最后是西北和东北地区。

与当年的各地的总人口情况相比，网购普及程度最高的是华北地区和华南地区，说明当地的网络消费倾向较高，也属于电子商务比较发达的地区。而东北地区持平，其他地区的网购普及程度较低。由此可见，华中、西南和西北三地仍然具有极大的开发空间。在网购渗透率趋于饱和，并且落后地区的技术提升，智能终端的普及的同时，这些地区将会是电商下一步布局的地域，新的战场。

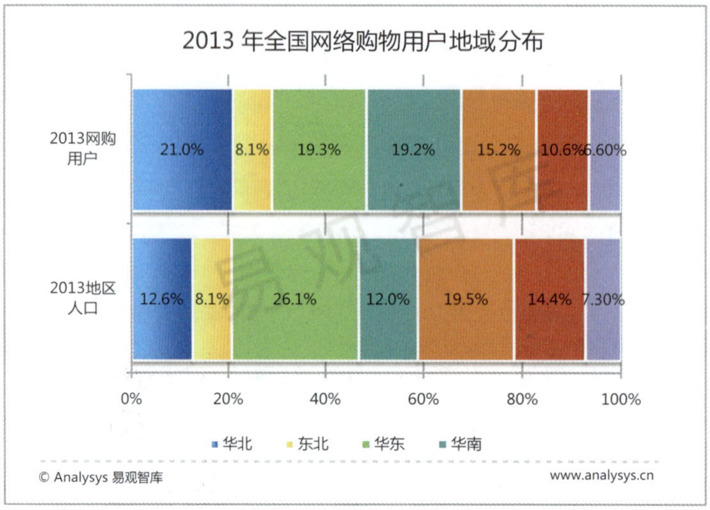

图 2-16 2013 年全国网络购物用户地域分布

此外，从省份维度考察各地用户，我们可以发现用户分布的 TOP10 的省份以广东为首（华南地区），其次是江苏和山东，再次是浙江、河北和河南，最后是四川、福建、湖北和湖南。2012 和 2013 用户省份分布相近，但相较于 2012 年，从 TOP10 的情况，还是能推断出用户占比有平均化的趋势，隐含着网购不盛行的地区情况有所改善，用户比例有所提升。

与当地人口数量相比，在用户数量 TOP10 省份中，2013 年的网购普及程度最高的依旧是广东省，网购用户占比高出总人口占比近 3.5 个百分点，其次是浙江、福建和江苏（都是华东地区），河北、湖北和山东几乎持平。湖南、四川和河南（中南和西南地区）表现较差，网购普及程度不及其他 7 个省份。

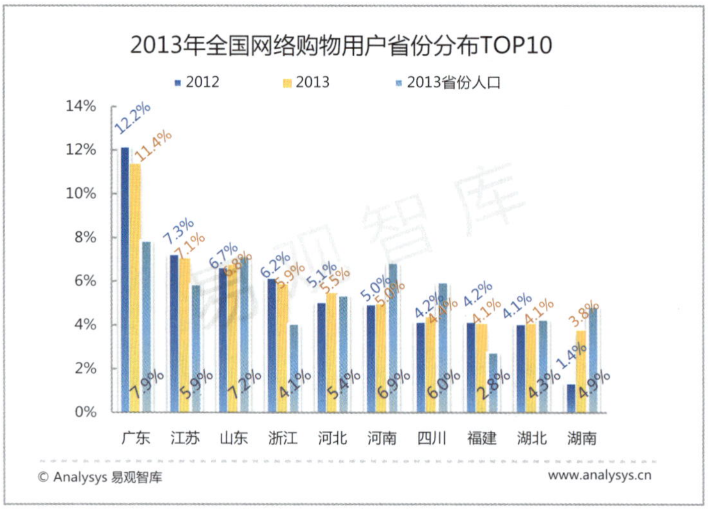

图 2-17 2013 年全国网络购物用户省份分布 TOP10

2.7 产业链分析 – 多方合作需深化，支付物流成亮点

2.7.1 整体产业链 – 利润分配不均衡，平台依旧是赢家

整个线上零售产业链包括以下几个环节：营销 – 广告 – 营销 – 服务 – 支付 – 仓储快递 –IT 代运营。B2C 和 C2C 产业链具体形式如下所示：

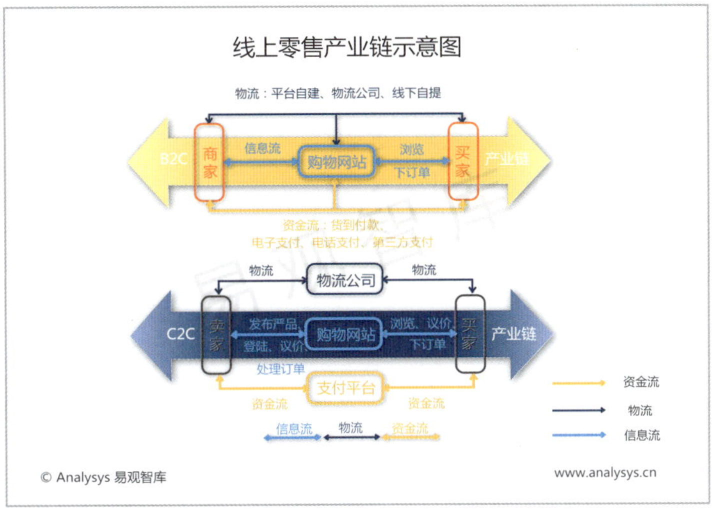

图 2–18 线上零售产业链示意图

线上零售业的税息折旧及摊销前利润率（EBITDA）平均在 8% 到 10%，整体上，中国线上零售业 2011 年 EBITDA 达到 115 亿 –133 亿美元（折合 740 亿元人民币 –860 亿元人民币）。但是，中国市场上各类网络商家的利润水平差异显著。中国独立的网络商家 EBITDA 利润率大约为负 4%，平台商的 EBITDA 利润率在 48% 到 58% 之间。在中国，平台上的电商占整个线上零售业创造的 EBITDA 总额的 2/3 以上。目前看来它们似乎是市场的赢家。

直至现在，我们依旧可以看见平台商依靠自己的技术和数据优势，在整个线上零售行业的利润分配中份额最大。几大电商平台在如火如荼地炒作，“购物狂欢节”泛滥。网购量突增给平台商带去了源源不断的利润，给物流带去的是超负荷的业务量，以及“低质量运送”造成的负面影响；而支付的安全问题也约束着自身发展。目前行业利润分配并无多大变化。

如今中国线上零售的现状，产业链之间的合作关系简单，各环节的专业化还有待提升。基于现状，对于中国线上零售行业而言，产业链合作深化工作存有较大空间，对于整个行业规模和利润的影响依旧很大；随着合作程度加深，影响力应该会逐步提升，而业务多元化带来的协同效应也会增强。

关于购物网站的分析，我们将重点关注各大电商平台以及相应企业，将在报告的第三部分进行分析。以下产业链分析将重点分析“支付”（以“第三方支付”为代表）和“物流业”（以快递业为代表）。

2.7.2 支付 – 移动支付现优势，进军金融多元化

目前，服务于线上零售的支付方式，除了有传统的“货到付款”、“银行卡支付”外，还有“电子支付”、“第三方支付”（“互联网支付”、“移动支付”）、“电话支付”、“预付费卡”等。其中同各大互联网

巨头最为密切就是“第三方支付”。

2013年，银商市场份额占比最大为39.8%，支付宝为21.2%，财付通为7.7%，其余支付公司均未超过7%。银商是中国实力最强、影响力最大的第三方支付公司，在市场上具有一定的垄断地位，主要优势在于线下和企业用户规模；互联网公司背景的支付宝和财付通在互联网行业已经积累了多年的经验，在电子商务、IT技术和业务创新方面的优势明显；未来三方竞争的焦点将集中在基于支付业务数据上的增值服务方面。

2013年中国第三方互联网支付核心企业交易规模市场份额相对保持稳定，呈现“三足鼎立”之势。支付宝以48.7%的占比依然保持领先，财付通占19.4%，银商占11.2%，快钱占6.7%，汇付天下占5.8%，易宝支付占3.4%，环迅支付占2.9%，其他占1.9%。

从以下数据图可得知，第三方支付一直处于高速增长。而且从2013年开始，近年来移动支付的增长就更为快速，2011年后高于线上零售总额的增长率－线上零售的年增长率一般在50%左右，且逐年下降；2012年后高于互联网支付方式。而互联网支付方式交易金额的增长率略低于线上零售的增长率。可见移动支付是未来的一大趋势，会有越来越多的互联网支付转移至智能移动终端，也将为第三方支付的发展带来更广阔的前景。

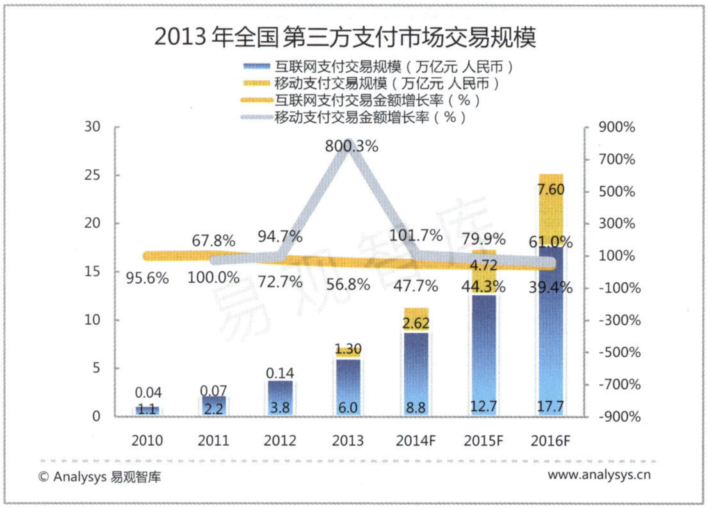

图2-19　2013年全国第三方支付市场交易规模

在用户数量上，不论在互联网支付和移动支付方面，移动支付用户的增长率明显高于互联网支付用户数量，但还是不及网购人数的增长率，2013年网购人数的年增长率为25%左右。第三方支付的普及略显动力不足。

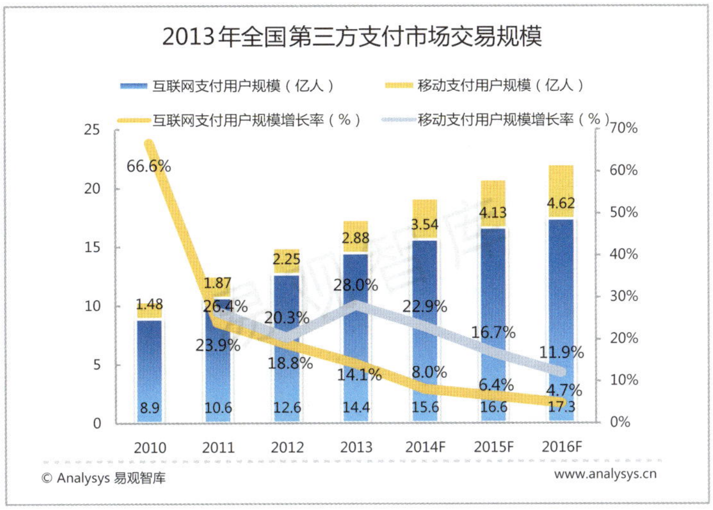

图 2-20　2013 年全国第三方支付市场交易规模

综合两方面数据计算不同方式的第三方支付的人均年交易金额。由下图可得知，在 2013 年以前，互联网支付的人均年支付金额明显高于移动支付。2013 年移动支付首次超过互联网支付，而且增长率达到 600% 以上。随着时代进步，生活方式的改变，移动支付的便利适合人们快节奏的生活，也就越来越受到用户的喜爱。另一方面，也说明移动支付的便利性，一定程度促进了现实贸易活跃程度。

综上所述，移动支付是未来第三方支付，乃至整个线上零售支付环节最大的趋势。

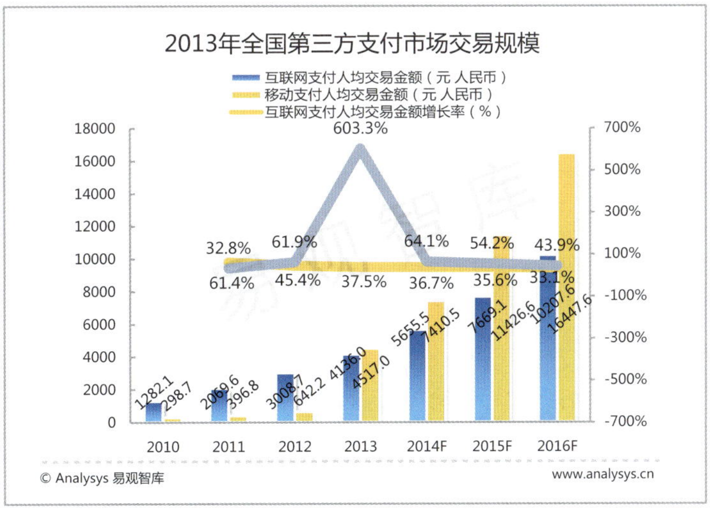

图 2-21　2013 年全国第三方支付市场交易规模

SWOT 分析：

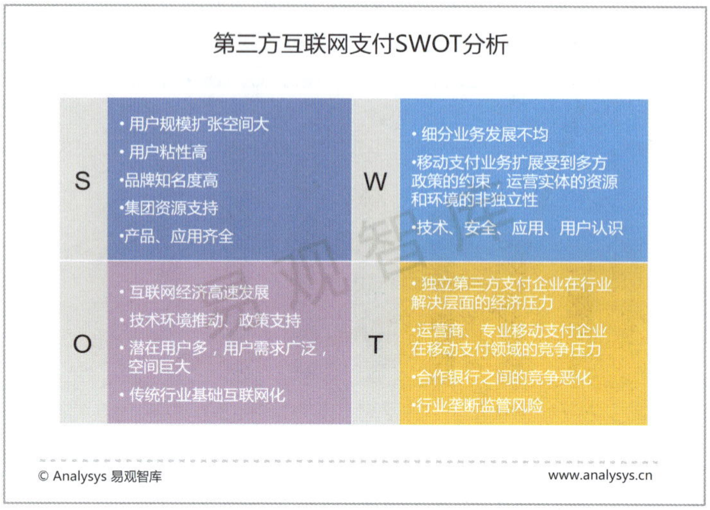

图 2-22　第三方互联网支付 SWOT 分析

未来趋势：

2013 年中国第三方互联网支付整体市场持续高速增长，在整体国民经济中的重要性进一步增强。2013 年与金融的深度合作，使第三方互联网支付公司找到了新的业务增长点，目前这种助力还没有完全爆发，预计未来两年互联网金融对于第三方互联网支付的推动作用将会更强，或进一步提高交易规模增速。

1. 与电商相辅相成：电子商务市场交易规模继续增大，大型电商平台大规模促销成为常态，对第三方支付市场的发展起到积极推动作用；第三方支付也将辅助传统企业互联网化。

2. 市场领域涵盖范围更广：保险、基金、非税、高校、跨境支付等新兴市场不断被开拓；二、三线及农村市场也将成为第三方支付“新战场”。

3. 转移至金融业：支付牌照发放以后，第三方支付行业线上线下一体化业务布局的战略成果初显，线下银行卡收单市场交易规模增长迅速，成为继互联网支付市场之后一个快速增长的领域。

4. 支付大融合，创造业务空间：移动支付市场主要是远程支付领域，随着用户使用习惯的培养，以及主要厂商通过产品创新、市场营销活动等方式，信用卡还款、转账等个人移动支付业务增长迅速，成为移动支付市场的主要增量。

2.7.3 物流－量多利少不讨好，核心优势需加强

行业概况：

在电商竞争激烈的今天，除了“价低质优”以外，最重要的竞争力就是客服质量，重要性日益提升，其中物流就是之一。“精准”、“及时”、“服务态度”等越来越被网购用户所重视。京东的先见之明，搭建自己的配送网络，确保“及时送达”成为在霸主天猫的压力下依旧能够另辟蹊径的一大法宝。但毕竟自营物流只适合 B2C，对于 C2C 还是需要物流公司的配合，即使 B2C 将会是未来线上零售模式的一大趋势。所以，我们将重点关注于“快递行业”，对其发展简要分析。

在宏观形势良好，经济结构调整，居民生活方式改版的大背景下，物流行业也经历着翻天覆地的变化。

同线上零售关系密切的就是快递和仓储。由于掌握数据有限，我们将从快递业务和整个交通运输业的人均工资进行分析，利用有限的数据，尽可能展示物流行业的整体情况。

全国的快递业务量在 2007 年发生明显的激增，随后 2008–2010 年的年增长率都在 25% 左右。直至 2011 年，快递业迎来新一轮的大幅度增长，增长率在 55% 左右，且有日益走高的趋势。这与居民生活水平提高、消费方式转变有着密不可分的关系，也隐含着快递业同电子商务的紧密关系 – 二者相辅相成。

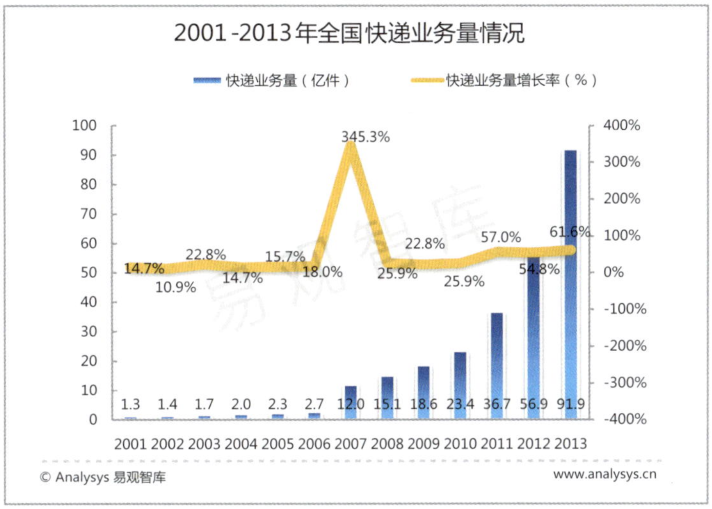

图 2–23　2001–2013 年全国快递业务量情况

虽然快递业收入一直处于增长的趋势，且在 2009 年后呈现增长率提升的增长态势，但增速并没有业务量增长的速度快，其中不乏受到“由于技术提升运输成本降低”因素的影响。

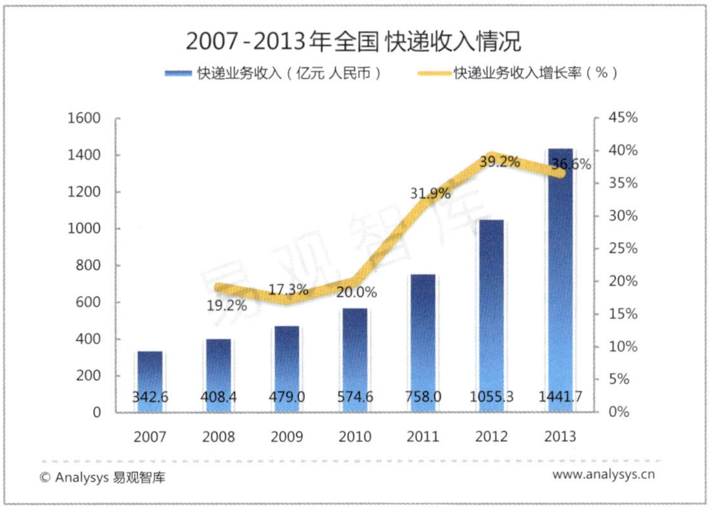

图 2–24　2007–2013 年全国快递业收入情况

从上面两幅图的数据，我们可以粗略地算得全国快递业均件值数据并分析其走势。总体而言，整体快递均件值金额呈现年降幅递增的下降趋势，下降趋势较猛。从 2007 年的 28.5 元 / 件，下降至 2013 年的 15.7 元 / 件；而且增长率从原来的负 5% 左右变成 2013 年的负 15.5%。

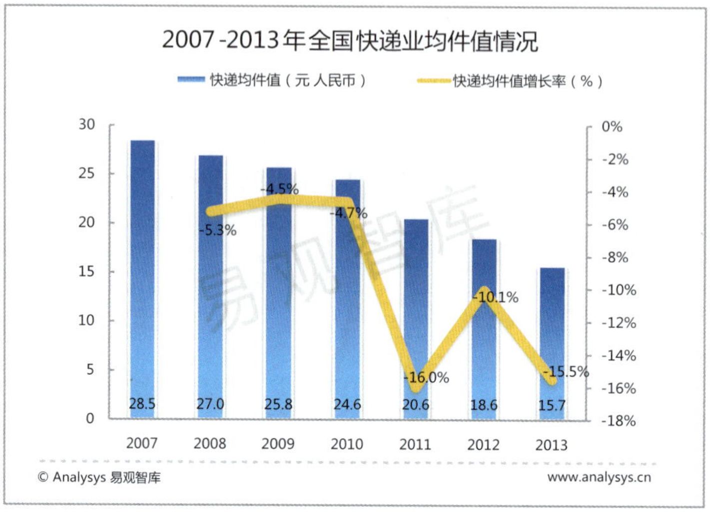

图 2-25　2007-2013 年全国快递业均件值情况

全国交通业从业人员的平均年工资从 2003 年的 1.5 万元人民币 / 年上升至 2013 年的 5.8 万元人民币 / 年，相当于城镇居民可支配收入的 8 倍左右，还是相当可观的，而且增长速度也高于城镇居民的增长率。除了 2009 年因为全球范围的经济危机的影响，其他年份的交通运输业平均工资的增长率都在 15% 左右，可见整个行业的表现较好。值得关注的是，2013 年的平均工资增长率为 8.6%，明显低于之前的增长水平，侧面反映出该行业的竞争也日趋激烈，需靠劳动力成本相对压缩来提升行业竞争力。

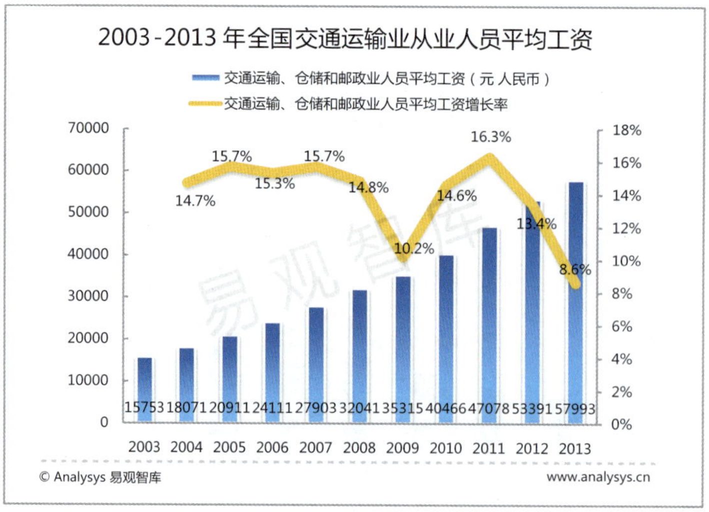

图 2-26　2003-2013 年全国交通运输业从业人员平均工资

行业硬伤：

物流行业在线上零售产业链所分得的低利润较少，平均利润率较低主要是由于这项业务是整个产业链技术含量相对较低。虽然前期投入成本较高，需要搭建整套物流系统，但是一旦进入这个行业，同行企业之间趋于同质化，核心竞争力较少。所以，利润率较低也顺理成章。

未来趋势：

培养核心竞争力：由于同行之间同质化严重，激烈的竞争，导致整体利润率较低。所以在电商竞争激烈的今日，运送质量已成为核心竞争力之一。

专业化：随着各行各业企业的发展，物流是必不可少，但是由自身运营却不具备经济效应，内化成本过大，所以物流外包必然是大势所趋。为追求更高的经济利益，物流行业企业也必然走向专业化之路。

规模化、集团化：发达国家的一些物流公司通过重组、资本扩张、兼并、流程再造等形式，已经形成了跨国综合物流企业。中国物流行业也必将经历这一阶段，不论是兼并收购，还是战略重组，在激烈的竞争洗牌过后，必然会出现拥有雄厚的资金、先进的技术和设备、先进的管理理念与经验、全球性的服务网络的“物流巨头”。这也是由物流行业本身具备的“网络效应”、“规模效应”导致的。

多元化：一是外资物流企业；二是以多元化股权结构为特征的民营物流企业；三是国有经济中传统的运输、货代、仓储、批发企业。中国物流市场将呈现一个国有、集体、个体、中资、外资等各种所有制物流企业相互依存、同台竞争、相互促进的局面。

国际化：由于世界制造业和 OEM 中心在向中国转移，以及经济一体化进程的加快， 未来中国与世界各国之间的物资、原材料、零部件与制成品的进出口运输，无论是数量还是质量都会发生较大变化。为适应这一变化，要求中国必须在物流技术、装备、标准、 管理、人才方面与世界对接。

第 3 章 线上零售企业分析

中国线上零售市场主要分为传统零售商官方商城（以苏宁易购、国美在线为代表）和线上发展起家的纯网上在线零售商两大类。按照盈利模式可分为以广告和交易佣金收入为主的平台类企业（淘宝、天猫），以商品价差收入为主的自营类企业（京东、唯品会）。按照销售模式又可以分为一般网络购物（淘宝、京东）和网络限时特卖（唯品会、聚美优品）。随着企业的发展和业务扩张，在模式上有所交叉，但整体上可以划分为淘宝天猫平台模式、京东自营模式和唯品会特卖模式三大类。

3.1 用户特征

3.1.1 用户对移动端的使用频率和时长超过 PC 端

通过分析 2014 年 1 月 –10 月线上零售人均访问次数和访问时长，可以发现用户对移动端的使用逐渐超过 PC 端。用户通过移动端访问 B2C 和 C2C 的 app 次数均高于访问网站的次数。在人均访问时长方面，C2C 由于店家数量多、商品差异化大等因素，导致用户需要更多的时间来浏览，因此在 PC 端和移动端，人均访问时长均大于 B2C，同时，用户对移动端的访问时间也逐渐超越了在 PC 端的访问时长。

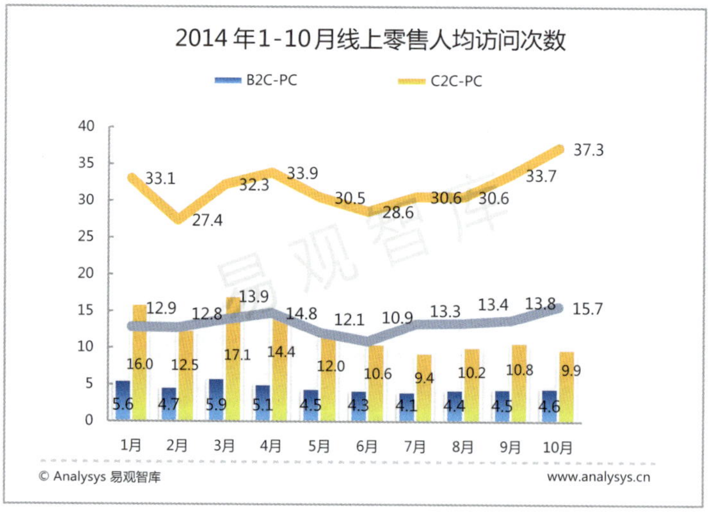

图 3-1　2014 年 1–10 月线上零售人均访问次数

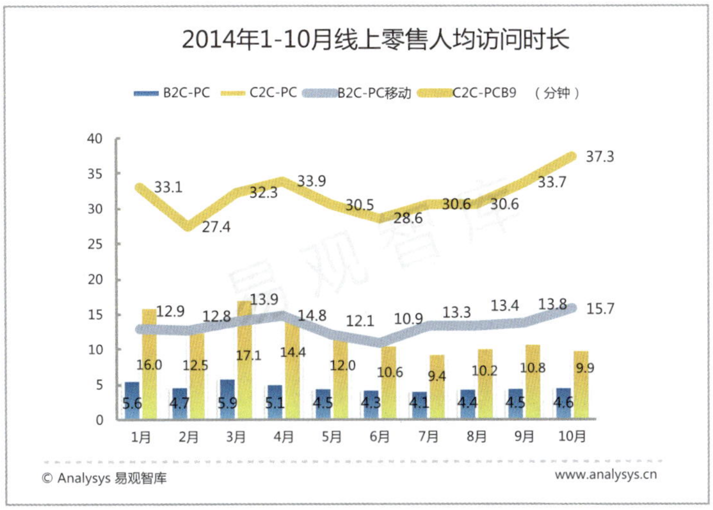

图 3–2 2014 年 1–10 月线上零售人均访问时长

关于单次访问时长，用户在 C2C 网站上花费的时间大约是 B2C 网站的两倍，用户在移动端对 B2C 和 C2C APP 花费的时间相近。

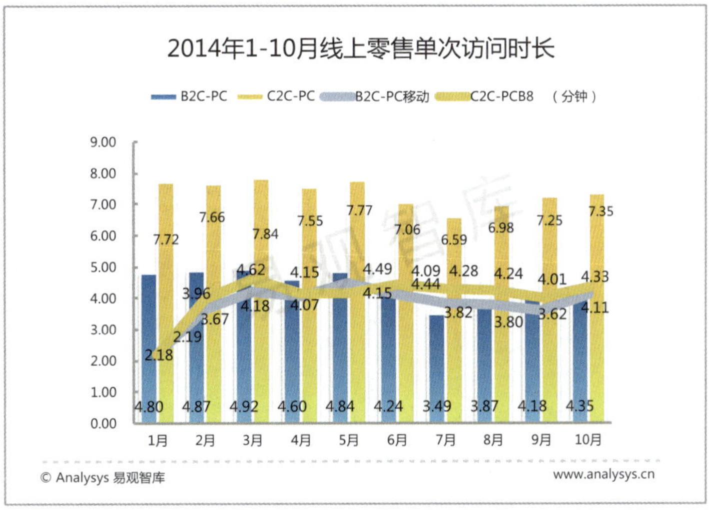

图 3–3 2014 年 1–10 月线上零售单次访问时长（分钟）

3.1.2 用户结构两极分化，唯品会和淘宝移动端布局领先

根据易观用户雷达的数据，线上零售企业的用户访问结构呈现出鲜明的两极分化：唯品会和淘宝在移动端布局处于领先地位。唯品会移动端的月均访问人数和访问时长均已超过了 PC 端，其中唯品会 77% 的访问人数和 70% 的访问时长来自移动端。淘宝也有一半的月均访问人数和访问时长来自于移动端。这与两家企业的商业模式有一定关系，唯品会的限时特卖对时间要求极高，用户在移动端能够方便其随时浏览和下单，确保其不错过特卖；而淘宝则是通过不定时的特卖推送、物流信息等的推送，培养用户在移动端的使用习惯。

而其余企业的主要访问量仍来自网页，来自移动端的流量不足三成。但从活跃用户的分布来看，网页用户仍占据绝对主导地位。

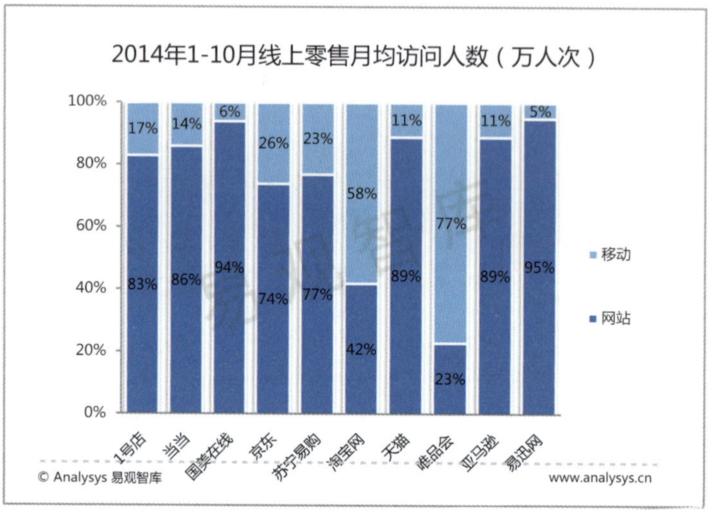

图 3-4 2014 年 1-10 月线上零售月均访问人数（万人次）

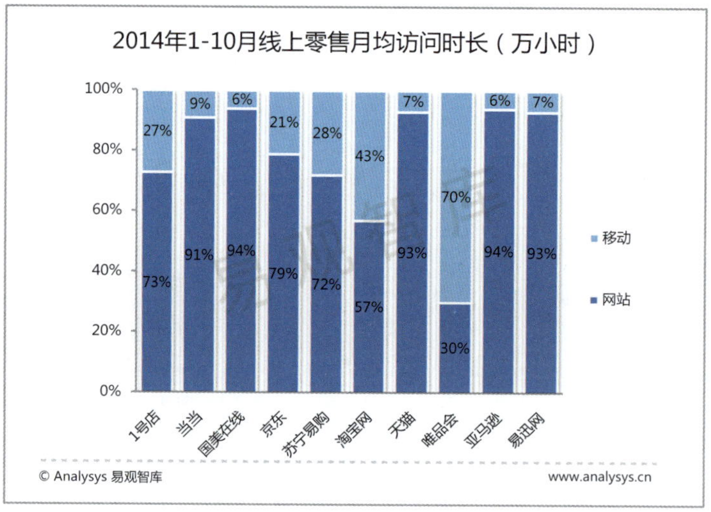

图 3-5 2014 年 1-10 月线上零售月均访问时长（万小时）

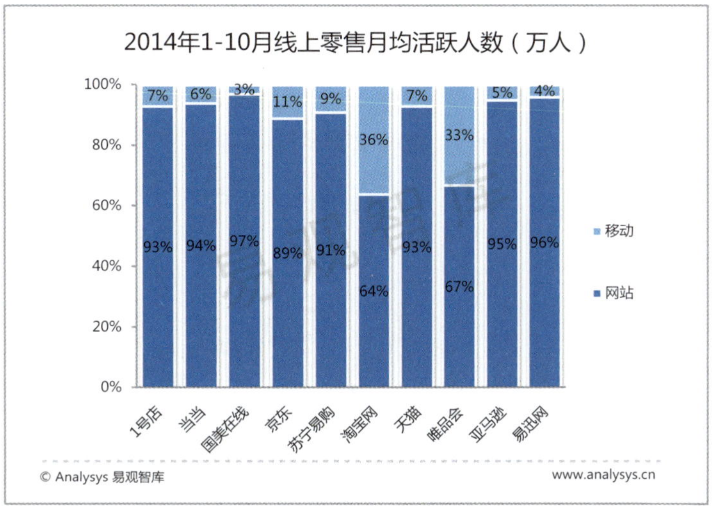

图 3-6　2014 年 1-10 月线上零售月均活跃人数（万人）

通过计算活跃用户平均单次访问时长，发现 PC 端和移动端不相上下，都是用户访问线上零售企业的重要端口。依据各线上零售企业 APP 和网页的设计和用户使用习惯不同，用户在对于不同的线上零售企业有不同的偏好，用户使用当当、京东、淘宝、天猫、唯品会、亚马逊 PC 端的单次访问时长高于移动端，而使用 1 号店、国美、苏宁和易迅移动端的平均单次访问时长略高于 PC 端。

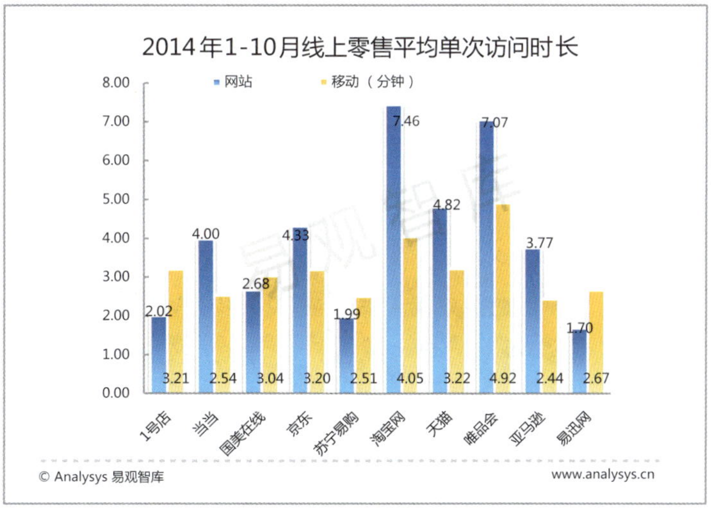

图 3-7　2014 年 1-10 月线上零售平均单次访问时长（分钟）

通过对比网页和移动端活跃用户人均访问时长，可以看出单个用户在移动端的逗留时间比网页明显增加，说明 APP 的普及让用户充分利用碎片化时间进行商品浏览和购物决策。

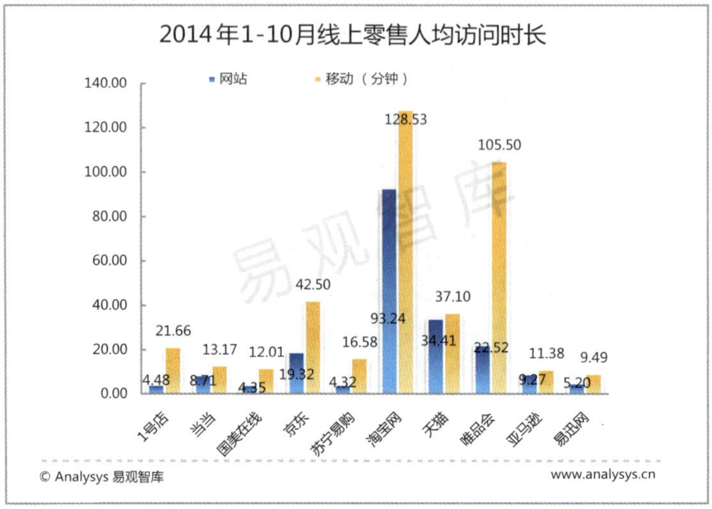

图 3-8 2014 年 1-10 月线上零售人均访问时长（分钟）

通过对比各线上零售企业人均访问次数，移动端的访问次数明显高于网页，淘宝网活跃用户人均访问次数达到 31.73 次，相当于每人每天要点开一次淘宝的 APP。

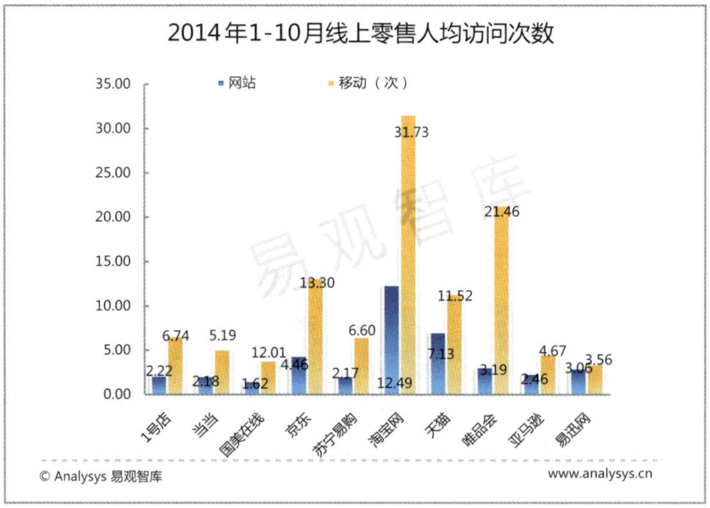

图 3-9 2014 年 1-10 月线上零售人均访问次数

由此可以发现，移动端对于用户在电商平台的用户提升，主要体现于增加了用户的访问次数，而不是增加用户每次访问的逗留时间。对线上零售企业，如何抓住用户的碎片化时间，将访问和浏览转化为实际的交易，是移动互联网时代下值得思考的新命题。

3.2 财务分析

3.2.1 转化能力分析

转化能力是指线上零售企业将流量转化为实际交易的能力。用线上零售企业总订单数 / 活跃用户数计算线上零售企业每活跃用户订单数，对比不同线上零售平台每位活跃用户带来的交易量。

表格 3-1 2013 年线上零售企业每活跃用户订单数

企业	订单数（万）	活跃用户数（万）	每活跃用户订单数
当当	1880	960	1.96
京东	17820	4610	3.87
唯品会	2550	950	2.68

来源：易观智库

各电商平台转化率有所差异，与主营业务有一定关系，商品品类的综合性、物流快捷性都是促使活跃用户频繁下单的重要因素。

3.2.2 财务比率分析

根据上市线上零售企业 2013 年财报，从盈利能力、偿债能力和营运能力三个角度对线上零售企业的财务比率进行分析，以 GICS 四级行业 – 互联网零售子行业的行业平均值和行业中值作为参照。

表格 3-2 2013 年上市线上零售企业盈利能力

简称	销售毛利率 (%)	销售净利率 (%)	净资产收益率 (ROE)(%)	总资产回报率 (%)
行业平均	50.48	2.25	1.21	2.54
行业中值	42.61	1.92	7.55	1.91
亚马逊	27.23	0.37	3.06	0.75
阿里巴巴	74.54	44.41	84.11	26.59
当当网	17.41	–2.26	–21.82	–3.96
京东商城	9.87	–0.07	–0.64	–0.23
唯品会	24.03	3.08	32.10	7.11

来源：易观智库

从盈利能力上看，阿里巴巴销售毛利率、销售净利率、净资产收益率、总资产回报率都远远领先于行业平均水平，具有较强的盈利能力。而当当网、京东商城销售毛利率较低，销售净利率、净资产收益率和总资产回报率均为负值，仍处于亏损状态。

表格 3-3 2013 年上市线上零售企业偿债能力

指标	行业平均	行业中值	亚马逊	阿里巴巴	当当网	京东商城	唯品会
资产负债率 (%)	51.88	49.29	75.73	63.41	84.33	64.48	77.31
流动比率 (倍)	2.16	1.49	1.07	1.81	1.1	1.34	1.25

来源：易观智库

考察线上零售企业的偿债能力，可以发现五个企业的资产负债率均高于行业的平均水平，说明长期偿债能力较强；而流动比率均低于行业平均水平，说明短期偿债能力较弱。

表格 3-4 2013 年上市线上零售企业营运能力

指标	行业平均	行业中值	亚马逊	阿里巴巴	当当网	京东商城	唯品会
流动资产周转率（次）	2.84	2.36	3.24	0.95	1.88	3.63	2.39
固定资产周转率（次）	34.38	17.43	8.27	11.18	34.84	42.5	91.87
总资产周转率（次）	1.69	1.26	2.05	0.6	1.75	3.16	2.31

来源：易观智库

营运能力方面，阿里巴巴资产周转率相对较低，而亚马逊资产周转速度相对较快。

根据杜邦分析法，计算出各企业 2013 年的权益净利率如下：

表格 3-5 2013 年上市线上零售企业权益净利率

指标	行业平均	行业中值	亚马逊	阿里巴巴	当当网	京东商城	唯品会
权益净利率（%）	7.90	4.77	3.13	72.82	-25.24	-0.62	31.36

来源：wind，分类标准为 GICS 四级行业 - 互联网零售

根据表 3-5 可以看出，阿里巴巴和唯品会的财务指标明显好于整个线上零售行业，也高于竞争对手亚马逊、当当网和京东商城，得益于其较强的盈利能力、偿债能力和营运能力。

3.3 线上零售企业发展与探索

在线上零售行业整体经历快速发展的同时，也面临着用户获取成本提高、盈利能力不足等困境，线上零售企业在寻求自身独特的竞争优势过程中的转型之路。

3.3.1 当当：品牌重塑与转型阵痛

“平台化”与“百货化”转型提升盈利能力

2012-2013 年，当当网采取了“平台化”和“百货化”转型策略。一方面稳固图书品类的基础，在自营基础上，进一步向出版行业开放平台，同时布局电子书领域；另一方面发展服装品类，销售额从 2 亿到 50 亿，推动当当网获得高速增长。当当网在 2013 第 4 季度和 2014 年第 1 季度连续两季度实现盈利，当当网已摆脱价格战，在转型中走出可持续盈利模式，这一方面得益于毛利率的持续上升，另一方面得益于运营成本的有效控制。

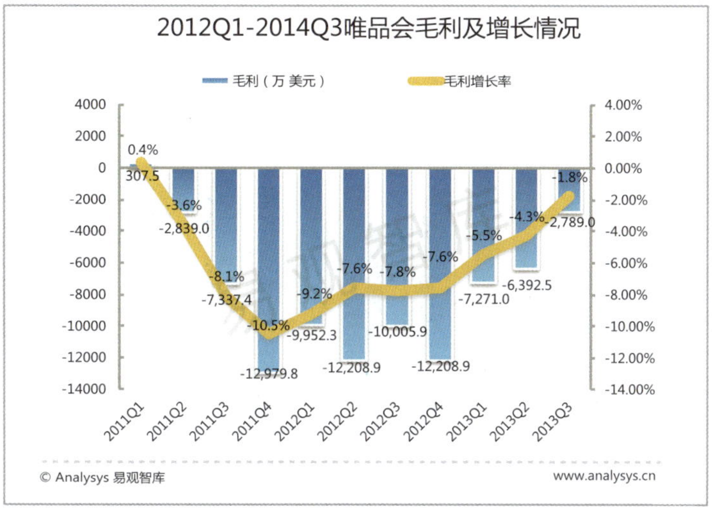

图 3-10　2011Q1-2014Q3 唯品会毛利及增长情况

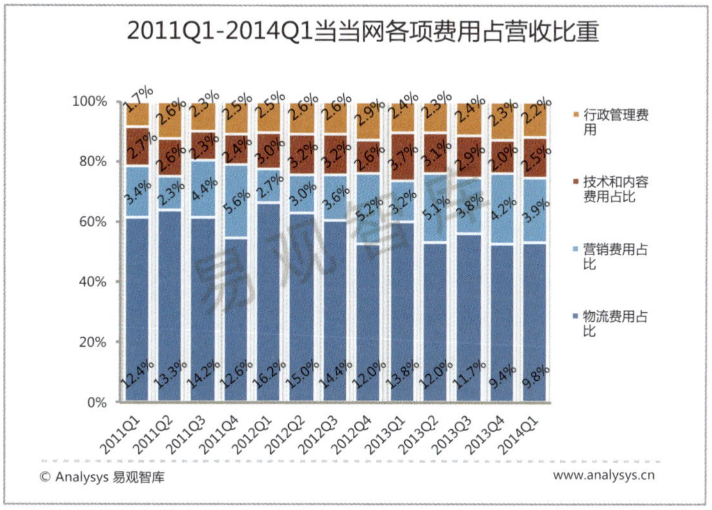

图 3-11　2011Q1-2014Q1 当当网各项费用占营收比重

但与此同时当当网也面临品牌形象亟待更新，渠道下沉缺乏优势、用户重复购买率相对较低等亟待解决的问题。

近几年，当当网的活跃用户有所上升，但是增长速度略显乏力。这主要是由于当当网在不断新增用户的同时，流失用户的比例也相对较高。2014 年第 1 季度，当当网新增用户为 280 万，但是流失用户却高达 310 万。

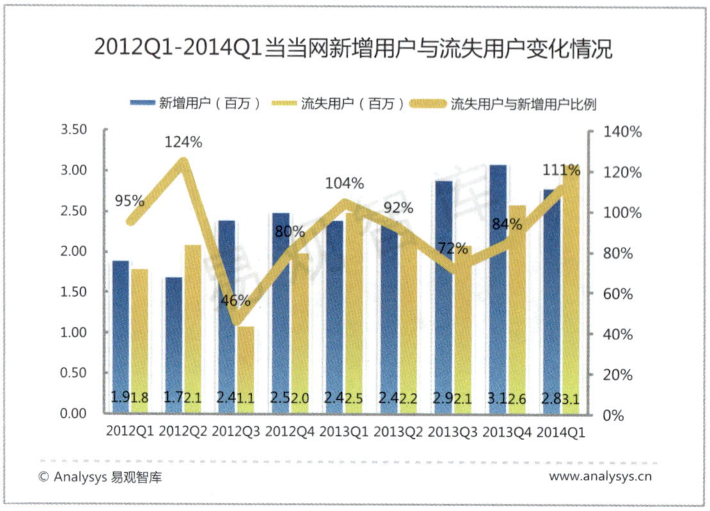

图 3-12　2012Q1-2014Q1 当当网新增用户与流失用户变化情况

当当网流失用户比例偏高，一方面是由于老用户对当当网由“图书电商”向“综合电商”的品牌认知转移没有跟上，另一方面是因为部分新用户是被当当网在转型过程中的大力度促销“利诱”来的，对当当网缺乏持续的依赖。

另外对比当当网、京东、唯品会、聚美优品这几家电商的活跃用户和订单数据可以发现，从每个活跃用户每个季度的平均下单次数来看，京东为 3.9 次，唯品会为 2.7 次，聚美优品为 2.3 次，当当网的季度用户平均下单次数仅为 2 次，低于其他竞争对手。当当网用户的重复购买偏低，用户黏性需提升。

当当网依靠线上图书销售业务起家，原有的“图书电商”定位深入人心，在消费者的认知上树立了很深的“图书电商”印象点，也积累了一大批忠实的优质图书忠实用户群体。随着当当百货化和平台化转型战略的展开，当当网的“图书电商”形象逐渐模糊，部分忠实的图书忠实用户并没有转移到百货及服装品类上，造成部分用户的流失。同时，当当网也在增加市场营销费用的比例，从而不断新增用户，达到不错的效果。但是，部分新用户是被当当网的促销活动吸引来的，对当当网的需求是临时性的，未建立长期持续的忠诚度，易流失或不活跃。

当当网亟需强化“综合电商”的品牌形象，尤其是扭转三、四、五线城市的消费者对当当网的品牌认知。加大市场推广力度是重塑当当网“综合电商”品牌的重要方式。针对用户对当当网品牌认知问题，当当网不仅要在加大网络广告的精准投放力度，同时也要强化线下推广等多种方式的共同配合。

3.3.2 唯品会：限购模式的瓶颈

独家品牌商 + 专业买手团的限时特卖模式

网络限时特卖模式具有精选商品、质量保证、一站式服务等特点，以推荐浏览为主，提供给用户“逛街式”购物乐趣和一站式服务体验，刺激用户在不明确购物需求的情境下产生消费。

稳定的品牌商合作关系：唯品会与近 10000 家品牌商合作，其中 1300 余家为独家合作，通过与厂方长期合作形成稳定的合作关系，保证货源的稳定性和充足性。

专业买手团保证产品吸引力：唯品会拥有 800 人的买手团，多来自线下时尚产业或时尚媒体，根据他们对时尚的把握对商品品类精挑细选，保证产品的竞争力。

利润提升遭遇瓶颈：唯品会的毛利率在线上零售中处于较高水平，但净利率却难以寻得突破，并有小幅波动。随着市场竞争的日益激烈，以及闪购模式在电商市场的泛滥应用，各大电商促销手段花样翻新，促销周期不断拉长，弱化了唯品会快模式、高性价比模式的优势。唯品会不得不投入大量的时间、金钱与品牌价值的深化与流量的争夺中，这也使其在利润率的增长上遇阻。唯品会投入高额营销费用，开展促销活动，2014 年第 2 季度唯品会投入 4477.34 万美元营销费用，为其带来 410 万的新增用户，同时将移动端 GMV 提升至 46%，但高额的费用支出直接导致营业利润的下降，吸引用户和流量固然重要，但交易实现与营收利润的转化才是发展的重点。

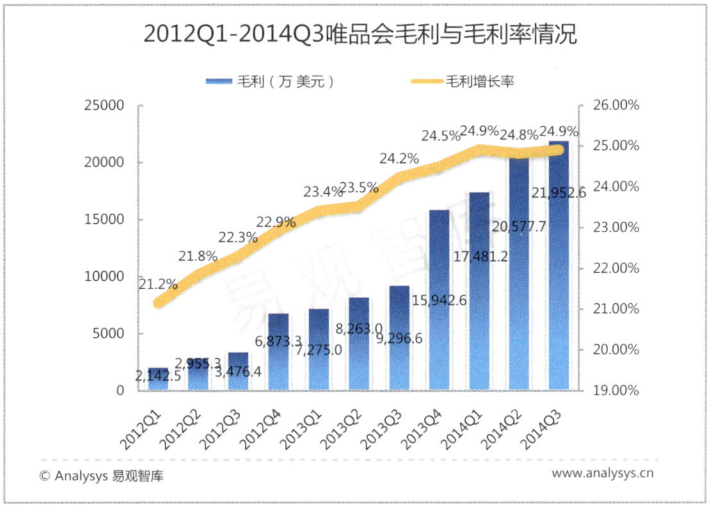

图 3-13　2012Q1-2014Q3 唯品会毛利与毛利率情况

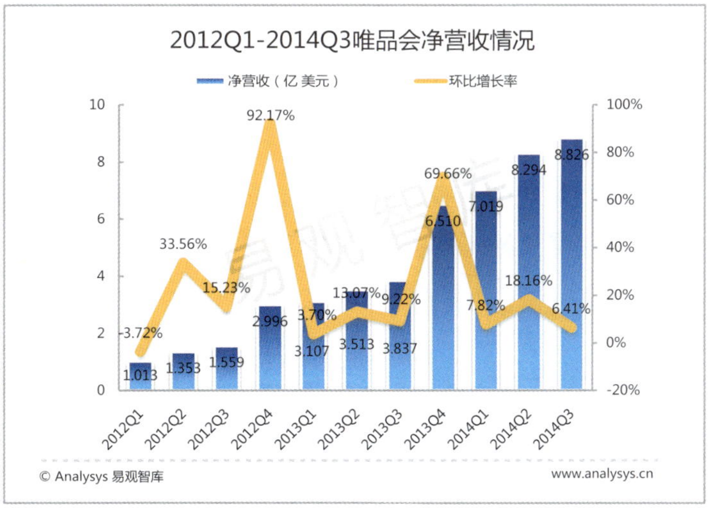

图 3-14　2012Q1-2014Q3 唯品会净营收情况

第 4 章 线上零售热点领域

4.1 移动购物引领“她”经济

4.1.1 移动购物规模高速增长

2011 年至今，中国移动购物市场进入蓬勃发展阶段，交易额呈现成倍增长态势。随着移动互联网的普及、用户购物习惯的变化、移动购物场景的完善、移动支付应用的推广，核心线上零售企业移动端布局力度的加大，中国移动购物市场得以快速发展，预计 2014 年移动购物市场交易规模将超过 8000 亿元人民币。线上零售将进入移动互联网时代。

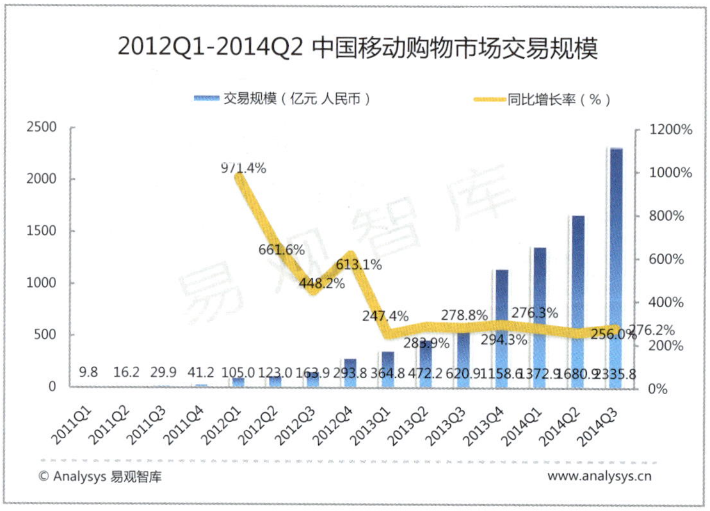

图 4-1 2012Q1-2014Q2 中国移动购物市场交易规模

4.1.2 告别“流量经济”，流量碎片化、去中心化

与传统的 PC 端线上零售“流量为王”不同，移动购物流量碎片化、去中心化特征明显，不同终端用户需求差异显现，企业需要针对此，在 PC 端和移动端采取不同的策略。

表格 4-1 PC 端和移动端特点对比

终端	优势	劣势	用户场景	用户需求
PC 端	屏幕大、商家有充分的展示空间，用户体验好、效率高	不能随时随地使用，交互性较差	主要用于工作场景，用户使用时间完整、充裕、连贯	主要是主动搜索，需求明确，闲逛式休闲娱乐需求为辅
移动端	随时随地使用，可感知地理位置、声音、运动、图像等	屏幕较小，展示空间有限，手机等移动设备输入比电脑键盘困难，不宜进行复杂操作	主要用于休闲娱乐场景和通勤途中，使用时间不连贯，易被打断，碎片化特征明显	以闲逛式的休闲娱乐需求为主，同时衍生出即时需求，包括定时定量、抢购等冲动消费诉求

来源：易观智库

基于终端差异带来移动购物轻型、冲动、高转化三大消费特点，具体表现如下：

移动购物品类偏向轻型消费品

受限于屏幕尺寸，在移动端商品展示不如电脑上来得充分，用户在购买 3C 家电客单价较高、需要慎重决策的品类时会倾向于 PC 端，而在选择服装、百货、虚拟商品等轻型消费品类时，由于其购买频率高、决策半径短，在移动端下单更为便捷。

移动终端浏览容易促成冲动型消费

移动端即时性特征明显，用户容易受到线下消费场景的刺激（如地铁、写字楼广告、品牌推广活动）或偶发性念头的影响，产生冲动消费欲望，移动端的即时性能够有效地将这一部分冲动性消费需求承接下来，进一步转化为购买行为。另外，移动端购物应用可以通过社交应用相互分享，在他人的影响下容易导致冲动消费。

移动端转化率高于 PC 端

移动端应用占据了用户大量碎片化时间，流量已超过网页，有益于获取新客。此外，用户往往利用碎片化时间做决策，并且购买商品品类轻型，在移动购物决策时顾虑少，用户访问到下单的转化率相对高于 PC 端。

4.1.3 针对女性用户特质发展细分市场

移动购物应用用户中，女性的渗透率显著高于男性，在中青年年龄段表现尤为明显。

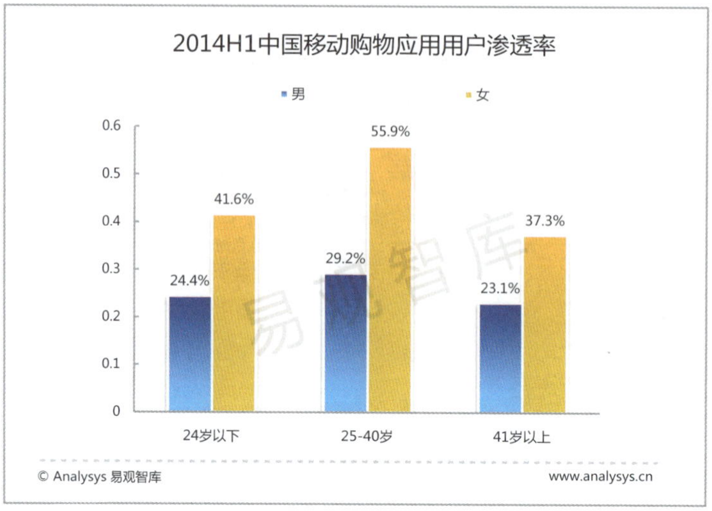

图 4-2　2014H1 中国移动购物应用用户渗透率

在移动购物应用的使用上，女性用户的活跃度显著高于男性，在活跃人数、人均单日访问时长、人均单日访问次数上都明显高于男性。

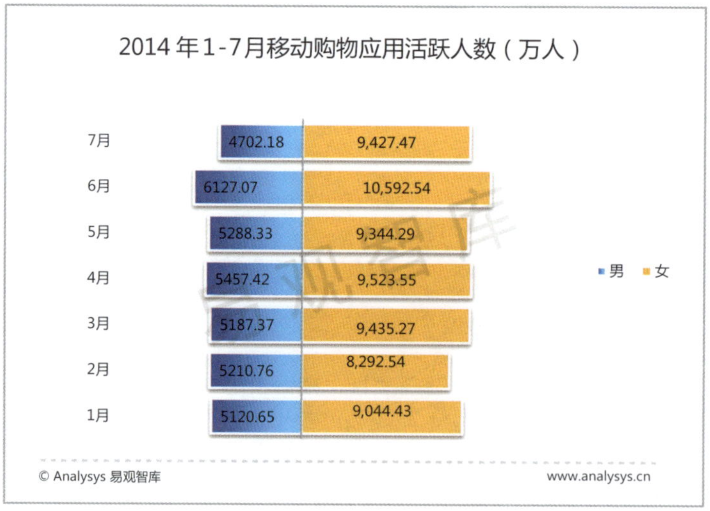

图 4-3　2014 年 1-7 月移动购物应用活跃人数（万人）

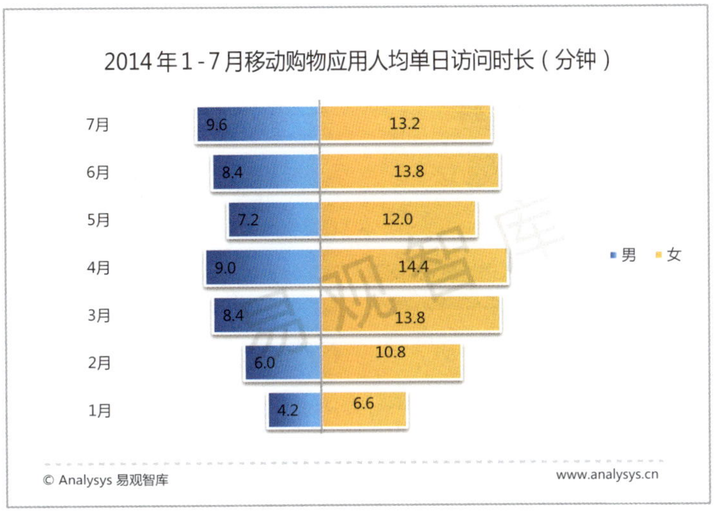

图 4-4　2014 年 1-7 月移动购物应用人均单日访问时长（分钟）

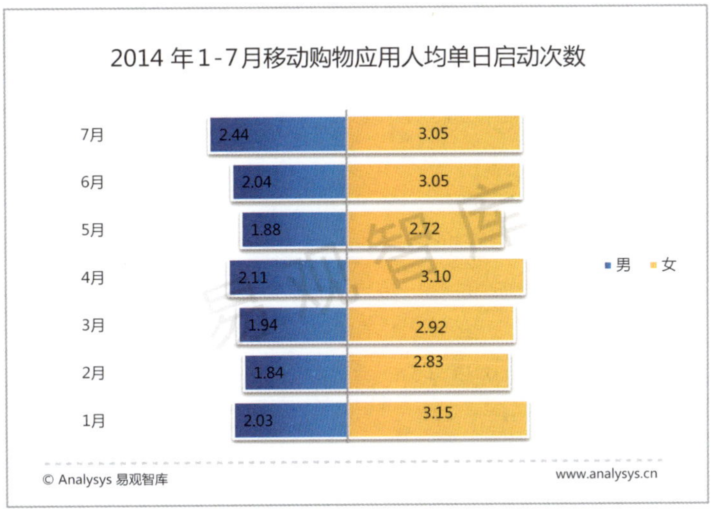

图 4-5　2014 年 1-7 月移动购物应用人均单日启动次数（次）

以化妆品、服装、百货为主体的移动购物类 APP 上，女性用户比例远远高于男性用户比例。

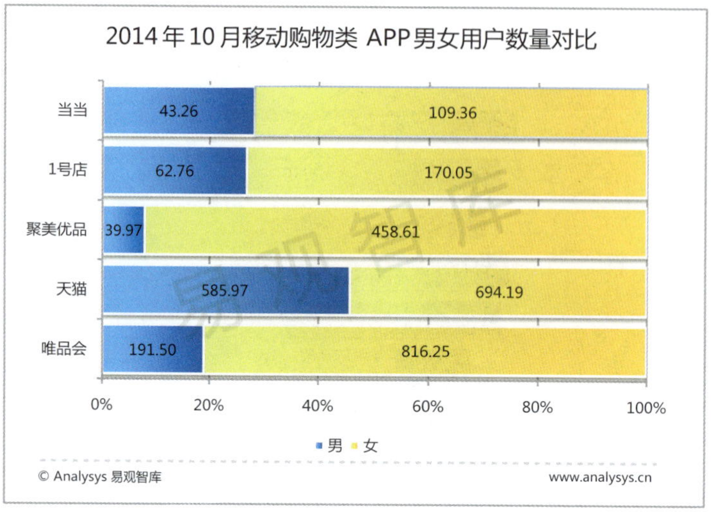

图 4-6　2014 年 10 月移动购物类 APP 男女用户数量对比

女性消费者在购物过程中具有如下特点:

容易冲动消费，但又精打细算

女性心思细腻，在购物时对价格敏感，精于细算，包括邮费、材质、颜色、优惠等都要一一把握，移动购物应用便于女性购物者随时随地浏览、比价、下单。

容易从众但又追求个性

女性消费者从众心理重，容易受到潮流的影响，追随杂志、电视剧、电影推荐品，模仿明星大爱小物；但同时，女性消费者又追求产品和服务的个性化，希望能够买到独特的商品。

“贪小便宜”

女性倾向于关注商家的优惠活动，在购物过程中喜欢砍价，要赠品、包邮等“小便宜”。

分享交流

女性相比于男性，更热衷于交流和分享，炫耀和比较，不论是好的或者坏的用户体验，都会第一时间在自己身边的圈子传播。

4.1.4 多管齐下形成“她时代”经济链

借力“男神”，形成“女粉丝”经济链条

李敏镐代言“手机淘宝生活节”、张亮代言唯品会、EXO-M 代言美丽说，男神“obba”的加入聚拢了大量女性粉丝的人气，为商家吸引了足够的眼球。

“女人节”的购物狂欢

为了吸引女性用户的眼球，并将流量转化为实际的购买，电商平台纷纷推出“女神节”、“桃花节”等针对女性的购物节日。商家炒作节日并不新鲜，但如何将趋于同质化的节日经济做出新意，需要进一步探索。

针对女性用户的特殊关怀

乐蜂网推出达人老师传授美丽解决方案，在出售化妆品的基础上，增加了产品的附加值。

4.2 跨境电商：线上零售新增长点

根据易观智库的定义，跨境电商是生产、贸易企业或者个人通过电子商务的手段，整合产业链上下游及相关资源，将传统进出口贸易中的展示、洽谈和成交环节数字化、电子化、实现产品进出口的新型贸易方式。

4.2.1 以出口为主要代表的跨境电商高速增长

近年来中国跨境电商市场处于迅速增长阶段，2010 年以来保持着 20% 以上的高速增长。2013 年中国跨境电商市场交易规模达到 2.7 万亿元人民币，增长 28.8%。

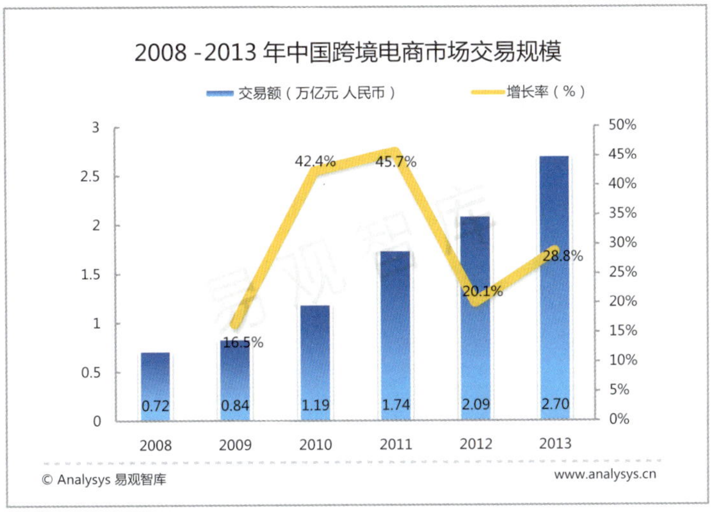

图 4-7　2008-2013 年中国跨境电商市场交易规模

根据跨境贸易组成，可将跨境电商分为进口电商和出口电商。出口电商是占比最高的跨境电商形式。约九成的跨境电商为出口电商。

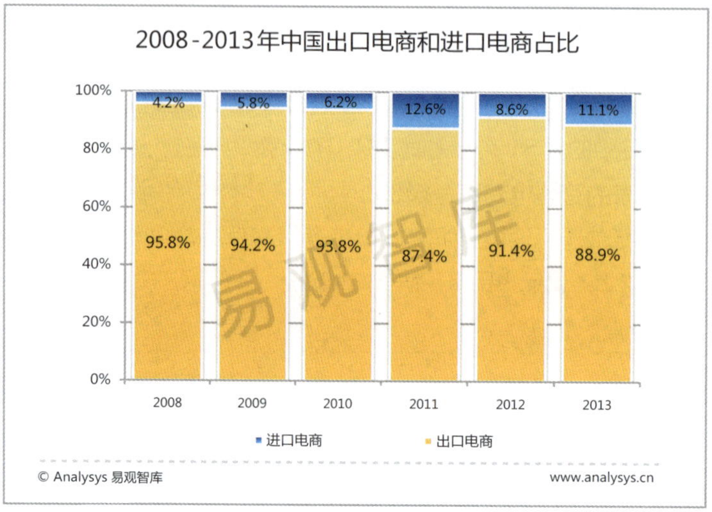

图 4-8　2008-2013 年中国出口电商和进口电商占比

与中国跨境电商的整体发展趋势相同，中国出口电商仍处于迅速增长的阶段，近两年增长率虽有所降低，但仍以高于 25% 的增速上升。

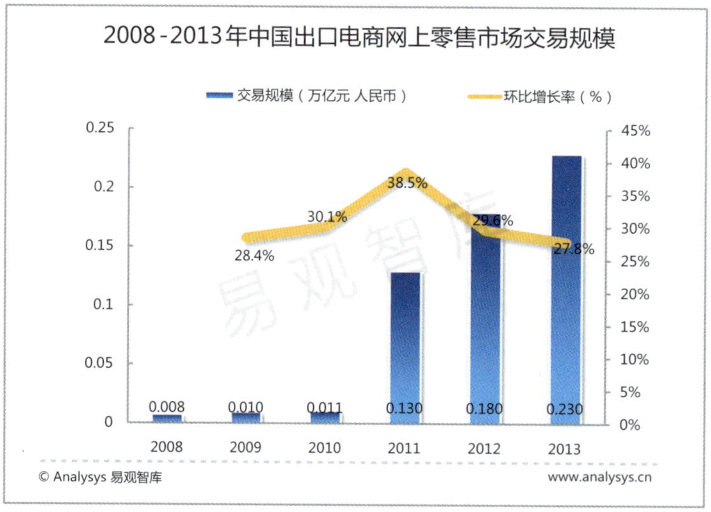

图 4-9　2008-2013 年中国出口电商线上零售市场交易规模

跨境电商线上零售业务和国内线上零售业务存在较大差别，就品类来说，除 3C、服装服饰等传统品类外，户外用品，家居园艺，汽车配件也是重要的热销品类，市场需求呈现高速增长的态势。这些商品由于体积大，运输困难，并不适合通过传统的国际快递进行配送。海外仓的推广使用有效拓宽了卖家销售的产品品类，对以家居园艺类和汽配类为代表的重量较高、体积较大或形状特异的商品销往全球市场起到了极大的推动作用。

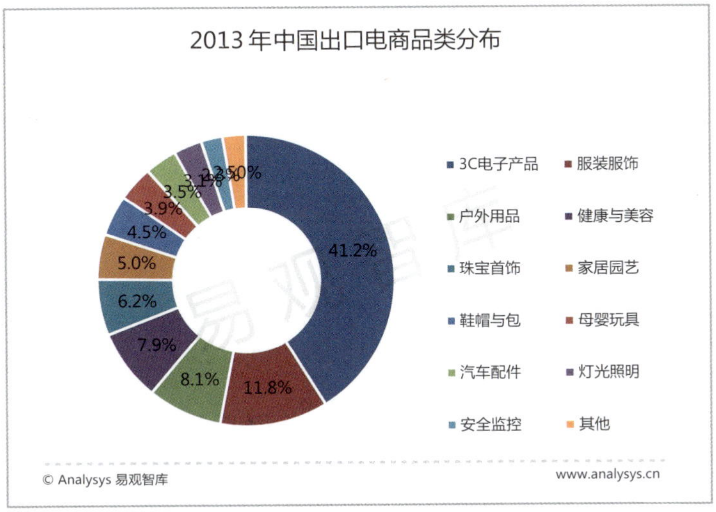

图 4-10　2013 年中国出口电商品类分布

4.2.2 “双十一”掀起海淘热潮

“国际化”是今年“双十一”的重点，中国线上零售市场巨大的市场空间和高速增长吸引了国际品牌商和零售商对中国市场的关注，众多国际品牌已提前进驻天猫，扩展国内市场；而在出口方面，阿里通过“淘宝海外”和“速卖通”面向海外市场同步开展“双十一”促销，“速卖通”主提供 199 个国家 5000 种商品的全球包邮。

在进口和海外购方面，“天猫国际”推出保税直邮模式，并引入美国零售商 Costco 入驻。苏宁易购海外购的订单量超过 2 万单；亚马逊中国在“双十一”当天同步上线了“亚马逊海外购”商店，同时其国际品牌商品的销售额比上月同期增长了 70%，亚马逊的海外直邮业务成交量也增长了 63%，苏宁易购“双十一”当天海外直邮业务成交量达 2 万单。

随着国内电商市场日趋成熟，竞争日趋激烈，跨境电商作为新的蓝海市场，成为各大电商争夺的焦点，同时国内消费者收入水平的提升和国内产能过剩企业对出口的需求，都是推动跨境电商快速发展的重要驱动力。

4.2.3 物流和支付是跨境零售的发展瓶颈

国际物流比国内物流更加复杂，涉及到存储、运输和关税等问题，因此国际物流是制约跨境电子商务发展的主要瓶颈。跨境电子商务物流服务中，物流服务包括三个环节：商品配送上门、国际物流、仓储服务。

通过海外仓解决商品落地配送和售后问题

海外仓采用“先发货，后销售”的模式，通过国外当地的落地配送直接将商品从海外仓配送到消费者手中，极大缩短了物流配送时间。在海外仓模式出现之前，跨境线上零售从下单到货物配送到消费者手中，通常需要 15 天到 1 个月；而通过海外仓发货的商品可以实现 3-5 天配送到消费者手中。另外，在跨境网购中，退换货及售后服务流程耗时长，执行困难，也一直是制约国外买家进行跨境购物的主要因素。海外仓能很好地帮助卖家解决退换货问题。同时中国商家也可依托海外仓资源，在当地为消费者进行售后服务，有助于提升消费者购物体验，保证跨境贸易的长期稳定发展。

完善国际支付体系

中国对于跨境电商支付未出台统一管理的标准化制度，相关部门管理机制尚未完善，影响到跨境支付的安全保障。为此国家需要对支付体系进行标准化建设，配备专门机构进行专业化管理，使之支付体系逐步完善。由于交易通过第三方来进行，汇率问题造成交易双方信息不对称，造成信息滞后与片面。因此要加强对汇率和资金流向端把控。

4.3 时尚精品

4.3.1 线上时尚精品市场现状

近年来，在服饰服装领域的竞争逐渐加强。虽然网购用户数量上女性并不具备优势，但是在耗时较长、偏向时尚精品的平台上，如唯品会、天猫、聚美优品等，女性人均单日花费在购物上的时间明显高于男性，而在京东、苏宁易购、易迅偏向 3C 产品的平台，人均单日移动购物的花费时间较低，且男性会略高于女性。女性的爱美天性注定了以服装服饰为主的时尚领域是市场的永恒话题，具有广大的扩展空间，成为电商的必争之地。

美丽说、唯品会、聚美优品等以时尚为主营的平台外，天猫、京东、当当等平台也相继加入其中。BABBITT、英国时尚电商 ASOS、Burberry、YOKA 和 ZARA 等国际名牌接连入驻天猫旗舰店，体现了天猫高端服饰、奢侈品服饰领域较强的布局力度。京东携手《时尚芭莎》，不仅有每年通过两次的“走秀”活动，更通过大数据的积累对外发布《中国城市男性“型商”调查报告》，希望能够提升京东在时尚领域的影响力。而当当网将扩建时尚编辑团队和买手团队，与服装设计师协会建立深度合作，创新无线时尚购物体验，一线领先拓展二、三线。电商平台的“时尚大战”已悄然开始。

4.3.2 线上时尚精品市场的挑战 – 争做“土豪”易，成就“高端”难

时尚商品在网上零售发展中困难重重。在“价格战”泛滥的时代里，如何提高消费者对品牌或是平台的忠诚度，是一个问题。而线上零售一贯以来的“低价促销”的形象与“时尚格调”的品味有所冲突。针对国际知名品牌，成熟的经营模式和稳定的价位，限制了网上零售优势的发挥，反而凸显了网上购物不能现场体验的劣势。并且，如何向消费者传播并普及“高品位”、“有格调”的生活，扩大消费人群等，都需业内智库和资金的支持。此外，网上零售的仿冒问题依旧严重，处理不当，反倒会有损品牌商誉。

综上所述，网上零售的时尚领域面临的挑战有：品牌定位重塑；扭转消费者对电商的既定认知；处理不同供应商之间的利益矛盾；维系价格与体验之间的平衡；高要求的时尚化战略执行力。

4.3.3 线上时尚精品市场的机遇及趋势 - 创意改变现实，技术成就梦想

但在关注时尚领域挑战的同时，我们也应该看见当中的机遇。不仅仅要对商品品质严格把关，确保其高流行度、时尚调性、有个性，拒绝平庸等。国际上榜样案例和技术进步，将助时尚线上零售一臂之力。

趋势一：服务商数据助时尚品牌公司把脉市场趋势

突破性：3 星

重要性：4 星

可行性：5 星

大数据的利用是互联网大数据最大的特征和优势。不同于之前的情况 – 时尚品牌和零售商只能依靠自身内部信息来制定商业决策。网上零售平台的大数据分析可时刻把握时尚趋势，帮助时尚产业制定商业决策。社交媒体舆情、与产品相关的网络评论、购物者在网站逗留的时间等数据都被有系统地收集起来并加以运用。

趋势二：网上时尚造型设计师出现

突破性：4 星

重要性：4 星

可行性：3 星

消费者在网购时往往无法搭配衣服，同时，他们上网购物时，往往无法像逛实体店一样得到店员细致的建议。网上时尚造型设计师正好可以解决这个问题。随着人们的时尚品味日益提高，造型设计的市场需求也将水涨船高。

其实，在乐蜂和 1 号店等平台的商品推荐时都会采用“专业人士”、“时尚达人”或是“公众明星”推荐的方式进行宣传。将生活和商品结合起来，提供不同层级的全方面形象打造方案，使形象打造更加大众化，也可以推广精品。

趋势三：3D 扫描技术实现网上“试穿”

突破性：5 星

重要性：4 星

可行性：2 星

此前科学家研发出了一款人体扫描工具。借助于该款工具，人们可以创建自己的 3D 图像，甚至可以看到自己减肥或者增重之后的样子。如今，这款工具可以用在网络购物领域，帮助时尚电商解决不能试穿的问题。通过该款工具，顾客将自己的 3D 图像上传到网上，然后可以一目了然地看到衣服是否合身、是否与自己的肤色相衬。Bodi.me 的虚拟试穿 (戴) 技术正开始推向市场，欧洲一些网上零售商与其展开了合作，目前正在测试阶段。“现在需要打破一个认识误区，很多人认为人体扫描技术操作起来很难，因而用途不大。这一抵触心理其实是一种文化层面的东西。” Bodi.me 公司创始人玛佐尼表示。

4.4 平凡而不简单，“电子菜篮子”崛起

4.4.1 线上生鲜市场历史和现状 – 从默默无闻，到巨头众捧

伴随着人们生活水平的提高，人们对食品品质的要求越来越高，对食品安全的诉求也更为迫切，这促使大型 B2C 企业纷纷涉足生鲜市场，也催生了大量生鲜电商。全国各地出现了上百个大大小小的生鲜网购平台，80% 分布在二、三线城市。据中国电子商务研究中心监测数据显示，2013 年生鲜电商交易规模 130 亿元人民币，同比增长 221%，保守预计 2014–2016 年生鲜电商增速分别为 100%、100% 及 75%，对应 2014–2016 年销售额 260 亿元人民币、521 亿元人民币及 911 亿元人民币。

其实，国内生鲜电商始于 2005 年。从 2005 年至 2012 年，在 2009 年 –2012 年之间，涌现了一大批生鲜电商。过多的商家进入这个行业，也导致了行业泡沫的产生。由于当时国内需求较小，许多企业纷纷倒闭。2012 年至 2013 年，由于“褚橙进京”、“京城荔枝大战”等事件，生鲜电商引来社会关注，展现出一定生命力。而 2013 年至今，以顺丰优选、一号生鲜、本来生活、沱沱公社、美味七七、甫田、菜管家等为代

表的商家都获得了强大的资金注入，各平台发挥自身优势争相角逐。2013 年底 2014 年初，天猫和京东也加入了这个阵营，引来一轮整合与并购，生鲜电商今后将进入资源整合与格局更的阶段。

2014 年 8 月 1 日，中粮集团旗下我买网宣布获得 B 轮融资 1 亿美金，创造了国内食品电商包括生鲜电商领域的融资之最。亚马逊抛出入华十年首笔投资 2000 万美元，入股垂直生鲜电商美味七七。11 月 20 日，京东集团全国首家大家电“京东帮服务店”在河北省赵县正式开业，当地农村的消费者将率先体验京东大家电的“最后一公里”服务。未来 3 年，“京东帮服务店”将在全国区县铺开，达到千余家。顺丰利用自身物流大咖的优势，尽管盈利模式仍不清晰，但顺丰旗下社区店品牌“嘿客”却将触角全面伸开，攻城略地。至今，嘿客已布局 2000 多家门店。

4.4.2 生鲜电商优劣势 – 利润虽高，困难重重

然而，生鲜市场比其他商品线上市场要复杂得多。不仅其幕后链条非常复杂，包括上游供应、产品质量把控、买手选品到物流、营销、运营、管理等。而且，其高毛利率的背后也存在着高损耗率。用户群既追逐产品品质又对价格敏感，货品需要不断变换满足其口味。每当一个品种引进时，考虑多方面因素，对市场规模、趋势有大致的估计。不仅要在采购时慧眼识珠，找到消费者真正所需，还需在有限的时间内售罄。

生鲜领域的困难显而易见，但是相对于有独立仓储配送的平台而言，在生鲜领域就可大力发挥自身优势。而且，生鲜仓储配送市场太大，这使得公司的发展潜力无穷。相比其他商品，具有较高的利润率，如海鲜毛利 50% 以上，普通水果约 20%，冻肉 20%–30% 。而且，由于顾客迁移的成本较高，导致顾客的忠诚度较高。此外，对于以食品起家的 1 号店而言，入驻生鲜领域也是巩固期地位的一个途径：培养用户使用习惯的成本低，更容易实现更大范围的品类一站式购买。

如易观分析所提，电商渠道较线下生鲜渠道的优势在于可以运用信息化技术，将生鲜食品供应链透明化，从而获得消费者的认可。同时，农产品可以借助电商平台打造自身品牌，通过品牌溢价提升农产品收益。对于一直困扰传统生鲜市场的食安质疑得到解决，而且能够极大地培养客户的忠诚度。

4.4.3 生鲜电商战略及市场趋势 – 洞察居民生活，提升供应物流“硬实力”

我买网在解决生鲜多层困难方面自有高招，其战略为：小体量轻资本，抓核心重体验。具体的是：轻资本运营，供应链做减法，采用零库存预售模式，减轻资本压力；产品优势，正宗原产地通过实地考察，直采直供深入供应链终端，把控产品品质及安全，包装上狠下功夫，加强产品固定，防压抗摔，与可靠物流公司合作，减少中转时间，降低损耗；客户差异化体验，精准定位目标客户，给予客户情感上的极致体验，在服务、营销手段创新上做文章，逐步增强客户黏性。

此外，如“新味”推出的半成品美味 – 配送简易食谱做出精品美食，适合大都市快节奏生活。而“青年菜君”的地铁口自提，方便了京都不计其数的上班族。基于现状分析，针对货物损失率较高的问题，尤其是一些特别不易存放，且采购成本较高的商品，可以采取预售的方式。由于食品的刚需特点，用户对于自身食品需求和偏好能准确把握，针对某些商品的预售应该适应于市场。

综上所述，生鲜市场有其高利润率的吸引力，进入壁垒不高，但也具受到极高，或是特殊的条件约束，且运营条件苛刻，并非所有电商平台都能在其中获利、拔得头筹或是占领一席之地。生鲜市场的未来不仅仅是在简单的配送、品质，更在于经营者是否是生活的有心人，管理团队的理念是否接地气，是否善于洞察市场未来走向，同居民消费习惯、生活方式相吻合。具体战略还是要基于自身条件，扬长避短。